ब्रह्मपुत्र के किनारे किनारे

(यात्रा वृत्तान्त)

ब्रह्मपुत्र के किनारे किनारे

सांवरमल सांगानेरिया

वाणी प्रकाशन ग्रुप
भारतीय ज्ञानपीठ
वाणी प्रकाशन : भारतीय ज्ञानपीठ की पुस्तकों के एकमात्र प्रकाशक एवं वितरक

लोकोदय ग्रन्थमाला : ग्रन्थांक 825

सजिल्द तीसरा संस्करण : 2019
सजिल्द चौथा संस्करण : 2024
सजिल्द पाँचवाँ संस्करण : 2026

वाणी प्रकाशन : भारतीय ज्ञानपीठ की पुस्तकों के एकमात्र प्रकाशक एवं वितरक

वाणी प्रकाशन
4695, 21-ए, दरियागंज, नयी दिल्ली-110 002
दूरभाष : 011-23273167, 23275710
ईमेल : sales@vaniprakashan.in
www.vaniprakashan.com

ISBN : 978-81-190-1497-2

मूल्य : ₹ 595

ब्रह्मपुत्र के किनारे किनारे
(यात्रा वृत्तान्त)
सांवरमल सांगानेरिया

BRAHMAPUTRA KE KINARE KINARE
(Travelogue)
by Samvarmal Sanganeriya

मुद्रक : आर. टेक ऑफ़सेट प्रिंटर्स, दिल्ली-110 032

अपने दौहित्र : अंकित, निखिल, ऋत्विक
दौहित्री : विताशा, तूलिका, परिधि, अरिक्ता और
पौत्र : ईषान, निर्मित के नाम—

इस आशा के साथ कि
आज की पाश्चात्य शिक्षा-पद्धति में भी
ये इतनी हिन्दी अवश्य सीख सकेंगे कि बड़े होकर
अपने नाना-दादा की माटी असम के बारे में
पढ़ सकें, जान सकें।

मनोगत

ब्रह्मपुत्र और असम एक दूसरे के पर्याय हैं। ब्रह्मपुत्र के बिना असम की कल्पना भी नहीं की जा सकती। ब्रह्मपुत्र ने केवल असम का भूगोल ही नहीं रचा, असम के इतिहास को भी अपनी आँखों के आगे से गुजरते देखा है। इसकी घाटी में ही कामरूप, हैडम्ब, शोणितपुर, कौण्डिल्य आदि कितने ही राज्य पनपे और बनते-बिगड़ते रहे। ब्रह्मपुत्र के देखते-देखते ही सुदूर पूर्वी पाटकाई दर्रा पार कर आहोमों ने इसकी घाटी में प्रवेश कर छह सौ सालों तक यहाँ शासन किया। ब्रह्मपुत्र-घाटी में पनपी सभ्यता ने ही विदेश से आये आहोमों को अपने रंग में रँगकर अपनी माटी से संस्कारित किया। इसके किनारे जनमे लाचित बरफुकन ने ही मुगल आक्रमणकारियों को मुँहतोड़ जबाव देकर असम की सीमा से बाहर खदेड़ा था। इसके किनारों ने ब्रिटिशों के नृशंस अत्याचार देखे हैं। देश को मिली स्वतन्त्रता के नाम पर अपने शरीर को दो देशों की सीमाओं में बँटने का दर्द भी ब्रह्मपुत्र ने सहा है। यही तो है जो देश के इस भूखण्ड के प्रति बरती गयी उपेक्षा को विभाजन के समय से आज तक देखता आया है।

ब्रह्मपुत्र की घाटी की तासीर ही थी कि श्रीमन्त शंकरदेव, माधवदेव, दामोदरदेव, जैसे अनेक सन्त यहाँ हुए। शंकरदेव ने अपने काल में ही देश को बृहत्तर भाषायी आधार देने के लिए 'ब्रजावली' भाषा बनायी और उसमें अनेक ग्रन्थ रचे।

इसके किनारे ही उत्तर भारत की किसी क्षेत्रिय भाषा में पहली रामायण लिखी गयी थी। इसके किनारों पर गुप्तकाल से लेकर आहोमकालीन स्थापत्य जगह-जगह बिखरा पड़ा है। इसके तटों पर शैव, शाक्त, वैष्णव, बौद्ध, जैन, सिख धर्मों के मन्दिर, सत्र, स्तूप, गुरुद्वारे ही नहीं, मुसलमानों की दरगाह-मस्जिदें और ईसाइयों के चर्च भी खड़े हैं। इसके किनारे ही असम का पर्याय कामाख्या का शक्तिपीठ है। धुबड़ी का प्रसिद्ध गुरुद्वारा 'दमदमा साहिब' हैं, जहाँ गुरु नानकदेव और गुरु तेगबहादुर स्वयं पधारे थे।

ब्रह्मपुत्र के किनारों पर बसन्त का आगमन बिहू-गीतों के साथ होता है। यहाँ पर बसी बोड़ो, खासी, जयन्तिया, गारो आदि जनजातियाँ अपनी-अपनी रंग-बिरंगी पोशाकों, अपनी मान्यताओं, अपने रीति-रिवाजों, अपनी भाषाओं, आस्थाओं और

लोकनृत्यों से इसकी घाटी को अनुगुंजित करती रहती हैं।

ब्रह्मपुत्र असम के लिए वरदान है। वहीं कुपित हो अपना विकट रूप धरता है तो असमवासियों का बहुत कुछ हरण भी कर लेता है। इसके क्रोधित स्वभाव के चलते ही इसके किनारों को जोड़ने के ब्रिटिश सरकार के सारे प्रयत्न विफल गये, वहीं स्वतन्त्रता पश्चात् इस पर तीन सेतु बन गये हैं और चौथा निर्माणाधीन है।

इस नद के उत्तरीय पर माजुली, उमानन्द जैसे द्वीपों के संग अनेक चापरियाँ भी बेल-बूटियों की तरह टँकी हैं। इसके दलदली किनारों को एकसींगी गैंडों ने अपने रमण-स्थल बना रखे हैं। तटों पर अनेक वन्य जीव विचरते हैं। किनारों पर जहाँ घने वन हैं वहीं चाय भी खूब उपजती है। ब्रह्मपुत्र की घाटी तो ऐसी शस्य-श्यामला है कि जो भी यहाँ आता है वह यहीं का होकर रह जाता है। मेरे परदादा नवलीराम सांगानेरिया भी करीब एक सौ तीस-पैंतीस साल पहले यहाँ आये और यहीं के होकर रह गये।

ब्रह्मपुत्र के किनारे ही मैं पला-बढ़ा और अपना होश सँभाला। यह किसी मीत की तरह मेरे मन में बसा है। गुवाहाटी में इसके किनारे मेरे जाने-पहचाने हैं। यहाँ के स्थल मैं बचपन से देखता आया हूँ (हालाँकि ऐसे भी अनेक स्थल हैं, जिन्हें मैंने पहली बार ही देखा है)। अतः यहाँ के प्रति मेरा मानसिक लगाव होना स्वाभाविक है।

भारत के लोगों ने अपने मन में असम के बारे में अनेक विचित्र कल्पनाएँ गढ़ रखी हैं। यहाँ के लिए अनेक दिलों में एक अज्ञात-सा भय समाया है। मेरी चाहना रही कि असम की पौराणिक, ऐतिहासिक और सांस्कृतिक झाँकी, भले ही संक्षिप्त रूप में, हिन्दी में प्रस्तुत करूँ। यों तो इसका लेखन कई वर्षों से चल रहा था — मेरे अन्तस् में और कागज पर भी। किन्तु पाँच साल पहले मेरा दो वर्षीय असम-प्रवास और भी प्रेरणास्पद रहा। अनेक देखी-अनदेखी जगहों की यात्राएँ भी कीं। उस समयावधि में मेरा अनेक विद्वानों से साक्षात्कार हुआ और उनसे बहुत कुछ जाना-समझा। लेखन के लिए असमिया, हिन्दी और अँग्रेजी की अनेक पुस्तकों का अध्ययन किया।

पुस्तक में असम के बारे में बहुत-सी बारीक किन्तु महत्त्वपूर्ण बातें हैं जिन्हें जानने के लिए श्री शान्तनु कौशिक बरुवा की 'असम अभिधान' और श्री प्रदीप बरुवा की 'चित्र-विचित्र असम' पुस्तकें मेरी सहायक रहीं। इसके साथ ही हिन्दी लेखक श्री नवारुण वर्मा एवं श्री मधुकर लिमये की पुस्तकों से मुझे श्रीमन्त शंकरदेव और लाचित बरफुकन के बारे में बहुत-से तथ्य प्राप्त करने में सहायता मिली है। मैं इनका तथा उन सभी लेखकों-विद्वानों का भी हृदय से आभारी हूँ जिनका प्रत्यक्ष या परोक्ष सहयोग मुझे मिला है। असम की उन लोक-नर्तकियों के प्रति भी कृतज्ञ हूँ

जिनसे बिहू-गीतों को जानने-समझने का मुझे अवसर मिला।

पुस्तक में कुछ लोकगीतों की बानगी हिन्दी अनुवाद के साथ पाठकों के समक्ष रखने का विनम्र प्रयास किया है। लोक-साहित्य लोक-परम्पराओं से जुड़ा होता है। इसके शब्दों में अपने अंचल की माटी की महक होती है। यह महक स्थान विशेष की धरोहर होती है। शब्दों का अनुवाद हो सकता है पर अन्तर्निहित भाव का नहीं। अनुवाद पढ़ने मात्र से अंचल विशेष की परम्पराओं के बारे में पता न होने पर निहित अर्थ के गूढ़ार्थ को पूरी तरह नहीं समझा जा सकता। फिर भी सोचा कि पूर्णतया न सही, कुछ बात तो हिन्दी पाठकों तक पहुँचेगी।

पुस्तक में असमिया लोकगीतों का देवनागरी लिप्यन्तरण उसी तरह किया गया है जैसे ये असमिया लिपि में लिखे जाते हैं। किन्तु उनका असमिया उच्चारण भिन्न है। असमिया में व्यंजन-ध्वनि ऐसे लगती है जैसे इनके साथ 'ओ' जोड़ दिया गया हो। इसलिए क, ख, ग आदि की ध्वनि को, खो, गो जैसी होती है। उदाहरणार्थ हिन्दी में लिखे जानेवाले 'कोलकाता' को बांग्ला की तरह असमिया में भी 'कलकाता' ही लिखा जाता है, जिसका ये लोग 'कोलकाता' उच्चारण करते हैं।

असमियाभाषी 'च' और 'छ' की ध्वनि 'स' करते हैं। अत: 'सरकार', 'सिपाही', 'पुलिस', 'सरदार' जैसे शब्दों का मूल रूप में उच्चारण करने के लिए क्रमशः 'चरकार', 'छिपाही', 'पुलिछ', 'चर्दार' लिखते हैं। इसी तरह 'श' 'स' तथा 'ष' का उच्चारण 'ह्' या 'ख्' जैसा करते हैं; उदाहरणार्थ 'सन्तोष', 'सहज', 'असमीया', 'कृषक', 'सोमवार' जैसे शब्दों को लिखेंगे सन्तोष, सहज, असमीया, कृषक, सोमवार ही, किन्तु बोलने में क्रमशः 'ह्न्तोख्' 'ह्हज', 'अखमीया', 'कृखक', 'ह्ोमबार' जैसी-सी ध्वनि उच्चारेंगे। यही सोचकर देवनागरी लिप्यन्तरण के सामने असमिया-ध्वनि को भी इटालिक में लिखा है। ऐसा न करने पर हिन्दीभाषी पाठक असमिया को हिन्दी की ध्वनि में ही पढ़ते।

मैं यदि साहित्यकार होता तो कदाचित् पुस्तक की भाषा और सरस होती। अपनी लेखकीय कमजोरियों को भी मैं जानता हूँ, इसलिए पुस्तक लिखते समय मैंने इसे पचासों बार पढ़ा होगा तथा मित्रों को भी पढ़ाया और अपने लेखन में सुधार करता गया। इन सभी मित्रों का मैं हृदय से आभारी हूँ। यहाँ अपने भानजे डॉ. बालकृष्ण जालान का आभार मानता हूँ जो पेशे से चिकित्सक होकर भी साहित्य में रुचि और असमिया भाषा पर अपनी पकड़ रखते हैं। असमिया ग्रन्थों की कोई बात जब-जब मुझे समझने में कठिनाई हुई, तब-तब इन्होंने अपना घण्टों समय देकर मेरी सहायता की है।

भारतीय ज्ञानपीठ के प्रति आभार प्रकट किये बिना बात पूरी नहीं होगी। ज्ञानपीठ के निदेशक डॉ. प्रभाकर श्रोत्रिय ने इस रचना को प्रकाशन के लिए उपयुक्त

समझा, इसके लिए मैं उनके प्रति कृतज्ञता ज्ञापित करता हूँ। इस संस्थान के प्रकाशन अधिकारी डॉ. गुलाबचन्द्र जैन का भी उनके आत्मीय सहयोग के लिए हृदय से आभारी हूँ।

अब पुस्तक जैसी भी है, आपके हाथों में है। असम के बारे में जो भ्रान्त धारणाएँ लोगों के मन में घर किये हैं यदि इसे पढ़कर थोड़ी भी दूर होती हैं और यहाँ के बारे में उनमें अपनापन जगता है तो मैं अपने लेखन को सार्थक समझूँगा।

—सांवरमल सांगानेरिया

अनुक्रम

मायावी कामरूप

एयर बस को हवा में सधे दो-चार मिनट ही हुए होंगे। शुरू के पाँच-सात मिनट तो इसने रेंगने-दौड़ने और जमीन छोड़ने में ही लगा दिये। कोलकाता से गुवाहाटी तक हजार किलोमीटर दूरी रेल से नापने में भले चौबीस घण्टे लगते हों, पर बांग्लादेश पर से इसका हवाई फासला आधा रहकर पचास-पचपन मिनट में तय हो जाता है।

मेरे पास बैठे सहयात्री से बातों-बातों में पता चला कि वह पहली बार असम आ रहा है। उसका मन असम के जादू-टोनों, जंगली जातियों और आतंकवादी संगठनों से सशंकित है। मैंने उसे आश्वस्त किया। शायद उसे एक आत्मसन्तोष हुआ कि चलो यहाँ का रहनेवाला कोई तो मिला। उसकी शंकाओं ने मेरे विचारों को कुरेदा। क्या आज भी यह प्रदेश इतना अनजान है? देश का यह पूर्वी अंचल बाकी प्रदेशों से इतना अलग-थलग-सा क्यों है?

यात्रियों को अल्पाहार देने की औपचारिक-सी आवाज विमान में गूँजी। सहयात्री की शंकाओं ने मेरे सामने रखे नाश्ते को फीका कर दिया। जीभ का स्वाद कसैला हो गया। सहयात्री का प्रश्न मुझे सालने लगा। किसी विदेशी ने ये प्रश्न रखे होते तो समझ सकता था। खैर, इतने कम समय की यात्रा में परिचारिका भी कितनी प्रतीक्षा करती। कुछ खाया, कुछ कुतरा, शेष बचे-खुचे की प्लेट उसने समेटी। मन का जायका ठीक करने आँखों को खिड़की से बाहर भेजा। सूरज की तेज किरणों में चमकते बादलों को विपरीत दिशा में दौड़ लगाते देखा।

इसके साथ-साथ मेरा मन भी दौड़ रहा था। शाम के वक्त पंछी के घोंसले में लौटने जैसी ही तड़प गुवाहाटी पहुँचने की मेरे मन में थी। मेरा घर-परिवार भले ही मुम्बई में है किन्तु मेरा बचपन तो गुवाहाटी में बीता है। वहीं पला, पढ़ा, बड़ा हुआ। एक मेरी जन्मभूमि है तो दूसरी कर्मभूमि। इस बार तो तीन महीने बाद ही असम आना हो गया। एक घर से दूसरे घर तक की तीन हजार कि.मी. की दूरी। इसे जल्द तय करने की मितव्ययी राह यह निकाली कि मुम्बई से कोलकाता तक रेल से और आगे हवाई रास्ते यात्रा की जाए। दादर-गुवाहाटी एक्सप्रेस को फिर नहीं दोहराना चाहा। यह भी हमारी सरकार की गति से चलती है। दोनों अपने-अपने स्वभाव से विवश। वैसे भी इस भाग की उपेक्षा तो केन्द्र सरकार ने शुरू से ही की है, फिर

रेलवे ही क्यों कोई अपवाद रहती भला?

बादलों के घूँघट से झाँकती असम की धरती को स्पष्ट होते देर नहीं लगी। जमीन निकट होती जा रही थी। विमान के जमीन पर उतरने की फिर वही अदृश्य आवाज विमान में तैरी। खिड़की से दिखते दृश्य के सम्मुख उस अपरूप नाद में भला क्या आकर्षण होता! चेतना को कानों की बनिस्बत दृष्टि-पटल से तार जोड़े रखना ज्यादा सुखकर लग रहा था। मन का कसैलापन आँखों ने जैसे सोख लिया।

मुम्बई पानी के बीच बसा है, फिर भी प्यासा। और असम में चारों ओर पानी-ही-पानी। वहाँ की समुद्री हवा में चिपचिपापन है। यहाँ की हवा और धरती में ब्रह्मपुत्र की नमी पगी है। मेरे नयन थे कि नीचे मोरपंखों की तरह बिखरी पहाड़ियों को एकटक निहार रहे थे। पहाड़ी चोटियों पर उग आईं मोरपंखी आँखें भी मानों मेरे नैनों में झाँकना चाह रही थीं।। उन मोरपंखों के छापे प्रकृति स्वरूपा असमिया-सखि ने अपने मेखला पर टाँक रखे थे और नीचे बहते ब्रह्मपुत्र[1] की जल-धारा को उसने *चादर (*ओढ़नी*)* की भाँति लपेट रखा था। इसकी मझधार के बीच स्वतः ही उभर आयी *चापरियाँ* [2] उसके आँचल पर छोटी-बड़ी बूटियों की मानिन्द टँकी थीं।

धरती से निरन्तर बढ़ती निकटता के साथ दृश्य स्पष्ट होते गये। असम शैली में बने मकान छोटे-छोटे खिलौनों जैसे दिखने लगे। घरों की ढलुवा नालीदार टीन की छतें साफ दिख रही थीं। ये ढलानदार छतें ही हैं जो असम की भयानक वर्षा के जल को तुरन्त बहा देती हैं। नदी-पहाड़ों को समेटे असम की काया शस्य श्यामला है। गुवाक और नारियल वृक्षों के झोंप के झोंप। नीचे दिखते इन वृक्षों की फुनगियों को मानो छूता हुआ विमान धरती पर उतर रहा था। नगर किसी बगीचे के बीच बसे होने का एहसास दे रहा था। ये दृश्य आँखों में पूरी तरह समा भी नहीं पाये कि उन पर धीरे-धीरे यवनिका गिरती जा रही थी। अब मेरा मन थोड़ा आश्वस्त हुआ। असम की प्रकृति के संग तो अभी कुछ महीने रहकर विहार करना है। यह नित नये रूप-शृंगार धरकर अपने लावण्य का रसास्वादन कराएगी।

प्राग्ज्योतिषा धरती की गोद का स्पर्श पाकर विचारों ने करवट बदली। आज यहाँ पाँव रखना कितना सहज हो गया है। दो-सवा दो सौ साल पहले अपने आत्मीय-जनों को छोड़कर यहाँ आये हमारे राजस्थानी पूर्वजों का आगमन क्या किसी साहसिक अभियान से कम था? उन्होंने अपने घरवालों को तरह-तरह से

---

1. ब्रह्मपुत्र *:* ब्रह्मपुत्र पुलिंग है। इसके सिवाय सिन्धु और सोनभद्र (सोन) भी नद हैं।
2. *चापरियाँ* : प्राकृत रूप से नदी में बने बालू-द्वीपों को असमिया में *चापरि* कहते हैं। ब्रह्मपुत्र इन चापरियों से मानों आँखमिचौनी का खेल खेलता है। जलधारा के बीच ये उभरती हैं फिर उसी जल में समाहित हो जाती हैं, किन्तु कुछ स्थायी होती हैं जिनकी सीमा-रेखाएँ घटती-बढ़ती रहती हैं। वैसे ज्यादातर चापरियाँ अस्थायी ही होती हैं।

समझा–फुसलाकर इधर का रुख किया होगा। उस जमाने में यहाँ के बारे में लोगों के मन में अजीबोगरीब कल्पनाएँ घर किये थीं। अकेले पुरुष को असम जैसे दूर दिसावर भेजती औरतें शंकालु हो कहा करती थीं—'मत ना सिधारो पूरब री चाकरी'। उन्हें भय था कि क्या पता कामरूप रूपसी कामिनियाँ कोई 'कामण' (वशीकरण) कर उन्हें भेड़–बकरा बनाकर अपने पास ही न रख लें। यहीं की तो रानी मृणावती थी जिसके काम–केशों की घनी छाँव तले गुरु मछिन्दरनाथ जैसे महायोगी भी अपना जप–तप सब कुछ बिसरा यहीं रम गये। वह तो गोरखनाथ थे कि 'जाग मछिन्दर गोरख आया' की अलख जगाकर अपने गुरु को उस मोहपाश से छुड़ा लाये। आदि शंकराचार्य की कामरूप–यात्रा के समय उनके रूप पर भी यहाँ की रूपसियाँ रीझ गयी थीं। वे उन कामरूपाओं के मोहपाश में नहीं फँसे तो उन्होंने ऐसा तन्त्र–मन्त्र किया, बताते हैं कि उन्हें भगन्दर रोग हो गया।

साहसी नर फिर भी इस मायाभूमि पर आये। क्या था उनके पास अपने साहस के सिवाय! उन्होंने कितने कष्ट सहे होंगे इस अगम्य भूमि तक पहुँचने के लिए। अनजाना देश–प्रान्तर, अनजानी राहें, अनजाने लोग, अनजानी भाषा, अनजाने रीति–रिवाज—सबकुछ ही तो अनजाना था, उनके लिए। यहाँ का भूगोल किसी परिकथा के राक्षस की तरह उनके लिए भयावह था। जंगल, पहाड़, दलदल, मच्छर, मलेरिया, पेचिश, साँप, वन्य पशु क्या कुछ नहीं था जिससे वे त्रस्त नहीं हुए। अपनी जन्मभूमि की विषम प्राकृतिक, राजनीतिक और सामाजिक परिस्थितियों के चलते बनी उनकी तात्कालिक आवश्यकताएँ और महत्त्वाकांक्षाएँ ही थीं जो इस दूर–दराज के क्षेत्र में वे लोग आये। यहाँ वर्षों लम्बी मुसाफिरी कर चार–छह महीनों वास्ते वे अपने देश लौटते थे। पहले आकर जम गये कुछ लोगों के सिवाय यहाँ चार पैसे कमा लेना कितना श्रम साध्य था।

धीरे–धीरे उन्होंने यहाँ की बोली सीखी, तीज–त्यौहारों को थोड़ा जाना–समझा। अपने खान–पान को यहाँ की उपज चावल के अनुरूप बनाया। भात न खाने के आदी रहे उन लोगों ने गेहूँ के अभाव में चावल के आटे से रोटी बनाकर खायी। असमिया लोगों की भाँति धीरे–धीरे उन्होंने भी *खार खोवा असमिया* बनने के प्रयास किये। तब यहाँ नमक का बहुत अभाव था, थोड़ा–बहुत बंगाल से आता था। स्थानीय लोग केले के गाछों को जलाकर उसकी राख से बने खार को नमक की तरह काम में लेते थे, जिससे बनी उक्त कहावत आज भी प्रचलित है।

यहाँ प्रचलित मत्स्य–मांसाहार को तो वे नहीं अपना पाये, मगर यहाँ होनेवाली शाक–सब्जियों के खट्टे–तीखे स्वाद को उन्होंने अपनाया। यहाँ बाँस की

कोमल जड़ों से *खोरिचा* नामक खट्टा साग बनता है, कुछ लोग इसका अचार भी बनाते हैं। आज भी असमिया घरों में खोरिचा का उपभोग होता है। यहाँ आकर बसे लोगों की बाद की दो-तीन पीढ़ियों ने भले इसका स्वाद न चखा हो किन्तु अपने बड़े-बूढ़ों से ये बातें हमने सुनी हैं।

अपनी आजीविका के लिए उन्होंने दूर-दराज की *गाँवलिया* (गँवई) हाटों में बैलगाड़ी, रिक्शा, साइकिल या फिर नावों से जा-जाकर अपना माल बेचा। वन-पर्वतों पर आबाद जनजातीय गाँवों तक में जाकर बसे। वहाँ लोगों को जीने की जरूरी चीजें जुटाकर बेचीं और अपना जीविकोपार्जन भी किया। उन्होंने *लाहे-लाहे* (धीरे-धीरे) यहाँ के विकासक्रम में अपनी पैठ बनायी। कतिपय लोगों ने कस्बों-शहरों में गल्ला-कपड़ा की छोटी-छोटी दुकानें सजायीं। बाँस और फूस से बने झोंपड़ों में बाँस से ही बनी खटिया पर अपनी वीरान रातें बितायीं। अपने परिवार को यहाँ बुलाने के बारे में तो उन्होंने बहुत बाद में सोचा। यहाँ के प्रति उनमें पहले अपनापन जागा, फिर धीरे-धीरे यहाँ की भाषा-संस्कृति से वे एकाकार होते गये।

विमानतल के परिसर में प्रवेश करते-करते बाहर खड़े लोगों पर नजर चली गयी। गाँवों के लोगों के लिए वायुयान आज भी एक अजूबा है। इनमें किशोरवय का समावेश ही ज्यादा था। उनके निश्छल चेहरों की स्निग्ध मुस्कान बता रही थी कि इस विशाल पंछी को जमीन पर उतरते देख वे अभिभूत थे। उनमें खड़ी लड़कियों की चारखाने की रंग-बिरंगी पोशाकें कह रही थीं कि वे मेघालय के पहाड़ों से उतरकर आयी थीं। इतने बड़े बाज को देखने तीस-चालीस कि.मी. की दूरी अपनी जीप या बस में नापते देर ही कितनी लगी होगी उनको!

सामान का इन्तजार करना भी एक बोरियत है, पर चारा भी क्या था! सहयात्री के प्रश्नों ने अभी भी मुझे घेर रखा था। सात प्रदेशों में बँटे इस क्षेत्र की भौगोलिक-ऐतिहासिक स्थितियाँ क्या रही हैं? इन प्रश्नों के उत्तर खोजने में मन चलायमान था।

परिसर में भीड़ हो जाने से उमस हो गयी। मार्च खत्म ही हुआ था। यहाँ तो अप्रैल से चलनेवाली मानसूनी हवाएँ उमस के साथ जल की फुहारों से शीतलता भी ला देती हैं। वैसे तो यहाँ वर्षा करीब बारह मास ही होती है परन्तु अप्रैल से सितम्बर तक इसका जोर रहता है। अक्तूबर से शुरू होनेवाली सर्दी में सुबह का सूरज कोहरे में छिपा उगता है। दिसम्बर से फरवरी तक जाड़े के मौसम में तापमान 5^0 सेल्सियस तक गिर जाता है। ऐसे में बरसात हो जाने पर ठिठुरते लोगों को आग की समीपता कैसी सुहाती है! प्रकृति ने मानो पूर्वोत्तर के सातों प्रदेशों को अपने हाथों सँवारा है। अरुणाचल हिमालय की पर्वत श्रेणियों की गोद में बसा है। असम को

ब्रह्मपुत्र और बराक घाटियों के अलावा मिकिर, कार्बी आंगलांग और उत्तरी कछार के पहाड़ उपहार में मिले हैं। पाटकाई की पर्वत श्रेणियाँ नगालैण्ड से मणिपुर तक फैली हैं तो मिजोरम लुशाई (मिजो) पहाड़ पर बसा है। मेघालय के पूरब में जयन्तिया, पश्चिम में गारो और मध्य में खासी पहाड़ इस प्रदेश की शोभा बढ़ाते हैं। हाँ! त्रिपुरा के मैदानी भाग में बस छोटी-छोटी पहाड़ियाँ ही हैं।

मनुष्य की खाद्य रुचि पर जलवायु व भौगोलिक परिवेश का प्रभाव पड़ना स्वाभाविक है। यहाँ की मुख्य कृषि उपज *चाउल* (चावल) की विभिन्न प्रजातियाँ *आहू बाओ* और *शालि* हैं। चावल की एक अच्छी सुस्वादु जाति *जोहा* है। इसकी भी अनेक किस्में हैं—सफेद जोहा, काला जोहा, खोरिका जोहा, मागुरी जोहा, प्रसादभोग जोहा, मोहनभोग जोहा, रामपाल जोहा, यउनी जोहा, माणिकी मधुरी जोहा, मालभोग जोहा, नवाबी जोहा, कुणकुणी जोहा आदि। इस लम्बी फेहरिस्त को गिनते-गिनते रामपाल जोहा से पके भात की गन्ध-स्वाद मेरे मन पर भी उतर आये।

धान तो असम की लोक-संस्कृति का अभिन्न अंग है। धान मातृशक्ति और पौरुष दोनों का प्रतीक है। धान के गर्भ से ही चावल निकलता है। यहाँ की लोककथा के अनुसार पहले चावल पर धान का छिलका नहीं था। एक बार किसी लालची ब्राह्मण को खेत में लगे पौधों से चावल तोड़कर खाते देख *लखिमी* (लक्ष्मी) ने चावल पर धान का खोल चढ़ा दिया। तभी तो यहाँ के लोग *भँराल* (कोठा) में धान रखकर *चाकि* (दीप) जलाते हैं। पता नहीं लक्ष्मी का वहाँ कब प्रवेश हो जाए। भँराल से धान निकालने के पहले दिन भी वहाँ *शराई*[1] में गुड़-चीनी, केला-ताम्बूल आदि का नैवेद्य रखा जाता है।

चावल से बननेवाले चिवड़ा, मुड़ी, खोइ और भात का स्वाद तो कई बार मैंने चखा होगा पर यहाँ के जलपान कोमल चावल या फिर पहाड़ी जनजातियों द्वारा बाँस के *चुँगे* (चोंगे) में सामिष और निरामिष पकनेवाले भात के बारे में सुना भर ही है। यहाँ खाद्य वस्तु को कूटना, राँधना और परिवेषण करना भी नियमबद्ध होता है। रात में जैसे दही और तीता, माछ-मांस खाने के बाद दूध, खट्टा, तीता और खार एक साथ खाना निषेध है। वैसे ही एकादशी, पूर्णिमा आदि पवित्र तिथियों को सामिष खाना असमी लोगों में निषेध है। हाँ, यहाँ के ब्राह्मणों को माछ-मांस खाने की कोई मनाही नहीं है।

चाय, तेल, लकड़ी और प्लाईवुड को यदि असम के पर्यायवाची नाम कहें तो क्या गलत होगा! पूर्वोत्तर की भरपूर वन-सम्पदा में बाँस और बेंत का भी शुमार है।

---

1. *शराई* : धातु या काठ की स्टैण्डदार गोल तश्तरी। इसे *बोटा* भी कहते हैं।

यहाँ के जंगलों में हालोंग पेड़ तो बीस फुट गोलाईवाले और सौ-सवा सौ फुट तक लम्बे होते हैं। यहाँ इमली, नीम, बरगद, साल, खोकन, पोमा, तितासोपा, बादाम, होलक, सागौन के सिवाय बुला पेड़ की एक अच्छी प्रजाति भी होती है। यहाँ पूर्वी जंगलों में पाये जानेवाले हालोंग, नाहर और मकाई जैसे कीमती पेड़ों से बननेवाली प्लाईवुड और वनों से कटी लकड़ी देश की करीब आधी जरूरत पूरी करती थी किन्तु सुप्रीम कोर्ट द्वारा जंगल काटने पर प्रतिबन्ध लगाने से काठ का व्यवसाय जहाँ चौपट हुआ वहीं प्राय: प्लाईवुड फैक्टरियाँ भी बन्द हो गयीं।

असम के जंगल में अगरू के मूल्यवान पेड़ भी होते हैं जिसकी लकड़ी से तेल निकालने में होजाई के मुस्लिम श्रमिक सिद्धहस्त हैं। यह तेल प्रसाधन उद्योगों में काम आता है। अगरू की लकड़ी और इसके तेल की अरब देशों में हमेशा रहनेवाली माँग को पूरी करने के लिए इसके व्यापारियों ने मुम्बई की नागदेवी स्ट्रीट में एक छोटा-सा *होजाई* ही बसा दिया है।

असम में खनिज तेल का तो अपार भण्डार है। भारत में तेल का करीब 50% यहीं से निकलता है। इसके चलते शुरू में डिगबोई में लगाई गयी तेल रिफाइनरी के करीब सत्तर वर्ष बाद जाकर नूनमाटी (गुवाहाटी) में रिफाइनरी लगी। अब बंगाई गाँव और नूमलीगढ़ में और दो रिफाइनरियाँ लगी हैं पर सभी कच्चे तेल की हैं। यहाँ के पूर्व-दक्षिण में कोयला-खदानें हैं। आज भी पाँच हजार टन कोयला यहाँ रोज निकल जाता है। यहाँ मिलनेवाले लाइम-स्टोन (चूना-पत्थर) की बहुतायत के चलते दो-तीन सीमेंट फैक्टरियाँ अवश्य लगी हैं।

असम के चाय बागानों को देखने के लिए कौन नहीं ललचाएगा! इन बागानों में ही तो देश की 50% चाय होती है जिसका स्वाद न केवल देश में, बल्कि विदेश में भी चखा जाता है। इसके निर्यात से अच्छी-खासी आमदनी होती है। इन थोड़े-बहुत औद्योगिक विकासों के अलावा यहाँ और भी उद्योग लगने की सम्भावनाएँ हैं किन्तु यह सब क्यों नहीं हो पाया? शिक्षा-क्षेत्र में भी यहाँ के लोग पिछड़े नहीं हैं फिर भी यहाँ के सातों राज्य आज अल्पविकास और उथल-पुथल के दुष्चक्रों के बीच फँसे सिसक रहे हैं तो कौन जिम्मेदार है? यहाँ नित नये आन्दोलन और अलगाववादी प्रवृत्तियाँ जब-तब जोर पकड़ लेती हैं तो कभी उग्रवादी-आतंकवादी अपने फन उठाये खड़े हो जाते हैं। सौ से ज्यादा छोटी-बड़ी नदियों को यह क्षेत्र अपने में समेटे है। इनमें हर वर्ष आनेवाली बाढ़ ने भी यहाँ के विकास में रोड़े अटकाये हैं। कटाव से अब तक लाखों वर्ग कि.मी. भू-भाग नदियों में समा गया है। क्या इस समस्या को कभी राष्ट्रीय परिप्रेक्ष्य में देखा गया है?

असम के भूगोल की तरह यहाँ का इतिहास भी अपना एक गौरवपूर्ण स्थान रखता है। यहाँ कभी एक विशाल साम्राज्य था। यहाँ की सीमा के अन्तर्गत कभी

बांग्लादेश के रंगपुर और मैमनसिंह जिले थे। बिहार के पूर्वी भाग पूर्णिया के कुछ हिस्से भी इसमें समाहित थे। त्रिपुरा भी इसी राज्य का अंग था। यहाँ सोलहवीं शताब्दी में लिखे गये 'योगिनी तन्त्र' के अनुसार यह पूरा क्षेत्र रत्नपीठ, कामपीठ, स्वर्णपीठ और सौमारपीठ नामक चार पीठों में विभाजित था। परम्परागत रूप से जब असम का नाम आता है तो उसमें आज का असम, अरुणाचल, नगालैण्ड, मणिपुर, मिजोरम, त्रिपुरा, मेघालय सब सम्मिलित होते हैं।

अब तक तो धूप खिली थी। एकाएक बदली छा गयी! बूँदा-बाँदी भी होने लगी। सामान आने में अभी देर थी। परिसर की घुटन-भरी उकताहट से बचने और भीगे मौसम का हुलास लेने थोड़ी देर बाहर चला गया। बारिश की फुहारों में भीगी ब्रह्मपुत्र-घाटी की माटी की सोंधी गन्ध एक अन्तराल बाद मेरे नथुनों में समायी। बाहर खड़ी रंग-बिरंगी कारें बौछारों में धुलकर निखर आयी थीं। वे कारें ज्यादातर टैक्सियाँ थीं। यहाँ असम में टैक्सियाँ न तो यूनीफॉर्म कलर में रंगी होती हैं और न ही इनके मीटर होते हैं। दरअसल इन्हें टैक्सी के रूप में रजिस्टर्ड ही नहीं करवाया जाता। टैक्सी स्टैण्ड के पास फुटपाथ पर बनी गुमटी की लाल चाय में पगा असमिया स्वाद दूधदार चाय में कहाँ! यहाँ के लोग अमूमन बिना दूध की लाल चाय ही पीते हैं। स्वाद के लिए इसमें अदरक और कभी-कभार थोड़ा-सा नीबू निचोड़कर पीना भी ये पसन्द करते हैं।

चायवाले के पास ही पान-दुकान के नाम पर एक ठीहा लगा था। ठीहे पर असमिया-पान के पत्ते, स्टील के कटोरे में *तामोल* (ताम्बूल[1]) के मोटे-मोटे कटे टुकड़े और एक छोटे-से डिब्बे में भीगा चूना भर था। मोढ़े पर बैठी गाँवलिया दुकानदारिन कटारी से ताम्बूल छील रही थी। उसके पास ही जमीन पर उसका दो-एक साल का बच्चा खेल रहा था। ताम्बूल की जटा उतार उसकी छिलाई कर चार-पाँच टुकड़ों में काटना सबके बूते की बात नहीं। उसका ज्यादा ध्यान ताम्बूल पर चलती तेज कटारी पर था। जरा-सी चूक हुई न कि हाथ लहूलुहान हुआ। मैंने उसके सामने एक रुपया रखा और कटोरे से ताम्बूल का एक टुकड़ा बीनकर उसकी जात जानने उसे सूँघा। बू लेते ही समझ गया कि वह बूढ़ा ताम्बूल है। यहाँ बिन

---

1. *ताम्बूल* : साधारणतया ताम्बूल का माने 'पान' और संस्कृत में भी 'नागवल्ली पत्रम्' ही है, परन्तु असमिया में इसका अर्थ कोमल सुपारी है। असम में पके या सूखे ताम्बूल को सुपारी कहते हैं। यहाँ 'ताम्बूल-पान' यानी पान के पत्ते पर चूना लगाकर उसके साथ कच्चा ताम्बूल खाने का ही ज्यादातर प्रचलन है जो पूर्वोत्तर के राज्यों के सिवाय कहीं भी नहीं है। असम में निमन्त्रण, सम्मान, विवाह, पूजा के नैवेद्य आदि भी इसके बिना पूरे नहीं होते।

छिले ताम्बूलों को जूट की बोरी में या फिर जमीन में गाड़कर कुछ दिन छोड़ देने से इनमें एक अलग तरह की महक आने लगती है। किसी को यह गन्ध गमकाती है तो किसी को सड़ियल लगती है। उसके पास नया ताम्बूल नहीं था। चूने में डूबी दातुन जैसी डण्डी से थोड़ा-सा चूना पान पर लगाकर बूढ़ा ताम्बूल रख मुँह में दबाया। असमिया परम्परा है कि आगन्तुक का स्वागत ताम्बूल-पान से किया जाता है। वहाँ कौन था भला जो इस परम्परा को निभाने की औपचारिकता निभाता? मैंने स्वयं ही अपनी अभ्यर्थना कर मन में सन्तोष किया।

परिसर में लौटा तब भी मेरा सामान नहीं आया था। मन में छिपे प्रश्न फिर मेरे सामने आ खड़े हुए। सात भागों में बँटे इस पूर्वोत्तर का अतीत क्या रहा होगा। घुमन्तू पट्टे पर मेरी आँखें टिकी थीं। इसके संग ही एक घूर्णन मेरे मन में कामरूप के अतीत के बारे में चल रहा था। बालपन में गुवाहाटी की घुमक्कड़ी करते-करते संस्कारों में घुले पौराणिक आख्यान मेरी स्मृति पर तैरने लगे।

रामायण और महाभारत युग में यह क्षेत्र प्राग्ज्योतिष, फिर कामरूप नाम से जाना जाता था। कामरूप नाम पड़ने के बारे में एक पौराणिक कथा है—घोर तपस्या में मग्न देवाधिदेव महादेव की समाधि को येन-केन-प्रकारेण भंग करने कामदेव ने उनपर अपने कुसुम-धनुष से बारी-बारी पंच-बाण—अरविन्द, अशोक, आम्र, नवमल्लिका और नीलोत्पल चलाये। इससे क्रोधित हो शंकर ने अपने तीसरे नेत्र से उसे भस्म कर दिया। उसकी पत्नी रति ने शिवाराधना की, तब उसे आदेश हुआ कि कामदेव की भस्मी लेकर प्राग्ज्योतिषपुर जाए। आखिर शिव-कृपा से उसे यहीं नया रूप मिला था, तब से यह क्षेत्र कामरूप कहलाने लगा। इसका उल्लेख आठवीं सदी में लिखे गये प्राचीन ग्रन्थ 'कालिका पुराण' में भी है—*शम्भुनेत्राग्निनिर्दग्धः काम शम्भोरनुग्राहत्। तत्र रूपं यतः प्राण कामरूपं ततोभवत्।*

शिव के उपासक किरातों की चर्चा महाभारत में है। असम में लिखे गये योगिनी तन्त्र में इनके कैरातज धर्म को इस प्रकार परिभाषित किया गया है—

सर्व्वेशी योगिनीपीठे धर्म्म कैरातजः मतः॥
कामरूपे न संन्यास्तथा दीर्घ व्रतम् प्रिये।
न त्यजेत् सामिषं देवी ब्रह्मचर्य्यामतं न च॥
संसर्गात् पातकं नैव स्त्रीधर्म्मे धर्म्ममाश्रयेत्।
न शुक्रदर्शनम् स्त्रीनां ताम्बूलाशा सदा भवेत्॥
हंस पारावतं भक्ष्यम् कूर्म्मवराहमेव च।
कामरूपे परित्यागाद्दुर्गतिस्तत्र सम्भवेत्॥

अर्थात् कामरूप का धर्म किरात जाति से जन्मा है। इसमें संन्यास विधि या दीर्घकालीन व्रतों का विधान नहीं है। कामरूप में मत्स्य-मांस की निषेधाज्ञा और ब्रह्मचर्य भी नहीं है। यहाँ संसर्ग दोष यानी जातिभेद भी नहीं है। स्त्री के ऋतुरक्षा धर्म को मान्यता है। यहाँ शुक्र-दर्शन की आवश्यकता नहीं, यानी शुक्र के अस्त होने का विचार नहीं किया जाता है। यहाँ स्त्रियाँ सदैव ताम्बूल खाती हैं। हंस, कबूतर, कछुवा, सूअर सभी यहाँ भक्ष्य हैं। कामरूप में इनके परित्याग से दुर्गति सम्भव है।

आज के बोड़ो और इसकी उपजातियाँ कछारी, डिमासा, कोच, लालूंग, गारो, राभा आदि की तरह हजारों वर्षों से पहाड़ों पर रहनेवाली खासी-जयन्तिया, कार्बी, नगा, मिजो (लुशाई), मिकिर आदि जनजातियाँ ही क्या पौराणिक किरात नहीं हैं? इनके बारे में पाश्चात्य विद्वानों ने कहा कि ये सब भी आर्यों की भाँति भारत के बाहर से आये थे। क्या इसे ही सच मान लिया जाए? इनके बाहर से आने के बारे में किसी वेद-वेदान्त-पुराण, शास्त्र, साहित्य, यहाँ तक कि असम में लिखे गये कालिका पुराण या किसी जनश्रुति तक में इस बात का कोई उल्लेख नहीं मिलता।

बोड़ो नाम से मन में इनकी आजकल की आतंकवादी छवि उभरती है। असम में रहनेवाले अन्य प्रान्तों के लोग भी जब इनके बारे में ठीक से नहीं जानते, तब देश के लोगों से तो अपेक्षा ही क्या रखी जा सकती है? असम की सम्पूर्ण जनजाति का 45 प्रतिशत भाग ये बोड़ो हैं। इनकी दो शाखाएँ थीं—कोच राजवंश और कछार राजवंश। अँग्रेजों के आने तक इनके छोटे-छोटे राज्य थे। कोच राज्य उत्तर बंगाल में था। ये उत्तर बिहार, नेपाल के दक्षिणांचल में मेस आदि विभिन्न नामों से रहते हैं। बोड़ो के पाँच समूह हैं—बोड़ो-कछारी, राभा, लालूंग (तिया), सोनवाल और चुटिया। ये मैदानी जनजातियाँ पूरी ब्रह्मपुत्र घाटी के अलावा दीमापुर व उत्तरी कछार के साथ ही त्रिपुरा में विभिन्न नामों से रहती हैं। बोड़ो-कछारी ही डिमासा-कछारी कहलाने लगे। स्थानों के बदलाव के संग-संग इनके कुछ आचार-विचारों में भेद भी देखने को मिलते हैं।

ये सभी जनजातियाँ किसी-न-किसी रूप में शिव-पार्वती की आराधक रही हैं। बोड़ो में शिव की *बाथौ बूढ़ा* और पार्वती की *बाथौ बूढ़ी* के नाम से आज भी पूजा होती है। बाथौ का दूसरा अर्थ पंच तत्त्व भी है। *बा* माने पाँच और *थौ* का अर्थ तत्त्व है। ये लोग पंच तत्त्वों के प्रतीक *सिजू* पौधे की पूजा करते हैं, जिसकी प्राकृतिक रूप से मात्र पाँच शाखाएँ ही होती हैं।

बोड़ो वैसे पितृप्रधान हैं किन्तु कहीं-कहीं ये मातृसत्तात्मक भी हैं। इनमें विधवा विवाह भी मान्य है। इनका कर्मफल और पुनर्जन्म पर विश्वास है। अग्नि को ये सत्य का प्रतीक, जीवन्त और पवित्र मानते हैं। इनके विवाह, पूजा-पाठ, मृत-श्राद्ध वगैरह अग्नि के बिना सम्भव नहीं।

इस बात का शायद कोई विश्वास न करे यदि पूर्वोत्तर की जनजातियों के बारे में यह तथ्य उजागर हो कि इनमें कई चन्द्रवंशी थे और इनकी कन्याओं के साथ महाभारत काल में द्वारका-हस्तिनापुर के राजपुरुषों ने अपने वैवाहिक सम्बन्ध बनाये थे। पौराणिक कथानुसार चन्द्रवंशी राजा पुरूरवा के वंशज नहुष के पुत्र ययाति का बुढ़ापा स्वीकार करने से उसके जिन चार पुत्रों यदु, तुर्वसु, द्रुह्यु और अनु ने मना किया था, उन्हें राज्य से निष्कासित कर दिया गया। छोटा बेटा पुरु पिता के बुढ़ापे को स्वीकार कर अपना यौवन उसे देने के कारण पिता का उत्तराधिकारी बना। इसी पुरु के कुल में आगे चलकर कौरव-पाण्डव हुए।

निर्वासित द्रुह्यु ने पूर्व-दक्षिण दिशा में गंगासागर स्थित कपिलाश्रम क्षेत्र में आकर अपना राज्य स्थापित किया। उसके वंशज प्रतर्दन ने वहाँ से बढ़ते हुए ब्रह्मपुत्र और कपिली नदी क्षेत्र से आगे त्रिगर्त (वर्तमान त्रिपुरा) तक अपने राज्य का विस्तार किया। इसके बाद प्रतर्दन के कुल का चित्रायुध युधिष्ठिर के राजसूय यज्ञ में सम्मिलित होने इन्द्रप्रस्थ गया था। वहाँ उसे भेंट स्वरूप मिले श्वेत-छत्र की पूजा आज भी त्रिपुरा के राजघराने में एक निश्चित दिन की जाती है। चित्रायुध के महाप्रतापी पौत्र त्रिपुर के नाम पर त्रिगर्त ही त्रिपुरा कहलाने लगा। इस प्राचीन त्रिपुरा राज्य के मूल निवासी भी किरातवंशी ही थे। बांग्लादेश के वर्तमान सिलहट (श्रीहट्ट) और चटगाँव (चट्टग्राम) भी इसी राज्य के अन्तर्गत थे।

प्राग्ज्योतिषपुर या कामरूप का रामायण, श्रीमद्‌भागवत, हरिवंश, विष्णु, वायु, अग्नि, मत्स्य, ब्रह्माण्ड, मार्कण्डेय आदि पुराणों में ही नहीं कालिदास कृत रघुवंश में रघु के दिग्विजय प्रसंग में भी उल्लेख मिलता है।

प्राग्ज्योतिष में शासन करनेवाले महीरंग दानव के बाद इटकासुर, शम्बरासुर, रत्नासुर और घटकासुर नामक चार और राजा हुए। घटकासुर को मिथिला के राजा जनक के पौष्य पुत्र नरक ने मारकर वहाँ का राज्य अपने अधीन कर लिया। नरक विष्णु के वराहावतार के समय पृथ्वी का उद्धार करते समय दोनों के समागम से पैदा हुआ। भूमि-पुत्र होने के कारण वह भौमासुर भी कहलाया। नरक का लालन-पालन जनक ने किया। महाविक्रमी नरक विष्णुभक्त था और विष्णु के कहने पर ही उसने यहाँ के जाग्रत कामाख्या पीठ पर एक भव्य मन्दिर बनवाया। नरकासुर का विवाह द्वापर के अन्त में विदर्भ की राजकन्या मायादेवी से हुआ जिसके गर्भ से भगदत्त नामक पुत्र पैदा हुआ।

श्रीकृष्ण का इस क्षेत्र में बार-बार आगमन हुआ। उनकी पटरानी रुक्मिणी यहाँ के वर्तमान सदिया के पास स्थित विदर्भ के राजा भीष्मक की पुत्री ही थी। भीष्मक की राजधानी कुण्डिल नगर कुण्डिल नदी के तट पर बसी थी। उसके

रुक्मी आदि पाँच पुत्रों के सिवाय एक कन्या रुक्मिणी थी। रुक्मिणी ने श्रीकृष्ण के गुणगान सुनकर मानसिक रूप से उनका अपने पति रूप में वरण किया था जबकि रुक्मी उसका विवाह शिशुपाल से कराने को उद्यत था। रुक्मिणी के बुलावे पर श्रीकृष्ण दल-बल सहित यहाँ आए और उसका हरण कर द्वारका ले गये। कोई चाहे तो श्रीमद्‌भागवत, हरिवंश और विष्णु पुराण के पन्नों पर इस कथा को पढ़ सकता है।

कुछ को भ्रम है कि भीष्मक का राज्य महाराष्ट्र स्थित विदर्भ में था, लेकिन सदिया के पूर्व में करीब 40 कि.मी. की दूरी पर कुण्डिल नदी के किनारे बिखरे पड़े ध्वंसावशेष राजा भीष्मक के प्रागैतिहासिक नगर कुण्डिल नगर की ऐतिहासिकता प्रमाणित करते हैं। इतना ही क्यों, अरुणाचल के लोहित जिले की दिबांग घाटी के घने जंगलों में अँग्रेज कर्नल एस.एफ. हैनॉय ने सन् 1844 में ही भीष्मक के किले का पता लगाया था। लगभग बीस हजार वर्ग फुट में फैला यह किला वास्तु नियमों के अनुसार निर्मित था। यह भीष्मकनगर तेजू से 80 कि.मी. दूर स्थित है। अब सन् 1967 में हुए उत्खनन में राजप्रासाद के अवशेष भी मिले हैं।

भीष्मकनगर से दस कि.मी. की दूरी पर स्थित ताम्रेश्वरी देवी के प्राचीन मन्दिर में ही तो रुक्मिणी देवी-पूजा करने जाती रही होगी। इस देवी को लोहित जिले के निशी और इदुमिशमी जनजातीय लोग *केंचाइखाती गोंसानी* कहते हैं। निशी जनजाति अपने को श्रीकृष्ण के सैनिकों के वंशज और इदुमिशमी अपना सम्बन्ध रुक्मिणी से मानते हैं। रुक्मिणी-हरण के समय उसका भाई रुक्मी श्रीकृष्ण से संघर्ष कर पराजित हुआ था। श्रीकृष्ण ने अपने साले को जीवनदान देकर सजा के रूप में उसके बाल काट दिये थे। इदुमिशमी आज भी अपने बालों को पीछे से काटकर माथे के आगे बालों का जूड़ा बनाकर उसमें आड़ी लकड़ी खोंचते हैं। और तो और, इस क्षेत्र में परवर्ती हुए समृद्धशाली चुटिया राज्य के वंशज आज भी अपने को राजा भीष्मक की सन्तान ही मानते हैं।

उधर नरक के स्वभाव में परिवर्तन आया और वह अत्याचारी बन गया। उसके अत्याचारों से त्रसित प्रजा को त्राण दिलाने के लिए श्रीकृष्ण ने प्राग्ज्योतिषपुर आकर उसका वध किया और उसके पुत्र भगदत्त को राजा बनाया। आज भी गुवाहाटी स्थित 'नरकासुर पहाड़' और नीलाचल[1] स्थित कामाख्या मन्दिर तक जानेवाला 'नरकासुर मार्ग' नरकासुर के नाम की याद दिलाते हैं।

हस्तिनापुर के राजा ययाति-पुत्र पुरु के ही वंशज पंच पाण्डव लाक्षागृह के अग्निकाण्ड से बचकर अपनी माता कुन्ती के साथ यहाँ की नगाभूमि तक आये, जहाँ के अत्याचारी राजा हिडिम्ब का भीम ने वध किया। भीम के पराक्रम पर हिडिम्ब

---

1. *नीलाचल :* नीलाचल को कुछ लोग भ्रमवश नीलांचल लिखते हैं, जो गलत है। यह नीला पर्वत है न कि नीला अंचल। असमिया विद्वानों ने अँग्रेजी में भी इसे ब्लू हिल ही लिखा है।

की बहन हिडिम्बा ऐसी रीझी कि उससे विवाह कर लिया और वीर पुत्र घटोत्कच की माँ बनी। माता के नाम पर घटोत्कच का नाम हैडिम्ब और हैडिम्बि भी था। उसको अपने मामा के मारे जाने पर राजसिंहासन पर बिठाया गया। हैडिम्ब के वंश से चला राजकुल हैडम्बबर्मन कहलाया और उसकी राजधानी हिडिम्बापुर थी जो आज डिमापुर या दीमापुर कहलाती है। हैडम्बबर्मन राजवंश के राजा अपने नाम के अन्त में 'नारायण' उपाधि लगाते थे। उनका शासन कछार में भी रहा। उस वंश की करीब एक सौ अस्सी पीढ़ियों की एक लम्बी वंशावली आज भी उपलब्ध है, जिसे 'राजमाला' कहा जाता है। हैडम्बबर्मन वंश का अन्तिम राजा गोविन्दचन्द्र नारायण था जिससे सन् 1832 में अँग्रेजों ने उसका राज्य छीन लिया।

अर्जुन का तो यहाँ बार-बार आना हुआ। उन यात्राओं में उसके नगाभूमि की उलूपी और इरावती, मणिपुर की राजकन्या चित्रांगदा और मेघालय की राजकुमारी प्रमीला से विवाह हुए। उसे इरावती से इरावत और चित्रांगदा से बभ्रुबाहन नामक पुत्र हुए। इसी प्रकार प्राग्ज्योतिष नरेश भगदत्त की पुत्री भानुमति से विवाह करने दुर्योधन अपनी बारात लेकर यहाँ आया था। उसकी बारात की अगवानी के लिए भगदत्त द्वारा खुदवाई गयी 'दीघली पोखरी' आज भी गुवाहाटी में है। अब इसे चाहे कोई दन्तकथा कहे! दुर्योधन का एक और विवाह इसी नगर से थोड़ी दूर ब्रह्मपुत्र के उत्तरी तट पर बसे कुरुवा की लक्ष्मणा से भी हुआ था।

श्रीकृष्ण को रुक्मिणी से प्रद्युम्न नामक पुत्र हुआ। श्रीमद्‌भागवत के दशम स्कन्ध में वर्णित है कि प्रद्युम्न का विवाह उसके मामा रुक्मी की पुत्री रुक्मवती से हुआ। प्रद्युम्न-रुक्मवती के पुत्र अनिरुद्ध का पाणिग्रहण भी अपने नाना रुक्मी की पौत्री रोचना से हुआ, फिर उसका शोणितपुर[1] के राजा बाणासुर[2] की पुत्री उषा से गन्धर्व विवाह हुआ। इसका पता बाण को लगा तो उसने अनिरुद्ध को कारागार में डालकर उषा को अग्निगढ़ में बन्दी बना दिया। अपने पौत्र को मुक्त कराने के लिए श्रीकृष्ण ने अपनी सेना के साथ शोणितपुर आकर बाण से युद्ध किया। बाण की प्रार्थना पर उसके आराध्यदेव शंकर को अपने भक्त के पक्ष में श्रीकृष्ण से युद्ध करना पड़ा। श्रीमद्‌भागवत में यह हरि-हर युद्ध के नाम से वर्णित है। आज भी तेजपुर में अग्निगढ़ के ध्वंसावशेष, उषा से सम्बन्धित अवशेष और बाण के इष्टदेव शंकर का मन्दिर विद्यमान है। इतना ही क्यों, उसके पौत्र भालुक द्वारा तेजपुर के पास बालीपारा के उत्तर में, वर्तमान अरुणाचल में बसाई गयी राजधानी भालुकपुंग में उसके किले के भग्नावशेष भी देखे जा सकते हैं।

---

1. *शोणितपुर :* यह आज तेजपुर के नाम से जाना जाता है। शोणित अर्थात् रक्त को असमिया में 'तेज' कहते हैं, जिससे यह तेजपुर कहलाने लगा।
2. *बाणासुर :* पुराणों में बाणासुर नाम ही है किन्तु असम में इससे राजा बाण कहते हैं।

पौराणिक कथाओं में भी एक रस है। इन कथाओं को अँगेजी शब्द 'मिथ' के अर्थ में पाश्चात्य विद्वानों ने 'माइथोलोजी' कहा तो हमारे तथाकथित प्रगतिशील बुद्धिजीवियों ने भी इन्हें कपोल-काल्पनिक मानकर हमें दिग्भ्रमित किया। फिर भी हमारे मन के संस्कारों पर पड़ी इनकी छाप कोई नहीं मिटा पाया है। क्या हम इन कथाओं से अपनी संस्कृति के साथ एक जुड़ाव महसूस नहीं करते? हजारों वर्षों से अनेक आघात-संघात सहकर भी आज तक बची रह सकी हमारी संस्कृति से क्या इनके माध्यम से हम गूँथते नहीं हैं? फिर इनके पीछे छिपे हमारे प्राचीन इतिहास-भूगोल को भी तो हम इन्हें जानकर ही पहचानते हैं।

अब तक प्राग्ज्योतिष के सम्बन्ध हस्तिनापुर से प्रगाढ़ हो चुके थे। युधिष्ठिर द्वारा इन्द्रप्रस्थ में आयोजित राजसूय यज्ञ में भगदत्त ने सम्मिलित होकर हाथी-दाँत, गैंडे के चर्म से बने ढाल-खड्ग तथा पर्वतीय उपज से निर्मित अन्यान्य उपहार भेंट कर जहाँ समधी-धर्म निभाया, वहीं अपने जामाता दुर्योधन के पक्ष में युद्ध करने अपनी जर्जर वृद्धावस्था के उपरान्त भी पीत-वर्णी किरातों की विशाल सेना और दस हजार हाथियों के साथ कुरुक्षेत्र गये थे। वे तो श्रीकृष्ण थे, जो भगदत्त द्वारा अर्जुन पर छोड़ी गयी शक्ति को अपने ऊपर झेलकर उसे बचा लिया। आखिर दोनों में हुए तुमुल युद्ध के बाद अर्जुन के हाथों भगदत्त ने वीरगति पायी।

उसी महाभारत-युद्ध में भाग लेने यहाँ के एक और वीर बर्बरीक भी गये थे। यदि उन्हें युद्ध करने का अवसर मिल पाता तो क्या पता महाभारत का परिणाम कुछ और ही निकलता। बर्बरीक नरकासुर के मन्त्री मुर की पुत्री मौर्वी और घटोत्कच के पुत्र थे। नरकासुर के बाद मुर भी श्रीकृष्ण के हाथों युद्ध में मारा गया। तब उसकी पुत्री मौर्वी जिसे कामकण्टकटा भी कहा जाता था, ने श्रीकृष्ण से युद्ध किया। स्कन्द पुराण के अनुसार नीलाचलवासिनी कामाख्या देवी ने आकर उस युद्ध को रुकवाकर मौर्वी जैसी श्रेष्ठ वीरांगना का विवाह भीम-पुत्र घटोत्कच से कराने का प्रस्ताव श्रीकृष्ण के सामने रखा। उस विवाह के फलस्वरूप बर्बरीक का जन्म हुआ। कुरुक्षेत्र रणांगन में पहुँच बर्बरीक ने श्रीकृष्ण से कहा कि वे एक ही दिन में युद्ध जीत सकते हैं, लेकिन वे किसी पक्ष से युद्ध नहीं करेंगे। अन्त में जो दल पराजित होगा उसकी ओर से लड़कर उसे विजयी बना देंगे। श्रीकृष्ण ने उनके संकल्प और असीम पराक्रम को परखकर दूसरे दिन ब्राह्मण वेश में जाकर उन्हें दान के लिए वचनबद्ध कर उनका शीश ही दान में माँग लिया। श्रीकृष्ण ने उनके शीश को जीवनदान देकर एक पर्वत पर स्थापित कर वरदान दिया कि कलियुग में उनकी 'श्याम' नाम से पूजा होगी। आज 'श्याम बाबा' नाम से बर्बरीक के मन्दिर भारत में जगह-जगह हैं। गुवाहाटी के अलावा पानीतोला, तिनसुकिया, जोरहाट आदि शहरों में भी श्रद्धालुओं ने श्याम बाबा के मन्दिर बना रखे हैं।

महाभारत युद्ध के बाद युधिष्ठिर के अश्वमेध यज्ञ का अश्व मणिपुर पहुँचा तो बभ्रुबाहन ने उसे पकड़ लिया। घोड़े को छुड़ाने के लिए उससे अर्जुन ने युद्ध किया। वहाँ से यज्ञ-अश्व जयन्तिया राज्य (वर्तमान मेघालय) में पहुँचा तो वहाँ की राजकुमारी प्रमीला ने उसे पकड़कर बाँध लिया। जयन्तिया में तब भी आज की तरह स्त्री-राज्य ही था। आखिर प्रमीला से विवाह कर अर्जुन ने घोड़े को छुड़ाया। घोड़े के प्राग्ज्योतिषपुर पहुँचने पर भगदत्त के पुत्र वज्रदत्त ने उसे पकड़ा और अपने पिता-हन्ता अर्जुन से तीन दिनों तक घमासान युद्ध किया।

योगिनी तन्त्र के अनुसार प्रथम शताब्दी में देवेश्वर नामक एक शूद्र राजा का कामरूप में राज्य था। उसी कालावधि में कामरूप के पश्चिम में धर्मपाल नामक एक क्षत्रिय राजा ने उत्तर भारत से आकर गुवाहाटी के पश्चिम में अपना राज्य स्थापित किया। वह अपने साथ कुछ उच्च वर्णीय लोगों को भी लेकर आया था। धर्मपाल के वंश के अन्तिम राजा रामचन्द्र ने ब्रह्मपुत्र के मध्य स्थित माजुली द्वीप में अपना राज्य स्थापित किया। उसके आरिमत्त नामक पुत्र हुआ।

मन का क्या! मन तो जरा-सी देर में ही पता नहीं कहाँ-कहाँ की यात्रा कर आता है। मन कभी भविष्य के सपने बुनने लगता है तो कभी भूतकाल में जा समाता है। मन की लहरों पर अब अपने स्कूली पाठ्यक्रम में पढ़े असम-इतिहास के पृष्ठ तिराने लगे। पाँचवीं-छठी कक्षा में 'असम का इतिहास' में हमें पढ़ाया गया था कि कामरूप का सिलसिलेवार इतिहास चौथी शताब्दी से उपलब्ध है। नरकासुर के बाद उसके भौमा वंश की कुल उन्नीस पीढ़ियों ने यहाँ राज्य किया। भौमा वंश के अन्तिम राजा सुबाहु की उसके मन्त्री सुपर्वा ने हत्या कर अपना नाम पुष्य वर्मन रखा और सन् 355 में वर्मन वंश की नींव डाली। पुष्य वर्मन के बाद समुद्र वर्मन, बल वर्मन, कल्याण वर्मन, गणपति वर्मन, महेन्द्र वर्मन, नारायण वर्मन, भूति वर्मन, चन्द्रमुख वर्मन, स्थित वर्मन, सुस्थित वर्मन और सुप्रतिष्ठित वर्मन क्रमशः इस वंश के उत्तराधिकारी हुए। पराक्रमी भूति वर्मन ने अपनी राज्य-सीमा को बढ़ा कर अश्वमेध यज्ञ किया।

सुप्रतिष्ठित वर्मन का द्वितीय पुत्र कुमार भास्कर वर्मन (598-650 ई.) कामरूप का राजा बना। आजीवन अविवाहित रहने के कारण उसे कुमार भास्कर वर्मन कहा जाता था। थानेश्वर राजवंश के शीलादित्य नाम से प्रसिद्ध कन्नौजराज हर्षवर्धन (604-648 ई.) से जहाँ भास्कर वर्मन की मित्रता थी, वहीं गौड़ प्रदेश के राजा शशांक से उसका वैमनस्य था। उसने गौड़राज को परास्त कर उसके राज्य के एक बड़े भाग पर अधिकार कर लिया। उसके विशाल साम्राज्य के अन्तर्गत चीन

और दक्षिण एशिया जाने का समुद्रमार्ग दक्षिण-पूर्वी बंगाल का समुद्री तट भी समाहित था। भास्कर वर्मन ने 644 ई. की वसन्त ऋतु में हर्षवर्धन की राजधानी कन्नौज की यात्रा की थी। इसी के राज्यकाल में चीनी यात्री ह्वेनसांग असम-यात्रा पर आया। ह्वेनसांग द्वारा लिखा असम वर्णन एक ऐतिहासिक धरोहर है।

ह्वेनसांग ने लिखा था—'कामरूप राज्य का विस्तार लगभग 10,000 'ली' (करीब 1675 वर्ग मील) है। राजधानी की सीमा 30 'ली' है। यहाँ की भूमि नीची होने पर भी उर्वरा और नियमित कर्षित होती है। यहाँ के लोग कटहल और नारियल की खेती करते हैं।...नदियों या बाँधे हुए सरोवरों से नगर के चारों ओर नहरें सर्वदा प्रवाहित होती रहती हैं। यहाँ के लोग नाटे कद के होते हैं। यहाँ की जलवायु आर्द्र और उष्ण है। बाशिन्दे सरल और सच्चे हैं।...उनका वर्ण ताम्र और पीला मिश्रित उज्ज्वल है। उनकी भाषा मध्य भारत की भाषा से थोड़ी-सी भिन्न है। उनका स्वभाव बड़ा उग्र और खूँखार होता है, लेकिन वे विद्या प्रेमी और अतिथिपरायण होते हैं। उनकी स्मरण-शक्ति बड़ी तेज होती है तथा अध्ययन में वे बड़े मनोयोगी होते हैं। वे देवी-देवताओं की पूजा में बलि देते हैं। असंख्य देव-मन्दिर हैं और...भिन्न-भिन्न सम्प्रदाय विद्यमान हैं। यहाँ का राजा हिन्दू है परन्तु वह बौद्ध धर्मावलम्बियों के प्रति श्रद्धाभाव रखता है।' इसके अलावा भी ह्वेनसांग ने बहुत कुछ लिखा था। वह असम के रास्ते ही अपने देश चीन वापस गया। भास्कर वर्मन के विशेष अनुरोध पर उसने अपने देश जाकर लाओ-त्से के चीनी ग्रन्थ 'ताओ-ते-किंग' को संस्कृत में रूपान्तरित किया था।

अब तक कामरूप में भी बौद्ध धर्म ने प्रवेश कर लिया था। इस धर्म के अवशेष आज भी *जोगीघोफा* (जोगीगुफा), पंचरत्न, श्रीसूर्य पहाड़, हाजो और कामाख्या में मिलते हैं। इसके साथ असमिया भाषा भी उन्नति की ओर अग्रसर हो रही थी। कामरूप के विद्वानों के तिब्बत के साथ सम्पर्क थे। विद्वान लेखक उदयचन्द्र दास 'असमिया भाषा साहित्य की रूपरेखा' में लिखते हैं—'चर्यापद गीत के गीतकारों में से एक सिद्धाचार्य मीनानाथ का कामरूप निवासी होना प्रमाणित हो चुका है। पण्डित राहुल सांकृत्यायन ने मीनानाथ रचित 'वाहयान्तर बोधिचित्त बन्ध्ये प्रदेश' की भाषा को प्राचीन असमिया भाषा के निर्देशन-रूप में स्वीकार किया है।' असमिया विद्वान लीला गोगोई ने भी असमिया लिपि के बारे में लिखा है—'इसके लिए ब्राह्मी अक्षरों का व्यवहार पाँचवीं शताब्दी से ही होने लगा था।'

वर्मन वंश के बारे में भी संस्कृत में बाणभट्ट रचित हर्षवर्धन की जीवन-कथा 'हर्ष-चरित' में बहुत कुछ लिखा गया है जिसमें भूति वर्मन का बार-बार उल्लेख है। कल्हण लिखित 'राजतरंगिणी' में भी वर्णन है कि कामरूप की राजकुमारी अमृतप्रभा का विवाह कश्मीर के राजा मेघवाहन से हुआ था। वह कामरूप से स्तोन्पा

नामक बौद्ध भिक्षु को अपने साथ ले गयी थी। कल्हण ने इसके साथ ही अमृतप्रभा के अपने पतिगृह में किये गये अद्भुत कार्यों का वर्णन भी किया है। विवाह बाद मेघवाहन ने बौद्ध धर्म स्वीकार कर लिया। अमृतप्रभा भी पति की अनुगामिनी बनी और उसने बौद्ध भिक्षुओं के लिए 'अमृत भवन' नामक एक बौद्ध विहार बनवाया, जिसे 'अनन्त भवन' के नाम से भी जाना जाता है।

भास्कर वर्मन की मृत्यु के बाद वर्मन राजवंश का अन्त हो गया और सन् 655 के लगभग उसके नजदीकी रिश्तेदार अवन्ती वर्मन ने बलपूर्वक सिंहासन पर अधिकार कर लिया। उसने अपने उपनाम शालस्तम्भ पर *शालस्तम्भ वंश* की नींव डाली। कुछ इतिहासकार इस वंश को म्लेच्छ वंश भी लिखते हैं। जो भी हो शालस्तम्भ वर्मन ने प्राग्ज्योतिषपुर के बदले तेजपुर के निकट हारुपेश्वर को अपनी राजधानी बनाकर सन् 675 तक शासन किया। उसके बाद विजयस्तम्भ या विग्रहस्तम्भ कामरूप का राजा बना। आगे चलकर तीन और राजा हुए। फिर आठवीं शताब्दी के मध्य में श्रीहरिष वर्मन नामक प्रसिद्ध राजा हुआ, जिसने गौड़, मिथिला, उड्र (उड़ीसा), कलिंग और कोसल को जीतकर अपनी राज्यसीमा बढ़ायी। वह एक धार्मिक और प्रजापालक राजा था। उसकी कन्या राज्यमति का नेपाल के राजा जयदेव के साथ विवाह हुआ, जिसके आदेश पर विख्यात पशुपतिनाथ के मन्दिर का निर्माण हुआ था। श्रीहरिष का पुत्र बलवर्मा भी एक शक्तिशाली राजा हुआ। इस वंश का तीन सौ सालों तक राज्य रहा जिसमें आगे चलकर नौवीं शताब्दी के पूर्वार्द्ध में हर्ज्जर वर्मन नामक प्रतापी राजा हुआ। आज भी तेजपुर के पास ब्रह्मपुत्र किनारे इस राजा का एक शिलालेख है जिससे पता चलता है कि उसका शासन 820–35 ई. में था। हर्ज्जर के धीर, वीर, साहसी और धार्मिक पुत्र वनमाल देव वर्मन का दीर्घकालीन राज्य रहा। एक ताम्रपत्र से पता चलता है कि उसकी राज्य-सीमा तिस्रोता अर्थात् तिस्ता नदी तक थी। इस वंश के अन्तिम राजा त्यागसिंह के 985 ई. में निधन हो जाने के बाद यह वंश समाप्त हो गया। इस वंश द्वारा किये गये निर्माणों के अवशेष तेजपुर के पास आज भी मिलते हैं।

भौमासुर के वंशज ब्रह्मपाल (985–1000 ई.) ने छह सौ साल बाद फिर अपने भौमा वंश की नये *पाल वंश* के नाम से स्थापना की। ब्रह्मपाल के बाद राजा बना रत्नपाल (1000–1030 ई.) परम दयालु और प्रजावत्सल था। उसने बहुत से मन्दिरों और शत्रुओं पर विजय प्राप्त करने के स्मारक रूप में स्तम्भ-निर्माण भी करवाये। उसके समय भूटान में ताँबे की खान की खोजकर उसे विकसित किया गया। रत्नपाल के पुत्र पुरन्दरपाल की रुचि राज्य करने से अधिक काव्यरचना में थी। उसने प्राचीन असमिया में लिखी शुक्रनीति पर अनुवादमूलक 'नीति-कुसुम' ग्रन्थ लिखा। पुरन्दरपाल के पुत्र इन्द्रपाल (1030–1055 ई.) ने भी अनेक मन्दिर बनवाये

जिनमें सम्भवतया मदन-कामदेव के मन्दिर भी थे।

पाल वंश[1] के बाद सन् 1125 में *देव वंश* का राज्य आया। इस वंश का तृतीय वंशज पृथु (1200-1228 ई.) कामरूप का शक्तिशाली राजा था। उसने अपनी राजधानी में बड़े-बड़े दुर्ग और वर्तमान जलपाईगुड़ी में जल्पेश्वर महादेव का एक मन्दिर बनवाया। पृथु के राज्यकाल में मोहम्मद बिन बख्तियार द्वारा 1206 ई. में असम पर पहला मुस्लिम आक्रमण किया गया, जिसमें उसकी तुर्क सेना का विनाश हो गया और असम विजय करते हुए चीन पर आक्रमण करने की बख्तियार की सारी योजना धरी की धरी रह गयी और वह सदा के लिए यहीं सो गया। इस आक्रमण का उल्लेख गुवाहाटी के ब्रह्मपुत्र के उत्तर पार स्थित 'कानाइ बरसी बोवा' नामक स्थान पर एक बड़ी चट्टान पर इस प्रकार उत्कीर्ण है—

शके तुरग युग्मेशे मधुमास त्रयोदशे।
कामरूपे समागत्य तुरस्का: क्षयमाषयु:॥

अर्थात् शक संवत् 1127 (सन् 1206) के चैत्र माह की त्रयोदशी तिथि को तुरस्क लोगों का कामरूप में आने पर विनाश हुआ था।

यह वही बख्तियार था, जिसने नालन्दा विश्वविद्यालय के सत्रह सौ वर्षों के समृद्ध वैभव को लूटकर मटियामेट कर दिया था। बख्तियार के बाद सन् 1226 में हुए बंगाल में सुलतान गियासुद्दीन के हमले को भी पृथु ने नाकाम किया, लेकिन 1228 में दिल्ली के सुलतान अल्तमश के बेटे नसीरुद्दीन के हाथों वह मारा गया। पृथु के बाद 1250 ई. तक दो राजाओं ने राज्य किया।

उधर सन् 1228 ई. में पूर्व के पाटकाई दर्रे से यहाँ आहोमों का अतिक्रमण हुआ और उन्होंने ब्रह्मपुत्र के दक्षिणी तट के पूर्वी भाग पर अपना अधिकार करना शुरू कर दिया। ब्रह्मपुत्र के उत्तरी तट के पूर्वी भाग में चुटिया वंश का शासन था जो सोलहवीं सदी तक रहा। इसके साथ ही अनेक छोटे-छोटे राज्य यहाँ पनपे। आहोम राज्य की सीमा से सटा प्राचीन हैडम्बवर्मन वंशी कछारी राज्य था। कछारी राज्य की उत्तरी सीमा पर भूयाँ राज्य था जो ब्रह्मपुत्र के दक्षिणी और उत्तरी दोनों तटों पर विस्तृत था। कछारी राज्य की पश्चिमी सीमा पर जयन्तिया राज्य था।

देव वंश के हुए अन्तिम राजा सन्ध्या (1250-70) के शासनकाल में सन् 1251 में इख्तियारुद्दीन मलिक उजबेक तुघ्रिल खाँ ने कामरूप पर आक्रमण किया। उजबेक को परास्त कर सन्ध्या सन् 1260 में अपनी राजधानी कमतापुर ले गया और

---

1. *पाल वंश के अन्य राजा :* इन्द्रपाल के पश्चात गोपालपाल (1055-1075), हर्षपाल (1075-1090), धर्मपाल (1090-1115) और जयपाल (1115-1125) नामक चार और राजा हुए। जयपाल की मृत्यु के साथ पाल वंश का अन्त हो गया।

नये कमता राज्य की नींव डाल कमतेश्वर कहलाया।

इसके बाद दो सौ वर्षों तक इधर किसी मुस्लिम आक्रमणकारी की आने की हिम्मत नहीं हुई। जो भी हो, सन्ध्या के वंशज[1] दुर्लभनारायण (1330–1350) के *कमतापुर राज्य* के अन्तर्गत असम के वर्तमान कामरूप और ग्वाललपाड़ा (असमिया में *गोवालपारा* लिखते हैं) जिले तथा उत्तरी बंगाल का कोचबिहार (प. बंगाल में वर्तमान कूचबिहार) और जलपाईगुड़ी जिलों का भी समावेश था।

असम में शंकरदेव के पूर्व रहे वैष्णव साहित्य युग (1200–1450 ई.) में 14वीं शताब्दी में हुए राजा महामाणिक्य की प्रेरणा पर माधव कन्दलि ने असमिया पद्य में 'सप्तकाण्ड रामायण' लिखी जो उत्तर भारतीय भाषाओं में पहली रामायण है। दुर्लभनारायण भी विद्योत्साही और साहित्यानुरागी राजा था। उसके आश्रय में रहकर हेम सरस्वती ने असमिया साहित्य को लिपिबद्ध किया और वामन पुराण पर आधारित 'प्रह्लाद चरित्र' लिखा। हरिहर विप्र ने 'लव-कुश युद्ध', 'बभ्रुबाहन युद्ध', 'ताम्रध्वज युद्ध', आदि लिखे। राम सरस्वती ने महाभारत का असमिया अनुवाद कर स्तुत्य कार्य किया। रुद्र कन्दली ने महाभारत के द्रोण पर्व का असमिया अनुवाद किया। आचार्य भट्टदेव ने 'श्रीमद्‌भगवद्‌गीता' और 'भागवत पुराण' का असमिया गद्य में अनुवाद किया। इन पुस्तकों की भाषा साहित्यिक मानदण्ड की दृष्टि से उच्च कोटि की है।

दुर्लभनारायण ने कान्यकुब्ज (कन्नौज) से बंगाल के गौड़ प्रदेश में जा बसे ब्राह्मण और कायस्थों के सात-सात परिवारों को बुलाकर अपने राज्य में बसाया। उन्हीं कायस्थ परिवारों में श्रीमन्त शंकरदेव के पूर्वज चण्डीवर का समावेश था।

कमता राज्य का अन्तिम राजा इन्द्रनारायण (1350–1365) हुआ। आगे चलकर कमता राज्य पर पन्द्रहवीं शताब्दी में खेन वंशीय नीलध्वज ने अधिकार कर लिया। उसके पुत्र चक्रध्वज के बाद उसके बेटे नीलाम्बर ने कमतापुर पर शासन किया, लेकिन वह 1498 ई. में गौड़ प्रदेश के सुलतान हुसैन साह द्वारा युद्ध में मारा गया और खेन वंश का अन्त हो गया।

अब कमता राज्य पर सन् 1515 में कोच वंशीय हरिया मण्डल के बेटे विशु या विश्वसिंह ने नये *कोच राजवंश* की स्थापना कर कोचबिहार को अपनी राजधानी बनायी। इस राज्य की सीमा जलपाईगुड़ी जिले तक विस्तृत थी। उसने ही भूमिसात् हो चुके प्राचीन कामाख्या पीठ पर नये मन्दिर का निर्माण करवाया।

विश्वसिंह की कश्मीर, नेपाल, वाराणसी, मिथिला, कामरूप आदि स्थानों

---

1. *सन्ध्या के वंशज :* सन्ध्या के बाद उसका बेटा सिन्धुराय (1270–1285), रूपनारायण (1285–1300), सिंहध्वज (1300–1305), प्रतापध्वज (1305–1325), धर्मनारायण (1325–1330) और दुर्लभनारायण हुआ।

की अठारह रानियाँ थीं जिनसे उसे अठारह पुत्र थे। उन पुत्रों में मल्लदेव और शुक्लध्वज की शिक्षा-दीक्षा वाराणसी में हुई थी। उसने सन् 1533 तक राज्य किया, फिर मल्लध्वज नरनारायण (1533-1584) के नाम से राजा बना। वह शक्तिशाली और बुद्धिशाली था। उसने न केवल आहोमों को ही, बल्कि कछारी राजाओं को भी परास्त किया था। मणिपुर और जयन्तिया राजाओं से उसने कर देना स्वीकार करवाया। बादशाह अकबर से उसने मित्रता की। 'आईन-ए-अकबरी' में लिखा है—नरनारायण के पास 1,000 अश्वारोही एवं 1,00,000 पैदल सिपाहियों की विशाल तथा शक्तिशाली सेना थी। उसका राज्य पश्चिम में करतोया नदी तक फैला हुआ था। दक्षिण-पूर्व में रंगपुर और मैमनसिंह जिलों के कुछ भाग भी उसके राज्य में शामिल थे। अकबर के दरबारी अबुल फजल ने 'अकबरनामा' में नरनारायण के राज्यकाल का चित्रण बहुत ही सुन्दर शब्दों में किया है और अँग्रेज यात्री राल्फ फिच ने भी अपने यात्रा-वृत्तान्त में नरनारायण के राजत्वकाल में पोषित-पल्लवित हुई वैष्णव धर्म-साहित्य-विचारधारा पर प्रकाश डाला है।

नरनारायण की तरह उसका भाई शुक्लध्वज भी बहुत बुद्धिमान और योद्धा था। चील जैसी स्फूर्ति के कारण शुक्लध्वज इतिहास में 'चीलाराय' या 'चीलराज' के नाम से प्रसिद्ध है। वह कोच राज्य का प्रधानमन्त्री और सेनापति दोनों था। उसने आहोम राजा सुकाम्फा को सन् 1562 में पराजित किया। उसके बाद कछार, त्रिपुरा, मणिपुर, जयन्तिया, श्रीहट्ट के राज्यों को भी कोच राज्य के अधीन किया।

चीलाराय ने गौड़ राज्य पर आक्रमण किया परन्तु वहाँ के अफगान नवाब सुलेमान करनानी ने उसे बन्दी बना लिया और अपने सिपहसालार कालापहाड़ को 1567 में कोच राज्य पर हमला करने भेज दिया। उसने गुवाहाटी, तेजपुर और हाजो के अनेक मन्दिरों को तोड़ा और लूटपाट कर हिन्दू धर्म पर अपनी खीज निकाली। यह जानकर अचरज हो कि कालापहाड़ जन्म से नवद्वीप का एक उच्चकुलीन ब्राह्मण था। उसका असली नाम कालाचन्द बन्द्योपाध्याय था। वह बड़ा वीर था। उसने नवाब की लड़की से निकाह पर इस्लाम कबूल कर अपना नाम कलामुद्दीन खाँ रखा। उसे उसके पुराने नाम काला और विशाल काया के कारण कालापहाड़ कहा जाने लगा। इसी कालापहाड़ ने सुलेमान करनानी की राज्य-सीमा का विस्तार करने के लिए 1564 ई. में उड़ीसा पर भी आक्रमण कर वहाँ के राजा मुकुन्ददेव को मारा था। धर्म भले उसका व्यक्तिगत मामला था, पर मजहब बदलने पर उसकी मानसिकता में इतना बदलाव कैसे आ गया?

गौड़ के नवाब की माँ को साँप ने डँस लिया। चीलाराय ने उसे विष-मुक्त किया। इससे खुश होकर नवाब ने उसे रिहा कर दिया। बड़ी माता निकल आने से चीलाराय के 1575 ई. में और नरनारायण के भी 1584 ई. में मर जाने के बाद उसके

बेटे लक्ष्मीनारायण और चीलाराय के पुत्र रघुदेव में कोच राज्य विभक्त हो गया। रघुदेव के पुत्र परीक्षित नारायण के राज्य पर मुगलों ने सन् 1613 ई. में आक्रमण कर उसे बन्दी बना दिल्ली ले गये। बादशाह जहाँगीर ने सालाना कर लेने के बदले उसे राज्य लौटा दिया किन्तु दिल्ली से लौटते समय रास्ते में परीक्षित की मौत हो गयी और उसके राज्य पर मुगलों का अधिकार हो गया। दूसरे भाई बलित नारायण ने मुगलों के विरुद्ध आहोम राजा सुसेंग्फा उर्फ प्रतापसिंह से सहायता माँगी। आहोम राजा ने उसे धर्मनारायण के नाम से दरंग का राजा बनाया और मुगलों से युद्ध कर उन्हें हराया।

नरनारायण कोच वंश का सर्वाधिक प्रसिद्ध राजा हुआ। उसके सुशासन में कला और साहित्य का विकास हुआ। इसी के राज्य कोचबिहार में रहकर श्रीमन्त शंकरदेव ने वैष्णव धर्म का प्रचार-प्रसार किया और अनेक ग्रन्थों की रचना की। रामसरस्वती ने महाभारत का असमिया पदानुवाद किया। पुरुषोत्तम विद्यावागीश ने 'रत्नमाला व्याकरण' लिखी। कोच राज्य के आश्रय में एक अवैष्णव कवि दुर्गाबर कायस्थ ने असमिया 'गीतिरामायण' की रचना करने के साथ ही 'ओजापाली' नृत्य-गीतों और बेहुला-लखिन्दर पर लोकगीत भी लिखे। इसके रचे रामायण आधारित गीतों को 'दुर्गाबरी रामायण' कह सम्मान दिया जाता है। मानकर नामक कवि ने 'मनसा काव्य' लिखा। इसीलिए असम के इतिहास में कोच वंश का शासन एक उत्कृष्ट अध्याय के रूप में याद किया जाता है।

माना कि इतिहास की डगर सरस नहीं लगती। इसीलिए कछारी, चुटिया, जयन्तिया, आहोम राज्यों को यहाँ विस्तारित नहीं किया। किन्तु यह भी सच है कि इतिहास के प्रकाश बिना हम समय की भूलभुलैया में खो जाते हैं। सही दिशा-ज्ञान के लिए इतिहास के ऊबड़-खाबड़ मार्ग पर कष्ट पाकर ही भले, तनिक चलना आवश्यक है। क्या आपको भी ऐसा नहीं लगता कि वक्त को देखने के लिए इतिहास लेंस का काम करता है? असम के बारे में जानने के लिए, भले सरसरी तौर पर ही सही, यहाँ के इतिवृत्त को तनिक जानना होगा। फिर मैं तो कोई इतिहासकार भी नहीं, पुस्तकों में पढ़ा-समझा ही आपके सामने परोसा है। बहरहाल जो भी हो, अपनी संक्षिप्त इतिहास-यात्रा पर और थोड़ा आगे बढ़ते हैं।

ब्रिटिशों के असम में आने तक यहाँ छह सौ साल पुराने आहोम वंश का राज था। उनके समय सत्रहवीं-अठारहवीं शताब्दी में बर्मा से यहाँ आकर बसी खामति, नरा, सिंफौ, फकियाल आदि जनजातियाँ भी आहोमों की भाँति शान जाति की वंशज

1. *मान* : असम में म्यांमार अर्थात् बर्मा के निवासियों को 'मान' कहा जाता है।

ही थीं। आहोम शासन का अन्त होने में इस वंश के अन्तिम राजाओं की अकर्मण्यता और बर्मा के *मान*[1] लोगों के आक्रमण का बहुत बड़ा हाथ है। ईस्ट इण्डिया कम्पनी प्लासी की लड़ाई के बाद बंगाल में मजबूती से अपने पाँव जमा चुकी थी। उसके बाद उसने सिलहट-चटगाँव पर अधिकार जमा लिया था। इधर आहोम राज्य के तत्कालीन अयोग्य और अदूरदर्शी राजाओं के चलते अठाहरवीं शताब्दी का शेष होते-होते यह राज्य बिखरने लगा। राज्य में हुए विद्रोहों और बर्मियों के आक्रमणों से आहोम राजा त्रस्त हो गये जिनसे निपटने के लिए उन्होंने समय-समय पर अँग्रेजों की सहायता ली। आखिर बर्मी हमलावरों को तो खदेड़ दिया गया परन्तु स्वयं अँग्रेजों ने बर्मा के यांडबू में बर्मियों से 24 फरवरी, 1826 को सन्धि की और उसकी शर्त की आड़ में असम के बड़े भूभाग पर अपना अधिकार जमा लिया।

गोमधर कुँवर ने सन् 1828 में अँग्रेजों से इस बात का विरोध किया तो उसे और उसके साथियों को कारागार में डाल दिया गया। बदन बरफुकन के मझले बेटे देशभक्त पियली बरफुकन और जीउराम दुलिया को अँग्रेजों की रंगपुर स्थित छावनी पर आक्रमण करने के अपराध में ब्रिटिश हुकूमत ने 1830 ई. में फाँसी पर लटका दिया। इनके अतिरिक्त रूपचन्द कोंवर, देउराम दिहिङिया डेका, बौम चिंफौ और हरनाथ नामक अन्य चार व्यक्तियों को अठारह वर्षों के कारागार की सजा दी गयी और उनकी जमीन-जायदाद जब्त कर ली गयी।

असम के लोगों ने आसानी से ब्रिटिश शासन को स्वीकार नहीं किया। अँग्रेजों ने जनता को भुलावे में रखने के लिए अपने प्रतिनिधि के रूप में आहोम राजकुमार पुरन्दरसिंह को असम का राजा बना दिया और उससे पचास हजार रुपये सालाना लेना तय किया। अपनी राजधानी जोरहाट में बैठा पुरन्दर ब्रिटिशों को कर चुकाने के लिए बर्मी आक्रमण से रोटी को मोहताज दबी-कुचली जनता पर नये कर लगाकर वसूलने लगा। इससे वह जनता की नजरों से गिर गया। अँग्रेज तो इसी मौके की तलाश में थे ही। उन्होंने उसे पेंशन देकर 1839 में एक घोषणा-पत्र के जरिए ब्रिटिश शासन पूरी तरह लागू कर दिया। उधर सदिया में जनवरी 1839 में ही अँग्रेज पोलिटिकल एजेण्ट की हत्या कर दी गयी।

भारत में फैले सन् 1857 के विद्रोह का असर यहाँ की आम जनता पर भी पड़ा। आहोम राज्य के दीवान मणिराम देवान पुरन्दरसिंह के पोते कन्दर्पेश्वरसिंह को राजा बनाने की नीयत से अँग्रेज अफसरों से बात करने कलकत्ता गये हुए थे। उन्हें अपने कलकत्ता प्रवास में स्वतन्त्रता संग्राम की बात का पता चला। वहीं से उन्होंने ब्रिटिश सरकार के विरुद्ध षड्यन्त्र का संचालन किया जो इतिहास प्रसिद्ध घटना है। इस विद्रोह को असम में भी फैलाने की प्रेरणा से उन्होंने एक पत्र लिखकर असम भेजा, जिसमें उन्होंने अपने सहयोगियों एवं कन्दर्पेश्वर के साथ ही असम में तैनात

हिन्दुस्तानी सैनिकों को विद्रोह छेड़ने के लिए प्रेरित किया। विद्रोह की पहली ज्वाला गोलाघाट में भड़की किन्तु अँग्रेजों को गुप्त सूचनाएँ मिल चुकी थीं और वह असफल हो गया। मणिराम को कैद कर असम लाकर मुकदमा चलाया गया। 7 सितम्बर, 1857 को कन्दर्पेश्वरसिंह को कलकत्ता जेल भेज दिया गया और न्याय का स्वाँग दिखाकर अन्त में मणिराम देवान और उनके साथी महेशचन्द्र बरुवा को 26 फरवरी, 1858 को फाँसी के तख्ते पर लटका दिया गया। आज भी लोकगीतों में उन शहीदों को याद करते हैं।

मणिराम देवान के अन्य बहादुर साथियों में बहादुर गाँवबूढ़ा, दुतिराम बरुवा, पियली बरुवा, मोरांगी खोवागोहाँई, मधु मल्लिक, मायाराम नाजिर और शेख फरमूद अली आदि देशभक्तों को विद्रोही घोषित कर काला पानी की सजा देकर अण्डमान-निकोबार भेज दिया गया। आज भी वहाँ पोर्टब्लेयर की सेल्युलर जेल की सरकारी बही में उन असमिया शहीदों के नाम दर्ज हैं। इन नामों की पट्टी बनाकर वहाँ लगाने की बात धरी की धरी रह गयी।

भारत के पहले स्वतन्त्रता संग्राम जिसे अँग्रेज इतिहासकारों ने सिपाही विद्रोह लिखा—के दमन के बाद भी असम में आजादी की लड़ाई बन्द नहीं हुई। सन् 1861 में नोगाँव[1] में सशस्त्र किसान-विद्रोह हुआ, जो 'फुलगुरि का धावा' नाम से प्रसिद्ध है। इसके उपरान्त दरंग जिले के पोथारुघाट में सन् 1894 की 28 जनवरी को हुआ कृषक विद्रोह असमी वीरों की स्वतन्त्रता-युद्ध की लड़ी में एक और कड़ी है। इस विद्रोह में 140 लोग मारे गये और 150 से ज्यादा घायल हुए।

आज के असम के साथ-साथ बृहत्तर असम के मणिपुर, अरुणाचल, मेघालय, नगालैण्ड, त्रिपुरा के स्वतन्त्रता सेनानियों ने भी अँग्रेजों को दाँतों चने चबवाये थे। मणिपुर के महाराजा भाग्यचन्द्र, राजकन्या बिम्बावती, वीर तिकेन्द्रसिंह, जनरल थांगल, ब्रजबासी पाओना थे तो अरुणाचल के नरोत्तम नगा, त्रिपुरा के राजा धनमाणिक्य, मेघालय के तिरतसिंह तथा किआंग नांगबो और नगालैण्ड की रानी गाइडिल्यू एवं उसके भाई जदुनांगजेमी तथा अन्य अनेक जनजातीय ज्ञात-अज्ञात सेनानियों ने भी बढ़-चढ़कर स्वतन्त्रता यज्ञ में अपना योगदान दिया था।

इन ऐतिहासिक घटना-क्रम के साथ कुछ सुधारात्मक कार्य भी ब्रिटिशों ने किये। उन्होंने चाय की खेती 1840 ई. में प्रारम्भ की और 1846 में शिवसागर में पहला प्रिण्टिंग प्रेस लगाया। तिनसुकिया से चटगाँव बन्दरगाह (बांग्लादेश) तक रेल यातायात उन्होंने 1900 ई. में शुरू किया। 1901 ई. में भारत की पहली तेल

1. *नोगाँव* : इसे असमिया में 'नगाँव' लिखा जाता है। इसका पहला अक्षर 'न' असमिया का अव्यय है जो 'नौ', 'नवीन' और 'नहीं' के अर्थों में प्रयोग होता है। इसलिए नगाँव का असमिया उच्चारण नोगाँव ही लिखा गया है।

रिफाइनरी डिगबोई में लगायी। कलकत्ता से डिब्रूगढ़ तक ब्रह्मपुत्र से जल यातायात होता था। कलकत्ता, सिलहट, चटगाँव आदि नगर यहाँ से दूर नहीं थे। धीमी गति की रेल से भी कलकत्ता तक पहुँचने में आज की तुलना में कम समय लगता था।

गाँधीजी के असहयोग आन्दोलन में तरुणराम फुकन, नवीनचन्द्र बरदलै जैसे देशभक्त नेताओं के नेतृत्व में यहाँ की जनता ने भी बढ़-चढ़कर भाग लिया था। इन नेताओं के साथ गोपीनाथ बरदलै का नाम भी राजनीतिक क्षितिज पर उभर रहा था। 1921 में गाँधीजी गुवाहाटी आये थे और काँग्रेस का 41वाँ अधिवेशन श्रीनिवास अय्यंगर की अध्यक्षता में यहाँ के पाण्डु क्षेत्र में हुआ था। साइमन कमीशन 1928 में शिलांग आया, तब उसका बहिष्कार किया गया।

1942 के 'भारत छोड़ो' आन्दोलन में असम के लोगों ने बढ़-चढ़कर भाग लिया। लोकप्रिय गोपीनाथ बरदलै, सिद्धिनाथ शर्मा जैसे असम के कई नेताओं को गिरफ्तार कर लिया गया। असम की जेलें खचाखच भर गयीं। किशोरी कनकलता बरुवा एवं कुशल कोंवर सहित 29 असमिया नर-नारियों ने प्राणाहुति दी थी। कनकलता ने गोहपुर थाने में तिरंगा फहराने और कुशल कोंवर को रेल की पटरी उखाड़ने के अपराध में 20 सितम्बर, 1942 को गोलियों से भून दिया गया तथा कितने ही जेलों में मर गये। उधर नोगाँव जिले में भी उसी दिन प्रोढ़ा भोगेश्वरी फुकननी, लखीराम हजारिका, ठगीराम सुत, बलोराम सुत, राहता कछारी, मदन वर्मन आदि अँग्रेजों की गोलियों से मरे थे और तीस हजार से ज्यादा लोगों को जेल में ठूँस दिया गया। नेताजी सुभाषचन्द्र बोस की आजाद हिन्द फौज तो कोहिमा और मणिपुर तक पहुँच चुकी थी, जिसका जनता ने खुलकर साथ दिया।

गोपीनाथ बरदलै 1944 ई. में जेल से बाहर आए। उस समय असम के शासन की गद्दी पर सर सादुल्ला की मुस्लिम लीगी सरकार थी। चारों तरफ हाहाकार मचा था। अन्न-वस्त्र के अभाव में काला बाजार गरम था। मुस्लिम आबादी बढ़ाने के उद्देश्य से पूर्वी बंगाल से उन्हें बुलाकर जमीनें बाँटी जा रही थीं। बरदलै ने विरोधी नेता के रूप में सरकारी नीति का डटकर विरोध किया।

फिर देश के बँटवारे की आँधी आयी। असम का पूर्वी पाकिस्तान में जाना लगभग तय था। इस विषय में असमिया लेखक चित्र महन्त लिखते हैं—"समस्त प्रान्त में क्षोभ की लहर छा गयी। गोपीनाथ बरदलै ने दिल्ली की खाक छानी और गाँधी, नेहरू, पटेल सबके सामने रोये, गिड़गिड़ाये किन्तु असम की सभ्यता-संस्कृति के लिए आँसू बहानेवाला कोई नहीं था। असम को ब्रिटिश बाघ के मुँह से निकलकर भेड़िये के मुख का ग्रास बनना बरदलै को स्वीकार नहीं था। गोपीनाथ बरदलै ने केवल अखिल भारतीय कांग्रेस कमेटी में ही इसका विरोध नहीं किया, अपितु सम्पूर्ण भारत में घूम-घूमकर जनता का समर्थन जुटाने का अथक प्रयास किया

कि असम भारत के साथ रहे। जिस समय स्वतन्त्रता प्राप्ति के सपने में भारतीय नेतागण विभोर थे; बरदलै बेचैन थे। उन्हें जवाहरलाल नेहरू, सरदार वल्लभ भाई पटेल जैसे नेताओं की धमकी भरी बातें सुननी पड़ी थीं।...असम में बरदलै के समर्थन में प्रबल आन्दोलन का ज्वार उठा। अन्त में डॅ.[1] राजेन्द्र प्रसाद, मौलाना अबुल कलाम आजाद जैसे नेता बदरलै की व्याख्या से सहमत हुए। इसके बाद सरदार पटेल, शरतचन्द्र बसु आदि नेताओं को भी बरदलै का समर्थन करना पड़ा। नेहरू ने भी विरोध की भावना त्याग दी।...बापू ने ललकारा—"काँग्रेस कमेटी के विरुद्ध ही नहीं, समग्र विश्व के विरुद्ध लड़कर भी असम के अस्तित्व को बचाना ही होगा।" बापू ने यह भी कहा—"जब तक स्वयं असम आत्महत्या करने पर उतारू न हो जाए तब तक विश्व में कोई भी ऐसी शक्ति नहीं, जो इसे नष्ट कर दे।"

बरदलै के अथक प्रयास से असम को तो किसी तरह बचा लिया गया परन्तु हमारे रेल-जल मार्ग के बीच पूर्वी पाकिस्तान, एक भयावह जिन्न की तरह खड़ा हो गया। असम के सबसे बड़े जिले सिलहट को पूर्वी पाकिस्तान को सौंप दिया गया। देश विभाजन के कुछ समय बाद भोटिया बहुल सौ कि.मी. का एक भूखण्ड भी भूटान को स्थानान्तरित कर दिया गया।

बँटवारे से हुई अत्यधिक हानि को पूर्वोत्तर आज भी झेल रहा है। यह भाग देश से 22 कि.मी. की पट्टी मात्र से मुर्गी की गरदन की तरह जुड़ा है। पूर्वी पाकिस्तान बनाते समय भौगोलिक स्थितियों का जरा भी ध्यान नहीं रखा गया। असम का निकटतम बन्दरगाह चटगाँव, जहाँ से तिनसुकिया तक का रेल मार्ग था, हमारे हाथ से निकल गया। वह रेल पथ तिनसुकिया से दीमापुर, लामडिंग, हाफलोंग, करीमगंज होता बांग्लादेश के अखौरा, कोमिल्ला आदि होकर चटगाँव तक जाता था। बँटवारे के समय से ही हमारे नेता इस भूभाग को उपेक्षा की दृष्टि से देख रहे थे। उन्हें तो देश की आधी-अधूरी जैसी भी मिले आजादी की जल्दीबाजी थी, तभी तो पूर्वी बंगाल का उत्तरी भाग विभाजन की थाली में परोसते समय उन्होंने तनिक भी नहीं सोचा कि हमारे हिस्से में रहे पूर्वोत्तर का भविष्य क्या होगा?

धर्म के नाम पर हुए विभाजन से हमें क्या मिला? कुछ लोगों की जिद और हमारे नेताओं की अदूरदर्शिता के चलते देश बँटा, दिल बँटे। आपस में शंका की दीवार खड़ी हुई। उस धार्मिक झंझावात से अब भी हम जूझ रहे हैं। पूर्वी पाकिस्तान बांग्लादेश बन गया किन्तु परिस्थितियों में कोई परिवर्तन नहीं आया। इस प्रदेश को

1. डॅ. : असमिया में चिकित्सक के लिए डॉ. और पी-एच.डी. उपाधि प्राप्त व्यक्ति के नाम के साथ डॅ. लिखते हैं जिससे दोनों में आसानी से भेद हो जाता है। यही प्रयोग पुस्तक में किया है।

नहीं पा सकने की कसक पाकिस्तान को शुरू से रही है और वह अपनी आबादी की घुसपैठ यहाँ कराकर अपना संख्या-बल बढ़ाता आ रहा है। यह सिलसिला बांग्लादेश बनने के बाद और अधिक ही बढ़ा है।

विभाजन के समय अरुणाचल, मेघालय, नगालैण्ड और मिजोरम असम के ही भाग थे। सन् 1950 में भारत का संविधान लागू होने के बाद पहाड़ी जनजातियों को दो भागों में बाँटा गया। एक भाग के तहत खासी-जयन्तिया हिल्स, गारो हिल्स, लुशाई हिल्स, नगा हिल्स, नॉर्थ कछार हिल्स, और मिकीर हिल्स को जिला बनाया गया, जिन्हें स्वायत्तता देकर उनमें काउंसिल्स बनाकर असम सरकार के प्रशासन के अधीन रखा गया। स्वायत्तता प्राप्त जिलों के राजनीतिक प्रतिनिधियों का प्रतिनिधित्व असम विधानसभा और संसद दोनों में दिया गया।

दूसरे भाग के तहत नॉर्थ-ईस्ट फ्रण्टियर ट्रैक में बालिपारा फ्रण्टियर ट्रैक, तिरप फ्रण्टियर ट्रैक, अबोर फ्रण्टियर ट्रैक, मिश्मी फ्रण्टियर ट्रैक और नगा ट्राइबल एरिया को रखा जिसे राष्ट्रपति के प्रतिनिधि के रूप में असम के राज्यपाल के अधीन रखा गया। सन् 1951 में बालिपारा फ्रण्टियर ट्रैक, तिरप फ्रण्टियर ट्रैक, अबोर फ्रण्टियर ट्रैक, मिश्मी फ्रण्टियर ट्रैक के मैदानी भागों को असम सरकार के प्रशासन के अधीन कर दिया गया और बचे हुए पहाड़ी भाग को 1954 में पारित अधिनियम से नॉर्थ-ईस्ट फ्रण्टियर एजेंसी (नेफा) बनाया गया।

1956 ई. के शुरू में नगा हिल्स में हुए सशस्त्र विद्रोह को सैनिक अभियान चलाकर कानून-व्यवस्था कायम की गयी। 1961 ई. में नगा हिल्स को नगालैण्ड नाम दे दिया गया, जो 1 दिसम्बर, 1963 को असम से पृथक् होकर भारत का 16वाँ राज्य बना। इसके लिए अलग से राज्यपाल और विधानसभा बनायी गयी।

इसी प्रकार खासी-जयन्तिया हिल्स और गारो हिल्स की जनजातियों द्वारा चलाये गये आन्दोलन के कारण 2 अप्रैल, 1970 को मेघालय बना और अलग से राज्यपाल और विधानसभा बनायी गयी।

भारत सरकार ने उत्तर-पूर्वी क्षेत्र (पुनर्गठन) अधिनियम 1971 को 21 जनवरी, 1972 को लागू कर मेघालय, मणिपुर और त्रिपुरा को राज्य का दर्जा दिया तथा मिजोरम और अरुणाचल प्रदेश (नेफा) को केन्द्र शासित प्रदेश का दर्जा दिया। 20 फरवरी, 1987 को मिजोरम और अरुणाचल प्रदेश को भी पूर्ण राज्य का दर्जा दे दिया गया। इन अलग हुए राज्यों तथा असम को मिलाकर बने सात राज्यों को 'सेविन सिस्टर्स' या सात बहनों के नाम से पुकारा जाता है।

आज पूरा पूर्वोत्तर देश के लोगों और राजनेताओं द्वारा उपेक्षित है। यहाँ के प्रान्तों,

नगरों के नामों तक से देश के पढ़े-लिखे लोग तक भी अपरिचित हैं, फिर यहाँ की भाषाओं, संस्कृतियों के बारे में वे कहाँ से जान पाते? भारत के लोगों में यहाँ के प्रति कहाँ से आत्मीयता जगेगी? क्या यह भारतीय एकता की एक कमजोर कड़ी नहीं है? अगर यहाँ भी औद्योगीकरण होता, समृद्धि होती तो लोगों के मन में शान्ति होती। फिर भला अलगावाद और आतंकवाद कहाँ से उपजता?

दु:ख की बात तो यह है कि केवल असम में विभिन्न क्षेत्रों में अलग-अलग जनजातियों के अपने-अपने दसियों आतंकवादी और अलगाववादी संगठन खड़े हैं। इनके अस्तित्व में आने के पीछे एक अजीब प्रकार की मानसिक कशमकश है। ये सोचते हैं कि इनकी राजनीतिक और सांस्कृतिक पहचान नहीं बन पायी और न ही इनके इलाकों का विकास हुआ है। ये लोग आज भी शिक्षा, चिकित्सा, पानी, बिजली आदि की बुनियादी सुविधाओं से वंचित हैं। शायद इनकी सोच यह भी है कि दिल्ली और असम की सरकारें उनकी माँगों को लोकतान्त्रिक तरीकों से नहीं, केवल आतंकवाद की भाषा ही सुनेंगी। कुछ आतंकवादी संगठन इस क्षेत्र को भारत से अलग करके स्वतन्त्र राज्य बनाना चाहते हैं और कुछ संगठन इन प्रदेशों को पड़ोसी बांग्लादेश में मिला हुआ देखना चाहते हैं।

सात दिसम्बर, 2003 को 'बोडो लिबरेशन फ्रण्ट' (बीएलटी) के 2600 से ज्यादा विद्रोहियों के सामूहिक समर्पण के साथ अपने संगठन को भी विघटित कर देने से एक उम्मीद जगी है कि ये लोग राष्ट्र की मुख्य धारा के साथ फिर से जुड़ेंगे किन्तु इनके अन्य संगठन 'नेशनल डेमोक्रेटिक फ्रण्ट ऑफ बोडोलैण्ड' (एनडीएफबी) अभी तक इससे सहमत नहीं हैं। हाँ! 'ऑल बोडो स्टूडेण्ट यूनियन' (आब्सू) तथा 'बोडो भाषा साहित्य सभा' जैसी संस्थाओं का दृष्टिकोण सकारात्मक रहा है। 'यूनाइटेड लिबरेशन फ्रण्ट ऑफ असम' (उल्फा) का पूरी ब्रह्मपुत्र घाटी में वर्चस्व रहा है। पहले इन्होंने शराबखोरों, घूसखोरों, जमाखोरों को पकड़ उन्हें सामाजिक दण्ड दिये जिससे असमिया समाज में इनकी छवि कुछ दिनों तक फरिश्ते की रही। फिर इनका आतंक और अत्याचार बढ़े। इनमें धन-लिप्सा बढ़ी। इनकी आतंकवादी गतिविधियाँ पड़ोसी देशों से चलती रही हैं।

दूसरी ओर धुबड़ी, ग्वालपाड़ा, बरपेटा, नोगाँव, मोरीगाँव जैसे मुस्लिम बहुल जिलों में सक्रिय 'मुस्लिम लिबरेशन फ्रण्ट ऑफ असम' (मुल्फा) और 'मुस्लिम लिबरेशन टाइगर्स ऑफ असम' (मुल्टा) जैसे कट्टरवादी उग्रवादी संगठनों को तालिबानी तौर-तरीकों से बढ़ाने के लिए पाकिस्तानी आईएसआई का सक्रिय सहयोग है। इनके अलावा निचले असम में बिरसा कमाण्डो फोर्स, कोबरा लिबरेशन टाइगर्स, कमतापुर लिबरेशन आर्गेनाइजेशन जैसे संगठनों ने अपनी आतंकवादी गतिविधियाँ छेड़ रखी हैं तो मध्य असम में कार्बी जनजाति के 'कार्बी नेशनल

वालेण्टियर' (के.एन.वी.) और 'यूनाइटेड पीपुल्स सॉलिडैरिटी' (यू.पी.डी.एस.) तथा कूकी जनजाति के भी ऐसे ही संगठन खड़े हैं। इन आतंकवादी संगठनों को बांग्लादेश में पाकिस्तान समर्थित तथा अल कायदा से गहरे जुड़े 'हरकत उल जेहाद इस्लामी' (हुजी) का पुरजोर समर्थन रहा है। हुजी के हजारों कट्टर सदस्य हैं।

इन्हीं विचारों में खोये मन को ध्यान ही नहीं रहा कि मेरे सामान के साथ पट्टा चक्कर लगाते-लगाते थम गया था। इसके साथ ही मेरी अन्तर-यात्रा में भी एक ठहराव आया। परिसर में अब भीड़ छँट गयी थी। हवाई अड्डे के बाहर मेरे लिए कुछ भी अनदेखा नहीं था। हाँ, मेरे सहयात्री के लिए सबकुछ ही अनजाना था। शेयर टैक्सी में उसे मैंने अपने साथ बिठाया, कुछ होटलों के नाम-पते बताये। यहाँ तक आश्वस्त किया कि वह कहे तो उसे रास्ते में किसी होटल में ठहराता चलूँ। अब उसके मन की धुन्ध छँट चुकी थी।

टैक्सी मेरे परिचित रास्ते पर दौड़ रही थी। उधर अभी बहुमंजिली इमारतें नहीं बनी हैं। टैक्सी की विण्डो-फ्रेम में आये मकानों पर गोबर-माटी के लेप की जगह भले ही सीमेण्ट की परत चढ़ी हो किन्तु उनके सामने असमिया परम्परा के अनुसार *फूल-बागान* भी लगे थे। हो सकता है कि घर के पिछवाड़े की बाड़ी में मौसम के अनुसार करेला, परवल, भिंडी, बैंगन, लौकी, कुम्हड़ा, मूली आदि भी उगते हों। टीन की छत वाले कुछ घरों के अहाते में सुपारी और नारियल के पेड़ झूम रहे थे। किसी-किसी घर के सामने पोखर दिखाई दिये। इनमें पलनेवाली मछलियों से बनी खट्टी तरकारी के बिना असमिया मानुष का सामिष आहार पूरा नहीं होता।

कुछ घरों के सामने लगे केले के गाछों को देखकर मुझे यहाँ पैदा होनेवाले मोटे केले की एक जात याद हो आयी। इसकी कद-काठी देख इसे भीम-केला कहें तो गलत नहीं होगा। मजे की बात यह है कि इसमें पपीता जैसे किन्तु छोटे-छोटे गोल बीज होते हैं। कच्चे केले से बननेवाली सब्जी के साथ ही इसके नन्हे गाछ के भीतर की कोमल परत से असमिया महिलाएँ *पोसोला* नामक सुस्वादु साग बनाती हैं। केलों के गुच्छे के नीचे लगनेवाले लाल फूल से बनी तरकारी का भी इनके आहार में शुमार है। आम, पपीता, जामुन, अनन्नास, कटहल, नारियल आदि इनके फलाहार हैं। मैंने सहयात्री को चौकन्ना किया कि असम में केला कहना अश्लील माना जाता है। इसे यहाँ *कोल* कहते हैं।

नगर तक के सोलह-सत्रह कि.मी. लम्बे रास्ते में आयी लंकेश्वर पहाड़ी के बाद गुवाहाटी विश्वविद्यालय के सामने से गुजरे तो एक कसक-सी मन में उठी कि मैंने अपनी कानून की पढ़ाई बीच में ही क्यों छोड़ दी! पहले इसी विश्वविद्यालय में

लॉ की कक्षाएँ लगती थीं। केन्द्र सरकार में कानून मन्त्री रहे दिनेश गोस्वामी, बैरिस्टर अनिल बरठाकुर, डमरु पाठक जैसे हमारे प्राध्यापकों की याद आज भी तरोताजा है। आगे आये चौराहे से एक रास्ता शराईघाट पुल की ओर चला जाता है। अब मकानों पर चढ़ी मंजिलें दिखाई देने लगीं। *तिन आलि* (तिराहा) पार करते ही मालीगाँव बाजार से नगर की रौनक शुरू हो गयी। करीब बीस लाख की आबादीवाले गुवाहाटी में लोहे के सरिया-सीमेण्ट की बनी बिल्डिंगों का शुमार कब से ही हो चुका है। इस तिराहे से एक रास्ता पाण्डु बाजार की ओर चला जाता है।

पैंतालीस-पचास साल पहले मालीगाँव में कच्चे घरों के सिवाय क्या था। यहाँ पूर्वोत्तर सीमान्त रेलवे के प्रधान कार्यालय की स्थापना के साथ यह इलाका जगरमगर होने लगा। रेलवे की लाल बिल्डिंग चालीसों साल पहले जैसी थी वैसी-की-वैसी आज भी है। क्या पता इसकी देह पर रंग-रोगन पोता भी गया या नहीं। टैक्सी नीलाचल पहाड़ के नीचे से गुजरी तो ध्यान आया कि दो-चार दिनों में ही कामाख्या-दर्शन करने आना है। कामाख्या-द्वार के समाने रेल-पटरियाँ भी सड़क के समानान्तर चलने लगीं। आगे भोरोलु नदी के मुहाने पर बनी पुलिया को पार कर टैक्सी के बायें मुड़ते ही जैसे दृश्य बदल गया। वहाँ रेल पटरियों ने सड़क का साथ छोड़ा तो ब्रह्मपुत्र इसके संग चलने लगा।

ब्रह्मपुत्र और सड़क के बीच बने श्रीमन्त शंकरदेव उद्यान से शोभा बढ़ गयी है। पहले वहाँ कैसी गन्दगी रहा करती थी! इस रास्ते को महात्मा गाँधी रोड कहते हैं। नदी किनारे फैन्सी बाजार में टैक्सी ने जहाँ छोड़ा वहाँ से घर की पैदल-दूरी पाँच-सात मिनट की थी। भीड़-भाड़ से भरे गुवाहाटी, बल्कि पूर्वोत्तर के व्यस्ततम व्यावसायिक इलाके फैन्सी बाजार की टूटी-फूटी और कीचड़ से लथपथ सड़कों को देखकर किसी भी नवागन्तुक को इसके साथ लगा विशेषण 'फैन्सी' कितना निरर्थक लगता होगा परन्तु असमिया भाषी इसे आज भी 'फाँसी बाजार' ही कहते हैं, क्योंकि अंग्रेजी राज्य में यहाँ स्थित जेल में राजद्रोहियों को फाँसी दी जाती थी। फिर असमिया भाषा के उच्चारण-गुण के चलते उनकी जीभ को 'फाँसी बाजार' बोलना ही ज्यादा सुगम लगता है। इसके नाम का सौन्दर्यीकरण होने का कारण यह है कि विश्वयुद्ध के समय फैन्सी बाजार में इंग्लैण्ड और अमेरिका की वस्तुओं की जगह जर्मनी और जापान से फैन्सी सामान मँगाकर बेचा जाता था, जिससे इसे फैन्सी बाजार कहा जाने लगा।

फैन्सी बाजार के घाटों पर खड़े जहाजों पर चलनेवाले 'फ्लॉटिंग रेस्टोरेण्टों' से यहाँ का पर्यटन-महत्त्व भी बढ़ा है। जल पर तैरती नौकाएँ और जहाजों की पृष्ठभूमि में ढलते सूरज की प्राकृतिक सुषमा का आनन्द ही कुछ और है। यहाँ के सूर्यास्त का अनुपम दृश्य देखकर ही सन् 1919 में अपने गुवाहाटी आगमन पर विश्वकवि

रवीन्द्रनाथ ठाकुर ने कहा था—'मैं विश्व के अनेक स्थानों पर गया हूँ और वहाँ डूबते हुए सूर्य को देखा है परन्तु गुवाहाटी का सूर्यास्त सबसे सुन्दर और अन्यतम है।' किन्तु फैन्सी बाजार के अधिकतर रहवासियों को लक्ष्मी की खनखनाहट के सामने प्रकृति की रुनझुन शायद ही सुनाई देती होगी लेकिन मेरे लिए तो यहाँ के पल-पल परिवर्तित होनेवाले प्राकृतिक वेष का आकर्षण बचपन से आज तक बना हुआ है और मेरे क्लान्त मन को सींचने, सँवारने और उत्प्रेरित करने का यह एक शाश्वत अवलम्ब भी है।

कामाख्या क्षेत्रे गुवाहाटी नगरे

गुवाहाटी के मध्य स्थित नीलाचल के सर्वोच्च भुवनेश्वरी शिखर की एक शिला पर मैं एकाकी बैठा हूँ। यह एकाकीपन तो मन की कोरी कल्पना मात्र है। प्रकृति का संग जो मेरे साथ है। यह किसी भी मीत या सगे-सम्बन्धी से अधिक शाश्वत और सुखकर है। फिर शब्दों के माध्यम से आप भी तो मेरे साथ हैं। अब जीवन की दार्शनिकता छोड़ आगे का मार्ग प्रशस्त करते हैं।

नगर के ताम-झाम और भीड़-भड़क्के से दूर इस शृंग से श्रेष्ठ स्थान अपनी सांस्कृतिक यात्रा की शुरुआत के लिए और हो भी क्या सकता है? भूस्तर से 695 फुट ऊँची यह चोटी प्रदूषण से कितनी दूर है। यहाँ बहती ठण्डी बयार कैसी सुहा रही है। कालचक्र ने फागुन से चैत्र में प्रवेश कर लिया है। फगुआ के रंग तो बस तात्कालिक थे। प्रकृति के कैनवास पर बिखरे ये रंग तो चिरस्थायी हैं, जिन्हें समय का अन्तराल भला कैसे फीका कर सकता है? इस विस्तृत कैनवास की फ्रेम में सामने पसरा नगर भी जड़ा है। यहाँ बैठकर हम प्रकृति द्वारा संरक्षित और शोभायमान इस नगर से दूर भी हैं और इसमें समाये हुए भी। नगर की सारी सांस्कृतिक विरासत आँखों के सामने बिखरी पड़ी है।

सामने शान्त छन्दमय गति से बहता महाबाहु ब्रह्मपुत्र जाड़े की सौड़ से निकलकर अभी भी सिकुड़ा हुआ है किन्तु दूर से ही अपनी विशालता का आभास भी दे रहा है। इसके बीच स्थित उमानन्द, उर्वशी और कर्मनाशा नामक तीनों द्वीपों के पास पानी के सूखने से निकली रेत चमक रही है। इसके जल पर तैरती नावें-स्टीमर मन को कैसे लुभा रहे हैं! इसकी धारा पर बहते बाँसों को आपस में बाँधकर बनाये गये बेड़ों के संग उलझा एक हरा बाग भी बह रहा है। अरे! ये तो जलकुम्भियों का समूह है जो दूर से ऐसा भ्रम पैदा कर रहा है।

ब्रह्मपुत्र के दक्षिणी तट पर बसी गुवाहाटी की अनुपम प्राकृतिक सुषमा को इसके तीनों ओर आलिंगित पर्वत श्रेणियाँ और भी बढ़ा रही हैं। ये पहाड़ियाँ मानो इस नगर-नग को अँगूठी की तरह अपने में जड़े हुए हैं। दूर नीचे दृष्टिगोचर हो रही सड़क पर चलने वाहन और इसकी समानान्तर पटरी पर दौड़ती रेलगाड़ी खिलौने जैसी लग रही है। इनका धीमा शोर ऊपर तक सुनाई दे रहा है।

नीलकूट पर बैठे हों और कामाख्या मन्दिर का ध्यान नहीं आये, यह भला कैसे सम्भव है! दर्शनार्थी कामाख्या-दर्शन करके ही प्राय: लौट जाते हैं। उन्हें ऊपर स्थित भुवनेश्वरी मन्दिर और यहाँ से दिखनेवाले अद्‌भुत दृश्य की जानकारी ही नहीं होती। तभी तो इस नगर की पौराणिक परिक्रमा की शुरुआत करने के लिए हमने इस जगह को चुना है। इसे देख हजारों वर्ष पूर्व के आख्यानों में सृष्टि के रचनाकाल सम्बन्धी कालिका पुराण का एक श्लोक स्मृति में आ रहा है—

अस्य मध्ये स्थितो ब्रह्मा प्राग् नक्षत्रं ससर्ज ह:।
तत: प्राग्ज्योतिषारेव्यम् शक्रपुरी समा॥

गुवाहाटी का ही पौराणिक नाम प्राग्ज्योतिषपुर है। यहाँ बैठकर ब्रह्मा ने नक्षत्रों और जगत की सृष्टि की थी। यह नाम स्वयं में उक्त कथन का प्रमाण है। आप चाहें तो इसका आंग्ल अनुवाद कर लें—'प्री एस्ट्रॉलॉजिकल प्लेस' यानी ज्योतिष ज्ञान के पूर्व का स्थल। ग्रहों की बात चली तो नगर की चित्राचल पहाड़ी पर स्थित नवग्रह मन्दिर में मानसपूजा करने मन जा पहुँचा, जहाँ मानो किसी भक्त द्वारा सस्वर गाये जा रहे स्तोत्र की ध्वनि कानों में गूँज रही है—

ब्रह्मा मुरारि त्रिपुरान्तकारी भानु शशि भूमिसुतो बुधश्च।
गुरुश्च शुक्र: शनिराहुकेतव: सर्वे ग्रहा शान्तिकरा भवन्तु॥

रामायण-काल में भी यह नगर अस्तित्व में था। '*...तथा अमूर्त्तराजो धीरचक्रे प्राग्ज्योतिषपुरम्*' श्लोक में अमूर्त्तराजा का उल्लेख है जो मुनि विश्वामित्र के पितामह थे। इतना ही नहीं रामायण में इस नगर का स्पष्ट उल्लेख है—

तत्र प्राग्ज्योतिषं नाम जातरूपमयं पुरम्।
यस्मिन् वसति दुष्टात्मा नरकोनाम दानव: ॥

इस नील पर्वत की महिमा अपार है। देवी-शक्तिपीठों के अस्तित्व में आने का पौराणिक आख्यान है—ब्रह्मा के मानस पुत्र प्रजापति दक्ष की कन्या सती का विवाह महादेव शंकर से हुआ था। एक बार दक्ष ने अपने जामाता से रुष्ट होकर एक यज्ञ का अनुष्ठान किया जिसमें अपनी पुत्री-जामाता को छोड़ समस्त देवताओं को निमन्त्रित किया गया। सती अपने पिता के घर होनेवाले इस भव्य आयोजन के बारे में नारद मुनि से जानकर वहाँ जाने की आज्ञा लेने शिवजी के पास गयीं। पति ने समझाया कि बिना निमन्त्रण पिता के घर भी नहीं जाना चाहिए किन्तु त्रिया-हठ के सामने उन्हें हाँ कहनी पड़ी। बिन बुलाये ही बेटी को आयी देख दक्ष क्रुद्ध हो शिव के प्रति अनाप-शनाप बोलने लगा। यज्ञ-सभा में पति की निन्दा सुन सती ने क्षुब्ध

होकर यज्ञवेदी में कूद अपने प्राण त्याग दिये।

यह समाचार जानकर शंकर क्रोधित हो अपने वीरभद्रादि गणों के साथ यज्ञशाला में पहुँचे। सती का शव देखकर शिव स्थिर न रह सके और अपने गणों को यज्ञ को नष्ट कर दक्ष का सिर काटने का आदेश दिया। दक्ष-पत्नी ने शिव से अपने पति को पुनर्जीवित करने की कातर प्रार्थना की। उन्होंने दया कर दक्ष के धड़ में बकरे का मुण्ड जोड़ उसे प्राण-भिक्षा दे दी किन्तु स्वयं सती के शव को कन्धे पर ले उन्मत्त हो तीनों लोक में भटकने लगे। उनका विषाद दूर करने जगतपालक विष्णु अपने सुदर्शन चक्र से सती के शव को कुल इक्यावन भागों में खण्ड-खण्ड कर दिया। वे अंग जहाँ-जहाँ गिरे वहाँ-वहाँ पवित्र शक्तिपीठ स्थापित हुए। इन पीठों के साथ ही सती के स्नेहवश महादेव भी शिवलिंग के रूप में देवी के भैरव बनकर अवतीर्ण हुए। कालिका पुराण में कहा गया है—

यत्र तत्र महादेवः सत्यास्तदापादादयो द्विजाः।
यत्र तत्र महादेवः स्वयं लिंगस्वरूपधक्॥
तस्यो मोहसमायुक्ताः सती स्नेहवशानुगाः।

सती के दो अंग इसी नीलाचल पर गिरे थे। इसी शिखर पर स्थापित कपाल पर बने भुवनेश्वरी मन्दिर के बाहर बैठे हम नगर का विहंगावलोकन कर रहे हैं। नीचे कामाख्या मन्दिर है, जहाँ सती का मातृ-अंग गिरने के कारण इसे कामगिरी भी कहा गया है। इन शक्तिपीठों में उक्त योनिमण्डल से श्रेष्ठ पावन शक्ति-स्थल अन्य नहीं है। इसकी महिमा देवी भागवत में इस प्रकार है—

तत्रत्या पृथिवी सर्वा देवीरूपा स्मृता बधैः।
तातः परतरं स्थानं कामाख्या योनिमण्डलात् ॥

आज भी बालपन की पचास-पचपन वर्ष पुरानी स्मृति तरोताजा है। उस जमाने में गुवाहाटी में चलनेवाली बग्घियाँ अब कहाँ! दो घोड़ों से जुती बन्द बग्घी में घर के महिला-पुरुष ठँसठुँसकर बैठते थे किन्तु मैं बालहठ कर कोचवान के संग बैठा कैसा इतराया करता था। कामाख्या-द्वार पर बग्घी छोड़ती, फिर फूलदार वृक्षों की शीतल छाँव तले बने पग-पथ से सपरिवार पहाड़ पर मन्थर गति से चढ़ा करते थे। रास्ते में मातेश्वरी के दोनों द्वारपाल सिद्धगणेश तथा अग्निवेताल और अन्यान्य देवस्थलों के दर्शन होते थे। उस वक्त वनभोज पर जाने जैसा रहनेवाला उत्साह समय के साथ न जाने कहाँ पीछे छूट गया। कामाख्या-भुवनेश्वरी तक आने का वर्तमान मोटर-पथ तो सन् 1958 में बना है। बात ऐसी हुई कि इसके दो साल पहले गुवाहाटी में कांग्रेस का अधिवेशन हुआ था, तब तत्कालीन केन्द्रीय गृहमन्त्री

गोविन्द बल्लभ पन्त ने नीचे से भुवनेश्वरी तक सड़क बनवाने का बीड़ा उठाया और उसे पूरा भी किया।

नीलाचल पर चढ़ने के चार प्रस्तर मार्ग हैं। चारों दिशाओं में बने इन मार्गों के निर्माण की भी एक पौराणिक कथा है—नरकासुर अपने पराक्रम और शोणितपुर के राजा बाणासुर की संगत में पूरा अत्याचारी बन गया। वह विभिन्न स्थानों से सोलह हजार कन्याओं का अपहरण कर लाया। हजारों नारी-कण्ठों ने इसके अत्याचारों से छुटकारा दिलाने के लिए माँ कामाख्या की आराधना-प्रार्थना की। देवी ने स्वयं अपने भक्त रहे नरकासुर का वध न कर उसे अपनी लावण्यमय छटा दिखायी। वह उस रूप पर मोहित हो देवी को पाने के लिए आतुर हो उठा। भगवती ने उसे कहा, यदि वह एक ही रात में नीलाचल की चारों दिशाओं में चार प्रस्तर मार्गों और एक जलकुण्ड का निर्माण कर सके तो उसकी कामना पूर्ण हो सकती है। अन्तिम चरण में कार्य पूरा होते-होते मुरगे ने कुकड़ूँ कूँ बोल प्रभात होने की सूचना दी। काम अधूरा रह जाने से क्रोधित हो नरकासुर ने मुर्गे का पीछा कर उसे मार डाला। उसने अपनी ताकत के नशे में कामाख्या-पूजन ही बन्द करा दिया। आखिर श्रीकृष्ण ने नरकासुर का वध कर सोलह हजार कन्याओं को उसके कारागार से न केवल छुड़ाया, अपितु उन्हें लोक-लाज से बचाने और समाज में सम्मानित स्थान देने सभी का प्रतीकात्मक रूप में पाणिग्रहण भी किया।

इन पाषाण-पथों पर आरोहण करने का भी एक विधान है। गृहस्थ को पूर्व द्वार से जाने पर धन-प्राप्ति होती है। उत्तर की ओर का स्वर्ग-पथ मुक्ति-लाभ कराता है। पश्चिम स्थित 'हनुमन्त द्वार' से चढ़ने पर राजकीय लाभ होता है किन्तु दक्षिण का मार्ग मृत्यु की ओर ले जाता है।

कालिका पुराण के अनुसार पश्चिम में कारतोया नदी से पूर्व दिशा में दिक्करवासिनी तक फैले तिकोने क्षेत्र को कामरूप प्रदेश माना गया है जिसके अन्तर्गत ही आज का कूचबिहार भी था। वहाँ के कोच वंशीय राजा विश्वसिंह ने नरकासुर द्वारा बनाये गये कामाख्या मन्दिर के भूमिसात् हो गये अवशेषों का पुनरुद्धार कराया। योनिपीठ एक मृत्तिका-स्तूप में बदल चुका था। यहाँ के जंगलों में तब हिंसक पशुओं का वास था, या फिर वनवासियों का। विश्वसिंह द्वारा निर्मित मन्दिर को कालापहाड़ ने तोड़ डाला था जिसे उसके वंशज नरनारायण और चीलाराय ने फिर से बनवाया। यद्यपि देवी के शापवश नरनारायण के वंशजों को यहाँ आना वर्जित था, तथापि 1897 ई. में आये भयंकर भूकम्प में मन्दिर को हुई क्षति की पूर्ति के लिए उन्होंने अपने दरबार की ओर से आर्थिक सहायता भेजी थी।

नीलाचल की महिमा का कहाँ तक बखान करें! यहाँ कामाख्या, काली, तारा, भुवनेश्वरी, भैरवी, छिन्नमस्ता, धुमावती, बगलामुखी, सरस्वती एवं लक्ष्मी नाम से दस महाविद्या-सिद्धविद्याओं का वास है। कामेश्वर, सिद्धेश्वर, कोटिलिंग, अघोर और आम्रातकेश्वर नाम से महादेव के पंचपीठ भी यहीं स्थापित हैं।

अब हम भुवनेश्वरी से 165 फुट नीचे स्थित कामाख्या मन्दिर से अपनी मानसिक यात्रा प्रारम्भ करते हैं। क्योंकि आज चैत्र के नौरते की महाष्टमी है। मन्दिर में अत्यधिक जन-समूह उमड़ा है। पाँव रखने की भी जगह नहीं है। हम मानसिक पूजा से ही माता को मनाएँगे। मान लेते हैं कि हमारे साथ हमारे पारिवारिक पण्डे का बेटा गोवर्धन है। पण्डे ने लाल रंग की धोती और दोनों तरफ जेबवाली लाल ही बण्डी पहन रखी है। किसी-किसी पण्डे ने बण्डी के बदले लाल बनियान पहन रखी है। यही पण्डों का पहनावा है। मन्दिर के उत्तर में चौकोर गढ़े पत्थरों से बने अति प्राचीन 'सौभाग्य कुण्ड' पर पण्डा ले आया है। यहाँ हाथ-पाँव धोकर, इसके परिसर में विराजमान गणेशजी का आशीर्वाद ले मन्दिर की ओर चलते हैं।

दर्शनार्थियों की कतार में लगना होगा। हम नाट्य मन्दिर के बाहर और बलिगृह के सम्मुख खड़े हैं। आज बलि-स्थल के सामने दीवार खड़ी कर दी गयी है ताकि बलि होते हुए कोई देख न सके। पहले यह दीवार नहीं थी। वह दृश्य कितना हृदय-विदारक था जब बचपन में मैंने खड्ग के एक ही झटके से बकरे का मुण्ड कटते देखा था। उसका धड़ कितनी देर खून से लथपथ फर्श पर तड़पा था। तब ही यह जाना कि जान भी कितनी मुश्किल से निकलती है। वह दारुण दृश्य आज भी मेरे मन से नहीं निकल पाया है। बलि-प्रथा का विरोध कर असमिया लेखिका इन्दिरा गोस्वामी ने पण्डों की नाराजगी मोल ली, पर बलि नहीं रुकी। यों तो यहाँ रोज ही बकरों की बलि होती है किन्तु नवरात्रि में हंस, कबूतर, भैंसे के सिवाय निरामिष रूप में कुम्हड़े की बलि का भी विधान है। महाष्टमी के दिन जीवित रोहू मछली की बलि देने की प्रथा भी यहाँ रही है।

कतार में लगे लोगों को बच्चे घूम-घूमकर लाल जवाकुसुम की मालाएँ बेच रहे हैं। हम यह रक्त-पुष्पहार माँ को चढ़ाकर प्रसन्न करेंगे। माँ को तो लाल रंग पसन्द है, माँ को निरीह प्राणी का रक्त थोड़े न अच्छा लगता है? हम पुष्पसेवियों पर माता क्या इन बलिसेवियों से अधिक प्रसन्न नहीं है?

नाट्य मन्दिर की बाहरी दीवार पर उकेरे हुए अश्वमुख, गौमुख आदि गन्धर्वों की मूर्तियाँ कितनी सुन्दर लग रही हैं! कतार के साथ आगे बढ़ने पर एक बड़ा घण्टा और इसके पास ही चक्र-भैरवी की मूर्ति दिख रही है। मन्दिर-द्वार तक पहुँचने में

ज्यादा समय नहीं लगा। इसके सामने ही हाथी पर सवार देव-शिल्पी विश्वकर्मा की प्रतिमा दिखाई दे रही है जिन्होंने कामदेव के कहने पर कामाख्या मन्दिर का सर्वप्रथम निर्माण किया था।

अब जगमोहन (दर्शक मण्डप) में प्रवेश करते हैं। बारह पाषाण-स्तम्भों पर खड़े जगमोहन के बीच बनी वेदी पर आसीन एक ऊँचे सिंहासन पर हरगौरी की अष्टधातु-मूर्ति विराजमान है। इसके उत्तर में पंचमुखी एवं दसभुजी वृषवाहन कामेश्वर महादेव अवस्थित हैं। दक्षिण भाग में द्वादशबाहु, अष्टादशलोचना सिंहवाहिनी कमलासना महामाया कामेश्वरी की मूर्ति के दर्शन होते हैं।

यहाँ से पन्द्रह-बीस सीढ़ियाँ नीचे उतरकर अँधेरी 'मनोभव गुफा' में देवी की योनिमुद्रा के दर्शन होते हैं। यहाँ सँकरापन तो अवश्य है किन्तु घुटन नहीं। इसका शीर्ष भाग काफी ऊँचा है। अब आँखों को यहाँ जल रहे अखण्ड दीपक के प्रकाश का ही सहारा है। एक हाथ लम्बा और बारह अंगुल चौड़ा यह शिलापीठ ही माँ कामाख्या का योनिमण्डल है। इसके नीचे जल निरन्तर प्रवहमान् है। यह मातृअंग सदा सोने के टोप से ढँका रहता है। और टोप भी वस्त्र और पुष्पमाला से आवृत है। इसका मात्र एक भाग दर्शन, पूजा एवं स्पर्श के लिए खुला हुआ है।

इस योनिपीठ के साथ पूर्व की ओर सरस्वती और लक्ष्मी के पीठ-स्थल हैं। पीछे पंक्ति में खड़े अन्य दर्शनार्थियों की सुविधा को ध्यान में रख, तत्परता से इन पीठों के दर्शन कर हम फिर जगमोहन में प्रवेश करते हैं। इसकी दीवारों पर उकेरी गयी देव-मूर्तियों—मंगलचण्डी, कल्कि अवतार, युधिष्ठिर, श्रीरामचन्द्र, बटुक भैरव, नारायण, गोपाल, राजा नरनारायण, अन्नपूर्णा, द्रोणाचार्य, वीर चीलाराय, नीलकण्ठ महादेव, नन्दी, भृंगी, कपिल मुनि और मनसादेवी के दर्शन करते चलते हैं। इनके साथ ही मन्दिर के निर्माण के बारे में बना शिला-लेख भी यहाँ दर्शनीय है। इसी से लगा मातेश्वरी का भोग मण्डप है। यहाँ से बाहर निकलने का रास्ता आहोम राजाओं द्वारा निर्मित नाट्य मन्दिर से होकर है।

अब लगे हाथ मन्दिर की एक परिक्रमा भी करते चलते हैं। इसकी दीवारों पर 24 पुरुष एवं 36 नारी मूर्तियाँ हैं। पुरुष प्रतिमाओं को छह राग, अठारह उपराग तथा नारी मूर्तियों को छत्तीस रागिनियों का प्रतीक माना गया है और इन सबके बीच बनी गणपति की विशाल मूर्ति शोभायमान है।

भारत में केवल कामाख्या धाम ही है जहाँ आज भी कुमारी कन्याओं का *सर्वविद्यास्वरूपा हि कुमारी नात्रः संशयः* के विश्वास के साथ सविधि पूजन कर उन्हें भोजन कराने का विशेष माहात्म्य है। नीलाचल पर पारिवारिक सदस्यों सहित हजारों की संख्या में रहनेवाले पण्डों की बस्ती का एक छोटा-सा नगर ही बस गया है। यहाँ संस्कृत पाठशाला है। विद्यालय, पुस्तकालय, डाकघर, पुलिस थाना,

सरकारी चिकित्सा की भी व्यवस्था है परन्तु पानी की किल्लत यहाँ सदा बनी रहती है। इसे गुवाहाटी के बीच बसा एक छोटा-सा हिल-स्टेशन भी कहें तो गलत नहीं होगा। पण्डों के घरों पर ही यजमान यदि चाहे तो कुमारी-भोजन की सारी व्यवस्था भी आनन-फानन हो जाती है। यहाँ कोई धर्मशाला नहीं है। यात्रियों के ठहरने, खाने-पीने की व्यवस्था पण्डे ही अपने घरों पर कर देते हैं, फिर भी यहाँ पण्डों की लूट-खसोट कभी देखने-सुनने में नहीं आयी। ये दक्षिणा के लिए यात्री पर दबाव नहीं डालते। और तो और ये विवाह तक सौ रुपये में ही करवा देते हैं जिसे कानूनी मान्यता प्राप्त है।

मन भुवनेश्वरी शृंग पर बैठे तन में वापस आ समाया। यहाँ से सामने दिखते फैन्सी बाजार के घाट पर खड़े फ्लॉटिंग रेस्टोरेण्टों से यहाँ की शोभा और बढ़ गयी है। सामने तीनों द्वीपों के पीछे एक और द्वीप जो दिख रहा है, एक अस्थायी चापरी है। आज यह निर्जन है। अभी पिछली यात्रा में दिसम्बर की ही तो बात है—इस पर 'ब्रह्मपुत्र उत्सव' की कैसी चहल-पहल थी! यहाँ से दिखती यह चापरी इस समय ऐसे लग रही कि मानो जाड़े में ठिठुरा बूढ़ा लुइत अपना कूबड़ निकाले अभी तक धूप ही सेंक रहा है। अब तो शीतकाल चला गया महाबाहु! जागो!

ब्रह्मपुत्र के तीनों द्वीपों के सिवाय इसके विशाल पाट के उत्तरी तट पर बसे नॉर्थ गुवाहाटी स्थित अश्वक्लान्त का दृश्य यहाँ से कितना मनोहारी लग रहा है! उत्तर गुवाहाटी में कूर्मावतार विष्णु, गोविन्द, मणिकर्णेश्वर शिव आदि अनेक मन्दिरों के साथ आउनीआटी सत्र भी हैं। इन्हें तो यहाँ बैठे नहीं देखा जा सकता, पर अश्वकूट की चोटी पर बना विष्णु मन्दिर दूर से भी साफ दिख रहा है। इसके साथ वहाँ के घाट पर लगा जमघट भी आँखों में समा रहा है। ऐसी ही भीड़ तो मैंने आते समय फैन्सी बाजार घाट पर नहाते लोगों की देखी थी। अब अश्वक्लान्त घाट पर लगे मजमे को देख एकाएक ख्याल आया कि हो न हो आज चैत्र शुक्ल की महाष्टमी ही नहीं अशोकाष्टमी यानी ब्रह्मपुत्र का जन्मदिन भी है।

बचपन में देखे अशोकाष्टमी मेले के साथ अश्वक्लान्त की पहाड़ी पर बने आहोमकालीन मन्दिर में प्रतिष्ठित हजार फणवाले शेषनाग की कुण्डली पर सो रहे विष्णु की नाभि से निकले कमल पर बैठे ब्रह्मा और चरणसेवा में लगी लक्ष्मी का शिला-विग्रह आज भी मेरी स्मृति में तरोताजा हैं। काले रंग के पत्थर की यह मूर्ति सातवीं-आठवीं शताब्दी की मानी गयी है। कथा है कि श्रीकृष्ण कुण्डिल नगर से रुक्मिणी-हरण कर द्वारका लौटते समय वहाँ रुके थे। उनके रथ के क्लान्त अश्वों ने वहाँ के तट पर जल पिया था। उन अश्व-खुरों के चिन्ह आज भी वहाँ की तटवर्ती

श्याम-शिलाओं पर विद्यमान हैं। उनके पास ही एक अन्य शिला पर विष्णु-पद है। अत: यह अश्वगया भी कहलाता है।

अश्वगया में पितरों को पिण्डदान देने के स्थल विष्णु-पद के सम्मुख ब्रह्मपुत्र में आड़ जैसी खड़ी चट्टान यहाँ से स्पष्ट दिखाई दे रही है। प्रकृति ने शायद यही सोचकर इसे यहाँ आरोपित किया होगा कि पिण्डदाता को सामने दिखते कर्मनाशा द्वीप के दर्शन न हों और उसका पुण्य अक्षय बना रहे। कर्मनाशा—यथा नाम तथा गुण। मान्यता है कि वहाँ जाने पर मनुष्य के सुकर्मों का नाश हो जाता है, क्योंकि इस पर काल की एक मूर्ति है। इस टापू पर जाने से लोग भले परहेज करते हों किन्तु स्कूल की पिकनिक में मैं तो वहाँ की छोटी-छोटी चट्टानों पर चढ़ा भी हूँ और रेतीले चर पर सहपाठियों के संग खेला भी हूँ। मेरे किन कर्मों का नाश हुआ, इसका लेखाजोखा तो समय आने पर चित्रगुप्त ही करेगा।

सामने के तीनों चट्टानी द्वीपों में बीचवाले उर्वशी द्वीप की एक पौराणिक कथा है कि इन्द्रसभा की अप्सरा उर्वशी ने शापवश घोड़ी बन कर्मनाशा पर वास किया था। कालान्तर में उर्वशी द्वीप स्थित जलकुण्ड में स्नान कर वह शापमुक्त हुई। वह उर्वशीकुण्ड के नाम से उल्लिखित है, जो अब ब्रह्मपुत्र में समा चुका है। उसी द्वीप पर खड़ा श्वेत स्तम्भ, जिसे साधारणतया उमानन्द का किला कहते हैं—भुवनेश्वरी से कितना साफ दिख रहा है। यह स्तम्भ भले ही पुरातन न हो पर यहाँ की शिलाओं पर उकेरी हुईं विष्णु और सूर्य आदि की मूर्तियाँ अवश्य प्राचीन हैं। वर्षाकाल में यह द्वीप जलमग्न हो जाता है। किसी सम्भाव्य दुर्घटना से बचाव के लिए संकेत-सूचक के रूप में ब्रिटिशकाल में यह स्तम्भ खड़ा किया गया था। इसके शीर्ष पर बनी नन्ही-सी चिड़िया दूर से हमारी आँखों में नहीं समा रही है। कहते हैं, इस चिड़िया के ऊपर जिस दिन ब्रह्मपुत्र का जलस्तर आ जाएगा, वही इस नगर के लिए जल-प्रलय का दिन होगा।

अब तीसरे उमानन्द शैलद्वीप से भी परिचय कर लेते हैं। सघन वृक्षावलियों की हरित आभायुक्त यह विशाल पर्वतीय टापू दूर से ऐसा लग रहा है, जैसे किसी मयूर ने अपने घने पंख फैला रखे हों। पुराणों में यह स्थल भस्माचल तथा भस्मकूट के नाम से वर्णित है। यहीं महादेव ने अपने तीसरे नेत्र से कामदेव को भस्मीभूत किया था और उमा की प्रीतिवश पंचमुखी रूप में उमानन्द नाम से वे यहाँ वास करने लगे। ये कामाख्या पीठ के भैरव भी हैं। वर्तमान मन्दिर आहोम राजा गदाधरसिंह ने बनवाया था।

आज तो उमानन्द जनविहीन-सा दिख रहा है किन्तु शिवरात्रि पर यहाँ ऐसा जन-अरण्य लगता है कि साथ छूट जाए तो साथी को ढूँढ़ते ही रहिये। शिवरात्रि को सूर्योदय से पहले ही दर्शनार्थियों का यहाँ ताँता लग जाता है। सैकड़ों नाव-जहाज

श्रद्धालुओं को ले जाने, लाने के काम में देर रात तक जुटे रहते हैं। वैसे ये तीनों द्वीप आसपास ही हैं, जहाँ नाव द्वारा कभी भी जाया जा सकता है परन्तु वर्षाऋतु में न जाना श्रेयस्कर है, तब ब्रह्मपुत्र उफान पर होता है।

इन द्वीपों के समीप ब्रह्मपुत्र के दक्षिणी तट के पहाड़ी टीले पर, यहाँ से दूर दिखाई देता श्वेत-मन्दिर, अत्यन्त प्राचीन शिवालय है, जिसे शास्त्रों ने भीमाशंकर ज्योतिर्लिंग भी माना है। मन्दिर में स्थित प्राय: ढाई हाथ ऊँचे स्वयम्भू शुक्रेश्वर लिंग की असुर गुरु शुक्राचार्य ने तपस्या की थी। शिवलिंग पर लपेटी हुई दस हाथ की धोती देखकर सहज ही इसकी विशालता का आभास होता है। श्रावण मास में बारह कि.मी. दूर स्थित वशिष्ठ गंगा से हजारों काँवरिये पैदल काँवर लाकर शुक्रेश्वर का जलाभिषेक करते हैं।

इस शिवलिंग का ऊपरी भाग एक ओर से खण्डित है, जिसे कालापहाड़ ने तोड़ा था। इसे ही नहीं, शुक्रेश्वर-प्रांगण में स्थित पुरातन जनार्दन मन्दिर के पीछे बने घाट की चट्टान पर करीब आठवीं-नौवीं शताब्दी में उकेरी गयी गणेश, विष्णु आदि देव प्रतिमाओं को भी इसी ने खण्डित किया था, जो आज भी इतिहास की मूक साक्षी दे रही हैं। पद्मासन लगाये चतुर्भुजी विष्णु की ध्यानमग्न प्रतिमा के मुखमण्डल पर कैसा शान्त भाव है! किन्तु आज ये ही प्रतिमाएँ पुरातत्त्व विभाग की उपेक्षा के कारण क्षरण से मरणासन्न हैं।

इन भित्ति-मूर्तियों के सामने की सीढ़ियों पर उतरकर थोड़ी देर बैठते हैं। हमारे सिर के ऊपर वृक्षों की शाखाएँ किसी छत्र की भाँति झुकी हैं। अभी ब्रह्मपुत्र दूर सरक गया है। इसका पानी बरसात के दिनों की तरह सीढ़ियों तक आया हुआ होता तो उसमें पाँव डालकर छप-छपा-छप करने में कैसा अद्‌भुत बालसुलभ आनन्द आता! इसके साथ ही समय का ध्यान आया। अब इसी शुक्रेश्वर-परिसर में खड़े जनार्दन मन्दिर की ओर चलते हैं। इस मन्दिर की बाहरी दीवारों पर दशावतारों की मूर्तियों को कितनी निपुणता से गढ़ा गया है! मन्दिर के आराध्य जनार्दन की श्यामल मूर्ति को पुरातत्त्वविदों ने सातवीं-आठवीं शती की निरूपित की है। गर्भगृह के द्वार पर जड़े शिलालेख में यहाँ का इतिहास लिखा है।

प्राग्ज्योतिष की अनेक पुराण कथाएँ हैं। इसे अर्धकाशी भी कहा गया है। गुवाहाटी हवाई अड्डे के रास्ते में वनाच्छादित पहाड़ी पर लंकेश्वर धाम है। कथा है कि ब्राह्मण वंशज रावण का वध करने में श्रीराम शंकाग्रस्त थे कि उन्हें ब्रह्म-हत्या का दोष

लगेगा। इस निमित्त उन्होंने आदिशक्ति की आराधना की। देवी ने उनकी शंका का निवारण करते हुए कहा कि कालजयी रावण ने सीता हरण कर स्वयं ही अपनी अकाल मृत्यु को बुलाया है। इसलिए उसके आराध्यदेव शंकर लंका छोड़कर सुदूर कामरूप में जा वास करने लगेंगे। प्राकृतिक सुषमायुक्त इस पहाड़ी पर भगवान शंकर गिरिजा संग एक बड़ी प्रस्तर नौका पर दो विशाल शिला-खण्डों के रूप में शोभायमान हैं। इतना ही नहीं, श्रीराम के कुलगुरु ब्रह्मर्षि वशिष्ठ द्वारा यहाँ स्थापित वशिष्ठाश्रम में भी गोलोकेश्वर और मंगलेश्वर नाम से शिव विराजते हैं।

यों तो गुवाहाटी के पौराणिक स्थलों में उग्रतारा तथा छत्राकार आदि अन्यान्य देवी-स्थल और भी हैं। बरबस ही ध्यान ब्रह्मपुत्र पर बने शराईघाट पुल पर जाता है तो चेतना पौराणिक काल से निकलकर इतिहास के पृष्ठ पलटने लगती है। ऊपर से दिखता यह पुल प्रदर्शनी में रखे इसके ही मॉडल जैसा लग रहा है। यह उसी ऐतिहासिक शराईघाट स्थल पर बना है, जहाँ औरंगजेब के सिपहसालार राजा रामसिंह को वीर लाचित बरफुकन ने जलयुद्ध में हराया था।

भुवनेश्वरी से गुवाहाटी नगर पर जहाँ तक नजर जाती है उसमें अब आधुनिक निर्माण का समावेश हो चुका है। इस नगरी पर भी आधुनिकता का मुलम्मा चढ़ा, जो स्वाभाविक है। अब यहाँ सारी आधुनिकतम सुख-सुविधाएँ और साधन उपलब्ध हैं। अच्छे-अच्छे होटल-रेस्त्राँ यहाँ खुल गये हैं। इस नगर में जहाँ 1900 ई. तक एक भी कॉलेज नहीं था, वहीं आज विज्ञान, कला और वाणिज्य के पचासों कॉलेज हैं। मेडिकल हो या वेटनरी या फिर आयुर्वेदिक सभी चिकित्सकीय महाविद्यालय आज यहाँ हैं। इंजीनियरिंग आदि तकनीकी उच्च शिक्षा की भी यहाँ व्यवस्था है। और इन सबके साथ असम की शंकरी संस्कृति और लोक-संस्कृति के साथ ही सभी जनजातियों के भाषा-साहित्य, शिल्प-कला, नाट, संगीत, सामाजिक रीति-रिवाज आदि पर चिन्ता-चर्चा, गवेषणा और प्रदर्शनी करने के लिए यहाँ सन् 1988 में स्थापित 'श्रीमन्त शंकरदेव कलाक्षेत्र' ने बहुत कम समय में अपना विशिष्ट स्थान बना लिया है। आज यह पर्यटकों के लिए भी एक आकर्षण की जगह बन गयी है।

इस नगर का गुवाहाटी नाम सर्वप्रथम एक तोप पर इस प्रकार लिखा मिलता है—*श्री श्री स्वर्गनारायणदेव गदाधर सिंहेन यवनं जित्वा गुवाकहद्यामिदम् प्राप्तम् शाके 1604...* अर्थात् शक 1604 यानी सन् 1682 में गुवाक की हाट में यह (तोप)प्राप्त हुई। आहोम राजा गदाधरसिंह से पराजित होकर इटाखुलि दुर्ग खाली कर भागते समय मुगलों द्वारा छोड़ी गयी अनेक सैन्य सामग्रियों में से यह तोप भी एक थी। वैसे गुवाहाटी का शाब्दिक अर्थ गुवा की हाट या हाटी है। असमिया में कच्ची सुपारी या ताम्बूल को गुवा कहते हैं। गुवा शब्द संस्कृत के 'गुवाक' का देशज रूप है और इटाखुलि उसी क्षेत्र को कहते थे जहाँ आज के पान बाजार स्थित

पहाड़ी पर, शुक्रेश्वर मन्दिर के निकट, कामरूप जिले के उपायुक्त का आवास है। वस्तुतः यह आवास जिस ब्रह्मपुत्र तटीय पहाड़ी पर है वह काफी लम्बी है। इसी पर शुक्रेश्वर-जनार्दन मन्दिरों के अलावा सरकारी बँगले और अन्य आवासीय बस्ती भी है। यह टीलानुमी शुक्रेश्वर पहाड़ी गुवाहाटी के उत्थान-पतन की मूक साक्षी रही है। यहीं लाचित बरफुकन का इटाखुलि किला था। ब्रिटिश जमाने में इसके निकट बसे रहवासी इलाके में गुवा की हाट लगा करती थी, जिसमें पान भी बिकते थे। इससे अँग्रेज इस इलाके को पान बाजार कहने लगे।

शुक्रेश्वर मन्दिर से नीलाचल के नीचे तक चली आयी अर्धचन्द्राकार सड़क के मोड़ को ऊपर से देखकर, एकाएक मुम्बई के मेरीन ड्राइव की याद हो आती है। यह अलग बात है कि इसका समुचित विकास हुए बिना यह उपेक्षित है परन्तु प्रकृति ने इसे वैसी ही भौगोलिक स्थिति देने में जरा भी कृपणता नहीं बरती है।

समय भला किसके लिए रुकता है! बात की बात में सूर्यनारायण भी अस्ताचलगामी हो चले। सुनहरी किरणें भी विदाई वेला में मानों अनुरागवश लाल हो गयी हैं, जिसके प्रतिबिम्ब से ब्रह्मपुत्र का जल लोहित होकर अपने नाम 'लोहित' को सार्थक कर रहा है।

अब चारों ओर के प्राकृतिक दृश्यों ने अन्धकार की चादर ओढ़ ली है। बस, सामने फैला नगर ही रोशनी में नहाता नजर आ रहा है, जिसकी स्थिति किसी लावण्यमयी सुन्दरी के कर्णकुण्डल सदृश्य लग रही है और विद्युत प्रकाश अनगिनत रत्नों की तरह जगमगा रहा है। यह दृश्य पूरा-सा नैनों में समा भी नहीं पाया कि लगा कुण्डल का झूमका टूटकर गिर गया। नगर के एक हिस्से में हुई लोड शेडिंग ने मंजर को धुँधला दिया। लोड शेडिंग की समस्या से गुवाहाटी ही क्या पूरा पूर्वोत्तर त्रस्त है। इस अनुपम दृश्य को आँखों से पूरी तरह पीये बिना लौटने का मन नहीं कर रहा। प्रतीक्षा ने फल दिया। कर्णकुण्डल फिर जगमगाने लगा है। निओ-साइनबोर्डों के रंग-बिरंगे बल्व-ट्यूब जैसे कर्णफूल में जड़े पन्ना-माणक-पुखराज हैं। इस दृश्यावली के सम्मोहन में मन इतना आत्मविभोर हो गया है कि आँखें अघाती नहीं, मन भरता नहीं। सचमुच यहाँ से सरकने का मन नहीं कर रहा। किसी शायर का यह शेर इस समय कितना सटीक लग रहा है—

मेरे हमदम मेरे पहलू में आकर न सरको
अगर सरको तो कर दो कलम मेरे सर को।

मौजों पर स्मृतियों की ताल

ब्रह्मपुत्र भी बड़ा नटखटिया दोस्त है। यह जब-तब मुझ पर मोह का पाश फेंकता है। इसकी हिलोर से हुलसा मेरा मन मोह में खिंचा इसके पास चला आता है। गुवाहाटी में इसके किनारे कहीं भी खड़े हो जाऊँ, इसके अपूर्व दर्शन होते हैं। इसके कितने ही मुख हैं जिनसे कितनी ही नदियों का पानी यह पीता है। ऐसा ही एक मुख इस नगर का भोरोलुमुख है। भोरोलु नदी इसमें जहाँ समाती है उस क्षेत्र का नाम ही भोरोलुमुख पड़ गया। और इसने अपने कगारों पर पता नहीं कितने ही देवी-देवताओं को बसा रखा है।

नीलाचल के नीचे इसके किनारे ही कामाख्या-आरोहण के पश्चिमी मार्ग का 'हनुमन्त द्वार' है। यहाँ एक चट्टान पर 'बाल समय रवि भक्ष लियो' के अनुरूप सूर्य को हाथ में लिये अपार महिमा सम्पन्न 'बालक हनुमान' की दुर्लभ प्राचीन प्रतिमा उत्कीर्ण है। इस पर नवनिर्मित मन्दिर में चैत्र पूर्णिमा को भक्तों ने हनुमान जन्मोत्सव मनाने का आयोजन किया था। उस दिन के लिए भारोलुमुख के कच्चे घाट से वहाँ जाने वास्ते स्टीमरों की विशेष निःशुल्क व्यवस्था थी। घाट पर मित्र ओमप्रकाश गोयनका अपने छोटे भाई श्रीकृष्ण के साथ मिल गये तो मन की उमंग और बढ़ गयी। अब ब्रह्मपुत्र के सिवाय और दो मीत मेरे साथ थे।

हनुमान-भक्तों से भरा स्टीमर ब्रह्मपुत्र की लहरों पर ठुमक-ठुमककर चल रहा था। 'क्षणे रुष्टा क्षणे तुष्टा' स्वभाव वाले ब्रह्मपुत्र को बड़ा क्रोधी नद कहा गया है किन्तु ऐसी स्वच्छन्दता यह हमेशा नहीं करता। चमकते आसमान की तरह इसका पानी भी स्फटिक जैसा चमक रहा था। धूप तेज थी, पर हमारे सिर पर बजरे की छाँव थी। नदी से तट को निहारना मन को उत्प्रेरक लगा। थोड़ी दूर पर ही तट पर बाँस का बाजार लगा था। बाँस के बेड़ों से खोलकर बेचे जानेवाले बाँसों ने न जाने कितनी लम्बी यात्रा की होगी।

आगे के तट पर दिखते महाश्मशान भूतनाथ में जल रही चिताएँ देखकर मेरे मन पर वर्षों पुराना बिम्ब क्या उतरा, उल्लास पर विषाद का रंग चढ़ गया। उस दिन मेरी माँ की चिता भी इसी तरह धू-धू जल रही थी। मैं अपना सिर मुँड़ाये दूर खड़ा उसे अश्रुस्नात नेत्रों से निहार रहा था। थोड़ी देर पहले ही तो माँ का पार्थिव शरीर

सजा-सँवरा, लाल-चुनरी से ढँका अरथी पर लेटा था। चन्दन से आलेपित उसके ललाट पर सिन्दूर का बड़ा-सा बिन्दु सूरज की तरह चमक रहा था। नथ पहने और अपने पति द्वारा माँग भरा उसका चेहरा कैसा दिपदिप कर रहा था! तब तक मेरा किशोर मन सबकुछ समझकर भी सच को नहीं मान रहा था। मन के किसी कोने में यह आस अभी शेष थी कि शायद माँ अब भी बोल उठेगी। कभी ऐसा हुआ है, जो मेरे साथ घटित होता! बड़े भैया ने चिता में अग्नि दी तो मुझे उन पर क्रोध नहीं आया। शायद मैं तब तक वास्तविकता को आत्मसात करने की प्रक्रिया में पहुँच चुका था। उसका शरीर लपटों से ज्यों-ज्यों लिपटता गया, मैं सत्य सनातन के सम्मुख नत मस्तक होता गया।

उस दिन भी यह ब्रह्मपुत्र मेरा दोस्त था। आज मैं इसकी मौज पर हूँ, उस दिन इसकी मौजें मेरे सामने थीं। यह निस्पृह भाव से मुझे देख रहा था। यह एकदम शान्त-उदास था। मैं भी इससे अभिमुख था। इसका पानी किसी तालाब की तरह स्थिर था। कदाचित् मेरे भावों का प्रतिबिम्ब ही मुझे ब्रह्मपुत्र में दिख रहा था।

धूप में तपते शव-यात्रियों ने मसान के परिसर में बने भूतनाथ मन्दिर के अहाते की शरण ली। पता नहीं किसका हाथ मेरे कन्धे पर आया और मुझे पकड़कर मन्दिर की छाँव तले बिठा गया। यह मर्मान्तक दृश्य विगत चवालीस वर्षों से मेरे मानस में रह-रहकर तैर जाता है। भूतनाथ इसके पहले भी कई बार आया था, तब तो ऐसा कभी नहीं लगा। वह अवसर होता था हम बालकों की मौज का। भूतनाथ में भोले बाबा के होनेवाले रविवारीय श्रृंगार में काशीराम जी सराफ, सीताराम जी झुरिया, शंकरलाल जी खेमका आदि बड़े-बूढ़ों के साथ हमारी बाल-टोली भी बड़े मनोयाग से जाया करती थी। मन्दिर के सामने के तालाब में उतरने को अगर किसी का दिल मचलता तो वह मन मसोसकर रह जाता। उसे उधर न जाने की बड़ों की चेतावनी याद आ जाती।

हम बाल-सखाओं में सन्तोष खाखोलिया के अतिरिक्त एक वयस्क बालक नौरंग पालड़ीवाल भी आता था। बालसुलभ स्वभाववाला नौरंग हम से बारह-तेरह साल बड़ा था उसकी तुनकमिजाजी का हम सभी मजा लेते। नौरंग के भानजे सीताराम तुलस्यान को भूतनाथ आने का ऐसा चस्का लगा कि उसमें भी श्रृंगार-प्रेम जाग उठा। सन्तोष और नौरंग का फूलों से प्रेम अनुपम था। वे श्रृंगार-विद्या के अपने गुरुओं के निर्देशानुसार अपनी उँगलियों को फूलों से उलझाये रखते। श्रृंगार-रसिक एक बंगाली मोशाय भी आते थे। हम उन्हें पाल बाबू कहते थे, वैसे उनका पूरा नाम अमरचन्द्रो पाल था। सन्तोष फूलों का ऐसा सुन्दर गजरा तैयार करता कि उसे पहनकर भोलेनाथ भी कदाचित् तृप्त हो जाते थे। उसका किया श्रृंगार लगता है कि भूतनाथ बाबा को ज्यादा ही भा गया जो उसे अपना जीवन पूरा किये बिना ही अपने

पास बुला लिया। सन्तोष के सिवाय भी ऊपर वर्णित सभी नामधारियों की यादें ही अब शेष हैं। हाँ! नौरंग ने अब अपने जीवन का सातवाँ दशक पूरा कर लिया है।

शृंगार के काम में हाथ बँटाते हमारा ध्यान उस वक्त भंग हो जाता, जब हम मोटर-हॉर्न की एक विशेष आवाज सुनते। उस मोटर की हमें प्रतीक्षा रहती थी। लाल रंग की बहुत पुरानी मॉडल की उस मोटर को उसके मालिक बनारसीलाल जी सराफ अपने बेटों विनायक, कैलास, प्रकाश को साथ लिये हौले-हौले चलाकर भूतनाथ लाते थे, जैसे छोटी-सी नाव को खेता कोई नाविक। वे मन्दिर में प्रविष्ट होते तो हमें धमाचौकड़ी सूझती। हम खुले हुड की मोटर पर चढ़कर ऊधम मचाते। गाड़ी का हॉर्न बजाने का मन तो ललकता, पर इस डर से नहीं बजाते कि चाचा को पता चल जाएगा। आखिर मन का आवेग कहाँ तक दबता! मोटर में लगे पोपले रबड़ के हॉर्न को दबाने के सुख से भला हम कैसे वंचित रहते! साहस कर उसे धीरे-धीरे सहलाते, फिर हल्का-सा दबाते। कभी-कभार जोर से बज जाता, तो हम सहम जाते कि अब हमारी शामत है। हॉर्न की पोंपों सुनकर चाचा दौड़े-दौड़े आते, हमें हल्की-सी डाँट पिलाते। फिर अपनी निश्छल हँसी बिखेर देते। उनकी हँसी में उनके दाँतों पर मढ़े सोने की चमक घुल-सी जाती। वे सबको अपनी खटोला जैसी मोटर पर बिठाकर थोड़ी-सी सैर भी कराते।

मन्दिर की फुलवाड़ी में लगे पौधे किस्म-किस्म के पुष्पों से लदे होते। फूलों के लाल, पीले, बैंगनी, गुलाबी, सफेद रंगों से मेरी आँखें उलझ जातीं। गन्धराज के धवल पुष्प की सुगन्ध मेरे नथुनों को खूब सुहाती। गेंदे की क्यारियों पर सरसों का रंग उतर आता। वहाँ लगे वृक्षों पर झूलते फलों को देख जीभ चटोरी हो जाती। अमरूद तो हमारी पहुँच में था किन्तु पानी-जामुन की धवलता का रंग-स्वाद पाना इतना सहज न था। वे पेड़ की ऊँचाई पर शाखामृग की भाँति झूलते हुए हमें चिढ़ाते। आखिर हममें से कोई साहसी उस एवरेस्ट पर चढ़ जाता तो सफेद जामुनों की शामत आ जाती। थोड़ी देर पहले हमें मुँह चिढ़ाते वे अभिमानी अब धरती पर लोट लगाते। हम उन्हें चुनकर पानी से धोते और दाँतों के बीच चबा-चबाकर उदरस्थ करते। क्या इसी तरह काल समस्त प्राणियों को अपने जबड़ों के बीच चबाता है? काल के महाकाल हैं भगवान शंकर। जो जन्मता है, उसका मरण अवश्यम्भावी है। बीता हुआ समय भले इतिहास हो सकता है परन्तु काल तो कभी न बीतनेवाला समय है, यह अजस्र प्रवाह है।

जीवन की इस दार्शनिकता की ओर बालपन में ध्यान ही कहाँ से जाता? मन्दिर के सामने पोखर में खिले कमल के फूलों और जल पर तैरते उसके थाली जैसे पातों पर छिटकी जल-बूँदें मुझे मोतियों की मानिन्द लगतीं। मन करता कि उन मुक्ताओं को बटोरकर सन्तोष की तरह मैं भी लड़ी में पिरोकर भूतनाथ भगवान को

शृंगारित कर उन्हें प्रसन्न करूँ। कल्पना भला साकार होती है, जो मेरी होती! माँ के दुःख में शोकातुर बैठा मैं उस दिन भी सूर्य के प्रकाश में चमकते उन कमल-थालों को देख रहा था। उनमें मुझे कोई आभा नहीं दिख रही थी। वाटिका के फूलों पर मुर्दनी छायी थी। पेड़ों पर लगे फलों के स्वाद के प्रति मेरी रसना शुष्क थी। शव-यात्रा में आये कुछ भजनी मन्दिर के ओसारे में बैठे ढोलक-हारमोनियम पर कीर्तन गा रहे थे। मेरे अवसाद पर उनके सुरों का मरहम काम नहीं कर रहा था। मेरा शोकातुर मन मुझे फिर चिता की ओर खींचकर ले गया। माँ तो विलीन हो चुकी थी। उसके पंच भौतिक कलेवर को अग्नि और पृथ्वी में समाहित होते साक्षात् देख रहा था। पवन-वेग से आकाशोन्मुख उठती लपटों से बचे माँ के अस्थिशेषों ने बाद में हरिद्वार के गंगा-जल में तिरोहित हो अपनी पंच तात्त्विक यात्रा पूरी की। क्या इन पंचभूतों के नाथ ही भूतनाथ हैं!

भूतनाथ मानव-जीवन का अन्तिम पड़ाव। मरनेवाला वहाँ कितनी शान्ति से सोया होता है। वह अपने सगे-सम्बन्धियों के बिलखने के प्रति कितना निस्पृह बन जाता है! किन्तु मृतक के आत्मीय शोक में डूबे होते हैं। ऐसे में कोई तो हो, जो मृतक की कफ़न-काठी का प्रबन्ध कर सके। आज दशकों से एक व्यक्ति को निरन्तर देख रहा हूँ, जो इन दुःखद क्षणों में सबके लिए हमदर्द बना सदैव खड़ा दिखाई देता है। उसने कितनी ही लाशों को मुर्दाघाट पहुँचाकर उनका दाहकर्म किया होगा। आज उसकी बुढ़ायी देह ने जीवन की आठ दशाब्दियाँ पूरी कर ली हैं। उम्र के संग जरा-व्याधियों ने उससे मित्रता गाँठ ली हैं। आँखें धुँधला गयी हैं, कान ऊँचा सुनने लगे हैं। चलने के लिए किसी के कन्धे का सहारा चाहिए। फिर भी बुढ़ापे की चिन्ता किये बिना वह विकल रहता है कि किसी मृतक की अरथी उठने से चिता सजने तक कोई कमी न रह जाए। लाश लावारिस हो तो अंटी के पैसे खरचने में भी नहीं चूकता।

उस व्यक्ति को सारा गुवाहाटी नगर मुरलीधर जी सुरेका के नाम से भली-भाँति जानता है। मृत्यु-सूचना मिलते ही वे अपनी बुढ़ायी काया लिए दाह-यज्ञ में आहुति डालने पहुँच जाते हैं। अपने जीवन में उन्होंने हजारों शवों को उनके पंचभौतिक कलेवर से मुक्त कराने में अपना अमूल्य सहयोग दिया होगा। मृतक के घरवालों का धीरज अधीर हो उठता है। उन दुःखद क्षणों में आत्मीयजन तो आसपास होते हैं, पर अन्त्येष्टि-व्यवस्था करना सबके बूते की बात नहीं। सुरेका जी इस कार्य में सिद्ध-पुरुष हैं। बीस-बाईस वर्षों पहले उनके सक्रिय सहयोगी के रूप में सीताराम तुलस्यान उभरा था परन्तु सुरेका जी को क्या पता था कि एक दिन उन्हें ही उसकी युवा देह को चिता पर सुलाना पड़ेगा। आज वे कहते हैं कि मैंने कितने ही शवों का अन्त्य-कर्म करवाया अब तो मेरी बारी है। यह कथन उनका कोई भी

शुभचिन्तक नहीं सुनना चाहता, पर सत्य तो सत्य ही है।

इस प्रवास में एक शव-यात्रा में भूतनाथ जाना पड़ा। मरघट में दो चिताएँ पहले से जल रही थीं। तीसरी चिता नवागत शव के लिए मुरलीधर जी सजवा रहे थे। मृतक आठ दशकों की जीवन-यात्रा कर चुका था, सो विषाद की चादर किसी ने नहीं ओढ़ रखी थी। सम्मुख दृश्यमान ब्रह्मपुत्र अपनी मन्थर गति से प्रवहमान था। उसकी लघु लोल लहरें अठखेलियाँ कर रही थीं। मुर्दाघाट के तट ने पता नहीं कितनी चिताएँ जलती हुई देखी होंगी किन्तु ब्रह्मपुत्र यह सब देखकर भी स्थितप्रज्ञ ही बना रहता है। वह जानता है कि स्थूल शरीर तो 'भस्मान्तं शरीरम्' है। उसकी लहरों पर बहती बयार की सनसनाहट में मानो यजुर्वेद का श्लोक निनादित हो रहा था—'*वायोरनिल ममृतमथेदं भस्मान्तं शरीरम्। ओ३म् क्रतोस्मर क्लिबेस्मर कृतं स्मर॥*' अर्थात् वायु रूपी जीवात्मा अपार्थिव या अभौतिक है और अमर है, परन्तु यह शरीर भस्म हो जानेवाला है। ब्रह्मपुत्र ने मृतक के सूक्ष्म शरीर को देखा, जिसमें स्थित जीवात्मा नवल देह प्राप्त करने की अन्तहीन यात्रा पर निकल पड़ी थी।

•

मन भी पल-पल कैसे भाव बदलता है। आँखों से भूतनाथ के ओझल होते ही मेरे मन का उल्लास फिर लौट आया। अथाह जलराशि पर हाथ-हाथ भर उठती लहरें। यही नद अब से तीन-चार महीनों बाद समुद्र जैसा रूप धर लेगा। इस ओर ब्रह्मपुत्र में चट्टानें नहीं हैं। यह अविराम कलकल बहता है। नीलाचल के नीचे घने वृक्षों की हरीतम दृश्यावली में छिपा हनुमान मन्दिर अब आँखों में साफ समाने लगा। किनारे पर स्टीमर लगा। दूर तक ब्रह्मपुत्र की छोड़ी हुई बालू की कालीन बिछी थी। उस पर उगी हरी झाउ की झाड़ियाँ जैसे उस कालीन के रोयें थे। कुछ सीढ़ियाँ चढ़कर ही हनुमान मन्दिर और उसके पीछे कामाख्या जाने का पश्चिमी पथ था।

इस 'हनुमन्त द्वार' से कामाख्या-आरोहण का विशेष माहात्म्य है किन्तु यह दुर्गम है। कोई तीस-पैंतीस साल पहले मैं यहाँ तक सपरिवार पाण्डु से पगडण्डी के रास्ते आया था। 'पाण्डुनाथ' मन्दिर में भगवान विष्णु के दर्शन कर वह यात्रा शुरू हुई थी। ऐसा विश्वास है कि विष्णु ने मधु और कैटभ नामक दो दानवों का यहाँ वध किया था। गुवाहाटी के उपनगर पाण्डु के साथ पाण्डवों का सम्बन्ध जुड़ा है। वे नगाभूमि जाते समय यहाँ आये थे। उनके ही नाम पर इस क्षेत्र का नाम पाण्डु पड़ा। यहाँ एक अखण्ड शिला पर उकेरी हुई गणेश की पाँच मूर्तियाँ पंच-पाण्डवों की प्रतीक हैं। पाण्डुनाथ मन्दिर से ब्रह्मपुत्र के किनारे किनारे डेढ़-दो किलोमीटर लम्बी सुनसान पतली पगडण्डी पर चलकर हनुमन्त द्वार पहुँचना जहाँ हृदयस्पर्शी था, वहीं रोमांचकारी भी। इससे भी ज्यादा रोमांचक, किन्तु कष्टदायी था, वहाँ से कामाख्या

मन्दिर तक जाने का पथरीला और दुर्गम मार्ग।

उस समय यहाँ का रूप नैसर्गिक था। अब भक्तों ने उस चट्टान पर मन्दिर बनवा दिया है जिससे इसकी भव्यता तो बढ़ गयी किन्तु प्राकृतिक स्वरूप विलुप्त हो गया है। रुद्रावतार हनुमान पता नहीं कितनी शताब्दियों से खुले आकाश तले धूप-वर्षा को सहते हुए, मनमौजी बालक की तरह खड़े थे। आकाश ही उनके मन्दिर का अनन्त शिखर था।

हनुमान जन्मोत्सव में आये भक्तों की अपार भीड़ में बालक हनुमान जैसे खो गये थे। उन पर चाँदी की पन्नी का चोला चढ़ा था। मन्दिर के अहाते में दाल-चूरमा, कचौड़ी-रायता और पूरी-साग के प्रसाद की व्यवस्था किसी धनाढ्य भक्त ने कर रखी थी। जीरा, तेजपात और हींग के साथ लौंग का छौंक लगी मूँग-चना अरहर-मोठ-उड़द की पंचमेल दाल के साथ 'जरी पल्ले का चूरमा' की जुगलबन्दी तो जिस रसना ने चखी है, वही इसका सुर समझती है। चूरमे में तला दानेदार गोंद, बादाम की कतरन और घी मिलाकर बने इस राजस्थानी व्यंजन 'जरी-पल्ले का चूरमा' की शान ही अलग है। जंगल में ऐसा प्रसाद पा चेतना और धारधार हो गयी। बरामदे से मैंने देखा, दूर बहती ब्रह्मपुत्र-धारा पिघली चाँदी-सी चमाचम चमक रही थी। यही धारा बाढ़ के समय यहाँ की सीढ़ियों को छूने लगेगी।

मेरी पिछली यात्रा में भी इस ब्रह्मपुत्र को पता नहीं कैसे मेरा पता लग गया। तब भी इसने मोह का चारा फेंका था। इसने अपने 'ब्रह्मपुत्र उत्सव' का मौन आमन्त्रण मुझे पठाया। मैं उत्सव-स्थल को ढूँढ़ता फैन्सी बाजार से इसके उजान बाजार घाट तक जा पहुँचा था। यह क्षेत्र इसके तट से काफी ऊँचा है। इसके आखिरी कगार के सामने इसमें उभरी चापरी पर उत्सव की कैसी धूम-धाम थी! माघ बिहू (मकर संक्रान्ति) की ठिठुरन ने उत्साह की सौर ओढ़ रखी थी! चाँदी जैसे चमकते तट को धूप सेंकने के लिए ब्रह्मपुत्र ने अपने को समेट लिया था। यहाँ का विहंगम दृश्य रोज देखना तो उजान बाजार की पहाड़ी पर बने राजभवन से राज्यपाल और उसके परिवारवालों के भाग्य में ही भले बदा हो, पर यहाँ की वैल व्यू होटल से इसकी मौज कभी-कभार हम भी ले सकते हैं। चापरी पर जाने के लिए कगार से तीस-चालीस फुट नीचे उतर, दूर सरक गये तट पर मैं भी जहाज की प्रतीक्षा में खड़ी भीड़ में समाया था। सामने चापरी पर होती 'ब्रह्मपुत्र उत्सव' की हलचल दिख रही थी। आकाश में उड़ता मानव सबके कौतूहल का केन्द्र था।

जहाज के चापरी किनारे लगते ही मैं मानव-पंछी की ओर सर्वप्रथम उन्मुख हुआ। वह 'पैरा-सैलिंग' थी। पैराशूट से बँधे रस्से का दूसरा छोर जीप से जुड़ा था।

एक युवक पैराशूट के बेल्ट से आबद्ध होकर उड़ने को तैयार खड़ा था। जीप की रफ्तार के साथ वह दो-पाँच कदम दौड़ा और पलक झपकते ही जमीन से डेढ़-दो सौ फुट ऊपर हवा में तैरने लगा। उस उड़न-क्रीड़ा के लिए डेढ़ सौ रुपये शुल्क देने से पहले मन में साहस का होना आवश्यक था।

चापरी के तट पर उड़ीसा के किसी कलाकार द्वारा बनाये गये रेत के महल को एकटक निहारते लगा जैसे मैं गुलिवर की तरह बौनों के द्वीप पर पहुँच उनके नन्हे-से प्रासाद के सामने खड़ा हूँ। उस कलाकृति के अलावा खान-पान के स्टॉलों के बीच बने मंच पर आधुनिक वाद्यों की संगत में असमिया लोकगीतों का गायन सुखद लग रहा था। पता चला कि करीब तीन कि.मी. लम्बी इस चापरी का क्षेत्रफल आठ वर्ग कि.मी. में फैला है।

ब्रह्मपुत्र का चुलबुलापन कभी नहीं जाता। इसके मोह में नहीं फँसता तो मैं यह भी कभी नहीं जान पाता कि उजान बाजार घाट से कुरुवा और किराकाटा के लिए भी स्टीमर जाते हैं। इन गाँवों के नाम कभी सुने होते तब न! ब्रह्मपुत्र उत्सव से लौट इसके *उजान*[1] किनारे बने बगीचे में इस दोस्त के मोहपाश में बँधा इसे अपलक निहार रहा था। इसका उमानन्द द्वीप वहाँ से इतना समीप लगा जैसे मेरी आँखों पर जूम लेन्स चढ़ा हो। एक स्टीमर को गुवाहाटी की बाहरी सीमा की ओर जाते देख मेरी जिज्ञासा उकसी तो मैं घाट के घटवार के पास जा पहुँचा।

घटवार से पता चला कि ब्रह्मपुत्र के उस पार के कुरुवा और किराकाटा के लोग अपनी साग-भाजी तथा खाद्य उपज बेचने गुवाहाटी लाते हैं और जरूरत का सामान खरीद कर ले जाते हैं। उस दिन का स्टीमर चला गया है, जो दिन में एक ही बार आकर वापस लौट जाता है। वहाँ जाने का मेरा मन्तव्य जान उसने मुझे आगाह किया कि वहाँ देखने जैसा कुछ नहीं। फिर वहाँ से उसी दिन लौटना भी सम्भव नहीं। रात को रहूँगा कहाँ? वहाँ खाने की भी कोई व्यवस्था नहीं। मुझ पर वहाँ जाने की चढ़ी धुन को जानकर, उसने फिर चेताया कि कम-से-कम किराकाटा तो भूल से भी नहीं जाऊँ।

दूसरे दिन मुझे फिर घाट पर देख, घटवार चौंका। किन्तु मैं खाने और सोने के सामान के साथ चाक-चौबन्द होकर आया था। अपने नौकर लालचन्द को सहयात्री के तौर पर मैंने साथ ले लिया था। वह बिहारी है किन्तु असमिया भी बखूबी बोल लेता है। पिछली यात्रा में तीन महीने गुवाहाटी में टिका था। पाँच-सात रोज तो कभी भाईबन्द तो कभी ढाबे के आसरे पोषण होता रहा। लालचन्द के मिल जाने से

1. उजान : नदी के ऊँचे कगार को असमिया में 'उजान' कहते हैं।

सुविधाएँ जुट गयीं और मेरा रहना लम्बा खिंचता गया।

दिसम्बर महीना था। उसमें भला काले-काले मेघों के हुड़दंग का कैसा डर! सिर पर चमचमाता महानील परम व्योम था। यात्रियों से लैस स्टीमर ब्रह्मपुत्र की मौज में हिलकोरे लेता इसी चापरी की परली ओर से निकला था, जिसपर पहले दिन आया था। लगता है कि यह चापरी हर साल नये-नये रूप धरकर अवतरित होती है। उस नौ-दस कि.मी. लम्बी जलयात्रा में उत्ताल तरंगों पर हिचकोले खाता स्टीमर जैसे हवा को चीरता चल रहा था। चारों ओर का हुलास लेने मैं इसकी छत पर बैठा था। ठण्डी हवा का वेग कानों को भेद रहा था। बन्दरटोपी पहनी तो वह कर्ण-कवच के साथ शिरस्त्राण भी बन गयी।

जाड़े में सिकुड़े ब्रह्मपुत्र का पाट भी काफी चौड़ा था। प्रवाह भी तेज था। हाँ, विकराल नहीं था। स्टीमर खारघुलि पहाड़ी के पास से गुजरा तो याद आया कि यहीं तो ज्योतिप्रसाद अगरवाला ने अपनी फिल्म 'जयमती' के नौकायन के दृश्यों को फिल्माया था। नूनमाटी स्थित तेल रिफायनरी के पिछवाड़े से होता हुआ स्टीमर गुवाहाटी की सीमा के बाहर निकल गया। ब्रह्मपुत्र में कितनी ही बार लघु यात्राएँ की होंगी किन्तु ऐसा आह्लादित कभी नहीं हुआ।

दूर एक और चापरी दिखाई दी। वहाँ छायी हरियाली पर दानों की तरह बिखरा पीलापन शायद सरसों की खेती का था। वहाँ कुछ लोगों की हलचल भी दिखाई दी। किनारे पर दो नावें खड़ी थीं। एक नाव पर अर्ध चक्राकार छत थी। नाव पर बैठा माझी अपना जाल ब्रह्मपुत्र में फेंक मछलियों की प्रतीक्षा में था। लगता है, आसपास के गाँववासी इस चापरी की उर्वर माटी पर शस्य उपजाने टिके थे। नावें ही उनके वाहन थीं और मछली पकड़ने के साधन भी।

रात को कुरुवा में टिकने की चिन्ता मिटते ज्यादा समय नहीं लगा। स्टीमर में सवार विद्यार्थियों से बतियाते-बतियाते मेरी सद्यः-प्रकाशित पुस्तक 'ज्योति की आलोक यात्रा' के बारे में उन्हें पता चला। ज्योतिप्रसाद अगरवाला का नाम ही असमिया मन को आह्लादित कर देता है। एक विद्यार्थी ने मुझे अपने घर ठहराने की कहकर निश्चिन्त कर दिया। घण्टेभर बाद कुरुवा दिखने लगा।

तट से स्टीमर लगा तो सभी उतरने को उचके। मैं विद्यार्थी का अनुगामी था और बेग सँभाले लालचन्द मेरा। तट की रेत पर लम्बी दूरी तय की तब जाकर सड़क आयी। छोटा-सा गाँव। घर-दुवार जैसे पेड़ों के झुरमुटों के बीच बने थे। गलियों में कै-कै करती बत्तखें ऊधम मचा रही थीं और कुछ पोखरों में कुशल तैराक की तरह मस्ती से तैर रही थीं। विद्यार्थी का घर पक्का मकान था। मकान के सामने फूलों का बगीचा। झाड़ा-बुहारा सीमेण्ट से बना बरामदा। उसने हमें एक कमरे में बैठाया। उसकी माँ काँसी के कटोरे में दही-चिवड़े पर चीनी डाल आतिथ्य लायी। इतनी देर

में वह अपने मुख्याध्यापक को बुला लाया। मैंने ससम्मान उन्हें अपनी नयी पुस्तक भेंट की। वे हिन्दी पढ़ना जानते थे। प्राय: असमिया लोग हिन्दी बोल-समझ लेते हैं। हिन्दी के प्रति उनके मन में प्रेम है। यहाँ के स्कूलों में यह अनिवार्य विषय है। अध्यापक महोदय के सामने कुरुवा नाम के बारे में अपनी सहज जिज्ञासा रखी। उन्होंने बताया—यहाँ की बेटी लक्ष्मणा का विवाह दुर्योधन से हुआ था। अपने जामाता के कुरु वंश के सम्मान में यह कुरुवा कहलाने लगा।

उनके मकान में जगह की कमी नहीं थी, फिर भी सम्भव हो तो उसी दिन लौटने का ख्याल कौंधा। बताया गया कि दो-तीन कि.मी. पैदल चलकर जाऊँ तो शराईघाट पुल होती हुई गुवाहाटी जाने की बस मिल जाएगी। सोचा, निकल लिया जाए। कुरुवा आने का मुख्य आकर्षण तो ब्रह्मपुत्र के अनदेखे किनारों को देखना था। लम्बा रास्ता तय कर बसस्टैण्ड पहुँचे, तब तक बस निकल चुकी थी। इसी दौरान हमारी दिशा की ओर जाती एक जीप में सहज ही लिफ्ट मिल गयी। सोचा, रास्ते में नॉर्थ गुवाहाटी उतर जाऊँगा; जहाँ घाट से स्टीमर मिल ही जाएगा।

रास्ते में आयी दीर्घेश्वरी पहाड़ी को सीताचल भी कहते हैं। इसके पास ही पुष्पभद्रा नामक छोटा-सा झरना है। इसी पुष्पभद्रा के पास मार्कण्डेय ऋषि का आश्रम था। मार्कण्डेय पुराण के एक सौ नौवें अध्याय में कामरूप में एक सूर्य मन्दिर का उल्लेख मिलता है। क्या इससे मार्कण्डेय और कामरूप के बीच रहा सम्बन्ध प्रमाणित नहीं होता है? पहाड़ पर स्थित दीर्घेश्वरी देवी के मन्दिर तक जाने की सीढ़ियाँ हैं। देवी की पूजा पूरी तान्त्रिक विधि से होती है। कालिका पुराण के मतानुसार कामाख्या की अष्ट योगिनियों में दीर्घेश्वरी भी एक हैं। इस पहाड़ पर कभी बाघ खुले घूमा करते थे, जिससे देवी को बाघेश्वरी भी कहा गया है।

दीर्घेश्वरी मन्दिर के आगे, एक मोड़ पर हम उतर गये। ऑटो से घाट का रुख किया। वहाँ गोविन्द मन्दिर देखा परन्तु उसके पास ही स्थित तेरहवीं शताब्दी का 'कानाइ बरसी बोवा' का शिलालेख मैं नहीं देख पाया। घाट सिमटकर काफी दूर चला गया था। बालू पर काफी दूर चलकर स्टीमर तक पहुँचा। वह लौटनेवाला आखिरी स्टीमर था और यात्री अनेक। शाम भी ढल रही थी। मौके का लाभ उठाकर स्टीमरवाले ने किराया दुगुना कर दिया। उमानन्द द्वीप के पास होता स्टीमर फैन्सी बाजार घाट पहुँचा, तब तक अँधेरा हो गया था। बत्तियाँ जगमगा रही थीं। घाट से आठ-दस मिनट की पैदल दूरी पर ही मेरा घर था।

हनुमान मन्दिर की सीढ़ियों तक ब्रह्मपुत्र का पानी पहुँचने में अभी देर है, पर मैं इसे दूर बहते देखकर भी इसकी मौजों के साथ कब हो जाता हूँ, पता ही नहीं चलता।

अहा! अद्भुत है यह ब्रह्मपुत्र भी! इसका हर रूप मन को भाता है।

'जितेन्द्रियम् बुद्धिमताम् वरिष्ठम्' मारुति के सम्मुख शान्त चित्त हो कुछ क्षण बैठने का मौका तो उस भीड़ में क्या मिल पाता। फिर भी इनका निमिष मात्र भी ध्यान अगर कर पाएँ तो लौकिक पूजा-अर्चना से क्या कमतर है! इन्हीं भावों में खोया था कि मित्र ओमप्रकाश ने मेरा कन्धा झिंझोड़कर जैसे मुझे सजग किया कि स्टीमर वापस जा रहा है। वहाँ से वापसी की यात्रा भी कम मौजूँ नहीं रही।

पंचतीर्थ के पाँच यात्री

बालपन में देखी हाजो की चालीस-पैंतालीस साल पुरानी स्मृति अब विस्मृत हो गयी है। सज्ञान होने पर जब इसका ऐतिहासिक महत्त्व जाना तो इसे फिर से देखने की उत्कण्ठा ने मन में घर कर लिया। गुवाहाटी से इतना समीप होकर भी वहाँ जाना नहीं हो पा रहा था। बातों-बातों में चचेरी बहन पुष्पा से बात चली तो उसका भी घुमन्तू मन ललचाया। हाजो तक की 32 कि.मी. की दूरी तय करने को पुष्पा की मारुति वेन सहित उसका साथ भी मिल गया। इस बीच मेरी पत्नी सन्तरा भी सप्ताह-भर के लिए गुवाहाटी आयी हुई थी, फिर भला वह सहधर्मिणी का कर्तव्य निभाये बिना कैसे रहती! वैसे भी वह हाजो-दर्शन से अब तक वंचिता ही थी। अनुज पत्नी लक्ष्मी और उसका पुत्र विशाल भी हमारी मण्डली में साथ हो लिये। पंचतीर्थ—हयग्रीव माधव, केदारेश्वर, कामेश्वर, कमलेश्वर और गणेश मन्दिरों की यात्रा में हम पाँच यात्रियों का संग होना भी सुखद संयोग बन गया।

फैन्सी बाजार की टूटी-फूटी सड़कों और गन्दगी से निकलकर ब्रह्मपुत्र किनारे की सड़क पर वाहन क्या आया, प्राणवायु ही लौट आयी है। सड़क अब ब्रह्मपुत्र का साथ छोड़कर नीलाचल पर्वत के नीचे गतिमान है। ऊपर पर्वतवासिनी माँ अपना वरदहस्त फैलाये हमें यात्रा की शुभकामना दे रही है। आगे के चौराहे से सीधा रास्ता गुवाहाटी विश्वविद्यालय होता हुआ एरोड्रम और पंचरत्न स्थित ब्रह्मपुत्र पर बने नरनारायण सेतु की ओर सैकड़ों कि.मी. लम्बा चला गया है। हमें तो दायें मोड़ से शराईघाट पुल होते हुए ब्रह्मपुत्र के उस पार के मार्ग पर अग्रसर होना है। पुल से पहले आये मोड़ के पास बने पार्क में खड़ी वीर लाचित बरफुकन की अश्वारूढ़ प्रतिमा दृष्टि में आ समाती है। दो मंजिले पुल को पार करने के बाद सड़क दो मुँही हो गयी है। सीधी गयी सड़क कोलकाता-दिल्ली जाने की है और बायीं ओर का रास्ता हाजो जाने का। दोनों मार्गों के सन्धि-स्थल पर बने उद्यान में कोच वंशीय योद्धा चीलाराय की अश्वारोही विशाल मूर्ति खड़ी है। पत्नी और सहयात्रियों को लाचित और चीलाराय की कथा सुनाने में रास्ता छोटा हो गया। हमारे साथ चला पहाड़ियों का सिलसिला हाजो तक साथ निभाता है। छोटे-छोटे गाँवों के बीच से हम गुजर रहे हैं। प्रकृति ने हाजो को अपनी अनुपम सुषमा से सँवारा है। एक घण्टे

की यात्रा में थकान ही भला क्या होती! ड्राइवर ने मारुति को हयग्रीव माधव मन्दिर के नीचे स्थित विशाल सरोवर के पास ले जाकर रोका।

विस्तृत वराहकुण्ड के सामने करीब 300 फुट ऊँची मणिकूट पहाड़ी पर हयग्रीव माधव-मन्दिर है। ऊपर जाने हेतु पत्थरों से बनी सीढ़ियों की ऊँची कतार है। नीचे तालाब के पास लगी पूजा-सामग्री की दुकान से चवन्नी आकार के बिस्किट ले सरोवर की मछलियों को डाले। हाथ-भर लम्बी मछलियाँ अपने पोपले मुँह खोल पानी पर तैरते बिस्किटों को उचक-उचककर गटकतीं, फिर गोता लगा जातीं। मछलियों के इस खिलवाड़ से हम आत्मतृप्त हुए। सोपानों की चढ़ाई दुर्गम नहीं थी तो आसान भी नहीं। कम-से-कम हम बहन-भाई को तो अपनी बढ़ती उम्र का सहसा एहसास करा ही गयी। मुझसे डेढ़ वर्ष बड़ी पुष्पा बहन से बतियाते शैशव की अनेक स्मृतियाँ मेरे मानस पटल पर उभर आयीं। इसके साथ ही हाजो के बारे में अनेक जिज्ञासाएँ भी मन में जाग उठीं।

हाजो नाम मुझे अजीब-सा लग रहा है। पौराणिकता से जुड़े इस स्थल के वर्तमान नाम हाजो की थाह तक कैसे जाऊँ? मार्कण्डेय पुराण में इसे मणिशैल या मणिकूट कहा गया है। असम में रचे गये कालिका पुराण में भी यह मणिकूट ही है और इसके साथ अपुनर्भव भी। इसी प्रकार विष्णु पुराण और चौदहवीं शताब्दी में असम में ही रचित अन्य ग्रन्थ योगिनीतन्त्र में भी इस क्षेत्र को अपुनर्भव कहा गया है। कालिका पुराण में तो इसे वाराणसी से भी अधिक पवित्र पुण्यभूमि निरूपित करते हुए यहाँ तक लिखा गया है—

एतते कथितं मणिकूटारयम् परम्।
वाराणसीतो व्यधिकं सिद्धविद्याधरार्च्चितम्॥

पन्द्रहवीं-सोलहवीं शताब्दी के आहोम शासनकाल में लिखित *बुरंजी* (इतिहास) में हाजो नाम का पहली बार उल्लेख मिलता है। इस नाम के बारे में विभिन्न मत हैं। कुछ लोगों का मत है कि हाजो शब्द बोड़ो भाषा का है। ऐतिहासिक प्रमाण है कि यहाँ मेस वंशी राजा हाजो का राज्य था जिसके नाम पर यह हाजो कहलाया। राजा हाजो ने अपनी दो पुत्रियाँ हीरा और जीरा का विवाह कोच वंशीय हरिया मण्डल से किया था। हीरा के गर्भ से विशु उर्फ विश्वसिंह का जन्म हुआ जो अपने पुत्रविहीन नाना हाजो के राज्य का 1485 ई. में उत्तराधिकारी बना और अपनी विमाता जीरा के गर्भ से उत्पन्न अनुज शिवसिंह को उसने राज्य का युवराज बनाया। विश्वसिंह के पुत्र ही नरनारायण और शुक्लध्वज उर्फ चीलाराय थे।

एक किंवदन्ती यह भी प्रचलित है कि यहाँ के सबसे ऊँचे पर्वत गरुड़ाचल पर स्थित मुस्लिम तीर्थ पाव मक्का की यात्रा करने पर हज करने का कुछ पुण्य मिलता है, जिसके कारण इसे हाजो कहा जाता है। परवर्ती काल में मुगल बादशाह शाहजहाँ के बेटे और बंगाल के नवाब सुजा का जब यहाँ अधिकार हुआ तो उसने इसका नाम सुजाबाद भी रखा था।

हाजो को बौद्ध धर्मावलम्बी भी अपना तीर्थ मानते हैं। उनका विश्वास है कि भगवान बुद्ध का महानिर्वाण यहीं पर स्थित एक साल वृक्ष के नीचे हुआ था। हयग्रीव माधव मन्दिर को बौद्ध मन्दिर मानकर शीतकाल में भोटिया, तिब्बती, लामा आदि लोग पुरातनकाल से यहाँ पूजा-अर्चना करने आते रहे हैं। वे लोग इसे 'त्साम-चो-द्रम' कहते हैं। वे मन्दिर में स्थापित पाँच मूर्तियों में मध्यवर्ती को बुद्धदेव की तथा शेष को उनके चार शिष्यों की मानते हैं। भोटिया लोग यहाँ की यात्रा के समय अपने साथ घोड़े, जाब्रांग (एक प्रकार का मसाला), सूखी लाल मिर्च, मोम, कस्तूरी, ऊनी कम्बल और काठ के बने तरह-तरह के कठौते बेचने लाते हैं और लौटते समय यहाँ के बने पीतल तथा काँसे के बरतन, एण्डी वस्त्र आदि ले जाते हैं।

सोलहवीं शताब्दी में चीलाराय के पुत्र, कोच राजा रघुदेवनारायण (सन् 1581-1603) ने हाजो को राजकीय मर्यादा प्रदान की। रघुदेव के वंशजों में हुए गृहकलह के कारण सन् 1613 में हाजो मुसलमानों के हाथ में चला गया और सैयद अबू बकर यहाँ का शासक नियुक्त हुआ। आहोम राजा गदाधर ने हाजो को सन् 1687 में मुगलों से मुक्त करा अपने राज्य का भाग बनाया।

पथरीली सीढ़ियों से मणिकूट पर पहुँचते-पहुँचते मेरी जिज्ञासाओं का ज्वार उतरने लगा। यहाँ स्थित हयग्रीव माधव मन्दिर ऊँचे परकोटे से घिरे पाँच बीघे के एक बड़े परिसर को घेरे है। इसके बारे में ऐसा विश्वास किया जाता है कि इसकी प्रतिष्ठापना द्वापर और कलियुग के सन्धिकाल में ऊर्व नामक ऋषि ने की थी। ऊपर से चारों ओर का प्राकृतिक सौन्दर्य अनुपम लगा। नीचे दिखते सरोवर का जल मध्याह्न के सूर्य की प्रखर किरणों में विशाल दर्पण की भाँति चमक रहा था।

मन्दिर के शिखर पर स्थापित कलश और चक्र भी रवि-रश्मियों में चमक रहे हैं। इसकी बाह्य दीवारों पर बड़ी-बड़ी मूर्तियाँ बनी हुई हैं। सर्वप्रथम मन्दिर के पीछे स्थित पार्श्वदेवता नरसिंह के दर्शन होते हैं। इस पाषाण मूर्ति में भगवान नरसिंह अपनी गोद में हिरण्यकशिपु को लिटा उसका पेट चीर रहे हैं। इसके बाद हरिण पर आरूढ़ वायुदेव, ध्यानस्थ बुद्ध भगवान, भक्त ध्रुव, वराह, महादेव, दर्प ऋषि, सूर्य, राम-लक्ष्मण, भीम-हिडिम्बा, बाली, देवयानी और शर्मिष्ठा के संग ययाति,

सुग्रीव, अगस्त्य, अग्नि, माण्डव ऋषि, श्रीकृष्ण-अर्जुन, गोपियाँ, मार्कण्डेय ऋषि, परशुराम, वामन भगवान, बलभद्र, वासुदेव, किसी असुर से युद्धरत इन्द्र, अपनी दो पत्नियों के साथ कुबेर, जामवन्त, विश्वकर्मा, यमराज, काली, कल्कि, लक्ष्मण और सीता, श्रीकृष्ण, यशोदा-कृष्ण, घटोत्कच से युद्धरत कर्ण आदि की मूर्तियाँ मन्दिर की प्राचीर पर शोभायमान हैं।

नरसिंह की प्रतिमा पाषाण पर उत्कीर्ण है जबकि अन्य अवतारों की मूर्तियाँ ईंट और गारे से बनी हुई हैं। मूर्तियों का जगह-जगह से प्लास्तर उतर जाने से इनके भीतर की ईंटें दिखाई देने लगी हैं। मन्दिर के ऊपरी भाग के निर्माण में ईंटों के साथ पत्थरों को भी काम में लिया गया है। मन्दिर के निचले घेरे की करीब छह फुट ऊँची पाषाण-प्राचीर पर बाहर की ओर मुँह किये हुए 123 हाथियों की लम्बी कतार उत्कीर्ण है। एलोरा स्थित कैलाश गुफा में भी ऐसा ही स्थापत्य देखने को मिलता है। विद्वानों ने इस शिल्प की तुलना श्रीलंका के अनन्तपुरम मन्दिर से भी की है। मन्दिर के इस निर्माण को छठी शताब्दी में हुए किसी पाल वंशी राजा द्वारा या इससे भी पूर्वकाल का माना गया है। प्राचीन मन्दिर को सन् 1567 में कालापहाड़ ने तोड़ा था जिसका 1583 में रघुदेव नारायण ने जीर्णोद्धार कराया। इस विषयक एक शिलालेख यहाँ उत्कीर्ण है।

वैसे असम के आहोमकालीन निर्माणों में ज्यादातर चपटी ईंटों का प्रयोग हुआ है। इससे पहले पत्थरों से निर्माण हुआ करता था। असम भूकम्प प्रभावित क्षेत्र होने से शायद परवर्ती वास्तुकारों ने पत्थरों का उपयोग करना उचित नहीं समझा होगा। असम में सन् 1897 में आये भयंकर भूकम्प में ऐसे अनेक मन्दिर बिखर गये किन्तु ईंटों से बने अन्यान्य मन्दिरों पर उसका कम असर पड़ा। हालाँकि उस भूकम्प में हयग्रीव माधव मन्दिर के जगमोहन और नाट्य मन्दिर पूरी तरह बिखर गये थे, केवल मुख्य मन्दिर ही बच पाया था।

मन्दिर में प्रवेश करने से पूर्व हयग्रीव माधव की पौराणिक कथा को संक्षेप में जान लेते हैं। यह भी विष्णु का एक अवतार है। हयग्रीव का अर्थ है—अश्व के समान ग्रीवा या गरदन; माधव का अर्थ है—मा यानी लक्ष्मी तथा धव अर्थात् स्वामी। महाभारत के शान्ति पर्व में वर्णित है कि मधु और कैटभ नाम के दैत्यों द्वारा चुराये गये वेदों को वापस लाने के लिए विष्णु ने हयग्रीव रूप धरा था। मार्कण्डेय पुराण, विष्णु पुराण, वायु पुराण, पद्म पुराण और गरुड़ पुराण में भी इस अवतार के उल्लेख हैं। हयग्रीव नाम का एक असुर भी हुआ था, जिसके मुँह-गरदन घोड़े जैसे थे। उसका वध करने हेतु भगवान को भी उसी नाम से उस जैसा ही रूप धारण करना

पड़ा। देवी भागवत में भी हयग्रीव रूपी विष्णु द्वारा इसी नाम के असुर का वध करने की कथा है।

मुख्य-द्वार से जगमोहन में प्रवेश किया। सामने ही गर्भगृह है जिसके भीतरी प्रवेश-द्वार के पाषाण पर द्वारपाल रूप में हनुमानजी की मूर्ति उत्कीर्ण है। अन्दर करीब छह गुणे तीन फुट की आयताकार वेदी पर पाँच विग्रह मूर्तिमान हैं। ऐसी जनश्रुति है कि इस वेदी के नीचे एक लाख शालिग्राम-शिलाएँ रखकर फिर इसे बनाया गया था। लगभग दो फुट ऊँची वेदी के चारों कोनों पर चार सिंह-मुँह हैं। इसके मध्य भाग पर हाथी है जिसके दायें-बायें दो कमल-पुष्प हैं।

वेदी पर सर्वप्रथम श्याम-कणाश्म (ब्लैक-ग्रेनाइट) से बनी चतुर्भुजी विष्णु की खड़ी प्रतिमा 'वासुदेव' के नाम से विराजित है। फिर उतनी ही ऊँची अष्टधातु से बनी द्वितीय मूर्ति वेणुधारी श्रीकृष्ण की है जिन्हें चलन्ता माधव या कन्हाई भी कहते हैं। इसी प्रतिमा को पर्व-उत्सवों पर मन्दिर से बाहर नगर-परिभ्रमण के लिए निकाला जाता है। कहते हैं कि पहले यह स्वर्ण-प्रतिमा थी जिसे राजा रघुदेवनारायण ने बनवाकर सन् 1583 में प्रतिष्ठापित कराया था।

मध्य का लगभग छह फुट ऊँचा दीर्घाकार विग्रह हयग्रीव माधव का है। इन्हें स्थानीय लोग बूढ़ा माधव भी कहते हैं। विग्रह की आँख, नाक तथा कान चाँदी से मढ़े हुए हैं। इसके मस्तक पर जहाँ आज चाँदी का एक टुकड़ा लगा है, वहाँ पहले हीरा जड़ा था जो दीप-ज्योति में जगमगाया करता था। यह मूर्ति सर्वदा श्वेत वस्त्र और तुलसी तथा पुष्प की मालाओं से आवृत रहती है। मान्यता है कि इस विग्रह का प्रादुर्भाव जगन्नाथपुरी के विग्रहों के साथ ही हुआ था।

स्कन्द पुराण और योगिनीतन्त्र की कथानुसार उड़ीसा के राजा इन्द्रद्युम्न ने तीर्थों में देवमूर्तियों की प्रतिष्ठापना के लिए एक महायज्ञ प्रारम्भ किया। यथाविधि यज्ञ सम्पन्न होने के उपरान्त राजा रात में सोया तो स्वप्न में उसे भगवान का आदेश हुआ कि सूर्योदय से पूर्व वह अकेला अपने हाथ में एक परशु लेकर सागर किनारे जाए, जहाँ उसे लता-द्रुमों से आवृत वन में एक दिव्य-वृक्ष मिलेगा। वह उसे काटकर लाए और दिव्य-प्रतिमाओं का निर्माण करवाए।

इन्द्रद्युम्न ने उस वृक्ष को सात खण्डों में काटा, जिनसे बने विग्रहों के बारे में योगिनीतन्त्र में यह विस्तृत वर्णन है—

उड्रदेशे मूलभागे कल्पयामास वै विभूः।
तद्‌दूर्ध्वखण्डं काश्मीरे कबन्धकारमेव च॥
आदित्यं त विजानीयाद्रामेण स्थापित पुरां।
शोनादित्यं तदूद्धर्वागं शुक्रेण स्थापितं प्रिये॥

शिलारूपं महेशानि स्थापितं गुरुणा ततः।
भागद्वयं कामरूपे भागेकं मलयागिरौ॥
मणिकूटे ततार्द्धञ्च स्थापितं वरूणेन हि।
प्राच्यां नन्दीशमेशान्ये मत्स्याक्षोनाम माधवः॥
शिलामयो दारुमयः कुबेरेणैव स्थापितः।
महावराहनामा च योऽष्टादशभुजैर्युतः॥
हयाख्यो मणिकूटे च माधवाख्यो व्यवस्थितः।

(योगिनीतन्त्र, द्वितीय भाग, नवम पटल, 139-145)

अर्थात् इसके मूल भाग से विग्रह बनवाकर उड्रदेश में स्थापित कराया गया। यहाँ यह उल्लेखनीय है कि सत्रहवीं शताब्दी में असम में हुए वैष्णव कवि रामचन्द्र वरपात्र द्वारा रचित 'माधववर्णन काव्य' में 'उद्रत थापिला जगन्नाथ रूपी हरि' लिखा है। ऐसा ही वर्णन स्कन्द पुराण में है कि इन्द्रद्युम्न ने समुद्र में मिले महा-दारु (दीर्घकाय काष्ठ) से देव-शिल्पी विश्वकर्मा द्वारा जगन्नाथ, बलभद्र और सुभद्रा के विग्रह बनवाकर जगन्नाथ पुरी के मन्दिर में प्रतिष्ठापित करवाये थे। हयग्रीव माधव मन्दिर के पुजारी ने भी बताया कि यहाँ दर्शन करने पर जगन्नाथ-दर्शन का फल मिलता है।

शेष कथा इस प्रकार है कि वृक्ष के मूल से ऊपरी भाग से निर्मित कबन्धाकार मूर्ति आदित्य नाम से कश्मीर में स्थापित कराई गयी। आज भी श्रीनगर जाते समय रास्ते में आदित्य मार्तण्ड मन्दिर के भग्नावशेष कोई भी देख सकता है। इसके ऊपर के भाग से मूर्ति बनवाकर शोणादित्य नाम से (रामचन्द्र बरपात्र के काव्यानुसार गुर्ज्जर यानी गुजरात में) शुक्राचार्य ने स्थापित की थी। इसके और ऊपरी भाग से निर्मित शिलारूपी महेश को बृहस्पति ने (रामचन्द्र बरपात्र के काव्यानुसार श्वेतमाधव के नाम से उज्जैन में) स्थापित कराया था।

शेष ऊपरी दो भागों को कामरूप में और अन्तिम भाग को मलयगिरि में संस्थापित किया गया। कामरूप के मणिकूट पर्वत पर वरुण द्वारा स्थापित विग्रह हयग्रीव माधव के नाम से विख्यात हुआ। दूसरे भाग से निर्मित दारुमय (काष्ठमय) मूर्ति यहाँ से पूर्व में स्थित ईशान कोण, वर्तमान उत्तर लखीमपुर में नन्दीश नाम से कुबेर ने स्थापित की। इसे मत्स्याक्ष माधव भी कहते हैं।

मन्दिर की वेदी पर विराजमान चौथा विग्रह हयग्रीव या द्वितीय माधव का है। करीब तीन फुट ऊँची कृष्णवर्णी शिला से बनी इस चतुर्भुजी मूर्ति का सिर अश्वरूपी है और मस्तक पर तीसरा नेत्र है। लगभग इतनी ही ऊँची काष्ठ निर्मित पाँचवीं प्रतिमा पक्षीराज गरुड़ की है। इस पर रजत आवरण चढ़ा है।

हयग्रीव माधव मन्दिर में संक्रान्ति, जन्माष्टमी, देव शयन एकादशी, उत्थान

एकादशी, शिवरात्रि, फगुवा या दौल-यात्रा, अशोकाष्टमी, मदन-त्रयोदशी, माघ बिहू आदि अठारह यात्रा-उत्सव मनाये जाते हैं। यहाँ लगनेवाले भीगे चने, मूँग, दाल, चावल के साथ नारियल और अदरक की कतरनों को मिलाकर बना सुस्वादु भोग खाकर मन भी तृप्त हुआ।

क्या पता यहीं बैठकर अनन्त कन्दली ने अपने काव्य रचे हों। वे हाजो के ही तो थे। उन्होंने पौराणिक कथाओं पर 'सहस्रनाम वृत्तान्त', 'दशम भागवत' और 'कुमार हरण' काव्य लिखे थे। वे संस्कृत के भी उद्‌भट विद्वान थे, फिर भी उन्होंने अपनी रचनाओं का माध्यम गोस्वामी तुलसीदास की तरह अपनी मातृभाषा को ही बनाया। अनन्त कन्दली ने स्वयं लिखा है—

श्लोक छन्द आमि / श्लोक छन्द मैं भी
लिखिबाक भाल जानि / लिखना सुललित जानूँ
तथापि करिलों पद बन्ध / तथापि किया पद बन्ध
स्त्री शूद्र यत / स्त्री शूद्र भी
जानोक परम तत्त्व / जानें यह परम तत्त्व
श्रवणत मिलय आनन्द / ले श्रवण से ही आनन्द

हयग्रीव मन्दिर से करीब तीन-चार कि.मी. लम्बे पहाड़ी रास्ते को तय कर केदारेश्वर पहुँचने के लिए वाहन का होना आवश्यक है जबकि इस मन्दिर तक तो बस-स्टैण्ड से रिक्शा कर भी आ सकते हैं। कुछ दूर ही निकले थे कि रास्ते में एक नामपट्टिका देख मैं ठिठका। उस पर लिखा था—*भीमर चरिया* अर्थात् भीम की थाली। कौतूहलवश कार से उतरे। थोड़ी दूरी पर ही खुले में अखण्ड शिला-खण्ड से बना एक विशाल पात्र रखा देखा। इसका व्यास करीब आठ-दस फुट और गहराई चार फुट होगी। इसके ऊपरी भाग पर लता-पुष्प की सुन्दर कोरनी है। जनश्रुति है कि इसमें भीम ने चावल खाये थे। कोई कहता है कि यह शिवजी के लिए भाँग घोटने का पात्र था। बौद्धों का विश्वास है कि इसका सम्बन्ध बुद्ध से है। 'जाकी रही भावना जैसी, प्रभु मूरत देखी तिन तैसी' के भाव के साथ हम आगे बढ़ते हैं।

कार की उपलब्धता से बल खाते पहाड़ी रास्ते से मदनाचल पहुँचना बड़ा सहज हो गया। इस पर्वत-शिखर पर केदारेश्वर का प्राचीन शिव-पीठ है। कार को नीचे छोड़ पहाड़ी सीढ़ियों से ऊपर पहुँचकर कुछ देर सुस्ताने के बहाने चारों ओर की प्राकृतिक दृश्यावली आँखों में उतार रहा हूँ। दूर सामने ही ऊँचा गरुड़ाचल पर्वत और उस पर

जाने के लिए बना वर्तुलाकार मोटर-पथ भी दिखाई दे रहा है।

सामने ही प्राचीन शिव मन्दिर है। इसके पीछे एक लघु सरोवर है और तालाब के सामने ही कमलेश्वर शिव का अन्य मन्दिर है। मन्दिर के कर्मचारी ने तालाब से बाल्टी भर जल लाकर हमारे हाथ-पाँव धुलाये। सर्वप्रथम कमलेश्वर मन्दिर के शिवलिंग की पूजा-अर्चना की। कालिका पुराण और योगिनीतन्त्र में कमलेश्वर पीठ का उल्लेख है। दुर्योगवश पुरातन मन्दिर के ध्वस्त हो जाने पर इसे सत्रहवीं शताब्दी में फिर से बनाया गया था। यहाँ के पूजा-भोग केदारेश्वर मन्दिर के साथ ही होते हैं।

केदार-पीठ के विषय में योगिनीतन्त्र में विशद वर्णन है, यह अनादि अनन्त अव्यय स्वयम्भू लिंग है। इसका आकार विशेष बड़ा नहीं है। यह ताँबे से बने पिरामिड जैसे पात्र से ढँका रहता है। इसकी सबसे बड़ी विशेषता यह है कि यह अर्धनारीश्वर शिवलिंग है जो और कहीं भी देखने या सुनने में नहीं आता है। इसका प्रादुर्भाव स्वयं प्राकृतिक रूप से हुआ है, न कि किसी ने इसे गढ़कर बनाया है। यह लिंग एकदम गोलाकार नहीं है। इसके वामांग में पार्वती का रूप है। सामने मस्तक पर त्रिनेत्र के चिह्न हैं। दायीं ओर गंगा का स्थान तथा पीछे शिव की तीन जटाएँ हैं जो सत, रज व तम की प्रतीक हैं।

मुख्य लिंग के पास ही एक छोटी-सी वेदी पर वृषभारूढ़ शिव का धातु-निर्मित विग्रह है। यह विग्रह पंचमुखी तथा दशभुजी है। उत्सवादि में इसी विग्रह को मन्दिर से बाहर शोभायात्रा में निकाला जाता है जिससे इसे चलन्ता शिव भी कहते हैं। बहन पुष्पा और लक्ष्मी ने अपनी बदरी-केदार की यात्रा में सुना था कि केदारनाथ का एक मन्दिर असम में भी है। यहाँ पहुँचकर उनकी जिज्ञासा बलवती हो गयी किन्तु उनके पूछने से पहले ही पुजारी बताता है कि यहाँ दर्शन करने पर केदारनाथ दर्शन का फल मिलता है।

पुजारी से और एक नयी बात का पता चला कि यहाँ शंकर मन्दिर में भी बलि देने का विधान है जिसके लिए शस्त्र प्रयोग नहीं होता। बकरे की गर्दन मरोड़ दी जाती है। यह सुनकर हमारे बदन में झुरझुरी-सी दौड़ गयी। ऐसी बलि के बारे में और वह भी शिव-मन्दिर में, इससे पहले कभी नहीं सुना था। पुजारी ने इसका खुलासा करते हुए कहा—"कामरूप में शिव विश्वेश्वर नहीं हैं, ये तो तान्त्रिकों के अघोर भैरव हैं। उमानन्द द्वीप में विराजित शिव तो माँ कामाख्या के साक्षात् भैरव ही हैं। उमानन्द में अब केवल शिवरात्रि को ही बलि-विधान होता है। सभी शक्तिपीठों में शिव उस पीठ के भैरव-रूप में विराजते हैं।"

अब एक और जिज्ञासा यह हुई कि यदि यह भैरव पीठ है तो यहाँ शालिग्राम की पूजा कैसे होती है? इसका उत्तर पुजारी ने यह दिया—"यह कामरूप क्षेत्र है जहाँ महात्रिपुरसुन्दरी ने लक्ष्मी और सती के रूप में अपनी लीलामूर्तियाँ विष्णु और

शिव को दी हैं। त्रिपुरसुन्दरी ही विष्णु की स्वामिनी और योगमाया हैं। विष्णु भी अघोर भैरव हैं। कामरूप में तो बाल-गोपाल और नृसिंह भी अघोर भैरव बनकर सूक्ष्म रूप से निवास करते हैं, फिर शिव तो अनादिकाल से अघोर महाभैरव हैं ही। इस बारे में विस्तृत रूप से जानना है तो कालिका पुराण पढ़ना होगा।

"कालिका पुराण के अनुसार देवी की तीन शक्तियों में दूसरी शक्ति विष्णु हैं। इस ग्रन्थ में विष्णु-पूजा विधान के अतिरिक्त वासुदेव पीठों—हयग्रीव विष्णु, मत्स्य विष्णु, माधव विष्णु, महावराह विष्णु, वासुदेव विष्णु का उल्लेख है। इन पीठों में सर्वश्रेष्ठ और सम्मानित हयग्रीव तथा वासुदेव पीठ हैं। कालिका पुराण के अनुसार वासुदेव पीठ शाक्त की भाँति विष्णु का वामाचारी रूप है। हो सकता है कि भैरवी उपासकों की तरह वासुदेव के भी साधना चक्र रहे हों। वैष्णवों में भी अपने अलग-अलग सहस्रनाम, बीज-मन्त्र, सम्पुट-साधना, यन्त्र तथा मुद्रा-चिह्न होने के कारण शायद आज ये लुप्त हो गये हैं।"

विष्णु के वामाचारी रूप की बातें इसके पहले कभी नहीं सुनी थीं। गोस्वामी तुलसीदास जी ने सच ही कहा है कि हरि अनन्त हरिकथा अनन्ता। केदारेश्वर मन्दिर से बाहर आने पर सामने खड़ा गरुड़ाचल पर्वत फिर आकर्षित करता है। मारुति (कार) की कृपा से यहाँ की यात्रा सुगम हो गयी। यहाँ से लौटते समय रास्ते में कमलेश्वर और गणेश मन्दिर देखे।

हाजो ग्राम के बीच से वाहन निकला तो ठक-ठका-ठक की आवाज ने ध्यान खींचा। सड़क किनारे बने घरों में पीतल के बर्तन बना रहे ठठेरों को देख ठिठक गये। असम में पहले कांस्य-पात्र बनाने के लिए रोहा, तीताबर और सार्थेबाड़ी गाँव विख्यात रहे हैं। सम्राट हर्षवर्धन को भास्कर वर्मन ने जो उपहार भेजे थे उनमें कांस्यपात्रों का भी उल्लेख है। रोहा में बनी काँसे की बाटियाँ और तीताबरी लोटे तो अब अतीत की बात हो गयी है किन्तु सार्थेबाड़ी में 'कांस्य-पात्र बनाना' वहाँ का आज भी कुटीर-उद्योग है। ताँबा-जस्ते को मिलाकर बननेवाली कांस्य-धातु महँगी होने के कारण काँसे के टूटे-फूटे बर्तनों को गलाकार नये बनाये जाते हैं। बरपेटा जिले में स्थित सार्थेबाड़ी के कांस्य-शिल्पकारों को जहाँ आहोम शासन में सम्मान मिला वहीं स्वतन्त्र भारत के राष्ट्रपति ने भी पुरस्कृत किया है। सार्थेबाड़ी में काँसे से बने थाली, बाटी, लोटे आदि दूर तिब्बत तक जाया करते थे। आज भी हाजो आनेवाले भोटिया यात्री इन बर्तनों को बड़े चाव से खरीदकर ले जाते हैं।

इसी तरह पीतल के बर्तन बनाने की कला हाजो के ठठेरों में पीढ़ियों से चली आयी है। पुरातनकाल से हाजो के ठठेरे, स्वर्णकार, बढ़ई, कुम्हार, माली आदि

पीतल के बरतन, सोने–चाँदी के आभूषण, काष्ठशिल्प, मिट्टी के बरतन बनाने और फूलों के मुकुट तथा साज–शृंगार करने में दक्ष रहे हैं। आज इन कलाओं पर भी आधुनिकता की मार पड़ी है।

मुम्बई में कांस्य पात्र जल्दी नहीं मिलते। मेरी पत्नी ने बाजार की एक दुकान से कुछ बासन खरीदे तो पुष्पा और लक्ष्मी भी यहाँ सस्ते मिलते बासनों को लेने का लोभ संवरण नहीं कर पायीं। सम्भव है कि ये कांस्य–पात्र सार्थेबाड़ी से ही दुकानदार बेचने के लिए यहाँ लाते होंगे।

अब तक क्षुधा से सुप्त पड़े प्राण जाग्रत हो विकल हो गये हैं। गरुड़ाचल जाने से पहले जठराग्नि को आहुतियाँ देनी आवश्यक हैं। लक्ष्मी और पुष्पा अपने घरों से टिफिन भरकर लायी हैं। बस, बैठने की एक जगह और साथ में गरमागरम चाय चाहिए। बाजार में एक चाय–मिठाई के होटल का मालिक असमिया व्यक्ति है। यह समझते हुए भी कि हम उसकी चाय के सिवाय कुछ नहीं लेंगे, सहर्ष हमें आसरा दे देता है। पूरी–सब्जी–अचार तथा अन्यान्य मिष्ठान–नमकीन के साथ घूँट–घूँटकर चाय के दो–तीन कप उदरस्थ हुए तो शरीर में नयी ऊष्मा आ गयी। ड्राइवर भी खा–पीकर तैयार है। गाड़ी ने तो चलते समय ही ऊँट की तरह पेटभर पेट्रोल पान कर लिया था।

तीन–चार कि.मी. के सर्पवत पहाड़ी रास्ते से मारुति गरुड़ाचल पर आरोहण करती है। चारों ओर के प्राकृतिक दृश्यों के बीच दूर मदनाचल और केदार–मन्दिर दिख रहे हैं। मन एक उधेड़बुन से घिरा है। गरुड़ाचल और पावमक्का का क्या सम्बन्ध है? इस विषयक योगिनीतन्त्र में उल्लेख मिलता है कि मदनाचल के निकट गरुड़ाचल पर्वत पर गरुड़ द्वारा स्थापित गरुड़ेश्वर महाशिवलिंग है। तन्त्र में यहाँ गरुड़देव की पूजा करने का भी विधान है। तन्त्र में कथा है कि नरकासुर–वध कर जब श्रीकृष्ण अपने वाहन गरुड़ पर द्वारका लौट रहे थे तब गरुड़ के कहने पर उन्होंने गरुड़ाचल पर रुककर गरुड़ेश्वर शिवलिंग की पूजा की और रात्रि–विश्राम किया था।

गरुड़ाचल के शीर्ष पर बनी एक दरगाह में हम प्रवेश करते हैं। यह दरगाह हजरत गियासुद्दीन ओलिया की है। इसके पास ही एक मस्जिद है। दरगाह के बाहर और भी अनेक कब्रें हैं। कथनानुसार गियासुद्दीन ओलिया सन् 1193 में ईरान के ताब्रिज शहर में जन्मे थे। उनका जन्म का नाम शेख जलालुद्दीन ताब्रिजी था। वे इस्लाम के प्रचार के लिए भ्रमण करते हुए भारत आये। सन् 1226 में सुलतान गियासुद्दीन ने जब असम पर आक्रमण किया तब अपने तीन साथियों हजरत जमाल, हजरत शाह

गुडुर और शाह बुजरुग को साथ लाया था। सेना के साथ उन्होंने भी हाजो में प्रवेश किया। फिर वे यहीं बस गये और मृत्यु पर्यन्त यहाँ रहे।

पाव मक्का नाम के बारे में विभिन्न मत हैं। एक मत है कि हजरत गियासुद्दीन ओलिया को यहाँ नब्बे मूर्तियाँ मिली थीं। यह संख्या मक्का में मिली 360 मूर्तियों का चतुर्थांश होने से इसे पाव मक्का कहा जाने लगा। दूसरा मत यह है कि वे अपने साथ मक्का की एक पाव पवित्र मिट्टी लाये थे जिसे उनके मरने के बाद उनकी मजार में लगा दिया गया और यह पाव मक्का कहलाने लगा।

एक मान्यता यह भी है कि मुगल बादशाह जहाँगीर के समय हाजो के शासनकर्ता मकरम खाँ ने सैयद हाकिम, सैयद अबु बकर और सत्राजित बरुवा के अधीन सेना को आहोम राज्य पर आक्रमण करने भेजा था जिसे पराजय का मुँह देखना पड़ा। उस युद्ध में अबु बकर और उसका बेटा गियासुद्दीन मारे गये थे। गियासुद्दीन बड़ा धर्मप्राण मुसलमान था। इसलिए उसके शव को हाजो लाकर गरुड़ाचल पर दफन कर मजार बना दी गयी। किन्तु यह तर्कसंगत नहीं लगता। कारण, गियासुद्दीन नाम की वजह से यह भ्रम पैदा हुआ लगता है। हो न हो यहाँ पर बनी दरगाह हजरत गियासुद्दीन ओलिया की ही हो।

गियासुद्दीन की दरगाह के नजदीक ही शाहजहाँ के बेटे अबुल गाजी सुजाउद्दीन उर्फ सुजा के आदेश पर उसके फौजदार लुतफुल्ला द्वारा सन् 1657 में बनवाई गयी एक मस्जिद है। इसके प्रवेश-द्वार पर फारसी में लिखा एक शिलालेख है जिसमें इस मस्जिद के निर्माण का ब्यौरा है।

खैर जो भी हो, इसमें कोई सन्देह नहीं है कि यहाँ कभी मन्दिर रहा होगा। आहोम बुरंजी में इस मुस्लिम-तीर्थ पाव मक्का का उल्लेख सोलहवीं शताब्दी-काल में मिलता है। यहाँ की दरगाह और मस्जिद के रख-रखाव के लिए आहोम राजाओं ने बहुत-सी भूमि दी थी और आर्थिक सहायता भी की थी। आज यहाँ मुसलमानों के अलावा हिन्दू श्रद्धालु भी आते हैं और ज्येष्ठ-पूर्णिमा को यहाँ जोशोखरोश से उर्स मनाया जाता है।

हाजो के रास्ते पर ही पाव मक्का के आसपास बख्तियार खिलजी की तथा बाद में कालापहाड़ की कब्रें भी हैं, ऐसा भी लोग कहते हैं। इसके बारे में अधिक जानकारी नहीं मिल सकी।

इस बार रास्ते में पड़नेवाले शुवालकूची जाना नहीं हो पाया, फिर कभी सही। अब हाजो-यात्रा पूर्णता की ओर है और हम स्वगृह की ओर अग्रसर।

एक और खजुराहो : मदन-कामदेव

एकाकी यायावर को रिमझिम बारिश के सुहाने मौसम में सागौन के वृक्षों से आच्छादित पाँच सौ मीटर लम्बी मदन-कामदेव पहाड़ी पर चढ़ने की थकान ही कहाँ महसूस हो रही थी! सद्यस्नाता प्रकृति की हरीतिमा के बीच कीचड़ से लथपथ मार्ग में अपनी छाप छोड़ते कदम, मानो उसे किसी रहस्यलोक की ओर ले जा रहे थे। एक दिन की बारिश ने ही रास्ते को कीच-कीच कर दिया था।

असम के पर्यटन विभाग ने अपनी पुस्तिका में यहाँ की 'कण्डक्टेड टूर' का भले वादा कर रखा हो पर उनके पास इसकी कोई व्यवस्था नहीं है। सो ब्रह्मपुत्र पर बने शराईघाट पुल को पार कर गुवाहाटी से 35 कि.मी. दूर कोलकाता-दिल्ली जाने के राष्ट्रीय राजमार्ग पर स्थित बाइहाटा चारआली नाम के छोटे से शहर तक बस द्वारा जैसे-तैसे पहुँचा। वहाँ से आगे का चार कि.मी. का रास्ता साइकिल रिक्शा से तय करना पड़ा। बाइहाटा से तेजपुर जाने के रास्ते पर एक कि.मी. चलने पर फिर एक मोड़ आया। उपेक्षित से गाँवों के बीच बने ग्रामीण पथ से और करीब तीन कि.मी. दूरी तय करने पर मदन-कामदेव का शैलप्रदेश आता है। रिक्शे को नीचे ही छोड़, शेष आधा कि.मी. पहाड़ी रास्ते पर पैदल चलना पड़ा। अपना वाहन होता तो ऊपर तक जा सकता था। इस पर्वतमाला के चरण पखारती मदनकुरि नदी पूर्व से दक्षिण की तरफ प्रवाहित है। वास्तुशास्त्र के नियमानुसार जल का यह विपरीत प्रवाह इन मन्दिरों के लिए अशुभ रहा है। आज यह नदी मृतप्राय है।

नया कुछ देखने की उमंग ने रास्ते के सूनेपन का एहसास नहीं होने दिया। इस एकाकीपन को तोड़ता पंछियों का कलरव अवश्य मेरा साथ दे रहा था। इसके साथ ही सागौन के बड़े-बड़े पत्तों पर झरती बूँदों की टप-टप आवाज जैसे जल-तरंग बजाकर मेरा स्वागत कर रही थी। ऊपर दो-तीन कमरों के छोटे से नवनिर्मित संग्रहालय में रखी उत्खनन से निकली मूर्तियों को देखकर निराश हो गया क्योंकि वहाँ मन्दिर का कोई अता-पता न था। वह अजायबघर नहीं, अजबघर था, जहाँ न तो कोई जिम्मेदार व्यक्ति इनके बारे में बताने-समझानेवाला था और न ही आगे की राह दिखानेवाला। वहाँ के चौकीदार ने यही समझाया कि यहाँ कोई मन्दिर नहीं है, जो कुछ है, बस यही है।

कुण्ठित मन से वापस लौटने की सोच ही रहा था कि रिक्शावाले ने मेरा ढाढस बँधाया। यह तो अच्छा रहा कि वह अपने आप मेरा हमसफर बनकर साथ चला आया था। वह आस-पास के किसी गाँव का ही रहनेवाला था और हिन्दी भी बोल-समझ लेता था। उसने गाइड का इतना काम तो किया ही कि आगे का रास्ता दिखाता हुआ थोड़ी और ऊँची अन्य पहाड़ी पर स्थित उन अवशेषों के बीच ले जाकर मुझे खड़ा कर दिया जिन्हें देखने को मैं लालायित हो यहाँ आया था। इसके लिए मैं उसका हृदय से आभारी हूँ।

वहाँ पहुँचकर तो मैं ठगा-सा रह गया। चारों ओर दूर-दूर तक प्राचीन मन्दिरों के बिखरे अवशेषों का अम्बार लगा था। इनके बीच जीर्ण-शीर्ण अवस्था में पहुँच चुका, अपने अतीत पर आँसू बहाता, मुरझाये कमल सरीखा छत विहीन मात्र एक मन्दिर दिख रहा था। आज न इसका शिखर है और न ही वह पुराना वैभव, जिस पर इसे कभी गर्व रहा होगा। मूल मन्दिर के दक्षिण, पश्चिम और उत्तर के प्रवेशद्वारों को शिलाखण्डों से बन्द कर दिया गया है। पूर्व दिशा से पत्थरों पर चढ़कर मन्दिर में प्रवेश कर पश्चिमाभिमुख होकर पूजा-अर्चना करनी होती है—जो हिन्दू मान्यता के विरुद्ध है। यहाँ एक अद्‌भुत मान्यता का पता चला कि मन्दिर के आस-पास कभी कोई कौवा नहीं बैठता है।

मदन-कामदेव पर्वत पर ऐसा कोई स्थान नहीं है, जहाँ किसी मन्दिर का भग्नावशेष न हो। मन्दिर तथा इसके ध्वंसावशेषों में एक भी ऐसा पाषाण नहीं, जिस पर कुशल शिल्पकारों के हाथों का स्पर्श न हुआ हो। किन कारीगरों ने किसकी देख-रेख में इस अगम्य अरण्यभूमि में इस देवनगरी का निर्माण किया होगा? प्राकृतिक दुर्योग तथा चिरकाल तक की गयी सरकारी अवहेलना के कारण यह देवपुरी पहाड़ की छाती में विलीन होती गयी। फिर भी मन्दिर का बचा रह गया एक मीटर ऊँचा प्राचीर ही इसकी भव्यता और शिल्पकला की मूक साक्षी देने में आज भी भली-भाँति सक्षम है।

छब्बीस-सत्ताईस वर्ष पहले तक घने जंगल में खोया यह स्थान आम लोगों की नजरों से ओझल था। बस, आसपास के गाँववाले हिंसक पशुओं से बचते-बचाते कभी-कभार मन्दिर के लघु गर्भगृह में स्थापित उमा-महेश्वर के प्राचीन विग्रह की पूजा करने आते थे। खुले आसमान तले स्थापित देव-प्रतिमा को छत देने के लिए लकड़ी के टेकों के सहारे बस एक टीन का भद्दा-सा छप्पर है। यह छप्पर भी गाँववालों की आस्था के चलते बना है। इन्होंने ही यहाँ नित्य पूजा और भोग की व्यवस्था कर रखी है। यहाँ निरामिष भोग का ही प्रचलन है।

सहज जिज्ञासा हुई कि इस मन्दिर का नाम मदन-कामदेव क्यों पड़ा? यह तो शिव-पार्वती का मन्दिर है। फिर मदन और कामदेव का तो एक ही अर्थ है। लेकिन

लगता है कि मदन शब्द मदनिका का संक्षिप्त रूप है। कामदेव की पत्नी रति को मदनिका भी कहते हैं। मन्दिर में स्थापित एक ही शिला-फलक पर उकेरी गयी श्रृंगारिक आलिंगनबद्ध उमा-महेश की युगल मूर्ति और इसकी बाहरी दीवारों पर उत्कीर्णित रतिस्फूर्त युगल मूर्तियों की वजह से ही इसका नाम मदन-कामदेव पड़ा होगा। अब रहस्य का कुहासा धीरे-धीरे छँटने लगा था।

आज से डेढ़ सौ साल पहले सन् 1855 में कैप्टन डाल्टन ने बंगाल की एशियाटिक सोसायटी के जर्नल में लिखा था कि यहाँ अठारह मन्दिर हैं। किन्तु किसी ने कोई ध्यान नहीं दिया। असम में सन् 1897 में आये भयंकर भूकम्प में ये मन्दिर ढह गये। सन् 1943 में शिक्षक श्री तरणीकान्त शर्मा ने भी असम रिचर्स सोसायटी के जर्नल में एक आलेख लिखकर बुद्धिजीवियों का ध्यान यहाँ के पुरातत्त्व-महत्त्व की ओर खींचने की चेष्टा की थी। फिर सन् 1949 में उन्होंने दुबारा अपनी लेखनी से लोगों को इस तरफ आकर्षित करने की कोशिश की। आखिर सरकार की कुम्भकर्णी नींद अठाईस वर्षों बाद खुली और सन् 1977 में पुरातत्त्व विभाग ने यहाँ उत्खनन कार्य शुरू किया। फिर तो जमीन में छिपे रहस्य परत-दर-परत खुलने प्रारम्भ हो गये।

कालिका पुराण और योगिनीतन्त्र में भी मदन-कामदेव पर्वत का मनोरम वर्णन मिलता है। योगिनीतन्त्र में इसे मत्स्यध्वज पर्वत कहा गया है और मदनकुरि का शाश्वती नदी नाम वर्णित है। शाश्वती में स्नान कर यहाँ के काम-सरोवर के जल का पान कर मत्स्यध्वजधारी विष्णु की पूजा करने से मनुष्य कामलिप्सा से मुक्त हो जाता है। आज भी यहाँ चैत्र मास में योगिनीतन्त्र के कथन 'चैत्रे कामत्रयोदश्यां मन्त्रतानेन यत्नत:' के विश्वास के साथ मदन-त्रयोदशी उत्सव या मदनोत्सव बहुत उमंग से मनाया जाता है। तभी तो शीतकाल में माघ मास से प्रारम्भ होकर चैत्र मास तक यहाँ ग्रामीण तीर्थयात्रियों की रेलमपेल रहती है।

आचार्य हजारीप्रसाद द्विवेदी ने अपने निबन्ध 'प्राचीन भारत में मदनोत्सव' में ऐसा ही वर्णन किया है—''वसन्त का समय प्राचीन भारत में उत्सवों का काल हुआ करता था। कामसूत्र में इस समय के कई उत्सवों की चर्चा आती है। इनमें दो प्रसिद्ध हैं—मदनोत्सव और सुवसन्तक। ...सुवसन्तक वसन्तावतार का उत्सव है—आजकल का वसन्त पंचमी उत्सव।

''सम्राट हर्षदेव की रत्नावली नाटिका में इन दोनों प्रकार के उत्सवों का बड़ा ही सरस और जीवन्त वर्णन मिलता है।...नागरिकाएँ मधुमास से मत्त होकर सामने पड़ जानेवाले किसी भी पुरुष को पिचकारी (श्रृंगक) के रंगीन जल से सराबोर कर देती थीं। ...पिष्टातक (अबीर) से दिशाएँ रंगीन हो उठती थीं।

''मदन देवता की एक पूजा चैत्र महीने में होती थी। अशोक वृक्ष के नीचे

मिट्टी का कलश स्थापित किया जाता था। सफेद चावल भरे जाते थे। फलों और ईख का रस इस पूजा में नैवेद्य थे। ...चैत्र शुक्ल त्रयोदशी को पूजा होती थी। लोग व्रत रखते थे। ...मत्स्यपुराण में 'कामनाम्ना हरेरर्चां' कहकर बताया गया है कि वस्तुत: 'काम' नामक हरि की ही पूजा की जाती है।''

वसन्तोत्सव मनाने की परम्परा हमारे देश में आज भी है, भले ही हम इसे अलग-अलग नामों से मनाते हैं। असम में इसका प्रारम्भ माघीबिहू से ही हो जाता है। फिर वसन्त पंचमी को सरस्वती पूजा, फाल्गुन में फगुवा या दोलयात्रा, चैत्र की अशोकाष्टमी और चैत्र-त्रयोदशी का उत्सव मनाकर ही वसन्त-काल पूरा नहीं होता, अपितु बैसाख में मनाये जानेवाले रंगाली बिहू के साथ इसे विदा करते हैं।

असम में आहोम पूर्वकाल का कोई स्थापत्य आज मूल रूप में नहीं दिखाई पड़ता, हालाँकि पौराणिक काल में नरकासुर द्वारा बनवाये गये कामाख्या मन्दिर के प्रस्तर-पथ, तेजपुर के अग्निगढ़ और दाह-पर्वतीया आदि के भग्नावशेष तथा भगदत्त द्वारा खुदाई गयी दीघली पोखरी आज भी विद्यमान हैं।

ऐतिहासिक प्रमाणों के अनुसार मदन-कामदेव के मन्दिरों का निर्माण कामरूप के पाल वंशीय राजा इन्द्रपाल (सन् 1030-1055) ने ग्यारहवीं शताब्दी में करवाया था। यहाँ किसी भी प्रकार का शिलालेख प्राप्त नहीं होने के कारण सहज ही सही निष्कर्ष निकालना कठिन है। किन्तु मन्दिरों के निर्माण के समय इन्द्रपाल का शासन था—यह भी तय है। इसी समय खजुराहो-मन्दिरों का निर्माण (सन् 950 से 1050) भी चल रहा था। यह भी उल्लेखनीय है कि कोणार्क के सूर्य मन्दिर का निर्माण इन मन्दिरों के बाद सन् 1237 में किया गया।

असम पर सन् 1206 में हुए मोहम्मद-बिन-बख्तियार के आक्रमण का सफल प्रतिरोध कामरूप राज्य की सेना ने किया। हारकर लौटते समय सम्भवतया उसकी सेना ने इन मन्दिरों को भी नुकसान पहुँचाया होगा।

अठारहवीं शती में आहोम राजा शिवसिंह (1714-44) ने इन मन्दिरों का जीर्णोद्धार करवा गोविन्द मिश्र को पुजारी नियुक्त कर इनकी व्यवस्था हेतु 118 बीघा जमीन प्रदान की जिसमें आज केवल 20 बीघा की उपज ही मन्दिर को प्राप्त होती है। शेष जमीन पर बताते हैं कि अन्य लोगों का अधिकार हो चुका है।

मदन-कामदेव मन्दिर की प्राचीरों पर उत्कर्णित हजारों सम्भोगरत मूर्तियों में अब केवल दो सौ ही बची हैं, जिनमें विभिन्न काम-आसनों में नायक-नायिकाओं को उकेरा गया है। एक जगह तो नायिका गर्दभसंगिनी है। इसके अलावा हाथी-शेर और मानव-जानवर के बीच भी कामक्रीड़ा को शिल्प में उकेरा गया है। इस मन्दिर के बारे में देश की बात तो दूर असम के लोगों को भी पूरी तरह पता नहीं है।

ऐसी मैथुन मूर्तियाँ भारत के अन्य प्राचीन मन्दिरों और उनके यात्रोत्सव के

काष्ठ-रथों में भी पायी जाती हैं। मान्यता है कि वज्रपात से रक्षा निमित्त इनका निर्माण होता था, पर इनके बाहुल्य से यह शंका भी होती है कि कहीं शिल्पकारों पर वाममार्गी प्रभाव तो नहीं था। कहते हैं कि जनसंख्या बढ़ाने हेतु भी इस कला को प्रोत्साहन दिया गया था। एक मत यह भी है कि मन्दिर के निर्माण-काल में वज्रयानी सिद्धान्त प्रभावी थे। वैसे प्राचीन शिल्पशास्त्रों और मत्स्यपुराण में यह स्पष्ट निर्देश है कि मन्दिर के बाह्य भाग पर शृंगार लब्ध मदनिकाओं को उत्कीर्ण करना आवश्यक है। किन्तु यह भी सच है कि तब उड़ीसा से असम तक और बंगाल से खजुराहो तक यौनपूजा की प्रधानता थी। खजुराहो, कोणार्क और मदन-कामदेव के मन्दिरों के निर्माण का समय करीब-करीब एक ही था। वैसे यौनपूजा तान्त्रिक अनुष्ठान के पंच मकार का एक अंग रही है। कामरूप में कामाख्या एवं मदन-कामदेव के मन्दिर भी तान्त्रिक पूजा के केन्द्र थे।

असम में कभी रात्रिकालीन गुह्य साधकों का एक *रातिखोवा सम्प्रदाय* था जो वज्रयान से प्रभावित था। वज्रयान बौद्ध धर्म की महायान शाखा से निकला था और वज्रयान से ही सहजयान, कालचक्रयान, मन्त्रयान, तन्त्रयान, भद्रयान, उड्डयान आदि का उद्‌भव हुआ। रातिखोवा सम्प्रदाय की निशाचरी विद्या के मूल आदर्श या लोकाचार वस्तुत: कैरातज हैं जिसमें मद-मत्स्य-मांस सभी भक्ष्य हैं। इनमें नारी-पुरुष का भेद नहीं होता और नंगे रहकर साधना की जाती है। इसके उपासक दीपक को योनि और बत्ती को लिंग कहकर गुह्य व्याख्या करते हैं। ये साधक हड्डियों या रुद्राक्ष की माला पहनते हैं और नारी को माँ कहकर सम्बोधित करते हैं। यही इनकी मोक्ष की धारणा है।

खैर जो भी हो, इसमें कोई सन्देह नहीं कि मदन-कामदेव के मन्दिर ब्रह्मपुत्र-घाटी में पनपी गौरवमय ऐतिहासिक सभ्यता के द्योतक थे। खुदाई से प्राप्त मूर्तियाँ और यहाँ मिले ग्यारह मन्दिरों के भग्नावशेष इसके साक्ष्य हैं किन्तु पुरातात्त्विक अनुसन्धान के अनुसार यहाँ बीस से ज्यादा मन्दिर थे। इन पुरातन मन्दिरों के शिल्प-सौन्दर्य की साक्षी आज भी यहाँ बिखरे पड़े अंगशिखर, दरवाजों की नक्काशीदार देहलीज तथा चौखट के हिस्से, सुसज्जित गुम्बज, बेलबूटियों से सजे अर्द्धचन्द्राकार पाषाण-खण्ड और देवी-देवताओं की सैकड़ों प्रतिमाएँ हैं। आज इन्हें सिलसिलेवार तरीके से लगानेवाला कोई नहीं है। यह सारा अकूत खजाना ऐसे ही न जाने किसके भरोसे और क्यों छोड़ दिया गया है? इस लापरवाही के चलते यहाँ से कितनी ही मूर्तियाँ चोरी हो गयी बताते हैं।

इन मूर्तियों में नृत्यरत नटराज, विष्णु, गजलक्ष्मी, चतुर्भुज शिव, उमा, गणेश, सूर्य, छह हाथधारी भैरव, अप्सरा, विद्याधरी, कल्पवृक्ष आदि का समावेश है। इसके अतिरिक्त सिंह, हाथी, गजसिंह, सूअर आदि पशुओं के उकेरे गये शिला-खण्ड भी

यहाँ मिले हैं। कुछ पाषाण-प्रतिमाएँ तो अपने आप में विलक्षण हैं। तन्त्र से सम्बद्ध एक देवी के तीन सिर हैं जिनमें मध्यवाला मानव मुख है तो अन्य दो मुखों में दाहिना सिंह का और बायाँ वराह का है। चतुर्भुजी यह त्रिमुखी देवी मानव-शव पर बैठी है जिसके आस-पास गिद्ध तथा सियार बैठे हैं। इसे एकाएक देखकर शरीर में झुरझुरी-सी होती है।

इस स्थापत्य को देखकर मेरे मन ने करवट बदली। अभी तक मेरे मन की छवि पर बचपन से देखते आये आहोम कालीन मन्दिरों के बिम्ब ही अंकित थे। यहाँ के मूक पाषाण-शिल्प मुझे असम के प्राचीन स्थापत्य को जानने के लिए उकसाने लगे। असम की प्राचीन वास्तुकला पर डॅ. निशिपद चौधुरी अपने आलेख में लिखते हैं—"ईस्वी की चौथी सदी से असम में मन्दिर, राजप्रासाद, दुर्ग, किले आदि का निर्माण हुआ था। हालाँकि आहोम पूर्व काल का कोई स्थापत्य वर्तमान में मूल रूप में दिखाई नहीं पड़ता। किन्तु अभिलेखों एवं लिखित विवरणों से पता चलता है कि पूर्व-आहोम युग में असम में विविध देवी-देवताओं के मठ-मन्दिर निर्मित हुए थे। मार्कण्डेय पुराण के एक सौ नौवें अध्याय में कामरूप में निर्मित एक सूर्य-मन्दिर का उल्लेख है। चीनी पर्यटक ह्वेनसांग के विवरण से पता चलता है कि कामरूप में सैकड़ों मन्दिर थे। असम में प्राचीन वर्मन वंश के शिलालेख में एक गुहा-मन्दिर निर्माण कर उसमें मूर्ति-प्रतिष्ठा कराने का उल्लेख है। लगता है कि वह कामाख्या मन्दिर था। वनमालदेव वर्मन के तेजपुर ताम्रलेख में बहुत ऊँचे एक शिव-मन्दिर के टूटकर गिरने पर उसकी मरम्मत कराने का और नोगाँव-ताम्रलेख में यह उल्लेख है कि वनमाल ने पंक्तिबद्ध भवनों की एक शृंखला बनवायी थी, जिनमें स्थित अनेक कक्षों को मूर्ति एवं चित्रकला से सुशोभित किया गया था। इसी तरह रत्नपाल के गुवाहाटी ताम्रलेख में श्वेत रंग के गुम्बद जैसे शिखर वाले मन्दिर में शम्भु की मूर्ति स्थापित करने का उल्लेख है तो उसके ही बरगाँव-ताम्रपत्र में सुशोभित भवनों से युक्त दुर्जया नामक एक नगर का उल्लेख है। किन्तु वे मठ-मन्दिर, राज-भवन, अट्टालिकाएँ असम की जलवायु, भूमि एवं प्राकृतिक संकटों के कारण ध्वस्त हो गये।

"असम में विभिन्न जगहों पर मिले वास्तु-शिल्प के अवशेषों से यह बात स्पष्ट होती है कि असम की वास्तु तथा मूर्ति कला-शैली के साथ उत्तर भारत में विकसित कला-शैली का घनिष्ठ सम्पर्क रहा है।

"तेजपुर के पास माजगाँव में गुप्त-युग के अन्तिम काल में निर्मित एक मन्दिर के खँडहर मिले हैं। इसके अलावा तेजपुर के बामुनी पहाड़ पर सिलसिलेवार अनेक मन्दिरों के खँडहर मिले हैं। नोगाँव जिले के बरगंगा में खुदाई कर एक पूरे मन्दिर का गर्भगृह (मणिकूट) और मुखमण्डप प्राप्त हुए हैं। 'नौ-नाथ-थान' में

खुदाई कर असम राज्य पुरातत्त्व विभाग ने नौ मन्दिरों की नींवें निकाली हैं। नौ-नाथ में प्राप्त स्थापत्य गुप्तकाल के बाद के यानी दसवीं-ग्यारहवीं सदी का है।'' उल्लेखनीय है कि असम में आज भी नाथपन्थी रहते हैं जो अपने नाम के साथ 'नाथ' उपनाम जोड़ते हैं।

डॅ. चौधुरी आगे लिखते हैं—''असम में चारों ओर बिखरे पड़े खँडहरों से पता चलता है कि कई स्थानों में एक ही साथ कई मन्दिर निर्मित हुए थे। उन मन्दिरों को शिव, विष्णु, सूर्य, शक्ति और अन्यान्य देवी-देवताओं के नाम उत्सर्गित किया गया था। कई स्थानों पर एक साथ नौ-नौ मन्दिरों के खँडहर मिले हैं। कई स्थानों में ब्रह्मा, विष्णु और शिव की मूर्तियों के साथ एक ही शिरो-पट्टी पर सूर्य और कई ग्रहों की मूर्तियाँ खुदी हुई मिलती हैं। इससे यह अनुमान होता है कि शिव, विष्णु, सूर्य, शक्ति एवं गणेश समेत पंच देवताओं के साथ दिग्पालों या दूसरे अन्य देवताओं के नामों से मन्दिरों का निर्माण किया जाता था।

असम में गर्भ-गृहों की विशिष्टता यह है कि ये मण्डपों की अपेक्षा कुछ नीचे और आमतौर पर चौकोर होते हैं। गर्भगृह का फर्श काफी नीचा होने के कारण कई स्थानों में यह देखा जाता है कि ये पानी से भरे रहते हैं। किन्तु मदन-कामदेव मन्दिर के गर्भगृह में ऐसा नहीं है क्योंकि यह इसका मूलरूप नहीं है।''

मदन-कामदेव में अब तक जो भी उत्खनन कार्य हुआ है, वह केवल दस प्रतिशत ही है। सरकारी धन का अभाव या लापरवाही, कारण कुछ भी रहे हों, पर यह तय है कि ये कार्य पूरे मनोयोग से नहीं किये गये हैं। किसी प्रकार की भी कल्पनाशीलता काम में नहीं लाई गयी है। तभी तो मन्दिर के चारों तरफ आर.सी.सी. खम्भे खड़े कर इसके नैसर्गिक सौन्दर्य को हानि पहुँचाकर लापरवाही बरतने का अक्षम्य अपराध पुरातत्त्व विभाग ने किया है।

यदि अब भी उत्खनन कार्य सही तरीके से किया जाए तो अतीत में दबे इतिहास की और परतों को उघाड़कर विश्व सभ्यता के इतिहास में एक नया अध्याय जोड़ा जा सकता है। यहाँ मिले मन्दिरों के आधार-स्थलों के ऊपर के भाग जो ढहकर बिखर गये हैं, उन्हें खोज-समेटकर सिलसिलेवार तरीके से सजाना होगा। असम के पुरातत्त्वविद् यदि मन में ठान लें तो इन अवशेषों से आधुनिक निर्माण कला की सहायता से नया मन्दिर खड़ा कर सकते हैं। यह कार्य कठिन अवश्य है पर असम्भव नहीं।

आज तो यह स्थल धर्मप्रेमियों के लिए तीर्थस्थल, पुरातात्त्विकों एवं ऐतिहासिक खोज करनेवालों के लिए अनुसन्धान-क्षेत्र परन्तु केवल मौज-मजा करने हेतु आनेवालों के लिए यह एक पिकनिक स्थल बनकर रह गया है।

स्वर्णिम वस्त्रों का गाँव

ब्रह्मपुत्र फिर मेरे पीछे पड़ा है। सत्ताईस साल पहले मैं इसकी लहरों पर सवार था। इसकी जलधारा के बीच अपने पत्रकार-लेखक मित्र दामोदर जोधानी (अब स्वर्गीय) के साथ की गयी 15-16 कि.मी. की उस जल-यात्रा को याद कर आज भी रोमांचित हूँ। नद के दोनों किनारों पर खड़े पहाड़ों की हरियाली और इसके तट की बालू की चमक मन को लुभा रही थी। 'असम साहित्य सभा' का 46वाँ अधिवेशन सन् 1979 में शुवालकूची (शुवालकुछि) में हुआ था। वहाँ जाने के लिए फैन्सी बाजार के फैरीघाट से जहाजों की विशेष व्यवस्था थी। मन में यह उत्सुकता भी थी कि वहाँ आमन्त्रित विशिष्ट अतिथि हिन्दी लेखक सच्चिदानन्द हीरानन्द वात्स्यायन 'अज्ञेय' के दर्शन होंगे। असमिया परम्परा के प्रतीक चिह्न लाल फूल-बेलों का कढ़ाई किया हुआ गमछा तथा बाँस व लाल कपड़े की बनी हेटनुमा 'झाँपी' पहनाकर उनका स्वागत किया जाना कितना आत्मीयतापूर्ण लगा था! अज्ञेयजी से हुई अनौपचारिक बातचीत की उष्मता आज भी अनुभव करता हूँ।

इस बार की बस-यात्रा में सभी चेहरे अनजाने थे। हाँ, उनके बीच आधुनिकता की छवि लिये ग्रामीणता विराजमान थी। गुवाहाटी से 22 कि.मी. दूर शुवालकूची के पथ के साथ-साथ ब्रह्मपुत्र भी मेरे साथ चला आया था। हमारी दायीं ओर अगियाठुरी की पहाड़ियाँ थीं। रास्ते में आया अगियाठुरी गाँव मुस्लिमबहुल है। यहाँ बसे मुसलमान शायद मुगल सेना के वंशज हैं। असम पर आक्रमण करने रामसिंह के अधीन आयी सेना के साथ ये लोग आये होंगे। इसी अगियाठुरी में रामसिंह की छावनी थी। इसी तरह हिन्दूबहुल असमिया समाज के साथ पूरे असम में मुसलमान बसे हुए हैं। ये मुसलमान असमिया संस्कृति में रँगे हैं। इनकी मातृभाषा-वेशभूषा सब पर असमियापन है। मजे की बात यह भी है कि असमिया हिन्दुओं और मुसलमानों में कभी साम्प्रदायिक दंगे नहीं होते। असमिया मुस्लिम औरतों में बुर्के का प्रचलन तो एकदम नहीं है।

ब्रह्मपुत्र की तरह शुवालकूची मेरे लिए आत्मीय नहीं था, पर एकदम अनजाना भी नहीं। मन में उमंग थी कि इस गाँव में असम के प्राचीन वस्त्र शिल्प की 'खिटिक-खटाक' की संगीत-लहरी सुन सकूँगा, उन यन्त्रों को आँखों से देखूँगा

जिनसे यह नाद निनादित होता है। भास्कर वर्मन ने अपने मित्र हर्षवर्धन को जो उपहार भेजे थे उनमें कामरूपीय चीनांशुक के *पुत्रोर्णा*, मूँगा के *दुकूल* और एरी के क्षौम वस्त्र क्या इसी शुवालकूची में बुने गये थे, यह कौन जाने! उन कौशेय वस्त्रों को बेंत से बनी सुन्दर मंजूषा में बहुमूल्य हाथी-दाँत और स्वर्ण-रजत के सुन्दर अलंकार, सुगन्धि वस्तु और *साँचिपात* (असम का भोजपत्र) पर हस्तलिखित पुस्तकों के साथ समन्वित कर कितने जतन से उन्होंने प्रेषित किया था।

रास्ते में ही मेह ने झड़ी लगा दी। सड़कें डामर की होकर भी कीचड़ से लथ-पथ हो गयीं। उस अनजाने गाँव में इधर-उधर भटकने के बदले साइकिल रिक्शा में घूमने का विकल्प ही सही जान पड़ा। पूरा गाँव व्यवस्थित ढंग से बसा हुआ लगा। गली-रास्ते चौड़े और समकोनी थे। जिस मुहल्ले से गुजरा वहीं नामघर बना देखा। लगता है कि शुवालकूची में हर मोड़ पर एक नामघर है। इसे एशिया का सबसे बड़ा गाँव माना जाता है। यहाँ बसनेवाले सभी पैंतीस हजार लोग हिन्दू असमिया हैं। हाँ, धोबी, नाई, मोची का काम करनेवाले कुछ बिहारी भी यहाँ सालों से बसे हैं। इसके सिवाय एक भी घर बंगाली, मारवाड़ी या किसी और का नहीं। यहाँ के नामघरों में होते हरि-नाम के साथ यहाँ के घरों में लगे करघों से उठ रहे आलाप को अपना प्रथम स्वर किसने और कब दिया होगा? यह सहज जिज्ञासा का विषय है।

कहते हैं कि सर्वप्रथम गुवाहाटी के नीलाचल की तलहटी में वयन-कार्य प्रारम्भ हुआ था, जहाँ राजा और ब्राह्मणों के वस्त्र बनाने में ही उनका शिल्प काम आता था। फिर वे लोग अपनी एकान्त-साधना के लिए ब्रह्मपुत्र के तट पर शुवालकूची में आ बसे। आज यह ग्राम मानो वस्त्रों का पर्यायवाची है। यहाँ घर-घर में हथकरघे लगे हैं, जिनपर पाट-रेशम, मूँगा और सूत की मेखला-चादर और साड़ियाँ बनती हैं। वस्त्र उद्योग यहाँ का कुटीर उद्योग है।

यहाँ की महिला गृहिणी होने से पहले एक कुशल *शिपिनी* है। बुननहारी के लिए असमिया में शिपिनी शब्द प्रचलित है। असम के कौशेय वस्त्रों की भाँति हिन्दी को भी इस असमिया शब्द से यदि सजाया जाए तो क्या गलत होगा? ये शिपिनियाँ सुबह से देर रात तक वयनशाला में होती खिटिक-खटाक के बीच धागों की भरनी को ताने के तारों के बीच इस छोर से उस छोर तक धकेलने और विभिन्न फूलों को वस्त्रों पर उभारने में ही तल्लीन रहती हैं, या यों कहें कि वे रेशम के धागों से सपने बुनती हैं—वर्तमान के और भविष्य के भी। इन शिपिनियों के कुशल हाथों का संस्पर्श पाकर रेशमी धागे और भी चमक उठते हैं।

असमिया लड़कियों को बुनने का प्रशिक्षण कहीं से थोड़े न लेना होता है। ये तो करघे पर होती खटर-पटर के बीच ही अपनी आँखें खोलती हैं और इसकी

लोरियाँ सुनते हुए ही सोती हैं। कपड़ा बुनना तो मानो इन्हें घुट्टी में ही पिला दिया जाता है। होश आते-आते इन्हें पता ही नहीं चलता कि इन्होंने कब करघे पर कपड़ा बुनना सीख लिया। असम में बुनकरी किसी जाति, धर्म या सामाजिक मर्यादा से नहीं बँधी है। बुनना जानना तो असम ही नहीं पूरे पूर्वोत्तर की हर लड़की की शिक्षा का अंग है, फिर चाहे वह रानी हो या बान्दी, गोंसाई-महन्त की पुत्री हो, बहू हो या किसी भी जनजाति की महिला, जाति-वर्ण के भेद बिना सभी कपड़ा बुनती हैं। बुननकारी यहाँ के लोकजीवन का अभिन्न हिस्सा है। असम में कर्मवृत्ति को किसी जाति-विषमता का द्योतक नहीं माना जाता है।

असमिया में रेशम के अर्थ में प्रयुक्त *पाट* शब्द कदाचित् संस्कृत के पट, पटोर या पाटम्बर से आया है। यहाँ रेशम शब्द में मूँगा, पाट और एरी तीनों समाहित हैं। ये तीनों प्रकार के रेशम कीटों से मिलते हैं। मूँगा-रत्न से तो सभी परिचित हैं पर हो सकता है कि मूँगा-वस्त्र नया लगे। असमिया में इसे मूँगा नहीं, *मूगा* कहा जाता है। प्राकृतिक रूप से सुनहले रंग के मूँगा के कीड़े असम के सिवाय विश्व में और कहीं नहीं होते। मूँगा-कीट से निकलनेवाले धागे का रंग सुनहला-सा होता है, मानो प्रकृति ने पिघले सोने में ताँबे का जरा-सा घोल मिला दिया हो। पाट की तुलना में मूँगा महँगा होता है। किंवदन्ती है कि सदाशिव ने एक कछारी को मूँगा बनाने का मन्त्र दिया था। आज भी कछारी, चुटिया और अहोमों में मूँगा-कीट पाले जाते हैं। *वन सोम, सोंवाल, दीघलति, पान चपा* और *मेजांकरी* आदि वृक्षों पर मूँगा-कीट पाले जाते हैं, असमिया लहजे में कहें तो इनकी खेती की जाती है। वृक्षों के पत्ते ही कीटों के आहार हैं। इन कीटों की खेती कामरूप के अतिरिक्त शीतल पहाड़ी अंचलों में भी की जाती है। अलग-अलग पेड़ों के पत्ते खाकर पले कीटों से मिलनेवाले मूँगा-धागे की गुणवत्ता में भी थोड़ा-थोड़ा फर्क होता है। पूरे असम में मूँगा-कीट की खेती से जो सुनहरा धागा निकलता है उसका नब्बे प्रतिशत यहाँ शुवालकूची में ही आकर खपता है। जानकर आश्चर्य होगा कि पाँच-छह हजार कीटों से केवल एक किलो मूँगा-धागा प्राप्त होता है। कार्बी आंगलांग और कोकराझार के कुछ अंचलों में इन कीटों को शक्तिवर्धक समझकर खाद्य रूप में भी खाया जाता है।

मूँगा के अतिरिक्त मखनी रंग का एक और रेशमी धागा 'एरी' होता है, जिसे एरण्डी, एण्डी, अण्डी या करण्डी भी कहते हैं। इसका स्पर्श मुलायम और वजन हल्का है। अपनी गर्म तासीर के कारण ही यह ओढ़ने की चादरों का रूप धारण कर लोगों को जाड़े से बचाता है। बेल-बूटी विहीन सादगीपूर्ण ये चादरें अपने टिकाऊपन के गुण से पीढ़ी-दर-पीढ़ी साथ निभाती हैं। इसके पोलु (कीट) एरी, जिसे एरण्ड या एर जो भी कह लें—के पत्ते खाकर पलते हैं। एण्डी-कीटों से धागा

निकालने के बाद, कछारी लोग इन्हें अपना आहार बना लेते हैं।

एण्डी का बड़ा विपणन-केन्द्र कभी पलाशबाड़ी हुआ करता था जिसके ब्रह्मपुत्र में समा जाने के बाद उसकी जगह विजयनगर ने ले ली है। विजयनगर के आसपास के चालीस कि.मी. के दायरे में बसे लोहारघाट बागान और बोको में एण्डी-कीट पाले जाते हैं। विजयनगर में घर-घर में लगे करीब हजार हथकरघों पर यहाँ बसी जनजातियाँ रोज सौ से डेढ़ सौ जोड़ा एण्डी चादर बना लेती हैं। जोड़े की एक चादर तीन हाथ चौड़ी और छह हाथ लम्बी होती है। इसका मूल्य पाँच सौ से लेकर चार हजार रुपये जोड़े तक होता है। विजयनगर के आसपास के गाँवों आमटोला, जियाँकुर, रामपुर, बाँकाकाटा आदि में बनी एण्डी की चादरों को सर्वोत्तम माना जाता है। एक जोड़ा चादर बनाने का पारिश्रमिक शिपिनियों को बस सौ से ढाई सौ रुपये ही मिलते हैं। यहाँ साल में करोड़ रुपयों का होनेवाला यह व्यवसाय केवल सात-आठ बड़े व्यापारियों के हाथों में सिमटा है।

भारत में कुल एरी उत्पाद का नब्बे प्रतिशत असम में होता है। एरी की चादर किसी को उपहार में दिया जाना बहुत सम्मानजनक समझा जाता है। इसके कीट एरण्ड या एरी के अलावा कच्चे पत्ते भी खाते हैं। असम में *निरस्तपादपे देशे एरण्डोपि द्रुमायते* अर्थात् जिस प्रदेश में पेड़ नहीं होते, वहाँ एरण्ड के पौधों को ही वृक्ष मान लिया जाता है—की उक्ति चरितार्थ नहीं होती। असम में भला पादप द्रुमालय की क्या कमी! पहाड़ी अंचलों में झूम खेती के साथ एरी के गाछ भी लगाते हैं। जनजातियों को इसकी खेती का समुचित ज्ञान है। असम के लखीमपुर, शिवसागर, जोरहाट, नोगाँव, कामरूप, दरंग, ग्वालपाड़ा, कछार, कार्बी आंगलांग, कोकराझार आदि अंचलों में एरी उत्पादन किया जाता है। प्राकृतिक रूप से एरी के स्थूलकाय धागे पर अब आधुनिकता का रंग चढ़ गया है। एरी में टेरीलिन धागे की घालमेल कर 'एरी-टेरी' कपड़े भी बनने लगे हैं। एरी से किंचित् मात्र मिलनेवाले महीन धागे से *रिहा* (ओढ़नी या दुपट्टा), *मेखला* (घाघरा या लहँगा), चोला-वस्त्र आदि बनाते हैं।

मूँगा और एरी की भाँति ही पाट का धागा बनाना और वस्त्र बुनना असम का कुटीर उद्योग है। कहते हैं कि चीन में हजारों वर्ष पहले वहाँ की रानी चि-लिंग-सी से अपने बगीचे में लगे नूनी पेड़ पर मिले रेशम के कीड़े से रेशम का आविष्कार किया। रेशम के कीड़ों का पालन-पोषण *नूनि* गाछों पर होता है जिनके पत्ते खाकर ये कीड़े उजला कोवा बुनते हैं। इस स्निग्ध-धवल पाट के ताने-बाने के संग ही करघों पर छोटी-छोटी रंग-बिरंगी बूटियाँ और किनारियों पर उन्हीं रंगों से मेल खातीं बेल बुनी जाती हैं। इन परिधानों के श्वेत-पृष्ठों पर बुनी रंग-बिरंगी बूटियाँ किसी काव्य की हस्तलिखित पाण्डुलिपि जैसी लगती हैं। इन वस्त्रों की धवलता जहाँ असमिया

मन की निश्छलता तथा शुचिता का द्योतक है, वहीं लाल रंग इनके अनुरागी भाव का परिचायक।

ऐसे ही अनुरागी भाव से अनुरक्त रिक्शवाला अधिक जानकारी प्राप्त कराने के मकसद से मुझे पचहत्तर वर्षीय वयोवृद्ध भारतचन्द्र वैश्य के घर ले गया। उन्होंने 'पधारिये' कहकर मेरा स्वागत किया तो उनकी शुद्ध हिन्दी सुनकर मैं चौंका। ये गाँधीवादी हैं। राष्ट्रभाषा प्रचार समिति, वर्धा से हिन्दी की परीक्षाएँ पास की हैं, और हिन्दी में लिखते भी हैं। बातें करते-करते शिकंजी आ गयी। इसे चखते ही मैं असम के नीबू का स्वाद पहचान गया। असम में पैदा होनेवाले पाँच-छह अंगुल लम्बोतर नीबू का *टेंगा* (खट्टा) स्वाद छोटे गोल नीबू की खटास से अलग है। इसे दाल-भात में निचोड़कर खाने का मजा तो असम में ही मिल सकता है।

भारतचन्द्र वैश्य ने अन्दर से लाकर अपना मूँगे का पंजाबी कुर्ता दिखाकर बताया कि इसके कपड़े को उन्होंने युवावस्था में स्वयं अपने हाथों से करघे पर बुना था। 9 जनवरी, 1946 को महात्मा गाँधी का जब यहाँ पदार्पण हुआ था, तब ये उनके साथ थे। गाँधीजी यहाँ की शिपिनियों का हस्त-लाघव देख अभिभूत हुए बिना नहीं रह सके। एक शिपिनी ने उनके देखते-देखते ताने में धागों की ऐसी कलात्मक भरनी भरी कि वस्त्र पर बापू का चित्र उभर आया। वैश्य उन दिनों की यादों में खोए हुए थे। उन दिनों शुवालकूची की जनता में भी स्वतन्त्रता का जोश कुलाचें मार रहा था। देश के और हिस्से की भाँति यहाँ के वातावरण में भी आजादी के गीत गूँज रहे थे। ऐसे ही एक गीत की कुछ पंक्तियाँ उन्होंने सुनायीं—

उठा, उठा, उठा, उठा देशवासी / उठो, उठो, उठो, उठो देशवासी
होल आजि अवसान / हुई आज अवसान
घोर दुख निशि / घोर दुख निशि
आगुवा वीरेन्द्र दल / आगे बढ़ो वीरेन्द्र दल
आगुवा आगुवा / आगे बढ़ो आगे बढ़ो
वीरदर्पे रणशिंगा बजोबा बजोबा / वीरदर्प से रणसिंगा बजाओ बजाओ
होवा सबे भीष्म, द्रोण, / बनो सब भीष्ण, द्रोण,
पार्थ, वृकोदर, कर्ण / पार्थ, वृकोदर, कर्ण
लाचित, शिवाजीर दरे / लाचित, शिवाजी की तरह
हृदय सजोवा / हृदय करो अर्पण

शुवालकूची में रेशमी कपड़ों के अलावा सूती कपड़े भी बनते हैं। असम में कपास की खेती बहुत सीमित रही है, केवल गारो, डफला, मिश्मी पहाड़ों पर ही यह उपजता है। कपास के कम उत्पाद और मूँगा-एरी के अधिक स्थायी होने की

वजह से सूती वस्त्र पहनना यहाँ ज्यादा अच्छा नहीं समझा जाता था। आहोम राजा रुद्रसिंह के जमाने में यहाँ सूत पहली बार बाहर से आया था किन्तु अँग्रेजों के आगमन के बाद सूत और सूती कपड़ों के आयात में वृद्धि हुई। अंग्रेजों ने अपने वस्त्र-उद्योग को बढ़ाने के लिए यहाँ के कुटीर शिल्प को हतोत्साहित किया। उन्होंने कीड़ों से बनाये गये एरी-मूँगा-पाट की निन्दा की किन्तु स्वयं उन रेशमी कपड़ों को खरीदकर व्यवसाय करने विलायत निर्यात करते थे। धीरे-धीरे अंग्रेजों ने अपने देश की मिलों में बने सूत को यहाँ के रेशम में मिलवाकर कपड़े बनवाये जिससे यहाँ के वस्त्र उद्योग की बहुत हानि हुई, फिर भी इनका ऐतिहासिक महत्त्व कम नहीं हुआ।

शुवालकूची के ऐतिहासिक महत्त्व के साथ यहाँ की वर्तमान स्थिति का जायजा शायद मैं नहीं ले पाया होता, यदि संयोगवश 'अखिल शुवालकूची उदयमान समाज' के कार्यालय पर मेरी नजर नहीं पड़ी होती। यहाँ मुझे पता चला कि भारतवर्ष के पहले 'समवाय' आन्दोलन की शुरुआत 1904-05 में यहीं से हुई थी जिसे सन् 1941 से 'दि असम को-ऑपरेटिव सिल्क हाउस' नाम दे दिया गया। इसके साथ ही उन समस्याओं के बारे में भी पता चला जिनसे यहाँ का वस्त्र उद्योग जूझ रहा है। मैं यह जानकर आश्चर्यचकित रह गया कि इस गाँव में 600 करोड़ रुपयों के व्यवसाय के साथ एक करोड़ बीस लाख मीटर रेशमी (मूँगा और पाट) वस्त्र का उत्पादन होता है। यहाँ के बीस हजार करघों को चलाने के लिए प्रति वर्ष पाँच करोड़ किलोग्राम कच्चे धागे की आवश्यकता होती है।

केवल पाट की ही रोजाना खपत एक हजार किलोग्राम है, जिसका मूल्य पन्द्रह लाख रुपये के आसपास बैठता है। असम के विभिन्न हिस्सों में उत्पादित पाट के अलावा शेष पाट कर्नाटक से मँगाना पड़ता है। बिचौलिये व्यापारियों के कारण स्थानीय बुनकरों को ऊँचा मूल्य चुकाना पड़ता है फिर भी इन्हें अपनी आवश्यकता के अनुसार पाट नहीं मिल पाता। पहले यहाँ चीन-जापान से पाट आयात किया जाता था जिसे 1963 के बाद भारत सरकार ने बन्द कर दिया। अब चीन से हुए नये वाणिज्यिक समझौते से शायद यह फिर से सम्भव हो सके।

शुवालकूची में लगे विद्युतकरघों के साथ बिजली हरदम लुका-छिपी का खेल खेलती है जबकि यह उद्योग असम राज्य विद्युत बोर्ड को हर महीने करीब पन्द्रह लाख रुपये चुकाता है। यहाँ की शिपिनियाँ आधी रात तक घरों में लगे करघों पर अपनी आँखें गड़ाये काम में लगी रहती हैं जिसके चलते इनकी दृष्टि पर और विभिन्न कृत्रिम और रासायनिक सूतों के सम्पर्क में रहने के कारण इनकी त्वचा पर भी दुष्प्रभाव पड़ता है। इन रोगों की चिकित्सा के लिए भी यहाँ समुचित व्यवस्था नहीं है।

मेरा मन शुवालकूची शब्द के अर्थ को खोज रहा था। असमिया में इसे

शुवालकुछि लिखा जाता है। *शुवा* का अर्थ असमिया शब्दकोश में 'शोभित करना' है और ग्रहण करने के अर्थ में यहाँ *ल* अक्षर का प्रयोग होता है। इनका सम्मिलित अर्थ मनोरम किया जा सकता है; वैसे मनोरम के अर्थ में असमिया शब्द *शुवला* भी इसके समीपवर्ती है। लगता है कि मूलत: असमिया शब्द *शुवला* से ही *शुवलाकुछि* और उससे शुवालकुछि नाम प्रचलित हुआ होगा। खैर जो भी हो, मैं यदि *कुछि* को तूलिका के अर्थ में कूची मान लूँ तो क्या मेरी भूल होगी? पटोर-तन्तुओं को करघा, ताना और भरनी की कूचियों से शुवला (मनोरम) वस्त्र का रूप जहाँ मिले, वह है—शुवालकूची।

यहाँ के प्राचीन सिद्धेश्वर मन्दिर का पता बाद में चला तो फिर एक बार अपने मित्र ओमप्रकाश गोयनका और आनन्दकरण जी केडिया के साथ दोबारा शुवालकूची आ धमका। पिछली बार का छूटा अधिलाभ (बोनस) इस बार प्राप्त किया। हम ऊँची पहाड़ी की डेढ़-दो सौ सीढ़ियाँ फलाँगते ऊपर पहुँचे। आहोम राजा शिवसिंह द्वारा अठारहवीं शती के पूर्वार्द्ध में निर्मित सिद्धेश्वर मन्दिर में स्थापित शिवलिंग के दर्शन किये। ऊपर से दूर-दूर तक दिख रहे प्राकृतिक दृश्यों में ही ब्रह्मपुत्र समाया था। उस महानद को वहाँ से नमन कर प्रार्थना की—"हे ब्रह्मपुत्र बाबा! वस्त्र उद्योग के लिए कभी प्रसिद्ध रहे पलाशबाड़ी को तो तुम अपने पेट में समा चुके हो, अब तुम्हारे किनारे बसे इस पाँच सौ वर्ष पुरातन वस्त्र-ग्राम पर तो अपनी कृपा-दृष्टि रखना। ये लोग हर साल चैत्र शुक्ल अष्टमी को तुम्हारा जन्मदिन अशोकाष्टमी धूमधाम से मनाते हैं। अशोकाष्टमी है—दुख-शोक को हरनेवाली। ये तुम्हें तुलसी-फूल चढ़ाते हैं। नारियल-नैवेद्य और दूध का भोग लगाते हैं। ताम्बूल-पान से तुम्हारी अभ्यर्थना कर पूजा करते हैं। तुम्हारी धारा में नौका-उत्सव मनाकर तुम्हारा मान भी बढ़ाते हैं। तुम इन्हें कभी मत उजाड़ना।"

रंगाली बिहू के अनुरागी रंग

ऋतुराज वसन्त का लावण्य असमवासियों के चेहरों पर मानो चुहचुहा रहा है। नवपल्लवों पर हरीतिमा और गहरा गयी है। असमिया-बांग्ला नूतन वर्ष प्रारम्भ होने में एक दिन ही रह गया है। आज मेष संक्रान्ति है। इसके दूसरे दिन से इनका यह सौर वर्ष प्रारम्भ होता है जो प्राय: 14 अप्रैल को पड़ता है। इसके साथ ही मेरा मन भी हरहराया कि कितने ही वर्षों बाद मुझे 'रंगाली बिहू' (*रङाली बिहु*) पर असम में रहने का अवसर मिला है।

प्रकृति प्रसन्नवदना हो गयी है। यौवनोन्मत्ता धरती सृजन-अभिलाषा से अभिभूत है। यह नया रूप धरकर पक्षियों, फूलों और वसन्त ऋतु के स्वागत में तत्पर है। फागुन की पछुवा का रूखापन अब नहीं है। चैत्र भी जानेवाला है। मन्दार के फूलों और *शाल्मली* (सेमल) के नवपल्लवों पर लालिमा उभर आयी है। हल्दीया *सोनारू* पर स्वर्णवर्णी रंग चमक रहा है। लोहित किनारे के वनों में वृक्षों पर निखार आ गया है। आम के पेड़ फिर बौरा गये हैं, अमराई महकने लगी है तथा कटहल के फूल भी मादकता बिखेरने लगे हैं। काननों में बासन्ती विहंगिनियाँ *कुलि* (कोयल) और *केतेकी* (हल्दीया चिड़िया) की कूक संगीत की भाँति अनुगूँजित होने लगी है। इसके साथ ही बिहू का स्वागत करने के लिए गीत-ध्वनि हवा में बिखरने लगी है—

बिहुलै केइदिन आछे समनिया / *बिहुलइ केइदिन आसे होमोनिया*
बिहुलै केइदिन आछे / *बिहुलोइ केइदिन आसे*
उजनि नामनि मारुके माकुटि / *उजोनि नामोनि मारुके माकुटि*
बिहुलै चारिदिन आछे। / *बिहुलइ सारिदिन आसे।*

(बिहू के कितने दिन रहे ओ प्रीतम
बिहू के कितने दिन रहे
ताने में इत-उत होती भरनी जैसे
बिहू के चार तो दिन रहे।)

नीलाभ गगन कभी चमकता है तो थोड़ी ही देर में इसके कड़कड़ाते बादल

मानो ढोलों की गड़गड़ाहट सुनाते हैं। कभी ये जल-फुहारों की अग्रिम सूचना देते श्यामल हो जाते हैं। सद्यस्नाता प्रकृति मानो लज्जावश हरियाली मेखला धारण कर लेती है। आकाश से कभी-कभार ओला-वृष्टि होने पर धरती सफेद चादर ओढ़ लेती है। कृषकों के मन-ताल उमंग से लबालब हैं। उनके खलिहान नयी फसल से भरे हैं। ऐसे में बहु प्रतीक्षित बिहू के सन्निकट आने पर उत्सवमना असमिया मानस पर इसका रंग चढ़ना अपरिहार्य है, उनके लिए बैसाखी बिहू स्नेह का प्रतीक है, जिसे मनाये बिना नहीं रहा जा सकता। इसी भावना को यों व्यक्त किया गया है—
सेनेहर बोहागोर बिहुटि, नापाति केनेकै थाको।

प्रकृति ने जब नूतन परिधान धारण किया है तो फिर असमिया लोग बिना नवीन कपड़े पहने कैसे रह सकते हैं। ग्रामीण स्त्रियाँ घर के करघों पर महीने पहले से ही बिहू पर *बिहूवान* के रूप में उपहार देने के लिए *फुलाम गोमोछा* (फुलदार गमछा), मेखला चादर आदि वस्त्र बुनने लगती हैं। बिहू पर आपसी आदान-प्रदान करने के वस्त्र को बिहूवान कहा जाता है। बिहूवान का इनमें विशेष महत्त्व है। बिहूवान के रूप में अधिकतर फुलाम गोमोछा ही दिये जाते हैं। सफेद सूत के गमछों पर लाल धागे से कलात्मक रूप में फूल तथा चौड़ी *पाड़* (बार्डर) बुनी जाती हैं। ये गमछे असमिया अस्मिता के प्रतीक हैं जिन्हें भेंटकर किसी प्रिय या आदरणीय अतिथि का सत्कार भी किया जाता है। इनमें पर्व-त्यौहारों पर फुलाम गोमोछा का उत्तरीय गले में डालने का प्रचलन है। देव-देवियों के सिंहासन को सजाने के गमछों पर भगवान के नाम और चित्र भी बुने जाते हैं।

आज के व्यस्त जीवन में इनकी सारी वस्त्रीय चाह केवल हथकरघों से पूरी नहीं हो पाती। इसलिए बिहू के दस-पन्द्रह दिनों पहले से ही असमिया नर-नारी नये-नये परिधानों की खरीदारी में लग जाते हैं। नगर के कपड़ा बाजार ठसाठस हो जाते हैं। वस्त्र विक्रेताओं के हृदय भी लक्ष्मी की आमद से उमग उठते हैं। कामरूपी नवयौवनाओं की सधी आँखें अपने मनभावन रंग के कपड़ों के चयन में लगी हैं जिन्हें पहनकर उन्हें अपने मनभावन को रिझाना जो है। हो भी क्यों नहीं, आखिर बिहू ठहरा प्रेम-रस की चासनी में पगा त्यौहार।

सुबह से ही रिम-झिम बरखा बरस रही है। शाम होते-होते इसकी फुहार रुकी। नगर में असमिया बहुल क्षेत्रों में होनेवाले बिहू-कार्यक्रमों में जाने की मेरी बालपन की झिझक आज नहीं है। रात होते-होते मैं गुवाहाटी के लताशील मैदान में आयोजित बिहू नृत्यों का दर्शनार्थी बन जा पहुँचा। तिरपाल और टीनों से आच्छादित पूरा पण्डाल लोगों से भरा पड़ा था। कुछ क्षण तो मैं असमंजस में रहा किन्तु जैसे ही वहाँ के एक शीर्ष युवा कार्यकर्ता मण्टु मेधि से मेरा परिचय हुआ तो सारी हिचकिचाहट न जाने कहाँ काफूर हो गयी। मेधि ने बताया कि लताशील मैदान में

हर वर्ष होनेवाले बिहू उत्सव का यह स्वर्ण जयन्ती वर्ष है। इसके उपलक्ष्य में प्रकाशित और उनके द्वारा सम्पादित स्मारिका 'बिहू तलि' उन्होंने मुझे भेंट की। असमिया में छपे बिहू तलि के नीचे ही अंग्रेजी में बिहू टोली छपा था, जिसे पढ़कर मुझे लगा कि टोली के अर्थ में तोलि की जगह असमिया में 'तलि' छपा है परन्तु यह मेरी भूल थी। दरअसल यहाँ 'तलि' शब्द तल अर्थात् नीचे के अर्थ में है। मुझसे यह भूल इस भाषा के समुचित ज्ञान के अभाव में भाषागत उच्चारण-भेद की नासमझी के कारण हुई।

लताशील पहुँचा उस समय मंच पर डॅ. भूपेन हजारिका का गायन चल रहा था। इस महान संगीतकार के गायन का श्रवण पान कर, नजदीक से उनके दर्शन कर मैंने चक्षु-सुख भी पाना चाहा। किन्तु भूपेन दा के मंच से नीचे उतरते ही उनके चहेतों ने उन्हें घेर लिया। अवसर देख अपनी पुस्तक 'थोड़ी यात्रा थोड़े कागज' उन्हें भेंट की। भूपेन दा मेरा लेखकीय परिचय जानकर अनौपचारिक हो गये। अपना मुम्बई का पता और फोन क्रमांक मुझे दे वहाँ मिलने को ताकीद दी। उस आपाधापी में उनसे विशेष बात तो भला क्या हो पाती किन्तु जितना भी हुआ वह अप्रत्याशित रूप से आत्मीयतापूर्ण ही रहा।

मारवाड़ी और असमिया समाज की मानसिकता में कितना फर्क है। एक के लिए धन ही केवल सर्वोपरि है। शायद इसीलिए बिहू-पण्डाल में कम-से-कम उस दिन तो मुझे अपने समाज का कोई नामलेवा भी नजर नहीं आया। मारवाड़ी समाज का कोई वणिक-पुत्र यदि साहित्य-सर्जन से जुड़ता है तो उसे ताना सुनना पड़ता है कि बनिये के बेटे का काम पैसे कमाना है, लिखने का काम तो ब्राह्मणों का है। यह भी कोई बात है भला, जैसे लिखना किसी जाति विशेष की बपौती हो। किन्तु असमिया तथा अन्य समाजों में उनका अपना कोई व्यक्ति साहित्य-रचना करता है तो उसका सही दृष्टि से आकलन किया जाता है। अस्तु।

'बिहू' का अर्थ है—प्रकृति का नृत्य। प्रागैतिहास काल से यहाँ वास कर रही किरात वंशीय बोड़ो जनजाति में पृथ्वी व प्रकृति को 'बुहूम' कहते हैं। वसन्त आगमन से आये ऋतु परिवर्तन से प्रकृति मानो रुनझुन करती नाच उठती है। इसे रूपक मानकर बिहू शब्द की व्युत्पत्ति हुई। अन्य मतानुसार विषुवत रेखा से 'विषुव' और विषुव से विषु बना जिससे बिहू शब्द आया है। असमिया में 'व' का उच्चारण 'ब' और 'ष' की ध्वनि 'ह' होती है। इसलिए 'विषु' का *बिहु* हुआ है।

बिहू उत्सव में असम के आदिम बोड़ो-कछारी के नीति-नियमों के अनुसार वनाच्छादित खुले स्थान पर आबाल-वृद्ध तथा युवक-युवतियों का नर्तन होता आया है। पहले मंच परम्परा नहीं थी। प्रकृति का सान्निध्य अनिवार्य रहा है। गाँवों की अलग-अलग बिहू-टोलियाँ होती हैं जिनमें खासी, जयन्तिया, चिम्फो, देउरी,

मणिपुरी, लुशाई, भूटिया, अबोर, कुकी, नगा, मराण, त्रिपुरी, मिरि (मिशिंग), लालुंग, कार्बी, डफला, नरा, टाई, बोड़ो, कछारी, हाजोंग, राभा आदि सभी पर्वतीय और मैदानी जनजातियाँ अपने-अपने विशिष्ट लोक-नृत्यों, लोक-वाद्यों और लोक-गीतों के साथ ब्रह्मपुत्र घाटी के मैदानी इलाकों में होनेवाले बिहू कार्यक्रमों में सम्मिलित होती हैं।

असम पहले सात राज्यों में विभक्त नहीं था। सब की साझी संस्कृति थी। हमारे राजनीतिज्ञों की नासमझी और विदेशी षड्यन्त्रों से फैले अलगाववाद के कारण राज्य सीमाएँ बँट गयीं। अन्यथा हिमालय के गौरीशंकर शृंग से प्रवाहित लुईत (लोहित), दिवंग, दिहंग, सुवनशिरि, दिखौ, जाँजी, धनशिरि आदि नदियों की जलधाराएँ जैसे आज भी प्रवाहित हैं उसी तरह 'मन ही मरम, कर्म ही धरम' की धारणा यहाँ चहुँओर व्याप्त रही है।

बिहू नृत्यों का प्रचलन पहले ऊपरी असम में ही विशेष तौर पर था। इन नृत्यों में अनवरत कामोद्दीपक विभिन्न मुद्राओं में गाये जानेवाले प्रेम विषयक शृंगारिक गीत हैं। निचले असम में वास करनेवाले लोग इन गीतों को अश्लील मान इनकी अवहेलना करते थे। किन्तु जिन भावों की अभिव्यक्ति बिहू गीतों में हुई है उनमें हमारा संस्कृत और हिन्दी साहित्य ही नहीं भारत की तमाम भाषाओं का साहित्य, अपितु कहना चाहिए कि सम्पूर्ण विश्व साहित्य भरा पड़ा है। कालान्तर में बिहू को आहोम शासन में राजकीय मर्यादा मिली।

रंगाली बिहू को यदि रंगों का त्यौहार कहें तो कौन-सी अतिशयोक्ति हो जाएगी? होली में लगे रंगों को तो हम पानी-साबुन से घिस-घिसकर उतारते हैं। किन्तु बिहू के रंग तो शाश्वत हैं। असमिया नारियों के तनों पर सजे रंग-बिरंगे परिधानों को देख यही लगता है कि इन्होंने मूँगा, लाल, मोरपंखी, धवल, गुलाबी, नीला, हरा, हल्दीया आदि भाँति-भाँति के रंगों को ओढ़ रखा है। ये रंग आँखों में स्निग्धता भर देते हैं। इन नागरिकाओं पर आधुनिकता का असर भले ही हुआ हो पर अपनी परम्पराओं का निर्वाह करना भी इन्हें बखूबी आता है। कानों में पहने कर्णफूलों से इनके मुखमण्डल दिपदिप करते हैं। फिर सबसे बड़ा शृंगार तो मन की उमंग का होता है।

सात दिनों तक मनाया जानेवाला यह बिहू उत्सव अपने आप में अनेक विशेषताएँ लिये हुए है। आदिमकाल से मानव का सम्बन्ध कृषि से रहा है। उनका आनन्द-विषाद भी इसी से जुड़ा है। हल-बैल के बिना कृषि सम्भव नहीं। इनमें एक कहावत प्रसिद्ध है—*जार नाई गोरु सि सबातोके खोरु* अर्थात् जिनके पास गो-धन नहीं, वह सबसे क्षुद्र है। इसलिए बिहू का प्रारम्भ *गोरु बिहू* से होता है। असमिया भाषा में गाय-बैल को *गोरु* (असमिया में लिखते गरु ही हैं) कहा जाता

है। चैत्र संक्रान्ति के प्रभात काल में कृषि की मूलाधार गायों को समीप के नदी-तालाब में ले जाकर पिसी हुई उरद, हल्दी और तेल आदि से मलकर नहलाया जाता है और इनकी पूजा की जाती है। केले के पत्ते पर विविध खाद्यान्न खिलाये जाते हैं और उनके लिए मंगल-कामना की जाती है। गाय-बैलों की पुरानी रस्सी को बदला जाता है। इनके गले में नया *पघा* (पगहा) डालते हैं। यह रिवाज महाराष्ट्र में आषाढ़ी पूर्णिमा को होनेवाले 'पोला' और संक्रान्ति के दूसरे दिन कर्नाटक में होनेवाले 'माट्टू पोंगल' त्यौहारों जैसा ही तो है। असम में पघा बदलने के बाद गाय-बैलों को लौकी-बैंगन से बनायी गयी माला पहनायी जाती है। इन्हें बाँस की छड़ी के बदले *दीघोलति* नामक एक पेड़ की कोमल डाली से हाँकते-दुलारते हुए लोकगीत गाते हैं—

लाऊ खा बेडेना खा / *लाऊ खा बेडेना खा*
बछरे बछरे बाढ़ि जा / *बोसोरे बोसोरे बाढ़ि जा*
मार सरु बापेर सरु / *मार खोरु बापेर खोरु*
तई हबि बर गरु /*तोई होबि बोर गोरु*
दीघलति दीघल पात / *दीघोलोति दीघोल पात*
माखी मारुं जात जात।/ *माखी मारुं जात जात*।

(लौकी खा बैंगन खा
साल साल बढ़ता जा,
माँ छोटी बाप छोटा,
तू बन बड़ा मोटा
दीघलति के लम्बे पात से
मक्खी मारुँ जाते जाते।)

फिर इन मालाओं की *गोहालि-घर* (गाय-घर) में इस विश्वास के साथ टाँग दिया जाता है कि गाय-बैलों को कोई बीमारी न हो। शाम का *गोहालि-घर* के सामने धान की भूसी से अँगीठी जलाई जाती है और उसमें विभिन्न वस्तुएँ डाल धुआँ किया जाता है ताकि उन्हें मच्छर न काटे।

रंगाली बिहू के दूसरे दिन *मानुह बिहू* या *चेनेही बिहू* अर्थात् मानव बिहू या स्नेही बिहू मनाया जाता है। इसके लिए महिलाएँ *जोहा, बड़ा, मानिकि, मधुरि* आदि चावल की विभिन्न प्रजातियों से तरह-तरह के पारम्परिक पकवान *पीठा* तैयार करती हैं। ये *पीठा* चावल को कूट-पीसकर नमकीन और मीठे स्वाद के बनाये जाते हैं। इस दिन बड़े-बूढ़ों का आशीर्वाद लिया जाता है। बुजुर्ग लोग स्नान करके पूजा-स्थल पर जाकर *चाकि* (दीप) जलाकर पूजा-अर्चना करते हैं। बेटा-बेटी-बहू अपने

माता-पिता, सास-ससुर और बड़ों को, पत्नी पति को, शिष्य गुरु को प्रणाम अभिवादन करते हैं। इस आशीर्वाद से वंचित रहना अपशकुन समझा जाता है। फिर बिहूवान के आदान-प्रदान का कार्यक्रम चलता है। बिहूवान कोई वस्त्र मात्र नहीं, यह असमिया मन की सद्‌भावना का द्योतक है जिसे कवच समझकर साल भर सुरक्षित रखते हैं। लड़कियाँ बिहू के अवसर पर अपने प्रियतम को उपहार में बिहूवान देती हैं। इस दिन जो भाई, बहन, पत्नी इसे आपस में नहीं दे पाते हैं, उनकी मानसिक वेदना को तो कोई असमिया ही जान सकता है।

मानुह बिहू के दिन बादल गरज-बरसते हैं तो ये आश्वस्त हो जाते हैं कि वर्ष भर फसल अच्छी होगी। फिर बिहू का महत्त्वपूर्ण अंग शुरू होता है—*हुसोरि* (हुचरि) गायन। इसके दो भाग होते हैं—*बिहूनाम* और *हुसोरि कीर्तन।* बिहूनाम प्रारम्भ करने से पहले बुजुर्गों और गुरुजन की प्रशंसा में गीत गाये जाते हैं।

शृंगार और प्रेम-रस के हुसोरि गीतों को साधारणतया बिहूनाम या बिहूगीत कहा जाता है। ये गीत इनकी उमंग से अनुप्राणित होने के साथ-साथ जीवनानन्द से अभिभूत होते हैं। गाँव के युवक-युवतियाँ एकान्त स्थानों में या खेतों में नीले गगन के तले या फिर किसी पीपल-वट वृक्ष के तले या बाँस के झुरमुटों या आम्र-कुंजों की छाया में इकट्ठे होकर हुसोरि गाते नृत्य करते हैं। यह गायन-कीर्तन बिहू के आखिरी दिन तक चलता है।

प्रणय-प्रीति भी इस उत्सव का एक अंग है। यौवनोन्माद से छलकते युवाओं के चंचल मन उन्मत्त हो उठते हैं। युवक जहाँ बिहूगीतों के माध्यम से प्रेयसी को अपनी बात कहता है, वहीं प्रेयसी भी अपने जूड़े में *कपौ फूल* (आर्कीड की एक प्रजाति) लगाकर उसे लुभाती है। ये कपौ भी मानो बिहू के साथ ही बैसाख में खिलते हैं। बैंगनी छींट लिये ये सफेद फूल प्राकृतिक रूप से लड़ियों में होते हैं। कपौ को असमिया नारी आमन्त्रित करती हुई मनुहार करती हैं—

एइ बेलि बिहुते आहिबा / *एहि बेलि बिहुते आहिबा*
कपौफुल एपाहि आनिबा / *कपौफुल एपाहि आनिबा*
खोपात पिन्धिये / *खोपातो पिन्धिये*
मये ह'म नाचनी / *मोये होम नासोनी*
एइ बेलि बिहुते आहिबा / *एइ बेलि बिहुते आहिबा।*

(बिहू में आना इस बार
कपौफूल भी लाना साथ
जूड़े में सजाऊँगी
फिर मैं नाचूँगी

बिहू में आना इस बार।)

आधुनिकता की होड़ में अब ये नृत्य-गीत ग्रामीण मैदानों से नगरीय मंचों पर आ गये हैं। मण्टू मेधि ने मुझे भी मंच के आगे लगे सोफे पर ले जाकर बिठा दिया। स्टेज की पृष्ठभूमि पर बनाया गया पीपल का पेड़ एकदम जीवन्त लग रहा था। उसकी डालों पर सचमुच की पत्तियों का प्रयोग किया गया था। उसके तले भैंसे की पीठ पर आसीन ग्रामीण युवक को पेपा (शृंगी, भैंसे के सींग से बना तुरही जैसा वाद्य) बजाते दर्शाया गया था। अब मेरे और मंच के बीच दूरी दूर हो गयी थी। उस समय मंच पर मणिपुरी नृत्य हो रहा था। उसके बाद बिहू का गायन-नर्तन शुरू हुआ।

उमंग-उत्साह के इस उत्सव में ढोल, झाँझ, डबा, मादल, पेपा, गगना (मुँह से बजाने का बाँस की फुगनी से बना लघु वाद्य या ग्रामीण माऊथ ऑर्गन) आदि इनके वाद्य हैं। सुनहरे-लाल कपड़ों में सजी नारियाँ और धोती-कुर्ता पहने तथा फुलाम गमछों की पगड़ी बाँधे पुरुष प्रेम और शृंगार रस से ओत-प्रोत गीतों के समवेत स्वर-संगीत पर ताल में ताल मिला नाचने लगे। ऐसा लगा जैसे 'कामरूप' नाम को सार्थक करने कामदेव ही धरती पर उतर आया हो। इन बालाओं के दोनों हाथों में पहने *मुठि खारु* (चौड़े एकल कंगन) की चमक सहज ही अपनी ओर खींच रही थी। नर्तन करती युवतियों के पद-चाप से मंच भी घम-घम की ध्वनि करता ताल में ताल मिला रहा था। उनके रक्ताभ चरण-कमलों में नूपुरों के न होते हुए भी उसकी रुनझुन मन को सुनाई दे रही थी। अपनी कटि पर दोनों हाथ रख बालाओं को थिरकते देख युवक तो युवक बूढ़ों तक के मन में एक थिरकन-सी होने लगी। उमंग-जोश में मंच के आगे कुछ दर्शनार्थी युवक नाचने लगे जिनमें एक-दो प्रौढ़ भी थे जो उस समय अपनी प्रौढ़ता बिसरा गये।

अब मंच पर *जेंग* बिहू नृत्य शुरू हुआ। इसमें पुरुषों को सहभागी नहीं बनाया जाता है। पुरुषों का क्या, वे तो बिहू मनाने और 'हुचरि' गाने चले गये हैं जहाँ उनका साथ देने के लिए गाँव की किशोरी छोरियाँ होंगी। शादी-शुदा औरतों को भला वे अब क्यों पूछें! घर पर रह गयीं महिलाओं का मन भी बिहू-नृत्य करने को मचल रहा है। बिहू के आगमन पर वे अनन्तयौवना हो गयी हैं। यदि किसी की आयु ढल भी गयी है तो उनका मन चिरयुवा हो उठा है। इसके साथ ही वे अपने संस्कारों के चलते घर-गृहस्थी से बँधी हैं। पहले गृहिणियाँ अच्छी फसल उपजाने की निराकार देवी 'कालीमती' से प्रार्थना करती हैं, फिर अपने संग घर पर रह गयी कुमारियों को साथ लेकर बिहू का आयोजन करती हैं। वे मूँगा की मेखला धारण करती हैं। इस पर बुनी हुई बूटियों का लाल रंग जहाँ उनके हर्षोल्लास का प्रतीक है,

वहीं काले रंग का *रिहा* पुरुषों द्वारा दिखाये गये उपेक्षा भाव से उत्पन्न क्षोभ की अभिव्यक्ति का द्योतक है।

पुरुष विहीन इस नृत्य में ढोल कौन बजाये, पेपा और बाँसुरी की मधुर तान कौन छेड़े? हाथ भर कटे बाँस के एक सीरे को काटकर बनाये गये *टोका* (लिखते टका हैं) वाद्य की टक-टक ध्वनि से ही महिलाएँ संगीत का सृजन करती हैं। इसके साथ उनके होठों से बजता 'गगना' भँवरे की भाँति गुंजार करता है तो कभी काली मिट्टी से बने *हुतुलि* (सुतुलि) के तीन छिद्रों में फूँक से निकलती कोयल की-सी ध्वनि साथ देती है। बस इत्ते से तीन साजों पर उमंग नाचने लगती है। गीतों में मन के उल्लास को वे यों व्यक्त करती हैं—

> नईर कानर ढेकिया थुरालि थुरालि / *नोईर कानोर ढेकिया थुरालि थुरालि*
> बालित बहि बालि भात खाऊँ / *बालित बोहि बालि भात खाऊँ*
> आह ऐ रंगिली, आह ऐ पमिली / *आहो ऐ रंगिली, आहो ऐ पोमिली*
> बिहु मारिबलै जाऊँ। /*बिहु मारिबोलै जाऊँ*।
> हुराईलै कणुवार पाखी, / *हुराईलै कणुवार पाखी,*
> कि कर बुवारी ऐ / *कि करो बुवारी ऐ*
> भातर चरू राखि। / *भातोर सरू राखि*।
>
> (नदी किनारे लगे कोमलिया साग
> बालू पर बैठ करेंगे वनभोज
> आओ हे रंगिली, आओ हे पमिली
> बिहू मनाने चलें!
> सूखे कणुवा (पंछी) के पंख
> क्या करेगी बहू हे
> खाने की थाली रख।)

बादलों की गड़गड़ाहट पण्डाल में बैठे मैं काफी देर से सुन रहा था। अब मूसलाधार बारिश होने लगी। बिहू के समय आँधी-तूफान के साथ आनेवाली बरखा रानी *बोरदै सिला* (बरदै चिला) की नवविवाहिताओं की विशेष प्रतीक्षा रहती है। यही समय तो होता है अपनी माँ के घर जाने का। इस बोड़ो शब्द बरदै चिला का अर्थ भी तो आखिर 'हवा और पानी की लड़की' ही है। यह बारिश कृषकों के लिए भी खेत में उर्वरता लेकर आती है। अब तो सीमेंट के पक्के मकान बन गये हैं, नहीं तो पहले टीन के मकानों से आज के पॉप म्यूजिक में बजते ड्रमों जैसी कैसी भयंकर

भड़भड़ाहट होती थी!

बरसात ने ऐसा जोर पकड़ा कि पण्डाल की छाजन से कहीं-कहीं पानी टपकने लगा। इस प्रकृति-लीला से सभी यहाँ अभ्यस्त हैं। मौसम के मिजाज का वहाँ बैठे किसी नर-नारी के मिजाज पर असर नहीं पड़ा। इसके साथ ही मंच पर एक के बाद एक मणिपुर के रौद्र नृत्य (ढाल-तलवार ले नर्तन), नगालैण्ड के कृषि-नृत्य के बाद कलाबाड़ी वीरनाम सत्र के कला-केन्द्र ने 'नाव-गीत' प्रस्तुत किये। कृत्रिम नाव में बैठे सोलह खेवैये अपने चप्पुओं से खेने का काम लेने के साथ वाद्य का काम भी ले रहे थे। बंगाल और केरल के नावरिया गीतों की तरह ही ये गीत मन्द और द्रुत गति में गाये जाते हैं। गीत की लय-ताल के साथ चप्पू के दस्तों को नाव से टक-टकाकर संगीत की मधुर ध्वनि कर रहे थे।

पूर्वोत्तर के प्राय: सभी प्रान्तों में कुछ नाम परिवर्तन के साथ आदिवासियों में भी बिहू मनाया जाता है। हालाँकि यहाँ अनेक जाति-उपजातियाँ हैं जिनकी अपनी-अपनी भाषा, संस्कृति, परम्परा, वेशभूषा है किन्तु बिहू को सभी ने अपनाया है। यहाँ की बोड़ो, कछारी, लालूंग जनजातियों के अतिरिक्त आवरों में *आरन, एतर* और *चेलो* नाम से बिहू मनाया जाता है। इस उत्सव को मिशिंग (मिरि) जहाँ साल में दो बार *नरा सिगा बिहू* तथा *आलि आइ लृंगांग* के नाम से मनाते हैं वहीं यह खासी लोगों में *नोंगक्रेम* नाम से, जयन्तिया में *बे-देइन ख्लान* नाम से, गारों में *वांगाल* नाम से और मिजो लोगों में *पलकुट, चापचारकुट* तथा *मीनकुट* नाम से मनाया जाता है। राभा जनजाति *बैसाख दोमाही के नाम से इसे मनाती है। डिमासा बिहू को* बुसु कहते हैं। सोणोवाल कछारी जाति में भी बड़े उत्साह से यह त्यौहार मनाया जाता है। ग्वालपाड़ा में रहनेवाली हाजोंग जनजाति इसे *लेवाटोना बिहू* कहते हैं। ये लोग लता को लेवा कहते हैं और टोना का अर्थ है—खींचना। हाजोंग युवक-युवतियाँ एक लम्बी लता को दोनों ओर से पकड़कर खींचा-खींची करते हुए गाते-नाचते हैं। बोड़ो जाति बैसाख बिहू को *बाइसागु* कहती है। इनमें हुचरी की तरह ही *मागोन* गाया जाता है। इस अवसर पर बोड़ो अपने उपास्यदेव *बाथौ* अर्थात् महादेव की अपने विधि-विधान से पूजन करने के बाद नूतन वर्ष का स्वागत *बाँही* (बाँसुरी) बजाकर करते हैं।

इनके अतिरिक्त त्रिपुरी, नोक्टे, टांसा, आओ नगा, आंगामी नगा, लोटा नगा, सेमा नगा, रेंग्मा, मणिपुरी आदि भी बिहू की तरह ही अपने-अपने वसन्त हर्षोल्लास से मनाते हैं। इसी तरह मैदानी क्षेत्र में वास करनेवाले बौद्ध धर्मावलम्बी टाइ जनजाति *पयसांगकेन* के नाम से वसन्त उत्सव मनाती हैं। सर्वप्रथम भगवान बुद्ध की मूर्ति को स्नान कराया जाता है, फिर माता-पिता, गुरुजन, बन्धु-बान्धवों पर पानी डालकर *पानी बिहू* मनाते हैं और रंग खेलते हैं। मजे की बात तो यह है कि

सभी बौद्ध देशों में यह प्रथा प्रचलित है।

बिहू के कतिपय नृत्य यहाँ एक ही मंच पर देखने का अवसर मिल गया। हल्दीया रंग की मेखला पर ओढ़े गये दुपट्टे के दोनों सिरों को अपने हाथों में थामे बोड़ो-बालाओं के बिहू-नृत्य का साथ नेपथ्य से बजता संगीत दे रहा था। बोड़ो गीत के बोल इस तरह थे—

> फागुन बैसनी गौसौवा जायो उटाँ फौटाँ / *फागुनो बैसोनी गौसैवा उटाँ फौटाँ*
> मानवा अंग बाटाऔ / *मानोवा अंग बाटाऔ*
> गौसौवा जायो खाराऔ माराऔ / *गौसौवा जायो खाराऔ माराऔ*।
>
> (फागुन की गुलाल-सा मेरा मन उड़-उड़ जाये
> मानव-अंग हवा में थिरके ज्यों
> जाऊँ कहाँ, कहाँ न जाऊँ मन समझ न पाये।)

बिहू में गाँवों-शहरों में बच्चे तथा किशोर-किशोरियों की टोलियाँ अपने कद के अनुरूप धोती और मेखला पहने ढोल और बाँस का *टोका* बजाते हुए घर-घर जाकर नाचते-गाते हैं। गृहस्थ और दुकानदार रुपयों-पैसों के रूप में इन्हें बिहू की त्यौहारी देते हैं।

बिहू के छठे दिन युवतियाँ *जेतुका* (मेहँदी) की पत्तियों को पीस अपने हाथ-पाँव रँगती हैं। अन्तिम सातवाँ दिन कौड़ी के खेल का होता है। इसका सम्बन्ध प्रजनन से जोड़ा जाता है। वैसे भी कौड़ी प्रजननांग की प्रतीक है। इसे साधारणतः बूढ़े-बूढ़ियाँ खेलते हैं। इसी दिन कहीं *थिय नाम* हरिकीर्तन होता है तो कहीं *मैथेली* मेला लगता है जिसका पुरातन काल में होनेवाली इन्द्र पूजा से सम्बन्ध बताते हैं। इस प्रकार *गोरु-बिहू, गोसाई-बिहू* आदि नामों से सात बिहू मनाये जाते हैं।

त्यौहार हर साल आते हैं, फिर अगले साल आने के लिए। किन्तु असमिया मानुष का बिहू पर्व साल में तीन बार आता है। वर्ष में तीन बार आनेवाले ऐसे किसी त्यौहार के बारे में आपको पता है तो बताइए! बैसाख से शुरू हुए रंगाली बिहू का वर्ष-चक्र कार्तिक बिहू या कंगाली बिहू मनाता हुआ माघ बिहू या भोगाली बिहू का आयोजन कर पूरा होता है। तीनों बिहू-पर्व संक्रान्ति पर ही मनाये जाते हैं, इनका सम्बन्ध फसलों से होता है। रंगाली का अर्थ रंगरलियों से है जबकि कंगाली दीन-अवस्था का द्योतक है और भोगाली शब्द भोग का।

काती बिहू नया धान लगाने के मौसम में आता है। हर वर्ष आषाढ़, सावन-भादों में बाढ़ की विभीषिका को झेलना असम की नियति है। कार्तिक आते-आते असमिया मानस इस व्यथा से उबरकर थोड़ा व्यवस्थित होने लगता है परन्तु किसानों

के अन्न-भण्डार खाली होते हैं। इसलिए इस बिहू को कंगाली बिहू के नाम से मनाया जाता है। हर गृहस्थ लक्ष्मी के आगमन की कामना करते हुए तुलसी के पौधे के सामने दीप जलाता है। मन्दिरों में नाम कीर्तन होता है। खेत में पूरे महीने आकाश-दीप जलाया जाता है।

काती बिहू ऊपरी असम की जनजातियों में एक नयी उमंग लेकर आता है। यहाँ की मिशिंग, देउरी और मोरान आदि जनजातियाँ लोकगीतों को गाते हुए अपनी पारम्परिक शैली में इसे मनाते हैं। अब इस पर्व को मनानेवालों में सन्थाल, गोंड, मुण्डा जैसी जनजातियों का भी समावेश हो गया है। ये लोग करीब डेढ़-दो सौ साल पहले बिहार, उड़ीसा और मध्यप्रदेश से असम के चाय बागानों में मजदूरी करने आये थे और यहीं के होकर रह गये। ये जनजातियाँ तुसा-पूजा, सारक-पूजा, करम-पूजा जैसे धार्मिक अनुष्ठान करती हैं और झूमर इनका लोक-नृत्य है।

भोगाली बिहू आते-आते खेतों से धान-अनाज कटकर आने से लोगों के मन प्रफुल्लित होते हैं। इसके पहले बाढ़ और तंगहाली के चलते भोगी हुई पीड़ा को बिसारकर अपने परिवार और पड़ोसियों के साथ मिल-जुल यह पर्व पाँच दिनों तक मनाया जाता है। नये चावल से विभिन्न प्रकार की मिठाइयाँ बनती हैं और खान-पान तथा आमोद-प्रमोद चलता है। लोग मन्दिरों में जाकर प्रार्थनाएँ करते हैं, फिर बड़ों को प्रणाम कर आशीर्वाद लेते हैं। पौष महीने के अन्तिम दिन युवकों द्वारा नदी-पोखर से मछली पकड़ने से भोगाली बिहू प्रारम्भ होता है। गाँव के युवक केले के सूखे पत्ते तथा धान के पुआल आदि से मन्दिरों जैसी *मेजि* अथवा *भेलाघर* बनाते हैं। इसके सामने युवक पुआल की झोंपड़ी बना माघ मास की मकर संक्रान्ति की ठिठुरती रात में अलाव के चारों ओर बैठकर सामूहिक भोज और *तिल-पीठा* (चावल के पीठे में तिल मिलाकर बनी असमिया मिठाई) के स्वाद के साथ आमोद-प्रमोद करते हुए रात गुजारते हैं। यह दिन *उरुका* कहलाता है।

पौ फटते ही इन युवकों से गाँव के बड़े-बूढ़े आ मिलते हैं और *भेलाघरों* को आग के सुपुर्द करने से पहले पूजा करते हैं। कुछ जगहों पर पूजा के बाद इस मन्त्र उच्चारण के साथ अग्नि दी जाती है—

अग्निं प्रज्वलितं वन्दे चतुर्वेदं हुताशनं।
सुवर्णवर्ण अनलं ज्योतिरूपायते नमः॥

मेजी से उठती अग्नि-शिखा को वर्ष भर के आगत मंगल का प्रतीक माना जाता है। इसकी लपटों को देखकर लोग उसी प्रकार आनन्दविभोर हो जाते हैं जैसे होलिकादहन पर हर्ष-उल्लास छा जाता है। कतिपय विद्वानों का मत है कि होली से पहले मेष-दाह करने की यह प्राचीन परम्परा है। अन्य अर्थ में इसे प्राचीन ऋषियों

की अग्नि पूजा का एक रूप भी कह सकते हैं।

इसके बाद उस भेलाघर के सामने अण्डों और नारियलों के खेल, चिड़ियों की लड़ाई आदि का क्रम चलता है। पुरातनकाल में इस त्यौहार के अन्तर्गत कुश्ती, तीर और तलवार चलाने, तैरने आदि की प्रतियोगिताओं के साथ भैंसों, पक्षियों और मुर्गों की लड़ाइयों के आयोजन राजकीय स्तर पर हुआ करते थे। दूसरे दिन मेजी की राख खेतों में बिखराई जाती है। मान्यता है कि इस राख से खेती की उर्वरता बढ़ती है। वैज्ञानिक तथ्य भी है कि लकड़ी के कोयले की राख में पाया जानेवाला फॉस्फेट पौधों की जड़ों को ताकत देकर अच्छी फसल देता है।

मकर संक्रान्ति को पंजाबी लोग लोहड़ी, उत्तर भारत में 'खिचड़ी' और दक्षिणवासी पोंगल कहते हैं जो हमारी त्यौहार-संस्कृति में सामंजस्य का ही प्रतीक है और हमारे देश भारत की सामासिक संस्कृति का जीवन्त अध्याय भी।

बिहू-गीतों की बानगी

रंगाली बिहू में बिहूनाम गायन प्रारम्भ करने से पहले अपने बुजुर्गों और गुरुजनों की प्रशंसा में गाये जानेवाले गीतों में से एक इस प्रकार है—

बिहु आनन्दीया बिहु विनन्दीया / *बिहु आनोन्दीया बिहु विनोन्दीया*
बिहुर मउ मिठा मात / *बिहुर मोउ मिठा मात*
बिहुर बा लागि बिहुवा ककाइर ऐ / *बिहुर बा लागि बिहुआ कोकाइर ऐ*
देवोधवनि लागिछे गात। / *देवोधोवोनि लागिसे गात*।

(बिहू आनन्दमय बिहू विनोदमय
बिहू का मधु-सा मीठा संकेत
बिहू की बयार लगी बिहुवा को
देवधुन-सी चढ़ी मेरे गात।)

हुसोरि आध्यात्मिक भावों से ओत-प्रोत हैं। रंगाली बिहू पर लोग गाते हुए रास्तों पर निकलते हैं और गृहस्थ अपने घरों से बाहर आकर उनका अभिनन्दन कर कुछ भेंट दे उनसे आशीर्वाद लेते हैं। हुसोरि कीर्तन में गायी जानेवाली ईश-वन्दना की एक बानगी यह है—

कृष्णाइर मुरते बकुलफूल एपाही / *कृष्णाइर मुरोते बकुलफूल एपाही*
नियर पाइ मुकलि होल / *नियोर पाइ मुकोलि होल*
गोविन्दाइ राम-राम / *गोविन्दाइ रामो राम*
स्वर्गदेव उलाले बाट सरार मुखलइ / *स्वोर्गदेव उलाले बाट होरार मुखोलोइ*
दुलियाइ पातिले दोला / *दुलियाइ पातिले दोला*
गोविन्दाइ राम-राम / *गोविन्दाइ रामो राम*

(कृष्ण के मस्तक पर बकुल फूल शोभे
ओस से हो विकसित
गोविन्दाई राम-राम

राजा निकला राजपथ पर
लाया डोला कहार
गोविन्दाई राम-राम)

फिर हुसोरि गायक गृहस्थ के लिए आशीर्वाद स्वरूप गाता है—

एटा बाटित नहरु / *एटा बाटित नोहोरु*
एटा बाटित पनरु / *एटा बाटित पोनोरु*
एटा बाटित खुटरीया शाक / *एटा बाटित खुटोरिया शाक*
मुरर चुलि चिङि / *मुरोर सुलि सिङि*
आशीर्वाद करिछो / *आशीर्वाद करिसो*
गृहस्थ कुशले थाउक / *गृहस्थो कुशोले थाउक*

(एक बाटी में लहसुन
एक बाटी में प्याज
एक बाटी में पत्ती का शाक
सिर का केश तोड़
दिया है आशीर्वाद
गृहस्थ रहे सकुशल)

बिहू के दिनों में अपने भावी पति या पत्नी को चुनने की सामाजिक छूट होती है। दोनों विवाह कर अपने सपनों को साकार करना चाहते हैं—

बहागर बिहुते पूर्णिमार रातिते / *बोहागोर बिहुते पूर्णिमार रातिते*
पातिम तोरे मोरे बिया; / *पातिम तोरे मोरे बिया;*
दूयो एकेलगे घरे पाति खाम / *दूयो एकेलोगे घोरे पाति खाम*
मिलाम ऐ दुखनि हिया। / *मिलाम ऐ दुखनि हिया।*

(बैसाखी बिहू में पूनम की रात में
रचाएँगे तेरा मेरा बिया (ब्याह)
घर बना, दोनों संग खाएँगे
मिलाकर दोनों के हिया।)

बिहू के आगमन पर युवती तो युवती किशोरी भी बिहू में जाने को मचलती है परन्तु उसकी माँ अपनी बेटी पर 'आयी हुई उमरिया' से चिन्तित है। उसकी तरुणाई को *रङा* (लाल रंग) *रिहा* (दुपट्टा) से ढकवा कर थोड़ी आश्वस्त है। इन

भावों को लोकगायक यों उद्‌भाषित करता है—

आँहते सलाब पात; / *आहोते होलाबो पात;*
आमार मइनाइ / *आमार मोइनाइ*
बरनटि सलाले / *बोरोनोटि होलाले*
ललि रङा रिहा गात। / *लोलि रोङा रिहा गात।*

(बरगद में आये नये पात;
मेरी बच्ची ने
बदला अपना रंग
ओढ़ी लाल रिहा देह पर।)

रूमानियत और आकांक्षा से उन्मत्त कुँवारी बाला भी बिहू में जाने को मचल रही है। वहाँ मिलनेवाले लड़कों से वह आशंकित है, पर स्वयं को रोक नहीं पाती। अत: जुर्माना भरने का डर दिखा वह मनचलों को सावधान करती है—

बिहु मारी थाकिबोर मने समनिया / *बिहु मारी थाकिबोर मोने हमनिया*
बिहु मारी थाकिबोर मन। / *बिहु मारी थाकिबोर मोन।*
बिहु मारी थाकोते पलुवाई निनिबा, / *बिहु मारी थाकोते पोलुवाई निनिबा*
भरिबो लागिबो धन। / *भोरिबो लागिबो धोन।*

(बिहू-मगन रहने का मन है ओ प्रीतम,
बिहू मगन रहने का मन।
बिहू-मगन रहते भगा न ले जाना,
वरना भरना पड़ेगा धन।)

नृत्य-दृश्यों में नगाड़े पर डंके की टंकारें और साँटी (छोटी लकड़ी) की चोट से बजते ढोल की धमधम आवाज के साथ पेपा की ध्वनि से निकलता संगीत तन और मन को उन्मत्त कर देता है। बिहू-गीत के बोल प्रेम की मधुरता से ओतप्रोत हैं। अभिसारिका का मन नायक बिना घर और खेतों के काम से उचट गया है—

घरत नपरे मने समनीया, / *घरोतो नोपोरे मोने होमनीया,*
पथारत नपरे मन, / *पोथारोत नोपोरे मोन,*
कमोवा तुलाबोर जैनेकै उरिछे, / *कोमोवा तुलाबोर जैनकै उरिसे,*
तेनेकै उरिछे मोर मन। / *तेनेकै उरिसे मोर मोन।*

(घर में न लगे मन ओ प्रियतम,

खेतों में लगे न मन,
धुनी हुई रूई उड़ती हो जैसे,
वैसे ही उड़े मेरा मन।)

विरहिणी नायिका अपने प्रियतम के बिना व्याकुल है। उसे कहाँ खोजे? लोककवि ने यहाँ अनोखी कल्पना की है। नायिका अपनी आँखों को मानो दूत बना अपने प्रीतम को जगह-जगह ढूँढ़ने भेजती है—

बाँहर आगलै चाइनो पठियालो, / *बाँहोर आगोलै साइनो पोठियालो,*
बाँहर कोन डालि पोन; / *बाँहोर कोनो डालि पोन;*
चेनाइटिर फाललै चाइ नोपठियालो / *सेनाइटिर फालोलै साइ नोपोठियालो*
जेन पुर्णिमारे जोन। *जेन पुर्णिमारे जोन।*

(बाँस की चोटी पर नजरों को भेजा,
बाँस की फुनगी थी खड़ी,
प्रिय की तरफ नजरों को भेजा,
पूर्णिमा के चाँद-सी अड़ी।)

बिहू-गीत लौकिक प्रतीकों से भरे हैं। इनमें जितना प्रत्यक्ष अर्थ है उससे कहीं अधिक अर्थ की अभिव्यक्ति में ये समर्थ हैं। प्रियतम के बिछोह में नायिका व्याकुल होकर अपने मनोगत भावों की अभिव्यंजना इस प्रकार करती है—

हाँहे हई चरिम गई तोमारे पुखुरीत, / *हाँहे होई सोरिम गोई तोमारे पुखुरीत,*
माछै हई परिम गई जालत। / *मासै होई पोरिम गोई जालोत।*
घामे हई ओलाम तोमारे शरीरत / *घामे होई ओलाम तोमारे सरीरोत*
माखि हई चुमा दिम गालोत। / *माखि होई सुमा दिम गालोत।*

(हंसिनी बन तैरूँगी तेरे पोखर में,
मछली बन पड़ूँगी तेरे जाल में।
पसीना बन निकलूँगी तेरे शरीर से,
मक्खी बन चूमा दूँगी तेरे गाल में।)

प्रियतम से मिलन होने पर नायिका आशंकित हो उठती है कि कहीं उसे फिर से विरह-वेदना न भोगनी पड़े। वह दिखौ और जाँजी आदि नदियों, जिनसे उसकी सारी भौतिक आवश्यकताएँ पूरी होती हैं—का त्याग करने को तत्पर है। वह केवल अपने मनमीत को ही अपने भावों में बसाये रखना चाहती है—

दिखौ नै एरिब पारों मइ मयना / *दिखौ नै एरिबो पारों मोइ मोयना,*
जाँजी ने एरिबो पारों; / *जाँजी नै एरिबो पारों;*
तोमार ऐ भावना एरिबो नोवारो / *तोमार ऐ भावोना एरिबो नोवारो,*
नेखाये थाकिबो पारों। / *नेखाये थाकिबो पारों*

(दिखौ को मैं छोड़ सकती हूँ प्रिय,
जाँजी को भी सकती हूँ त्याग;
तुम्हारी भावना मैं तज नहीं सकती,
भोजन भी दूँ चाहे त्याग।)

आकण्ठ प्रेम में डूबी नायिका अपने प्रियतम को परोक्ष रूप से अभिसार के लिए आमन्त्रण देती हुई कहती है—

हाँति. पानी खाले हवाँङ दिहाँङ; / *हाँति पानी खाले होवाँङ दिहाँङ;*
घोराइ पानी खाले रई। / *घोराइ पानी खाले रोई।*
चेनाई पानी खाले पीरीति निजरात, / *सेनाई पानी खाले पीरीति निजोरात,*
ठिय गरात खोपोनी लई। / *ठियो गोरात खोपानी लोई।*

(हाथी पानी पीये यहाँ-वहाँ से,
घोड़ा पानी पीये खड़े।
प्रीतम पानी पीये प्रीती के झरने से,
कगार पे खड़े मेरे घुटने अड़े।)

ऋतुधर्मी 'अम्बुवासी'

एकाएक अम्बुवासी मेले में चलने का प्रस्ताव मित्र ओमप्रकाश झुरिया ने रखा। तब तक शाम ढल चुकी थी। रात का धुँधलका अपने पाँव पसार रहा था। आनन-फानन उसका परिवार भी साथ चलने को तैयार हो गया। बस, क्या था—हमारे बोझ से दबी उसकी मारुति वेन नीलाचल के पहाड़ी पथ पर चल पड़ी। रास्ते में लोगों की आवाजाही की गहमा-गहमी मिलने लगी। मोटर पथ बन जाने से आज यहाँ आना कितना सहज हो गया है। पहले का प्राचीन पहाड़ी रास्ता कितना दुर्गम तथा कष्टसाध्य था। तब अम्बुवासी पर आम लोग कम ही आते थे। पहले यह उत्सव था; आज लोगों की रेलम-पेल से इसने मेले का रूप ले लिया है।

मन्दिर तक पहुँचते-पहुँचते जन-सागर में हम भी बूँदों की मानिन्द समा गये। रोशनी से पूरा क्षेत्र जगर-मगर था। वहाँ खुले मैदान में अनेक जगह से आये बिसाती दुकान लगाये बैठे थे। मन्दिर की संगमरमरी सीढ़ियों के दोनों ओर सजी स्थायी दुकानों में बिजली की रोशनी से विशेष रौनक थी। इन दुकानों में शंख, रुद्राक्ष और न जाने किन-किन सफेद-काले मोती-मणियों की मालाएँ और ताँबा-काँसे के बर्तन, पीतल-अष्टधातु-मार्बल की नाना प्रकार की देव-मूर्तियाँ, माँ कामाख्या के संग अन्य देवी-देवताओं के चित्रों के साथ तरह-तरह के सामान बिकने को सजे थे।

जटाधारी साधु-संन्यासियों की उपस्थिति वहाँ के वातावरण को अलग ही रंग दे रही थी। अपनी बारह फुट लम्बी खुली जटा सामने पसारे बैठा बूढ़ा साधु सहज ही सबका आकर्षण-केन्द्र था। ज्यादातर साधुओं की जटाओं का रंग भूरा था। लम्बी जटाएँ कुण्डली मारे हुए साँप की तरह कुछ के सिर को घेरे थीं। कुछ की छोटी जटाएँ उनके कन्धों पर झूल रही थीं। साधुओं के अलावा जटाधारी साधुनियाँ भी अपनी उपस्थिति दर्ज करा रही थीं। कुछ साधु के चेहरे भयावह थे। लाल वस्त्रधारियों के बीच कुछ काले वस्त्रधारी साधु भी थे। कोपीनधारी साधुओं ने शरीर पर आपाद मस्तक भभूत लपेट रखी थी। उनके हाथों में अमूमन त्रिशूल थे या फिर चिमटा, खप्पर और भिक्षापात्र। कुछ धूनी रमाये बैठे थे तो कुछ साधु गाँजे की चिलम के कश लगा रहे थे। इन सबके बीच बाउल लोकगीतों को अपने इकतारे पर गाते साधुओं की टोली भक्ति-संगीत की धारा प्रवाहित कर रही थी।

अति प्राचीन काल से ही कामरूप कामाख्या क्षेत्र शक्ति-साधना का श्रेष्ठ सिद्धपीठ रहा है। आगम-निगम की जननी माँ कामाख्या को शाक्त उपासक पराशक्ति मानते हैं। परमविद्या, ब्रह्मरूपा, सनातनी, सर्वसिद्धि, त्रिनयनी, कामेश्वरी, मंगलेश्वरी, महिषमर्दिनी, त्रिभुवन मोहिनी, दिगम्बरी, श्यामा, अपराजिता, अर्द्धचन्द्र संयुक्ता, मातृ वसुमती स्वरूपा आदि विभिन्न नामों से सृष्टि के इस एकमात्र योनिपीठ के रूप में स्थापित कामाख्या देवी यहाँ पूजिता हैं।

प्रकृति को नारी रूप माना गया है और दुर्गा को नारी का सर्वश्रेष्ठ तथा पूजनीय प्रतीक मान अनादि काल से पूजा जाता रहा है। देवी दुर्गा के अनेक रूप तथा शक्तिपीठ हैं। नीलाचल पर स्थापित शिवप्रिया सती के मातृअंग-योनि को पृथ्वी का केन्द्रबिन्दु भी कहा गया है। शायद सम्पूर्ण विश्व में कामाख्या ही एकमात्र स्थल है जहाँ स्त्री-प्रजनन अंग की पूजा होती है और वर्ष में एक बार ऋतुधर्म होता है। इस त्रिदिवसीय ऋतुकाल को प्राचीनकाल से 'अम्बुवासी' पर्व के रूप में बहुत भक्तिभाव और धूमधाम से मनाया जाता रहा है। इसे स्थानीय लोग 'आमति' भी कहते हैं। बोड़ो जनजाति में इसे 'आमतिछुवा' कहते हैं और पश्चिमी बंगाल में यह 'अम्बावाती' कहलाता है।

पृथ्वी का स्वभाव ऋतुधर्मी है। सारी वनस्पति-उपज ऋतु के अनुसार ही होती है। धरती पर हल चलता है तो अन्न उपजता है। हल तो केवल बीजारोपण का माध्यम है, शेष काम तो प्रकृति स्वयं करती है। ऋतुगामी होकर ही स्त्री गर्भ धारण करने की ऊर्जा प्राप्त करती है। कामिनी, कामदा, कामा, कान्ता आदि नारी के अनेक पर्यायवाची नाम हैं। काम विश्वसृष्टि की आदिम प्रेरणा है। कामविहीन सृष्टि असम्भव है। विश्व के सभी प्राणी काम के अधीन हैं। हमारे शास्त्रों में धर्म के साथ अर्थ और काम का उपभोग करते हुए मोक्ष की प्राप्ति का विधान है। हमारे यहाँ काम की उच्छृंखलता पर अंकुश है। नारी को भोग्या नहीं पूजिता मानकर देवी-रूप में उसकी अनेक नामों से पूजा की जाती है।

मानव तन पंचतत्त्वों का बना है परन्तु इसके स्थूल निर्माण में पृथ्वी, जल और आकाश ही मुख्य हैं। क्षितिज को देखने से धरती और आकाश आपस में मिले होने का आभास होता है, पर यह हमारा दृष्टिभ्रम है। आकाश और धरती का मिलन तो वर्षा से होता है। भारतीय वाङ्मय में आकाशतत्त्व को शिव और पृथ्वीतत्त्व को योनि माना गया है। अर्थात् गगन पिता है और धरती—माँ। आकाश से वर्षा होने पर ही धरती पर अन्न, फल-फूल होते हैं।

चैत्र मास से वृक्षों पर सुकोमल नव पल्लव आने शुरू होते हैं और आषाढ़ के आते-आते प्रकृति पूर्ण यौवना हो जाती है। आषाढ़ मास से ही वृष्टि प्रारम्भ होती है किसान नयी बुआई करते हैं। कालिदास के मेघदूत में यक्ष इसी आषाढ़ में उमड़-

घुमड़ आये काले मेघों को अपनी विरह–व्यथा सुना मनुहार करता है कि वे दूत बन उसका सन्देशा उसकी प्रियतमा तक पहुँचा दें।

असम–बंगाल के पंचांग में सौर वर्ष होता है। इसके महीने संक्रान्ति से संक्रान्ति तक चलते हैं। इसी सौर आषाढ़ माह में सूर्य जब मिथुन राशि में होता है और मृगशिरा से आर्द्रा नक्षत्र के प्रथम चरण में प्रवेश करता है तब अम्बुयोग प्रारम्भ होता है, जिसे पर्व के रूप में चार दिन मनाया जाता है। *रवौ रौद्राद्य पादस्थे भूमेः संजायते रजः* के अनुसार पृथ्वी ऋतुधर्म में होती है। पृथ्वी गर्भधारण यानी वनस्पतियों को पैदा करने की नूतन ऊर्जा पाती है। इस अम्बुयोग काल में प्रकृति में विचित्र–सा बदलाव आता है।

लोक मान्यता है कि अम्बुवासी का पालन सतयुग से हो रहा है, जब वराह अवतारधारी विष्णु और ऋतुधर्मा भूमि के समागम से नरकासुर का जन्म हुआ। वैसे अम्बु का शाब्दिक अर्थ है—जल, जिसका अभिप्राय प्रजनन रस से है। वासी शब्द बासी का अपभ्रंश है। इस अम्बु योग का असर सम्पूर्ण प्रकृति पर परोक्ष रूप से पड़ता है और इसका प्रत्यक्ष दर्शन कामाख्या में होता है। इन दिनों माँ का योनिपीठ ऋतुगामी होने के कारण मन्दिर के कपाट बन्द रखे जाते हैं।

अम्बुयोग प्रारम्भ होने से पहले मातृअंग को रेशमी वस्त्रों से सजाया जाता है। मान्यता है, ऋतुधर्म–काल के पश्चात द्वार खोलने पर भीगे लाल वस्त्र मिलते हैं। इस लाल वस्त्र को माँ का प्रसाद माना जाता है जिसे *चीर* कहते हैं। इसे पूरे वर्ष भक्तों में थोड़ा–थोड़ा कर पण्डों द्वारा निःशुल्क वितरित किया जाता है। श्रद्धालु इसे तावीज़ में रख अपने गले या भुजा पर धारण करते हैं। ऐसा विश्वास है कि इसके रहते किसी तन्त्र–मन्त्र या जादू–टोने का कोई असर नहीं होता। इस वस्त्र का माहात्म्य *कुब्जिका तन्त्र* में उल्लिखित बताते हैं। पण्डों का कहना है कि पुरातनकाल में योनिपीठ के नीचे प्रवाहित जल लाल हो जाता था परन्तु आज ऐसा नहीं है।

कोच राजा नरनारायण और उसके अनुज चीलाराय ने अम्बुवासी पर्व पर योनिपीठ को धवल वस्त्र से आभूषित करवाया जो पट खुलने पर रक्तिम मिले। एक बार नरनारायण को पता चला कि माँ कामाख्या के सिद्ध साधक केन्दुकलाई जब अपनी आराधना में लीन होते हैं, तब देवी प्रकट होकर नृत्य करती हैं। राजा ने छिपकर देवी के उस रूप को देख लिया। क्रोधित होकर देवी ने उसे शाप दिया कि उसके वंश का कोई भी नीलाचल पर आएगा तो उसकी मृत्यु निश्चित है। देवी के प्रति राजा की भक्ति–स्वरूप मन्दिर में उसकी पाषाण–मूर्ति आज भी विद्यमान है। इसके बाद से राजा का कोई भी वंशज नीलाचल पर नहीं आता।

अम्बुयोग में असमवासी धरती पर कोई आघात करना पाप समझते हैं। इसलिए पृथ्वी पर हल चलाना, गड्ढा खोदना, बीज बोना या पेड़–पौधे लगाना ये

लोग वर्जित मानते हैं। स्त्रियाँ करघों पर कपड़े तक नहीं बुनतीं। अम्बुवासी योग में यज्ञ-दान-व्रत, देव-पूजा, हवन, पितृ-तर्पण आदि भी नहीं किये जाते। इन दिनों बहुत से लोग दाढ़ी-केश नहीं कटाते। अम्बुवासी की निवृत्ति के दिन घरों की सफाई तथा काम में लिये गये सभी वस्त्रों, बरतनों को धोते-माँजते हैं, फिर सबको तुलसी, गोबर तथा सोना-चाँदी के जल से पवित्र करते हैं।

कामरूपं देवीक्षेत्रं कुत्रापि तत् समं न च।
अन्यत्र विरला देवी कामरूपे गृहे गृहे॥

योगिनीतन्त्र के उपर्युक्त श्लोकानुसार कामरूप क्षेत्र जैसा कोई और देवीक्षेत्र नहीं है। यहाँ घर-घर में कुमारी कन्याओं के रूप में देवी विराजती हैं। इसीलिए कामाख्या में कन्याओं की पूजा कर भोजन कराने का विशेष माहात्म्य है। असम में तो यह परिपाटी रही है कि कन्या जब प्रथम बार ऋतुधर्मा होती है तो घर में उत्सव मनाया जाता है। अम्बुवासी काल में कुँवारी कन्याएँ या विवाहिता रजस्वला होने पर आग पर पका भोजन न कर फलाहार करती हैं और किसी को स्पर्श तक नहीं करतीं। अम्बुवासी काल में विधवाएँ और साधु-संन्यासी भी अग्नि को छूते तक नहीं और न ही आग पर पका भोजन करते हैं।

असम में अम्बुवासी निवृत्ति के सात दिन पहले से *साथा व्रत* मनाने की प्राचीन परम्परा भी रही है। इसे भूमिदाह भी कहते हैं। ऐसा विश्वास है कि सूर्य के ताप से धरती सात दिनों तक दग्ध रहती है। ग्यारहवीं शताब्दी में कामरूप में रचे गये *स्वल्पमत्स्य पुराण* के अनुसार *पूर्वे त्रिणि परे त्रिणि संक्रान्तिर्मध्यवर्तिनी। मिथुनादौ वृषस्यान्ते भूमिदाहो दिनत्रयम्॥*— अर्थात् सौर पंचांग के ज्येष्ठ और आषाढ़ मास की मध्यवर्ती संक्रान्ति के तीन दिन पहले के और तीन दिन बाद के कुल सात दिनों तक भूमिदाह योग रहता है।

ऊपरी असम में अम्बुवासी को ही *साथा व्रत* के नाम से मनाते हैं। *साथ* शब्द सात का ही रूप है। इस व्रत को कुमारी कन्याएँ, सुहागिनें और कहीं-कहीं अविवाहित पुरुष भी करते हैं। विधवा तथा विवाहित पुरुषों के लिए इसे करने का विधान नहीं है। इस व्रत के प्रथम दिन, सौर्य ज्येष्ठ मास के आखिरी सप्ताह में, कुमारी तथा सुहागिन स्त्रियाँ कामाख्या स्थित सौभाग्य कुण्ड या निकटस्थ किसी नदी या तालाब में डुबकी लगा सतह से थोड़ी मिट्टी निकाल अपने घर ला काठ के पीढ़े पर स्थापित करती हैं। उस पर धान, दाल, सरसों, मूँग, चना, तिल, जौ आदि छिड़ककर अन्यान्य पूजा सामग्रियों के संग पूरा ताम्बूल (छिलके सहित) रखती हैं। इस साथा-पीढ़े को स्वर्ण-रजत पुष्पों के प्रतीक स्वरूप पीले-सफेद फूलों से सजाती हैं। इसके सम्मुख अखण्ड दीप जलाया जाता है। सातवें दिन (सौर्य आषाढ़ मास का

तीसरा दिन) इस *साथा* पर उगे अनाजों से उस वर्ष होनेवाली फसल का अनुमान लगाया जाता है और इसके सामने बैठकर सावित्री-सत्यवान तथा यम की कथा सुनी जाती हैं। कुछ इसे *ऊपनि गौरी* व्रत भी कहते हैं। इस व्रत की पूजनीय देवियाँ हैं—कामाख्या, महालक्ष्मी, ऊपनि गौरी और मनकामिनी।

प्राचीन काल से असम में वास करनेवाली जनजातियों में किरात, शबर, निषाद, पुलिन्द, कोल्ल (कोल) भील, दास, असुर आदि हैं जिनका उल्लेख भारतीय पुराणों में बहुत जगह आता है। इन जनजातियों में शैव और शाक्त मतों का जोर रहा है। इनमें शिव-पार्वती की पूजा विभिन्न नामों से अनादि काल से की जाती रही है। हाँ, इन जनजातियों में हंस, कबूतर, मुर्गा, कछुआ, बकरा आदि की बलि प्रथा भी इनकी पूजा का अभिन्न अंग रही है।

कामाख्या को असम की जनजातियों में बोड़ो लोग *खाम्-माईखा* के नाम से पूजन कर सन्तान की दीर्घायु की कामना करते हैं। कार्बी जनजाति में *हरवंग* यानी वातावरण की देवी और *ह्मंगुम* को मेघ की देवी मानकर पूजते हैं। लालुंग समाज में पार्वती पूजन को *वाऊलि* पूजा कहते हैं। आहोम जाति में शक्ति की अधिष्ठात्री देवी को *खान-खाम्फा* और विद्या की देवी को *जासिगम्फा* के नाम से पूजते हैं। राभा जनजाति में *बैखो* अर्थात् श्रेष्ठादेवी की पूजा होती है। कछारी जनजाति में कृषि की देवी के रूप में *लखीमी* को पूजा जाता है और *ताम्रेश्वरी, वसुमती* के अलावा *भुरुली* और *हावुकी* नामक देवियों की भी इनमें मान्यता है। मेस जनजाति में शिव, काली आदि की पूजा का प्रचलन है। मेस अपनी आराध्या देवी को *वाथु-बूढ़ी* या *चिरि-बूढ़ी* कहते हैं। गारो जनजाति में *फजौ* देवी का मूल रूप मातृदेवी का ही है और आज भी यह जाति मातृ-सत्तात्मक है। गारो पर्वत से घिरे मानकाचर में वास करनेवाले कोच लोगों में *काली गोसानी* के नाम से देवी पूजा होती है और वहाँ भी एक कामाख्या मन्दिर है।

मेघालय में खासी तथा जयन्तिया जनजातियों में देवी-पूजा की प्राचीन प्रथा थी। जयन्तिया पहाड़ पर स्थित नार्तियांग में बने जयन्ती देवी के मन्दिर को इक्यावन शक्तिपीठों में से एक माना जाता है, जिसका निर्माण जयन्तियापुर के राजा यशमाणिक ने करवाया था, जहाँ आज भी दुर्गापूजा होती है। वैसे जयन्ती देवी का मूल मन्दिर नार्तियांग से लगभग सौ कि.मी. दूर स्थित जयन्तियापुर (आज के बांग्लादेश) में है जिसका यह प्रतिरूप है। देश-विभाजन के समय जयन्तिया राज्य का कुछ भाग भी पूर्वी पाकिस्तान में चला गया था। जयन्तिया राज्य की ग्रीष्मकालीन राजधानी नार्तियांग थी। अपने नार्तियांग-वास के समय पूजा-अर्चना

की सुविधा हेतु राजा ने इस मन्दिर का निर्माण कराया था। जयन्तिया राज्य की इष्टदेवी जयन्ती देवी थी जिसके नाम पर यहाँ की जनजाति जयन्तिया कहलायी।

जयन्तिया की तरह खासी भी मातृसत्तात्मक समाज है जिसकी इष्टदेवी कामाख्या थीं। खासी कामाख्या को *का माई खा* (दादी माँ) अथवा सृष्टि की देवी मानते हैं। इसी शब्द से कामाख्या नाम की व्युत्पत्ति मानी गयी है। हिन्दी के सुश्री या श्रीमती की तरह *का* खासी भाषा का नारी-सम्मान सूचक शब्द है तथा *माई* (माँ) *खा* (पितृकुल) का अर्थ दादी माँ होता है। आज खासी-जयन्तिया ज्यादातर ईसाई हो गये हैं। इससे उनकी आस्थाओं में बदलाव आया है, फिर भी ये अपनी कतिपय पुरातन परम्पराओं का पालन भी करते हैं।

ऐसी भी मान्यता है कि किसी समय नीलाचल पर खासी लोगों की बस्ती थी और ये लोग ही कामाख्या मन्दिर में पूजा किया करते थे। शिलांग स्थित 'महादेव खोला' (खासी शब्द *महादेव ख्लाल* का अपभ्रंश) में एक गुफा है। विश्वास किया जाता है कि इसमें बनी सुरंग से नीलाचल स्थित कामाख्या मन्दिर तक जाने का रास्ता बना है। वैसे नीलाचल खासी पहाड़ों की ही एक शृंखला है। ब्रिटिशों ने यह गुफा-द्वार बन्द करा दिया था जिसे खोलने के लिए मेघालय की सरकार ने भी कोई प्रयास नहीं किया।

विश्व के विभिन्न देशों में शक्ति के रूप में भूमि-पूजन का प्रचलन रहा है। भूमध्य सागरीय टिऊटन लोगों में भूदेवी को *योध* कहा जाता था। रोमनों की आराध्य देवी *टेरामेटार* और *सिविल* हैं; ग्रीक की आराध्या *रोही* है। जापान में *निहडी* के नाम से भूमि को पूजा जाता है। प्रशान्त महसागर स्थित कई द्वीपों पर, उत्तरी-दक्षिणी अमेरिका महाद्वीपों के मेक्सिको आदि देशों में आदिमकाल से वास करनेवाली कुछ जनजातियों में तथा इजिप्ट, बेबिलोन, मामापाशा, ग्रीस, सीरिया, जर्मनी आदि देशों में कतिपय स्थानों पर भूमि-पूजा के साथ जीवनी और उर्वरता-शक्ति की कामना से लिंग और योनि की उपासना करने की परम्परा भी रही है।

तन्त्र-मन्त्र साधना के लिए केवल कामाख्या धाम ही नहीं, अपितु सम्पूर्ण कामरूप क्षेत्र ही सदा से विख्यात रहा है। बौद्ध महायान की शाखा वज्रयान के प्रसिद्ध पीठों में कामरूप को एक माना गया है। इसीलिए कामरूप-कामाख्या के अम्बुयोग को तन्त्र-मन्त्र साधना के लिए अति महत्त्वपूर्ण माना जाता है क्योंकि यही एकमात्र ऐसा योग है जब साधना के लिए तीन दिन और तीन रात का समय मिलता है। ऐसी भी मान्यता है कि इस समय माँ कामाख्या से जो भी मन्नत माँगी जाती है वह पूर्ण होती है। वैसे तन्त्र साधकों और मन्त्र-सिद्धि के लिए दीपावली और होली की रात बहुत महत्त्वपूर्ण होती है या फिर सूर्य-चन्द्र ग्रहण-काल और अमावस्या की रात्रि सर्वोत्तम समय होता है। किन्तु इन दिनों साधकों के पास साधना-काल बहुत

सीमित रहता है।

देश के कोने-कोने से तान्त्रिक, मान्त्रिक, अघोरी, वाममार्गी, साधु-सन्त कई दिनों पहले से ही कामाख्या धाम आकर अपना डेरा जमा लेते हैं। इन दिनों में नील पर्वत मानों तान्त्रिकों की नगरी ही बन जाता है। तन्त्र-साधना आसान नहीं है। परोपकार के लिए साधना करनेवाले उत्तम साधक की पहचान यही है कि अपनी साधना में आये व्यवधानों से वह बचे। अम्बुवासी काल में साधक भैरवी और यक्षिणी रूपी कुमारियों से स्वयं को बचाये रखें, क्योंकि माँ कामाख्या इस समय कामरूप प्रदेश में उन्हें उद्वेलित कर कुमारियों द्वारा उनकी परीक्षा लेती हैं।

वामाचारी तान्त्रिकों का विश्वास है कि नारी के जरायु-रक्त से पुरुष रहस्यमय शक्तियाँ प्राप्त कर अपनी श्री तथा आयु की वृद्धि कर सकता है। उनकी मान्यता यह भी है कि अघोर सिद्धि के लिए एक श्यामांगी चाहिए और उसका अंग विशेष *अश्वत्थपत्रोपम:* होना चाहिए। महामाया कामाख्या की पूजा का तान्त्रिक विधान भले हो पर हम साधारण गृहस्थों के लिए लौकिक पद्धति से पूजन करना ही श्रेयस्कर है। दरअसल यह पर्व तान्त्रिक और बौद्धिक विचारधाराओं के अनूठे समन्वय का प्रतीक है।

कामाख्या मन्दिर से कुछ दूर स्थित भैरवी मन्दिर के बारे में मैंने बहुत कुछ सुन रखा था किन्तु कभी वहाँ जाना नहीं हुआ। जिज्ञासा भाव से पूछाताछी की तो लोगों ने मुझे रात्रिकाल में भैरवी मन्दिर जाने से मना किया। मुझे बताया गया कि अम्बुवासी पर आये अघोरियों, तान्त्रिकों और मान्त्रिकों का रात में वहाँ जमघट रहता है। वे किसी का वहाँ जाना कतई पसन्द नहीं करते। फिर भी साहस कर मैं उस ओर अग्रसर हुआ। मन्दिर के रास्ते की पूछताछ करते समय मुझे पुन: वहाँ न जाने की दृढ़तापूर्वक सलाह दी गयी।

मैं अजीबोगरीब बातों के मकड़ जाल में फँस गया। किसी ने कहा कि अघोरी 'महाशंख' (नर के कान और आँखों के बीच ललाट की अस्थि) की बनी माला धारण करते हैं और मानव-खोपड़ी से बने खप्पर में भोजन करते हैं। यदि उन्होंने अपना उच्छिष्ट आहार खाने को दिया तो उन्हें ना कहना अनर्थकारी है। उनका अपना ही बलि-विधान होता है। इन कारणों से कामाख्या के पण्डे भी अम्बुवासी के समय रात में वहाँ जाने का परहेज रखते हैं। मेरा सशंकित हो जाना स्वाभाविक था और उस वक्त भैरवी मन्दिर जाने का ख्याल छोड़ देना पड़ा।

एक कसक मन में थी कि रात्रिकालीन अम्बुवासी मेला देखकर मन की जिज्ञासाएँ शान्त नहीं हुईं। संयोगवश अगले दिन ही सुबह से मेले में कामाख्या चलने के लिए

मित्र ओमप्रकाश गोयनका के फोन-पर-फोन आ रहे थे। मेरी भी मनचाही हो गयी। उनके साथ फिर प्रयाण किया। दिन में वाहनों को नील पर्वत के ऊपर ले जाने की मनाही थी। रविवार का दिन होने से भक्तों की अत्यधिक भीड़ थी। पुलिस भी किसी की मान-मनुहार पर कान नहीं दे रही थी।

चिलचिलाती धूप के साथ उमस भी थी परन्तु गोयनका ने विशेष उत्साह दिखाते हुए पैदल चलने को उकसाया। वहाँ प्रतीक्षारत खड़े हमारे पूर्व परिचित आनन्दकरण जी केडिया भी हमारी पद-यात्रा में सम्मलित हो गये। अड़सठ वर्षीय केडिया जी में पहाड़ पर जाने के लिए युवा-उत्साह था। रास्ते भर लोगों का ताँता लगा था। ऊपर पहुँचे तो जन-समुदाय इतना सघन हो गया कि कहीं तिल रखने की जगह नहीं। फिर भी हम किसी तरह रास्ता निकाल आगे बढ़ते रहे।

अम्बुवासी योग उस साल 22 से 25 जून तक चार दिनों का था। इस काल में मन्दिर के पट बन्द रहे। अभी दिन का प्रकाश था। विभिन्न संस्थाओं द्वारा वहाँ चल रहे अन्नक्षेत्रों में मेले पर दूर-दूर से हजारों की संख्या में आये लोग पंक्ति लगाये भोजन पा रहे थे। इन लोगों में बंगाली समुदाय ही विशेष दिख रहा था। यहाँ के स्थानीय असमिया दर्शनार्थियों का आगमन बहुत ही कम होता है क्योंकि शंकरदेव के 'महापुरुषिया मत' को माननेवाले शाक्त पूजा कम ही करते हैं।

यहाँ एकत्र होनेवालों में असम, बंगाल, बिहार, उत्तरप्रदेश, राजस्थान, पंजाब, महाराष्ट्र, दिल्ली आदि प्रदेशों के अलावा नेपाल, बांग्लादेश और भूटान के हजारों श्रद्धालुओं में सिद्ध, तान्त्रिक, मान्त्रिक औघड़ बाबाओं का भी समावेश था। इस बार यहाँ दो विदेशी साधिकाएँ इंग्लैण्ड एवं जर्मनी से आकर धूनी रमाये बैठी थीं। इंग्लैण्ड की निशा शर्मा एवं जर्मनी की शबीना गिरि भारतीय धर्मयोग-साधना के विषय में ज्ञान-प्राप्ति के उद्देश्य से आयी थीं।

कहीं वाममार्गी धूनी रमाये बैठे थे तो कहीं दक्षिणमार्गी अपना अलख जगा रहे थे। नीलाचल स्थित तारा, भैरवी, छिन्नमस्ता, बगला, वनदुर्गा, द्वारपाल गणेश, कोटिलिंग, बालक हनुमान, भुवनेश्वरी आदि देवी-देवताओं के मन्दिरों का कोई ऐसा भाग नहीं था जहाँ साधु-सन्त नहीं ठहरे थे। प्राय: सभी साधुओं ने लाल-वस्त्र पहन रखे थे। ऐसा लगा मानो वहाँ लाल बाबाओं का ही साम्राज्य है।

माँ तारा के मन्दिर में पंजाबवासी हठयोगी सन्त गरीबदास, विंध्यवासिनी (उ.प्र.) के साधक डॅ. भरत तिवारी उर्फ लाल बाबा अपनी हठयोग क्रिया द्वारा तन्त्र-साधना कर रहे थे। बिहार के गोपालगंज से आये बाबा बालकनाथ और सासाराम के अवधूत मणिराम अपनी तान्त्रिक-साधना के साथ-साथ गरीबों में खिचड़ी भी बाँट रहे थे।

प्रवचन-मंचों से काशी से पधारे सद्‌गृहस्थ सन्त डॅ. अखिलानन्द शास्त्री ने

देश की दिग्भ्रमित युवा-पीढ़ी से पाश्चात्य कुसंस्कृति और मादक पदार्थों का त्याग करने का आग्रह किया। बाल कथावाचिका सुश्री भक्तिकिरण शास्त्री और चित्रकूट के राधेश्याम दास ने धर्म के लक्षण तथा प्रभाव को प्रतिपादित किया। मेले में हर साल आनेवाले कामाख्या-भक्त तान्त्रिक सनातन पाल ने कुछ सिद्धियाँ प्राप्त कर रखी हैं जिनसे दीन-दुखियों का मुफ्त इलाज कर रहे थे। उन्होंने अपनी मृत्यु उपरान्त अपने शरीर के समस्त अंगों को दान करने की घोषणा भी की थी।

कामाख्या मन्दिर के प्रांगण में पहुँचते-पहुँचते मैंने रात को अनदेखे रह गये भैरवी मन्दिर चलने का प्रस्ताव रखा, जिससे दोनों ही सहमत हो गये। मन्दिर-परिसर के पिछले द्वार से निकलते ही नरकासुर निर्मित एक और प्रस्तर-मार्ग है जो पाण्डु बाजार तक जाता है। यहाँ खड़ी चढ़ाई है, पर हमें तो नीचे उतरना था। उस मार्ग से करीब सौ सीढ़ियाँ उतरने पर भैरवी मन्दिर आया। हमारे साथ केडिया जी भी अति उत्साह में प्रस्तर-सोपानों पर बड़ी तत्परता से नीचे उतर रहे थे।

अम्बुवासी-काल के चलते इस मन्दिर के पट भी बन्द थे, फिर भी मन्दिर-प्रांगण में चित्रित भैरवीचक्र के दर्शन हो गये। मन्दिर परिसर के पोखर में कल्लोल कर रहे कच्छपों की क्रीड़ा का आनन्द उठाया। गँदले पानी में लीन कूर्मों को केले और बिस्किट खिलाने के अथक प्रयास में कुछ श्रद्धालु जुटे थे। कछुए थे कि अपनी गर्दन जल से जरा-सी बाहर निकाल फिर जल-समाधि ले लेते। कछुओं की लुका-छुपी कुछ देर तो सुहायी, फिर वापस लौटने का ख्याल कौंधा।

केडिया जी ने इसी मार्ग से नीचे उतरने का मन बनाया तो हम भी तैयार हो गये। सोचा, इस रास्ते का भी अनुभव सही। प्रथम दृष्टया तो यह मार्ग सुगम ही लगा। ओमप्रकाश गोयनका और आनन्दकरण जी ने तो कपड़े के जूते पहन रखे थे। पैरों की चप्पल ने शामत तो मेरी ला दी। खड़ी उतराई में चिकने पत्थरों पर शरीर का सन्तुलन बार-बार बिगड़ रहा था। आखिर पदत्राण को हाथों में उठा लेने में ही समझदारी लगी। पगथलियाँ अपनी स्थिति को अँगूठे और उँगलियों के सहारे सँभालती थीं। पत्थरों की नोक चुभती तो अनायास ही माँ याद आ जातीं। दो-ढाई कि.मी. लम्बे रास्ते में विशेष चिन्ता केडिया जी की थी, पर वे जीवटवाले निकले। ओमप्रकाश का ड्राइवर भी हमारे साथ चला आया था। उसके कन्धों का सहारा केडिया जी के लिए बड़ा सुखकर बन गया।

अनदेखे-अनजाने पथ की प्राकृतिक सुषमा में हम खोये थे। ऊँचे-ऊँचे सघन वृक्षों की छाँव तले तपन का एहसास कैसे होता भला! रास्ते में कई उतराव आये। ऊपर से लगता कि आकाश को धरती छूनी होगी। उस दुर्गम-पथ पर भी चढ़नेवाले

स्त्री-पुरुषों का ताँता लगा था। उनके कष्ट के सामने हमारे उतरने का श्रम तो कुछ भी न था। वैसे मन की उमंग के सामने कष्ट टिकता ही कहाँ है! आरोहण करनेवालों में अधिकतर बंगाली ही थे। एक सद्यस्नाता के कन्धों पर झूलती केश-राशि की माँग में भरा सिन्दूर पसीने के साथ बहकर उसके चेहरे को रक्ताभ किये था। उसकी कलाइयों में पहने सफेद शंख-कड़े के संग लाल चूड़ी तप-प्रेम की जोड़ी-सी लगी।

नीचे उतरनेवाले हम जैसे इक्के-दुक्के ही थे। नये अनुभव से हम चैतन्य थे। दूर नीचे एक पुरातन द्वार दिखाई पड़ा तो सोचा, अब किनारा आ गया होगा। वहाँ पहुँचे तो कतई अनुमान नहीं था कि एक पौराणिक स्थल पर पहुँच जाएँगे। द्वार के पास ही एक गणेश मन्दिर था। गणपति की विशाल पाषाण-मूर्ति ने उस लघुकाय मन्दिर को पूरा घेर रखा था। पुजारी ने उस स्थान का सम्बन्ध पाण्डवों से बताया और पास ही की चट्टानों पर उत्कीर्ण पाँच शिवलिंग तथा अन्य मूर्तियाँ दिखायीं। वहाँ से जरा नीचे एक शिला के गोलाकार घेरे में नरकासुर की प्रतिमा उकेरी हुई थी। पास ही एक पाषाण पर वहाँ भी पंच-शिवलिंग उत्कीर्ण थे। एलोरा के स्थापत्य जैसा एक संक्षिप्त परिवेश वहाँ देख मैं विस्मित था।

पाण्डु बाजार तक पहुँचने में अब विशेष समय नहीं लगा। मेले की भीड़ से गुजरते हुए सोच रहा था, शायद मेले के अन्तिम दिन मन्दिर-द्वार खुलने पर माँ के दर्शनार्थ लगी पंक्ति में अपने को समाहित हुआ पाऊँ। खैर, जो भी हो, इसमें कोई संशय नहीं कि आज यह मेला केवल धार्मिक ही नहीं, अपितु हमारे देश की सांस्कृतिक एकता का द्योतक भी हो गया है।

त्रिधारा वशिष्ठ की

आकाश कई दिनों से औंधी भट्ठी की तरह सिर पर सुलग रहा है। घर से बाहर निकलते ही आँखें चौंधियाती हैं। गगन से बरसती आग से गुवाहाटीवासी त्रस्त हैं। पूरा आषाढ़ भी बीत गया, बरसात का कोई अता-पता नहीं। वैशाख के बिहू में तो यह कैसी उमड़-घुमड़ कर नाच रही थी। साथ में अपनी बहन बरदै चिला को भी लायी थी। दोनों ने पूरे बिहू-काल में हुड़दंग मचा रखा था। असम में तो बरखा ऐसे भी बिन बुलाये मेहमान की तरह जब मन हुआ आ धमकती है। लगता है, इस वर्ष यह सावन से रूठी है। आज श्रावण का पहला रविवार है। शाम होते-होते आखिर आसमान ने जरा-सी सदयता दिखा काले मेघों के रथ पर सवार कर वर्षा को भेजा। वह बिना मन से थोड़ी बूँदा-बाँदी कर फिर अपने रथ को लिये बादलों की ओट हो गयी।

रात के आठ-नौ बजते-बजते नगर की सड़कों पर कोलाहल-सा मच गया है। गेरुए परिधानों में सजे युवकों के जत्थे-के-जत्थे 'बोल बम' 'बोल बम' का उद्घोष करते वशिष्ठाश्रम की ओर जा रहे हैं। यों तो यह स्थल बालपन से ही मेरे आकर्षण का केन्द्र रहा है परन्तु कुछ समय पहले डॅ. विनोद शर्मा द्वारा असमिया में लिखित और डॅ. धर्मदेव तिवारी द्वारा हिन्दी में अनूदित 'वशिष्ठाश्रम देवालय' पुस्तिका में यहाँ के विषय में विस्तृत रूप से पढ़कर मेरी जिज्ञासा और बलवती हो उठी। वहाँ जाने को मन फिर मचलने लगा। रात के ग्यारह बजते-बजते मैं अपने-आप को न रोक सका और एक जत्थे का अनुगामी हो लिया। वह बस में चढ़ा तो मैं भी चढ़ लिया। बस का गन्तव्य नगर से 12 कि.मी. दूर है।

कल तक, कोई पैंतीस-चालीस साल पहले की बात है कि इस रास्ते में पड़नेवाले गणेशगुड़ी तक के क्षेत्र में नाम मात्र की बस्ती थी। वहाँ जाते भी डर लगता था। और आज, यह नयी-नयी अट्टालिकाओं से कैसा जगर-मगर है! उस वक्त यहाँ एक छोटे से गणेश मन्दिर के सिवाय क्या था! मन्दिर पर भी टीन का छप्पर था। इक्के-दुक्के श्रद्धालुओं के आगमन पर ही गणपति बप्पा शायद प्रसन्न हो जाते थे। आज उस छप्पर की जगह खड़े विशाल कलात्मक मन्दिर के भरोसे पुजारी को भी अब अपने भविष्य की चिन्ता नहीं है। इस गणेश मन्दिर के आसपास ही

क्यों, दूर-दूर तक फैले नव निर्माण से पूरा क्षेत्र वाणिज्यमय हो गया है। इसी रास्ते बस बढ़ रही है। गन्तव्य से तीन-चार कि.मी. पहले ही बस को बेलतला चारआली (चौराहा) स्थित राष्ट्रीय राजमार्ग पर रोक दिया दिया। अन्य वाहन भी यहाँ खड़े हैं। आगे तीन-चार कि.मी. की दूरी पैदल तय करनी है।

अर्धरात्रि में भी ऐसी चहल-पहल और बाजार की चमक-दमक देख चकित रह गया। गुवाहाटी नगर यहाँ तक सरक आया है। इस सड़क के दोनों ओर व्यावसायिक तथा रिहायशी मकान बन गये हैं। दुकानें रोशनी में जगमगा रही हैं। सड़क किनारे बैठे हाटिये गेरुआ पोशाकों की बिक्री की जुगत में लगे हैं। फोटोग्राफरों ने अपनी दुकानों के सामने शंकर भगवान के विभिन्न रूपों में चित्रित पर्दे लगा रखे हैं। कुछ काँवरिये तो गंगा-जल लेकर लौटने भी लगे हैं। कई अपनी स्मृति को चिरस्थायी रखने के लिए इन पर्दों के सामने खड़े हो फोटो खिंचवा रहे हैं। इन शीघ्रगामी काँवरियों को शायद शुक्रेश्वर मन्दिर में धीरे-धीरे भीड़ बढ़ जाने की चिन्ता सता रही है।

लोगों के बढ़ते हुजूम में अब स्त्री-बच्चों का भी समावेश हो गया है। सब पर एक ही धुन सवार है कि आज की रात वशिष्ठगंगा के पवित्र जल की काँवर ले, नंगे पाँवों चलकर शुक्रेश्वर शिवलिंग का सोमवारी जलाभिषेक कर पुण्य कमाना है। मेरा एकाकीपन अब साथ छोड़ गया है। रास्ते में आये मिलिटरी अस्पताल की जगह कभी मैदान हुआ करता था। लगता है जैसे कल की ही बात है—हमारे गुवाहाटी कॉमर्स कॉलेज के विद्यार्थियों का 1964-65 में यहाँ लगे एनसीसी कैम्प में चाँदमारी करते समय नाजुक बदन पुखराज जैन थ्री नॉट थ्री की राइफल के झटके से दूर जा छिटका था। यहाँ के पहाड़ों पर हमने खूब ट्रेकिंग की। उसके बाद बने इस अस्पताल में ही 1971 में बांग्लादेश की लड़ाई में जख्मी सैनिकों का इलाज हुआ था। अब तो यहाँ 'शंकर नेत्रालय' भी बन गया है। अतीत जैसे वर्तमान में खो गया। इन्हीं ख्यालों में समय पंख लगाकर उड़ गया!

श्रावणी सोमवारों को काँवरिये दूर-दूर से पवित्र नदियों का जल काँवर में ले, पद-यात्रा करते हुए वैद्यनाथ धाम, ओंकारेश्वर आदि ज्योतिर्लिंगों तक जाकर उनका जलाभिषेक करते हैं। यह परम्परा अति प्राचीनकाल से चली आ रही है, हालाँकि गुवाहाटी के सन्ध्याचल पर्वत स्थित वशिष्ठाश्रम में यह काँवर-मेला लगते शायद 25-30 वर्ष ही हुए होंगे। शुक्रेश्वर महादेव को भीमाशंकर ज्योतिर्लिंग भी माना जाता है और वशिष्ठाश्रम में प्रवाहित जलधारा को वशिष्ठगंगा।

ऋग्वेद के अनेक मन्त्रों के रचयिता ब्रह्मर्षि वशिष्ठ को एक बार राजा जनक के पूर्वज निमि ने देहहीन हो जाने का शाप दे दिया। उन्होंने अपने मानस पिता ब्रह्मा से इस शाप से मुक्त होने का उपाय पूछा। ब्रह्मा ने कामरूप नामक गुह्यपीठ के बारे में

बताते हुए कहा कि वहाँ हर-गौरी एक साथ गुप्त रूप से एकान्तवास करते हैं। कामरूप में पार्वती शिव-भक्तों पर अति शीघ्र अनुग्रह करती हैं। वाराणसी आदि स्थलों पर अनेक शिवपीठ हैं परन्तु *नाचिरात् कामदं पुण्यं क्षेत्रं पीठं निगद्यते* के अनुसार अन्य स्थलों से कामरूप स्थित शिवपीठ में शिवाराधना करने से तुम शीघ्र ही शापमुक्त हो जाओगे।

वशिष्ठ के तप एवं शिवाराधना का ही प्रभाव था कि भागीरथी गंगा सन्ध्या, ललिता एवं कान्ता नामक त्रिधाराओं के रूप में यहाँ प्रकट हुईं और मुनि को मित्रा-वरुण के समागम से पंचभौतिक शरीर पुनः प्राप्त हुआ। इसलिए उनका अन्य नाम 'आपव' हुआ। ऐसा भी उल्लेख है कि वशिष्ठ गांधार में शासन करनेवाले त्रिस्तुवंशी पिजवन के पुत्र तथा राजा दिवोदास के नाती हैं। आखिर यह विरोधाभास कैसा? प्राचीन ऋषि-मुनियों की आयु सहस्रों वर्ष हुआ करती थी। इस बात पर भले ही कोई विश्वास करे या न करे किन्तु इसका वैज्ञानिक आधार यह है कि उस काल में ऋषि-मुनियों ने अपने योग-बल से इच्छामृत्यु, परकाया-प्रवेश आदि अनेक सिद्धियाँ प्राप्त कर रखी थीं।

वशिष्ठ का कामरूप में बार-बार आगमन हुआ। निमि की बात त्रेतायुग की है। वे रघुकुल के राजपुरोहित भी रहे हैं। श्रीराम के परलोक गमन के बाद इस दायित्व से वे मुक्त हो गये। फिर उन्होंने भारतवर्ष के अनेक स्थलों का भ्रमण कर अपने आश्रम स्थापित किये। अपने भ्रमणकाल में सम्भवतया वे तिब्बत और उससे भी आगे चीन-मंगोलिया तक गये थे क्योंकि तिब्बत के 'रुद्र यामल' और 'ब्रह्म यामल' तान्त्रिक ग्रन्थों में वशिष्ठ को तारा देवी का उपासक और तन्त्र-ज्ञाता निरूपित किया गया है। वहाँ के बौद्ध मत में महायान, हीनयान, वज्रयान और तन्त्रयान सभी समान रूप से स्वीकृत हैं। वहाँ के बौद्ध विहारों के साथ ओतप्रोत रूप से हिन्दू देव-देवियाँ जुड़ी हैं। बुद्ध की विभिन्न प्रतिमाओं के साथ असंख्य देवी-देवताओं काली, तारा, दुर्गा, भैरवी, सरस्वती आदि की मूर्तियाँ भी वहाँ हैं।

महायान और हिन्दू धर्म में बहुत-सी समानताएँ हैं। केवल माँ तारा ही नहीं, अपितु वहाँ प्रज्ञापारमिता और देवी सरस्वती भी पूजनीय हैं। हिन्दू धर्म में शिव की शक्ति काली, उमा या पार्वती की भाँति बुद्ध की शक्ति माँ तारा हैं। माँ तारा को मुक्तिदायिनी संकटनाशिनी माना जाता है। तिब्बत में माँ तारा के दो रूप हैं, एक हरा और दूसरा सफेद। हरे रंग की तारा के हाथ में नील कमल रहता है तो सफेद रंग की तारा के हाथ में सफेद पद्म फूल। वहाँ वीर मुद्रा में खड़ी, लाल वसनधारिणी, कमनीय देहा, सदाहास्यमयी वरदात्री, ज्योतिर्मयी माँ तारा की प्रार्थना के कुछ शब्द

इस प्रकार हैं—

त्वम् ओम् वज्र: समज:, नमो गुरुभ्य, नमो आर्यतारा मण्डलेभ्य
ओम् आर्य तारा सपरिवारे नैवेद्यै प्रतिच्य हुम् स्वाहा।

वशिष्ठ मुनि अपने जीवन के अन्तिम प्रहर में द्वापर युग में फिर प्राग्ज्योतिषपुर आये थे। कलियुग के आरम्भ होने से पहले श्रीकृष्ण ने धरती से महाप्रयाण कर लिया था। कलि के प्रभाव से बचने के लिए श्रेष्ठ ऋषि-महर्षि भी पृथ्वी से अपने पंच-भौतिक शरीरों को त्याग अन्तर्धान होने लगे थे। अन्ततोगत्वा इस सन्ध्याचल पर वशिष्ठ मुनि ने भी अपना पार्थिव शरीर त्याग दिया।

बातों-बातों में हम वशिष्ठाश्रम पहुँच गये। वातावरण में जन-कोलाहल बिखरा है। चारों ओर काँवरियों की अपार भीड़। जगह-जगह चाय-मिठाई और फूलों की सजी दुकानें। किसी भूले-भटके को यदि एकाएक काँवर चढ़ाने की इच्छा जाग्रत हो जाए तो सारा साजो-सामान यहाँ लगी रात्रिकालीन हाट में उपलब्ध है।

कुछ काँवरिये सुस्ता रहे हैं तो कुछ अपनी मण्डली में बैठे गाँजे की चिलम के कश लगा रहे हैं। कुछ अपनी मण्डलियों में बैठे भजन-कीर्तन में तल्लीन हैं। लगता है कि अब इस काँवर-उत्सव पर भी आधुनिकता ने अपने पाँव पसार दिये हैं, तभी तो कितने ही युवकों ने गंगाजल ले जाने के लिए काँवर के बदले अपनी गेरुआ कमीजों के पीछे जेबें सिलवा रखी हैं। प्लास्टिक की बोतलों में जल-भर इनमें रखा और चल दिये शुक्रेश्वर-धाम भोलेबाबा को रिझाने। किन्तु ऐसे काँवरियों का भी अकाल नहीं है जो जल भरे ताँबे के लोटों को काँवर में सजा, अपने कन्धों पर उठा ले जाने की पुरातन परम्परा का निर्वहन करते हैं।

चलते-चलते थकान-सी होने लगी है। थोड़ी देर सुस्ताने के बहाने चाय-पान का विचार कौंधा। यह वस्तुओं के स्तर के अनुसन्धान की जगह नहीं है। रसना को नीरस समझ, उसे चायरस से अभिषिक्त किया। चक्षु-सुख के समझ रसना-रस फीका लगने लगता है। सामने पेड़ तले लेटा काँवरिया शायद निद्रा देवी के आगोश में समाया है। उसके पीछे टहनी के सहारे टिकाई काँवर के ताम्र-पात्र विद्युत-प्रकाश में चमक रहे हैं। इसने शायद सोचा हो कि इतनी भीड़ में शंकर भगवान उसकी ओर ध्यान भी क्या दे पाएँगे? जिन्हें शीघ्रता है वे पहले जाकर भोलेनाथ को प्रसन्न कर लें।

रात का एक बज गया। मन्दिर की ओर जाने के लिए करीब बीस सीढ़ियाँ

चढ़ने पर मुख्यद्वार आता है। सामने ही वशिष्ठ मुनि का मन्दिर है। यहाँ पर लगी काँवरियों की अपार भीड़ के छँटने तक देवालय के पीछे प्रवाहित त्रिधारा-गंगा पर चला जाया जाए। यहाँ भी भक्तों का जमघट लगा है। कई स्नान कर रहे हैं तो कई अपने पात्रों में गंगाजल भर रहे हैं। कुछ मेरे जैसे भी हैं जो मेला देखने के प्रयोजन मात्र से आये हैं। सोचा, लघु सेतु के उस पार की शिला पर बैठकर कुछ देर रेलम-पेल का आनन्द लिया जाए।

सामने त्रिधारा के ऊपर स्थित एक ढलुआ चट्टान पर लोगों को फिसलते देख मन बालावस्था की स्मृति-वीथियों में जा भटका। इस चिकने पाषाण पर बहती धारा के साथ बार-बार फिसलकर सामने के जलाशय में छपाक से गिरना और इसे बार-बार दोहराने में मिलनेवाले आनन्द को याद करता हूँ तो आधुनिक 'वाटर गार्डन' कितने फीके लगते हैं! उस जमाने में साइकिल पर बाल-सखाओं के संग इस निर्जन स्थल तक पिकनिक मनाने आना किसी साहसिक अभियान से कम तो न था। यहाँ तक के छह-सात कि.मी. लम्बे कच्चे सुनसान-से रास्ते पर तब लोगों का आवागमन तो समझिए कि बस, जैसे था ही नहीं।

मैं तो अतीत में खो गया। हाँ, उस चिकनी चट्टान के सामने के कुण्ड को दिव्यकुण्ड कहा जाता है। इसका जल सन्ध्या, ललिता और कान्ता के नाम से तीन धाराओं में विभक्त होकर नीचे स्थित वशिष्ठकुण्ड में गिरता है। चारों ओर से चट्टानों से घिरा यह सँकरा वशिष्ठकुण्ड बस कमर तक ही गहरा है। त्रिधारा-संगम में नहाने को मन तो मचल रहा है, पर इस वक्त रात को कौन बखेड़ा मोल ले! साथ में कपड़े भी तो नहीं लाया। इस कुण्ड में उभरी हुई श्याम-शिला कभी ब्रह्मर्षि वशिष्ठ मुनि का शैल-आसन हुआ करता था जिस पर आसीन हो वे अपनी योग-साधना और त्रिसन्ध्या करते थे।

वशिष्ठ मन्दिर में लगी काँवरियों की भीड़ कम होने तक समीप ही स्थित नवनिर्मित गणेश मन्दिर में चलते हैं। यहाँ एक शिला पर गणेश और दशभुजा देवी की मूर्तियाँ उत्कीर्ण हैं। कभी यह चट्टान मिट्टी के नीचे घने जंगलों से ढकी थी। इसकी माटी स्वत: गिरने लगी तो लोगों को पता चला। श्रद्धालुओं ने इस पर टीन का छप्पर लगवा दिया। बाद में लगभग पन्द्रह-बीस साल पहले फैन्सी बाजार के एक व्यवसायी जगदीश प्रसाद सुरेका ने यहाँ भव्य मन्दिर का निर्माण कराया और वशिष्ठ मुनि तथा गणपति-वाहन मूषक की विशाल मूर्तियाँ भी बनवायीं। तब से आगन्तुकों के लिए यह आकर्षण का केन्द्र बन गया है।

रात्रि का अन्तिम प्रहर शेष होने को है। काँवरियों की भीड़ अब लगभग छँट गयी होगी। अब वशिष्ठ-मन्दिर चला जाए। वशिष्ठ के अन्तर्धानोपरान्त उनका यह आश्रम बहुत दिनों तक घनघोर जंगल में लुप्त होकर पड़ा रहा। किन्तु ग्यारहवीं

शताब्दी में यह लोगों की नजरों में जरूर था, क्योंकि उस समय के रचित कालिका पुराण में यहाँ का विस्तृत वर्णन मिलता है। आहोम राजा स्वर्गदेव गदाधरसिंह (सन् 1681–1696) ने यहाँ मन्दिर बनवाया था जिसका जीर्णोद्धार कर उनके वंशज राजेश्वर सिंह ने सन् 1764 ई. में वर्तमान देवालय बनवाया।

देवालय के प्रवेश-द्वार के ऊपर सिद्धि, शान्ति और विद्या के प्रतीक स्वरूप सिद्धिदाता गणेश, बायें लक्ष्मी और दायें सरस्वती की प्रतिमाएँ हैं। द्वार के बगल में ही ब्रह्मा, विष्णु और बाणलिंग हैं। यहाँ चतुर्मुखी ब्रह्मा की मूर्ति अपने आप में अपूर्व है जिसमें उनका युवा रूप दर्शाया गया है। गर्भगृह में दस-बारह सीढ़ियाँ उतरने पर एक गोलाकार कुण्ड के दर्शन होते हैं। यह दो भागों में विभक्त है। इसके मध्य में किसी व्यक्ति की शयन-मुद्रा का आभास देती प्रायः तीन फुट चौड़ी एक कृष्णवर्णी शिला है जिसे वशिष्ठ मुनि का शैल-शरीर कहा जाता है।

इस शिला-शरीर के एक और करीब पाँच फुट लम्बा और तीन फुट चौड़ा एक कुण्ड है। इसके जल में निमग्न गोलोकेश्वर शिवलिंग और तारादेवी की मूर्ति हैं परन्तु इनके दर्शन नहीं हो पाते। पुजारी ने बताया कि वैराग्य और मुक्ति के प्रतीक गोलोकेश्वर शिव, जल-स्तर से कुछ ही नीचे विराजमान हैं। महाभारत के अनुशासन पर्व में कहा गया है कि गोलोकेश्वर के दर्शन करने पर मनुष्य रोगमुक्त हो असमय की यम-बाधा से बचता है।

गोलोकेश्वर के उत्तर की ओर अवस्थित तारादेवी का स्थान करीब चार फुट गहरा है। शिव और शक्ति एक-दूसरे के पूरक हैं, दोनों की आराधना अन्योन्याश्रित है। तारातन्त्र के अनुसार वशिष्ठ की तपस्या तारादेवी से सम्बद्ध है। इसलिए इसे *वशिष्ठाराधिता* भी कहा गया है। तारादेवी को कालिका पुराण में सती की दस महाविद्याओं में एक माना गया है। कामरूप में इसकी पूजा का विशेष विधान है। कामाख्या स्थित तारा मन्दिर और गुवाहाटी के उजान बाजार क्षेत्र स्थित उग्रतारा मन्दिर में भी आद्याशक्ति, सम्पूर्ण ब्रह्माण्ड को गति-मति प्रदात्री, जगत प्रसवनि, परात्परा नाभिस्वरूपा इसी महामाया की पूजा होती है। कामरूप में शैव मत से शाक्त मत का प्रभाव अधिक बढ़ने के साथ वाममार्गी तान्त्रिकों का वर्चस्व भी यहाँ बढ़ता गया और शैव एवं वैष्णव मन्दिरों के प्रसाद में भी सामिष भोग का समावेश हो गया।

कालिका पुराण में कथा है कि प्राग्ज्योतिषपुर के सन्ध्याचल पर ब्रह्मर्षि वशिष्ठ तपस्या कर रहे थे। एक बार उन्हें कामाख्या दर्शन की कामना हुई किन्तु यहाँ के अधिपति नरकासुर ने इसमें उन्हें बाधा पहुँचाई। कुपित हो महर्षि ने उसे शाप दिया कि तुम्हारा प्राग्ज्योतिषपुर राज्य श्रीविहीन हो जाएगा और कामाख्या यहाँ से अन्तर्धान रहेंगी, तुम्हारी मृत्यु के उपरान्त ही फिर प्रकट होंगी—

त्वं यावज्जीविता पाप कामाख्यापि जगत् प्रभुः।
सर्वे परिकरैः सार्द्धमन्तर्द्धानाय गच्छतु॥

वशिष्ठ के शैल-शरीर की दूसरी ओर एक कुण्ड और है। जल से भरे इस कुण्ड का ऊपरी मुँह एक आदमी के उतरने जितना है। पुजारी के कथनानुसार यह करीब बीस-बाईस फुट गहरा है। नीचे जाकर यह चौड़ा है जहाँ चार-पाँच व्यक्ति बैठ सकते हैं। इसकी गहरी सतह के मध्य योनियुक्त मंगलेश्वर शिव *योगयुक्तो महादेवः पार्वत्या सहितः* के अनुसार युगल भाव से विराजते हैं। पुजारी आगे बताता है कि वर्ष में एक बार इसका जल बाहर निकाला जाता है और इस संकीर्ण-छिद्र से हम लोग सीढ़ी द्वारा नीचे उतरकर शिव-पूजन करते हैं। यहीं बैठकर वशिष्ठ मुनि ने शिवाराधना की थी।

गर्भगृह से बाहर निकलने पर सीमेण्ट से बना हाल मिलता है। इस आर.सी.सी. दर्शक-हॉल का निर्माण करीब पैंतालीस-पचास साल पहले 'धानुका-सांगानेरिया दातव्य न्यास' ने करवाया था, जिसका साक्षी-स्वरूप लगाए गये शिला-फलक पर वर्तमान 'देवालय संचालन समिति' ने रंग पुतवाकर वशिष्ठ आश्रम लिखवा दिया है परन्तु ऐसा करने मात्र से क्या किसी की कीर्ति मिट सकती है?

अब आकाश में मध्यम प्रकाश फैलने लगा है। कुछ समय पहले हुई वृष्टि में सद्यस्नात सन्ध्याचल ने हरित परिधान धारण कर लिया है। यह पर्वत मेघालय की सीमा पर स्थित क्षोभक नामक पर्वत के उत्तर-पूर्वी कोण में शिलामय अंचल के रूप में फैला हुआ है। अब सारे दृश्य नयनों में समाने लगे हैं।

यहाँ से करीब 300 मीटर दूर ही वशिष्ठ पत्नी अरुन्धती का शैल कुटीर है। वशिष्ठाश्रम से कुछ दूर पैदल चलने पर बरपथार या बदरीपथार आता है। महाभारत के वनपर्व में *बदरीपाचन गच्छेद् वशिष्ठस्याश्रम ततः* लिखकर इसका पौराणिक महत्त्व निरूपित किया गया है।

बस द्रुत गति से दौड़ रही है। शुक्रेश्वर मन्दिर में जल चढ़ाने हेतु लगी काँवरियों की दो-ढाई कि.मी. लम्बी कतार रास्ते में ही मिल गयी है। बस से उतरकर इस मानव-पंक्ति को नापता अग्रसर हो रहा हूँ। मनुष्य के मन में बसी आस्था और विश्वास में ही ईश्वर का वास है। हम भले ही इन आस्थावानों की लीक पर चलें या न चलें परन्तु जन-विश्वास के आगे तो नतमस्तक होना ही पड़ता है।

अलख ब्रह्मपुत्र का मानस यात्री

बारिश की फुहारें झमाझम बरस रही थीं। पावस का उछाह लेने में खुद को घर की कैद से छुड़ा, अपने पड़ोसी ब्रह्मपुत्र के पास चला आया। बौछारों के बढ़ते वेग को मेरी छतरी नहीं सँभाल पायी तो सड़क के समानान्तर किनारे खड़े जहाज की छत का आसरा लेना पड़ा। जहाज ने सड़क और अपने बीच लकड़ी के फट्टों की पुलिया बना गठजोड़ गाँठ रखा था। ब्रह्मपुत्र की पनियाँ देह पर धुआँधार बरसती बरसात आँखों को खूब सुहा रही थी। घाट पर खड़े जहाज-स्टीमर सभी झड़ी में नहाये थे। सामने लैण्डस्केप पर छिटका उस पार की पहाड़ियों का हरापन मानो आकाश-जल से धुलकर ब्रह्मपुत्र में उतर आया था। पानी में दूर चलती नावें और स्टीमर बौछारों में धुँधलाये थे। असम की बरखा रानी भी बड़ी मनमौजी है; अड़ियल मेहमान की तरह सप्ताह-भर से अपना डेरा डाले थी। वह ऐसी ढीठ थी कि सरकने का नाम ही नहीं ले रही। थोड़ी देर बाद फुहारें हल्की हुईं और धूप छिटक आयी। दोनों का वह अद्‌भुत मिलन ऐसा लगा जैसे ब्रह्मपुत्र में नहाकर निकली सद्यस्नाता धूप के सुनहरे बदन पर फुहारों की झरती बूँदें हीरों की कणियों जैसी चमक रही हों। दूर नीलाचल-शृंग पर बादल अब भी रुई के फाहों की मानिन्द मँडरा रहे थे। सामने दिखते शराईघाट पुल की काया बूँदों की लड़ियों की झीनी झिर्री की ओट से अब धूप में निखर आयी थी। मुझे खुद पर कोफ्त हुई—काश! मैं कवि होता तो कुछ छन्द ही रच डालता।

फैन्सी बाजार स्थित महात्मा गाँधी रोड के सामने बहते ब्रह्मपुत्र का तटीय क्षेत्र बहुत नीचा है। सावन के आते-आते ब्रह्मपुत्र का जल-स्तर इस मार्ग को छूने की ललक में दिन-प्रति-दिन अपने सामान्य स्तर से बीस-पच्चीस फुट ऊँचा उठकर सड़क के समान्तर आ गया था। क्या हुआ, जो दोनों के स्तर में फुट-आध फुट अन्तर रह भी गया हो तो। गुवाहाटी में साधारणतया पचपन-साठ फुट रहनेवाली इसकी गहराई बाढ़ के बढ़ते जल-स्तर के साथ लगभग पचहत्तर-अस्सी फुट तक बढ़ जाती है।

इसके इस स्वभाव से गुवाहाटीवासी परिचित हैं पर चिन्तित नहीं। इसकी विकराल बाढ़ के समाचार जानकर दूर बैठे लोग भले ही चिन्ताएँ पालते होंगे लेकिन

मैं तो इसे बचपन से देखता आया हूँ। मुझे तो इसका स्वभाव कभी क्रूर नहीं लगा। हाँ! इसके किनारे बसे गाँवों में बस-वास करनेवाले जिन लोगों की जीविका इसके तट पर खड़े बोरोहोमोथुरी (लम्बे पत्तोंवाली *आओकाठी* प्रजाति का पेड़) की *खोरि* (ईंधन) पर आश्रित है, वे इसके क्रोध से भयभीत हैं। किन्तु बोरोहोमोथुरी तो प्रेम का प्रतीक भी है। गाँव का प्रेमी लड़का इसके पत्ते चबाने से काले पड़े अपने ओंठ और जीभ प्रेमिका को दिखा मानो कहता है—प्रेम का रंग ऐसा पक्का है कि 'ऐसी कारी कामली चढ़ै न दूजो रंग।'

ग्रामीण अपने घर-द्वार तक ब्रह्मपुत्र को चला आता देख, इसके कटाव से बचने के लिए पहले इसकी मनुहार करते हैं, फिर लौकिक प्रतीक के माध्यम से उलाहना दे कहते हैं—हमने तो ताम्बूल देकर तुम्हें अपने घर आने के लिए आमन्त्रित नहीं किया है—

ब्रह्मपुत्र कानते, बरहमथुरि जुपि / *ब्रोह्मोपुत्र कानोते, बोरोहोमोथुरि जुपि*
आमि खरि लोवा ठाइ; / *आमि खोरि लोवा ठाइ;*
उटुवाइ निनिबा, ब्रह्मपुत्र देवता / *उटुवाइ निनिबा, ब्रोह्मोपुत्र देवोता*
तामोल दी मातोता नाइ। / *तामोल दी मातोता नाई।*

(ब्रह्मपुत्र किनारे, खड़े हैं बोरोहोमोथुरी पेड़
अपना ईंधन जिनसे पाते हम
उन्हें लील मत लेना, ब्रह्मपुत्र देवता
ताम्बूल देकर तो तुम्हें नहीं बुलाते हम।)

गुवाहाटी में ब्रह्मपुत्र की चौड़ाई सिकुड़कर डेढ़ कि.मी. ही रह जाती है, नहीं तो बिन बारिश भी इसका पाट कहीं-कहीं चार-साढ़े चार कि.मी. तक रहता है। यहाँ इसके भीतर तक चली गयी चट्टानें जल-स्तर घटने पर धारा के बीच साफ दृष्टिगोचर होने लगती हैं। यहाँ इसके तीनों चट्टानी द्वीप बाढ़ के समय इसके उन्माद का फण कुचलते हैं। यह नद यहाँ चारों ओर से नीलाचल, शुक्रेश्वर, चित्राचल, खारघुली, अश्वक्लान्त आदि पहाड़ियों से घिरा है, जिनके मध्य इसका लबालब पानी उस वक्त एक विशाल झील जैसा लग रहा था। इन चट्टान-पहाड़ों के करघे पर ही ब्रह्मपुत्र ने अपनी जल-धाराओं के ताने-बाने से पानी की यह चादर बुनी है।

ब्रह्मपुत्र में जहाज-स्टीमर और सड़क पर मोटरगाड़ियाँ समतल-से होकर चल रहे थे। ब्रह्मपुत्र ने गुवाहाटीवासियों को कभी त्रास नहीं दिया। सर्दी के दिनों में सिकुड़ा-सिमटा भी यह अथाह जल-राशि का भण्डार होता है। हमने भी औरों की

तरह इसकी बाढ़ के चर्चे-भर सुने हैं।

गुवाहाटी पहुँचते-पहुँचते 2880 कि.मी. दीर्घ ब्रह्मपुत्र अपनी करीब बाईस सौ कि.मी. की यात्रा कर चुका होता है। तिब्बत में यह अपना 1625 कि.मी. का भ्रमण कर, भारत में केवल 918 कि.मी. ही प्रवास करता है। यह बांग्लादेश में गंगा में समाहित होने तक 337 कि.मी. और चलकर अपना यात्रान्त करता है।

मेरी छठी इन्द्रिय ब्रह्मपुत्र के यात्रारम्भ से ही इसके साथ-साथ यात्रा करना चाह रही थी। असम में इतनी द्रुत गति से प्रवहमान यह नद अपनी प्रारम्भिक अवस्था में कैसा होगा? यह तिब्बत के पठार पर पूर्वाभिमुख होकर बहता है, फिर भारत में प्रवेश कर पश्चिमाभिमुख हो जाता है। इसकी सागर-यात्रा बांग्लादेश में शुरू होती है, जहाँ यह दक्षिणमुखी होकर बंगोपसागर में विलीन हो जाता है। आखिर इसके छोर तक कैसे पहुँचूँ? इसके लिए मैंने भू-पर्यटक बिमल दे की अँगुली थामी और उनकी बांग्ला में लिखी पुस्तक 'महातीर्थेर शेष यात्री' (हिन्दी में 'महातीर्थ के अन्तिम यात्री' के नाम से दिलीप कुमार बनर्जी द्वारा अनूदित) के साथ एक संक्षिप्त मानसिक-यात्रा प्रारम्भ की किन्तु वह यात्रा इतनी सहज न थी।

बिमल दे ने आज से पचास वर्षों पहले सन् 1956 में ल्हासा से मानसरोवर तक की एकाकी पैदल-यात्रा ब्रह्मपुत्र के किनारे किनारे की थी। यह उनका साहसिक अभियान ही तो था। उस वक्त उनकी उम्र सोलह-सत्रह साल ही थी और मैं भी उस कालावधि में कोई ग्यारह वर्ष का रहा होऊँगा। मुझे अतीत में प्रवेश कर मानसरोवर से ब्रह्मपुत्र के किनारे किनारे यात्रा-पथ पर चलना था। इसके लिए बिमल दा के शब्दों को उलटे क्रम में सजाकर मानस यात्रा पर निकलना था। उस यात्रा के समय तिब्बत चीन के अधिकार में जा चुका था। वहाँ की वर्तमान राजनीतिक स्थितियों में क्या बदलाव आये हैं, यह तो पता नहीं, लेकिन ब्रह्मपुत्र की भौगोलिक परिस्थितियों में तो कोई विशेष अन्तर नहीं न आया होगा।

मेरी आँखें बिमल दे के शब्दों का चश्मा चढ़ाये सारे दृश्य देख रही थीं। शब्द-मायाजाल में बँधा मैं मानों मानसरोवर के किनारे खड़ा था। दूर-दूर तक फैले हिमशिखरों के बिम्ब सरोवर के नीलाभ जल में प्रतिबिम्बित हो रहे थे। समुद्र तल से 14,950 फुट की ऊँचाई पर स्थित मानसरोवर की आकृति गोलाकार थी जिसके मीलभर के फासले पर ही त्रिभुजाकार राक्षस सरोवर था। उन सरोवरों से दूर-दूर तक फैली पर्वत-श्रेणियों में दक्षिण के तुषार शुभ्र पर्वत का नाम था गुरलामान्धाता (25,355 फुट)। सरोवरों के पृष्ठ में हिमाच्छादित तिकोने शिखर कैलास (22,028 फुट) के दर्शन हो रहे थे। आसपास के पहाड़ों की बर्फ पिघलने से बनी असंख्य लघु

पहाड़ी नदियाँ अपना स्फटिक-सा स्वच्छ जल मानसरोवर में उँड़ेल रही थीं। मानसरोवर की परिक्रमा करना जाड़े में ही सम्भव है, जब ये सरोवर और यहाँ की नदियाँ जमकर बर्फ बन जाती हैं।

उसके तट पर कुछ तिब्बती बैठे मछलियाँ सुखा रहे थे। तिब्बत में प्राणी-हत्या पाप है। मरी हुई मछलियाँ किसी अज्ञात कारणवश किनारे आ लगती थीं। सीपी बीनने की तरह छोटी-छोटी मरी मछलियों को वे बीन रहे थे।

मानसरोवर में प्राचीनकाल से ही कोई मन्दिर नहीं रहा। वहाँ अधिकतर बौद्ध-तान्त्रिक ही आते हैं, साथ ही सनातनधर्मी साधु-महात्मा व तीर्थयात्री भी दर्शन व स्नान के लिए आते हैं। दोनों सरोवरों के आसपास के छोटे-छोटे पहाड़ों में बहुत-सी गुफाएँ हैं। इन्हीं गुफाओं में हमारे सहस्र-सहस्र तपोनिरत ऋषि-मुनियों ने ज्ञान-विज्ञान का संचय किया।

तिब्बत में मानसरोवर को 'माफाम त्सो' के नाम से जाना जाता है। 'त्सो' का मतलब है सरोवर। इसी प्रकार तिब्बत में ब्रह्मपुत्र की संज्ञा सांग्पो है। सिन्धु, ब्रह्मपुत्र और कर्णाली अर्थात् सरयू नदियाँ मानसरोवर से निकलती हैं और शतद्रु (सतलज) राक्षस सरोवर से। तिब्बती लोककथा में कल्पना है कि व्याघ्रमुख से सिन्धु, मयूरमुख से कर्णाली, अश्वमुख से ब्रह्मपुत्र और हस्तीमुख से शतद्रु नदी निकलती है। सिन्धु तथा शतद्रु अरब सागर में और कर्णाली तथा ब्रह्मपुत्र गंगा में तिरोहित होकर बंगोपसागर में गिरती हैं। यही कर्णाली पहले नेपाल जाती है, फिर सरयू बनकर अयोध्या में प्रकट होती है। क्या पता ब्रह्मपुत्र की बड़ी बहन ब्रह्मपुत्री नदी भी यहीं से निकली हो। अब तो सरस्वती नाम से विख्यात रही ब्रह्मपुत्री भूगोल की सीमा छोड़ केवल वेद-पुराणों के श्लोकों में ही सिमट कर रह गयी है।

लोककथा में ये उपमाएँ कैसे और क्या सोच कर जोड़ी गयीं, यह तो जोड़नेवाला जाने किन्तु हिनहिनाते जंगली घोड़े की भाँति असम में प्रवेश करनेवाला ब्रह्मपुत्र स्वयं को मिली उपमा को अवश्य सार्थक करता है। तिब्बत में अपने उद्गम-स्थल पर तो इसका बड़ा सौम्य और कृशकाय रूप है। सांग्पो का प्रधान झरना मानसरोवर से निकलता है, जिसे वहाँ सामो सांग्पो कहा जाता है। हिमालय के उत्तरी भाग से निकलकर तिब्बत के पठार पर बहती सैकड़ों स्रोतस्विनियाँ इसमें आ समाती हैं और उत्तरोत्तर यह नद महाविकराल रूप धारण करता जाता है।

इसके साथ ही मुझे इस नद के जन्म की पौराणिक कथा याद हो आयी। पद्मपुराण के सृष्टि खण्ड में वर्णित कथा का सार संक्षेप यह है कि कैलास के पर्वत क्षेत्र में वास कर रहे शान्तनु मुनि को ब्रह्मा से वरदान स्वरूप उनका अग्निमय ओज प्राप्त हुआ। शान्तनु मुनि ने पुत्रकामना से उस दिव्य ओज को अपनी भार्या अमोघा के गर्भ में स्थापित कर दिया, जिससे एक जलस्वरूप पुत्र ने जन्म लिया। कालान्तर में

वही जलधारा के रूप में प्रवाहित होने पर ब्रह्मपुत्र कहलाने लगा। इसका पौराणिक नाम 'लोहित्य' महाभारत के सभा पर्व, भीष्म पर्व के अतिरिक्त मार्कण्डेय पुराण, वायु पुराण, रघुवंश और बौद्ध वज्रयान, हस्त्यायुर्वेद, राजतरंगिणी आदि में भी उल्लिखित है।

मानसरोवर से यात्रारम्भ करने से पूर्व बिमल दा से तिब्बती भाषा के शब्द *तासाम* का मर्म मैंने आत्मसात किया। तासाम उस क्षेत्र को कहते हैं, जहाँ थाना या सरकारी कार्यालय सहित उस क्षेत्र का मुख्य बाजार भी होता है। कैलास-मानसरोवर आनेवाले यात्री तासाम से अपनी आवश्यकता का सामान खरीदते हैं। भारत से अल्मोड़ा, धारचुला, लिपूलेक दर्रे से होकर यहाँ आनेवाले यात्री इसके दक्षिण में स्थित *ताकलाकोट* तासाम से होकर आते हैं। चीन से हुए समझौते के कारण विगत वर्षों में भारतीयों के लिए मानसरोवर-यात्रा फिर सम्भव हो गयी है। यह यात्रा इसी 'ताकलाकोट' तासाम से होकर की जाती है। मानसरोवर के उत्तर में *तारचेन* तासाम है और पूर्व में *थोकचेन* तासाम।

मानसरोवर से चला मेरा मानस बिमल दा के शब्दों के सहारे थोकचेन तासाम की ओर बढ़ रहा था। धीरे-धीरे कैलास मानसरोवर के दृश्यों पर यवनिका गिरती जा रही थी किन्तु इसके साथ ही प्रकृति के मंच पर नूतन दृश्यावली भी उतरती आ रही थी। हिमालय की बर्फीली चोटियाँ असीम रूप-छटा बिखेर रही थीं। अन्नपूर्णा और नन्दादेवी की चोटियाँ अपने सिर उठाए कैलास को निहार रही थीं।

आठ सौ फुट की पहाड़ी चढ़ाई के बाद पन्द्रह हजार सात सौ फुट की ऊँचाई पर बसा उस क्षेत्र का पहला गाँव थोकचेन आया। ठण्ड असहनीय हो गयी थी। बिमल दा ने अपने झोले से निकालकर शिलाजीत जैसी किसी तिब्बती दवा का टुकड़ा देकर उसे चूसते रहने को कहा। उस दवा का नाम था 'थूमा'। सचमुच उसने जादुई असर दिखाया और ठण्ड दूर भागने लगी।

वहाँ लगे बाजार में सभी आवश्यक सामान उपलब्ध था परन्तु दुकानदारों को देखकर लगता था कि वे गन्दे भिखारी हैं। वहाँ गन्दगी अपनी पराकाष्ठा पर थी। तार-तार फटे गन्दे चिथड़ों में बदन छिपाना तो उनकी विवशता हो सकती थी और क्षम्य भी, पर यह देखकर दंग रह गये कि वे जिस कमरे के कोने में खाना बनाते थे उसके दूसरे कोने में पेशाब करते थे, खँखारकर मुँह के बलगम को लकड़ी की दीवार पर थूक देते थे।

बाजार में हकीमी-आयुर्वेदिक व टोटका दवा की कई दुकानें थीं, जहाँ जड़ी-बूटियाँ, पत्थर, जीव-जन्तुओं की खाल तथा तेल बिकते थे। उस खुले बाजार का मुख्य आकर्षण ऊनी वस्त्रों की दुकानें थीं। भेड़ की खाल से बने कोट 'चारु' की कीमत दो रुपये थी और 'चुटकी' (मोटा कम्बल) बीस-बाईस रुपये का। हल्के ऊन

की चादर 'पाघी' बारह आने में और 'लाम' (जूते) दस आना जोड़ी। ऊनी कपड़ों के अलावा छोटी मेज, रंग-बिरंगे छोटे बक्से, कप-डिश, दीपक और सुन्दर थालियाँ व कटोरे भी बहुत सस्ते मिलते थे। बिमल दा ने बताया कि मानसरोवर जाते समय अपने लिए एक स्वेटर और एक जोड़ा ऊनी दस्ताना कुल एक रुपये तीन आने में उन्होंने वहीं से खरीदे थे।

थोकचेन से सामसांग के रास्ते में उत्तर दिशा से मरियम-चू, दक्षिण से मात्सांग-सांग्पो नदियाँ आकर सांग्पो में मिलती हैं। झरने के आकार में आंग्शी इयांग्दुंग, तामचाक-खामबाब आदि नदियों ने मिलकर मात्सांग-सांग्पो नदी को रचा था। सामसांग से गीयाबुनाक गाँव होते हुए ब्रह्मपुत्र के तट पर बसे त्रादुम का रास्ता है। त्रादुम पहुँचे तो देखा कि वहाँ के बाजार में बच्चे-महिलाओं के साथ टट्टू, घोड़े, याक, भेड़ आदि पशुओं का भी अच्छा-खासा जमघट था।

त्रादुम से आगे बढ़ने पर ब्रह्मपुत्र के किनारे खाकी रंग के लगभग सौ तम्बुओं की फौजी छावनी थी। सड़क पर मिलिट्री के दर्जनों ट्रक खड़े थे। वहाँ बन रही सड़क पर काम करनेवाले मजदूर शायद आसपास गाँवों के लोग रहे होंगे। दो नावों से फेरी का काम लिया जा रहा था।

तिब्बत के बंजर पठार पर बहते सांग्पो को पहाड़ों की छाँव बहुत मुश्किल से मिलती है। कंकरीली-पथरीली जमीन पर लुढ़कता, हिमांक से नीचे के तापमान में ठिठुरता यह नद बहता चलता है। बिमल दे सावधान करते हैं कि तिब्बत में इसका पानी बहुत ठण्डा है, इसमें एकाएक उतरोगे तो ठण्ड़ से वहीं दम तोड़ दोगे। इसलिए पहले इसके पानी को शरीर पर तेल की तरह मलो, तुम्हारा शरीर जब इस ठण्ड को सहने लगे तब इसके पानी में उतरो।

तिब्बत में बहती कितनी ही नदियों के मिलन से बना सांग्पो उज्ज्वल जीवन का प्रतीक है किन्तु असम में पहुँचकर इसका रूप क्या-से-क्या हो जाता है। तिब्बत में किसी अबोध निष्कलंक बालक की तरह गोल-गोल कंकड़ों-पत्थरों से खिलवाड़ करने में यह चंचल और मस्त है। इसकी जल-काया स्फटिक की तरह स्वच्छ और निर्मल है किन्तु अपने शैशव को खोकर जब यह यौवन की लीला में खोता है तो मलीन हो जाता है। इसके स्वभाव में उग्रता आ जाती है।

मानसरोवर से चला मेरा मानस त्रादुम से सांग्पो के किनारे किनारे बिमल दा की अँगुली पकड़े पाशागुक गाँव पहुँचा। आज पता नहीं कि वह कैसा है किन्तु उस समय वह करीब दो सौ घरों का गाँव ही था। उस छोटे-से गाँव में एक छोटा-सा गोम्फा था। वहाँ अवलोकितेश्वर की मूर्ति थी, गोम्फा के एक अँधेरे कमरे में स्थापित आदमकद मूर्ति यमन्तक की थी जिसे देखकर ही भय लगा। यमन्तक के महिषासुर जैसे भयंकर नौ सिर, चौंतीस हाथ, सोलह पाँव थे। उग्र लाल, नीले और सफेद रंग

में उस प्रतिमा को रंगा गया था। हम जिस श्मशान काली की पूजा करते हैं, वह मूर्ति भी इतनी भयंकर नहीं होती।

पाशागुक से सड़क नीचे की ओर जा रही थी। सांग्पो की ओर देखा तो उसके प्रवाह की गति तेज लगी। साका और गेबुक गाँवों को पार करते हुए अब हम शीगात्से की ओर बढ़ रहे थे। बीच में फिर एक गाँव लाका आया। गाँव के दक्षिण में खड़ा उन्नत हिमालय और सामने की सड़क किनारे बह रहा था—सांग्पो। एकरस दृश्य था उस यात्रा का। पेड़-पौधे नहीं दिखते। बस बालू और पत्थर। दूर-दूर तक वही दृश्य। धूप की किरणें बालू पर यों चमकती थीं कि आँखें चौंधिया जातीं। आसपास न कोई गाँव, न लोगों के दर्शन। हाँ! कभी-कभार तिब्बती बंजारों या खानाबदोशों के तम्बू दिख जाते या फिर कहीं-कहीं चीनी फौज के पड़ाव। चीनियों की आँखों से बचते-बचाते हम आगे बढ़ रहे थे। सांग्पो के इस रास्ते पर आगे चलकर कुछ ट्रक भी चलते दिखे।

सांग्पो का पाट वहाँ काफी चौड़ा था। सांग्पो के किनारे सड़क बिछी थी। वहाँ कोई पुल नहीं था। सांग्पो की घाटी समतल थी। सड़क पर जीप और ट्रक चल रहे थे। आबोहवा भी अच्छी थी, धूप की ऊष्मता सुखद लग रही थी। वहाँ के घाट पर कोई नाव नहीं दिखी, अलबत्ता एक मालवाही जहाज वहाँ खड़ा था। घाट के करीब ही कुछ सामरिक वाहन खड़े थे। पास ही एक चाय की दुकान थी, जहाँ कुछ चीनी घुटने के बल बैठे चाय पीते आपस में बतिया रहे थे। उन्हें देखकर बिमल दा ने सावधान किया किन्तु अब उनकी आँखों से बच पाना मुश्किल था। हिम्मत कर चाय की दुकान पर पहुँचे तो दुकानदार ने बिना माँगे ही चाय के चोंगे थमा दिये, जिनमें आठ-नौ कप से कम चाय नहीं थी। तिब्बती चाय हमारी जैसी नहीं होती। इसमें दूध के बदले जमा हुआ मक्खन डालकर तेज आँच पर बनाते हैं। चीनियों की तरह हम भी उकड़ूँ होकर बैठे और चाय सुड़की।

चाय पीकर शायद चीनियों में स्फूर्ति का संचार हो गया था। तत्परतापूर्वक मालवाही जहाज से घाट के किनारे तक अल्यूमीनियम की पटरियाँ बिछाकर देखते-देखते उन्होंने एक रास्ता बनाया और रास्ते से चलाकर तीन ट्रक और दो जीपों को जहाज पर लाद दिया। सारा काम आधे घण्टे में निपट गया। सांग्पो किनारे खड़े हम सारी कार्यवाही देख रहे थे। जहाज का इंजिन स्टार्ट हुआ तो चौंके। कभी कल्पना में भी नहीं था कि तिब्बत में बहते सांग्पो में यन्त्रचालित स्टीमर देखने का सौभाग्य मिलेगा। विस्मय से उसे निहार रहे थे कि दो चीनियों ने इशारे से स्टीमर पर चढ़ने को कहा तो हमारी झिझक मिटी। उस पार जाने के लिए किनारे बैठे तिब्बती भी जहाज पर चढ़ गये। जोर से सीटी बजाकर स्टीमर चल पड़ा और पन्द्रह मिनट बाद ही उस पार लासाजोङ फेरीघाट पर पहुँचा दिया। पुनः पहले की तरह पुल तैयार

हुआ और यात्री-वाहन किनारे उतर गये।

उस पार भी सड़क बिछी थी। दायीं ओर हिमालय की शृंखला शुरू हो गयी थी। सांग्पो के समान्तर बनी सड़क आगे जाकर दो भागों में बँट गयी थी। एक सांग्पो से आ ही रही थी और दूसरी दायें मुड़ी सड़क काठमाण्डू जाने की थी। आगे जाकर शीगात्से शहर आया, तिब्बत का दूसरा बड़ा शहर। तब तिब्बत के चार बड़े शहर थे—ल्हासा, शीगात्से, गीयात्से और इयाटुंग। वैसे शीगात्से से तिब्बत की राजधानी ल्हासा की दूरी 210 कि.मी. ही है।

सांग्पो और नियांग नदी के संगम पर बसे शीगात्से शहर का महत्त्व पाँचेन लामा के कारण विशेष था। पाँचेन लामा साँ प्रदेश के शासक थे। साँ प्रदेश के तीन बड़े शहर शीगात्से, गीयात्से और फारी उनके अधीन थे। स्थानीय लोग उन्हें ताशीलामा तथा पाँचेन रिमपोचे कहते थे। ल्हासा की भाँति शीगात्से को भी महापुण्य-स्थल माना जाता था। शहर में ही किला था, जिसे कई साल पहले चीनी सेना ने अपना शिविर बना लिया था। पाँचेन लामा चीन पन्थी थे और उनकी सुरक्षा का जिम्मा चीनी सेना के अधीन था। किले के नीचे शहर का मुख्य वाणिज्य केन्द्र व बाजार था। शहर के निकट ही उनका मूल निवास 'ताशीलुम्पा' था किन्तु शीगात्से से लगभग बीस कि.मी. दूरी पर दलाई लामा की तरह ही उनका ग्रीष्मावास 'कुन-कीयाप्लिग' भी था।

नियांग नदी के कछार से ऊपर उठने पर सामने फैले हुए सुन्दर शहर का दृश्य था। समतल भूमि पर वहाँ के घने बसे घर-द्वार ल्हासा की तरह ही पैगोडा के रूप में बनाये गये थे। शहर की सभी सड़कें बाजार से होकर जाती थीं। सड़क पर पशुओं की भरमार थी, गधे, याक, भेड़, कुत्ते, मुर्गे आदि ने जैसे सड़क पर कब्जा कर रखा था। सड़क के दोनों ओर दुकानें थीं। एक साइन-बोर्ड देखकर चौंकना स्वाभाविक था, जिस पर हिन्दी तथा अंग्रेजी में लिखा था—होटल। हिन्दी की लिखावट देखकर बिमल दा की खुशी का ठिकाना न था, यह सोचना ही अच्छा लगा कि वहाँ भी कोई हिन्दी-भाषी अवश्य होगा। दरअसल उस दुकान का मालिक तिब्बती ही था, जिसने दार्जिलिंग में शिक्षा पायी थी। वह कार्शियांग, कालिम्पोंग और सिलीगुड़ी में भी बहुत समय तक रहा था।

शीगात्से से सांग्पो की उपनदी नियांग को पार करने के लिए चमड़े से बनी बड़े गमले के आकार की अद्‌भुत नाव थी, जिसे तिब्बती भाषा में '*क्वा*' कहा जाता है। यह बहुत हल्की होती है। खेने के बाद उसे सिर पर उठाकर पानी से बाहर कर लिया जाता था, ताकि वह स्रोत के साथ बहकर सांग्पो में न चली जाए। नाव में पतवार का काम एक तख्ते से लिया जाता था जिसे खेना मुश्किल था, प्रवाह पर ही आश्रित थी वह नाव। जो हो, उस गमलानुमा नाव में एक-दूसरे से सटकर किसी

तरह बैठना पड़ा, खड़े होने से उलट जाने का भय था। वैसे सांग्पो पार करने के लिए फेरीघाट भी शीगात्से में है।

असमवासी होने के नाते शायद मैं सांग्पो का दर्द समझ रहा था। तिब्बत में उसकी धार इतनी वेगवती थी कि 'क्वा' प्रवाह के विपरीत चलने में हाँफने लगती थी। सांग्पो डरा-सहमा था कि उस पर तैरती याक के चमड़े से बनी 'क्वा' का पेंदा उसमें डूबी चट्टानों से टकराकर फट न जाए। उसे दूसरा दुःख यह था कि तिब्बत के पठार पर उसके किनारे धान नहीं उगता। सांग्पो की यात्रा मानो यही सोचती बढ़ती जाती है कि वह ऐसे उर्वर मैदान को जन्म देगा, जहाँ धान-ही-धान की हरीतिमा लहराएगी, जहाँ उसकी धारा में चमड़े की 'क्वा' की जगह लकड़ी की नावें चलेंगी—तरह-तरह की नावें चलेंगी—प्रवाह के साथ और विपरीत भी। उन नावों में *बछरीनाव* होगी, *गुटियानाव* होगी और *सेलेंगीनाव* भी होगी। और भी तरह-तरह की नावें होंगी।

उस मैदान के रहवासी उसकी जलधारा पर अपने मनोरंजन के लिए *चौड़ानाव, मगरमुखी* चौड़ानाव पर दौड़ लगाएँगे। वहाँ किसी आक्रमणकारी का सामना करने के लिए तोपों से लदी *हिलइ* चौड़ानाव होगी तो *गछनाव, भारीनाव, गेरापनाव, सुलुपनाव* भी होंगी। वहाँ आवाजाही के लिए *कोचनाव* और *बजरानाव* होंगी। अभी से यहाँ बहता सांग्पो और किस-किस नाव का नाम लें; वहाँ और भी बहुत-सी नावें होंगी, जिनका स्पर्श पाकर और नाविकों के नावरिया गीतों को सुनकर यह 'क्वा' के दुःख को बिसर जाएगा। इन सबके साथ उसे अपने शैशव के संस्कारों का निर्वाह भी करना था। क्या इसी के चलते तिब्बती परम्परा में भेंट दिये जानेवाले सफेद उत्तरीय की सौगात को ब्रह्मपुत्र असमी संस्कृति के प्रतीक बन गये फुलाम गमछा को अपने साथ लाया था।

मैं तो बिमल दा की अँगुली छुड़ाकर अन्य बातों में लग गया, दौड़कर फिर उनका हाथ थामा। उस क्षेत्र में सांग्पो एकदम शान्त दिखा। उसके प्रवाह में कोई ध्वनि नहीं थी। दुर्दान्त ब्रह्मपुत्र का सांग्पो के रूप में वहाँ कितना शान्त रूप था, मानो एक महाशक्ति वहाँ स्थिर हो गयी थी। उसके किनारे किनारे कुछ घास व छोटे-मोटे पेड़ दिखाई दे रहे थे। पेड़ अमरूद के पेड़ जैसे थे, उनमें नये पत्ते निकलने लगे थे। वहाँ न कोई रास्ता था, न पगडण्डी, न ही कहीं आदमी के पद-चिह्न। सूरज चढ़ते-चढ़ते गर्मी बढ़ने लगी थी।

मध्याह्न के आसपास कहीं से खिलखिलाहट की आवाज सुनायी पड़ी। थोड़ा आगे बढ़ने पर देखा कि दस-बारह लोग सांग्पो में नहा रहे थे जिनमें कुछ युवतियाँ भी थीं। वे तैर रही थीं और हँसी-ठिठोली करती एक-दूसरे पर पानी उछाल रही थीं। सांग्पो के ठण्डे पानी में डुबकी लगाने के लिए भी हिम्मत की आवश्यकता थी। उन्हें उस तरह नहाते-तैरते देखकर सचमुच ही आश्चर्य हुआ। युवतियाँ कमर तक अनावृत्त थीं, कमर के नीचे कपड़े की पट्टी थी। बिमल दा ने बताया कि ऐसा दृश्य पहले कभी नहीं देखा था, तिब्बती युवतियाँ अत्यधिक गर्मी में अथवा नहाते समय वक्ष नहीं ढाँपती जो उनके लिए सहज बात थी। उनके पास से गुजरे तो सबने अभिवादन किया। उनके अभिवादन का उत्तर देकर हम आगे बढ़ गये।

आगे एक ओझा बाबाजी मिले। उन्हें बिमल दा को लगी भूख का पता चला तो सांग्पो किनारे ले गये—मछली पकड़ने। मछली पकड़ने का उन्होंने अच्छा तरीका निकाला था। सांग्पो से उन्होंने एक सँकरा नाला काटा था, कुछ आगे एक गड्ढा खोद रखा था। प्रवाह की गति से पानी उस नाले से होकर गड्ढे तक पहुँचता। पानी के साथ-साथ छोटी-छोटी मछलियाँ भी उस गड्ढे में पहुँच जातीं। फिर नाले का मुँह बन्द कर कटोरी से उसका पानी निकाल फेंकते, तब मछलियों को पकड़ना आसान हो जाता। वे अकेले होते तब भी ऐसे ही मछलियाँ पकड़ते। बिमल दा और ओझा ने मिलकर मछलियाँ पकड़ीं, छोटी-छोटी मछलियाँ। लगभग एक पाव मछलियाँ पकड़कर दोनों ही आनन्द से हँसने-झूमने लगे। आश्चर्य कि ओझा बाबा उन मछलियों को कच्चा ही चबाने लगे। एक रत्ती नमक तक नहीं लिया साथ में। किन्तु बंगाली मोशाय उन्हें कच्चा चबाने की हिम्मत नहीं जुटा सके।

इस मछली-प्रकरण से मुझे अपने एक असमिया मित्र का मछली-ज्ञान याद हो आया। उसने *रोऊ, भराली, सोल, कावई, गोराई, चंगेली,* काँटेदार *चीतल* मछली से लेकर *दोरीकोला* मछलियों के नाम मुझे बताये थे। उसने एक *बाईन* मछली का नाम बताते हुए रहस्योद्घाटन किया था कि यह मछली दलदल के भीतर पाँच-छह महीनों तक जीवित रह लेती है। दलदल ऊपर से सूखकर बिल्कुल बन्द हो जाती है किन्तु अगली वर्षा ऋतु तक बाईन ऐसे ही किसी समाधिस्थ साधु की तरह पड़ी रहती है। पता नहीं उसे जीने के लिए वायु और आहार भगवान कैसे जुटा देता है।

मछली तो ब्रह्मपुत्र का प्रसाद है, तभी तो योगिनीतन्त्र ने भी मत्स्य-प्रसाद देवों को चढ़ाने की सहमति दी है। तभी तो शंकर और विष्णु मन्दिर में भी मत्स्य भोग लगता है। मछली को तो स्वप्न में देखना भी शुभ माना गया है और असम में मछली के आदान-प्रदान बिना विवाह-सम्बन्ध तक पक्के नहीं होते।

उस मित्र ने मछलियों को फाँसने के जालों के बारे में भी मुझे अच्छी जानकारी दी थी। *खेवली, लाँगी* और *घुकुटा* जैसे बड़े जालों का प्रयोग प्राय: नदी में किया जाता है किन्तु पोखरों में मछलियों को फाँसने के लिए *जाकोई, पोलाह, चालनी* और *पोचा* जैसे बाँस से बने टोकरीनुमा जालों का प्रयोग होता है।

मछली-पुराण कहने-सुनने में बिमल दा आगे न निकल जाएँ। सांग्पो के उस पार पहाड़ का दृश्य दिख रहा था। सांग्पो किनारे बने एक झोंपड़े को देखकर उन्होंने भीतर झाँका। वह झोंपड़ा किसी तिब्बती लामा का था। बिमल दा ने कुछ इशारों और कुछ टूटी-फूटी तिब्बती में उसे पेटपूजा करने का अपना मन्तव्य समझाया। लामा ने आटा, बार्लि और सूखे मांस के कुछ टुकड़े दिये, जिन्हें आग पर पकाकर तिब्बती व्यंजन *साम्पा* बनाने में बिमल दा जुट गये। मैं तो मानसिक रूप से उनके साथ था, सो लौकिक भोजन की मुझे आवश्यकता ही नहीं थी। खाना खाकर बिमल दा ने बर्तनों को ले जाकर सांग्पो के पानी में धोया।

वहाँ सांग्पो के तट का रास्ता समतल नहीं था। उसकी जलधारा बड़ी-बड़ी चट्टानों के अगल-बगल से घूमती-फिरती अपना रास्ता बनाती आगे बढ़ रही थी। सांग्पो का साथ एक मित्र के समवत था।

अब बंजर क्षेत्र के बदले पहाड़ी इलाका आ गया जो खाम्बा-ला दर्रे का भूभाग था। एक ओर चोमलहरि तथा हिमालय की बर्फ से ढँकी अन्य चोटियाँ, दूसरी ओर सांग्पो की घाटी। उस जगह सांग्पो नद नहीं, नदी था, शान्त छोटी-सी पहाड़ी नदी, जो घाटी में विशाल अजगर की तरह लेटी थी। लग रहा था जैसे उसमें कोई प्रवाह ही नहीं था। बस, अपनी सत्ता लेकर वहाँ विराजित भर थी। उसका शान्त रूप देखकर यह अनुमान करना कठिन था कि यही नदी आगे बढ़कर प्रलयंकारी रूप ले सैकड़ों गाँवों और जानमाल का नुकसान हर साल करती है।

तिब्बत में सांग्पो बारह हजार फुट की औसत ऊँचाई पर बहता है। सांग्पो की वह उपत्यका ऊँचे पहाड़ों के बीच है। सांग्पो के उत्तर में बहुत दूर चां-ता पर्वत दिखाई पड़ रहा था जिसके उस पार चीन है। पाटसि नामक गाँव होते हुए सांग्पो के तट पर पहुँचे। ब्रह्मपुत्र नाम का ध्यान कर हमने उसका जल अपने ऊपर छिड़का। वहाँ उसके दोनों ओर के मैदान काफी विस्तृत थे। वहाँ से सांग्पो को पार कर पैदल चल दो दिन में ल्हासा पहुँचा जा सकता था।

सांग्पो के किनारे की बालू का रंग पीला था। दोनों तटों पर घर-बार थे। किनारे की सड़क पर लोग आवाजाही कर रहे थे। उसके दूसरे तट पर भी सड़क थी जहाँ ट्रक खड़े थे। बहुत दिनों बाद लगा कि फिर से अपनी दुनिया में लौट आये हैं।

सांग्पो के किनारे किनारे बालू-कंकड़ की सड़क पर कुछ दूर बढ़ने पर एक टीलानुमा छोटी-सी पहाड़ी पर बौद्ध विहार चाकसाम गोम्फा था।

सांग्पो के तट पर पहुँचते ही उत्साह बढ़ गया था। टीले की आड़ में छिपे चीनी फौजियों के तम्बू पहले दिखाई नहीं दिये। वे पशुओं की तरह चीखते हुए दौड़े आये, अब हम मानो शेर के सामने जा पड़े थे। पहले मिले चीनियों ने तो अभद्र व्यवहार नहीं किया था लेकिन उनका उद्दण्ड आचरण देखकर लगता था कि वे हमें मार ही डालेंगे। उन्हें चाकसाम गोम्फा में जाने की बात बतायी तो उन्होंने रास्ता छोड़ा किन्तु कुछ सिपाही हमारे साथ-साथ गोम्फा तक पहुँचे। बन्द फाटक पर दस्तक देने पर किसी ने दरवाजा खोला और बताया कि धर्मशाला में जगह मिल जाएगी। फाटक के अन्दर घुसने तक चीनी सिपाही वहीं खड़े रहे। ऐसा लगा कि तिब्बत नहीं, पेकिंग में पहुँच गये हैं।

चाकसाम काफी बड़ा था। वहाँ करीब सात सौ लामा रहते थे। गोम्फा से सांग्पो और उसका समतल मैदान दिखाई पड़ता था। मठ में बुद्ध-पद्मसम्भवा के मन्दिर और उपासना गृहादि अति सुन्दर ढंग से सजे हुए थे। लकड़ी के बेलबूटे, दीवारों की चित्रकारी, देवी-देवताओं की मूर्तियाँ सभी कलात्मक थीं। वहाँ के उपाध्यक्ष ने तिब्बत की स्थिति के बारे में बताया—सन् 1950 में चीनी आक्रमण के बाद से हमारी स्वाधीनता जाती रही। बहुत से तिब्बती भारत और नेपाल भाग गये हैं। ल्हासा को चारों ओर से चीनी फौजियों ने घेर रखा है। सांग्पो के इस पार इतने दिनों चीनी सेना नहीं थी किन्तु पाँच-छह दिन पूर्व अचानक यहाँ भी उनके तम्बू लग गये। सम्भवतः यहाँ फेरीघाट पर निगाह रखना इनका उद्देश्य है

उस दिन सुबह से ही धूप में गर्मी थी। सांग्पो में पूजा चढ़ाने और नहाने का विचार आया। यहाँ सांग्पो का पाट चौड़ा हो गया था। इसके किनारे किनारे सफेद फूल खिले हुए थे। यह फूलों का मौसम था। कुछ फूल चुनकर तट पर पहुँचे। कपड़े उतार पानी में पाँव डालने के साथ ही कूदकर बाहर निकल गये। पानी क्या था, पिघला हुआ बर्फ था। उस पानी में नहाना असम्भव था। ऐसा लगा कि जल के स्पर्श से ही न्यूमोनिया हो जाएगा। किन्तु वहाँ के अभ्यस्त लोग मजे में नहा रहे थे। ब्रह्मपुत्र के किनारे की रेतीली जमीन बहुत गर्म थी, धूप में भी ऊष्मा थी। ऐसा नहीं लगता था कि हम बारह हजार फुट की ऊँचाई पर हैं और चारों ओर के पहाड़ बर्फ से ढँके हैं। औरों को नहाते देखकर मनोबल कुछ बढ़ा। हिम्मत करके पुनः पानी में उतरे, हाथ-पाँव भिगोकर उसकी ठण्ड को टटोला, फिर डुबकी लगा तट पर आ गये। पहले कँपकँपी छूटी, फिर शरीर पोंछने के बाद धीरे-धीरे शरीर में ताजगी आ गयी। एक अद्‌भुत तृप्ति का बोध हुआ। स्नान के उपरान्त भक्तिपूर्वक सांग्पो को पुष्पार्घ्य निवेदन किया और ब्रह्मपुत्र नाम का चिन्तन कर अभ्यर्थना की—

ब्रह्मपुत्र महाभाग शान्तनोः कुलनन्दन!।
अमोघा गर्भसम्भूत पापं लौहित्य मे हर॥
पृथिव्यां यानि तीर्थानि सरितः सागरादयः।
सर्वे लौहित्यमायान्ति चैत्रे मासि सिताष्टमीम॥

वहाँ से आगे का रास्ता मुझे मालूम नहीं था, क्योंकि बिमल दा का साथ बस यहीं तक का था। उन्हें वहाँ से ड्रेपुंग होते हुए पैदल यात्रा करके ल्हासा पहुँचना था। एक तरह से देखा जाए तो ल्हासा को भी सांग्पो के तट पर बसा नगर कह सकते हैं। ल्हासा की-चू नदी के किनारे बसा है और की-चू नदी आखिर सांग्पो में ही आकर मिलती है। सांग्पो के उस तट से एक रास्ता यमद्रोक सरोवर होता हुआ गीयात्से शहर की ओर जाता है जहाँ पहुँचने के लिए उस अंचल का सबसे ऊँचा दर्रा खाम्ब-ला पार करना पड़ता है। वहाँ से चोमलहरि, नाथु-ला आदि पार कर गैंगटोक पहुँचा जा सकता है।

धन्यवाद बिमल दा! आपके शब्दों के माध्यम से मानसरोवर से चाकसाम बौद्ध विहार तक की मानस-यात्रा सम्भव हो सकी। पता नहीं आप इस समय लौकिक या अलौकिक कौन-सी काया में हों, फिर भी अपनी पुस्तक में समाये आप मेरे सामने खड़े हैं। अब आगे का पथ भले ही मेरे लिए अनजान है, फिर भी मानचित्र की रेखाओं पर रेंगते-राँगते यह भी तय हो जाएगा।

सांग्पो और की-चू के संगम से अरुणाचल पहुँचने तक इसकी करीब साढ़े छह सौ कि.मी. यात्रा अभी और शेष रह जाती है। आगे के यात्रा-पथ में यारलांग-चू और तारलांग-चू नामक नदियाँ आकर सांग्पो में समाहित होती हैं। वहाँ से दक्षिण की ओर मुड़कर भारत में प्रवेश करने से पहले त्से-ला जोंग में नी-यांगो (जिसे ग्यामदा-चू भी कहा जाता है) आकर इसमें समा जाती है।

अब सांग्पो ऊँचे-ऊँचे पहाड़ों के बीच से सँकरी घाटियों से होकर सुनसान से वातावरण में रहनेवाले परिश्रमी और पवित्रमना लोगों के प्रदेश की ओर अग्रसर होता है जिन्हें धन-धान्य से परिपूर्ण कर वह उनकी जीवन-शैली ही बदल देगा और एक नयी सभ्यता-संस्कृति को जन्म देगा।

त्से-ला-जोंग से भारत की सीमा विशेष दूर नहीं है। अब सांग्पो का शरीर उत्तरोत्तर कृशकाय होता हुआ पर्वतों के सोपानों से नीचे उतरता जाता है। पे तक पहुँचे-पहुँचते यह नौ हजार फुट की ऊँचाई पर आ जाता है, फिर एकाएक उत्तर-पूर्व की ओर मोड़ लेता है, जहाँ यह सँकरी पहाड़ी दरारों के चक्रव्यूह में खोकर प्रपातों

का रूप धारण कर लेता है।

पहाड़ी ढलानों पर लुढ़कता-गिरता एक के बाद एक बड़े या सँकरे प्रपातों में रूपायित सांग्पो की यात्रा निरन्तर आगे बढ़ती है। इसके पथ में 25,215 फुट ऊँचा नाम-चा बरवा और 23,240 फुट ऊँचा ग्याला पेरी पर्वत आते हैं। अब नाटकीय तरीके से 'यू-टर्न' लेकर दक्षिणमुखी होकर यह भारत के अरुणाचल के सियांग जिले में बस प्रवेश हुआ ही चाहता है।

पे से चला इसका यात्रा-पथ अत्यन्त दुर्गम है। ढलानों पर पत्थरों की रगड़ खाकर इसकी जल-काया स्फटिक की तरह और जाज्वल्यमान हो उठती है, इसकी सुन्दरता में निखार आ जाता है। तिब्बत के पठार पर बहते सांग्पो का रूप अब बिल्कुल ही नहीं पहचाना जा सकता। इसके इस कोरे यौवन का दर्शन, कदाचित् कोई भाग्यवान भले ही कर ले तो कर ले, अन्यथा यहाँ तक पहुँचने का विश्व का यह भयानकतम मार्ग है। इसके यौवन से पो-सांग्पो की मदमाती जलधारा समागम करती है तो इसकी जलराशि उन्मादित होकर द्विगुणित नहीं, अपितु त्रिगुणित हो जाती है। अब यह तीव्रतम गति से चट्टानी सुरंगों और पहाड़ी दरारों से होता हुआ आगे बढ़ता है। यहाँ यह सिकुड़कर इतना सँकरा हो जाता है कि इस पर बाँस का छोटा-सा पुल बनाकर ही इसे पार किया जा सकता है। आगे यह चू-ला दर्रे के दक्षिण में स्थित लागुंग तक पहुँचता है, जहाँ से पैंतीस कि.मी. चलने पर एक और उपनदी काबू चिंद्रु-चू इसमें आ समाहित होती है। जहाँ से पचपन कि.मी. की दूरी और तय कर मैकमोहन रेखा पर स्थित सिनयुंग ला के पास मोंको से अरुणाचल के सियांग जिले में यह नद प्रवेश करता है।

भारत में प्रवेश करते ही सांग्पो अपने बदलते मिजाज की तरह अपना नाम भी बदलकर सियांग रख लेता है। ठिठुरते सांग्पो को सियांग बनकर थोड़ी राहत मिलती है। इसके पनियल कलेवर में थोड़ी उष्मता आने लगी है। अब इसे पहाड़ों की ऊँचाई से लुढकने से आनेवाली खरोंचें भी नहीं आएँगी। इसके आगे की थोड़ी यात्रा यह दिहांग नाम से करता है। सियांग जिले में संख्या की दृष्टि से अरुणाचल की सबसे बड़ी जनजाति 'आदी' रहती है, इसे अंग्रेजों ने अबोर अर्थात् असभ्य लिखा है किन्तु इनकी अपनी सभ्यता-संस्कृति है। इनमें अपनी राजनीतिक चेतना है। इनकी औरतें भी कपड़े बुनने में पारंगत होती हैं, इनकी आदी भाषा आज रोमन में लिखी जाती है। इस काम को ईसाई मिशनरियों ने अंजाम दिया। इससे पहले इन्होंने कुछ संकेतों के समावेश के साथ देवनागरी को इनकी लिपि बनाने का प्रस्ताव दिल्ली सरकार को भेजा था जिस पर कोई ध्यान नहीं दिया गया। आदी में अनेक उपजातियाँ हैं। जो भी हो, सियांग जैसे दुर्दान्त नद पर बाँस और बेंत से आदी द्वारा बनाये गये झूलते पुल की अभियान्त्रिकी को देखकर कोई भी दाँतों तले उँगली दबा लेगा।

सियांग और उसकी उपनदियों पर इन्होंने ऐसे अनेक पुल बना रखे हैं जिन पर चलने के लिए केवल चार-पाँच फुट चौड़ी पगडण्डी-सी होती है किन्तु इनके दोनों ओर बाहर की तरफ झुकी बेंत की बनी रेलिंग उत्तरोत्तर काफी चौड़ी होती जाती है। कामसींग के पास बना 1200 फुट लम्बा विश्व का दीर्घतम पैदल पुल है।

अरुणाचल से नीचे आते-आते इसकी सागर तल से ऊँचाई मात्र 1000 फुट रह जाती है। अब इसका सँकरापन फैलने लगता है और पासीघाट पहुँचकर यह नौकायन लायक होता है, अन्यथा इसमें साहसिक क्रीड़ा प्रेमी ही राफ्टिंग करने का साहस जुटा पाते हैं। पासीघाट से नीचे उतरकर यह असम में धेमाजी जिले से प्रवेश करता है, जहाँ कोबो में दो नदियाँ लुइत और दिबांग आकर इससे मिलती हैं।

लुइत ही जाउल-चू के नाम से उत्तरी म्यांमार के रीमा क्षेत्र में बहती हुई जब अरुणाचल के 'मिश्मी' जनजाति बहुल लोहित जिले में प्रवेश करती है तो लुइत या लोहीत कहलाने लगती है। मिश्मी भाषा में लुइत का अर्थ तारों की राजकुमारी होता है। मिश्मी जाति रुक्मिणी को अपनी राजकुमारी मानती है।

सांग्पो या सियांग-दिहांग या ब्रह्मपुत्र, जो भी कह लें, का अजीब स्वभाव है। कभी-कभी किसी के स्वभाव को समझने के लिए उसके भूगोल को जानना भी बड़ा रुचिकर लगता है। अरुणाचल के पथरीले क्षेत्र से लुढ़कता-बहता यह नद मानो किसी वर की भाँति विभिन्न जल-कन्याओं से अपने गले में हार डलवाता हुआ असम की ओर बढ़ता है।

मेरी छठी इन्द्रिय ब्रह्मपुत्र की मानसिक यात्रा से लौटी भी नहीं थी कि मेरे पीछे महात्मा गाँधी रोड पर चलती किसी बस या ट्रक के हॉर्न की दुर्दान्त आवाज ने मेरी तन्द्रा भंग कर दी। मेरे भौतिक चक्षुओं के सम्मुख मानो अपने ही मानसरोवर में समाया ब्रह्मपुत्र फिर से उत्ताल तरंगें उछाल रहा था।

तुम्हें क्या कहें लोहित!

ब्रह्मपुत्र मौन है। आज यह भावशून्य-सा लगता है। लगता है कि तिब्बत और अरुणाचल की इतनी लम्बी ऊबड़-खाबड़ यात्रा कर यह थकित है। असम के समतल धरातल पर पहुँचकर सुस्ता रहा है। मैं जानता हूँ, यह बोलने का आदी नहीं। इसकी मौजें मुझे ही मुखर होने को उकसा रही हैं। इसे जितनी बार भी देखता हूँ, उतनी ही बार इसके मौन में छिपा कोई-न-कोई प्रश्न मेरे सामने आ खड़ा होता है। आज तो कितने ही अनुत्तरित प्रश्न मेरे सामने मुँह बाये खड़े हैं। असमंजस में हूँ कि मेरे प्रश्नों से यह कुपित तो नहीं हो जाएगा! नहीं, पहले इसे प्रणाम करता हूँ, फिर इसकी महानता का इसे स्मरण कराता हूँ—

नमस्ते ब्रह्मपुत्राय नमः शान्तनुसुतवे
त्रिजन्मनस्का यत पापम् हरे मे लोहितात्मजा।

हे लोहित! तुम महान हो। तुम नदी नहीं, महानद हो। सिन्धु तुम्हारा ही तो सहोदर है। वह भी मानसरोवर के गर्भ से जन्मा है। सिन्धु तो अब पाकिस्तान के हिस्से में चला गया है। तुम्हारा एक दूर का भाई और भी तो है—सोन यानी सोनभद्र। यह भले मध्य प्रदेश के अमरकण्टक से निकलता है किन्तु आखिर बिहार में गंगा में जा मिलता है। तुम भी तो बांग्लादेश पहुँच इसी गंगा में ही जा समाते हो। तुम अपना यात्रान्त बांग्लादेश के रास्ते ही क्यों करते हो? हम कातर हैं कि सिन्धु की भाँति तुम भी हमसे बिछोह न कर लेना!

हे लुइत! असम में आकर तुम्हारी महिमा तुम्हारे संग लुइत का समागम होने के बाद ही आरम्भ होती है। इसके साथ ही तुम्हें नया नाम लुइत मिलता है। तुम्हारे इसी नाम से ही तो लौहित्य या लोहित नाम निकले हैं। असम में तुम्हारी लायी हुई उपजाऊ मिट्टी धान से लहलहा उठती है। तुम्हारी उपत्यका लाखों टन खाद्यान्न चावल और जूट के अतिरिक्त बहुत बड़ी मात्रा में व्यंजन-सम्राट आलू तथा कदली फल भी उपजाती है। तुम्हारी घाटी में गन्ने की खेती के अलावा रसभरा सन्तरा भी खूब पैदा होता है। तिलहनों में सरसों की पारम्परिक खेती के साथ अब तो सूरजमुखी और सोयाबीन का भी समावेश हो गया है। गेहूँ तुम्हारी उपत्यका के

बाशिन्दों का भले कभी खाद्य न रहा हो, पर आज यह भी तुम्हारी उर्वर माटी में बोया जाने लगा है।

तुम ज्यों-ज्यों पश्चिम दिशा की ओर अग्रसर होते हो, तुम्हारी उत्तरी किनारे पर धेमाजी जिले की मुख्य नदियाँ बूढ़ी-सुनती और जयधोल तुममें अपनी धाराएँ तिरोहित करती हैं। आगे लखीमपुर जिले में रंगा, डिकरंग, खेरकतिया, सुनोती और सुवणशिरी नदियाँ तुमसे गलबहियाँ करती हुईं तुम्हारे माजुली द्वीप के उत्तरी किनारे से कैसी लिपट जाती हैं! इनमें सुवणशिरी तो सचमुच में स्वर्णश्री है जिसकी बालू से पुरातन काल से स्वर्ण निकाला जाता रहा है। तुम तो जानते ही होंगे कि सुवणशिरी तिब्बत में तुम्हारी पड़ोसन है जो तुम्हारी धारा से मात्र 30 कि.मी. की दूरी पर हिमालय के पो-रोम पीक से प्रवाहित हो तुमसे मिलने ही मानो अपना 520 कि.मी. लम्बा रास्ता तय कर फिसली चली आती है।

तुम्हें अपनी जलधारा का अर्घ्य चढ़ाने शोणितपुर जिले की बुरोई, बरगंग, भराली, जिया-गबारु, बेलशिरी नदियाँ भी चली आती हैं। शोणितपुर और दरंग जिलों के बीच सीमा रेखा बनाती हुई पचनोई नदी धनशिरी (धनश्री) की धारा से मिलकर तुममें आ विलीन होती है। दरंग की मंगलदेई और नोआ नदियों को भी तुमसे एकाकार हुए बिना चैन कहाँ मिलता है! इसी तरह दरंग और कामरूप जिलों की सीमा निर्धारित करनेवाली बरनदी भी तो तुम्हारी धारा में आ समाती है और पूठीमारी और बरलिया नदियाँ भी कामरूप जिले में ही अपने रूप को तुममें एकरूप कर देती हैं। भूटान की बौद्ध संस्कृति की वाहक पागलादिया, मानाह नदी, चम्पावती, सरलभंगा, सोनकोष उस देश के पर्वतों से निकलकर तुम्हारी संस्कृति में अपना अर्घ्य चढ़ाती हैं और बंगाल के उत्तरी भाग में बहनेवाली तिस्ता भी बांग्लादेश में आकर तुममें ही समाहित हो जाती है।

ओ लोहित! तुम्हारे दक्षिणी किनारे पर स्थित तिनसुकिया जिले में जहाँ कोयले की खदानें हैं, वहीं तिनसुकिया के साथ डिब्रूगढ़ तथा शिवसागर जिलों के तुम्हारे दक्षिणी तट पर चाय की खूब पैदावार होती है। तुम्हारा यह क्षेत्र खनिज तेल के अपूर्व भण्डार से भरापूरा है। और तो और तुम्हारे इन्हीं किनारों पर तेरहवीं शताब्दी के बाद का आहोम शासन का इतिहास रचा गया था।

तुम डिब्रूगढ़ तक पहुँचते-पहुँचते अपनी विशाल भुजाएँ क्यों मीलों फैला लेते हो? यहाँ तुम्हारे धारा-प्रवाह में चट्टानों का कोई अवरोध नहीं है, तभी तो तुम्हारे साथ बहकर आयी गाद से इधर तुम्हारा तल ऊँचा उठ गया है। माना कि तुम्हारी सतह 15 अगस्त, 1950 में आये प्रलयंकारी भूकम्प से भी एकाएक और दस फुट ऊपर आ गयी। तभी तो सूखे दिनों में इस इलाके में तुम्हारी धारा में नौवहन करना कितना दुष्कर हो जाता है! तुम यहाँ इतने नीचे बैठ जाते हो कि तुम्हारी गहराई मात्र

12 से 16 फुट ही रह जाती है।

तुम तो डिब्रूगढ़ से सात-आठ किलोमीटर की दूरी बनाकर बहा करते थे। वहीं खामति पर्वत से निकली डिब्रू नदी आकर तुम में समाती थी। इसी डिब्रू के किनारे ही तो यह डिब्रूगढ़ बसा था। तुम उस भूकम्प से ऐसे चिड़चिड़ाये कि बिन मौसम ही अचानक बाढ़ के रूप में 22 अक्टूबर, 1950 को अपना मुँह सुरसा की भाँति फैलाया और देखते-देखते इस नगर को आधा अपने पेट में गटक लिया। डिब्रू नदी तो उस भूकम्प के समय ही तुम्हारी गोद में समा गयी थी। हर साल तुम्हारी बाढ़ के ताण्डव को सहते-सहते आखिर सहस्त्रबाहु जैसी तुम्हारी भुजाओं को मरोड़ने के लिए ही तो इस नगर को बाँध से आबद्ध करना पड़ा।

ऐसा ही बाँध कामरूप जिले के पलाशबाड़ी में भी यदि बना दिया गया होता तो उस नगर को तुम अपने जल में समाधिस्थ नहीं कर पाते। तुम्हारी त्रासदी के भुक्तभोगी वयोवृद्ध त्रिलोकचन्द जी विनायकिया ने एक बार विजयनगर में तुम्हारी क्रूरता का बखान करते हुए मुझे बताया था—'यहाँ से पाँच-छः किलोमीटर दूर पलाशबाड़ी में स्टीमर घाट था। आसपास के गाँवों के खेतिहर अपनी उपज को बेचने के लिए नावों से वहाँ लाते थे। वहाँ कितनी ही काठ मीलें थीं। हमारे जैन समाज के ही करीब सौ-सवा सौ मकान वहाँ थे। हमारा पुरातन दिगम्बर जैन मन्दिर था। वहाँ के असमिया घरों में लगे हथकरघों पर बने एण्डी और सूती कपड़ों का पलाशबाड़ी में बड़ा बाजार था। लोग बहुत खुशहाल थे। सन् 1954 में ब्रह्मपुत्र ने उस नगर पर अपने दाँत गड़ाये और चार सालों तक वह उसे कुतर-कुतरकर काटता रहा। सरकार को काफी समय मिला, पर उसने कुछ नहीं किया। जवाहरलाल नेहरू भी उन क्रूर अठखेलियों को देखकर गये थे। 1958 ई. तक हमारे घर-मकान, मन्दिर सब देखते-देखते ब्रह्मपुत्र बहाकर ले गया। आखिर अपने पुनर्वास के लिए हमने वहाँ से चार-पाँच कि.मी. दूर यह नया विजयनगर बसाया।' ओ ब्रह्मपुत्र! क्या तुम अपनी वह नृशंस लीला विस्मृत कर सकते हो?

हे ब्रह्मपुत्र बाबा! तुम्हारा यह निर्मोहीपन सहकर भी हम असमवासियों के मन में तुम्हारे प्रति रहा असीम श्रद्धाभाव कभी कम नहीं हुआ। और होता भी कैसे? आखिर तुम्हारी ही देन तो है—725 कि.मी. लम्बी और औसतन 80-90 कि.मी. चौड़ी यह उपत्यका। फिर हम तो तुम्हारे क्रोधित स्वभाव के अभ्यस्त हैं।

तुम्हारे इसी दक्षिण किनारे पाटकाई पर्वत से निकलकर बूढ़ी दिहिंग तुमसे मिलने आती है, फिर दिसांग, दिखौ, नामडांग, जाँजी, भोगदेई, काकोडोंगा आदि नदियाँ अपने जल को तुममें तिरोहित करती हैं। नागा पर्वत से निकली हुई धनशिरी मानो नगा संस्कृति की सौगात अपने साथ लिए 160 कि.मी. की यात्रा करके तुम्हारी असमिया संस्कृति में आकर समरस हो जाती है।

तुम्हारी एक धारा कलंग जो है, वह एक अद्‌भुत भौगोलिक घटना है। अन्य नदियों की भाँति यह तुम्हारी रूपगर्विता प्रेयसी नहीं, मनमौजी पुत्री है, तभी तो यह शोणितपुर जिले में विश्वनाथ के पास तुमसे विलग हो नोगाँव जिले में बहती-भटकती गुवाहाटी से ऊपर चन्द्रपुर के पास फिर अपनी पितृधारा में आ मिलती है।

इस कलंग के उत्तर-पूर्व में काले जादू के लिए विख्यात या कुख्यात जो मायंग गाँव है, उसका काला जादू क्या तुमने भी देखा है? सुना है कि वहाँ आज भी आदमी को भेड़-बकरा बना देते हैं। वहाँ के बारे में और भी न जाने कैसे-कैसे किस्से सुन रखे हैं। अब इसका रहस्य क्या है, यह तो तुम ही जानो। इस मायंग के नजदीक ही तो तुम्हारी किनारे एक सींग के गैंडेवाला पबितरा राष्ट्रीय उद्यान है।

तुम्हारे दक्षिण में फैली खासिया पर्वत श्रेणियों से डिगारू, भरलू, कुलसी और शिंगरा नामक चार खासी बहनें आकर तुम्हारे साथ गठबन्धन करती हैं। तुम यह भी तो जानते ही हो कि आगे चलकर तुम्हारे बायें किनारे पर स्थित ग्वालपाड़ा जिले के दक्षिणी भाग में गारो पर्वत की शाखाएँ घुस आयी हैं। ये पहाड़ी शृंखलाओं में से कुछ तुम्हारे साथ-साथ चली गयी हैं। अपनी मोहक रूप-माधुरी की तरह इन शृंखलाओं के नाम भी कितने सुन्दर हैं—श्रीसूर्य, टुक्रेश्वरी, जोगीगोफा, राक्षसिनी, भैरव और बौकुमारी। गारो पर्वत से चली दूधनै, कृष्णाई, जिनारी और जिंजीराम नदियाँ बारी-बारी से तुम्हारे पद-प्रक्षालन कर तुम्ही में संलीन हो जाती हैं।

हम जानते हैं, तुम्हारे किनारे बनते-बिगड़ते रहते हैं किन्तु तुम्हारे कुछ किनारे ऐसे भी तो हैं, जिन्हें तुम विचलित नहीं कर पाते। तुम्हारे दोनों तटों पर बसे विश्वनाथ, शीलघाट, तेजपुर, शिंगरी पर्वत, गुवाहाटी, हाथीमुड़ा, ग्वालपाड़ा और धुबड़ी जैसे स्थानों की चट्टानें और पर्वत तुम्हारी बागडोर थामे अचल-अडिग खड़े हैं। हम यह भी जानते हैं कि जो सहायक नदियाँ तुम तक सीधी नहीं पहुँच पाती हैं वे किसी अन्य नदी में मिलकर आखिर तुममें आ समाती हैं। तुम भी यह जानते हो कि तुम्हारी घाटी के दोनों ओर खड़ी पर्वत-शृंखलाओं के नामकरण उनपर रहनेवाली जनजातियों के नाम पर ही हुए हैं।

हे अमोघा सुत! तुम्हारी उपत्यका के मैदानी क्षेत्र में तुम्हारी ही तरह पुरातन बोड़ो कछारी, मिरि (मिशिंग), सोणोवाल कछारी, राभा, लालुंग (तिवा) देउरी, कछारी, मेस जैसी जनजातियाँ रहती हैं तो तुम्हारे पहाड़ी क्षेत्र में खासी जयन्तिया, मिकिर (कार्बी), डिमासा कछारी, चकमा, गारो, हाजोंग, मार, कूकी, लेखर, मान (टाइ भाषी), मिजो (लुशाई) नगा पावि, सिनटेंग जनजातियाँ चिरकाल से वास कर रही हैं। इन सबकी अपनी-अपनी बोलियाँ, परम्पराएँ और संस्कृतियाँ मिलकर ही तो तुम्हारी भाषा का निर्माण करती हैं।

हे शान्तनु पुत्र! तुमसे यह थोड़े न छिपा है कि पर्वतियाँ और समतलिया

जनजातियों को अलग-थलग रखने की अपनी नीति पर अंग्रेज सरकार ने यहाँ ईसाई मिशनरियों को खुले साँड की तरह छोड़ रखा था। यही छूट इन मिशनरियों को आज स्वतन्त्रता के साठ साल होने को आये, फिर भी मिली हुई है। काश कि तुम इन्हें भी अपने अपने रीति-रिवाजों, परम्पराओं, भाषाओं, संस्कृतियों, विश्वासों के साथ अपने मूल धर्म से जोड़े रख सकते।

तुम इस प्रश्न पर पता नहीं क्या सोचते हो, पर हिन्दी के प्रसिद्ध लेखक और यायावर कृष्णनाथ अपनी पुस्तक 'अरुणाचल यात्रा' में अपने विचार यों लिखते हैं— "क्या अगले बीस वर्षों में उत्तर-पूर्व भारत ईसाई बन जाएगा? नगालैण्ड, मिजोरम, मेघालय अभी भी ईसाई बहुल राज्य हैं। असम के जिलों से ये राज्य बन गये हैं। इनका दबाव अरुणाचल पर भी है। तो क्या उत्तर-पूर्व सीमान्त ईसाई बन जानेवाला है? और इनका अलग राज्य होनेवाला है?"

हे वैरिंच्य! हम तो तुम्हें नवीन रचना का चित्रपट मानते हैं। तुम पथरीली घाटियों से बहते हुए समतल पर आते हो तो तुम्हारा पाट और चौड़ा होता जाता है। तुम्हारी जल-धाराओं के मध्य बालू की छोटी-बड़ी, अस्थायी-स्थायी अनेक चापरियाँ उभर आती हैं, जिनके बीच कुशल नाविक ही अपनी नाव को सही रास्ते पर चला पाता है, अन्यथा वह तुम्हारी धाराओं के भ्रमजाल में ही खो जाए। तुम्हारे मध्य ही तो माजुली जैसा विश्व का सबसे बड़ा नदी-द्वीप और गुवाहाटी में लघुतम चट्टानी द्वीप उमानन्द हैं। उमानन्द और उसके नजदीक के उर्वशी-द्वीप तक तुम्हारी जलधारा में फैली पर्वत-श्रेणियाँ क्या नीलाचल पर्वत की ही हैं? हमें तो यही सत्य लगता है। तुम भी तो यह जानते हो कि गुवाहाटी के पास तुम्हारा दक्षिणी किनारा प्रायः चट्टानी-पहाड़ी है।

माना कि तुमने केवल भूगोल ही नहीं रचा है, अपितु इतिहास को भी अपनी आँखों के आगे से गुजरते देखा है। तुम्हारी घाटी में ही तो कामरूप, हैडम्ब, शोणितपुर, कौण्डिल्य आदि राज्य पनपे थे। तुमने नरकासुर के भौमा वंश के बाद वर्मन, शालस्तम्भ, देव, कमता, चुटिया, भूयाँ, कछारी, कोच वंशीय राज्यों को बनते-बिगड़ते देखा है। तुम्हारे देखते-देखते पाटकाई दर्रा पारकर आहोम सेनानायक सुकाफा तुम्हारी घाटी में आया था। आहोमों के असम-प्रवेश और उनके छह सौ वर्षीय आहोम शासन के तुम ही तो प्रत्यक्षदर्शी हो।

तुम मुस्लिम हमलावरों के लिए सदैव एक लक्ष्मण-रेखा की तरह रहे हो। तुम्हारे चलते इस्लाम का उस जमाने में यहाँ विशेष प्रचार नहीं हो पाया था। भाषाविद् सुनीति कुमार चटर्जी ने भी यही लिखा है—"बंगाल के मुस्लिम शासकों (तुर्की, पठान और भारतीय मुस्लिम) ने शताब्दियों तक असम पर विजय पाने की चेष्टा की। उनके और आहोम शासकों के बीच युद्ध हुए। आहोम सेना ने बंगाल से

आये तुर्कों और पठानों को और उत्तर भारत से आये मुगलों तथा उनकी सेना के साथ आये राजपूतों को रोका।''

इतने मुस्लिम-आक्रमणों के बाद आज भी तुम्हारी घाटी की अधिसंख्य असमिया जनता हिन्दू ही है। तुम्हारी वादी में अनेक मन्दिरों के निर्माण हुए। चौथी से सातवीं शताब्दी में हुए वर्मन राजवंश के निर्माणों पर गुप्तकालीन स्थापत्य का प्रभाव था। इसी तरह शालस्तम्भ द्वारा स्थापित वंश के सातवीं से ग्यारहवीं शताब्दी और उसके पश्चात बारहवीं शताब्दी तक शासन करनेवाले पाल वंश द्वारा किये गये निर्माण समय-प्रवाह में कहीं खो गये हैं, फिर भी तेजपुर के पास दाहपर्वतिया, माजगाँव, बामुनी पहाड़ के अवशेषों और सिंगरी के गुप्तेश्वर मन्दिर में ही केवल क्यों ग्यारहवीं शताब्दी में पाल वंशीय राजाओं द्वारा बनाये गये मदन-कामदेव के मन्दिरों के भग्नावशेषों में भी गुप्तकालीन प्रभाव को देखा जा सकता है।

इतना ही क्यों, ग्वालपाड़ा के पास तुम्हारे तट पर स्थित पंचरत्न और जोगीगोफा में चट्टानों पर उकेरी गयी कला को आज भी देखा जा सकता है। तुम्हारे तटीय ग्वालपाड़ा के करीब ही श्रीसूर्य पहाड़ पर आठवीं-दसवीं शताब्दी में चट्टानों को काटकर बनाये गये बौद्ध-स्तूपों के अतिरिक्त वहाँ उत्कीर्ण वैदिक देवी-देवताओं, शिवलिंगों और जैन तीर्थंकरों की मूर्तियाँ तुम्हारी उपत्यका की सम्पन्नता की कहानी आज भी कह रही हैं। वहाँ उत्कीर्ण जैन मूर्तियाँ इस बात का प्रमाण हैं कि उसी काल में तुम्हारी उपत्यका में जैन धर्म का प्रवेश हो चुका था।

गुवाहाटी में तुम्हारे दोनों तटों पर बने मणिकर्णेश्वर, अश्वक्लान्त, शुक्रेश्वर, जनार्दन, छत्रकार, नवग्रह, वशिष्ठ आदि के अलावा तुम्हारी धारा में उभरे द्वीप पर बने उमानन्द आदि मध्यकालीन मन्दिर थे, जिनके काल-चक्रवात में ढह गये अवशेषों पर ही आहोम राजाओं ने उनके पुनः निर्माण करवाये थे। इसी तरह कोच राजाओं ने पुनर्निर्माण करवाये थे, जिनमें हयग्रीव माधव मन्दिर के अतिरिक्त डाबका क्षेत्र के आकाशगंगा, मिकिराती, राजबाड़ी, नौ-नाथ आदि के अवशेष हैं।

हे ब्रह्म-पुत्र! असम के लिए तुम जहाँ वरदान हो, वहीं जब अपना विकट रूप धरते हो तो बहुत कुछ हरण भी कर लेते हो। तुम्हारा यही स्वभाव इतिहास के संग भी कहीं-कहीं झलकता है। मध्यकाल में जहाँ तुम इस्लाम-प्रचार में बाधक थे, वहीं अंग्रेजों के असम आगमन और ईसाई धर्म-प्रचार में तुम परोक्ष रूप से सहायक हुए हो। आज से करीब पौने दो सौ साल पहले अंग्रेजों का पहला स्टीमर शिवसागर के नजदीक तुम्हारे ही दिसांगमुख-घाट पर तो आकर लगा था। उसके तीन-चार वर्ष बाद ही बंगाल स्थित श्रीरामपुर की अमेरिकन बैपटिस्ट मिशनरी के विलियम केरी ने तुम्हारी धारा से ही 1829 ई. में असम में प्रवेश किया था।

तुम्हारी रास्ते ही तो बर्मा में मिशनरी कार्य कर रहे नाथन ब्राउन को कलकत्ता

बुलाकर सितम्बर 1835 में ईसाई धर्म का प्रचार करने हेतु तीस फुट लम्बी तीन बड़ी नौकाओं के काफिले के साथ असम भेजा गया था। वह अपनी मिशन-यात्रा असम के आखिरी कोने में तुम्हारे तट पर बसे सदिया से प्रारम्भ करने के उद्देश्य से तुम्हारी धारा के साथ वहाँ पहुँचा। उसे ईसाई धर्म प्रचार की इतनी ललक थी कि उसने असमिया और खामति भाषाएँ सीखीं। उसने अपनी सहायता के लिए मील्स ब्रान्सन को भी सपत्नीक यहाँ बुलाया। तुम्हारे देखते-देखते उन्होंने छह वर्षों में ही सन् 1841 में पहले जोयपुर[1] फिर शिवसागर में अपने मिशन स्थापित कर लिए थे।

तुम्हारी उपत्यका में पनपी शंकरी संस्कृति ने ही पूर्वोत्तर को सम्पूर्ण रूप से ईसाई बनाने की अँग्रेजों की परिकल्पना को पूरा होने में असमिया लोगों के लिए रक्षा-कवच का काम किया, जिसे भेदने के ब्राउन ने अनेक प्रयास किये। तुमसे यह भी नहीं छिपा है कि ईस्ट इण्डिया कम्पनी के असम पर अधिकार करने से पहले ही अठारहवीं शताब्दी के अन्त में क्रिश्चियन मिशनरियों में यहाँ धीमे-धीमे अपने पाँव जमाने प्रारम्भ कर दिये थे और ईसाई बने नोगाँव के पण्डित आत्माराम शर्मा ने सन् 1813 में ही बाइबिल का असमिया अनुवाद प्रस्तुत कर दिया था, जो नाथन के धर्म-प्रचार में सहायक हो रहा था। ब्राउन ने अपने मिशन को आगे बढ़ाने के लिए कलकत्ता से छपाई मशीन मँगवाकर कितनी चतुराई से सन् 1846 से 'अरुणोदइ' (अरुणोदय) का प्रकाशन उसे असमिया की साहित्यिक पत्रिका का बाना पहनाकर प्रारम्भ किया था। यह तो असमिया मानस पर श्रीमन्त शंकरदेव की ऐसी अमिट छाप थी, जिसे ब्राउन नहीं मिटा सका और ईसाई धर्म तुम्हारी घाटी से दूर ऊँचे पहाड़ों पर ही केवल पनप पाया। मजे की बात तो यह है कि भारत में सर्वाधिक ईसाई पूर्वोत्तर के पहाड़ी राज्यों के लोग ही हैं।

तुम्हारे ही माजुली स्थित आउनिआटी सत्र के *सत्राधिकार*[2] श्री देवदत्तदेव गोस्वामी ने ईसाई धर्म के प्रचार में लगी अरुणोदइ को देखकर अपने सत्र से एक पत्रिका निकालने की ठानी थी। वे कलकत्ता से 1871 ई. में छपाई मशीन लाये जिसे उन्होंने 'धर्मप्रकाश-यन्त्र' नाम दिया। उस यन्त्र पर 'आसाम विलासिनी' का प्रकाशन प्रारम्भ हुआ। कहने को तो वह असमिया भाषा की दूसरी पत्रिका थी किन्तु देखा जाए तो असमिया द्वारा असमिया के लिए असमिया की वह पहली पत्रिका थी। उसके बाद माजुली से ही दो अन्य पत्रिकाओं 'असम दीपिका' और 'असम तरा' (तारा) का प्रकाशन प्रारम्भ हुआ। सम्प्रति 'धर्मप्रकाश यन्त्र' पर त्रैमासिक पत्रिका 'संस्कृति पल्लव' का प्रकाशन हो रहा है।

---

1. *जोयपुर* : असम में जयपुर नामक एक जगह है जिसका असमिया उच्चारण जोयपुर होता है।
2. *सत्राधिकार* : प्रचलित अर्थ में महन्त, जिसे सत्राधिकार ही कहा जाता है, सत्राधिकारी नहीं।

तुम्हीं तो उन सारी गतिविधियों का मूक साक्षी रहे हो। पहले तुम्हारे जल-मार्ग द्वारा ही यहाँ आना सुगमतम था। इसके साथ एक बात और विचारणीय है कि तुम्हारे उत्तरी छोर पर स्थित पाटकाई पहाड़ के दर्रे से आहोम भी विदेश से असम में आये थे किन्तु उन्होंने यहाँ के लोगों पर अपना धर्म नहीं थोपा, अपितु स्वयं को यहाँ की प्रचलित धर्म-संस्कृति में ढालकर समरस हो गये। आहोम रक्त वंशानुगत यहाँ वास कर रहा है, जिसमें आज कोई पार्थक्य नहीं किया जा सकता। किन्तु अन्य धर्मों में परिवर्तित हुए लोगों का रक्त यहीं का होने के बावजूद उनकी मानसिकता में बदलाव आया, जिसके चलते उनकी आस्थाएँ भी बदलीं।

हे लौहित्य! तुम्हारे भूगोल ने असम की राजनीति को भी प्रभावित किया, जिससे बहुत-सी कठिनाइयाँ यहाँ खड़ी हुईं। पाकिस्तान बनते समय असम भी मुस्लिम लीग का अभीष्ट था, जिसे वे नहीं पा सके तो तुम्हारी धारा के मध्य निकली चापरियाँ पाकिस्तानियों की शरणस्थली बनीं, जहाँ उन्होंने फसलें उपजाकर अपनी जीविका के साधन जुटाए, फिर आसपास के गाँवों-कस्बों और शहरों में बसते गये।

तुम तो जानते ही हो कि पाकिस्तान बनने से पहले से ही किस प्रकार बंगाली मुसलमानों द्वारा असम में कानूनी या गैर-कानूनी दखल द्वारा लावारिस पड़ी सरकारी जमीन को दखल किया जाता रहा है। असम में रहे नलबाड़ी कॉलेज के प्राध्यापक और हिन्दी लेखक कुबेरनाथ राय ने 1972 ई. में ही लिखे अपने रिपोर्ताज 'कजरीबन में जीवहंस' में इनके बारे में लिख दिया था—"मैमनसिंह बांग्लादेश में एक जिला है। ये मैमनसिंहिया कहीं भी अच्छी मिट्टीवाली जमीन पाकर खेती करने लगते हैं। कानूनी या गैर-कानूनी दखल द्वारा लावारिस जमीन पर खरपात की एक बस्ती आनन-फानन में तैयार कर डालते हैं।...असम में कई लाख अनुप्रवेशकारी आ गये हैं, उनमें ज्यादा तादाद इन्हीं यायावर मुसलमान कृषकों की ही है। ये फर्जी नाम से या किसी स्थानीय परिचित के नाम से जमीन का बन्दोबस्त सरकारी दफ्तर में करा लेते हैं और कभी-कभी यों ही दखल करके पाट, सनई, धान, कलाई, आलू और सरसों की फसलें उगा लेते हैं। नयी मिट्टी के कारण फसल भी बड़ी जानदार होती है।...एक-एक मुसलमान तीन-चार बीवियाँ रखता है, मौज से तम्बाकू पीता है, पान खाता है, केश सजाता है और उनमें जो नयी रहती है, उसके साथ सोता है—शेष को प्राचीनकाल के गुलामों की तरह खटना और खाना है। बिना दाँत का अत्यन्त तेज धारदार हँसिया, बाँस की नुकीली लाठी, चारखाने की लुंगी, लम्बे केश, हँसती दाढ़ी—यही इनका वेश है।"

हे बाबा! इनके घरों में मानव-फसल होती है। इनकी औरतों के बारे में यह कहावत खूब चरितार्थ होती है—नयी नौ दिन और पुरानी सौ दिन। पहले इनके लिए

'मैमनसिंगिया' शब्द रूढ़ था जो अब बांग्लादेशी हो गया है। बांग्लादेश बन जाने के बाद तो उनके रेले के रेले तुम्हारे किनारों और चापरियों पर आबाद हो गये हैं।

तुम यह भी जानते हो कि इन बांग्लादेशियों को निकाल बाहर करने में एक व्यवधान 'आई.एम.डी.टी. कानून—1983' है। इस कानून का लाभ उठाकर असम में घुसपैठिये अपनी पकड़ यहाँ मजबूत किये हुए हैं। 'आई.एम.डी.टी.' अर्थात 'इल्लीगल माइग्रेंट डिटेक्शन ट्रिब्यूनल' एक पंचाट (पंच फैसला) है जो गैर कानूनी तरीके से भारत में आये शरणार्थियों को देश से निकाल बाहर करने से पहले की कार्यवाही पर अन्तिम फैसला देने के लिए अधिकृत है। इस कानून में शिकायतकर्ता को ही सिद्ध करना पड़ता है कि अमुक व्यक्ति घुसपैठिया है। किन्तु जब पूरा जिला ही घुसपैठियों से भरा है तो ब्रह्मपुत्र बाबा! तुम ही बताओ कि इसमें कौन किसके विरुद्ध आरोप लगाएगा?

हे ब्रह्मपुत्र देवता! तुम्हारी लीला कोई नहीं समझ सकता। श्रीमन्त शंकरदेव की पावन भूमि माजुली तथा असम के गाँवों को तो तुम अपने पेट में समाते जा रहे हो और इन बांग्लादेशी घुसपैठियों के बसने के लिए जमीन छोड़े जा रहे हो। तुम इन घुसपैठियों को अपनी उर्वर माटी का उपहार देकर हम असमियों से कौन-सी गलती का बदला चुका रहे हो? तुम्हारी बनती-बिगड़ती चापरियों पर इन घुसपैठियों ने शस्य उपजाकर अपनी जीविका के साधन जुटाये और अपने संख्याबल को बढ़ाया और धीरे-धीरे शहर-कस्बों में अपने लिए रोजगार तलाशे। वोट-पिपासु राजनेताओं ने इन्हें पाला-पोसा। ये पहले जहाँ एक दल विशेष के वोट-बैंक थे, वहीं अब असम की राजनीति में इन्होंने अपनी पैठ बना ली है। इनकी बदौलत कुर्सी पर बैठे लोग तो 'सब ठीक है' का ही राग अलापेंगे न! क्या यह सब तुम नहीं जानते ब्रह्मपुत्र बाबा! आखिर कब तक! कहो न कब तक!! तुम यह सब सहन करते रहोगे? क्या तुम यह नहीं जानते कि असम की जनसंख्या प्राकृतिक दर से नहीं, इनके आव्रजन से बढ़ रही है। इन्हें तो किसी का धर्म-परिवर्तन कराने की भी आवश्यकता नहीं है। हे बाबा! क्या तुम्हें यह भी पूर्वानुमान नहीं है कि अगले दस साल में ही ये घुसपैठिये यहाँ के धर्म-संस्कृति को सोख लेंगे?

आहोम शासन में मुगलों को खदेड़ने में तुम्हारे ही शराईघाट में वीर लाचित बरफुकन ने जल-युद्ध कर विजयश्री प्राप्त की थी किन्तु आज असम तो क्या, लगता है, पूरे भारत में कोई ऐसा साहसी नहीं जो घुसपैठ के इस अजस्र प्रवाह को रोक सके। हे ब्रह्मपुत्र बाबा! आखिर तुम क्या चाहते हो? माना कि तुम्हारा सागर-मिलन बांग्लादेश के रास्ते होता है, तो क्या असम को भी तुम उसकी सीमा में तिरोहित हुआ देखना चाहते हो? उस देश में बहते हुए तुमने भी तो यह सुगबुगाहट सुनी होगी कि वे बृहत्तर बांग्लादेश का सपना सँजोये हैं और पूर्वोत्तर के प्रदेशों को

घुसपैठियों की आबादी के चाकू से काटकर भारत से अलग कर देना चाहते हैं। किन्तु क्या तुम ऐसा होने दोगे? तुम बांग्लादेश के लिए एक नदी मात्र हो सकते हो परन्तु हमारे तो तुम प्रेरणा-स्रोत हो। हमारा सम्बन्ध तो तुमसे सहस्राब्दियों का है।

हे ब्रह्मपुत्र बाबा! इस बार की जनगणना-रपट के बारे में तुमने भी सुना होगा। इसके आँकड़ों में असम में मुस्लिम आबादी की बढ़त चालीस फीसदी बताई गयी है। इससे तुम्हारी उपत्यका में फिर से असमंजस और उत्तेजना का माहौल बन रहा है। तुम्हारी घाटी का छात्र वर्ग जहाँ उद्वेलित है वहीं यहाँ के राजनीतिक दल अपनी वोट लोलुपता के चलते इस पर लीपापोती कर रहे हैं। हे देवता! क्या यह प्रश्न असम की अस्मिता से जुड़ा हुआ हमारी राष्ट्रीयता का भी नहीं है? फिर क्यों इस रपट को मजहब से जोड़कर देखा जा रहा है? तुम्हारी घाटी में सदियों से रहनेवाले असमिया मुसलमानों के लिए भी यह परीक्षा की घड़ी है। वे स्वयं सन्दिग्ध बांग्लादेशियों को निकाल बाहर करने में एकजुट हो जाएँ। कल उन पर ही किसी को अँगुली उठाने का मौका न मिले। हे बाबा! तुम बांग्लादेश से क्यों नहीं कहते कि वह अपनी दोहरी चालें चलना बन्द करे। वह एक तरफ घुसपैठ कराता है और दूसरी ओर अपनी सीमा में आतंकवादियों के शिविर चलाता है।

तुम अपने बदलते मिजाज की तरह अपने नाम भी बदलते रहे हो। तुम्हारे सांग्पो, सियांग, दियांग, लुइत (लोहित) और ब्रह्मपुत्र नाम तो पुरुषवाची हैं, पर पता नहीं धुबड़ी के नजदीक से बांग्लादेश में प्रवेश करने के बाद तुम क्यों स्त्रीलिंगी हो गये हो? गंगा से गले मिलकर क्या तुम में मातृत्व जाग आया? तुम तो कोई बहुरुपिये लगते हो। पहले अपना नाम जमुना, फिर पद्मा रखा। अन्य नदियों से अपने गले में हार डलवानेवाले हे ब्रह्म-कुँवर! क्या बंगोपसागर के गले में अपनी वरमाला डालने के लिए ही तो तुमने अपना नाम मेघना नहीं न रख लिया है?

हे ब्रह्मात्मज! तुम्हारे किनारों पर लोक-साहित्य रचा गया। तुम्हारी धारा से असम में आये अँग्रेजों पर व्यंग्य करती हुईं यहाँ की ग्रामीण नारियाँ तुम्हें याद कर यह लोकगीत गाया करती थीं—

ब्रह्मपुत्रे आहिले / *ब्रोह्मोपुत्रे आहिले*
इंगराजर जहाज ए / *इंगराजोर जोहाज ए*
पृथिवी तलिबलै / *पृथिवी तोलिबोलै*
चापरि दे चापरि दे / *सापोरि दे सापोरि दे*
इंगराजर जहाज ए / *इंगराजोर जोहाज ए*
बातरि आछे ने नाइ? / *बातोरि आसे ने नाइ?*

(ब्रह्मपुत्र से आया है
अँगरेजों का जहाज एक
दुनिया को क्या तारने
चापरी होता चापरी होता
अँग्रेजों का जहाज एक
खबर भी कोई लाया या नहीं?)

तुम्हें देखकर देश के स्वतन्त्रता-समर में जूझने के लिए असम के युवाओं को प्रेरित करने के लिए तुम्हारे सपूत रूपकुँवर ज्योतिप्रसाद अगरवाला ने इस गीत को तुम्हारे किनारे बैठकर ही रचा गया होगा—

लुइतर पाररे आमि डेका ल'रा / *लुइतोर पारोरे आमि डेका लोरा*
मरीबलै भय नाइ / *मोरीबोलै भोय नाइ*
मुकुति मेधर महान मेजिर... / *मुकुति मेधोर मोहान मेजिर...*
आमि आगे बाढ़ि / *आमि आगे बाढ़ि*
डिङि पाति पाति / *डिङि पाति पाति*
तेजरे बलिशाल / *तेजोरे बोलिशाल*
जामे बोलाइ। / *जामे बोलाइ।*

(लोहित किनारे के हम युवा लड़के
मरने से नहीं डरते
मुक्ति यज्ञ के महाकुण्ड में...
हम आगे बढ़कर
शीश कटाकर
रक्त-बलिदान
करते जाएँगे।)

हे महाबाहु! तुम्हारी जलधारा से प्रेरित होकर न जाने कितने ही कवियों ने काव्य रचे होंगे। तुमसे ही प्रेरणा लेकर डॅ. भूपेन हजारिका के मन में दर्शन प्रस्फुटित हुआ होगा, तभी तो उन्होंने तुम्हें महामिलन का तीर्थ कहकर तुम्हारी अभ्यर्थना की है—

महाबाहु ब्रह्मपुत्र, / *मोहाबाहु ब्रोह्मोपुत्र,*
महामिलनर तीर्थ / *मोहामिलोनोर तीर्थ*
सतयुगे धरि आइ प्रकाशी / *सोतोजुगे धोरि आइ प्रोकासी*

समन्वयर अर्थ... / *सोमोन्वोयर अर्थ...*
(महाबाहु ब्रह्मपुत्र,
महामिलन का तीर्थ
सतयुग से यह समझाता आया
समन्वय का अर्थ...)

हे सहस्त्रबाहु! तुम्हारी उपत्यका में आये आहोम ने तुम्हें 'नाम-दाओ-फी' कहकर पुकारा। तुमने भले कितने ही नाम धरे हों, पर हमें तो तुम्हारा ब्रह्मपुत्र या लुइत नाम ही सुखकर लगता है। अब तुम बुढ़ा गये हो, तभी तो हम लाड़ से तुम्हें बूढ़ा लुइत भी कहते हैं। तुम्हारे बिना भी हम असमियों को चैन नहीं किन्तु जब तुम अपनी क्रूर अठखेलियों पर उतर आते हो तो हमें बहुत त्रास देते हो। तुम हमारे लिए जहाँ वरदान हो, वहीं अभिशाप भी बन जाते हो। अब लगता है कि तुम्हें भारत की नदियों से अपना गठबन्धन कर माता की ममता भी सीखनी होगी।

हे लोहित! तुम बड़े ढीठ हो। इतना बोलने पर भी तुम मुखरित नहीं हुए। लगता है कि मेरे ही कहने में कोई चूक रह गयी है। नहीं! नहीं!! ऐसा नहीं है। तुम रुष्ट होते तो मुझे जता देते, भले ही अपनी किसी लहर की उँगली से चुप करा देते। मैं तुम्हारी विवशता कुछ-कुछ समझ रहा हूँ। आखिर तुम भी तो उसी लोकतन्त्र में बह रहे हो जिसमें हम जी रहे हैं। किन्तु तुम्हारे मौन ने मुझे थोड़ा कुण्ठित भी किया है। मैं भी तुंम्हारे मोहपाश में जकड़ा हूँ। तुम जब तक मेरे नजदीक हो, मैं इसे नहीं तोड़ सकता। इसलिए तुमसे पीछा छुड़ाकर मैं जा रहा हूँ। वैसे भी मुझे मुम्बई का घर छोड़े पाँच महीने हो गये हैं। हाँ! याद आया, आज श्रावण पूर्णिमा है। मुझे पुष्पा बहन से जाकर राखी बँधानी है। तुम किससे बँधवाओगे! तुम्हारी बहन ब्रह्मपुत्री तो इस धरती में सीता की भाँति समा गयी है। हाँ! वही, जिसे सारा जग सरस्वती के नाम से जानता है। तो फिर अब मैं चलता हूँ। मेरा कहा-सुना माफ करना। क्या, तुम शीघ्र ही फिर से मुझे बुलाओगे!

चार अक्षरों में लिखा काव्य

ब्रह्मपुत्र की पुकार मैं ज्यादा दिन अनसुनी नहीं कर पाया। चार महीने बाद ही फिर गुवाहाटी आ धमका। दिसम्बर आधा से ज्यादा बीत चुका था। इस बार मकर संक्रान्ति पर परशुरामकुण्ड जाने का विचार था। असम में इतने वर्षों रहकर भी इस जगह जाना नहीं हो पाया था। इसी बीच अनायास ही शिलचर जाने का अवसर हाथ लग गया। 'पूर्वोत्तर प्रदेशीय मारवाड़ी सम्मेलन' के अध्यक्ष और मेरे मित्र ओंकारमल जी अग्रवाल ने बातों-बातों में शिलचर साथ चलने के लिए कहा तो मैं आनन-फानन तैयार हो गया। मेरे लिए यह क्षेत्र अनजाना था। बराक घाटी को देखने की चाह बहुत दिनों से थी ही। टाटा-सुमो में ओंकारमल जी अग्रवाल के अलावा सम्मेलन के महामन्त्री ओमप्रकाश जी खण्डेलवाल, संगठन मन्त्री माँगीलाल जी चौधरी और कार्यालय सचिव तथा पत्रकार ओंकार पारीक और मैं था। ये लोग सम्मेलन के पुनर्गठन के लिए बराक घाटी जा रहे थे। मुझे इतने लोगों के साथ जाने का सुयोग मिलना जैसे आम के आम और गुठली के दाम वाली कहावत चरितार्थ हो गयी। उन लोगों के संग मैं निश्चिन्त था।

जी.एस. रोड (गुवाहाटी-शिलांग मार्ग) के उलुबाड़ी इलाके से निकलते समय यहाँ बने नये-नये कॉमर्शियल कॉम्पलेक्स देख आँखों को विश्वास नहीं होता। कभी यहाँ *उलु* घास उगा करती थी जिससे इसे उलुबाड़ी कहा जाने लगा। अब टीन के मकानों की जगह बड़ी-बड़ी बिल्डिंगें बन गयी हैं, जिनमें पहले केन्द्रीय तथा राज्यीय दफ्तर ही थे। अब नगर का खुदरा व्यापार फैन्सी बाजार के बदले यहाँ समाता जा रहा है। उलुबाड़ी से चला सात-आठ किलोमीटर लम्बा चकाचौंधी सिलसिला दीसपुर तक चलता है। इसी दीसपुर में असम की राजधानी है।

दीसपुर से दो-तीन किलोमीटर बाद ही मेघालय की सीमा शुरू हो जाती है। जीप वर्तुलाकार रास्ते से खासी-जयन्तिया पहाड़ों की गोद में समायी जा रही थी। अब पहाड़ी चढ़ाई शुरू हो गयी। पहाड़ों की हरियाली, सीढ़ीनुमा खेत, हवा के झकोरों से झूमते पाइन-पेड़ों के दृश्यों को आँखें घूँट-घूँटकर पी रही थीं। अच्छा ही हुआ कि हमने शिलचर जाने के लिए मेघालय का रास्ता चुना था, वैसे दूसरा रास्ता

ट्रेन या फिर सड़क से लामडिंग और हाफलोंग होकर भी जाता है। हमारी यात्रा का पहला मुकाम शिलांग था।

गुवाहाटी से मात्र 103 कि.मी. की दूरी पर सागर तल से 4890 फुट ऊँचाई पर स्थित शिलांग आज मेघालय की राजधानी है किन्तु सन् 1874 से 1972 तक संयुक्त असम की राजधानी भी यही रहा है। 50-55 कि.मी. रास्ता तय करने पर नांगपोह आया। चाय पीने के लिए ओंकारमल जी ने वहाँ गाड़ी रुकवायी।

किसी जमाने में यह सड़क एकतरफा हुआ करती थी। नांगपोह में बने गेट को समयानुसार खोला जाता था। नांगपोह के पहले बर्नीहाट और जोराबाट में भी गेट हुआ करते थे और नांगपोह से आगे भी और दो गेट होते थे। शिलांग की तरफ से आनेवाली गाड़ियाँ और उस तरफ जानेवाले वाहन यहाँ आकर मिलते थे। अब सड़क चौड़ी कर दी जाने से दोतरफा आवाजाही चौबीसों घण्टे होती है।

नांगपोह से परिवेश बदल गया था। सड़क के दोनों किनारे बनी खोखानुमा दुकानों पर खासी औरतें बैठी थीं। उनका पारम्परिक पहनावा है—पिण्डलियों तक लुंगीनुमा मेखला जिसे *जैम्पीन* कहते हैं और उसके ऊपर चटक रंगों का चारखाने का लबादानुमा *जाइनकुप* पहना जाता है बल्कि इसे दोनों काँधों पर खास तरीके से गाँठ लगाकर बाँधा जाता है। सिर पर आकर्षक रंगीन कपड़े का *मोह-खेरा* बाँधती हैं। कानों में सोने-चाँदी और पीतल की बालियाँ ये बड़े शौक से पहनती हैं। ये खासी दुकानदारिनें अपनी दुकानों तथा सड़क पर अनन्नास, केले, नारंगी और सब्जियों के साथ ही काँच-प्लास्टिक की बरनियों में छिले हुए अनन्नास की फाँकें और शहद सजाये यात्रियों की प्रतीक्षा करती हैं। आज इनके बीच अनेक रेस्तराँ बन गये हैं। पहले यहाँ चाय-मिठाई की दो-एक दुकानें ही थीं।

रास्ते में कोयलों से भरे ट्रकों के अनवरत काफिलों को देख सहज जिज्ञासा हुई। पता चला कि यहाँ की जनजाति लोगों के व्यक्तिगत कोयला खानों से रोजाना हजारों टन माल गुवाहाटी और वहाँ से रेल में देश के विभिन्न भागों में भेजा जाता है। पहले इसी तरह यहाँ के घनघोर जंगलों में पायी जाने वाली पाइन तथा अन्य जाति की लकड़ियों को भी बाहर भेजा जाता था। जंगलों की बेशुमार कटाई से पहाड़ नंगे होने लगे पर सरकार नहीं चेती। आखिर सन् 1996 में सुप्रीम कोर्ट ने पूर्वोत्तर के सभी प्रदेशों में जंगल काटने पर रोक लगा दी।

सुमो जीप के पहिये फुर्ती से घूमते हुए आँके-बाँके सर्पवत मार्ग पर आगे बढ़े जा रहे थे। शिलांग से 17-18 कि.मी. पहले रास्ते में उमियम लेक आयी। इस झील को आमतौर पर 'बड़ा-पानी' कहा जाता है। पहाड़ों से घिरी तराई में बनी कृत्रिम झील के जल-दर्पण में खासी पहाड़ियाँ अपूर्व अप्सराओं की भाँति अपने प्रतिबिम्ब निहार रही थीं। पहाड़ी काया की श्यामल झाँई पानी के हरितपन पर मानो

उतर आयी थी। क्या इसे ही देखकर शृंगार रस–शिरोमणि कवि बिहारी ने अपनी सतसई के पहले ही दोहे में 'श्याम हरित दुति होइ' लिखा था! प्रकृति की इस छविश्री से आवाजाही करते समय पचासों बार मेरा दृष्टि–सम्पर्क हुआ होगा पर यहाँ ठहरकर कभी इसका आतिथ्य ग्रहण नहीं कर पाया।

वैसे इस झील को पन–बिजली बनाने के लिए करीब चालीस साल पहले ही बनाया गया था। आज सैलानियों के लिए यह एक सैरगाह बन गयी है। यहाँ नौकायन से लेकर वाटर–स्कूटरिंग तक की जा सकती है। किन्तु मछली पकड़ने की छूट केवल यहाँ की जनजाति के लोगों को ही है। पहाड़ी चढ़ाई के साथ झील से दूरी भले बढ़ती जा रही थी किन्तु ऊपर से दिखता इसका रूप और भी नयनाभिराम लगता है।

मेरी स्मृति में आज भी चार दशक पहले शिलांग आने की पहली याद तरोताजा है। तब यहाँ पहुँचकर ऐसा लगा था जैसे एक नयी दुनिया में पहुँच गया। परिवेश बिल्कुल बदल चुका था। भाषा, रहन–सहन सब कुछ अलग। केवल सौ कि.मी. की दूरी में इतना बदलाव देखकर मैं विस्मित था। मुझे याद है कि उस मई या जून महीने की दुपहरी में भी लोगों ने स्वेटर पहन रखे थे। रात को सोया तो बदन पर मोटी रजाई ओढ़नी पड़ी। उसकी स्थूल काया किसी बोझ से कम न थी पर वह ठण्डी रात सौर के साथ बिना कैसे गुजरती? इस बार दिसम्बर में आया, तब भी ठिठुरानेवाली ठण्ड नहीं थी। यह ऋतु परिवर्तन जंगलों की बेशुमार कटाई और पर्यावरण से मानव की छेड़छाड़ का फल है। पहले हम प्रकृति को छेड़ते हैं, फिर वह हमसे अपने साथ किये गये अत्याचार का बदला लेती है।

खासी जाति में यह विश्वास है कि सोपेनवेंग नामक पहाड़ पर एक लम्बी लता थी जो आकाश से पृथ्वी तक लटकती थी। देवता इसके सहारे धरती पर उतरकर घूमते थे। उनमें एक ईर्ष्यालु था। वह स्वयं सबका राजा बनना चाहता था। उसने लता को काटकर सबके आने–जाने का रास्ता बन्द कर दिया। फिर शिलांग देव ने अपनी पुत्री कापाहशिन्यू को धरती पर भेजा। उसी कापाहशिन्यू की सन्तान सभी खासी है। इससे इनमें एक कहावत चल पड़ी—*लौंगयेङ ना का किंथेइ*— अर्थात् स्त्री से ही इनकी जाति बनी है; तभी तो खासी–जयन्तिया जनजातियों का समाज मातृसत्तात्मक है। यहाँ औरतों का ही वर्चस्व है। धन–सम्पत्ति सब पर जनाना हक ऐसा तिरिया राज तो इससे पहले और कहीं नहीं देखा–सुना! पुरुष की विवाह पूर्व की कमाई पर

मातृ-परिवार का और विवाहोत्तर आय पर पत्नी-परिवार का हक होता है। पति अपनी माँ-बहन को चाहे भले कोई राय दे किन्तु पत्नी और बच्चों को नहीं। घर और बच्चों को सँभालने का काम पत्नी का होता है। सम्पत्ति की स्वामिनी भी पत्नी ही होती है। विवाहोपरान्त पति ससुराल में रहता है। एक-दो बच्चे हो जाने पर ही वह चाहे तो अलग घर बनाकर रह सकता है परन्तु उसके बच्चों का वंश माता के नाम से ही चलता है।

माता की मृत्यु के बाद उत्तराधिकारी उसकी सबसे छोटी बेटी होती है। घर-अलंकार तथा पारिवारिक वस्तुएँ छुटकी को ही मिलती हैं किन्तु वह बड़ी बहनों को पूछे बगैर घर नहीं बेच सकती। उसकी मृत्यु हो जाने पर बड़ी बहन अधिकारी हो जाती है। सन्तान न होने पर इनमें लड़की को ही गोद लेने की प्रथा है परन्तु अपने कुल की ही लड़की को गोद लिया जा सकता है। इतना होने पर भी राज्य का शासन राजा ही चलाता था किन्तु राजा का उत्तराधिकारी हमेशा उसका भानजा हुआ करता था जिसे *कोंवारी* (राज कुँवर) कहा जाता था।

यहाँ तब भी मातृसत्तात्मक समाज ही था, जब जयन्तिया राजकुमारी प्रमीला ने युधिष्ठिर के अश्वमेध यज्ञ के घोड़े को पकड़ा था, जिसे छुड़ाने अर्जुन यहाँ आया और प्रमीला से विवाह कर उसे समझौता करना पड़ा। यहाँ के पारम्परिक तीरन्दाजी खेल में मजे की बात है कि ये जनजातीय लोग एकलव्य की तरह अपने अँगूठे के बदले दो अँगुलियों से बाण चलाते हैं। कहीं ये जातियाँ द्रोणाचार्य द्वारा प्रताड़ित वनवासी एकलव्य की वंशधर तो नहीं हैं?

मझोले कद, छोटी आँखें, तिरछे बाल, चौड़े माथे, गालों की उभरी हुई हड्डियों वाले खासी लोगों की युवा औरतें पुरुषों से अधिक सुन्दर लगती हैं। मुस्कान बिखेरते इनके बच्चे भी अपने पारम्परिक पहनावे में बड़े मनमोहक दिखते हैं। यहाँ के लोगों के चेहरे-मोहरे चीनी-जापानी जैसे दिखने से प्रायः गलतफहमी हो जाती है कि यह बाहर से आयी हुई कोई नस्ल होगी। आखिर इनका अतीत क्या रहा है? महाभारत काल से बहुत पहले ये लोग यहाँ के पहाड़ों पर आकर बसे थे। आज ये खासिया या खासी कहलाते हैं। आचार्य हजारीप्रसाद द्विवेदी अपने प्रबन्ध 'हिमालय' में *'हिमालय में बसनेवाली महान खस जाति'* का उल्लेख करते हुए लिखते हैं—''कोई आश्चर्य नहीं कि कामरूप से गान्धार तक फैले हुए पर्वतीय प्रदेश शिव की शक्तिभूता पार्वती देवी की उपासना का सर्वाधिक महत्त्वपूर्ण केन्द्र है।''

यहाँ की जनजातियाँ प्रकृति-पूजक रही हैं। आज भी शिलांग नगर के पास शिलांग नाम का पहाड़ है जिसे ये लोग शिलांग देवता (लेइ-शिलांग) के रूप में मानते हैं। ऐसा मत भी है कि शिलांग शब्द शिव-लिंग का अपभ्रंश है। ये लोग

निराकार *नियाम* धर्म को मानते हैं। नियाम का अर्थ 'जीवन के नियम' होता है। सर्वशक्तिमान सृष्टिकर्ता ईश्वर को ये लोग *ब्लेई* कहते हैं। चूँकि ईश्वर निराकार-निर्विकार है। उसमें पुरुष, स्त्री, एक और अनेक सब समाया है। इसलिए ब्लेई के साथ पुरुषवाचक *उ,* स्त्रीवाचक *का* या फिर समूह के सन्दर्भ में *की* का प्रयोग करते हैं। सृष्टि निर्माता को *उ ब्लेइ नोंगथाव* कहते हैं। इनकी पूजा *लिंग्डोह* (पुजारी) की सहायता बिना पूरी नहीं होती। मेघालय की जयन्तिया जनजाति कपिली नदी की पूजा करती थी। इनमें पेड़, पहाड़ आदि की पूजा करने की प्रथा भी रही है।

प्रकृति के अलावा देवताओं में *उ बिसकरमा* (विश्वकर्मा) और देवियों में *का लखमी, का रन शंडी* (दुर्गा-काली) की पूजा करने का प्रचलन इनमें रहा है। जयन्तिया पहाड़ पर स्थित नार्तियांग में बने जयन्ती देवी के मन्दिर को इक्यावन शक्तिपीठों में एक माना जाता है। खासी जनजाति भी देवी-पूजा करती थी जिनकी इष्टदेवी कामाख्या थीं। शाक्त धर्म के ग्रन्थ और तन्त्र में इनका बड़ा योगदान माना जाता है। जयन्तिया जनजाति में माता (चेचक) को *थोह ब्लाई* नाम से पूजने की प्रथा भी रही है।

चीनी, मुस्लिम यात्रियों ने अपने यात्रा वर्णनों में यहाँ के रसीले फलों, लोहा, ताँबा और सोना पिघलाने की विधियों, रेशम से कपड़ा बनाने की कला और चीन के साथ होनेवाले उनके रेशम-व्यापार के बारे में लिखा है। खासियों की अपनी टकसालें होती थीं जिनमें ढले चाँदी के सिक्के आज भी गाँववालों के पास मिल जाते हैं। बारूद बनाने का भी इन्हें ज्ञान था। वैसे इनका क्रमबद्ध इतिहास सोलहवीं शताब्दी से मिलता है।

जयन्तिया राज्य का पुरातन इतिहास कभी पढ़ने में नहीं आया। शायद इसे लिखने की परम्परा ही नहीं रही होगी। इस राज्य के प्राप्त लिखित इतिहास से पता चलता है कि इसके अन्तर्गत जयन्तिया पहाड़ और इसके दक्षिण के समतल का कुछ भाग भी था। जयन्तिया राज्य के आहोम राजाओं के साथ वैवाहिक सम्बन्ध रहे हैं और यहाँ के राजा ने मुगल आक्रमण के समय आहोमों की सहायता की थी। पन्द्रहवीं शताब्दी में पर्व्वत राय द्वारा स्थापित जयन्तिया राज्य पर सोलहवीं शती में चीलाराय ने आक्रमण कर इसे कोच राज्य के अधीन किया था। पर्व्वत राय के बाद बूढ़ा पर्व्वत राय, बरगोंसाईं, विजयमाणिक, प्रतापराय, धनमाणिक जयन्तिया राजा हुए। सत्रहवीं शताब्दी की शुरुआत की बात है—धनमाणिक को कछारी राजा से हार का सामना करना पड़ा। उसने आहोम राजा प्रताप सिंह से वैवाहिक सम्बन्ध स्थापित किये और उनकी सहायता लेकर कछारी राज्य पर हमला किया। धनमाणिक के बाद यशमाणिक, वशमाणिक, सुन्दर राय, छोटा पर्वत राय, यशोमत्त राय राजा हुए। यशोमत्त राय आहोम वंशज नरिया राजा (1644-1648) का समकालीन था। सन् 1668 में यशोमत्त राय की मृत्यु के बाद मानसिंह जयन्तिया राजा बना। इसके बाद

क्रमशः प्रतापसिंह, लक्ष्मीनारायण, रामसिंह, जयनारायण, चक्रसिंह, यात्रानारायण और विजयनारायण जयन्तिया राज्य के राजा बने। विजयनारायण के बाद ही आहोम राज्य के साथ जयन्तिया राज्य भी ब्रिटिशों के हाथ में चला गया। यों देखा जाए तो खासी पहाड़ियों पर कुल छोटे-छोटे तीस राज्य थे और प्रत्येक राज्य विभिन्न राजाओं के अधीन था। राजा के परामर्श के लिए एक मन्त्रिमण्डल होता था। वे राज्य अपने आपमें एक गणतन्त्र थे। इन राज्यों में आपसी तालमेल था तथा किसी भी महत्त्वपूर्ण निर्णय के लिए एक-दूसरे की राय लेकर ही अन्तिम कार्यवाही की जाती थी। खासी की दुर्गम पहाड़ियों पर किसी की पहुँच आसान नहीं थी।

अँग्रेजी राज्य के अन्तर्गत बंगाल के उत्तर में स्थित सिलहट और मैमनसिंह की समतल भूमि पर खासी लोग बाजार करने जाते थे। उस समय तक शिलांग से गुवाहाटी और शिलांग से शिलचर तक की सड़कें नहीं बनी थीं। वहाँ के गाँवों में खासी अँग्रेजों के सम्पर्क में आये जिन्हें वे बंगाली कोसेयाह (बंगाली खासी) कहते थे। धीरे-धीरे अँग्रेजों की साम्राज्यवादी नजर खासी-जयन्तिया पहाड़ों पर गयी।

ब्रिटिशों ने पूर्वोत्तर के प्रदेशों में अपना राज्य स्थापित करने के पहले ईसाई मिशनरियों को धर्म-प्रचार के काम में लगाया। उन्होंने एक 'चार्टर एक्ट 1813' पारित कर इंग्लिश मिशन को यहाँ ईसाइयत का प्रचार करने की अनुमति दी। ईस्ट इण्डिया कम्पनी के सहयोग से क्रिश्चियन मिशनरी ने भारत में धर्म-प्रचार की शुरुआत की थी। इसके अन्तर्गत श्रीरामपुर स्थित अमेरिकन बैपटिस्ट मिशन के प्रधान विलियम कैरी ने सर्वप्रथम खासी पहाड़ पर कृष्णचन्द्र पाल (एक बंगाली ईसाई) को अपना प्रतिनिधि बनाकर सिलहट के रास्ते भेजा था। उसने सात लोगों को पहले ईसाई बनाया, जिनमें उ डवान और उ अन्ना नामक दो खासी थे। इस तरह यहाँ के लोग ईसाई मिशनरियों के प्रभाव में आने लगे।

अँग्रेजों की आँखें खासी-जयन्तिया पहाड़ों पर गड़ी थीं। उनका इन पहाड़ों के दक्षिण में स्थित सिलहट तथा कछार की बराक घाटी तक और उधर उत्तर में ब्रह्मपुत्र घाटी तक आधिपत्य हो चुका था। दोनों जगहों की सेना की आवाजाही में ये पहाड़ बाधक थे। दूसरा कारण यह भी था कि इन पहाड़ों की जलवायु उनके अपने देश के समान थी। इस सारे इलाके को वे एक 'न्यू इंग्लैण्ड कॉलोनी' के रूप में बदलना चाहते थे।

इसके लिए शिलचर में अँग्रेज कम्पनी के कमाण्डर डेविड स्कॉट ने इन पहाड़ों पर नियन्त्रण रखने और सैनिक घुसपैठ बनाये रखने के लिए खासी पहाड़ियों से होकर शिलचर तथा सिलहट से गुवाहाटी के बीच सीधा मार्ग बनाने का विचार किया। इस प्रस्तावित मार्ग के बीच चेरा (चेरापूँजी) के *सियेम* (राजा) दीवानसिंह

और नोंग्ख्लौ के बालक-सियेम उ तिरतसिंह के क्षेत्र आते थे और शेष मार्ग मिल्लम राज्य से होकर जाना था। उ तीरतसिंह का राज्य-कार्य उसकी माँ काबसान देखती थी। स्कॉट ने इस बात का फायदा उठाकर राजमाता को रास्ता देने के लिए राजी कर लिया। किन्तु सड़क का काम बारह वर्ष बाद शुरू हो सका। अब तक उ तीरतसिंह जवान हो गया था। अँग्रेजों द्वारा महिलाओं के साथ छेड़खानी-बलात्कार होने लगे और लोगों से बन्दूक के जोर पर सड़क बनाने का काम कराने जैसी घटनाएँ बढ़ने लगीं। इतना ही नहीं, उसके राज्य से ब्रिटिश सरकार जबरन राजस्व भी वसूलने लगी।

उ तीरतसिंह को धीरे-धीरे अँग्रेजों की चाल समझ में आने लगी। उसने ब्रिटिशों को वहाँ से भगाने का निश्चय कर, अपने राज्य नोंग्ख्लौ के तहसीलदार, किन्तु अँग्रेजों के पक्षधर महीधर बरुवा सहित कई कर्मचारियों को बन्दी बना लिया। फिर 4 अप्रैल, 1829 को अँग्रेजों पर पहला आक्रमण कर लेफ्टिनेंट बर्लटर और बोडिंगफील्ड को घायल कर कई अँग्रेजों को मार डाला। तीरतसिंह के उ मोन भट्ट, उ लुरसै जराइन, उ खेम खारकोंगोर जैसे वीरों के तीर-कमान के सामने आधुनिक हथियारों से लैस अँग्रेजी सेना कमजोर पड़ने लगी। इस युद्ध में खासी वीरांगना का फान नोंगगलैट की अगुवाई में बनी नारी सेना ने भी लोहा लिया।

अपने को मिली हार और रास्ते का काम बन्द हो जाने से अँग्रेज तिलमिला उठे। उन्होंने शिलचर से कैप्टन लिस्टर के नेतृत्व में 44 शिलचर लाइट इन्फण्ट्री और गुवाहाटी से लेफ्टिनेंट बेंच के नेतृत्व में 43 असम इन्फण्ट्री को बुला लिया। इसके साथ ही अँग्रेजों ने खासी पहाड़ की आर्थिक नाकेबन्दी कर दी। दूसरी तरफ अपनी भेदनीति के तहत स्कॉट ने छोटे-छोटे खासी सियेमों को बन्धुत्व दिखा और प्रलोभन दे अपने पक्ष में करने लगा। इतना करने पर भी स्कॉट तीरतसिंह को नहीं हरा सका।

स्कॉट के बदले रोबर्टसन आया। उसने ग्वालपाड़ा और बर्मा से सेनाओं तथा मणिपुर से घुड़सवारों को बुलाया। आर्थिक नाकेबन्दी चालू थी ही। खासी पहाड़ पर लोगों पर भूखों मरने की नौबत आ गयी। अँग्रेजों ने अपनी भेदनीति को और एक पलटा मारा। वे खासी लोगों में प्रचार करने लगे कि हम भी शान्ति चाहते हैं। उ तीरतसिंह हमारी बात मान हमसे मित्रता कर ले तो हम खासी पहाड़ आप लोगों के लिए छोड़कर चले जाएँगे। परेशान जनता पर इसका असर पड़ने लगा। तीरतसिंह जानता था कि यह उनकी चाल है। एक बार बात हुई तो वे रास्ता बनाने के बहाने खासी पहाड़ को भी अपने अधिकार में कर लेंगे।

इस युद्ध को चलते चार वर्ष हो चुके थे। जनता भी ऊब गयी थी। इसका मनोवैज्ञानिक लाभ उठाने के लिए मिल्लम राज्य में रहकर अँग्रेजी सेना का नेतृत्व करनेवाले मिस्टर इंग्लिश ने एक धूर्त चाल चली। उसने खासी रिवाज के अनुसार

खासी जनता के बीच तलवार पर नमक रखकर उसे चखा और शपथ लेकर कहा—अगर तीरतसिंह वार्ता के लिए आते हैं और हमारी वार्ता असफल भी होगी तो भी हम उन्हें स्वाधीन रूप से वापस लौटने देंगे।

इससे खासी लोग प्रभावित हुए। जनता के बहुत दबाव डालने पर तीरतसिंह को 13 जनवरी, 1833 को मिल्लम बातचीत करने जाना पड़ा। इंग्लिश ने उनका स्वागत कर फिर एक बार तलवार पर रखा नमक खाकर शपथ ली। दूसरे दिन बात होगी ऐसा तय कर राजा को विश्राम करने के लिए भेज दिया। प्रातः उठते ही तीरतसिंह ने देखा कि उसका विश्राम-स्थल अँग्रेजी सेना ने घेर रखा है। राजा के सभी साथियों को रात में ही कैद किया जा चुका था। अब तीरतसिंह के सारे शस्त्र छीनकर उसे कैद कर इंग्लिश के सामने पेश किया गया।

तीरतसिंह गुस्से से जल-भुन उठा। इंग्लिश को कल खायी हुई कसम याद दिलायी। इंग्लिश ने मजाक उड़ाते हुए कहा—कल की रात गयी उसके साथ बात भी गयी। अब भी अगर हमसे सुलह कर हमारा आधिपत्य स्वीकार कर रास्ता बनाने देते हो तो सियेम पद और राज्य लौटाया जा सकता है। तीरतसिंह ने उसे टका-सा जवाब दिया—मैं तुम्हारी गुलामी स्वीकार राजा बनने के बदले स्वतन्त्र मनुष्य के नाते मरना पसन्द करूँगा।

दूसरे दिन खासी जनता ने आँसू-भरी आँखों से देखा कि उनका सियेम साँकल में बँधा कैप्टन लिस्टर की सेना के साथ गुवाहाटी लिया जा रहा है। वहाँ उस पर फौजदारी मुकदमा चला। उसे विद्रोही करार दे ढाका जेल भेज दिया गया। वहाँ निर्वासित जीवन व्यतीत करते हुए 1834 में उसकी मृत्यु हो गयी।

क्रिश्चियन मिशनरी को आरम्भ में अनेक विरोधों के चलते सन् 1881 तक अधिक सफलता नहीं मिल सकी; तब तक केवल 2000 लोगों को ही ईसाई बनाया जा सका था। किन्तु आज ये लोग ज्यादातर ईसाई बन चुके हैं। यहाँ बड़े-बड़े चर्चों का निर्माण हुआ। इसके साथ अँग्रेजी शिक्षा-संस्कृति का भी खूब प्रचार हुआ। इनके मांसाहारी भोजन में गोमांस का समावेश हो गया किन्तु यहाँ की जयन्तिया जाति जो ज्यादातर अपने प्रकृति धर्म से जुड़ी है—आज भी इसे नहीं खाती। ईसाई बन जाने के बाद उनमें इसका प्रचलन स्वतः हो जाता है। वैसे गोमांस खाना ईसाई धर्म की मूलभूत शिक्षा नहीं है किन्तु इन्हें भावनात्मक रूप से हिन्दुओं से अलग रखने के लिए ही योजनाबद्ध रूप से इसे बढ़ावा दिया गया। वैसे इन जनजातियों का मुख्य भोजन चावल, सूअर का मांस और सूखी मछली है।

यहाँ की सड़कों पर चलते समय गाय और सूअर के मांस की दुकानें मिलना आम बात है। उबकाई-सी तब आती है जब खाल उतारे सूअर को अपनी पीठ पर

लादे कोई पास से गुजरता है। सूअर के पेट को चीरकर निकाली गयी उसकी आँतें भी उसके साथ बँधी होती हैं। इसी तरह पीठ पर बँधी टोकरी में भरकर गोमांस लेकर कोई निकलता है तो उसके खून की बूँदें टपकती रहती हैं।

खासियों में मछली पकड़ने की अनोखी पद्धति है। *का-मिन्यू* तथा *उखारयू* नामक पेड़ों की छाल से निकले दूधिया तेल के संसर्ग में आकर मछलियाँ बेहोश होकर पानी पर तैरने लगती हैं तब उन्हें पकड़ लेते हैं। इसके अलावा जंगल में शिकार करने के लिए विशेष बाण *ख्नाम सियात* या *रियाम सियात* का प्रयोग करते हैं। शिकार को जिन्दा पकड़ने के लिए *रियाम शिफियाह* (फन्दा) का उपयोग करने के साथ यदा-कदा गड्ढे में गिराकर अथवा पिंजरे में भी पकड़ते हैं।

यहाँ के स्त्री-पुरुष ज्वार या चावल से बनाई गयी घरेलू *कियाद* (शराब) बड़े शौक से पीते हैं। इस कियाद का इनके सामाजिक और धार्मिक रीतिरिवाजों में बड़ा महत्त्वपूर्ण स्थान है। बच्चे के जन्म के दूसरे दिन जब उसका नामकरण होता है तब पुजारी बाँस की पुंगी से शराब जमीन पर गिराता है जिसके साथ वहाँ उपस्थित पुरुष-महिलाएँ नामोच्चार करते जाते हैं। पुंगी से गिरती शराब की आखिरी बूँद के साथ जो नाम आता है वही बच्चे का नाम रख दिया जाता है।

इनमें बच्चा जनवाते समय नाल लोहे से काटना निषिद्ध है। नाल को मिट्टी के बर्तन में रखा जाता है। दूसरे दिन नामकरण के बाद पिता नालवाला पात्र बच्चे के चारों ओर घुमाकर पेड़ पर लटका आता है, फिर अपने पैरों को पानी से धोता है। इसके बाद माता-पिता-शिशु के दाहिने पैरों पर हल्दी लगाई जाती है। घर में आये मेहमानों को चावल का आटा दिया जाता है, फिर शराब पिलाई जाती है। जन्म के दो-तीन माह बाद कर्ण-छेदन कर्म होता है।

विवाह के समय खासी सूखी मछली के तीन टुकड़े जमीन पर रखते हैं, फिर उनपर घर में बनाई गयी शराब तीन बार डालकर अपने पूर्वजों का स्मरण कर उन्हें विवाह की साक्षी स्वरूप आमन्त्रित किया जाता है।

खासियों में तलाक लेना बहुत आसान है। आपस में नहीं पटने पर खासी महिला पति के आगे पान, चूना लगे पान पर गुवा (ताम्बूल) रखकर 'लिंग-डांग' कहती है और विवाह-विच्छेद हो जाता है। बच्चे माँ के पास रहते हैं। पति भी फिर से शादी करने को स्वतन्त्र हो जाता है।

इनमें मृत्यु के बाद जानवरों की बलि देकर पूजा करने का प्रचलन है। मृतक को जलाने की पुरानी प्रथा है किन्तु ईसाई बन गये लोग दफनाते हैं। शवदाह के बाद पुजारी की उपस्थिति में अस्थियों को बटोरकर तीन बार पानी से धोकर कलश में रखकर बन्द कर दिया जाता है जिसके साथ भोजन-पानी और सबसे ऊपर ताम्बूल रखा जाता है। शोक में ये एक माह तक अपना काम बन्द रखते हैं।

आज खासी जाति में अपनी पुरातन परम्पराओं को फिर से अपनाने के लिए

'सेंग-खासी' आन्दोलन ने जोर पकड़ा है। इसका लक्ष्य अपने *का नियाम* (निराकार धर्म) और खासीपन को बल देना है। यह केवल एक धार्मिक संस्था नहीं है। अपनी संस्कृति-परम्पराओं को एक सामाजिक और सांस्कृतिक पहचान देने के लिए 23 नवम्बर, 1899 को 'सेंग खासी' की स्थापना हुई थी।

खासियों के दो लोकप्रिय त्यौहार हैं—*साद-सुक मायसियाम* और *नोंगक्रेम।* 'साद-सुक मायसियाम' अप्रैल में फसल कटने पर ईश्वर को धन्यवाद देने के लिए मनाया जाता है। तीन दिन का यह उत्सव वाइकिंग स्थित सेंग खासी हॉल के सम्मुख मैदान में होता है। वहाँ अपनी बहुरंगी पोशाक और परम्परागत वाद्यों के साथ खासी जब जुटते हैं तो लगता है कि कैनवास पर रंगों को उँड़ेल दिया गया हो।

'नोंगक्रेम' उत्सव नवम्बर में खासियों के पहले लोकतान्त्रिक राज्य की स्थापना की स्मृति में शिलांग से कुछ कि.मी. की दूरी पर मनमोहक वादी में बसे स्मीत में मनाया जाता है। स्मीत के हिन्दू राजा के महल के सामने के खुले मैदान में रंग-बिरंगी पोशाक और गहने पहनकर युवक-युवती मध्यम गति से नृत्य करते हैं। पाँच दिनों तक चलनेवाले इस उत्सव का समापन ईश्वर की प्रार्थना के साथ होता है। मेरा जिस दिन स्मीत जाना हुआ वह इस उत्सव का समय नहीं था।

खासी भाषा का एक शब्द भी समझना कठिन है। उदाहरणार्थ खासी की एक से दस तक की गिनती देखिए—*वाय, आर, लाय, साव, सान, इंडरु, न्यु, फरा, खंडाइ* और *शिफो*। इन शब्दों का कोई भी उच्चारण हमारी समझ से परे है। पाश्चात्य विद्वानों ने खासी को मोनखमेर परिवार की भाषा माना है। यहाँ की राजकीय भाषा खासी और अँग्रेजी है। खासी पहले बांग्ला लिपि में लिखी जाती थी परन्तु सन् 1845 से रोमन लिपि को अपना लिया गया। रामायण, महाभारत आदि कई ग्रन्थों के खासी अनुवाद हुए बताते हैं। रोमन लिपि में खासी भाषा में अनूदित और सन् 1906 में छपी श्रीमद्भगवत गीता तो मैंने स्वयं देखी है। आज खासी की पढ़ाई एम.ए. तक होने लगी है। इन पर अँग्रेजी भाषा और पाश्चात्य सभ्यता का प्रभाव है, फिर भी ये आपसी बातचीत में अपनी भाषा का ही प्रयोग करते हैं। इस भाषा-निष्ठा के चलते यहाँ वास करनेवाले परप्रान्तीय लोग भी इनकी भाषा सीख गये हैं। वैसे स्थानीय लोग हिन्दी भी बोल-समझ लेते हैं।

किशोरावस्था में जब मैं सर्वप्रथम यहाँ आया था तब नयी-नयी जगहें देखने का शगल रहता था। यहाँ के कल-कल बहते झरनों में शहर से कुछ ही दूर पहाड़ों की ढलान के बीच बिशॉप और बिडन प्रपात हैं। वहाँ पहुँच ऐसे लगा था जैसे किसी पहाड़ी कुएँ में उतर गया हूँ। शहर से बारह कि.मी. दूर ऊँची पहाड़ी से झरते एलिफेण्ट फॉल की हाथी की सूँड़ जैसी धारा को देखना एक नया अनुभव था।

मेरे किशोर मन पर हरी मखमली कालीन से बिछे यहाँ के गोल्फ कोर्स की अमिट छाप पड़ी थी। भारत के पुरातन गोल्फ कोर्सों में इसका क्रम तीसरा है जिसे सन् 1889 में बनवाया गया था। इस प्राकृतिक गुदगुदे गलीचे पर चलना-दौड़ना जहाँ स्फूर्तिदायक लगा, वहीं आँखों ने हरियाली की स्निग्धता से अंजन की ठण्डक महसूस की। यहाँ की खूबसूरती से अभिभूत होकर ही अँग्रेजों ने शिलांग को पूर्व का स्कॉटलैण्ड कहा था।

सागर तल से 6400 फुट ऊँचे शिलांग-पीक तक की दस कि.मी. की यात्रा में पहाड़ियों पर तैरते बादल के टुकड़े इतने पास लगे थे जैसे कार से उतरो और हाथों से पकड़ लो। फूलों पर मँडराती तितलियों की तरह इन्हें भी पकड़ना काश मेरे लिए सम्भव हो पाता!

मैं कितनी ही बार शिलांग आया होऊँगा परन्तु यहाँ के 'बड़ा बाजार' की भूलभुल्लैयादार गलियों के तिलिस्म को आज तक नहीं तोड़ पाया। फिर भला नवागन्तुक इसके मकड़-जाल में फँस जाए तो उसकी क्या भूल है! यहाँ की बेशुमार तंग गलियों में छोटी-छोटी हजारों दुकानें होंगी। यहाँ के भीड़-भड़के में धक्कम-धक्का करते चलना मजबूरी है। यह बाजार इतना बड़ा है कि इसमें राशन, कपड़ा, सब्जी आदि के अलग-अलग उप-बाजार हैं। इसका एक कोना तो केवल गोमांस का है। खासी इसे *यऊड्डुह मार्केट* कहना पसन्द करते हैं। यहाँ की गलियों के बीच रास्ते पर बैठीं मुस्कान बिखेरतीं खसियानियाँ फल-सब्जियों के साथ चेरापूँजी केलों को बड़े करीने से सजाए रखती हैं। ये कदली-फल किसी बच्चे के हाथ जितने लम्बे और उनकी मुस्कुराहट जैसे मीठे होते हैं। यहाँ के सन्तरे की फाँक मुँह में रखते ही मिश्री की तरह घुलने लगती है। मझोले कद की इन केसरिया रंगी नारंगियों की मिठास के सामने नागपुरी सन्तरा भी फीका है।

बड़ा बाजार में इन्हें अपना पारम्परिक पहनावा पहने, व्यापार करते और चबर-चबर ताम्बूल-पान चबाते देखना एक अनूठा अनुभव था। यहाँ भी असम की भाँति पान के पत्ते पर चूना लगाकर आधी कच्ची सुपारी या ताम्बूल जिसे शिलांग में *गुवा* या *क्वाई* भी कहते हैं—के साथ खाया जाता है। यह कच्ची सुपारी बहुत गर्म होती है। कभी-कभी तो पसीना छूटने लगता है। नया व्यक्ति तो इसे जल्दी से खा भी नहीं सकता। किन्तु यहाँ की जनजातियाँ ताम्बूल-पान को चबैने की तरह चबाती रहती हैं। और तो और बूढ़े-बूढ़ी भी छोटे से *फी* (इमामदस्ता) में इसका मलीदा बना अपने पोपले मुँह में दबाये जुगाली करते रहते हैं। इसके साथ हाथ में पकड़े हुक्का या पाइप में भरी तम्बाकू पीते हुए धुआँ उगलना इनकी आदत में शुमार है। कुछ लोग पान के साथ अदरक का जरा-सा टुकड़ा खाना भी पसन्द करते हैं। शायद सर्दी-खाँसी से बचने के लिए इनमें यह प्रचलन चला होगा। ये ताम्बूल-पान को बाँस की छोटी-सी डलिया की पनौटी और चूना पीतल या चाँदी की जंजीर लगी

चुनौटी में रखते हैं। अपने इन साजो-सामान के बिना ये घर से नहीं निकलते।

सच कहा जाए तो जल्दीबाजी में शिलांग आनेवाला भी यदि बड़ा बाजार की गलियों में ही चक्कर लगा ले तो खासी परम्पराओं के बारे में काफी-कुछ जान सकता है। आज इस बाजार पर पहले की तरह स्त्रियों का वर्चस्व नहीं रह गया है। पुरुषों में स्त्री से बराबरी करने के भाव के चलते मर्द दुकानदार-खरीदार भी हो गये हैं। इस बाजार की मालकियत राजा के पास है। जिला स्वायत्त परिषद से शुल्क देकर लाइसेंस लेने के साथ राज्य सरकार को भी कर चुकाना पड़ता है। शाम को पाँच-छह बजते-बजते बाजार श्मशान की तरह वीरान हो जाता है। इस बाजार में ही नहीं शिलांग की सड़कों पर रात को शराबियों-मवालियों का राज्य हो जाता है। क्या मजाल जो कोई भला आदमी रात को पैदल रास्ते पर निकले।

यहाँ गैर-जनजाति के बाशिन्दे न जमीन-जायदाद खरीद सकते हैं और न ही जनजाति के सिवाय अन्य किसी को बेच सकते हैं। गैर-जनजाति लोगों का जीवन यहाँ बड़ा दूभर है—बत्तीस दाँतों के बीच रहनेवाली जीभ की तरह। यहाँ उन्हें डरे-सहमे रहकर अपना जीवन व्यतीत करना पड़ता है।

शहर के बीचोंबीच स्थित वार्डस लेक में किया गया नौकायन का आनन्द ही अलग था। झील के पानी पर चने बिखेरते ही उन्हें निगलने की होड़ में जल में अलोप मछलियाँ सतह पर निकल आती थीं और क्या मजाल कि एक भी दाना पानी में जाया हो जाए। झील के चारों ओर लगे बगीचे में आर्कीड के फूलों का शुमार तब भी था और आज भी है। भारत में 1250 आर्कीड की प्रजातियाँ हैं जिनमें से तीन सौ किस्में तो मेघालय में ही पायी जाती हैं।

पुरानी स्मृतियों को याद करते और सहयात्रियों से बतियाते शिलांग कब पहुँच गये पता ही नहीं चला। वार्डस लेक के पास ही ओमप्रकाश जी अग्रवाल का बंगला था। वहीं पर भेंटवार्ता के बाद भोजन की व्यवस्था थी। दो घण्टों में सब निपटाकर शिलचर की ओर अग्रसर हुए। अभी हमें मेघालय होकर ही काफी दूरी तय करनी थी। देवदार के पेड़ों के बीच से रास्ता जा रहा था।

पहाड़ी ढलानों पर बनाये गये सीढ़ीनुमा खेतों में सिंचाई की विषम परिस्थितियों में भी ये जातियाँ अपनी जरूरत का अनाज धान, मक्का, सब्जी, फल आदि उपजा लेती हैं। यहाँ पैदा होनेवाले नारंगी, अनन्नास, केला, लीची, आलूबुखारा, नाशपाती, आड़ू जैसे फलों को जो एक बार चख ले तो उसकी मिठास जीवन-भर रसना पर घुलती रहती है। इन जातियों द्वारा इकट्ठा किया गया शुद्ध शहद भी जीभ को सुस्वादु लगता है। आलू की तरकारी में तेजपत्ते का छौंक हो तो लज्जत और बढ़ जाती है किन्तु इनकी उपज से होनेवाली आय की खनखनाहट इन

जनजातियों को आलू की सब्जी के स्वाद से ज्यादा भाती है। इसके साथ शकरकन्द की पैदावार भी इनकी आमदनी का अच्छा स्रोत है। ताम्बूल भी इनकी रोजी-रोटी का अच्छा-खासा जरिया है। देश के घर-घर में झाड़-पोंछ के लिए उपयोग में आनेवाली फूल-झाड़ू के जंगली पौधे यहीं पैदा होते हैं। घर के कोने में उपेक्षित-सी पड़ी रहनेवाली अदना झाड़ू भी इन जनजातियों को करोड़ों की अच्छी आमदनी करा देती है। यहाँ के लोग खुशदिल और हँसमुख होने के साथ-साथ बड़े परिश्रमी होते हैं। स्त्रियाँ पुरुषों की अपेक्षा अधिक मेहनती हैं। पुरुष पत्थर तराशने और बढ़ईगिरी के काम में पारंगत होते हैं।

रास्ते में आये दोराहे से एक रास्ता चेरापूँजी को जाता है जो आगे जाकर तीन दिशाओं में फटता है। दोराहे के उस मोड़ को देखकर शिलांग से 56 कि.मी. दूर चेरापूँजी तक की हुई रोमांचक यात्रा याद हो आयी। ऊबड़-खाबड़ सँकरे से रास्ते पर ड्राइवर को जीप बहुत सँभालनी पड़ती थी। जरा-सी चूक हुई कि गाड़ी सैकड़ों फुट गहरी खाई में। किशोरावस्था के वे दिन भी कितने सुहाने थे। विश्व में सर्वाधिक बारिश की जगह के बारे में भूगोल की किताब को रटने से ज्यादा रोचक झिर-झिर झरती फुहारों में अपने को भिगो देना था। मजे की बात यह है कि सबसे अधिक बारिशवाले चेरापूँजी में ही नहीं, लगभग पूरे मेघालय में पानी की किल्लत रहती है। बरसात का पानी पहाड़ों से बहकर नीचे उतर जाता है। दूर दिखते हजारों फुट चौड़े पहाड़ पर अनेक धाराओं में बहते इन झरनों जैसा सुन्दर नजारा अन्य जल-प्रपात का शायद ही मिले। लोग इसे *मौसमाई* झरना कहते हैं, वैसे इसका सही नाम *नोहरगीथिआंग* है।

चेरापूँजी से भोलागंग और शेला गाँव ज्यादा दूर नहीं हैं, जो बांग्लादेश की सीमा पर बसे हैं। इसी तरह अन्तर्राष्ट्रीय सीमा पर दावकी नामक सीमान्त कस्बा है। दावकी से सिलहट जाने की पक्की सड़क है। इसी रास्ते तो देश-विभाजन से पहले असम से सिलहट और ढाका जाया जाता था।

दोराहे से आगे एक दूसरा रास्ता मावसीनराम को जाता है जो शिलांग से पचपन कि.मी. की दूरी पर है। यह स्थान अब चेरापूँजी की जगह अधिकतम बारिश के लिए विश्व के मानचित्र पर उभर आया है। पहली बार यहाँ आया था, तब पथरीली सीढ़ियों से नीचे उतरते समय कितना रोमांचित हुआ था। यों लगा था जैसे किसी गहरी अँधेरी खाई में उतर रहा हूँ। यहाँ स्थित विशाल गुफा में आदमकद शिलारूपी स्वयंभू शिवलिंग को देखने की उत्कण्ठा ही थी जो मुझे यहाँ खींच लायी थी। दूर से दिखायी देता गुफा का ऊपरी भाग किसी मेढक के ललाट जैसा लगता है। थोड़ी दूरी कम हुई तो ऐसा लगा जैसे भीमकाय मेढक अपना जबड़ा फैलाये बैठा

हो। वह गुफा-मुख लगभग सौ फुट चौड़ा फैला है जिसका ऊपरी जबड़ा करीब बीस-पच्चीस फुट ऊँचा होगा।

श्रावण का हरियाला महीना तब बीता ही था किन्तु यहाँ तो हर दिन सावन रहता है। मेघराज की असीम अनुकम्पा के चलते प्रकृति की हरियाली मेखला आकाश-जल से सर्वदा भीगी रहती है। गुहा में प्रवेश किया तो उसके विशाल मण्डूक-मुख से भीतर आते प्रकाश से वहाँ उजाला था। उसकी छत का एक हिस्सा प्राकृतिक रूप से गाय के थन के आकार का है जिससे बारहों मास बूँद-बूँद जल इसके ठीक नीचे स्थित शिवलिंग पर टपकता रहता है। इस सारी रचना में मनुष्य का कोई हस्तक्षेप नहीं है। जो कुछ है बस प्रकृति का किया-कराया है। स्थानीय भाषा में इस गुफा को *क्रेममावजिंगबुइन* कहते हैं और यहाँ की जनजातियाँ इस शिवलिंग की *मावज्युमबुइन* नाम से अपनी परम्परानुसार पूजा करती हैं।

मावसीनराम शब्द की तह में गया तो इसका मूल रूप मिला—*माव शोंग उ राम*—अर्थात् वह पत्थर जिस पर राम बैठे थे। पर राम तो इधर कभी नहीं आये! हाँ, पश्चिमी खासी पहाड़ी पर एक उपजाति है जिसे महाराम कहा जाता है। राम तो सबने सुना होगा, पर महाराम पहली बार सुना। अपनी जाति को महाराम कहनेवाले ही जब इसका कारण नहीं जानते तो भला मेरी क्या बिसात?

शिलांग से जयन्तिया पहाड़ की ओर जाते समय रास्ते में ढलानों पर बसे गाँवों के घरों को देखना बहुत अच्छा लग रहा था। शिलांग में कंक्रीट की बिल्डिंगों के बीच ऐसे घर हैं, तो भी आँखों में नहीं समाते। इस राह पर इनका ग्रामीण जीवन देखने को मिला। ये लोग पहाड़ की चोटी को बड़ा पवित्र मानते हैं, इसलिए उसपर कभी घर नहीं बनाते। ये घर तलहटी की ऊँची-नीची जमीन पर पत्थरों को टिकाकर लकड़ी-बाँस से बनाये जाते हैं। इनकी दीवारें प्राय: लकड़ी के फट्टों की हैं। आज के घरों पर पहले के घासफूस के छप्परों की जगह अब नालीदार टीनों की छत होती है। और हाँ! हर गाँव में ग्राम देवता *उ रिंकउ बासा* का स्थान होता है।

इनके खिड़कीदार घर के मध्य भाग में रसोईघर होता है जिसमें बनी छोटी-सी अटरिया पर जलावन की लकड़ियाँ सुखाई जाती हैं क्योंकि यहाँ की बारिश का क्या पता, कब आकर ईंधन को भिगो जाए। पाकघर के मध्य में खूँटा खड़ा कर गृहोपयोगी वस्तुएँ टाँगी जाती हैं। यह रसोईघर ही इनकी बैठकी के काम आता रहा है। यहाँ आग तापने के लिए एक सिगड़ी अलग से होना लाजमी है। इसके चारों ओर लगी तिपाइयों पर बैठकर ये लोग आग तापते हुए बतकही भी करते रहते हैं। अब आधुनिकता ने बैठकी को ड्राइंग रूम में बदल दिया है। आग तापने की सिगड़ी भी रसोईघर से यहीं पहुँच गयी है। इनके साधारण घर के भी तीन हिस्से तो होते ही

हैं। सामने बरामदा, फिर मध्य का कमरा और पीछे सोने का कमरा होता है। घर के बाहर गाय बाँधने का स्थान होता है।

पहले मिट्टी या लोहे के बर्तनों का ज्यादा प्रयोग होता था, जिनकी जगह अब एल्यूमीनियम ने ले ली है। इन बर्तनों की साफ-सफाई और चमक देखकर एक बार तो इनके रजत-पात्र होने का वहम हो जाता है। पहले केले के पत्तों पर ही भोजन करने का रिवाज था किन्तु अब प्लेट-संस्कृति आ गयी है।

पहाड़ी चढ़ाई-उतराई पर जगह-जगह खासी-जयन्तिया महिला-पुरुषों को अपनी पीठ पर बाँस की बनी शंकु के आकार की टोकरियों में बोझ ढोकर ले जाते देखना यहाँ आम बात है। इन टोकरियों को *का-खोह* कहा जाता है। बरसात से बचने के लिए सिर पर ये लोग बाँस की ही बनी टोपनुमा छतरी *कनुप* पहनते हैं।

रास्ते में बहुत जगहों पर चपटे कटे हुए शिला-फलकों को मैदान में खड़े देखा, जिन्हें ये लोग *मावबन्ना* (स्मृति-स्तम्भ) कहते हैं। इनको ये अपने पूर्वजों की स्मृति में खड़ा गाड़ते हैं। इनके प्रति ये बड़ा श्रद्धा-भाव रखते हैं। सबसे बड़ा शिला-फलक 27 फुट ऊँचा, 6 फुट चौड़ा और ढाई फुट मोटा बताते हैं। यह क्षेत्र एक सुनसान पार्क की तरह लगता है जैसे वहाँ आत्माएँ भटक रही हों।

अब हम जयन्तिया पहाड़ पर बसे शहर जोवाई पहुँचे। यहीं 1836 में क्रान्तिकारी उ किआंग नांगबो जन्मा था। ब्रिटिशों ने 1836 में घरों पर टैक्स लगा दिया। गरीब औरत कालखी पीरडिआंग जब यह नहीं चुका पायी तो उस पर असहनीय अत्याचार किये गये। उ किआंग ने इसका विरोध कर अँग्रेजी शासन से टक्कर ली तो उस छब्बीस वर्षीय युवक को 30 दिसम्बर, 1862 को सरेआम फाँसी पर चढ़ा दिया गया। वहाँ चाय पीते सोच रहा था कि जब भगतसिंह, चन्द्रशेखर आजाद जैसे क्रान्तिकारियों को ही इस देश ने भुला दिया है तो इस पूर्वोत्तर के स्वतन्त्रता सेनानियों के तो नामों से भी देश की जनता परिचित तक नहीं है।

जीप हमें असम के कछार जिले की ओर लिये जा रही थी। रास्ते में ख्लीहरीहाट, नारपुह, राचेरा आदि मेघालय के गाँव आये। पहाड़ों पर ताम्बूल के गाछों के झोंप के झोंप हवा के झोंकों के साथ झूमते हुए मानो हमें खासी-जयन्तिया पहाड़ों से विदाई दे रहे थे।

मेघालय की बात इसके गारो जिले की बात किये बिना अधूरी रह जाएगी। इस बार तो नहीं, सालों पहले एक बार अपनी भतीजी के ससुराल मानकाचर जाने का मौका अनायास ही हाथ लगा तो मेरा घुमन्तू मन भी तैयार हो गया। गुवाहाटी से करीब 275 कि.मी. दूरी रही होगी। विजयनगर, धुपधाड़ा, दुधनै, कृष्णाइ आदि पार कर करीब दो सौ कि.मी. सड़क नापने के बाद गारो पहाड़ फुलबाड़ी, गारोबान्दा गाँवों से

शुरू हो जाता है। गारो जिले के पहाड़ी रास्ते से ही असम में बसे मानकाचर जाने का रास्ता है। इसी तरह मेघालय के खासी-जयन्तिया जिलों से गारो जिले तक पहुँचने के लिए आज भी सीधा-सुगम रास्ता नहीं है, काफी घुमाव-फिराव से ऊबड़-खाबड़ रास्तों से होकर ही यह आवाजाही सम्भव है। इसलिए मेघालय के इन जिलों के बीच की यात्रा गुवाहाटी होकर करना ज्यादा सहज है।

गारो पहाड़ ज्यादा ऊँचे नहीं हैं। संजोग ऐसा हुआ कि जिनके साथ यात्रा कर रहा था, उन्हें किसी काम से तुरा जाना था। इससे खुशी हुई कि चलो एक और जगह देखने को मिलेगी। सागरतल से 2135 फुट ऊँचा बसा तुरा, गारो जिले का सबसे बड़ा शहर है। यों भी गारो पहाड़ की उच्चतम चोटी नोकरेक की ऊँचाई 4652 फुट से ज्यादा नहीं है। तुरा तक घना जंगल था।

यहाँ की गारो जनजाति के बारे में कहा जाता है कि शताब्दियों पहले तिब्बत के तोरुआ प्रान्त से घूमते-घामते ब्रह्मपुत्र की उपत्यका में जोगीगोफा के पास पहुँची थी। कुछ लोग बँटकर कूचबिहार और जलपाईगुड़ी जिलों तथा त्रिपुरा के मैदानी इलाकों में बसे। शेष गारो पहाड़ियों पर आकर बस गये। भाषाई तौर पर गारो भाषा मैदानी इलाके की बोडो और कछारी भाषा के समीप है। इनमें कई गोत्र तथा उपगोत्र हैं। *सांगमा, मायक* और *मोमिन* इनके मूल गोत्र हैं और *आवेंग, आरेंग, सिरस, माजि, रंगमा, दिउ* और *ह्दमा* उपगोत्र हैं। इनकी आजीविका मुख्यतया कृषि है। ये पहाड़ों पर झूम खेती करते हैं। यहाँ की जूट, कपास, सरसों, अदरक, हल्दी, काली मिर्च, काजू जैसी पैदावार इनकी आय के स्रोत हैं।

गारो का प्राचीन धर्म है—सोंगसारेक। अब इनमें साठ प्रतिशत ईसाई बन चुके हैं। इनमें भी ईसाई धर्म, शिक्षा और सभ्यता का असर है। ईसाईबहुल गारो जिला भी मेघालय का हिस्सा है। यहाँ की भाषा भी बांग्ला लिपि की जगह रोमन में लिखी जाने लगी है। इनमें ईसाइयों और गैर-ईसाइयों में भी विवाह होते हैं किन्तु दूसरे को भी ईसाई बनना पड़ता है; नहीं तो चर्च से मान्यता नहीं मिलती। तुरा से 15 कि.मी. दूर असानंग में अपने *कृषि* देवता *मिसी सालजोंग* के सम्मान में फसल का उत्सव *वांगला* मनाते हैं। इसमें ढोलों की ताल पर आबाल-वृद्ध-युवतियाँ नाचते हैं। इस मौके पर कुँवारे युवक-युवतियों के विवाह भी तय होते हैं।

गारो समाज भी मातृमूलक है। विवाह के बाद लड़का पत्नी के घर जाकर रहता है। कुँवारे लड़कों के रहने के लिए गाँव में एक बड़ा घर होता है जिसे *नाकोपण्टे* कहा जाता है। गारो में वंशावली भी नारी से चलती है। इसमें सामान्यतया बुआ की बेटी से विवाह किया जाता है। गारो युवक यदि अपने मामा की लड़की से शादी करता है और उस समय उसकी सास विधवा हो, तब उससे भी वैवाहिक सम्बन्ध बनाना पड़ता है। मामा की बेटी से विवाह करने की प्रथा महाराष्ट्र तथा दक्षिण भारत में भी है। श्रीकृष्ण ने ऐसा ही विवाह अपनी बहन सुभद्रा का अर्जुन से

करवाया था। कृष्ण-सुभद्रा भी अर्जुन के मामा की सन्तान थे।

तुरा से रात को मानकाचर पहुँचा तो घरों में लालटेनें जल रही थीं। तब वहाँ बिजली नहीं थी। सुबह पता चला कि वहाँ देखने जैसा पहाड़ी पर स्थित कामाख्या मन्दिर के अतिरिक्त और कुछ खास नहीं है। तब मुझे यह पता नहीं था कि बंगाल के सूबेदार मुगल सिपहसालार मीरजुमला की कब्र मानकाचर में ही है। मेरे लिए यही काफी रोमांचक बात थी कि मानकाचर पूर्वी पाकिस्तान की एकदम सीमा पर बसा हुआ कस्बा है। यह भी क्या कम खासियत थी कि दो देशों की अन्तर्राष्ट्रीय सीमा यहाँ के कुछ घरों को छूकर या बीच में से निकली हुई थी। जरा-सा पैदल चले कि विदेशी सीमा पर पहुँच गये। तब सीमा पर तारों की बाड़ तो हुआ नहीं करती थी। बस, थोड़े से सीमा-प्रहरी जरूर तैनात थे।

मानकाचर की दूसरी खासियत यह लगी कि वहाँ के प्राय: घर जमीन में मोटे खूँटे गाड़कर भू-स्तर से पाँच-छह फुट ऊँचे बने थे। बारिश में नजदीकी नदी का पानी मानकाचर में घुस आता तो लोग नावों से आवाजाही करते थे। अब तो किनारों को बाँध दिया गया है। यहाँ की ज्यादातर आबादी बांग्लाभाषी मुस्लिमों की है, जिनके साथ अब बांग्लादेशी भी दूध-पानी की तरह घुलमिल गये हैं। मानकाचर ही क्यों, पूरे धुबड़ी जिले के सिवाय ग्वालपाड़ा, बरपेटा, नोगाँव, मोरीगाँव आदि जिलों में इन बांग्लादेशियों के जत्थे-के-जत्थे अपने परिवारों के साथ बस गये हैं और इसे उन्होंने अपना होमलैण्ड बना लिया है।

भूतकाल की स्मृतियों से वर्तमान में उतर आया। खासी-जयन्तिया पहाड़ियों को *खुबलाई* अर्थात् नमस्कार कह हम बराक-घाटी की ओर अभिमुख हुए। रास्ते की दृश्यावली और पहाड़ों के साथ सड़क पर भी मँडराते बादलों को देखकर समझ में आया कि यहाँ का नाम मेघालय यों ही नहीं रखा गया है। यहाँ सब जगह मेघों के घर हैं। काश! मेघदूत लिखते समय इसका पता कालिदास को भी होता। किन्तु खासी, जयन्तिया और गारो पहाड़ों को मिलाकर सन् 1972 में अलग राज्य बनाते समय जिसने भी इसका नया नामकरण मेघालय किया, उसने चार अक्षरों में ही काव्य रच डाला है।

बराक घाटी में

मेघालय के दक्षिण-पूर्वी भाग से होते हुए हमने असम की बराक-घाटी में प्रवेश किया। कछार जिले का पहला गाँव जलालपुर कब आया, पता ही नहीं चला। झटके के साथ सुमो रुकी तो मेरी तन्द्रा टूटी। चाय पीने के लिए ड्राइवर ने गाड़ी खड़ी कर दी। पाँच-सवा पाँच बजे ही अँधेरा घिर आया किन्तु अन्तर्राष्ट्रीय सीमान्त पर बसे जलालपुर का परिवेश बता रहा था कि बांग्लादेशी यहाँ भी अपनी पैठ बना चुके हैं। कमोबेश यही स्थिति पूरी बराक घाटी के कछार, करीमगंज और हैलाकांदी जिलों की है। विदेशियों की इस घुसपैठ के लिए भौगोलिक स्थिति के साथ-साथ हमारी राजनीति की भ्रष्ट वोट-नीति और सीमा-पहरुओं में घुन की तरह फैला भ्रष्टाचार है। खैर, हमारे जैसे अदने आदमी के सोचने से होगा क्या?

चौकोर बराक उपत्यका करीब 100 कि.मी. लम्बी और 96 कि.मी. चौड़ी है। इसके मध्य प्रवहमान बराक नदी करीब 900 कि.मी. दीर्घ है, जो नगा पहाड़ से निकलकर मणिपुर राज्य में बहती हुई कछार जिले में प्रवेश करती है और बदरपुर के नजदीक सूरमा और कोशियारी नामक दो शाखाओं में विभक्त होकर बांग्लादेश में प्रविष्ट होकर अन्त में ब्रह्मपुत्र के मेघना रूप में अपने अस्तित्व को समाहित कर देती है। बराक की उपनदियों में यदुकाटा, जिरी, जातिंगा, बोगापानी, सोणाई, लंगाई, राकनि आदि नदियाँ हैं। उनके द्वारा युगों-युगों से अपने साथ लाई गयी मिट्टी से बराक उपत्यका बनी है। इस घाटी का पश्चिमी भाग बहुत नीचा होने की वजह से हर वर्ष बाढ़ की विभीषिका झेलने को भी अभिशप्त है। पहाड़ियों के नाम पर यहाँ बहुत से छोटे-छोटे टीले हैं और प्राकृतिक झीलें भी।

उपत्यका पर बात चली तो असम का भौगोलिक चित्र मेरी आँखों के सामने तैरने लगा। असम में ब्रह्मपुत्र और बराक उपत्यकाओं के अतिरिक्त तीसरा एक और विभाग पहाड़ी अंचल है। भूटान-अरुणाचल और मेघालय के मध्य ब्रह्मपुत्र उपत्यका है जिसके दक्षिण में कार्बी पहाड़ और उत्तर कछार के पहाड़ हैं। इस पर्वतीय विभाग के दक्षिण में ही यह बराक घाटी है। इसे यों भी कहा जा सकता है कि दोनों घाटियों के मध्य पहाड़ी अंचल है।

शिलचर में प्रवेश किया तब तक रात के आठ बज गये थे। असम में तो

अँधेरा वैसे भी जल्दी हो जाता है। रास्ते में यहाँ के कारागार पर एकाएक मेरी दृष्टि चली गयी। इसी जेल में असम के शीर्षपुरुष ज्योतिप्रसाद अगरवाला ने पन्द्रह महीनों तक अँग्रेजी सरकार की सजा भुगती थी। नगर के एक जैन व्यवसायी के घर पर हम लोगों के भोजन और सर्किट हाउस में रात्रि-निवास की व्यवस्था थी।

दूसरे दिन सुबह के उजियारे में वह नगर मेरे सामने खड़ा था। आज इस वाणिज्यिक नगरी का महत्त्व अपने चिकित्सकीय महाविद्यालय, इंजिनियरिंग कॉलेज, केन्द्रीय असम विश्वविद्यालय, आकाशवाणी, दूरदर्शन केन्द्र के कारण बहुत बढ़ा है। आवाजाही के लिए शिलचर हवाई, सड़क और रेल मार्गों से जुड़ा हुआ है किन्तु ज्यादातर हवाई और सड़क मार्ग ही काम में आते हैं। रेल-मार्ग बहुत घूमकर है। कोलकाता से विमान द्वारा जहाँ घण्टे-सवा घण्टे में ही पहुँचा जा सकता है, वहीं रेल में यहाँ तक आने में छत्तीस घण्टों से ज्यादा लगते हैं और दो बार गाड़ी बदलने का कष्ट अलग से उठाना पड़ता है। गुवाहाटी-शिलांग के यात्री सड़क का उपयोग करते हैं, हालाँकि शिलचर-गुवाहाटी के मध्य विमान-सेवा भी है, पर बहुत खर्चीली।

शिलचर में घूमते-घामते ऐसा आभास हुआ कि मैं असम के बाहर बंगाल के किसी नगर में हूँ। वहाँ की ज्यादातर जनसंख्या बांग्लाभाषियों की है और बोलचाल में भी बांग्ला का ही वर्चस्व है। सड़क के दोनों ओर बनी कंक्रीट की बिल्डिंगों में बनी दुकानों में बाजार समाया हुआ है। फिर भी बीच-बीच में इसका पारम्परिक रूप देखने को मिला। रात को जिस जैनबन्धु के यहाँ भोजन किया था उनका मकान पूरी तरह असम शैली में काठ और टीन का बना था।

दूसरा दिन मारवाड़ी सम्मेलन के 'स्थापना दिवस' कार्यक्रम को ही समर्पित रहा और अगले दिन आसपास के स्थानों को देखने का अवसर मिला। वहाँ से बारह कि.मी. की दूरी पर बराक घाटी की अति सम्माननीय देवी काँचाकान्ति का मन्दिर है। इतिहासकारों की मान्यता है कि इसकी स्थापना कोच वंशी राजा ने की थी। ऐसा भी कहा जाता है कि कछार में डिमासा राजाओं के शासनकाल में यह बना था। जो भी हो किन्तु इस मन्दिर का इतिहास बहुत पुरातन है। यह भी विश्वास किया जाता है कि कछारी राजा कृष्णचन्द्र ने देवी की चतुर्भुजी स्वर्णमूर्ति की स्थापना की थी। इस मूर्ति को जब जयन्तिया राजा अपने राज्य में ले गया तब एक खड्ग को रखकर पूजा की जाने लगी। वर्तमान मूर्ति को सन् 1940 में स्थापित किया गया था। काँचाकान्ति शब्द डिमासा 'काचाउडि माडाइ' से आया है जिसका अर्थ है—दयामयी या कृपामयी देवी। यहाँ लोगों में चले आ रहे लोक-विश्वास के कारण कोई भी महिला लाल वस्त्र पहनकर इस मन्दिर में नहीं आती है। कछारी राज्य के लिखे इतिहास में यह वर्णन मिलता है कि कभी यहाँ नरबलि दी जाती थी, जिसे

अठारहवीं शताब्दी के प्रारम्भ में बन्द कर दिया गया। प्राचीन मन्दिर का कोई भी चिह्न आज देखने में नहीं आता। वर्तमान मन्दिर तो 1951 में ही बना है।

शिलचर से मात्र 30 कि.मी. की दूरी पर कछारी राज्य की अन्तिम राजधानी खासपुर है। खासपुर के बारे में जानने से पहले कछारी जाति और इनकी पूर्ववर्ती राजधानियों के बारे में थोड़ा समझना आवश्यक है। कछारी जाति हैडम्बबर्मन राजवंशी है। असम के प्राय: सभी भागों में यह जाति बसी हुई है। ब्रह्मपुत्र उपत्यका में रहनेवाले कछारी अपने आप को 'बोड़ोफिसा' अर्थात् बोड़ो की सन्तान कहना ज्यादा पसन्द करते हैं। इनकी अपनी भाषा और संस्कृति रही है। जगह-जगह बसने के कारण इनमें बहुत से कबीले बन गये हैं जिनके नाम-भेदों से इनके बारे में समझने में बहुत बार भूल हो जाती है।

अति प्राचीनकाल से बोड़ो लोग असम में रहते हैं, फिर भी इनका कोई लिखित इतिहास नहीं होने के कारण इन्हें ही नहीं, अपितु यहाँ की समस्त जनजातियों को अँग्रेज इतिहासकारों ने भारत के बाहर से आई हुई जाति लिख दिया। हम उनके लिखे इतिहास को रटकर उसे ही सच मानने लगे। उनके किसी डार्विन ने लिख दिया कि मानव बन्दर की सन्तान है तो हम उसे भी सच मानने लगे। लार्ड मैकाले द्वारा लगाया गया अँग्रेजी शिक्षा और सभ्यता का पौधा स्वतन्त्रता के बाद उत्तरोत्तर जितना फूला-फला है उतना अँग्रेजों के राज्य में भी नहीं। हम स्वयं ही हर विदेशी सिद्धान्त को आँख मूँदकर मानने के आदी हो गये हैं तब कोई क्या करे?

क्या भारत में कोई सभ्य जाति रहती ही नहीं थी? भारत का सारा ज्ञान-विज्ञान बाहर से आये लोगों द्वारा ही यहाँ लाया गया? बहरहाल जो भी हो, कछारी लोगों का लिखित इतिहास आहोमों के आगमन के बाद से ही लिखा जाना प्रारम्भ हुआ। इससे पता चलता है कि तेरहवीं शताब्दी में ब्रह्मपुत्र के दक्षिण में बहती दिखौ नदी से लेकर कलंग नदी तक कछारी राज्य था। धनशिरी नदी की उप-उपत्यका और वर्तमान कछार और उत्तरी कछार जिले कछारी राज्य के अन्तर्गत थे। इनकी प्रथम राजधानी हिडिम्बापुर (डिमापुर) थी। कछारी जाति इसके लिए गर्व करती है कि ये लोग हिडिम्बा-भीम पुत्र घटोत्कच के वंशज हैं। इसीलिए कछारी राजा अपने नाम से पहले 'हिडिम्बेश्वर' उपाधि और नाम के अन्त में 'नारायण' लगाते थे। हिडिम्ब राज्य के मन्दिर और अट्टालिकाओं के भग्नावशेष अब भी डिमापुर के पास बिखरे पड़े हैं।

पन्द्रहवीं शताब्दी में कछारी और आहोम राज्य में हुए विवादों के कारण कछारी राज्य उत्तरोत्तर कमजोर पड़ता गया। कछारी राजा ने पहले आहोम राजा

सुहुंगमुंग (सन् 1497-1539) को पराजित किया। बाद में उसने अपने बुद्धिबल से कछारी राज्य के अधिकतर भाग पर अपना अधिकार कर लिया। कुछ दिनों की अराजकता के बाद मदन कोंवर निर्भयनारायण के नाम से कछारी राजा बना। इसके परवर्ती राजा हुए—दुर्ल्लभनारायण, मेघनारायण और यशनारायण।

यशनारायण ने पड़ोसी जयन्तिया राजा धनमाणिक को हराकर अपने अधीन कर लिया था। धनमाणिक के पुत्र यशमाणिक ने अपने जयन्तिया राज्य की मुक्ति हेतु आहोम राजा प्रतापसिंह से सहायता प्राप्त करने के लिए अपनी पुत्री के विवाह का प्रस्ताव उसे भेजा। आहोम राजा ने जयन्तिया राज्य में जाने के लिए कछारी राजा से उसके राज्य से होकर जाने का रास्ता माँगा। रास्ता नहीं मिलने पर दोनों में युद्ध हुआ और कछारी राजा को पराजित होना पड़ा। बाद में यशनारायण ने आहोम राजा को हराकर अपने अपमान का बदला लिया और अपनी नयी राजधानी कीर्तिपुर को बनाया जिसे आज माइबंग कहा जाता है।

यशनारायण के बाद नरनारायण, भीमदर्पनारायण, इन्द्रवल्लभ, वीरदर्पनारायण ने कीर्तिपुर पर राज्य किया। वीरदर्पनारायण के बाद तीन और राजा हुए जिनके बाद 1702 ई. में ताम्रध्वजनारायण कछारी राजा बना। ताम्रध्वज ने चूँकि मुगल आक्रमण के समय आहोम राजा रुद्रसिंह की सहायता की थी, उसने अपने राज्य को स्वतन्त्र घोषित कर दिया। इससे क्रुद्ध होकर रुद्रसिंह ने कछारी राजधानी कीर्तिपुर पर 1706 ई. में दोतरफा हमला कर अपने अधिकार में कर वहाँ की राजअट्टालिका, दुर्ग आदि को तहस-नहस कर दिया।

ताम्रध्वज वहाँ से भागकर खासपुर आया, जहाँ उसे निकटवर्ती जयन्तिया राजा रामसिंह द्वारा बन्दी बना लिया गया। उधर आहोम सेना खाद्य के अभाव तथा अन्यान्य कष्टों के कारण कीर्तिपुर छोड़ने पर विवश हो गयी। इधर ताम्रध्वज ने अपनी मुक्ति के लिए गोपनीय रूप में रुद्रसिंह को सन्देश भेजा। रुद्रसिंह ने रामसिंह के जयन्तिया राज्य पर आक्रमण कर उसे अपने अधीन कर लिया और इसके साथ ही ताम्रध्वज को भी। इतनी उठापटक के बीच भी कछारी राज्य संस्कृति, शिक्षा और कला का केन्द्र था। इस विषय पर डॅ. सूर्यकुमार भूयाँ 'कछारी बुरंजी' में लिखते हैं—"कछारी राजा ताम्रध्वज की पत्नी व शूरदर्पनारायण की माँ रानी चन्द्रप्रभा ने 'बृहद् नारदीय कथामृत' का असमिया अनुवाद करने के लिए अपने राजकवि भुवनेश्वर वाचस्पति को पुरस्कृत किया था।" ताम्रध्वज के बाद शूरदर्पनारायण, हरिश्चन्द्रनारायण और कीर्तिचन्द्रनारायण कछारी राजा हुए।

आहोम राज्य में हुए मावोमारिया के द्वितीय विद्रोह के समय कछारी राजा कृष्णचन्द्र था। उसने मावोमारियाओं को अपने राज्य में शरण दे रखी थी, जिससे क्रुद्ध होकर आहोम सेना ने सन् 1803 में कछार राज्य पर आक्रमण किया। कृष्णचन्द्र

के बाद उसका भाई गोविन्दचन्द्र नारायण सन् 1813 में राजा बना जो अन्तिम कछारी राजा सिद्ध हुआ। उसके राज्य पर हुए बर्मी सेना के आक्रमण का अँग्रेजों ने लाभ उठाकर कछार को भी अपनी साम्राज्यवादी प्रवृत्ति का शिकार बनाया और कछार पर दो राजाओं का शासन हो गया। पहाड़ी भाग उत्तरी कछार का राजा तुलाराम सेनापति बना जिसे अँग्रेजों ने पेंशन के साथ राजा की उपाधि भी दे दी। दक्षिण के मैदानी कछार का गोविन्दचन्द्र नारायण राजा बना। सन् 1830 में गोविन्दचन्द्र की एक मणिपुरी ने हत्या कर दी। उसका कोई बारिश नहीं होने का फायदा उठाकर अँग्रेजों ने सन् 1832 में उसके राज्य पर अधिकार कर लिया। तुलाराम की मृत्यु के बाद सन् 1854 में उत्तरी कछार भी अँग्रेजी राज्य में मिला लिया गया।

कछारी इतिहास के अनुसार खासपुर का प्राचीन नाम ब्रह्मपुर था। कोच सेनापति शिलाराय ने त्रिपुरा के राजा के साथ युद्ध कर अपनी राज्य-सीमा की रक्षा के लिए अपना सैन्य दल यहाँ रखा था और जो कोच सैनिक यहाँ बस गये, वे 'देवान' या 'धेवान' कहलाने लगे। कोच महाराज नरनारायण के एक भाई कमलनारायण ने ब्रह्मपुर पर शासन किया, जो यहाँ का प्रथम धेवान राजा कहलाया। कुछ दिनों के कोच राजा के शासन के बाद यह फिर कछारी राज्य के अन्तर्गत आया।

सन् 1706 में माइबंग के ध्वंस हो जाने के बाद खासपुर में निर्मित राजमहल आदि के भग्नावशेष आज भी देखने में आते हैं। यहाँ बने विशाल द्वारों को बरदुवार, सिंहदुवार आदि नामों से जाना जाता है। राजगृह के एक दोमंजिले गृह को बारदुवारी कहा जाता है। यहाँ लता, कमल के फूल आदि अंकित हैं। उस जमाने के चण्डी मन्दिर, शिव मन्दिर, स्नान मन्दिर आज भी अच्छी अवस्था में हैं। इन मन्दिरों का गढ़न बंगाल शैली में किया हुआ है जिनका स्थापत्य असम के अन्य मन्दिरों से मेल नहीं खाता। यहाँ के धवल मन्दिर में असमिया लिपि में एक शिला-फलक पर लिखा है—*'श्रीश्रीहेडेम्बेश्वरक्षितिपति हरिश्चन्द्रनारायणस्य राणी श्रीलक्ष्मीदेवी...शिव...'* इत्यादि।

शिलचर से हमारा गन्तव्य हैलाकांदी होते हुए करीमगंज जाने का था। हैलाकांदी जिले के सदर मुकाम हैलाकांदी में मारवाड़ी सम्मेलन की एक बैठक हुई। हैलाकांदी की ज्यादातर आबादी मुस्लिम है, जिनके साथ बसे हिन्दुओं में थोड़े-से मारवाड़ी भी हैं। यहाँ मारवाड़ी समाज के नाम पर केवल माहेश्वरी परिवार से निकले वंशजों के ही घर हैं। इनके पुरखे सौ साल पहले राजस्थान से यहाँ आये थे। यहाँ के इस समाज को मारवाड़ी सम्मेलन से शिकायत थी कि उनकी उपेक्षा की जाती रही है। गुवाहाटी से निकलनेवाले हिन्दी अखबार भी उन तक नहीं पहुँचते

हैं। कोलकाता के समाचार-पत्र शिलचर होकर यहाँ पहुँचते-पहुँचते बासी हो जाते हैं। सम्मेलन के पदाधिकारियों ने उनकी बातों को ध्यानपूर्वक सुनकर उन्हें आश्वस्त किया। दोपहर के भोजन की व्यवस्था वहीं थी।

हैलाकांदी से निकले तब तक शाम हो चली थी। रास्ता कहीं पक्का, कहीं कच्चा था। बांग्लादेश की सीमा पर स्थित करीमगंज जिले के मुख्यालय करीमगंज पहुँचे, तब रात घिर आयी। वहाँ की साफ-सुथरी सड़क को देखकर सुखद आश्चर्य हुआ। इसका कारण पता चला कि वहाँ के रहवासियों ने कमेटी बनाकर अपने मुहल्ले की सफाई का जिम्मा नगरपालिका के भरोसे न छोड़कर अपने ऊपर ले लिया है।

रात को जिस धर्मशाला में मारवाड़ी सम्मेलन की सभा हुई, वह कोशियारी नदी के किनारे थी। नदी के उस पार की जगमग लाइटें दिख रही थीं और वहाँ बज रहे लाउड स्पीकर की आवाज हमारे कानों तक पहुँच रही थी। हमें क्या पता था कि वह सारा परिदृश्य नदी के उस पार स्थित बांग्लादेश की सीमान्तर्गत किसी गाँव का था। हम यह सोचकर रोमांचित थे कि अन्तर्राष्ट्रीय सीमा पर बैठे हैं। हमारा कौतूहल ताड़कर करीमगंज के वयोवृद्ध व्यवसायी तोलाराम पुगलिया अपनी युवावस्था के दिनों में खो गये। उन्होंने एक चौंकानेवाला ऐतिहासिक तथ्य बताया कि करीमगंज को पन्द्रह अगस्त के बदले दो दिनों बाद आजादी मिली थी। पहले वहाँ पाकिस्तानी झण्डा फहरा दिया गया, जिससे लोगों के दिलों में भय फैल गया था। फिर यह तय हुआ कि कोशियारी नदी को दोनों देशों के मध्य की सीमा-रेखा मान लिया जाए। इस सीमा-रेखा को देखने के लिए मैं लालायित हो उठा, पर रात का अँधियारा आड़े आ गया।

दूसरे दिन करीमगंज में सर्वप्रथम कोशियारी नदी के तट पर पहुँचना ही मेरी प्राथमिकता थी। कोशियारी के घाट पर खड़े होकर बांग्लादेश को देखना एक रोमांचक अनुभूति रही और साथ ही इस बात की टीस भी मन में हुई कि हमारे देश को बांग्लादेश के लिए युद्ध लड़ने से क्या लाभ मिला? हमारे नेताओं की अदूरदर्शिता के कारण ही देश के पहले तीन टुकड़े हुए थे और जीते हुए युद्ध भी हार में बदल गये। स्वतन्त्रता के बाद से तीनों देशों की सीमाओं पर तैनात मिलिट्री पर हो रहे खर्च से किसी का भी भला नहीं हो रहा है। तीनों देशों की जनता गरीबी की चक्की में पिस रही है। ब्रिटिशों ने हमारा देश तो छोड़ दिया परन्तु जाते-जाते नफरत की ऐसी चिनगारी लगा गये जो आज शोलों में बदल चुकी है।

मन में एक विचार कौंधा कि तीनों देश फिर से एक नहीं हो सकते क्या? तीनों देशों विशेषकर बांग्लादेश और पाकिस्तान की बहुसंख्यक जनता गरीबी-रेखा

के नीचे जी रही है। सीमाओं पर तैनात सैनिकों पर ही इन देशों का अधिकतम राजस्व खर्च हो जाता है। आज सभी समझ चुके हैं कि देश का बँटवारा अँग्रेजों की चाल के तहत हुआ और धार्मिक उन्माद की एक ऐसी आँधी चली, जिसमें हमारा बहुत कुछ बिखर गया है। मजहब के नाम पर पाकिस्तान माँगने का मुसलमानों को क्या लाभ हुआ? हिन्दुओं का तो जो बिगड़ना था वह विभाजन के समय ही बिगड़ गया परन्तु मुस्लिम बन्धुओं के रक्त सम्बन्ध देशों की सीमाओं में बँटकर सिसक रहे हैं। क्या इन्हें फिर से एक करना सम्भव नहीं हो सकता? इसके लिए इन देशों के मुसलमानों को ही पुरजोर कोशिश करनी पड़ेगी। बांग्लादेश और पाकिस्तान की आम जनता भले इसके लिए तैयार हो जाए परन्तु वहाँ के कट्टरपन्थी कभी ऐसा नहीं होने देंगे। फिर भी कम-से-कम वीजा प्रणाली को हटाकर तीनों देशों की आपसी आवाजाही को तो खोला जा सकता है। यह स्वप्न यदि साकार हो जाए तो इन देशों के रक्षा-बजट से ही तीनों देशों की जनता में खुशहाली आ जाए।

कोशियारी के तट पर खड़ी नावों पर सामान का लदान-उतरान हो रहा था। पास में ही बनी एक सरकारी चौकी में माल की लिखा-पढ़ी के नाम पर पता नहीं क्या कुछ हो रहा था। सन्तरों का मौसम था, सो नावों पर बांग्लादेश के लिए नारंगियों की लदाई हो रही थी। नदी के दोनों घाटों पर स्त्री-पुरुष और बच्चे नहा रहे थे। नदी में काफी पानी था। लोगों ने बताया कि कोशियारी नदी में पानी बढ़ने पर बड़े-बड़े स्टीमर चलते हैं। नदी का पाट ज्यादा चौड़ा नहीं। उस पार खड़े लोग साफ दिख रहे थे। गम्भीरतापूर्वक सोचें तो उसमें अस्वाभाविक जैसी कोई बात नहीं। आज यह एक अजूबा जरूर लग रहा है, क्योंकि दोनों ओर के लोग अपने-अपने देश की सीमा में बँधे हैं।

उस बार की यात्रा में तो मैं जिस रास्ते आया था, उसी से लौट गया। परन्तु कुछ दिनों बाद मैंने गुवाहाटी से शिलचर के रेल-पथ में पड़नेवाले हाफलोंग तक रेल-यात्रा की। गुवाहाटी से 288 कि.मी. दूर अवस्थित हाफलोंग जाने के लिए लामडिंग जंक्शन पहुँचकर बदरपुर जाने की मीटर गेज गाड़ी बदली। आगे की रेल-यात्रा अपने आप में एक अनुभव रही। वैसे भी मीटर गेज की ट्रेन में बहुत दिनों बाद चढ़ना हुआ था। दृश्यों को देखने के लिए लालायित मन ने सुबह की गाड़ी से यात्रारम्भ करने को प्रेरित किया। लामडिंग के बाद शुरू हुआ हाफलोंग रोड तक का 102 कि.मी. का पहाड़ी रास्ता। रेल धीरे-धीरे सुरंगों से होकर गुजरने लगी। गिनती तो नहीं कर पाया, पर बाद में पता चला कि पूरी 32 सुरंगें थीं।

माहुर सुरंग की लम्बी अँतड़ियों से होते हुए बराइ पर्वतमाला से रेल निकली।

यही पर्वत है, जो खासी पर्वत और मणिपुर की उत्तरी पर्वतमाला को जोड़ता है। बराइ पहाड़ की ऊँचाई 2200 फुट से लेकर 5500 फुट तक है। असम के एकमात्र हिल स्टेशन हाफलोंग के बनने की भी अपनी कहानी है। अँग्रेजों को कछार में लगाये गये अपने चाय बागानों के साहबों और वहाँ कार्यरत ब्रिटिश रेल कम्पनी के इंजीनियरों के आमोद-प्रमोद के लिए एक पहाड़ी स्थल की आवश्यकता थी। दूसरी ओर ब्रिटिश सरकार अंगामी नगाओं के विद्रोह से परेशान थी क्योंकि 1878 ई. में कोहिमा में ईसाई मिशनरी द्वारा खोले गये पहले केन्द्र पर अंगामी नगाओं ने आक्रमण कर दिया था। वे अपने नगा क्षेत्र में अँग्रेजों की घुसपैठ का सशस्त्र विद्रोह कर रहे थे। उन्हें कुचलने के लिए यहाँ एक सुरक्षा चौकी बनाई गयी। सन् 1896 में यहाँ रेल लाइन बिछाने का काम शुरू हुआ था और 1904 ई. में इस हिल स्टेशन तक रेल दौड़ने लगी। यह रेलवे लाइन नीचे समुद्री बन्दरगाह चटगाँव और ऊपर तिनसुकिया तक जुड़ी हुई थी।

रास्ते में आये माइबांग को वापसी में देखने के लिए छोड़ दिया। लोअर हाफलोंग स्टेशन से पाँच कि.मी. दूरी तय कर हाफलोंग पहुँचने में समय ही कितना लगता! नगर के मध्य बनी झील यहाँ का विशेष आकर्षण है। चारों ओर खड़े पहाड़ों पर तैरते बादलों के छोटे-छोटे टुकड़े ऐसे लगे मानो झील की मछलियाँ आकाशगामी हो गयीं। सूर्य की स्वर्णिम रश्मियों और पहाड़ी फूलों की मदमाती महक को अपने साथ लेकर बहता समीर मन को पुलकित कर रहा था। मन में छिपा अलसाया आवेग कोमल अनुभूतियों से जाग उठा। हृदय गद्‌गद हो गया।

प्राकृतिक अवदान से परिपूर्ण असम की इस एकमात्र पर्वतीय सैरगाह हाफलोंग आनेवाले पर्यटकों के मन को यहाँ के विभिन्न प्रजाति के रंग-बिरंगे आर्कीडों की रंगोली अपनी ओर सहज ही आकर्षित करती है। यहाँ बना 'आर्कीड हाउस' जहाँ इसकी शोभा बढ़ाता है, वहीं आर्कीड प्रेमियों को इस पर गवेषणा की सुविधा भी उपलब्ध कराता है। इसके अतिरिक्त एक 'बॉटोनिकल गार्डन' भी यहाँ है। पहाड़ों पर ट्रेकिंग करने के अलावा हेंग ग्लाइडिंग के लिए असम का यह एकमात्र उपयुक्त स्थल है।

हम हिन्दी फिल्मों के चलते मुम्बइया हिन्दी के बारे में तो जानते हैं, पर किसी ने 'हाफलोंगिया हिन्दी' के बारे में नहीं न सुना होगा। इस सौन्दर्य की गोद में वास करनेवाली सरलमना विभिन्न पहाड़ी जनजातियों डिमासा, जेमि नगा, कुकि, मार, रांखल, बेईटे, खेलमा, कार्बी, जयन्तिया आदि की अपनी-अपनी संस्कृति और परम्परागत पोशाकों की तरह बोलियाँ भी अलग-अलग हैं। इसलिए ये लोग आपस में बात करने के लिए असमिया और हिन्दी मिलाकर बोलते हैं, जिसे यहाँ 'हाफलोंगिया हिन्दी' कहा जाता है।

उत्तरी कछार के बाशिन्दों में चालीस प्रतिशत डिमासा कछारी होंगे, जो अपने को डिमासा या 'डिमाफिसा' कहते हैं। इसका अर्थ हुआ—डि यानी पानी, मा माने बड़ा और सा का अर्थ सन्तान होता है अर्थात् बड़ी नदी की सन्तान। डिमासा भाषा में धनशिरी नदी को भी डिमा कहा जाता है। इनमें प्रचलित जनश्रुति के अनुसार प्राचीनकाल में डिमासा के पूर्व पुरुष *डिलोओब्रा* और *सांग्रीब्रा* नदीद्वय के संगमस्थल पर रहते थे। पहले इनकी पहचान *बोड़ोसा* के नाम से थी। डिमापुर में जब इनकी राजधानी थी, तब इनके सोलह गोत्र थे। मजे की बात यह है कि इनमें पुरुष और महिलाओं के अलग-अलग गोत्र हैं। पुरुषों के गोत्र को *सेमफंग* और नारी के गोत्र को *जुलुक* कहते हैं। इनके समाज में चालीस सेमफंग और बयालीस जुलुक हैं। इनकी सामाजिक व्यवस्था के अनुसार दूर सम्पर्कीय भी एक गोत्र में विवाह नहीं कर सकते। ग्रामोन्मुखी कृषिजीवी ये लोग नदी या झरने के पास ही अपनी बस्ती बसाते हैं। गाँवमुखिया को *खुनंग* कहा जाता है। इसका चुनाव लोकतान्त्रिक तरीके से गाँव में सभा बुलाकर सबके मतामत से निर्वाचन कर होता है। गाँव के विवादों को खुनंग की सलाह से सुलझा लेते हैं।

पहाड़ी अन्यान्य जनजातियों की भाँति डिमासा के प्रत्येक गाँव के युवाओं के संगठन *डेकाचांग* और *नोद्रांग* होते हैं। गाँव में बिना किसी आड़ या दीवार का एक बड़ा घर बनाया जाता है जिसमें शाम को ये गोठ खाकर धमा-चौकड़ी कर रात में वहीं सो जाते हैं। गाँव की सभी सभाएँ यहाँ होती हैं। यहाँ उनके लिए नृत्य-गीत की शिक्षा, बाँस-बेंत के काम का प्रशिक्षण, खेल-कूद और पढ़ाई कराई जाती है।

कृषिजीवी डिमासा रात के समय नृत्य-गीत कर अपना आमोद-प्रमोद करते हैं। कुछ लोग बाँस-बेंत के सामान बनाने में जुट जाते हैं तो *कुछ मरि* (पेंपा) और *ख्राम* (ढोल) की ताल पर नाचते-गाते हैं। इनमें मनाया जानेवाला उत्सव *हांसेउमानओगा* भी माघ के भोगाली बिहू की भाँति ही भोग-प्रधान है। इनके पाँच या सात दिवसीय महत्त्वपूर्ण उत्सव *बुसु* का पालन *नोद्रांग* में किया जाता है। इसमें बिहूगीत गाये जाते हैं। *बाइडिमा* (डिमासा नाच), *जाउबानी* (घूमर जैसा नाच), *रेण गिन बाणी* (दो पंक्तियों का नाच), *बाइ माइजाइ* (हाथ में थाली लेकर नाचना), *बाइसेरगी* (जन्तर नाच) और *कोनलोबाणी* (सूत काटने का नाच) इनके मुख्य लोकनृत्यों में समाहित हैं।

डिमासाओं में विवाह-प्रस्ताव के रूप में लड़के के माँ-बाप नमक की पोटली को सात बार रस्सी से बाँधकर कन्या पक्ष को देते हैं। दोनों भावी समधी अपने लोगों के साथ मिलकर प्रीतिभोज कर विवाह का दिन तय करते हैं। विवाह के दिन वर

बारात लेकर कन्या के घर आ सबका आशीर्वाद लेता है और कन्या के साथ वरमाला का आदान-प्रदान कर विवाह-बन्धन में बद्ध हो जाता है। इसके बाद माछ-मांस और घर में चावल से बनाई गयी *जुदि* मदिरा का भोज होता है। वर-कन्या की मंगल कामना के लिए घर के चौताल में हंस की बलि देकर उसके मांस से बनी भाजी सबको परोसी जाती है। इनमें घर जमाई रखने की प्रथा भी है।

डिमासा का प्रधान खाद्य भात है जिसके साथ ये बकरा, सूअर, हंस, मुर्गा आदि का मांस भक्षण करते हैं। सूखे हुए मछली-मांस को बाँस के चोंगे में भरकर खारे पानी, नीबू की खटाई और हल्दी मिलाकर *नफ्लाम* नामक अपना सुस्वादु आहार तैयार करते हैं।

धर्म में विश्वास रखनेवाली यह जनजाति उत्तर कछार के अलावा कछार, कार्बी आंगलांग और नोगाँव जिलों में वास करती है। ये *शिब्राई माटंगमा, हेड़ेमति, सामबियाम, कासाईम, आलुराजा, डिसाईम, लंडीराजा* आदि अपने देव-देवियों के साथ शिव-दुर्गा, रणचण्डी, कामाख्या की पूजा भी करते हैं। अपने कुछ विश्वासों के चलते भूत-प्रेत आदि को भी पूजते हैं। अनावृष्टि होने पर असम के मैदानी इलाकों में किये जानेवाले मेढक-मेढकी के विवाह की भाँति, ये लोग अपना *मिसेंगबा* उत्सव मनाते हैं और हेड़ेमति की पूजा करते हैं। इनमें जन्म-मृत्यु के अवसर पर पूजा होती है। किसी के मरने पर ये लोग करुण स्वर में गीत गाते हैं। मृतक के दाह-संस्कार के बाद *माईमुटार्बा* श्राद्ध किया जाता है। इनका आत्मा-परमात्मा और पुनर्जन्म में विश्वास है।

हाफलोंग बाजार से गुजरते हुए शम्भुधन फुंगलो की मूर्ति दिखायी दी। मैं शायद इसकी उपेक्षा कर जाता। यह नाम मेरे लिए एकदम अनजान था, लेकिन शिलचर स्थित असम विश्वविद्यालय में कार्यरत रही हिन्दी की प्रोफेसर शुभदा पाण्डेय का मुझे स्मरण हो आया, जिन्होंने अपने पत्र में असम के इस क्रान्तिकारी बलिदानी वीर चरित्र के बारे में लिखा था और बाद में उन पर एक पुस्तक भी लिखी।

शम्भुधन फुंगलो भी भारत के अनेक विस्मृत सपूतों में से एक हैं। उनका जन्म माइबांग के नजदीक *लेकर* नामक गाँव में देपेन्द्राओं फुंगलो के घर पर माता कासादी के गर्भ से सन् 1850 की फाल्गुन पूर्णिमा को हुआ। युवा होते-होते शम्भुधन का रूप निखर आया। वे लम्बे-लम्बे कान, काली आँखों और गठीले बदनवाले जवान थे। उसी गाँव की लड़की नासादी से शम्भुधन का विवाह कर दिया गया। शम्भुधन बाल्यावस्था से ही शिव-भक्त थे। इन सबके साथ ही वे अपने आसपास घटित हो रही राजनीतिक हलचलों पर भी ध्यान रखते थे।

सन् 1832 में अँग्रेजों ने अपनी कूटनीतिक चालों से कछारी राज्य को एकदम समाप्त कर दिया। अँग्रेजों की बढ़ती निरंकुशता के विरुद्ध विद्रोह करने के लिए शम्भुधन ने लोगों में जागृति फैलाई और पूरे इलाके का भ्रमण कर क्रान्तिकारी बल का गठन किया। युवक उत्साहित होकर क्रान्तिकारी बल के सैनिक बनने लगे। शम्भुधन उस बल के कमाण्डर बने। उन्होंने अपने सैनिकों में से मानसिंह नामक युवक को अपना प्रधान सलाहकार और मोलोंगथांग को सहायक कमाण्डर नियुक्त किया। ग्रामवासी भी तन-मन-धन से इसमें सहयोग करने लगे।

उत्तरी कछार स्थित गुंजुंग के ब्रिटिश मुख्यालय का अधिकारी मेजर बोयाड बड़ा ही क्रूर था। कछार का जूनियर पोलिटिकल ऑफिसर सी.सोपीट था। शम्भुधन के क्रान्तिकारी मौका देखकर सरकारी कार्यालयों को क्षति पहुँचाने लगे। शम्भुधन की बढ़ती लोकप्रियता और उनके विद्रोह से अँग्रेज तिलमिला गये तो उन्हें और उनके साथियों को पकड़ने के लिए गिरफ्तारी का वारण्ट निकाला गया। वारण्ट लेकर पुलिस दल माइबांग पहुँचा, जिसे खाली हाथ ही लौटना पड़ा।

सी.सोपीट और मेजर बोयाड अब और बौखला गये। उन्होंने माइबांग के प्रशिक्षण शिविर पर आक्रमण करने की योजना बनायी। शीत अपनी चरम सीमा पर था। वे जनवरी, 1882 में अँग्रेजी सेना की टुकड़ी के साथ माइबांग के लिए रवाना हुए। उन्होंने सेना के साथ क्रान्तिकारियों के शिविर में प्रवेश किया। शम्भुधन अचानक एक शिविर से निकले और थोड़ी ही देर में बोयाड की लाश मिट्टी में लोटने लगी। अब तो क्रान्तिकारियों ने दुश्मनों की लाशों के ढेर लगा दिये। सोपीट दूर खड़ा सब देख रहा था। उसने गोली चलाने का आदेश दिया तो शम्भुधन ने उसके सैनिकों को घेरकर हमला बोल दिया। खून की नदी बह चली। सोपीट किसी तरह अपनी जान बचाकर वहाँ से भाग निकला।

इस सैनिक अभियान के बाद शम्भुधन ने अपने प्रशिक्षित क्रान्तिकारियों को साथ लेकर गुजुंग पर आक्रमण कर दिया। सरकारी कार्यालयों में आग लगा दी गयी। गोरे अफसरों को मौत की नींद सुला गुजुंग को पूर्णतः स्वतन्त्र करा लिया गया। कछारी जनता को मिली इस आजादी की घटना को इतिहास में दर्ज किया जाना चाहिए था, लेकिन कहीं इसका जिक्र तक नहीं है।

अँग्रेजी सत्ता से कछार के पहाड़ी इलाके को स्वतन्त्र करा, वीर शम्भुधन ने समतल इलाकों को आजाद कराने का अभियान छेड़ा। उन्होंने वहाँ के लोगों को भी सैनिक प्रशिक्षण देना प्रारम्भ किया। ब्रिटिश शासन की जड़ों को खोद डालने के लिए अपने शिविरों में लोहे का संग्रह कर शस्त्र-निर्माण प्रारम्भ कराया।

अँग्रेज माइबांग और गुजुंग में हुई पराजय का बदला लेने की ताक में थे। जासूसों से मिले सुराग पर एक दिन गाँव में उनके घर को अचानक अँग्रेजों ने घेर

लिया। दुर्भाग्यवश उस वक्त शम्भुधन निःशस्त्र भोजन की थाली पर बैठे हुए थे। अपने को घिरा हुआ जानकर वे शीघ्रतापूर्वक पिछले दरवाजे से घने जंगल में निकल गये। सैनिक उनके पीछे लगे ही थे। उन्होंने दूर से फेंककर खुकरी से उन पर वार किया जो उनके दायें पैर को गहराई तक काटती हुई पार हो गयी। फिर भी शम्भुधन एक पैर पर ही आगे दौड़े परन्तु अत्यधिक रक्त-स्राव हो जाने से वे आगे नहीं बढ़ सके और भारत के उस सपूत का इस प्रकार अन्त हो गया।

12 फरवरी, 1883 का वह दिन था, जब कमाण्डर वीर शम्भुधन फुंगलो ने मात्र 33 वर्ष की आयु में देश के लिए अपने प्राणों का उत्सर्ग किया। देश के लिए मर मिटनेवाले अनेक विलुप्त वीरों की भाँति शम्भुधन फुंगलो को भी इतिहासकारों ने विस्मृत कर दिया।

जातिंगा का रहस्य आज तक नहीं खुल पाया है। हाफलोंग तक आकर वहाँ से मात्र आठ-नौ कि.मी. दूर स्थित उस रहस्यलोक जातिंगा तक मैं भला कैसे नहीं जाता! चिड़ियों को आत्महत्या करते किसी ने शायद ही सुना होगा परन्तु इस धरती पर अनेक अचरज हैं। छोटा-सा गाँव जातिंगा आज भी एक रहस्य बना हुआ है। जातिंगा में जेमि नगा के अतिरिक्त जयन्तिया जनजाति का भी वास है। यहाँ वर्ष में अगस्त से लेकर नवम्बर के निश्चित समय में विभिन्न प्रजाति की स्थानीय और परिभ्रमी चिड़ियाँ रात में प्रकाश से आकर्षित होकर आती हैं और किसी अज्ञात कारणवश आत्महत्या कर लेती हैं। पक्षी-विशारदों के लिए जहाँ यह गवेषणा का एक अति महत्त्वपूर्ण और आकर्षक स्थल है, वहीं आम पर्यटकों के लिए एक कौतूहलपूर्ण स्थान। असमिया लेखक प्रदीप बरुवा ने अपनी पुस्तक 'चित्र-विचित्र असम' में इस रहस्य का किसी सीमा तक खुलासा किया है। बरुवा लिखते हैं कि सन् 1890 की बात है कि कुछ जेमि नगा किसी कार्यवश रात में यहाँ ठहरे हुए थे। रात में ठण्ड से बचने के लिए उन्होंने अलाव जलाया तो बहुत-सी चिड़ियों को वहाँ आकाश में मँडराते देखा। उन्होंने किसी अनिष्ट की आशंका से वह जगह छोड़ दी। इसके बाद 1905 में एक बार जयन्तिया लोग अपनी खोयी हुई गायों की खोज में इधर आये। उनके हाथों में मशालें थीं। मशालों के प्रकाश से आकर्षित होकर चिड़ियाँ वहाँ आयीं और नीचे गिर गयीं, जिन्हें उन्होंने खा लिया। फिर क्या था जातिंगा के बाशिन्दे रात को मशालें लेकर या बाँसों पर जलती लालटेनें लटकाकर वहाँ आने लगे। रोशनी से आकर्षित होकर जो पक्षी आकर गिरते, वे उनका आहार बन जाते। आजकल पहले जितनी संख्या में पंछी नहीं आते हैं।

आखिर विस्मयकारी इस घटना का रहस्य क्या है? यह घटना वर्ष में एक

निर्दिष्ट समय में और विशेष प्राकृतिक परिवेश होने पर ही घटती है। अगस्त और नवम्बर महीनों के बीच अमावस की रात को, कुहासा-भरा ठण्डा मौसम हो, झिरझिर बरसती बरसात भी हो तो सोने पर सुहागा। इसके साथ ही हवा दक्षिण-पश्चिम की ओर बहनी चाहिए। इस प्रकार का पूर्ण प्राकृतिक परिवेश बनने पर रोशनी से खिंचे नभचर बहुत बड़ी संख्या में यहाँ आकर आत्महत्या करते हैं।

पक्षीविज्ञानी अभी तक इस रहस्य की सटीक व्याख्या नहीं कर पाये हैं। फिलिपीन्स में भी सुना है कि प्रकाश से आकर्षित होकर पक्षी आते हैं। जातिंगा रहस्य में एक बात और ध्यान देने योग्य है कि आनेवाले ये पंछी ज्यादातर नवजात ही होते हैं। बहुत से विशेषज्ञों का मानना है कि यहाँ की विशेष प्रकार की भौगोलिक स्थिति ही इसका कारण है। शायद बहुत से लोग इस बात को मानने को तैयार नहीं हों कि ऐसी घटना भी घट सकती है। बहरहाल जो भी हो जातिंगा में पंछियों द्वारा की जानेवाली आत्महत्या आज भी एक रहस्य ही बना हुआ है।

हाफलोंग से 47 कि.मी. दूर ही माहु नदी के उस पार डिमासा-कछारी लोगों की पूर्व में रह चुकी राजधानी माइबांग है। एक अखण्ड शिला को काटकर बनाया गया मन्दिर वहाँ का विशेष आकर्षण है। इससे नजदीक थोड़ा ऊपर ही पुरातन कछारी राज्य के भग्नावशेष देखने को मिलते हैं। यहाँ शिलाओं पर उकेरी गयी देवी-देवता, पशु-पक्षी और फूलों की आकृतियाँ उस युग की शिल्प-कला का एक सुन्दर परिचय देती हैं। प्रमोदचन्द्र भट्टाचार्य द्वारा सम्पादित असमिया पुस्तक 'असमर जनजाति' में लिखा है कि माइबांग के नजदीक एक हिमासा गाँव में तीन प्रकार की स्वर्ण मुद्राएँ मिट्टी के नीचे से मिली है। इनमें से प्रत्येक मुद्रा का वजन एक तोला है। एक मुद्रा के दोनों ओर देवनागरी अक्षरों में लिखा है—*'हरिचरण कमल मधुकर : श्रीश्रीन्द्र प्रताप नारायण हासेंसा वंशजैस्य श्रीहट्ट विजयिन शाके 1602।'* दूसरी और तीसरी मुद्रा पर अरबी में लिखा है जो सम्भवत: मुगलकाल की हैं, किन्तु वजन में तीनों समान हैं।

एकाकीपन कभी सुखद लगता है तो कभी सालने भी लगता है। शिलचर-करीमगंज की यात्रा के समय समूह के साथ रहने से समय का पता ही नहीं चलता था किन्तु इस यात्रा में प्रकृति के अँधियारे से लिपटते ही अकेलापन मुझे कचोटने लगा। मेरे मन की इस कचोट पर इस एहसास ने मरहम लगाया कि गुवाहाटी पहुँचना बस एक रात की ही तो बात है।

श्रीमन्त शंकरदेव : एक में अनेक

बराक घाटी से रात ही गुवाहाटी लौटा था। कल सारे दिन बरसात होने से जाड़े की ठिठुरन और बढ़ गयी थी। घर पहुँचते ही रजाई के आगोश में जा दुबका। इसका संग खूब सुहाया। मुम्बई में तो जाड़ा आता ही नहीं। फिर मुम्बईकर (मुम्बई निवासी) भला क्या जाने—रजाई का स्वाद! उनींदेपन में कहीं से आती स्वर-लहरी ने कानों के रास्ते सेंध लगायी। हल्का शोर गम्भीर होता गया। जिज्ञासा ने उकसाया तो रजाई को एक ओर झटका। सुबह के दस बज गये थे। निपट अकेला गुवाहाटी में डेरा डाल रखा था। नौकर का भी इस नगरी में जैसे अकाल हो गया। लालचन्द कहीं और काम में लग गया था। खिड़की से झाँकते ही अपूर्व का दर्शन किया। दूसरी मंजिल से सड़क से गुजरती शोभायात्रा आम जुलूसों जैसी न थी। दो दिनों बाद सूरज फिर से अपने शबाब पर था।

लाल, पीले, बैंगनी, हरे, सफेद रंगों का एक अपूर्व संसार शोभायात्रा में चल रहे जनजातीय लोगों द्वारा पहनी गयी पोशाकों पर लहरा रहा था। फैन्सी बाजार की सड़क पर अपूर्व दृश्य उतर आया था। असमिया, हिन्दी भाषी और सिख समाज भी उनके साथ था। मेरा कौतूहल बढ़ा। बैनर पर नजर पड़ी तो पता चला कि श्रीमन्त शंकरदेव द्वारा असमिया में पद्यानूदित श्रीमद्भागवत पुराण की शोभायात्रा थी। सभी का सामूहिक रूप से हरि-कीर्तन करते परिभ्रमण करना नगरवासियों के साथ मेरे लिए भी प्रेरणादायी रहा।

आज पूर्वोत्तर में अलगाववाद का सर्प अपना फण उठाये फुफकार रहा है और विदेशी बांग्लादेशियों के अवैध आगमन का यहाँ ताँता लगा है जिससे राजनीतिक अस्थिरता भी व्याप्त है। यहाँ के विभिन्न राज्यों में वास कर रहीं जनजातियाँ अपने मूल धर्म और संस्कृति से विमुख हो विदेशी ताकतों के छलावे में अपना स्वाभिमान और स्व-धर्म खोती जा रही हैं।

ऐसे समय में शंकरदेव की असमिया श्रीमद्भागवत के गुवाहाटी में आयोजित सप्ताह व्यापी अखण्ड पाठ को देखकर आशा की एक किरण दृश्यमान हुई। खूब ताम-झाम के साथ लाखों रुपये खर्च कर किये जानेवाले भागवत-सप्ताह के बड़े-बड़े आयोजन देखने के अवसर मुम्बई-गुवाहाटी में अनेक मिले हैं। किन्तु यह

धार्मिक से अधिक सांस्कृतिक आयोजन था। श्रोता भी बदले हुए थे। कोई आडम्बर नहीं और न ही पैसों की धौंस का दिखावा। साधारण-से पण्डाल की सादी पृष्ठभूमि, विभिन्न जनजातियों के नर-नारियों द्वारा पहनी हुई वेशभूषा के बहुरंगी चटक रंगों से मानो सराबोर थी। बिना किसी हलचल के तन्मय भाव से एकाग्र श्रोताओं को इससे पहले मैंने कभी नहीं देखा। असमिया भागवत में उपस्थित रहने का यह मेरा प्रथम अवसर था।

इस आयोजन का दूरगामी सांस्कृतिक महत्त्व है जिसकी सबसे बड़ी विशेषता यह लगी कि इससे हमारे द्वारा उपेक्षित जनजातीय दलित समाज को भी जोड़ा गया था, जिनके लिए शंकरदेव ने आजीवन संघर्ष किया। वनबन्धु परिषद के सौजन्य से 'पूर्वोत्तर जनजाति शिक्षा समिति' द्वारा अनेक 'एकल विद्यालय' चलाये जा रहे हैं। इन स्कूलों में भाषाई शिक्षा के साथ अपने गाँव और समाज से जुड़े रहकर देशभक्ति, स्वाभिमान, स्वावलम्बन, अपनी जनजाति के प्रति श्रद्धा, निष्ठा, समर्पण और अपने रीतिरिवाजों के प्रति अनुराग, अपनी वेशभूषा के प्रति लगाव आदि संस्कार दिये जाते हैं।

कार्बी आंगलांग जैसे दूरस्थ क्षेत्र के ऐसे ही दस एकल विद्यालयों से आये हुए कार्बी, बोड़ो, डिमासा जनजातियों के शिक्षक-शिक्षिकाओं के करीब दो सौ प्रतिनिधियों ने पूरे मनोयोग से सात दिनों तक यहाँ रहकर श्रीमद्‌भागवत-कथा का श्रवण किया। बीच-बीच में अपनी भाषाओं के भजन-गीतों के साथ संस्कृत में वेद-मन्त्रों का सस्वर गायन कर दर्शकों को मन्त्रमुगध भी किया। यहाँ मिले संस्कारों को ये लोग अपने विद्यार्थियों तक प्रेषित कर सकेंगे। इस तरह के आयोजनों से पूर्वोत्तर की समस्याओं से हम भले न निपट सकें किन्तु यहाँ के लोगों में एकता का भाव तो आएगा ही।

इस सप्ताह-आयोजन में ग्रन्थ का अखण्ड पाठ किया गया अर्थात् बिना किसी विराम के दिन-रात अहर्निश पाठ। इसे सुचारु रूप से चलाने के लिए दो व्यासपीठ थे। पाठ करनेवाले आठ-दस कथावाचक थे। सबका समय निर्धारित था जिससे पाठ भी अखण्ड चलता रहे और कोई थके भी नहीं। व्यासपीठ की बायीं ओर एक ऊँचे सुसज्जित सिंहासन पर श्रीमन्त शंकरदेव अनूदित श्रीमद्‌भागवत को श्रीकृष्ण स्वरूप विराजमान किया गया था। यह सारा आयोजन श्रीहरि सत्र, ऊबारी, गोरेश्वर (कामरूप) के सत्राधिकार वयोवृद्ध 85 वर्षीय श्री तारिणीकान्त महन्त की देखरेख में किया गया था।

सत्राधिकारी श्री तारिणीकान्त महन्त असमिया श्रीमद्‌भागवत[1] के उद्‌भट

1. *असमिया श्रीमद्‌भागवत* : मूल भागवत की तरह असमिया भागवत के प्रथम स्कन्ध में सुतशौनक, व्यास-नारद और पृथ्वी-धर्म के संवाद हैं। द्वितीय में परीक्षित-शाप, शुकदेवजी द्वारा भागवत-माहात्म्य, देह-तत्त्व, ब्रह्मा-नारद संवाद हैं। तृतीय स्कन्ध में अनादिपातन (देह की सप्त धातु चर्म, मांस, मेध,

विद्वान हैं। मेरे द्वारा जिज्ञासा करने पर उन्होंने अपनी अति व्यस्तता के उपरान्त भी समय निकालकर मुझे इस पुराण के बारे में कतिपय संक्षिप्त जानकारियाँ दीं। उन्होंने बताया कि श्रीमद्‌भागवत के प्रथम, द्वितीय, षष्ठ, अष्टम, दशम, एकादश तथा द्वादश स्कन्धों का असमिया अनुवाद श्रीमन्त शंकरदेव ने स्वयं किया था। शेष स्कन्धों का अनुवाद उनके सुयोग्य शिष्यों आनन्द कन्दली, राम सरस्वती, गोपालदेव, श्रीचन्द्रभारती, केशवशरण और अनिरुद्धदेव ने किया था।

अत्र सर्ग विसर्गस्व स्थान-पोषण ऊतय।
मन्वन्तरे ईशानु कथा मुक्तिरो निरोध्यश्रय॥

उक्त श्लोक सुना, अन्त में श्री तारिणीकान्त महन्त ने इसका संक्षिप्त अर्थ बताया कि स्वर्ग, विसर्ग, स्थान, पोषण, ऊतय या ऊठी (सन्त को दुःख देने पर स्वयं को मिला सन्ताप), मन्वन्तर, ईश-कथा, निरोध, आश्रय और मुक्ति—इन दस बातों का विश्लेषण ही श्रीमद्‌भागवत का पूरा सार है।

टूटी-फूटी सड़क पर मारुति वेन ठिठक-ठिठककर चल रही थी। गुवाहाटी से नोगाँव तक का सवा सौ कि.मी. का फासला नेशनल हाईवे पर तय हो गया किन्तु वहाँ से बोरदोवा का अठारह कि.मी. का रास्ता काफी दुखदायी रहा। कलंग नदी किनारे बसे नोगाँव के सौभाग्य माधव, दुलाल माधव और गोपाल माधव मन्दिरों को देखकर प्राकृतिक स्थल दबका के आकाशीगंगा जलप्रपात और शिव, विष्णु-लक्ष्मी

अस्थि, मज्जा, रक्त एवं वीर्य का तात्विक विश्लेषण), नाम-धर्म का माहात्म्य है। चतुर्थ में पुरुन्दर उपाख्यान, ध्रुव-चरित्र,
पृथु चरित्र, सती-देह त्याग और शिव-दक्ष विरोध की कथाएँ हैं। पंचम स्कन्ध में प्रियव्रत उपाख्यान और भूमण्डल की व्याख्या है। षष्ठम में अजामिल उपाख्यान, वृत्रासुर से त्रसित देवताओं द्वारा विष्णु-स्तुति और दधीचि के अस्थि-दान से बने वज्र से वृत्रासुर-वध और उसके पुनर्जन्म की कथा है। सप्तम स्कन्ध में नारद-युधिष्ठिर संवाद, हिरण्यकशिपु और हिरण्याक्ष का जन्म, प्रह्लाद-चरित्र और नरसिंह अवतार की कथा को पिरोया गया है। अष्टम में मन्वन्तर वर्णन, त्रिकूट वन्दना, ग्राह-गजेन्द्र युद्ध, अमृत-मन्थन, मोहिनी अवतार, इन्द्र-बलि युद्ध, वामन अवतार का वर्णन है। नवम स्कन्ध में मनु का वंश-वर्णन, सुद्युन्व उपाख्यान, दुर्वासा का क्रोध, अम्बरीष उपाख्यान, हरिश्चन्द्र, सगर, भगीरथ, रामचन्द्र-कथा के साथ ही सूर्य-चन्द्र वंश का वर्णन है। दशम स्कन्ध में वासुदेव-देवकी विवाह से लेकर श्रीकृष्ण-जन्म से उनकी ग्यारह वर्ष तक की बाल-लीला और मथुरा आगमन तक की कथा समाहित है। एकादश में यदुवंश को ऋषियों द्वारा शाप, निमि-नवसिद्ध संवाद है। आखिरी द्वादश स्कन्ध में कलियुग का वर्णन, धरणी-गीता, परमार्थ निर्णय, तक्षक और कश्यप का साक्षात्कार, मार्कण्डेय ऋषि को भगवान के दर्शन के साथ भागवत का संक्षिप्त वर्णन भी है।

के प्राचीन मन्दिरों के भग्नावशेषों को देखने भी जाया जा सकता है। किन्तु मेरी यात्रा का एकमेव आकर्षण केन्द्र उस समय बोरदोवा ही था। नोगाँव में मेरे बड़े भाई के साले और छुटपन के मित्र विजय कुमार मंगलुनिया से बहुत वर्षों बाद मिलना हुआ। उन्होंने भी बोरदोवा साथ चलने की मंशा जतायी तो यात्रा और उत्साहवर्धक हो गयी। छोटी-सी दूरी तय करने में घण्टा-भर से ज्यादा लग गया। पूरे रास्ते उस इलाके में फैल चुके बांग्लादेशियों का बोलबाला दिखा। अब इनकी संख्या असम में इतनी अधिक हो चुकी है कि कोई भी सरकार आ जाए, इनका कुछ नहीं कर सकती, जो होना है वह अवश्यम्भावी है। गुरु शंकर ही रक्षक हैं।

ग्रामीण गलियों से होकर सत्र के प्रवेश-द्वार पर पहुँचे। यह असम में वैष्णव धर्म के प्रवर्तक, असमिया भाषा-संस्कृति के गुरु, सर्वगुणाकार श्रीमन्त शंकरदेव का जन्म-स्थान और उनकी लीलाभूमि रही है। आज से साढ़े पाँच सौ साल पहले कुछ ऐसी ही विषम परिस्थितियाँ थीं जब शक संवत् 1371 (सन् 1449) के सौर आश्विन शुक्ल दशमी को शंकरदेव ने यहाँ से कुछ दूर स्थित गाँव आलिपुखुरी में कुसुमबर भूयाँ की धर्मपत्नी सत्यसन्ध्या के गर्भ से जन्म लिया था। उनके जन्म के समय यहाँ आहोम राजा सुसेन्फा का राज्य था। उनके पूर्वज कन्नौज (उ.प्र.) वासी कायस्थ थे, जो गौड़ (बंगाल) में जा बसे थे। कमता नरेश दुर्लभनारायण के आमन्त्रण पर उसके राजकार्य में सहायता करने चण्डीवर भूयाँ उसकी राजधानी कोचबिहार में आकर बसे थे। उस समय राज्य की सुरक्षा और शान्ति स्थापित करने का भार वहन करनेवाले कायस्थ को भूयाँ कहा जाता था। शंकरदेव के पिता कुसुमबर उन्हीं चण्डीवर भूयाँ के प्रपौत्र थे जो आलिपुखुरी में बस गये थे।

महापुरुषों के साथ नियति पता नहीं क्यों क्रूर होती है? कबीरदास को उनकी जन्मदात्री द्वारा जन्मते ही त्याग दिया गया। तुलसीदास को अपने बचपन में अपने माता-पिता से वंचित होना पड़ा। बालक शंकर बर को भी अपने शिशुपन में ही माता-पिता का वियोग मिला। बालक के लालन-पालन की जिम्मेदारी दादी खेरसुती (सरस्वती) पर आन पड़ी। अपने एक मात्र पौत्र पर दादी का लाड़-प्यार स्वभावतः ज्यादा था। शंकर ने अपनी चंचलता में ही बारह वसन्त बिता दिये किन्तु अध्ययन में जरा भी रुचि न ली। अब दादी को चिन्ता हुई। दादी की प्रताड़ना का बालक पर एक दिन असर पड़ा। गुरु महेन्द्र कन्दली से अक्षर ज्ञान प्राप्त कर बालक शंकर ने बिना मात्रा की एक अत्यन्त सारगर्भित कविता की रचना कर सबको चमत्कृत कर दिया। वह कविता इस प्रकार है—

कर तल कमल कमल दल नयन।
भव दव दहन गहन वन शयन॥

नपर नपर पर सतरत गमय॥
सभय मभय भय ममहर सततय॥
खरतर बरशर हत दश बदन।
खगचर नगधर फणधर शयन॥
जग दघ मपहर भव भय तरण।
पर पद लय कर कमलज बयन॥

बालक शंकर ने अपने पाँच वर्षों के अध्ययनकाल में ही संस्कृत के अनेक शास्त्रों, काव्य, व्याकरण इत्यादि का विशद अध्ययन कर लिया। गुरु महेन्द्र कन्दली ने तृप्त होकर शिष्य के नाम के साथ 'देव' जोड़कर उनका नाम शंकरदेव कर दिया। इसके साथ ही शंकरदेव ने योग विशेषकर हठयोग का भी गहन अध्ययन और अभ्यास किया। विद्याध्ययन कर घर लौटने पर आत्मीयजनों के आग्रह पर इन्होंने सूर्यवती से विवाह किया। तब इनकी उम्र इक्कीस साल की थी। तीन साल बाद एक कन्या को जन्म दे पत्नी चल बसी। सांसारिक मोहमाया से विरक्त शंकरदेव पर पुत्री मनु के लालन-पालन की जिम्मेदारी आ गयी। कुछ सालों बाद अन्ततोगत्वा मनु का विवाह हरि नामक एक किशोर से कर दिया।

शंकरदेव की प्रवृत्ति में घुमक्कड़ी भी समाहित थी। पुत्री के विवाहोपरान्त वे निर्द्वन्द्व भाव से अपने कुछ सहयोगियों को साथ लेकर सन् 1483 में भारतवर्ष की तीर्थयात्रा पर निकल पड़े। उस समय उनकी आयु चौंतीस वर्ष थी। कभी पैदल, कभी नाव पर तो कभी बैलगाड़ी में बारह वर्षों तक उनका देशाटन चलता रहा। वे सन् 1495 में अपनी जन्मभूमि लौटे। उस यात्रा में गया, काशी, प्रयाग, मथुरा, वृन्दावन, द्वारका, बदरिकाश्रम, जगन्नाथपुरी, रामेश्वर आदि तीर्थों की यात्रा करते हुए देश के विभिन्न साधु-सन्तों, विचारकों आदि से उनका व्यापक विचार-विमर्श हुआ और भारतवर्ष की महान सांस्कृतिक-सामाजिक विचारधारा की जानकारी के साथ ही विभिन्न भाषा-साहित्य से परिचित हो उन्होंने अपने हठयोग को छोड़ भक्ति मार्ग को अपना लिया। उन्होंने अपनी यात्रा में उरेषा (उड़ीसा), वाराणसी आदि जगहों में शिष्ट जनों (सन्त-भक्तों) द्वारा सुने कबीरदास के गीत-पदों का उल्लेख करते हुए स्वयं लिखा है—

उरेषा बाराणसी ठावे ठावे।
कबिर गीत शिष्ट सबे गावे॥

आलिपुखुरी लौटने पर वंश परम्परा को चलाने के लिए शंकरदेव के परिवारवालों ने फिर जोर डालकर उनका दूसरा विवाह कालिन्दी से कर दिया जिससे पुत्र रमाकान्त का जन्म हुआ। किन्तु उनका मन गृहस्थी में नहीं रम पाया और

वे अपने निवास-स्थान को ही *नामघर*[1] का रूप देकर वहाँ हरि-कीर्तन करवाने लगे और इसके लिए उन्होंने 'घोषा-पदों' की रचना की।

उत्तर भारत की तत्कालीन प्रचलित 'ब्रजभाषा' को शंकरदेव ने अपनी यात्रा में आत्मसात किया था। ब्रजभाषा और असमिया के साथ मैथिली जैसी उत्तर भारतीय बोलियों तथा अपभ्रंशों के मेल से बनी ब्रजावली का उपयोग उन्होंने किया। उनके ब्रजावली में रचे हुए बहुत से पद 'बरगीत' के नाम से प्रसिद्ध हुए। इन गीतों में इनके सुयोग्य शिष्य माधवदेव के गीतों का समावेश भी है।

विचारणीय बात है कि शंकरदेव के समय असमिया भाषा प्रौढ़ हो चुकी थी, फिर भी उन्होंने ब्रजावली का प्रयोग क्यों किया? उनके सामने ऐसी कोई मजबूरी भी नहीं थी कि तथाकथित 'कृत्रिम भाषा' ब्रजावली का प्रयोग करते। वस्तुतः इसके पीछे उनका निहितार्थ देश को 'बृहत्तर भाषायी' आधार प्रदान करना था। उस समय नेपाल, बिहार, बंगाल, उड़ीसा में भी ब्रज-मैथिली मिश्रित भाषा का ही प्रचलन था और ब्रजावली भाषा असमिया लोगों के लिए भी कठिन न थी। और आज हमें अँग्रेजों से स्वतन्त्र हुए साठ वर्ष होने को आये किन्तु फिर भी हम देश में बृहत्तर भाषायी आधार नहीं बना सके।

श्रीमन्त शंकरदेव को भारतीय नाट्य-शास्त्र का ज्ञान पहले से ही था। अपने मन की सांस्कृतिक प्यास बुझाने हेतु उन्होंने भारतीय शास्त्रीय संगीत तथा लोक-संगीत के साथ-साथ विभिन्न जगहों के लोक-नाटकों का भी सूक्ष्मतापूर्ण अवलोकन किया था। उत्तर भारत में रामलीला, नौटंकी, ब्रज में धमार, मिथिला व बंगाल में यात्रा-गान, आन्ध्र के यक्ष-गान आदि देखने से मिले अपने अनुभव का उपयोग उन्होंने अपने अंकीया (एकांकी) नाटकों में बड़ी निपुणता से किया।

उनके द्वारा प्रचारित निराकारी पन्थ 'भागवती वैष्णव धर्म' के एकमात्र आराध्य हैं 'परम पुरुष भगवान श्रीकृष्ण'। उनके द्वारा चलाया हुआ वैष्णव मत 'एकशरण धर्म' यहाँ की लोकभाषा में 'महापुरुषिया धर्म' के नाम से विख्यात है। उन्होंने असम में नव वैष्णवोत्थान का नेतृत्व किया। उन्होंने ज्ञान और ध्यान के बदले भक्तिमार्ग को ही एक मात्र साधन मार्ग बनाया। इस मत को माननेवाले एक ऊँचे सुसज्जित सिंहासन पर असमिया श्रीमद्‌भागवत को देवतुल्य स्थापित कर उसके सामने भागवत-पाठ और सामूहिक रूप से हरि-कीर्तन करते हैं। यहाँ उल्लेखनीय है कि उनके समकालीन हुए गुरु नानकदेव ने भी इसी प्रकार मूर्तिपूजा का विरोध करते हुए निराकार सिख पन्थ चलाया था। सिख धर्म में भी गुरु ग्रन्थ साहब को सर्वोपरि आसन मिला हुआ है। नानकदेव श्रीमन्त शंकरदेव के जन्म से बीस वर्ष बाद सन् 1469 में जन्मे थे। दोनों महापुरुषों का मिलन धुबड़ी में हुआ था।

'एकशरण धर्म' में अन्य वैष्णव मतों की भाँति हरि-विग्रह या शालिग्राम को

स्थापित करने की आवश्यकता नहीं। इसमें षोडशोपचार विधि से पूजा करने का कोई महत्त्व नहीं। शंकरदेव ने मूर्ति पूजा के बदले भगवान श्रीकृष्ण के नामजाप को ही महत्त्व दिया और सम्पूर्ण जगत को कृष्णमय माना। किन्तु उन्होंने मूर्ति-पूजा का कोई विरोध भी नहीं किया। उनकी दृष्टि में श्रीकृष्ण लौकिक स्तर पर ब्रज के बाल-गोपाल और दार्शनिक स्तर पर अवतार नहीं, परम ब्रह्म हैं।

'एकशरण धर्म' में राधा या रुक्मिणी को कोई स्थान नहीं है। इसका कारण शायद यह रह होगा कि उनके जमाने में वामाचार के नाम पर भैरवी-चक्र साधना और रात्रि में कुमारी-पूजा के नाम पर भ्रष्टाचार फैला हुआ था। सम्भव था कि कामरूप में मान्य विष्णु के वामाचारी रूप की तरह राधा के नाम पर 'राधा-चक्र' बन जाते। इसलिए कीर्तन में पुरुषों के साथ स्त्रियाँ नहीं बैठ सकतीं। उनकी मण्डली अलग रहती है। उन्होंने किसी स्त्री को कभी दीक्षा नहीं दी।

चैतन्य महाप्रभु (1465-1533) भी इनके समकालीन थे। शंकरदेव में चैतन्यदेव सदृश प्रखर पाण्डित्य तथा साधना तो थी ही, उनसे अधिक साहित्यिक कृतित्व क्षमता के साथ बहुमुखी प्रतिभा के धनी भी थे। उन्होंने वैष्णव मत का जिस समय प्रचार किया तब असम में शैव और शाक्तों का बोलबाला था। शाक्तों में बलिप्रथा का प्रचलन था और बौद्ध धर्म के वज्रयान मत का यहाँ जोर था। नाथ-पन्थी सिद्धों का भी यहाँ प्रभाव रहा है। मन्दिरों में देवदासी प्रथा भी चल रही थी। पंच मकार साधना, वज्रयानी सिद्धों द्वारा की गयी गुह्य-साधना से प्राप्त सिद्धियों द्वारा लोगों को चमत्कृत कर साधारण लोगों को धर्म तत्त्व से दूर रखा जा रहा था।

उनके वैष्णव-आन्दोलन से सर्वसाधारण लोगों के साथ जनजातीय लोग भी जुड़ने लगे। जाति-पाँति के बदले भगवान के नाम-कीर्तन पर उनका विशेष जोर था। उन्होंने देवी-पूजा में बलि-प्रथा, पंच-मकार तान्त्रिक साधना, वज्रयानी आचार-विचार का खुलकर विरोध किया। बलि देनेवाले शाक्तों को चण्डाल से भी अधिक अपवित्र बताया। उन्होंने यहाँ तक कहा कि जो कृष्ण-भक्त है, उसे भला ब्राह्मण के घर जन्मने की आवश्यकता ही क्या है? उन्होंने लिखा है—

कृष्ण-भकतिर जिटो रसिक।
ब्राह्मणर जन्म तार लागे किक॥

शंकरदेव के समय वर्ण-व्यवस्था रूढ़ थी। मन्दिरों में उन्हीं ब्राह्मणों का आधिपत्य था जो बंगाल, कान्यकुब्ज या देश के अन्य अंचलों से असम में आकर बसे थे। राजाओं पर उनका असीमित प्रभाव था। धर्म-शास्त्रों के गहन अध्ययन के पश्चात शंकरदेव के परम्परावादी विचारों में महान परिवर्तन आया। उन्होंने धर्म के नाम पर फैले अधर्म-अनाचारों को नयी दृष्टि से समझा। अज्ञान-अन्धकार में डूबे

दलितों पर उनकी नजर गयी। आज के युग में वर्ण-व्यवस्था की दीवार टूट रही है। पहले इसके कारण अलग थे और आज अलग हैं।

आज के भ्रष्ट वोट-लोलुप राजनीतिज्ञों ने अछूत, दलित जैसे शब्दों का प्रयोग कर विद्वेष भावना जगाकर 'वर्ण-संघर्ष' जैसी स्थिति पैदा की है। ये लोग इनको 'तुम भी अपने गुणों से उच्च वर्गों के समकक्ष बन जाओ' की प्रेरणा देने के बदले इनमें 'ईर्ष्या-द्वेष-हिंसा' की चिनगारी भड़काते हैं। इससे न तो देश का भला होनेवाला है और न ही जनजातीय तथा शूद्र कहे जानेवाले दबे हुए हमारे पिछड़े दलित वर्ग का उत्थान होगा। शिक्षा से संस्कारित होकर ही इनका उत्थान सम्भव है। इससे ही इनका आत्म-सम्मान भी बढ़ेगा।

शंकरदेव भविष्यद्रष्टा थे। स्वयं उच्च वर्ग के होने पर भी उन्होंने कहा कि हम जिन्हें शूद्र कहकर दूर हटाये रखते हैं, आनेवाले समय में ये लोग ही ईश्वर-तत्त्व का ज्ञान प्राप्त कर समाज में समादृत होंगे और उच्च-वर्ग का अहंकार पालनेवाले ब्राह्मण, क्षत्रिय, वैश्य आदि हरि-विमुख हो अधोपतित हो जाएँगे। इस बात को वे इस प्रकार लिखते हैं—

ब्राह्मण क्षत्रिय वैश्य इटो तिनि जाति।
नुशुनिबे हरि भकतिक काणपाति॥
शूद्र सब अनेक कैवर्त आदि करि।
अन्त्यजे पर्यन्त भजिबेक महाहरि॥
अप्रयासे लभिब ईश्वर महाज्ञान।
एतेके कलित शूद्र कैवर्त प्रधान॥

शंकरदेव के प्रगतिशील विचारों से चिढ़कर शाक्त धर्मी ब्राह्मण विशेषकर राज-पुरोहित वर्ग में उनके अनेक विरोधी खड़े हो गये। उन पर आरोप-प्रत्यारोप लगाये गये कि ये तो चाण्डाल-शूद्रों और अन्य जनजातीय लोगों से भी हरिकीर्तन करवाते हैं जिन्हें धर्माचरण का कतई अधिकार नहीं है। इसके चलते उन्हें अनेक समस्याओं का सामना करना पड़ा। शंकरदेव किसी प्रकार का खून-खराबा नहीं चाहते थे। अतएव आत्मीयजनों को लेकर गाँमौ गाँव में बस गये।

शंकरदेव के गुरु कौन थे, यह विवादास्पद है। किन्तु यह निश्चित है कि उस काल

1. नामघर : शंकरदेव के समय से हरि-नाम लेने के लिए बनाये जानेवाले नामघर आज असम के गाँव-गाँव में हैं। इन्हें कीर्तनघर भी कहा जाता है। आज ये मात्र हरि-कीर्तन घर या नामघर ही न रह गये हैं, अपितु असमिया समाज-व्यवस्था के विशिष्ट उपादान भी बन गये हैं। यहाँ गाँव की नाना समस्या, वाद-विवाद सुलझाये जाते हैं, नीति-नियम का भी निर्धारण होता है। यहाँ समय-समय पर सांस्कृतिक आयोजन तथा उत्सव भी होते हैं।

की बड़ी-बड़ी वैष्णव प्रतिभाओं के सम्पर्क में वे आये थे। गाँमौ में उन्हें मैथिल पण्डित जगदीश मिश्र, जिन्हें कहते हैं कि स्वप्न में जगन्नाथजी ने शंकरदेव से मिलने की आज्ञा दी थी, उनसे आकर मिले और श्रीमद्भागवत की एक प्रति उन्हें भेंट कर इस पर विशद चर्चा की जो इनके भागवत-प्रचार में अनन्य प्रेरणास्रोत रही और उन्होंने भारतीय वाङ्मय में लिखे अठारह पुराणों में सर्वोपरि माने गये श्रीमद्भागवत पुराण का असमिया अनुवाद किया था। उनके बढ़ते प्रभाव को विरोधी सहन नहीं कर पाये और गाँमौ में भी उन्हें शान्ति से नहीं रहने दिया गया।

साढ़े सात वर्ष के गाँमौ-वास के बाद वे ब्रह्मपुत्र के मध्य स्थित माजुली द्वीप के धुआँहाटा बेलगुड़ी में बस गये। वहाँ उन्होंने सत्र की स्थापना की। सत्र अर्थात् जहाँ सत् लोगों को वास कर त्राण मिले। सामाजिक क्रान्ति लाने के लिए उन्होंने किसी मन्दिर या मठ के बदले सत्र-व्यवस्था की परिकल्पना कर उसे कार्यान्वित किया। उनके द्वारा स्थापित सत्र, समाज-व्यवस्था का एक अंग है जिसमें ऊँची या नीची जाति का कोई भेदभाव नहीं है। सत्रों का आदर्श देवालय, पुस्तकालय, विद्यालय और चिकित्सालय सहित चतुरालय का था। सत्र में शिष्यों के निवास स्थान के साथ-साथ धर्म-प्रचार की शिक्षा भी दी जाती थी। सत्रों के सत्राधिकार यानी महन्त ही न्यायाधीश की भाँति आपसी झगड़ों को भी सुलझाते थे। उनके शिष्यों में अधिकतर अ-ब्राह्मण ही थे जिनमें गोविन्द गारो और नरोत्तम नगा जनजाति के थे।

माजुली में ही उन्हें माधवदेव (सन् 1489-1596) जैसे सुयोग्य शिष्य की प्राप्ति हुई। माधवदेव के कार्यकलाप भी शंकरदेव की भाँति अनेक विचित्रताओं से भरे हैं। उनका जन्म उत्तर लखीमपुर के नारायणपुर गाँव में हुआ था। वे पहले कट्टर शाक्त धर्मी कायस्थ थे। एक बार उन्होंने देवी को बकरे की बलि देने की मनौती की और अपने बहनोई गयापाणि को इसकी व्यवस्था करने को कहा। गयापाणि शंकरदेव की शरण लेकर वैष्णव बन गये थे। अत: उन्होंने बलि-प्रथा का विरोध किया। इस पर दोनों में बहस छिड़ गयी। दु:खी होकर गयापाणि ने कहा—"तुम मुझसे बढ़-चढ़कर वाद-विवाद करने के बदले शंकरदेव से करो तो तुम्हारी बोलती बन्द हो जाएगी।" माधवदेव भी कई शास्त्र-पुराणों के ज्ञाता थे। आवेश में आकर वे शंकरदेव से बहस करने माजुली चल पड़े। शंकरदेव के समक्ष पहुँचकर उनकी सौम्य-मूर्ति देखकर वे अभिभूत हो गये और उन्हें प्रणाम किया। दोनों में काफी देर शास्त्रार्थ चला। गुरु को अपने भावी शिष्य की पहचान हो गयी। अन्त में शंकरदेव ने माधवदेव को श्रीमद्भागवत का यह श्लोक सुनाया—

यथा तरोर्मूल निषेचनेन तृप्यन्ति तत् स्कन्ध भुजोपशाखा।
प्राणोपहाराच्च यथेन्द्रियाणा तथैव सर्वार्हणमच्युते ज्या॥

अर्थात् जिस प्रकार वृक्ष की जड़ में पानी देने पर उसके तने से लेकर शाखाएँ तक तृप्त हो जाती हैं और प्राण को आहार देने पर सारी इन्द्रियाँ तृप्त हो जाती हैं—उसी प्रकार एकमेव श्रीकृष्ण की आराधना करने से समस्त देवी-देवता भी सन्तुष्ट हो जाते हैं। क्योंकि परब्रह्म रूपी श्रीकृष्ण ही सबके मूल हैं। इस पर माधवदेव निरुत्तर हो गये। उन्हें आत्म-प्रकाश हुआ और श्रीमन्त शंकरदेव का शिष्यत्व ग्रहण कर 'एक शरणिया कृष्ण-भक्ति' के प्रचार में लग गये। योग्य शिष्य पाकर गुरु को नया बल मिला। दोनों का वह मिलन 'मणि कांचन संयोग' था। माधवदेव अतुल काव्य-प्रतिभा के धनी होने के साथ भक्ति-साधक, संगीतज्ञ और एक कुशल संगठक भी थे। वे आजीवन गुरु द्वारा चलाये गये वैष्णव-आन्दोलन में जुटे रहे। माधवदेव एक अच्छे गायक थे। उनका पिंगल शास्त्र पर भी पूर्ण अधिकार था। उन्होंने अनेक भक्ति-मूलक ग्रन्थ—'नाम घोषा', 'नाम मालिका', 'वैष्णव कीर्तन', 'भक्ति रत्नावली' आदि के सिवाय 'अर्जुन भंजन', 'भूमि लेटोवा', 'भोजन विहार', आदि नाटकों की भी रचना की थी।

शंकरदेव का जीवन ज्यादातर निर्वासित ही रहा। उस समय असम के पश्चिमी भाग में कोच राज्य, मध्य में कछारी राज्य और पूर्वी भाग (जिसे ऊपरी असम कहा जाता है) में आहोम राज्य था। तीनों राज्य अपनी जगह शक्तिशाली और तीनों ही शाक्त-धर्मावलम्बी थे। माजुली आहोम राज्य का हिस्सा था।

आहोम राज्य के शाक्त पुरोहितों के उकसाने पर शंकरदेव को तरह-तरह से उत्पीड़ित कर परिवार तथा उनके शिष्यों सहित पकड़ लाने का राजा ने आदेश दिया। और कोई तो हाथ नहीं आया किन्तु इनके दामाद हरि और शिष्य माधवदेव आहोम सैनिकों के हाथों पड़ गये। हरि की हत्या कर दी गयी। माधवदेव कारागार के कष्ट भोगकर किसी तरह मुक्त होकर फिर शंकरदेव से जा मिले।

आहोम राज्य का परित्याग कर शंकरदेव अपने परिजनों और शिष्यों के साथ कोच राज्य के 'पाटबाउसी' (वर्तमान बरपेटा जिलान्तर्गत) में बस गये। वहाँ अपना सत्र स्थापित कर धर्म-प्रचार करने लगे। वहाँ उनके दामोदरदेव, हरिदेव, नारायणदेव जैसे अनेक प्रतिभा-सम्पन्न शिष्य बने। लोगों में फैले अन्धविश्वासों पर ग्रन्थ-लेखन, नाटक-अभिनय द्वारा प्रहार कर उन्होंने वैचारिक क्रान्ति का सूत्रपात किया। पूरा क्षेत्र 'नाम-धर्म' एवं 'कीर्तन' से गुंजायमान हो गया। उल्लेखनीय है कि शायद दामोदर उनके एकमात्र ब्राह्मण शिष्य थे और गुरु की मृत्यु के बाद माधवदेव से हुए मतभेद के कारण उन्होंने एक नया मत—'दामोदरिया सम्प्रदाय' चलाया जिसको माननेवाले आज भी असम में हैं।

श्रीमन्त शंकरदेव ने जिस कालखण्ड में जन्म लिया, उस समय समूचा पूर्वांचल जनजातीय क्षेत्र था जिसे किरात क्षेत्र भी कहा जाता था। उस काल में पूरे

भारतवर्ष में नवजागृति और भक्ति आन्दोलन फैला हुआ था। उनके समय महाराष्ट्र में भी भक्ति-आन्दोलन जोरों पर था जिसमें केवल ब्राह्मण ही नहीं स्त्रियों से लेकर दर्जी, माली, कुम्हार, सुनार, चाण्डाल तक शामिल थे। वैसे भी श्रेष्ठ गुणवाले की जात पात का नहीं, उसके कार्य का ही महत्त्व होता है—'जाति-पाँति पूछे नहिं कोई। हरि को भजे सो हरि का होई॥'

तुलसी, मीरा जैसी महान आत्माओं का आविर्भाव शंकरदेव के जीवन के उत्तरार्द्ध में हुआ था। भारतीय इतिहास के मध्यकाल में फैले भक्ति आन्दोलन में सन्तों ने वर्ण-व्यवस्था पर कठोर प्रहार किये। कम-से-कम भक्ति के क्षेत्र में 'हरि को भजे सो हरि का होई' की मान्यता ही चहुँओर व्याप्त थी। शंकरदेव ने अपनी मान्यता को इन शब्दों में घोषित किया—

किरात कछारी खासी गारो मिरी
यवन कंक गोवाल
असम मुलुक रजक तुरुक
कुवाच मलेच्छ चण्डाल
आनो यत नर कृष्ण सेवकर
संगत पवित्र हय
भकति लभिया संसार तरिया
बैकुण्ठे सुखे चलय।

अर्थात् असम मुलुक (आहोम राज्य) में रहनेवाले किरात, कछारी, खासी, गारो, मिरी (मिशिंग), यवन, कंक, गोवाल (चरवाहे), रजक (धोबी), तुर्क, कुवाच (कोच), म्लेच्छ, चण्डाल आदि जिन्हें हम नीच-दलित समझते हैं, वे भी कृष्ण-सेवक की संगति से पवित्र हो भगवद्-भक्ति प्राप्त कर इस संसार से तर कर बैकुण्ठ गमन करेंगे। आज के परिप्रेक्ष्य में इसका तात्पर्य शिक्षा और ज्ञान भी निकाल सकते हैं। आज यह वर्ग शिक्षा की ओर उन्मुख हो उच्च पदों पर आसीन है।

एक में अनेक गुणों के सामंजस्य का नाम श्रीमन्त शंकरदेव है। वे केवल सन्त ही नहीं, एक महान चिन्तक, दार्शनिक, शास्त्र मर्मज्ञ, समाज सुधारक, मानवतावादी, लेखक, अभिनेता, नाटककार, संगीतकार तथा चित्रकार भी थे। इन गुणों के साथ वे प्रखर वक्ता भी थे। जनमानस के संस्कार में परिवर्तन लाने के लिए भागवत धर्म के माध्यम से वेदान्त, सांख्य दर्शन, ब्रह्मसूत्र, गीता एवं उपनिषदों पर व्याख्यान देकर लोगों में नयी जागृति पैदा की। वे चाहते तो इन ग्रन्थों की टीका भी लिख सकते थे। उनका ध्यान जन-जागरण पर ही ज्यादा था।

महान व्यक्ति की प्रतिभा ज्यादा दिनों तक छिपी नहीं रह सकती। एक बार

कीर्तन के दौरान बैकुण्ठ-लोक की चर्चा चली तो आग्रही श्रोताओं ने इसके बारे में विस्तार से जानना चाहा। श्रीमन्त शंकरदेव ने तूलिका उठायी और एक रंगीन पट पर इसे चित्रित कर दिया। इतना ही नहीं, उन्होंने बैकुण्ठ के विभिन्न रूपों का पद्यात्मक वर्णन करते हुए संवाद-मूलक एक लघु-नाटिका भी लिख डाली। कुछ लोगों को अभिनय सिखाकर उन्होंने इसका मंचन भी किया। उस अवसर पर नौ खोल (मृदंग जैसा वाद्य) बजाकर लोगों को विस्मित कर दिया।

पूर्वोत्तर भारत रंगारंग लोक-संस्कृतियों से सम्पन्न रहा है। श्रीमन्त शंकरदेव ने अपने सत्रों में भक्तिमूलक सत्रिया नृत्य की नयी विधा का विकास किया। आज सत्रिया नृत्य भारत की संगीत नाटक अकादमी द्वारा भी स्वीकृत है।

कोच राजा नरनारायण की धार्मिक कार्यों में बहुत रुचि थी। उसकी राजसभा में विद्वानों, पण्डितों को सम्मानित स्थान प्राप्त थे। कुछ ईर्ष्यालु राजपुरोहितों ने शंकरदेव द्वारा बलि-प्रथा तथा देवी-देवताओं की पूजा के विरुद्ध प्रचारित जन-जागरण से क्षुब्ध होकर राजा से शिकायत की कि कायस्थ होकर भी वे आम लोगों को दीक्षा देकर धर्म-भ्रष्ट कर रहे हैं। इस पर नरनारायण ने विक्षुब्ध हो उन्हें पकड़ लाने का आदेश दे दिया। किन्तु राजा के छोटे भाई शुक्लध्वज उर्फ चीलाराय ने इस आदेश को निरस्त करवा उन्हें ससम्मान राजसभा में आमन्त्रित किया।

शंकरदेव ने विरोधी पण्डितों से गहन शास्त्रार्थ कर उन्हें हराया। नरनारायण ने उनकी भगवद्भक्ति और धर्म-ज्ञान से प्रभावित होकर उन्हें अपना राजकवि बना उनका राजकीय-अभिनन्दन किया। कोचबिहार में ही उनके लिए एक सत्र भी बनवा दिया जो आज प. बंगाल में मधुपुर सत्र के नाम से विख्यात है।

नरनारायण ने उनसे 'शरण' (दीक्षा) लेनी चाही किन्तु वे राजा या ब्राह्मण जैसे उच्च वर्ग को शरण नहीं देते थे। उनकी मान्यता थी कि वे अपने अहम् के चलते उनके बताये आदर्शों पर नहीं चल सकते। वे अपने जन-धर्म को राजकीय-धर्म बनाने के पक्ष में कदापि न थे। राजा के आग्रह को वे टालते रहे, पर राजा भी एक दिन अड़ गया। आखिर बात को दूसरे दिन पर टालकर वे चले तो गये किन्तु गहन विचार में खो गये। इस धर्मसंकट से उबरने के लिए उन्होंने अपने आराध्य श्रीकृष्ण को याद किया। जनश्रुति है कि उसी रात उन्हें एक दर्दनाक फोड़ा हुआ जिसने उनके 120 वर्षीय दीर्घ जीवन की इहलीला (1568 में) समाप्त कर उन्हें द्विविधा से भी मुक्ति दिला दी। एक महान आत्मा परमात्मा से जा मिली।

श्रीमन्त शंकरदेव की समस्त रचनाएँ जन-अभिमुख रही हैं। उनका कृतित्व बहुआयामी है। उनकी समस्त रचनाओं का वर्गीकरण (1) विधा, (2) भाषिक और (3) अनुवाद या रूपान्तर—इन तीन रूपों में किया जा सकता है।

(1) विधा के रूप में उनके (क) प्रबन्ध काव्य, (ख) प्रगीत काव्य, (ग) समूहगीत काव्य, (घ) तत्त्व दर्शन काव्य और (ङ) अंकीया नाटकों का समावेश है।

(क) प्रबन्ध काव्य में 'हरिश्चन्द्र उपाख्यान', 'रुक्मिणी हरण' और 'उरेषा (उड़ीसा) वर्णन' नामक तीन रचनाएँ हैं।

(ख) प्रगीत काव्यों में 'बरगीत' प्रमुख है। इनके लिए उन्होंने किरातीय बोड़ो-कछारी राग-रागिनियों को अपनाया। इसके अलावा 'अंकीया नाटकर गीत' और 'भटिमा' (भाटों-चारणों द्वारा गाये जानेवाले गीत) भी है। बरगीत 'ब्रजावली' में लिखे भक्ति-गीत हैं। 'अंकीया नाटकर गीत' ब्रजावली और कामरूपी (असमिया) में रचित वन्दनापरक गीत हैं जिनका प्रयोग उनके रचे नाटकों में हुआ है। भटिमा के अन्तर्गत उन्होंने 'देव भटिमा' नाम से दो रचनाएँ की थीं। पहली संस्कृत के 'तोटय' छन्द में और दूसरी असमिया में है। इसके अलावा नरनारायण की धार्मिक भावना से अभिभूत हो उसकी प्रशस्ति के रूप में 'राज भटिमा' भी लिखी थी।

(ग) समूहगीत काव्य विधा के अन्तर्गत 'कीर्तन-घोषा' श्रीमन्त शंकरदेव की सर्वश्रेष्ठ कृति के रूप में समादृत है जिसमें उन्होंने कीर्तन करने हेतु विभिन्न खण्डों में विभाजित कर श्रीकृष्ण लीला प्रसंगों, चतुर्विंशति अवतारों और नीति उपदेशों की पदावलियों में रचना कर सभी वर्ग के लोगों को भक्ति-मार्ग से जोड़ा।

(घ) तत्त्व-दर्शन सम्बन्धी काव्य 'भक्ति प्रदीप' की कथावस्तु गरुड़ पुराण पर आधारित है जिसमें मानव-कल्याण विषयक अंगिरा ऋषि-नारद संवाद, भागवत्-धर्म, एक शरण भक्ति, सुशील ब्राह्मण-चण्डालिन संवाद, चण्डालिन-नारद संवाद की कथाओं के माध्यम से भक्ति-तत्त्व पर विशेष बल दिया गया है।

इसके अतिरिक्त श्रीमद्भागवत के संक्षिप्त सार-रूप में एक दिन में लिखी 'गुण-माला' भी तत्त्व-दर्शन विधा के अन्तर्गत ही आती है। बात यह हुई कि ईर्ष्यालु पण्डितों ने नरनारायण की सभा में इनकी योग्यता को चुनौती दी। राजा ने पण्डितों और शंकरदेव के बीच शर्त रखी कि श्रीमद्भागवत का मूल-तत्त्व क्या है, लिखकर एक दिन में उनके सामने प्रस्तुत करें। शंकरदेव ने बड़ी निपुणता से उसे 377 लघु-छन्दों में लिखकर गुण-माला के रूप में राजसभा में प्रस्तुत किया था।

(ङ) अंकीया नाटक विधा में शंकरदेव ने (1) पत्नी प्रसाद (2) रुक्मिणी हरण (3) कालि दमन (4) केलि गोपाल (5) पारिजात हरण (6) राम विजय, इन छह अंकीया (एकांकी) नाटकों की रचना ब्रजावली में की थी।

शंकरदेव ने नाट्य-विधा में भी क्रान्तिकारिता का परिचय दिया। उन्होंने परमब्रह्म श्रीकृष्ण, श्रीराम, सीता, रुक्मिणी आदि सभी धार्मिक चरित्रों के मुँह से,

संस्कृत में बोलने की परम्परा को त्यागकर, जनभाषा में संवाद कहलवाये। यही कारण है कि ब्रजावली गद्य और असमिया ब्रजावली मिश्रित पद्यों में लिखित ये नाटक लोकमानस पर आज भी छाए हुए हैं।

रंगमंच पर नृत्य-वाद्य के साथ इनको अभिनीत किया जाता है। संस्कृत नाटकों की भाँति नान्दी पाठ और सूत्रधार को अलग-अलग न कर, उन्होंने दोनों कार्य सूत्रधार से ही करवाये। अंकीया नाटक केवल गीत और नृत्य ही नहीं हैं। इनमें कथोपकथन प्राचीन नाटकों की तरह कविता या गीत में न होकर, गद्य में हैं। इसी विशेषता के चलते असमिया अंकीया नाटक आधुनिक भारतीय भाषाओं में लिखे गये प्रथम नाटक हैं।

(2) भाषिक रूप में शंकरदेव की कृतियों में तीन भाषाओं—कामरूपी असमिया, ब्रजावली और संस्कृत का प्रयोग हुआ है।

(क) कामरूपी असमिया में लिखे गये हरिश्चन्द्र उपाख्यान, रुक्मिणी हरण प्रबन्ध काव्य, उरेषा (उड़ीसा) वर्णन, कीर्तन घोषा, रामायण का उत्तरकाण्ड अनुवाद और श्रीमद्भागवत अनुवाद हैं।

(ख) ब्रजावली में बरगीत और छह अंकीया नाटकों का समावेश है।

(ग) संस्कृत भाषा का प्रयोग देव भट्टिमा तथा अंकीया नाटकों के नान्दी और सूत्रधार-वचनों को लिखने में किया गया है। उनकी तोटय छन्द में लिखी एक देव भटिमा इस प्रकार हैं—

मधुदानव-दारण देववरम्, वर-वारिज-लोचन चक्रधरम्।
धरती-धर-धारण ध्येय परम्, परमार्थ-विधाशुभ-नाशकरम्॥
कर-चूर्णित-चेदिप भूरि भगम्, भग-भूषण-कोर्च्चित पादयुगम्।
युगनायक नागर-वेश-रुचिम्, रुचिरांशुपिधान शरीर शचिम्॥
शुचि-चामर-वायु-विसेव्य तनुम्, तनुमध्यक-देह-सुवेश हनुम्।
हनुमन्तहरिश-सहाय-रतम्, रतराङ्गपरायण शत्रु-नतम्॥
नत-वर्त्तुल-स्थूल-सुदीर्घ भुजम्, भुजगाधिपतल्प-शयानमजम्।
अजरामर-विग्रह-विश्वगुरुम्, गुरु-गोधन-कामद-कल्पतरुम्॥
तरुणी-मन-मोहन सर्वशुभम्, शुभमङ्गलदायक नील-निभम्।
इभ-कुम्भज मौक्तिक-माल्य-बहम्, बहलोरस मिष्टज सर्ब्बसहम्॥
सहजायति पद्ममलाक्षचिदम्, चिदानन्द विनोदन-वेद-विदम्।
विदुषामन-मण्डन-कम्बुगलम्, गल-कौस्तुभ-शोभित-भीमबलम्॥
बलभद्र-सहोदर सत्यवपुम्, वपु-निर्दित विश्व-सुरारि-रिपुम्।
रिपु-युथप-युथप दर्प-हरम्, हर-मौलि-निघृष्ट-पदाब्ज-परम्॥

परलोक-सहाय सहस्रमुखम्, मुखरालिकुलाकुल माल्य-सुखम्।
सुख-मोक्षद-दक्ष रमारमणम्, मनसो परिमेय सहस्रफणम्॥
प्रणतोऽस्मि नतोऽस्मि नतोऽस्मि हरिम्, हरिवैरि-हुताशन भोग्यहरिम्।
हरि-किंकर शंकर ईश पदे, पदमिच्छन् गायति चामृत्त दे॥

(3) अनुवाद या रूपान्तर के रूप में उन्होंने भागवत पुराण के कुछ स्कन्धों के अतिरिक्त रामायण के उत्तरकाण्ड का अनुवाद किया था। केवल एक काण्ड का ही भाषानुवाद करने का कारण यह था कि उनके पूर्ववर्ती रचनाकार माधव कन्दली ने जो असमिया रामायण लिखी थी उसका आदिकाण्ड और उत्तरकाण्ड खो गया था। उन्होंने आदिकाण्ड का अनुवाद अपने शिष्य माधवदेव से करवाया और दोनों काण्डों को माधव कन्दली की रामायण में जोड़ दिया गया।

शंकरदेव के इस धराधाम से जाने के बाद उन पर अनिरुद्ध, भूषण द्विज, राम राय, दैत्यारि ठाकुर जैसे अनेक विद्वानों द्वारा लिखी गयी विभिन्न *चरित पुथियों* (धर्म गुरुओं की जीवनियों) में समसामयिक घटनाओं का भी समावेश है।

बोरदोवा में महापुरुष श्रीमन्त शंकरदेव द्वारा प्रतिष्ठापित शान्तिजान, आकाशीगंगा, कीर्तनघर, मणिकूट, *शिलिखा* वृक्ष आदि आज भी यहाँ देखे जा सकते हैं। यहीं उन्होंने *ताल, खोल* आदि वाद्यों का निर्माण कर भावना नृत्य और गायन शैली का आविष्कार किया। अपने जीवन के 67 वर्ष की उम्र तक वे यहीं रहे।

सन् 1516 में कछारियों के उपद्रव से त्रसित हो श्रीमन्त शंकरदेव को यह स्थान छोड़ना पड़ा। इसके बाद यह जगह घने जंगल में परिवर्तित हो गयी। शंकरदेव के महाप्रयाण के बहुत वर्षों बाद आहोम राजा जयध्वजसिंह (1648-63) के समय इस स्थान का पुन: उद्धार हुआ और उनके अनुयायियों ने यहाँ सत्र आदि बनवाये किन्तु परवर्ती आहोम राजा गदाधरसिंह (1681-96) की कोपदृष्टि सत्रों पर पड़ी और उसके आदेश पर बोरदोवा थान भी नष्ट-भ्रष्ट कर दिया गया।

सन् 1799 में यहाँ के सत्र के अधिकार को लेकर अनुयायियों में हुई कलह के कारण यह दो भागों में बँट गया। बहुत समय तक यह अन्तर्विरोध चलता रहा। आखिर सन् 1958 में अनेक प्रचेष्टाओं के पश्चात इनमें एकता स्थापित कर एक परिचालन समिति का गठन हुआ।

हमने वह शिलिखा पेड़ देखा जिसके नीचे बैठकर शंकरदेव ने अपने भक्तों को धर्मोपदेश दिये थे और कीर्तन, घोषा, बरगीत, अंकिया नाट आदि की रचना की। वे *साँची* पेड़ भी देखे जिनकी छाल पर उन्होंने अपने ग्रन्थ लिखे। मुख्य नामघर में

सात बैकुण्ठों का प्रतीक सात सोपानों का सिंहासन है। इसके चारों कोनों पर कुल 28 सिंह बने हुए हैं, जिनके साथ कृष्ण की शिशुलीलाओं के चित्र बहुत ही निपुणता से अंकित हैं। सिंहासन के ऊपर बने लघु मन्दिर में दशम, कीर्तन, गुणमाला आदि धर्मग्रन्थ विराजमान हैं। श्रीमद्‌भागवत स्थल के सम्मुख अखण्ड दीपक प्रज्वलित है। यहाँ के कीर्तनघर में रखी हुई गरुड़ और हनुमान की काष्ठ-निर्मित विशाल मूर्तियाँ सहज ही ध्यान आकर्षित करती हैं। सत्र के पीछे स्थित जलाशय और उसके किनारे खड़े वट-वृक्ष का दृश्य अनुपम है।

इस पवित्र स्थल के दर्शन कर अपने को धन्य माना किन्तु असम के महानपुरुष श्रीमन्त शंकरदेव का जन्मस्थान का जो विकास होना चाहिए, उसका अभाव मन को सालता रहा। चैतन्य महाप्रभु की जन्मस्थली नवद्वीप की तरह इसे भी पता नहीं किन कारणों से विकसित नहीं किया जा सका? मन में जो उत्साह यहाँ आते समय था, जाते समय वह नहीं रहा। इतने महत्त्वपूर्ण स्थान का विकास करने बाहर का कोई व्यक्ति तो आने से रहा।

गुवाहाटी की बस में बैठा मैं अपनी इस बार की यात्रा के बारे में विचार करता रहा। यहाँ जिस उत्साह से आया था, वह बोरदोवा थान की दशा देखकर क्षुब्ध हो गया कि जिन महापुरुष श्रीमन्त शंकरदेव ने असमिया भाषा-साहित्य, संस्कृति को समृद्ध किया, उनके प्रति ऐसा उपेक्षा भाव क्यों? इसमें कारण कुछ भी हो, किन्तु यह ध्रुव सत्य है कि असम की जनता को ही इसके लिए आगे आना होगा। श्रीमन्त शंकरदेव भारत की सन्त-परम्परा में ज्योति-स्वरूप हैं। इन्हें जानने का अर्थ है—भारत विभूति का अभिनव दर्शन। इनको नहीं जानना असम को नहीं जानना है और असम को न जानने का अर्थ है—भारत को न जानना। अन्त में शंकरदेव को माधवदेव द्वारा अपने गुरु के लिए लिखे शब्दों में नमन कर वापस गुवाहाटी का रुख करता हूँ—

जय गुरु शंकर सर्व गुणाकार याकेरि नाहिके उपाम।
तोहारी चरणर धूलिक शतकोटि बारेक करहों प्रणाम॥

भारत के पिरामिड : मैदाम

जनवरी महीने की आधी रात। ठण्डी हवा के झकोरों से बढ़ती ठिठुरन। कोट, टोपी, मफलर, शॉल में जकड़े लोग-बाग। होजाई के खुले प्लेटफॉर्म पर गाड़ी का सबको इन्तजार। मैं सुबह ही शताब्दी एक्सप्रेस से किशोरकुमार जैन के साथ वहाँ आयोजित 'असम साहित्य सभा' के अधिवेशन में भाग लेने आया था। दिनभर की बात थी। हम मंगलचन्द सुरेका के यहाँ टिके थे। किशोर को दूसरे दिन तड़के गुवाहाटी लौटना था। पर, मुझे आहोमों के ऐतिहासिक स्थल चराइदेव और गढ़गाँव देखने शिमलगुड़ी जाना था। शिमलगुड़ी और मैं ठहरे एक दूजे से एकदम अनजान। उस छोटे-से कस्बे में टिकने का उलझाव मुझे उलझाये था।

मेरी उलझन से मंगलचन्द जी के छोटे भाई प्रदीप जी रूबरू हुए। हमारी पहचान टट्की थी, फिर भी उन्होंने अपनी ससुराल शिमलगुड़ी फोन कर मेरे वहाँ रुकने का इन्तजाम करा दिया। मारवाड़ी समाज की यह विशेषता ही कही जाएगी कि आपस में एक-दूसरे को सहयोग कर देते हैं। इस समाज की यह गुणसूत्रीयता है कि अपनी आपसी विश्वसनीयता को टूटने नहीं देते। रात को स्टेशन जाने से पहले मंगल जी के साथ भोजन कराते समय उनकी पत्नी से बतकही होते-होते पता चला कि उनका पीहर गुवाहाटी है। वे मेरी भतीजी सावित्री के साथ स्कूल में पढ़ी हैं। उसके साथ कई बार हमारे घर गयी हैं। इतनी पहचान-भर से थोड़ा अपनापा और जगा और गाड़ी में बैठाने अपना एक आदमी मेरे साथ स्टेशन भेज दिया। कामरूप एक्सप्रेस रात बारह बजे स्टेशन पर आयी।

सुबह छह के बदले गाड़ी सात बजे शिमलगुड़ी पहुँची। छोटा-सा स्टेशन। स्टेशन के पास ही प्रदीप जी के ससुर दुर्गा प्रसाद जी मस्करा का बीस-पच्चीस साल पहले बना पक्का मकान है। वहाँ मेरी प्रतीक्षा हो रही थी। स्नान आदि से निवृत्त हुआ तो उन्होंने बड़ी आत्मीयता से चाय-नाश्ता करवाया और वहाँ से बारह कि.मी. दूर चराइदेव तक मेरा जाना-आना भी अपनी गाड़ी और ड्राइवर देकर सुगम कर दिया। ड्राइवर रमाकान्त बरुवा वहीं का रहनेवाला है।

इतिहास पढ़ना और इतिहास से मिलना दो अलग बातें हैं। इस इतिहास-यात्रा की शुरुआत रमाकान्त द्वारा सहज ही हो गयी। उसने कहा—"हम जिस रास्ते

जा रहे हैं उसे *धोद आलि* कहते हैं। आहोम-राज्य में आलसी और कामचोरों को काम में लगाने के लिए इसे बनवाया गया था।'' रास्ते को असमिया में *आलि* कहते हैं, यह मैं जानता था। *धोद* का अर्थ पूछने पर उसने बताया—'आलसी-कामचोर को धोद कहते हैं।' उसने यह भी कहा—'धोद आलि 185 कि.मी. लम्बी है जो कमारगाँव से गोलाघाट, तिताबर और मरियानी होती हुई नामरूप के पास स्थित जोयपुर तक जाती है।' दरअसल ऐतिहासिक तथ्य यह है कि आहोम राजा गदाधरसिंह ने सत्रों के गोंसाइयों और भक्तों को धोद (आलसी) कहकर उन्हें अपमानित किया और सन् 1687 में जबरन उनसे इस आलि को बनवाया था।

मुख्य सड़क से किलो-डेढ़ कि.मी. अन्दर जाकर *चराइदेव* का मुख्य द्वार है। कार मिल जाने से समय के साथ कष्ट से भी बचाव हो गया। पुरातत्त्व विभाग का टिकट लेकर भीतर गये। चारों ओर पसरे सन्नाटे को बीच-बीच में पंछियों का कलरव तोड़ जाता है। इस सन्नाटे के बीच टीलों की एक अनगिनत शृंखला चारों ओर फैली है, जिनके नीचे सैकड़ों वर्षों से कितने ही मानव-शरीर चिरनिद्रा में मग्न हैं। हाँ, यह एक कब्रिस्तान ही है, लेकिन इसे यह कहना भी उचित नहीं होगा। क्योंकि यह किसी कब्रिस्तान की तरह नहीं लगता। इसे राजा-महाराजाओं, राजमहिषियों, राजकुमारों और राजकुमारियों का समाधिस्थल कहना ही ठीक है। ईसाइयों के जेरूसेलम की तरह यह आहोम जाति की पुण्य-स्थली है। इजिप्त के पिरामिडों की भाँति ही आहोम राजाओं की कई *मैदाम* यहाँ हैं। ये मैदाम नगा पहाड़ की तलहटी में और दिखौ नदी के उत्तर में हैं। यहाँ कभी आहोमों की राजधानी हुआ करती थी। आज चराइदेव शिवसागर जिले का एक महकमा मात्र है।

असम और आहोम एक-दूसरे के पूरक हैं। तेरहवीं शताब्दी में कामरूप प्रदेश की केन्द्रीय शक्ति छोटे-छोटे राज्यों में बँट जाने से दुर्बल हो गयी थी। उस समय बर्मा के श्यान प्रदेश में टाइ जाति के शासक माओलुंग का राज्य था। यह जाति कभी चीन के युन्नान प्रदेश में रहा करती थी। वहाँ से इस जाति के लोग बर्मा, स्याम, कम्बोडिया में जा-जाकर बस गये। इसी टाइ जाति के आहोम हैं।

आहोमों में प्रचलित कथानुसार ये स्वर्ग के राजा *लेंग्डेन* यानी इन्द्र की सन्तान हैं। असमिया के वरिष्ठ पत्रकार और लेखक शान्तनु कौशिक बरुवा ने अपनी पुस्तक 'असम अभिधान' के पृष्ठ 73 पर इस विषयक एक रोचक आख्यान दिया है जिसका सार-संक्षेप है—'युद्ध में कौरवों के विनाश के पश्चात् उनकी विधवाओं को अपना वंश चलाने की चिन्ता हुई। श्रीकृष्ण के पास जाकर उन्होंने अपनी चिन्ता बतायी। उनके कहने पर इन्द्र ने स्त्रीरूप धारण कर कुरुवंशी युवक दुर्मरीष के साथ परिणय किया। उन दोनों के संसर्ग से एक देवतुल्य पुत्र हुआ।'

स्वर्ग के देवता इन्द्र की सन्तान मानने के नाते आहोम अपने राजा को स्वर्गदेव

कहते हैं। क्या दुर्मरीष की सन्तान ही युन्नान प्रदेश में जाकर बसी थी? इनके पूर्वज पहले बर्मा की इरावती नदी के ऊपरी अंचल मुंबिमुंराम में आकर बसे थे। फिर इनका राज्य श्यान प्रदेश में हुआ।

माओलुग के पुत्र सुकाफा का अपने भाई से मतभेद हो गया। वह भटकता हुआ अपने विश्वस्तों के साथ असम के पाटकाई पहाड़ के सीमान्त तक आया। भाग्य के धनी सुकाफा को उस पहाड़ का पंचगोन दर्रा मिल गया। तेरह सालों तक उसने पूरी स्थिति को समझा। उस समय पूर्वोत्तर के कोने के उत्तर-पूर्वी हिस्से में चुटिया और पूर्वी-दक्षिणी भाग में कछारी राज्य थे। सही अवसर देखकर उसने सन् 1228 में नगा राज्य का अतिक्रमण किया। उस समय उसके साथ उसकी तीन रानियाँ, *बूढ़ागोहाँई* और *बरगोहाँई* का *डा-डाङरिया* (मन्त्रि-परिषद) एवं नौ हजार स्त्री-पुरुष और बच्चों का काफिला तथा सैन्य-सामग्री भी थी।

शब्द भी यात्रा करते हैं। टाइ भाषा के 'चे-राइ-डय' से बना चराइदेव और 'मे-डाम' से बना मैदाम शब्द भी आहोम कुमार सुकाफा के साथ चलकर यहाँ आये। 'चे' का अर्थ नगर, 'राइ' यानी जगमगाता और 'डय' माने पहाड़ है, अर्थात्—जगमगाता पहाड़ी नगर। इसी प्रकार मैदाम का अर्थ है—देवता तुल्य मृतक का स्थान। इस सुकाफा नाम को स्कूल में इतिहास पढ़ते समय कितनी ही बार रटा होगा और आहोम राजाओं के नाम याद करते-करते तो पसीना आ जाता था।

मनुष्य का साहस ही उसे आगे बढ़ाता है। सुकाफा अपनी बुद्धि-बल से आगे बढ़ते हुए शिमलगुड़ी तक पहुँचा। वहाँ रह रहे मराण, बराही और कछारी जनजातियों को हराकर उसने अपने अधीन किया किन्तु उनके साथ सुकाफा ने व्यवहार अच्छा बनाये रखा। *शिमलगुरि* (शिमलगुड़ी) के शिमल (सेमल) पेड़ों की जमीन पर निकली गुरि (जड़) पर बैठकर उसने अपने साथियों के साथ भावी योजनाएँ बनायीं। इस असमिया *गुरि* शब्द ने ही हिन्दी में गुड़ी का रूप धर लिया।

फिर सुकाफा ने खेती के लिए उपयोगी भूभाग और ब्रह्मपुत्र के बाढ़ से मुक्त क्षेत्र चराइदेव को सन् 1253 में अपनी राजधानी बनाया और लोहित-उपत्यका में छह सौ सालों तक शासन करनेवाले आहोम साम्राज्य की नींव पड़ी। वह अध्यवसायी और परिश्रमी था। उसने स्थानीय जनजाति के लोगों से आपसी सम्बन्धों को बढ़ाने पर ध्यान दिया और साथ ही अपने श्यान प्रदेश से अन्य परिवारों को बुलाकर यहाँ बसाया। आहोमों ने धीरे-धीरे यहाँ के राज्यों को अपने अधीन करना शुरू किया। उसने स्थानीय मराण, बराही और कछारी लोगों से वैवाहिक सम्बन्ध बनाने के लिए आहोमों को प्रोत्साहित किया। इस तरह आहोमों ने यहाँ के धर्म और संस्कृति को अपनाकर स्थानीय परिवेश में भी पूरी तरह ढाल लिया। कालान्तर में कामरूप आहोम नाम पर असम कहलाने लगा।

सुकाफा की सन् 1268 में मृत्यु होने के बाद उसका बेटा सुतेउफा (1268–1281) राजा बना। टाइ जाति की एक शाखा नरा भी इस प्रदेश में आयी जिससे सुतेउफा का झगड़ा रहने लगा। आखिर उनके साथ उसने अच्छे सम्बन्ध बनाये। आज भी नरा जाति के लोग असम में रहते हैं।

सुतेउफा के बाद क्रमशः सुखांग्फा, सुबिन्फा और सुख्रांग्फा ने सन् 1364 तक राज्य किया। फिर सुताफा (1364–1376) राजा बना। सुताफा की पड़ोसी चुटिया राजा द्वारा हत्या करा देने पर चार सालों तक आहोम सिंहासन रिक्त रहा। राज्य की डा–डाङरिया (मन्त्रि–परिषद) ने विचार–विमर्श कर उसके भाई त्याओखाम्थि को सन् 1380 में राजा बनाया। इधर वह अपने भाई की हत्या का बदला लेने के लिए चुटिया राज्य पर हमला करने गया और उधर उसकी अनुपस्थिति में बड़ी रानी ने छोटी गर्भवती रानी को मरवाने का षड्यन्त्र रचा। छोटी रानी राज्य से पलायन कर गयी। युद्ध से लौटकर त्याओखाम्थि अपनी प्रिय छोटी रानी को न पाकर और बड़ी रानी के व्यवहार से विक्षिप्त हो गया। राज्य का हित सोचकर डा–डाङरिया ने आपस में मन्त्रणा कर उसे सन् 1389 में मरवा दिया।

मेरे सामने मिट्टी के ऊँचे स्तूप जैसी मैदामें खड़ी हैं। इन्हें भारत के पिरामिड कहें तो अतिशयोक्ति नहीं होगी। बस, दोनों में इतना–सा फर्क है कि पिरामिड जहाँ त्रिभुजाकार होते हैं, वहीं मैदाम गोलाकार। कभी ये मैदामें दस–बारह कि.मी. क्षेत्र में विस्तृत थीं। ब्रिटिशों ने कितनी ही मैदाम तोड़कर उन पर चाय बागान लगवा दिये। रानी फुलेश्वरी की मैदाम पर तो 'चराइदेव चाय बागान' के निदेशक का बंगला ही खड़ा कर दिया गया। खैर, मैं और रमाकान्त बरुवा आगे बढ़ते रहे। सामने एक बड़ी मैदाम पुरातत्त्व विभाग ने खोद रखी थी जहाँ गहराई में ईंटों से बना एक घर दिखायी दिया। उसे भीतर से देखने की चाह हमें उसके द्वार तक ले गयी, पर वह खाली था। हाँ, वहाँ तक जाना बड़ा रोमांचक रहा। अपने दोनों ओर मिट्टी के सौ–सवा सौ फुट ऊँचे ढेरों को देखकर सिहरन–सी हुई कि खुदा–ना–खास्ता यदि ये भरभराकर ढह गये तो यहीं हमारी भी मैदाम न बन जाए!

आहोमों में राजाओं और उनके पारिवारिक सदस्यों की मृत्यु होने पर उन्हें मैदाम में समाधिस्थ करने की प्रथा थी। राजकीय शव को लकड़ी–बाँस से बनाये घर में रखकर उसे माटी से पाट दिया जाता था। बाद में ईंटों के घर बनाये जाने लगे। कुछ तो दो से तीन मंजिली मैदाम थीं। मैदाम के बनने तक शव को मसालों का आलेपन कर सुरक्षित रखा जाता था। राजा के शव के साथ उसके व्यवहार में आनेवाली वस्तुओं के सिवाय सोना–चाँदी के गहने, हाथी–घोड़े और दास–दासियों

को भी दफन किया जाता था। जीवित लोगों को दफनाने की प्रथा बाद में बन्द कर दी गयी। ऐसी ही बड़ी-छोटी कई मैदाम मेरे सामने हैं। उनमें से एक मैदाम के शीर्ष पर ईंटों से बने एक ढाँचे ने आकर्षित किया तो हम दोनों साहस कर ऊपर चढ़ गये। वह एक छोटा-सा कमरा मात्र है किन्तु ऊपर बहती बयार तन को और चारों तरफ बिखरी प्राकृतिक नैसर्गिकता मन को खूब सुहायी।

पहले भूत-प्रेत के भय से इन मैदामों को हाथ लगाने से लोग डरते थे। लालच के सामने भय भाग जाता है। सोना-चाँदी पाने की ललक से इन्हें सबसे पहले मुगल सिपहसालार मीरजुमला ने खुदवाकर इनमें दबी पड़ी धन-सम्पदा को लूटा। फिर बर्मी आक्रमणकारी मानों ने इन्हें लूटा। उनके बाद अँग्रेजों ने भी धन के लालच में इन्हें तहस-नहस किया।

अब हमारी कार चराइदेव से शिमलगुड़ी की ओर वापस जा रही है। रास्ते में रमाकान्त ने गाड़ी रोककर मुझे आहोम शासनकाल में 'वन पीस स्टोन' से बनाया गया एक पुल दिखाया। आगे उसने *श-धोवा* (शव धोने की) पोखरी की तरफ जाने का रास्ता बताया, जहाँ मृत देह को मैदाम में समाधिस्थ करने के पहले स्नान कराया जाता था। इस पोखर के पानी को अपवित्र मानकर पहले काम में नहीं लिया जाता था। कार शिमलगुड़ी की सीमा में आकर शिवसागर जाने के रास्ते की ओर मुड़ी। अब हम आहोम शासन के गौरवशाली इतिहास की प्रसिद्ध राजधानी रहे गढ़गाँव की ओर बढ़ रहे हैं।

इतिहास की भीत पर

गढ़गाँव पहुँचने से पहले आहोम-इतिहास की डगर पर थोड़ा चलना होगा। नहीं तो ईंट-पत्थरों से बने स्मारकों पर लिखी पाण्डुलिपि को हम कैसे पढ़ पाएँगे! ऐतिहासिक स्थलों की भाषा पढ़ने से पहले उनके पीछे छिपे इतिहास की वर्णमाला जानना भी तनिक आवश्यक है। क्या आपको भी ऐसा नहीं लगता?

त्याओखाम्थि को मन्त्रि परिषद द्वारा मरवा दिये जाने के बाद आहोम-सिंहासन फिर एक बार सन् 1389-1397 तक रिक्त रहा। अन्त में डा-डाङरिया ने त्याओखाम्थि की छोटी रानी के गर्भ से जन्मे पन्द्रह वर्षीय सुडांग्फा को खोजकर उसे राजा बनाया। उसका लालन-पालन एक बामण (ब्राह्मण) के परिवार में होने के कारण वह *बामुणी कोंवर* के नाम से प्रसिद्ध हुआ। उसने अपनी राजधानी चराइदेव से हटाकर चरगुवा नामक स्थान में बनायी। इसके साथ ही डेढ़ सौ सालों तक आहोम राज्य की राजधानी रहा यह चराइदेव अब केवल उनकी मैदामों का समाधिस्थल बनकर रह गया।

सुडांग्फा उर्फ बामुणी कोंवर के शासनकाल (1397-1407) में आहोमों ने हिन्दुओं की आचार-नीति अपनायी और हिन्दू धर्म का प्रभाव बढ़ा। उसकी मृत्यु के बाद वंशानुगत पाँच पीढ़ियों क्रमशः सुजांग्फा, सुफाक्फा, सुसेन्फा, सुहेन्फा, सुपिम्फा ने (कुल 90 वर्षों सन् 1407-97 तक) राज्य किया।

नदियों का महत्त्व सदैव रहा है। दिहिङ नदी के पास सुपिम्फा के पुत्र सुहुंगमुंग ने अपनी राजधानी बनायी तो उसका नाम ही *दिहिङिया राजा* पड़ गया। उसने हिन्दू धर्म को राजधर्म बना अपना नाम स्वर्गनारायण रखा। दिहिङिया राजा स्वर्गनारायण के शासनकाल (1497-1539) में चुटिया राज्य के सेनापति धीरनारायण ने 1513 ई. में हमला किया जिसमें उसे बुरी तरह परास्त होना पड़ा। अब भी चुटिया सेना के आक्रमण बन्द नहीं हुए तो आहोम सेना ने उस राज्य पर हमला कर राज परिवार के प्रायः लोगों को समाप्त कर अपने राज्य में मिला लिया। चुटिया राज्य की राजधानी शदिया (सदिया) में आहोम शासनकर्ता बैठा दिया गया जिसे *शदियाखोबा गोहाँई* कहा गया। बुद्धिमान, बाहुबली और सुदक्ष राजनीतिज्ञ स्वर्गनारायण ने अपने मन्त्रि-मण्डल में बरगोहाँई और बूढ़ागोहाँई के अतिरिक्त एक

और पद *बरपात्र गोहाँई* (मन्त्री) का भी बनाया। इन तीनों गोहाँई पदों पर आसीन व्यक्तियों को व्यापक अधिकार होते थे। राज्य की बाह्य, आन्तरिक, युद्ध और शान्ति आदि प्रत्येक मामले में राजा इनसे राय-मशविरा करता था। मन्त्रि-परिषद् की राय से सुहुंगमुंग ने अपने राज्य में पहली बार जनगणना करवायी।

सुहुंगमुंग उर्फ दिहिङिया राजा ने 1536 ई. में कछारी राज्य पर हमला कर उसकी राजधानी डिमापुर (दीमापुर) पर अधिकार कर लिया। कछारियों को हराने के बाद उसने नरा राजा को भी हराया और नगा विद्रोहियों का दमन किया। उसने कोच राजा विश्वसिंह से मित्रता स्थापित की। विश्वसिंह द्वारा भेजे गये उपहारों में साड़ियाँ भी थीं जिन्हें पहनना आहोम रानियों को सीखना पड़ा।

दिहिङिया राजा के शासन में मुसलमानों ने असम पर तीन बार आक्रमण किये। सन् 1527 में हुए पहले हमले में उन्हें हराकर आहोम सेना के हाथ बड़ी मात्रा में गोला-बारूद और तोपें लगीं। तोप-बारूद से आहोम पहली बार परिचित हुए। इसके बाद 1531 ई. में सेनापति तुरबक के नेतृत्व में फिर हमला हुआ। उनसे लड़ने के लिए आहोम राजकुमार सुक्लेनमुंग के नेतृत्व में नामरूप के राजा का बेटा फाचेंग्मुंग बरगोहाँई भी गया था। फाचेंग्मुंग के युद्ध में मारे जाने और आहोम सेना के हार जाने पर उसकी पत्नी मुलागाभरु बहुत आहत हुई। उसे इस बात का भी मलाल था कि युद्ध में जाते पति को वह *कवच-कापोर* (कवच-कपड़ा या कवच-वस्त्र) नहीं भेंट कर पायी थी। एक रात में सूत कात मन्त्र सिद्ध कर बुने गये वस्त्र को कवच-कापोर कहा जाता है। वीरांगना मुलागाभरु घोड़े पर सवार होकर अपनी स्त्री-सेना के साथ तुरबक से युद्ध करने गयी और अपने प्राणोत्सर्ग किये।

उस हार का बदला लेने के लिए कनसेंग बरपात्रगोहाँई ने एक नयी सेना लेकर योजनाबद्ध ढंग से तुरबक से घमासान युद्ध किया, जिसमें तुरबक और उसका साथ दे रहे हुसैन खाँ मारे गये। उस युद्ध में कनसेंग बरपात्रगोहाँई और सुक्लेनमुंग कोंवर ने दुश्मन सेना को करतोया नदी के पार तक खदेड़ा।

भूगोल भी राजनीतिक स्थितियों पर प्रभाव डालता है। रूस के बर्फीले मैदानों को पार करना जिस तरह शत्रु-सेना के लिए सदा दुरूह रहा, उसी तरह असम के भौगोलिक विषम परिवेश और यहाँ की भीषण बरसात-बाढ़ ने यहाँ आये हमलावरों के सामने विकट स्थिति खड़ी की।

इसी तरह आहोम सेना ने नोगाँव जिले के कोलियाबर में भी मुस्लिम हमलावरों को युद्ध में परास्त कर प्रचुर मात्रा में सैन्य-सामग्री प्राप्त की। अपने हाथों बन्दी हुए मुस्लिम सैनिकों को दया कर छोड़ दिया। वे असम में ही बस गये जिनके वंशज असमिया भाषा और पहनावा अपनाकर यहीं रच-बस गये हैं।

दिहिङिया राजा स्वर्गनारायण ने आहोम संवत् के बदले हिन्दू शक संवत्

लागू कराया। उसके राज्य में शंकरदेव के वैष्णव धर्म का प्रचार हुआ। उसने टाइ भाषा में लिखी जानेवाली *बुरंजी* (इतिहास) को असमिया में लिखवाने की परम्परा शुरू की। वैसे देखा जाए तो बुरंजी को शुद्ध इतिहास नहीं भी कहा जा सकता है क्योंकि इसमें विविध घटनाओं के साथ सामाजिक रीति-नीति, आचार-विचार के साथ-साथ ही जगह-जगह उपकथाओं, लोकापवादों और मानवीय अनुभूतियों का समन्वय होने के कारण एक साहित्यिक शिल्प भी है।

दिहिङिया राजा की एक कछारी द्वारा सन् 1539 में हत्या कर देने पर उसका बेटा सुक्लेनमुंग (1539-1552) सिंहासन पर बैठा। उसने ही इस गढ़गाँव को अपनी नयी राजधानी बनाया जिससे उसे *गढ़गयाँ* राजा भी कहा गया। यह पहला राजा था जिसने अपने राज्य में सिक्कों का प्रचलन शुरू किया। योगिनीतन्त्र में किये गये आहोम राज्य के वर्णन के अनुसार वे मुद्राएँ अष्टभुजी थीं जिन पर आहोम भाषा खुदी हुई थी जिन्हें बाद में देवनागरी लिपि में ढाला जाने लगा। सुक्लेनमुंग को कोच राज्य के साथ बार-बार संघर्ष करना पड़ा। उसके समय 1548 में आये प्रलयंकारी भूकम्प से भी बहुत नुकसान हुआ, नदियों ने अपनी दिशाएँ बदल दीं। उसने राज-परिवार के लिए लकड़ी के कुन्दों पर काठ-बाँस और पत्थरों से विशाल दोमंजिला *कारेंग* (राजमहल) खड़ा करवाया, जिसे *होलांगघर* या *कारेंगघर* कहा जाता था। कारेंग की लकड़ी की दीवारों और दरवाजों पर सुन्दर नक्काशी कर विभिन्न चमकीली मणियों से साज-सज्जा की गयी।

वह होलांगघर तो आज नहीं है परन्तु मैं उसकी कल्पना सहज ही कर सकता था। ऐसा ही महल मैंने मेघालय की एक पुरानी रियासत स्मित में देखा था, बल्कि उसमें बैठकर वहाँ के भूतपूर्व राजा बाला जियेदसिंह सियेम के साथ बातें की थीं और चाय-नाश्ता भी किया। बाहर से देखकर उसे महल मानने को मेरा मन ही तैयार नहीं हुआ। उसकी ढलुवा छत पुआल से छायी थी परन्तु उसमें प्रवेश करते ही उसकी भव्यता का अनुमान हुआ। लकड़ी के बने फर्श से तिकोनी छत 25-30 फुट ऊँची रही होगी। बीच में बड़े हॉल के दोनों तरफ बड़े-बड़े कमरे बने थे।

सुक्लेनमुंग के बाद उसका बेटा सुखाम्फा (1552-1603) राजा बना जो *खोरा राजा* के नाम से विख्यात हुआ। उसके समय भी वैष्णव धर्म का बहुत प्रचार हुआ। उसके राज्य पर चीलाराय ने 1562 में हमला किया, फिर दोनों में सन्धि हुई।

सुखाम्फा के बाद उसका बेटा सुसेंग्फा ने प्रतापसिंह (1603-1641) के नाम से राज्य सँभाला। उसने अपनी सेना को सुगठित करने के लिए सेनापति का नया पद *बरफुकन* और मन्त्रि-मण्डल में चौथा पद *बरबरुवा* बनाकर सुदक्ष मोमाइ तामुली को अपना पहला बरबरुवा बनाया। उसने गाँवों को फिर से संगठित करवाया। जनता की देख-रेख के लिए उसने प्रति हजार पर *हाजरिका* (अपभ्रंश होकर हिन्दी में

हजारिका), सौ पर *शइकिया* और बीस लोगों पर *बोरा* आदि पद बनाये। इसके उपरान्त अपने प्रशासन को और सुचारु ढंग से चलाने के लिए *रहियाल बरुवा, जागीयाल गोहाँई, काजलिमुखिया गोहाँई* आदि पद बनाये। अपनी नौ-सेना को भी मजबूत करने के लिए उसने *पानी फुकन, नौ-शलिया फुकन* जैसे पद बनाये। इन पदों के अलावा न्याय करने के लिए *न्याय शोधा फुकन* और राज्य की कूटनीति के लिए *कटकी* होते थे। आहोमों का ज्योतिष पर भी बहुत विश्वास था। अतः ज्योतिषियों के लिए *दलै* पद और इस सबकी सेवा करनेवाले को *पाइक* कहा जाता था। इन पदों पर रहे लोगों के वंशज आज भी इन उपाधियों को अपने उपनाम के रूप में प्रयोग करते हैं।

प्रतापसिंह में अपने परदादा दिहिङिया राजा स्वर्गनारायण जैसी राजनीतिक विलक्षणता और सूझ-बूझ थी। उसकी उम्र ज्यादा होने के कारण इतिहास में वह *बूढ़ा राजा* के नाम से भी प्रसिद्ध है। अपने राज्य पर हुए मुगल सेना के आक्रमण का उसने वीरतापूर्वक सामना किया किन्तु सन् 1639 में उसे मुगल सिपहसालार अल्लाह यार खाँ से सन्धि कर गुवाहाटी और उसका पश्चिमी भाग छोड़ना पड़ा।

प्रतापसिंह के बाद क्रमशः सुरम्फा (सन् 1641-1644) और सुत्यिन्फा (सन् 1644-1648) के बाद सुताम्ला ने जयध्वजसिंह (सन् 1648-1663) के नाम से आहोम सिंहासन सँभाला। जयध्वजसिंह ने दिल्ली में मुगल सिंहासन के लिए चल रही गृह-कलह का कूटनीतिक लाभ उठाकर मुगल सेना के अधीनस्थ गुवाहाटी, कामरूप और ग्वालपाड़ा का उद्धार कर आहोम राज्य को विस्तारित कर पूरी ब्रह्मपुत्र उपत्यका को अपने शासन के अधीन कर लिया।

औरंगजेब जब बादशाह बना तो उसने बंगाल के सूबेदार मीरजुमला को असम पर आक्रमण करने का निर्देश दिया। उसने सन् 1662 में पाण्डु, गुवाहाटी, काजोली, कोलियाबर, शिमलगढ़ आदि को जीतते हुए राजधानी गढ़गाँव पर भी अपना अधिकार कर लिया। वह अपनी सेना के साथ नौ महीने डेरा डाले गढ़गाँव में पड़ा रहा। उसी दौरान उसने चराइदेव स्थित मैदामों को खुदवाकर अथाह सम्पत्ति लूटी। यह असम पर मुसलमानों का ग्यारहवाँ आक्रमण था।

आखिर मीरजुमला से जनवरी, 1663 में हुई सन्धि के अनुसार जयध्वजसिंह ने उसे युद्ध-क्षति के रूप में तीन लाख रुपये और नब्बे हाथी देना स्वीकारा। सन्धि की सबसे लज्जाजनक शर्त के मुजब औरंगजेब के मुगलिया हरम के लिए जयध्वजसिंह को अपनी युवा पुत्री रमणी गाभरू और भतीजी तिपाम राजकन्या को दिल्ली भेजना पड़ा। इसके साथ ही गुवाहाटी और पश्चिमी असम फिर से मुगलों के अधिकार में चले गये। ब्रह्मपुत्र के उत्तर पार भरली नदी और दक्षिण पार कलंग नदी तक आहोम राज्य की सीमा निर्धारित हुई। मीरजुमला ने अपनी अधीनस्थ सीमा

में फौजदार रसीद खाँ को प्रतिनिधि के रूप में नियुक्त किया और युद्ध-खर्च सहित राजकन्याओं को साथ लेकर फरवरी में गढ़गाँव छोड़ा किन्तु वह असम की सीमा नहीं लाँघ सका और रास्ते में ही बीमार होकर मर गया। ऐसा बताते हैं कि उसकी कब्र धुबड़ी जिले के मानकाचर में है।

मीरजुमला के साथ आये इतिहासकार शिहाबुद्दीन ने गढ़गाँव स्थित होलांगघर के बारे में लिखा—'राजा का होलांगघर 120 हाथ लम्बा, 30 हाथ चौड़ा है। इस घर में 66 खम्भे हैं। प्रत्येक स्तम्भ की गोलाई चार हाथ है। घोर आश्चर्यजनक कौशल के साथ किये गये काष्ठ-शिल्प का यह एक उदाहरण है।'

स्वतन्त्रता की अतृप्त प्यास लिए ही नवम्बर, 1663 में जयध्वजसिंह ने प्राण त्याग दिये। तब उसका पुत्र सुपुंगमुंग ने चक्रध्वजसिंह (सन् 1663-1669) के नाम से आहोम-सत्ता सँभाली। स्वाधीनताप्रिय चक्रध्वज को मुगलों की अधीनता में रहना स्वीकार नहीं था। उसने सेना का पुनर्गठन कर अपनी नौ-शक्ति को सुदृढ़ किया, साथ ही सेना के लिए धन-धान्य की समुचित व्यवस्था भी की।

चक्रध्वजसिंह को मुगल जनानखाने में कैद रमणी गाभरू उर्फ रहमन बानू द्वारा भेजे गये *कटकी* (दूत) से दिल्ली की सारी सूचनाएँ मिलती रहती थीं। मुगलों से लड़ने के लिए उसने अपने मन्त्री मोमाइ तामुली बरबरुवा के समरकुशल पुत्र लाचित को अपना बरफुकन (सेनापति) बनाया। पूरी तैयारी के साथ मुगलों पर आक्रमण कर अगस्त, 1667 में असमी सेना ने गुवाहाटी में पुनः प्रवेश किया और एक बार फिर मुगलों को मानाह नदी के पार खदेड़ दिया।

उधर मराठा वीर शिवाजी के आगरा दुर्ग से पलायन करने से मुगल बादशाह औरंगजेब क्षुब्ध था, इधर असम में हुई मुगलों की हार से वह और तिलमिला गया। उसे सन्देह था कि शिवाजी के पलायन में आमेर के मिर्जा राजा जयसिंह के पुत्र रामसिंह ने सहायता की है किन्तु वह उसे प्रत्यक्ष रूप से सजा देता तो राजपूत सेना के विद्रोह का भय था। इसलिए उसने रामसिंह को असम जैसे खतरनाक मोर्चे पर भेज दिया। सेनापति राजा रामसिंह को असम के काले जादू का भय सता रहा था। इससे बचने के लिए वह रास्ते में पटना जाकर सिख गुरु तेगबहादुर से मिला और उन्हें असम चलने के लिए किसी तरह मनाया।

पटना से रामसिंह बंगाल के नवाब और औरंगजेब के मामा शाहिस्त खाँ से ढाका जाकर मिला और उसकी भी सैन्य सहायता ली। मुगलों की हार को जीत में बदलने के लिए वह धुबड़ी के रंगामाटी पर अधिकार कर 1669 ई. में गुवाहाटी के उत्तर पार अगियाठुरी पहाड़ तक आ पहुँचा। वहाँ से पास ही स्थित हाजो जा उसने हयग्रीव माधव और केदारेश्वर मन्दिर में अपनी विजय के लिए पूजा की।

हिन्दू भी बड़ी विचित्र जाति है जो एक स्वतन्त्र हिन्दू राज्य को मुगल

साम्राज्य में मिलाने के लिए एक हिन्दू राजा ही विष्णु और शंकर की पूजा-आराधना करता है। क्या उसकी पूजा को उन देवताओं ने स्वीकारा भी होगा?

लाचित बरफुकन और रामसिंह की सेना ब्रह्मपुत्र के दोनों किनारों पर खड़ी थी। ब्रह्मपुत्र के दक्षिणी तट पर इटाखुली दुर्ग पर स्वयं लाचित अपने सरदारों और सैनिकों के साथ डटे थे। ब्रह्मपुत्र में नावों का बेड़ा तैयार खड़ा था। लाचित को पता चला कि ब्रह्मपुत्र के उस पार स्थित अमीनगाँव के पास एक दुर्ग की प्राचीर कमजोर है। उसकी मरम्मत का काम उन्होंने अपने मामा के सुपुर्द कर कहा—''मामा! यह काम रात-दिन एक करके किसी भी तरह सुबह तक पूरा हो जाना चाहिए। शत्रु का क्या भरोसा, कब अचानक हमला कर दे। यह याद रखना कि दुश्मनों की सेना आपसे ज्यादा दूर नहीं है। यह अत्यन्त आवश्यक और गुरुतर कार्य है, इसीलिए आपके जिम्मे किया है।''

रात को अचानक काम देखने लाचित घोड़े पर चढ़कर आये। काम बन्द देखकर उनकी आँखों में लहू उतर आया। सोये हुए मामा को जगाकर लाचित ने पूछा—''मामा! काम कैसे बन्द है? शत्रु दहलीज पर खड़ा है और तुम काम छोड़कर चैन की नींद सो रहे हो?''

''अरे लाचित, तुम! जो काम बाकी रह गया है उसे अभी आरम्भ कराये देता हूँ। मैं बहुत थक गया था, इसलिए विश्राम करने चला आया। लगता है कि मेरे पीछे दूसरे लोग भी सो गये। तुम चिन्ता मत करो।''

''तुम जैसे लोगों की वजह से ही देश परतन्त्र होता है। मौत और दुश्मन कभी पूछकर आते हैं? तुम भी अपने आखिरी प्रयाण के लिए तैयार हो जाओ''—कहते हुए लाचित ने अपनी तलवार म्यान से निकाल ली।

''तुम मेरे पर, अपने मामा पर तलवार का वार करोगे?'' भयभीत मामा ने अविश्वास प्रकट किया।

''गद्दार! मेरे लिए देश से बढ़कर मामा नहीं।'' इतना कहकर तलवार के एक आघात से मामा का सिर धड़ से अलग कर दिया। यह दु:साहस देखकर सभी के सभी अवाक् रह गये। सैनिकों के कौतूहल को शान्त करते हुए लाचित ने आज्ञा दी—''अपना समय और नष्ट किये बिना काम को पूरा करो और जल्द-से-जल्द इस गद्दार की लाश को मेरे सामने से हटाओ।'' अब तक काम फिर शुरू हो चुका था और सूर्योदय के पहले दुर्ग की अभेद्य प्राचीर की मरम्मत पूरी हो गयी। वह दुर्ग 'मोमाइकाटा गढ़' कहलाने लगा।

लाचित ने मुगल सेना से लड़ने के लिए कूर्मनीति अपना रखी थी। संकट दिखे तो कछुवे की तरह अपने खोल में सिमट जाओ और अवसर देखकर शत्रु पर आक्रमण कर उसे नुकसान पहुँचाओ। रामसिंह और उसकी सेना इस लुकाछिपी के

खेल से तंग आने लगी।

रामसिंह एक अनुभवी सेनापति था उसे असम के विकट जंगलों, पहाड़ों और भयावह जलवायु का पूर्वानुमान था। उसे यह भाँपते देर न लगी कि लाचित जो इस वक्त छिटपुट धावे कर रहा है, वह केवल मुगल सेना को उलझाये रखने मात्र के लिए है। असमिया सेना को हराने के लिए उसे मैदानी इलाके में लाना होगा। वह लाचित को इसके लिए उकसाने को तरह-तरह के उपाय करने लगा।

एक दिन रामसिंह ने सरसों के दानों से भरा एक थैला अपने दूत के हाथ में देकर कहा—"लाचित के पास जाकर उसे बताओ कि हमारे पास थैले में जितने दाने हैं उतनी हमारी सेना है। तुम्हारे पास बारूद कम हो तो हम भेज देते हैं।"

लाचित बरफुकन ने प्रत्युत्तर में दूत के हाथ सरसों के तेल की शीशी और बालू भरा थैला देकर सन्देश भेजा—"लड़ने से हम जरा भी नहीं डरते हैं, किन्तु तुम लोगों को लड़ने की इतनी ही खुजली है तो दक्षिण में शुवा (शिवाजी) के साथ क्यों नहीं लड़े और उन्हें धोखे से क्यों कैद किया? तुम्हारी सरसों के दानों जितनी सेना को पीसकर शीशी जैसा तेल निकाल देंगे। तुम्हारी सेना सरसों के दानों जितनी है तो मेरी सेना बालू के कणों जितनी है। तुम्हें तो गोला-बारूद बहुत दूर से लाना पड़ता है, हमारे पास इसका अक्षय भण्डार है, तुम्हें चाहिए तो हम भेज देंगे। किन्तु तुमसे हम मरते दम तक लड़ेंगे।"

सन् 1669-70 दो सालों तक छिटपुट लड़ाइयाँ चलती रहीं। कभी छापामार युद्ध तो कभी सन्धिवार्ता के प्रयत्न। असमिया सेना अपने गोरिल्ला आक्रमण प्राय: रात में ही करती थी। युद्ध की इस स्थिति से विरक्त होकर रामसिंह ने एक प्रस्ताव भेजा—"दोनों ओर से इतना प्राणनाश करने के बदले असम के राजा मुझसे द्वन्द्व युद्ध करें और जिसकी विजय हो उसकी शर्तों पर सन्धि कर ली जाए।"

इस पर लाचित बरफुकन ने कहला भेजा—"तुम औरंगजेब के नौकर हो। हमारे स्वर्गदेव चक्रध्वजसिंह किसी नौकर से युद्ध नहीं करेंगे, चाहे तो स्वयं औरंगजेब आ जाए, उससे वे अवश्य युद्ध करेंगे।"

आखिर हताश होकर रामसिंह ने भेदनीति का सहारा लिया। लाचित के नाम एक पत्र लिखकर उनके सहयोगी सरदार मिरि सन्दिकै फुकन के हाथों में चालाकी से उसे पहुँचाया। पत्र में लिखा था, "लाचित बरफुकन, कल ही तो तुमने हमसे एक लाख रुपये लेकर मान्य किया था कि युद्ध नहीं करूँगा। विश्वास है कि तुम मुगल सेना से केवल युद्ध का दिखावा मात्र करते हुए अपने वचन का पालन करोगे। तुम्हारा शुभचिन्तक—राजा रामसिंह"

मिरि ने वह पत्र स्वर्गदेव चक्रध्वजसिंह के पास गढ़गाँव भेज दिया। राजा के सन्देह को अतन बूढ़ागोहाँई ने समझाकर दूर किया किन्तु राजा ने मुगल सेना से

तत्काल मैदानी युद्ध करने का फरमान भेज दिया।

लाचित शुरू से ही जानते थे कि खुले मैदान में मुगल सेना को मात देना मुश्किल है किन्तु गढ़गाँव से मिले आदेश पर उन्हें आक्रमण करना पड़ा। लड़ाई में उनके दस हजार सैनिक मारे गये। इससे लाचित शोकमग्न हो गये, उनकी आँखें छलछला आयीं। अपनी शान बचाने के लिए रामसिंह ने लाचित को फिर एक सन्देश भेजा—''मैं सब लोगों को मुँहमाँगा धन दूँगा। केवल गुवाहाटी मुझे सौंप दो। मैं सन्धि कर वापस लौट जाऊँगा।''

इसका लाचित बरफुकन ने उत्तर दिया—''हमारे स्वर्गदेव उदयगिरी (पूर्व) के राजा हैं और तुम्हारे बादशाह औरंगजेब अस्तगिरी (पश्चिम) के राजा। तुम और हम तो सेवक हैं। हम सेवकों के बीच सन्धि नहीं हो सकती।''

इस बीच चक्रध्वजसिंह की मृत्यु हो गयी और उनका भाई सुतिन्फा उदयादित्य के नाम से राजा बना। उदयादित्य में चक्रध्वज जैसी योग्यता नहीं थी। वह चापलूसों से घिरा था, प्रजा के कष्ट बढ़ गये थे। बड़े-बड़े सरदारों और मन्त्रियों के परिवार उसके द्वारा लांछित हो रहे थे। इन समाचारों को जानकर लाचित बड़े व्यथित हुए और उनका मन एक बार गढ़गाँव जाने को हुआ, किन्तु उन्होंने गुवाहाटी का मोर्चा नहीं छोड़ा। उन्होंने मन में निर्णय किया—''उनकी निष्ठा किसी व्यक्ति के प्रति नहीं, राज्य और प्रजा के प्रति है। अगर इस समय गुवाहाटी छोड़कर चला जाऊँगा तो सारे बलिदान व्यर्थ चले जाएँगे। दस हजार रणबाँकुरों का आत्म बलिदान व्यर्थ चला जाएगा जिसका अभिशाप उसके सिर पर होगा।''

ढाई-तीन साल से डेरा डाले पड़ी मुगल सेना ऊबने लगी। दिन आते रहे, रातें जाती रहीं। मूसलाधार वर्षा शुरू हो गयी। रामसिंह भी समझ गया कि जलयुद्ध किये बिना गुवाहाटी को नहीं जीता जा सकता। उसने हजारों कारीगर लगाकर सैनिकों, अश्वारोहियों, तोपें चढ़ाने के लिए छोटी-बड़ी अनेक नौकाएँ तैयार करा रखी थीं। वर्षाकाल समाप्त होते ही उसने आक्रमण करने की ठान ली।

एक दिन गुप्तचर ने आकर रामसिंह से कहा—''इस समय लाचित बरफुकन *आखोईफूटा ज्वर* (इतना अधिक ज्वर कि शरीर पर चावल रखो तो गर्मी से खोई बन जाए) से पीड़ित होकर मूर्च्छा की स्थिति में पड़ा है। उस पर आक्रमण करने का यह अच्छा अवसर है।'' यह जानकर रामसिंह ने हमला करने का आदेश दे दिया। मुगल नौकाएँ बन्दूक और तोपों की मार करते हुए शराईघाट की ओर आगे बढ़ने लगीं।

बरफुकन की बीमारी की बात सैनिकों में दावानल की तरह फैल गयी। सैनिक हताश होकर अपनी नावों में उलटे भागने लगे। यह स्थिति देखकर ब्रह्मपुत्र के उत्तर पार अश्वक्लान्त पहाड़ी पर डटी हुई असमिया सेना में भी खलबली मच

गयी। भीषण बुखार में भी लाचित बरफुकन अपने इटाखुली दुर्ग से मुगलों का आक्रमण देख रहे थे। सारी स्थिति को भाँपकर वे युद्ध में जाने को उद्धत हुए।

"आपकी तबीयत इस लायक नहीं कि आप युद्ध कर सकें।"—वैद्य ने लाचित को समझाकर रोकने का प्रयास किया।

"मैं भी आपको युद्ध में जाने की सलाह कदापि नहीं दूँगा"—राजज्योतिषी ने भी वैद्य की बात का समर्थन करते हुए आगे कहा—"मेरी गणना के अनुसार इस समय आपका युद्ध के लिए प्रस्थान करना हानिकारक हो सकता है।"

"इससे बढ़कर क्या हानि हो सकती है कि शत्रु हमारी भूमि को हड़प ले और हम मुँह देखते रह जाएँ! यहाँ बिस्तर पर मरने से तो अच्छा है कि मैं युद्ध करते हुए मरूँ।" लाचित ने दृढ़तापूर्वक आगे कहा—"मुझे युद्ध में जाने से कोई ज्योतिषीय गणना नहीं रोक सकती।"

बिस्तर से उठने की भी लाचित बरफुकन की अवस्था न थी, फिर भी उन्होंने एक सैनिक का सहारा लेकर उठते हुए अपने सहयोगियों से कहा—"तुम मेरा पलंग उठाकर नौका में रखो। इस वक्त एक-एक पल हमारे लिए भारी है, जरा-सी चूक भी हुई तो सारी सेना का विनाश निश्चित है। सामने देखो, मुगल सेना की नौकाएँ अश्वक्लान्त से आगे उमानन्द द्वीप तक पहुँच रही हैं।"

इतिहास भी वह अविस्मरणीय दृश्य देख रहा था। एक ओर ब्रह्मपुत्र में पूर्व की ओर बढ़ती मुगलों की सैकड़ों नौकाएँ, दूर भागती असमिया सेना की नावें और दूसरी ओर जलधारा के साथ बहती हुई एकमात्र नौका पर क्रोध से उन्मत्त अपना खड्ग हाथ में लिये खड़े वीर लाचित बरफुकन। ऐसे साहसी क्षण ही इतिहास में अमर होते हैं, इतिहास की धारा पलटते हैं। दुश्मनों पर अपनी रुग्णावस्था के उपरान्त भी अकेले टूट पड़े अपने सेनापति को देखकर आहोम सेना में तीव्र आवेश पैदा हुआ। नौकाओं के मुँह फेर दिये गये। नाव से नाव भिड़ गयी। घमासान युद्ध छिड़ गया।

लाचित ने अपने सैनिकों को ललकारा—"वीरो! मुगलों को इस बार ऐसा सबक सिखाओ कि फिर कभी भविष्य में असम की ओर रुख करने का ये साहस न कर सकें। यह आखिरी और निर्णायक युद्ध होना चाहिए। इस अवसर को चूक गये तो असम की बुरंजी तुम्हें कभी क्षमा नहीं करेगी।"

इस वाणी ने असमिया वीरों में नयी स्फूर्ति भर दी और वे दुगुने जोश से जी-जान की बाजी लगाकर लड़ने लगे। असमिया नौवाहिनी के गोताखोरों ने ब्रह्मपुत्र की ऊपर से शान्त दिखनेवाली, किन्तु भीतर से अति प्रवहमान धारा में गोते लगाकर मुगलों की अनेक नावों में छिद्र कर-कर उन्हें डुबो दिया।

इस प्रबल प्रत्याक्रमण से मुगल सेना के पैर उखड़ने लगे। अपने सिपहसालार

रहीम खाँ को असमिया सेना द्वारा मारा गया देखकर वे और हताश हो गये। स्वयं रामसिंह भी उस प्रत्याक्रमण के सामने नहीं टिक पाया। वह समझ गया कि असमिया सेना के साथ जलयुद्ध में और जूझना आत्मघात के समान होगा। आखिर उसके सामने शराईघाट छोड़कर पीछे हटने के सिवाय कोई चारा नहीं बचा।

लाचित की सेना ने भागती मुगल सेना की नौकाओं और शस्त्रों को लूटने की लाचित से अनुमति माँगी, परन्तु लाचित ने कहा—''इन भगोड़ों को लूटकर मैं स्वर्गदेव और अपने मन्त्रियों की प्रतिष्ठा पर बट्टा नहीं लगाना चाहता। जाओ, शत्रु को असम की सीमा के बाहर मानाह नदी के पार तक खदेड़कर आओ।''

मुगल सेना की शोचनीय पराजय हुई, फिर भी वहाँ से लौटते हुए रामसिंह ने लाचित बरफुकन की भूरि-भूरि प्रशंसा की। लाचित ने युद्ध तो जीत लिया पर अपनी बीमारी को मात नहीं दे सके। आखिर सन् 1672 में उनका देहान्त हो गया। इस वीर की इण्डियन हिस्ट्री लिखनेवालों ने भले उपेक्षा की हो, पर असम के इतिहास और लोकगीतों में यह चरित्र मराठा वीर शिवाजी की तरह अमर है।

उधर रामसिंह के मन में शर्म घर कर गयी कि किस मुँह से दिल्ली जाऊँगा? वह असम-विजय की आकांक्षा का सपना सँजोये रंगामाटी में पाँच वर्षों तक डेरा डाले डटा रहा। आखिर फरवरी, 1676 में हताश होकर औरंगजेब ने उसे वापस बुला लिया। उस समय मानाह नदी तक निर्धारित आहोम सीमा ही अँग्रेज़ों के आगमन तक बनी रही।

चक्रध्वजसिंह के भाई उदयादित्य की उसके राज कर्मचारी देवेरा हजारिका ने षड्यन्त्र कर हत्या कर दी और उसके भाई सुक्लंग्फा को रामध्वजसिंह (सन् 1673-1675) के नाम से राजा बना दिया गया। अब आहोम राज्य के बुरे दिन शुरू हो गये थे। रामध्वज की मृत्यु के बाद शासन-व्यवस्था और छिन्न-भिन्न हो गयी। किसी तरह अतन बूढ़ागोहाँई की देखरेख में शासन चार सालों तक चला।

उसी कालखण्ड में स्वार्थी लालुकसोला नया बरफुकन बना। उसने चामुगुरिया गोत्र के चौदह वर्षीय बालक सुलिक्फा को रत्नध्वजसिंह (सन् 1679-1681) के नाम से राजा बनाकर अपनी पाँच साल की बेटी का उससे विवाह करा दिया और शासन की बागडोर अपने हाथ में ले ली। लालुकसोला मुगलों की सहायता से स्वयं असम का शासक बनने का सपना सँजोये था। इसलिए उसने 1679 में ही मुगल सिपहसालार मंसूर खाँ के हाथों बिना युद्ध के गुवाहाटी सौंप दी। सुलिक्फा इतिहास में *लोरा राजा* (बालक राजा) के नाम से प्रसिद्ध है। लालुकसोला ने रानी के तथाकथित आदेश पर बूढ़ागोहाँई तथा राज्य अधिकारियों की हत्या करवा दी।

आहोमों में रिवाज था कि आहोम वंश के दिहिङ्गिया, पर्वतिया, तिपमिया,

तुंग्खुङिया, चामगुरिया, नामरूपिया और चारिङिया गोत्रीय परिवार के पुरुष को ही राजा बनाया जा सकता है। दूसरा नियम यह था कि किसी भी अंग-भंग राजवंशी को राजा नहीं बनाया जा सकता। इसका फायदा उठाकर लालुकसोला ने उपरोक्त गोत्रों के आहोमों की आँखें निकलवा लीं, उनके नाक-कान कटा दिये और कितनों ही की हत्या करवा दी। जनता पर भी उसने नाना अत्याचार किये। तुंखुङिया गोत्र के सुतान्फा उर्फ गदापाणि किसी तरह उससे अपनी जान बचाकर नगा पहाड़ के जंगलों में जा छिपा। इस पर लालुकसोला ने उसकी पत्नी जयमती को पकड़ लिया और उसके पति का पता जानने के लिए उस पर असहनीय अत्याचार किये। पतिपरायणा सती जयमती ने 27 मार्च, 1680 को अपने प्राण दे दिये किन्तु पति का पता नहीं बताया। अन्त में सन् 1680 में दुराचारी लालुकसोला की हत्या हुई तब जाकर जनता को उसके अत्याचारों से मुक्ति मिली।

अब सुतात्फा उर्फ गदापाणि ने गदाधरसिंह (सन् 1681-96) के नाम से शासन सँभाला। उसने सन् 1681 में मुगलों से युद्ध कर गुवाहाटी का उद्धार किया। इतिहास में इटाखुली युद्ध के नाम से प्रसिद्ध वह युद्ध मुगलों के साथ अन्तिम था। उसने प्रजाहित के अनेक कार्य किये। वह शाक्तधर्मी था। सभासदों के भड़काने पर उसने वैष्णवों और उनके सत्रों पर अनेक अत्याचार किये।

गदाधरसिंह के बाद उसका पुत्र सुथ्रांग्फा रुद्रसिंह (सन् 1696-1714) नाम से राजा बना। उसने अपनी नयी राजधानी रंगपुर बसायी और अपनी माँ जयमती के नाम पर जयसागर तथा तीन मन्दिर बनवाये। वह रंगपुर आज शिवसागर शहर का एक भाग है। उसने बिहू-संस्कृति को राजकीय मर्यादा दी। उसके दरबारी कवि कविराज चक्रवर्ती ने संस्कृत में रचित 'गीत गोविन्द' का असमिया अनुवाद किया और पद्यबद्ध 'शकुन्तला काव्य' की रचना की। उसके शासनकाल में उत्तर भारत के तीर्थ-भ्रमण पर जानेवाले यात्रियों को मुगलों द्वारा नाना प्रकार से परेशान किया जाता था। उसने मुगलों को हराकर हिन्दुस्तान को विजय करने की प्रेरणा से तीन लाख साठ हजार सैनिकों की विशाल सेना तैयार की। उस सेना में कछार-जयन्तिया राज्यों की मित्र सेना के चालीस हजार सिपाही भी सम्मिलित थे। वह उत्तर गुवाहाटी से अपनी विशाल वाहिनी लेकर बंगाल के सूबेदार पर आक्रमण करने के लिए आगे बढ़ा किन्तु दुर्भाग्यवश रास्ते में उसकी मृत्यु हो गयी। रुद्रसिंह ज्यादा दिनों तक जीवित नहीं रह सका। असम के इतिहास में रुद्रसिंह को उसके अवदानों के चलते एक श्रेष्ठ राजा माना गया है। अगर रुद्रसिंह अपने अभियान में सफल हो जाता तो भारत का इतिहास सम्भवत: नया मोड़ लेता किन्तु उसका स्वप्न अधूरा ही रह गया।

रुद्रसिंह को डॅ. सुनीति कुमार चटर्जी 'पूर्व भारत का शिवाजी' मानते हुए लिखते हैं—"ईश्वर की कृपा से अगर दक्षिण के शिवाजी और रुद्रसिंह में सहयोग

का सम्बन्ध बन पाता तो आज भारत का इतिहास कुछ और ही होता। केवल असम ही नहीं, पूरे भारतवर्ष को आहोम राजा सुश्रांग्फा रुद्रसिंह पर गर्व करना चाहिए।''

रुद्रसिंह को अपनी चार रानियों से पाँच पुत्र थे। पहली रानी से शिवसिंह और प्रमत्तसिंह, बाकी तीन से मोहनमाला कोंवर, राजेश्वरसिंह और लक्ष्मीसिंह। पिता की मृत्यु के बाद शिवसिंह (1714-1744) सिंहासन पर बैठा। शिवसिंह धर्मभीरु था। एक ज्योतिषी के यह कहने पर कि उसे 'छत्र-भंग' योग है, वह डर गया। उस काल्पनिक विपदा से बचने को उसने अपनी रानी फुलेश्वरी को राजा के समान अधिकार देकर *बरराजा* (बड़ा राजा) बना शासन उसके हाथों सौंप दिया। आहोम सिंहासन पर बैठनेवाली वह प्रथम महिला थी। फुलेश्वरी का वास्तविक नाम फूलमती था जो देरगाँव के नेघेरीटिंग के शंकर मन्दिर में नृत्यांगना थी।

फुलेश्वरी अत्यन्त विद्योत्साही महिला थी। उसने अपने राज्य में अनेक गुरुशाला और विद्यालय बनवाकर शिक्षा को प्रोत्साहन दिया किन्तु उसके कट्टर शाक्तधर्मी दुर्व्यवहार के कारण उसके शासनकाल में मावोमरिया वैष्णव महन्तों का विद्रोह हुआ और इसके साथ ही आहोम राज्य का पतन शुरू हो गया।

फुलेश्वरी की सन् 1731 में मृत्यु हो जाने पर शिवसिंह ने उसकी बहन देवपादिका से विवाह कर उसे बरराजा बना दिया। उसने अपना नाम अम्बिका रखा। अम्बिका ने शिवसागर जलाशय और तीन दौल (मन्दिर) बनवाये। अम्बिका भी अन्ततः 1738 में चल बसी। अब शिवसिंह ने सर्वेश्वरी से तीसरा विवाह कर उसे राजसत्ता सौंप दी। शिवसिंह के समय स्थापत्य निर्माण के साथ हुए कतिपय साहित्यिक कार्यों में सुकुमार बरकोथ द्वारा हाथियों पर 'हस्ति विद्यार्णव' ग्रन्थ तथा अन्य अनेक ग्रन्थों की रचना के साथ कई संस्कृत-ग्रन्थों का असमिया अनुवाद हुआ और उसके शासनकाल के सामाजिक-सांस्कृतिक इतिहास को भी लिखा गया।

शिवसिंह की मृत्यु के बाद उसके भाई और रुद्रसिंह के द्वितीय पुत्र प्रमत्तसिंह (सन् 1744-1751) को राजा बनाया गया। उसने गढ़गाँव का सिंहद्वार और शुक्रेश्वर तथा रुद्रेश्वर मन्दिरों के अलावा पक्का रंगघर भी बनवाया।

अब हम आहोम वंश के आखिरी पड़ाव पर आ पहुँचे हैं। इसका करीब अस्सी वर्ष का इतिहास ही और शेष रह गया है। प्रमत्तसिंह के बाद चूँकि रुद्रसिंह का तीसरा बेटा मोहनमाला कोंवर बसन्त रोग से पीड़ित था, उसके चौथे पुत्र राजेश्वरसिंह (सन् 1751-1769) को राजा बनाया गया। उसके समय मिरी और डफला जातियों द्वारा मैदानी लोगों पर किये जा रहे जुल्मों को उसने बन्द करवाया। उसी समय बर्मियों ने मणिपुर पर आक्रमण किया। मणिपुर के राजा जयसिंह के अनुरोध पर राजेश्वरसिंह

ने हरनाथ फुकन के नेतृत्व में अपनी सेना भेजी। कृतज्ञतास्वरूप जयसिंह ने अपनी पुत्री कुरंगनयनी का विवाह उससे किया। उसके शासन में ही गढ़गाँव का कारेंग महल, रंगपुर में तलातल घर, गुवाहाटी में वशिष्ठ, हरगौरी, नवग्रह, मणिकर्णेश्वर आदि मन्दिरों के निर्माण हुए। राजेश्वरसिंह के शासन में उसके कीर्तिचन्द्र गेन्देला बरबरुवा का प्रभाव बढ़ा, जिसके साथ उसके अत्याचार भी बढ़े। उसने राजाज्ञाओं का उल्लंघन किया और राज्य में अराजकता फैलने लगी। यहीं से आहोम राज्य के पतन की कहानी शुरू हो गयी।

राजेश्वरसिंह की मृत्यु के उपरान्त काफी मतमतान्तर के बाद रुद्रसिंह के बीमार बेटे लक्ष्मीसिंह (सन् 1769–1780) को राजा बनाया गया परन्तु शासनभार कीर्तिचन्द्र गेन्देला बरबरुवा के हाथ में ही रहा। कीर्तिचन्द्र के अत्याचारों के कारण ठण्डा पड़ा हुआ मावोमरिया विद्रोह फिर 1769 में भड़क उठा। मावोमरियों ने लक्ष्मीसिंह को बन्दी बनाया और कीर्तिचन्द्र की हत्या कर अपने व्यक्ति रमाकान्त को राजा बना दिया। एक साल के बाद उन्होंने फिर से लक्ष्मीसिंह को राजा बना दिया। उसने गद्दी सँभालते ही मावोमरियों पर बदले की भावना से जुल्म शुरू किये। उसके बेटे गौरीनाथसिंह (सन् 1780–1795) ने भी राजा बनते ही राजा बनने के योग्य सभी आहोम गोत्रियों के अंग–भंग कराने शुरू करा दिये। इससे राज्य उत्तरोत्तर कमजोर पड़ता गया। सन् 1785 में मावोमरिया लोगों ने गढ़गाँव पर फिर से अधिकार कर लिया और गौरीनाथ जान बचाकर गुवाहाटी भाग गया।

अयोग्य, अत्याचारी, अकर्मण्य, कायर और अदूरदर्शी गौरीनाथसिंह ने मावोमरिया विद्रोह का दमन करने के लिए ईस्ट इण्डिया कम्पनी के लॉर्ड कार्नवालिस की मनुहार कर कैप्टन वैल्स के नेतृत्व में अँग्रेजी सेना को सन् 1792 में असम बुलाया। वैल्स विद्रोह का दमन कर वापस लौट गया परन्तु यहाँ की राजनीतिक स्थितियों का भेद भी ले गया। 1794 में कैप्टन वैल्स के बंगाल लौटने के बाद मावोमरियों ने फिर जगह–जगह आक्रमण किये जिनसे तंग आकर गौरीनाथसिंह अपनी राजधनी रंगपुर से स्थानान्तरित कर जोरहाट ले गया।

गौरीनाथसिंह की मृत्यु के बाद पूर्णानन्द बूढ़ागोहाँई ने गदाधरसिंह के वंशधर किनाराम को कमलेश्वरसिंह (सन् 1795–1810) के नाम से राजा बनाया। उसके शासनकाल में कामरूप में 'दुन्दुवा विद्रोह' हुआ और कामरूप की स्वाधीनता की घोषणा कर दी गयी। पूर्णानन्द ने गुवाहाटी आकर उस विद्रोह का दमन किया। उसी समय ब्रह्मपुत्र के उत्तर पार के डफलाओं, सदिया के चिफौं और खामती लोगों द्वारा किये गये विद्रोहों का भी उसने दमन किया।

उल्लेखनीय है कि कमलेश्वरसिंह के दिनों में हुए श्रीकान्त सूर्यविप्र ने तुलसीदास कृत 'रामचरित मानस' का असमिया अनुवाद किया था। अब इसके

केवल दो—लंका काण्ड और उत्तर काण्ड ही उपलब्ध हैं। रामचरित सभी भारतीय भाषाओं की किसी भी रचना से असमिया में अनूदित की जानेवाली प्रथम कृति है। इसी के शासन में सूर्य खाटी दैवज्ञ द्वारा घोड़ों पर 'अश्व मंजरी' पशु चिकित्सकीय ग्रन्थ लिखा गया। इसके अलावा भी आहोम युग में नृत्यकला पर शंकर कवि ने 'श्रीहस्त मुक्तावली', ज्योतिष पर कविराज चक्रवर्ती ने 'भासवती' और अंकगणित पर पद्यबद्ध रचना 'किताबोत मंजरी' लिखे थे।

कमलेश्वरसिंह के बाद चन्द्रकान्तसिंह (सन् 1811–1818) के शासनकाल में गुवाहाटी के बरफुकन बदनचन्द्र ने षड्यन्त्र कर बर्मा (म्यांमार) के आठ हजार मानों (बर्मियों) को लेकर सन् 1816 में असम पर आक्रमण किया, जिसमें पूर्णानन्द बूढ़ागोहाँई की हत्या कर दी गयी। मान लूट-खसोट कर लौट गये। अब बदन बरफुकन के अत्याचार और बढ़े। आखिर रूपसिंह नामक एक सिपाही द्वारा बदन की हत्या कर दी गयी।

बर्मा के पहले आक्रमण में लूट-खसोटकर मानों के लौट जाने के बाद पूर्णानन्द के बेटे रुचिनाथ बरगोहाँई ने राजधानी जोरहाट को अपने दखल में कर चन्द्रकान्तसिंह को पदच्युत किया और आहोमवंशी ब्रजनाथ के पुत्र पुरन्दरसिंह को आहोम राजा बनाया। इन बातों का पता लगने पर बर्मियों ने सन् 1819 में असम पर दूसरा आक्रमण कर दिया और जोरहाट को अपनी दखल में लेकर चन्द्रकान्तसिंह को फिर से अपने अधीनस्थ राजा बना दिया। स्वार्थलोलुप चन्द्रकान्त ने बर्मियों से सम्बन्धों को दृढ़ करने के लिए अपनी पुत्री उपमा का विवाह बर्मा के राजा के साथ कर दिया और उसे फिर से आक्रमण करने के लिए उकसाया।

बर्मी सेनापति अलमिंगि मिहा के असम से 1820 में लौट जाने पर चन्द्रकान्तसिंह ने मानों की अधीनता से अपने को मुक्त करने के प्रयास किये। यह जानकर सन् 1821 के मार्च में मानों ने तीसरा आक्रमण कर दिया। सन् 1819 से 1824 तक मानों ने असम के लोगों की नृशंस हत्याएँ कीं और गाँव के गाँव को ध्वस्त कर लूट-मार की। मानों ने बूढ़े-बच्चे, बूढ़ी औरतों को मारने में भी शर्म नहीं की। युवतियों के साथ बलात्कार किये। अब बर्मी सेना ने अँग्रेजों के अधीनस्थ क्षेत्रों में भी अतिक्रमण कर सिलहट तथा चटगाँव पर अधिकार करने के बाद कछार और मणिपुर को भी अपने अधीन कर लिया। अँग्रेजों ने जनवरी 1824 में बराक घाटी से अपना पहला सैनिक अभियान शुरू किया। बर्मी सेना से आहोम शासन नहीं निपट पा रहा था। उनके दु:शासन से त्रसित होकर पुरन्दरसिंह और रुचिनाथ बूढ़ागोहाँई ने उनका दमन करने के लिए अँग्रेजों को अपनी राज्य-सीमा में बुलाया। आखिर 5 मार्च 1824 को आंग्ल-बर्मा युद्ध अँग्रेजों ने जीत लिया। हमलावर बर्मी सेना को तो खदेड़ दिया गया परन्तु स्वयं अँग्रेजों ने बर्मा के यांडबू में बर्मियों से 24 फरवरी

1826 को सन्धि की और उसकी शर्त की आड़ में असम के बड़े भूभाग पर अपना अधिकार जमा लिया। इस तरह आहोमों के छह सौ वर्षीय साम्राज्य का उसके अन्तिम राजाओं की अकर्मण्यता के कारण पटाक्षेप हो गया।

इस सन्धि के पश्चात् ईस्ट इण्डिया कम्पनी ने मणिपुर को अपनी देखरेख में गम्भीरसिंह को दिया और जयन्तिया राजा को भी बराक नदी के उत्तरी किनारे के मैदानी और पहाड़ी भाग पर और गोविन्दचन्द्र नारायण को कछार के राजा के रूप में 5 मार्च 1824 को बदरपुर में हुई 'बदरपुर सन्धि' की शर्तों के अनुसार शासन करने की मान्यता दे दी। किन्तु ऊपरी असम के सदिया, मटक और खामति राज्यों को अपने शासन के अधीन रखा।

अँग्रेजों ने आहोम साम्राज्य और ब्रह्मपुत्र घाटी को दो प्रशासनिक इकाई में बाँट दिया—ऊपरी असम और निचला असम। शिवसागर स्थित रंगपुर ऊपरी असम और गुवाहाटी निचले असम की राजधानियाँ बनीं।

आहोम राजा रुद्रसिंह में जितनी योग्यता, वीरता, दूरदर्शिता और हिम्मत थी वैसी उसके चारों बेटों शिवसिंह, प्रमत्तसिंह, राजेश्वरसिंह, और लक्ष्मीसिंह में उत्तरोत्तर कम होती गयी। सन् 1714 से 1780 तक के 66 वर्षों के कालखण्ड में शिवसिंह की धर्मभीरुता और अन्धविश्वास के चलते उसकी रानी फूलेश्वरी ने मावोमरिया महन्तों को अपमानित कर जो पलीता लगाया, वह सुलगते-सुलगते लक्ष्मीसिंह के राजा बनने तक उसका विस्फोट हो गया। यह भी सही है कि पहले तीन राजाओं के समय बहुत से निर्माण-कार्य हुए किन्तु शासन-व्यवस्था को सुचारु रूप से चलाना भी आवश्यक था। कमजोर राजा की वजह से उसके डा-डाङरिया (मन्त्रि-परिषद) भी आखिर कब तक आहोम राज्य को सँभाल पाते?

आहोमों ने अपने शासनकाल में अनेक दौल-देवालय, राजमहल, तालाब, रास्ते और अनेक *साँको* (शिला-सेतु) बनवाये थे जिनमें नामडांग साँको के अतिरिक्त दरिकार साँको और दिजेइ का साँको अच्छी स्थिति में हैं। किन्तु डिमौ, रहदेइ, नाफुकर आदि के साँको ध्वंसावस्था में पहुँच गये हैं।

वैसे देखा जाए तो असम में आज जो कुछ भी स्थापत्य के नाम पर देखने में आता है, वह अधिकतर आहोम युगीन ही है। क्योंकि आहोमों के पहले किये गये अधिकतर निर्माण विभिन्न कारणों से ध्वंसावशेषों में बदल चुके हैं।

आहोमों की दिल्ली : शिवसागर

इतिहास-यात्रा पूरी करते-करते हम आहोम शासन के गौरवशाली इतिहास की प्रसिद्ध राजधानी रहे गढ़गाँव पहुँच गये। गढ़गाँव चारों ओर से पानी की खाई से घिरा है जिसमें आज भी जल लबालब है। मुख्य द्वार से प्रवेश करने पर सामने कारेंगघर पर नजर जाती है। इसके परिसर के बाहर पिकनिक मनाने आये स्कूली बच्चों का भोज चल रहा था। मेरे सामने खड़ा कारेंगघर मानो असम के ऐतिहासिक स्वर्णिम दिनों की कहानी कह रहा है।

लकड़ी के बने पुराने होलांगघर की जगह ईंट-पत्थरों से बने इस कारेंग को आहोम राजा राजेश्वरसिंह ने 1762 में बनवाया था। यह कारेंग मूलत: सात मंजिला है, जिसकी केवल चार मंजिलें ही आज दिखायी देती हैं। इसके भूगर्भ में बनाई गयी तीन मंजिलों को नहीं देखा जा सकता। इस महल के नीचे दिखौ नदी तक जाने की सुरंग बनी हुई थी, जिसे अँग्रेजों ने बन्द करवा दिया। भारतीय पुरातत्त्व विभाग ने इस महल की मरम्मत करवाई, पर पता नहीं अभी तक इसकी बन्द पड़ी सुरंग को खोलकर क्यों नहीं देखा गया? गढ़गाँव के अतीत की कीर्तिगाथा आज भी इसकी दीवारें, खम्भे और कमरे कह रहे हैं। हम इसकी भूलभुलैयादार गलियों में बनी सीढ़ियों से चौथी मंजिल तक पहुँचे।

इसी गढ़गाँव से आहोम राजा अपने राज्य का शासन करते थे। आज इस कारेंगघर को छोड़कर भग्नावशेषों के सिवाय कुछ नहीं बचा है। कभी इसके चारों ओर तीन वर्गाकार गढ़ हुआ करते थे। उन गढ़ों में लोहे के बर दुवार (द्वार), नगर दुवार, पानी दुवार, लिगिरी दुवार, नव दुवार और चाओडाङ दुवार बने हुए थे।

गढ़गाँव से अब शिवसागर जाना है। इससे पहले शिमलगुड़ी जाकर दुर्गा प्रसाद जी मस्करा को उनके आत्मीयतापूर्ण सहयोग के लिए धन्यवाद दिया। वहाँ से अठारह कि.मी. दूर शिवसागर जाने की बस पकड़ी। शिवसागर मेरे लिए नया नहीं था। बस को शहर में प्रवेश करते ज्यादा देर नहीं लगी। चौड़ी सड़कों के दोनों ओर बने लकड़ी और टीन के घरों में अब आधुनिक पक्के मकानों का भी शुमार है। सभी वस्तुओं से बाजार पटे हैं। रास्तों पर रिक्शा, ऑटो, ट्रक-कारों का भीड़-भड़क्का है। वहाँ मेरे साले की बेटी पायल की ससुराल है जिससे मिलना आवश्यक था। वहाँ

मिलने गया तो उसकी ससुरालवालों ने आग्रह कर मुझे अपने यहाँ ही रोक लिया। अभी तक दोपहर ही हुई थी। सोचा वहाँ के कुछ दर्शनीय स्थलों को तो देखा ही जा सकता है। पायल के पितिया ससुर विनोद कुमार जी बुकरेडिया को अपना मन्तव्य बताकर किसी टैक्सी या ऑटो की व्यवस्था करवा देने को कहा। इसके लिए उन्होंने अपना एक बिहारी कर्मचारी मेरे साथ कर दिया।

जयसागर जलाशय के किनारे बने मन्दिरों के सामने जाकर ऑटो खड़ा हुआ। मैं मन्दिर परिसर में प्रवेश करने से पहले घनश्याम दौल देखना चाहता था, जिसका वहाँ कोई अता-पता नहीं मिला। पुरातत्त्व विभाग के कर्मचारी से बहुत माथापच्ची करने पर उसने उपेक्षित भाव से बस इतना बताया—''जयसागर के पीछे कुछ बना हुआ तो है किन्तु वहाँ कोई नहीं जाता। वहाँ तक जाने के सीधे रास्ते पर केन्द्रीय रिजर्व पुलिस का कैम्प है। इसलिए वहाँ तक जयसागर का लम्बा चक्कर लगाकर जाना पड़ेगा।'' मुझे कोफ्त हुई कि पुरातत्त्व या पर्यटन किसी भी विभाग ने वहाँ कोई सूचना पट भी नहीं लगा रखा है।

ऑटोवाला वहाँ जाने में नाज-नखरे करने लगा क्योंकि उसे जयसागर तालाब का करीब डेढ़-दो कि.मी. चक्कर लगाकर जाना पड़ता। आखिर किसी तरह समझा-बुझाकर जाने के लिए उसे राजी किया। जय दौल के पास से हमारा ऑटो आगे बढ़ा। दौल की प्राचीरों पर देवी-देवताओं की प्रतिमाएँ स्पष्ट दिख रही हैं। इस दौल को रुद्रसिंह ने बनवाया। वह कला-प्रेमी राजा था। उसने वैष्णव मत को स्वीकारा और आउनीआटी सत्र का शिष्य बना।

हमारा ऑटो जयसागर तालाब के किनारे बनी टूटी-फूटी सड़क से गन्तव्य की ओर जा रहा है। इस तालाब को रुद्रसिंह ने अपनी माँ जयमती के असीम त्याग की स्मृति को चिरस्थायी बनाये रखने के लिए सन् 1697 में सिर्फ 45 दिनों में खुदवाया था। आहोम युग में बनवाये गये तालाबों में यह सबसे बड़ा है। रुद्रसिंह की माँ सती जयमती को लोरा राजा के शासनकाल में जिस 'जेरेंगा' मैदान में असीम यातनाएँ देकर मारा गया था, वहीं यह तालाब स्थित है और इसके किनारे पर जय दौल, शिव दौल तथा देवी दौल बने हुए हैं। असमिया में मन्दिर को दौल भी कहते हैं। जय दौल को केशवराय विष्णु दौल भी कहा जाता है जो जयमती की स्मृति में बना होने के कारण जय दौल के नाम से प्रसिद्ध हुआ। इसके परिसर में सूर्य और गणेश के दो छोटे मन्दिर और हैं। इन मन्दिरों में नित्य नियमपूर्वक पूजा-भोग करने की व्यवस्था है।

रुद्रसिंह पुरातन आहोम पद्धति के बदले ईंट-पत्थरों से नव-निर्माण करवाकर एक नयी राजधानी बसाना चाहता था। इसके लिए उसने कोचबिहार से घनश्याम नामक एक शिल्पकार को अपने राज्य में सन् 1700 में बुलवाया। कहते हैं कि वह

पहले गनसामुद्दीन नाम का मुसलमान था जिसने हिन्दू धर्म स्वीकार कर अपना नाम घनश्याम रख लिया। आहोम ईंट-पत्थरों से भवन बनाना नहीं जानते थे। वे लोग लकड़ी-बाँस का ही अधिकतर प्रयोग करते थे। आहोम स्थापत्य में ईंट-पत्थर-चूना-सुर्खी से नवनिर्माण करने का सूत्रपात शिल्पकार घनश्याम द्वारा किया गया। उसी घनश्याम के नाम पर बने स्मारक को मुझे देखना है।

घनश्यामदौल को जीर्ण-शीर्ण अवस्था में देखा। उसमें कबाड़ भरा था। राजकीय उपेक्षाओं से जूझकर भी यह अपने अतीत की कहानी कहने में सक्षम है। वस्तुतः यह कोई मन्दिर नहीं, और न ही किसी परम्परागत मन्दिर की आकृति में बना है। घनश्याम की स्मृति में बने इस घर को उसे सम्मान देने के लिए दौल कहा जाने लगा। राजेश्वरसिंह ने इसका नाम शायद 'घनश्याम आवास' रखा होगा। ईंटों से बने आयताकार घर के बाहरी ओर सुशोभित टेराकोटा का कलात्मक काम आहोम युग में निर्मित अन्य सभी निर्माणों से उत्कृष्ट है।

इसके मुख्य प्रवेशद्वार पर रामायण के आख्यान बहुत ही मनमोहक रूप में लाल टेराकोटा पर बने हैं। वृक्षों पर बैठी वानर सेना, बालि-सुग्रीव युद्ध, लंकेश रावण, पेड़ के नीचे विषादावस्था में बैठी सीता, बहुत से शिवलिंग आदि यहाँ देखे जा सकते हैं। इनके अतिरिक्त विभिन्न देवी-देवता, विष्णु के अवतार आदि के अतिरिक्त शिशुकाल के कृष्ण-रूप, कूर्म-अवतार, वराहरूपी विष्णु, नरसिंहावतार, राधा-कृष्ण की युगल मूर्ति और *हेंगडाङ* (आहोम तलवार) हाथ में थामे हाथी पर सवार आहोम राजा, विष्णु, दुर्गा आदि मूर्तियाँ भी हैं। इसके पूर्व और पश्चिम की प्राचीरों पर ऋषि, नारी आदि की मूर्तियाँ हैं। पूर्वी प्राचीर पर पद्मासन में बुद्धदेव, पीठ पर टोकरी लादे एक जनजातीय व्यक्ति, पेड़ तले सुस्ताते हाथी आदि की अनेक मूर्तियाँ हैं। इसमें कोई सन्देह नहीं कि टेराकोटा का यह सूक्ष्म कला-शिल्प सचमुच, उच्च मानदण्ड का है। आज यह स्मारक एक ओर से झुक गया है। यदि इसकी ओर ध्यान नहीं दिया गया तो यह कभी भी गिर सकता है। लगता है कि इसके लिए भी सरकार को जगाने हेतु जन-आन्दोलन करना पड़ेगा!

इसी घनश्याम ने राजेश्वर सिंह के आदेश पर गढ़गाँव के काठ से बने हालोंगघर की जगह ईंटों और पत्थरों से कारेंगघर का निर्माण कराया था। इसके अलावा रंगपुर और चराइदेव में भी ईंटों से बहुत से निर्माण कार्य किये गये थे।

रुद्रसिंह ने वर्तमान जयसागर जलाशय के पास सन् 1707 में नयी राजधानी रंगपुर को बसाया। रंगपुर को नयी राजधानी बनाने के उपरान्त भी बहुत से प्रशासनिक कार्य गढ़गाँव से ही होते थे। एक तरह से देखा जाए तो गढ़गाँव का महत्त्व कम नहीं हुआ था। अब जयसागर के पास ही स्थित आहोम राजधानी रंगपुर में बने महल 'तलातल घर' के सामने जाकर ऑटो खड़ा हुआ।

तलातल घर के परिसर में हमें एक गाइड मिल जाने से इसे समझने में सुविधा हो गयी। आज इस राजगृह के ऊपर के दो तलों के भग्नावशेष ही बचे हैं। शेष भूकम्प तथा प्राकृतिक आपदाओं से नष्ट हो गये हैं। इसकी उत्तर दिशा में अष्टकोणीय पूजा-स्थल था। यहाँ से तीन कि.मी. दूर की परिसीमा में राजमहल था, जिसमें विभिन्न दरवाजे थे। तलातल घर के परिसर में ही *गोंसाई घर* (पूजा-स्थल) और गोला-बारूद तथा नमक रखने के लिए खारघर बने हैं। इस तलातल घर के मध्य शिव का रंगनाथ दौल, श्रीकृष्ण का फगुवा दौल, हर-गौरी देवालय और गौरीवल्लभ दौल नाम से और चार मन्दिर हैं।

इस तलातल का वर्णन करते हुए असम के इतिहासकार पद्मनाथ गोहाँईबरुवा लिखते हैं—"आहोम सम्राट के इस भूगर्भित कारेंग या तलातल की पक्की सात मंजिलें हैं। समतल में एक, ऊपर तीन और जमीन के भीतर तीन। समतल में प्रवेश करने पर बायें हाथ के द्वार से ऊपर चढ़ा जा सकता है। समतल के दायें ओर के द्वार से नीचे की तीन मंजिलों पर उतरा जा सकता है। यदि कोई भीतर प्रवेश करने पर दिशाभ्रमित हो गया तो वह वहीं चक्कर लगता रह जाएगा।...नीचे पूर्व दिशा से एक पतला नाला दिखौ नदी की ओर जाता है। शत्रु के आक्रमण करने पर सुरंग के जरिये राजा के बच निकलने के लिए ऐसा अद्भुत भवन भारत में दूसरा नहीं है। यह आठ अचरजों के साथ गिने जाने योग्य है। यह महल उत्तर से दक्षिण में 180 हाथ लम्बा, 60 हाथ चौड़ा, 18 विशाल कमरों से युक्त पक्का घर है। राजा की देखरेख करनेवाले दास-दासियों और सैन्यदल के रहने की बैरकों को मिलाकर कुल 36 कमरे हैं।"

इस तलातल घर और गढ़गाँव के कारेंगघर को बारह कि.मी. लम्बी पक्की सुरंग द्वारा जोड़ा गया था। तलातल घर के पास के सोणतला और जयसागर जलाशयों से महल तक एक पक्की नाली द्वारा पानी आता था। इन महलों को बनाने के लिए नगा पहाड़ से पत्थर लाये गये थे। लसलसी चिकनी माटी के साथ चूना-सुर्खी मिलाकर बनाये गये गारे से ईंटों को जोड़ने का काम हुआ था।

नामडांग साँको चलने के लिए अब ऑटोवाले से मैंने कहा। नामडाँग नदी पर बने इस शिला-सेतु को देखने हम राष्ट्रीय राजमार्ग क्रमांक 37 पर बढ़ रहे हैं। इसे देखने हेतु मेरा मन बहुत उत्सुक है। मैंने पढ़ रखा था कि एक ही विशाल चट्टान से यह पुल बना हुआ है। पर रास्ता था कि गन्तव्य तक पहुँचा ही नहीं रहा था। आखिर नगर से 14 कि.मी. दूर नामडांग नदी पर बने एक पुल के पास जाकर ऑटो खड़ा हुआ। इसे देखकर निराशा ने मुझे आ घेरा। चारों ओर गन्दगी फैली थी। नदी की जगह एक गन्दा नाला बह रहा था किन्तु इसके नजदीक जाकर जब ध्यान से इसे देखा तो मैं दंग रह गया। एक ही शिलाखण्ड से बने ऐसे अद्भुत पुल की तो मैंने

कल्पना भी नहीं की थी।

दरअसल इस राष्ट्रीय मार्ग पर आने-जानेवाला हर वाहन इस नामडांग साँको पर से गुजरता है। हम पहले इस नाम का अर्थ समझते हैं। नामडांग का मतलब लाल पानी है और पुल को असमिया में *साँको* कहते हैं। लाल रंग की माटी को अपने पानी के साथ बहाकर लाने के कारण इसका नामडांग नदी पड़ा होगा। ये शब्द असमिया में टाइ भाषा से आये लगते हैं।

राजा रुद्रसिंह द्वारा सन् 1703 में बनाये गये इस पुल की छाती पर से तीन सौ सालों में कितने ही करोड़ों हल्के-भारी वाहन गुजरे होंगे। विश्वयुद्ध के समय भारी-भरकम टैंक भी सुगमतापूर्वक इस पर से निकले हैं, फिर भी आज तक यह बुढ़ाया नहीं। यह कल्पना करने की बात है कि करीब 202 फुट लम्बे, 22 फुट चौड़े और साढ़े पाँच फुट मोटे एक ही शिलाखण्ड को नगा पर्वत से काटकर यहाँ कैसे लाया गया होगा? फिर नदी के दो किनारों के ऊपर उसे किस तरह से रखा गया होगा? समझ में नहीं आता कि इस पुल का प्रचार क्यों नहीं हुआ?

इस साँको के स्थापत्य पक्ष को समझने की आवश्यकता है। पुल के दोनों सिरों पर और मध्य में पत्थरों के मजबूत खूँटे बने हैं। स्तम्भों में लगे पत्थरों को जोड़ने के लिए विभिन्न वस्तुओं के मिश्रण से बना गारा काम में लाया गया। इस पुल के स्तम्भों पर लता-फूल और कितनी ही अनुपम मूर्तियाँ उत्कीर्ण हैं। एक प्रतिमा किसी देवी की है जो घोड़े या गधे जैसे वाहन पर बैठी है। शायद शीतला देवी हो सकती हैं। इनमें एक-दो मूर्तियाँ टूट-फूट गयी हैं किन्तु शेष अब भी अक्षत हैं। इस ओर यदि असम पर्यटन विभाग ध्यान दे तो यह एक पर्यटन-स्थल बन सकता है। यहाँ की साफ-सफाई कर विद्युत प्रकाश से इसे यदि आकर्षक बनाया जाए तो रात में चलनेवाली यात्री-बसें भी यहाँ निश्चित रुकेंगी और असम के इस अनुपम पुल को लोग देख सकेंगे। लोग इस पर से गुजरते तो अवश्य हैं किन्तु उन्हें इसके बारे में कुछ पता ही नहीं होता है। यह पुल बिना किसी मरम्मत के आज भी एक शक्तिमान की तरह अडिग खड़ा आहोम युग के इतिहास की साक्षी दे रहा है। इसके अलावा रुद्रसिंह ने इसी तरह के कई और शिला-सेतु के अलावा खरिकटीया पथ, मेटेका पथ आदि विभिन्न निर्माण भी करवाये थे। ऐसा ही एक पुल तो चराइदेव के रास्ते में रमाकान्त ने मुझे दिखाया था!

फुलेश्वरी ने अपना नाम प्रमथेश्वरी रखा। वह देवी की उपासक थी। उसने अपनी आराध्या गौरी अर्थात् दुर्गा देवी को समर्पित *गौरीसागर* तालाब सन् 1717 में बनवाया, जो राष्ट्रीय राजमार्ग क्रमांक 37 पर ही नामडाँग साँको से थोड़ी दूर आगे जाकर स्थित है। अब हमारा ऑटो गौरीसागर पहुँचा। 61 हेक्टेयर में फैले उस जलाशय के पास ही गौरी, शिव और विष्णु के तीन दौल हैं।

रानी अम्बिका ने शिवसागर जलाशय और तीन दौल बनवाये, जिन्हें देखना दूसरे दिन पर छोड़ उस दिन घुमक्कड़ी को वहीं विश्राम दिया।

शिवसागर जलाशय का हरित जल एकदम शान्त नहीं है। उसके पानी में चारों ओर के प्राकृतिक बिम्बों की हरियाली घुली है। मैं उसके किनारे बैठा उसकी लहरों को निर्निमेष देख रहा हूँ। इसके विशाल वक्ष पर इसके जल का ही आवरण है। यह तो नहीं कहूँगा कि इसका ओर-छोर मैं नहीं देख पा रहा, किन्तु उस पार के दृश्य मेरी आँखों में स्पष्टतः नहीं समा पा रहे हैं। सुबह नौ बजे वहाँ जलाशय किनारे होता भी कौन! मैं हूँ और मेरे पीछे आहोम युगीन तीन मन्दिर खड़े हैं। वह जलाशय ही मेरे एकाकीपन का साथी है। एकाकी ही मैं वहाँ तक रिक्शे में चला आया था। यह स्थान शहर के मध्य है। वह जमीन तल से ऊँचा बना है। यहाँ पहुँचते ही ऊँचे टीले पर बना यह मन्दिर मुझे दिखायी दे गया। बाजार के बीच मन्दिर तक गयी सीधी सड़क काफी चौड़ी है। रिक्शेवाले ने मुझे नीचे उतारा। आहोमों ने जलाशय ज्यादा गहरे नहीं खुदवाये। तालाब के चारों ओर ऊँची मेंड़ बनाकर बाहर मिट्टी से पाटकर बनाये गये विस्तृत समतल पर मन्दिरों के निर्माण किये गये हैं। आहोमकालीन जलाशयों में निरन्तर जल-प्रवाह बनाये रखने के लिए कहते हैं कि इनके मध्य गहरे कुएँ बनाये गये थे। इसीलिए इन तालाबों की विशेषता है कि ये कभी पानी से रिक्त नहीं होते।

पूरे जलाशय की परिक्रमा करने के लिए एक रिक्शा किया। चारों ओर बनी करीब तीन-चार कि.मी. लम्बी सड़क पर रिक्शा सुगमतापूर्वक चल रहा है। 129 एकड़ क्षेत्र में फैले इस तालाब के चारों तरफ सरकारी कार्यालय या फिर अधिकारियों के आवास बने हैं। एक ओर जिला कारागार है। इसके कगार पर ही पर्यटन विभाग का कार्यालय, पर्यटक लॉज और पुरातत्त्व विभाग के कार्यालय के अतिरिक्त नवनिर्मित टाइ संस्कृति का परिचायक संग्रहालय भी है।

दस बजे संग्रहालय खुला तो भीतर गया। आहोम राजाओं के वस्त्र, अस्त्र, बन्दूकें तथा अन्यान्य सामानों के साथ टाइ भाषा के कई ग्रन्थों की नकल रखी हैं। बिजली गुल थी। यहाँ रखी वस्तुओं पर केवल असमिया में लिखा होने से बाहरी व्यक्ति को समझने में दिक्कत होती है। हाँ! संग्रहालय का भवन आकर्षक है।

यहाँ से जलाशय किनारे बने शिव दौल, विष्णु दौल और देवी दौल को देख हतप्रभ हूँ। शिव दौल के पश्चिम में देवी दौल है तो पूर्व में विष्णु दौल। ये मन्दिर शैव, वैष्णव और शाक्त मतों के आपसी सामंजस्य के द्योतक हैं। 104 फुट ऊँचा यह शिव दौल भारत में शंकर भगवान के उच्चतम मन्दिरों में से एक है। मन्दिर के शिखर

पर साढ़े सात फुट ऊँचा स्वर्ण कलश है। इसकी प्राचीरों पर विभिन्न देवी-देवताओं की मूर्तियाँ उत्कीर्ण हैं। मन्दिर के विशाल गर्भगृह में तीन द्वारों को पार कर प्रवेश किया तो स्वयंभू शिवलिंग के दर्शन हुए। यहाँ का शिवलिंग विश्व में अद्वितीय है जो धरातल से नीचे एक गड्ढे में अवस्थित है। ऐसा ही अद्वितीय शिवलिंग मैंने त्र्यम्बकेश्वर में देखा था।

भगवान शिव को समर्पित शिवसागर तालाब और शिव मन्दिर से इस नगर का नामकरण शिवसागर हुआ। दिल्ली में जिस तरह पग-पग पर इतिहास बिखरा पड़ा है, उसी तरह यहाँ का चप्पा-चप्पा आहोम इतिहास का साक्षी है। हम यदि इस नगर को आहोमों की दिल्ली कहें तो कोई अतिशयोक्ति नहीं होगी।

अब हम इस तालाब से शिवसागर नगर के अन्य स्मारक रंगघर की ओर प्रस्थान करते हैं। कुछ ही मिनटों में ऑटो ने वहाँ पहुँचा दिया।

रंगघर असमिया लोगों के क्रीड़ा-प्रेमी होने का प्रतीक है। आहोम राजा अपने खेल-तमाशों में अपनी प्रजा को भी सम्मिलित करते थे। शिवसागर नगर के मध्य बने रंगघर को राजा रुद्रसिंह ने 15-16 हाथियों को रखने के लिए काठ का बाड़ा बनाकर उसके खूँटों पर बने मचान पर दो मंजिला घर बनवाया था। उसके खूँटों पर लता-फूल, जीव-जन्तु आदि को खुदवाकर उसे चमकीले चटक रंगों से रँगाकर सुन्दर रूप दिया था। सामने मैदान में जनता के बैठने के लिए ऊँचे मचान बनाये गये थे। फिर उनके बीच के खुले मैदान में भैंसों, साँडों, हाथियों की लड़ाई के सिवाय बाघ-तेंदुवा, बाघ-घड़ियाल, बाघ-भालु और मल्ल-युद्ध के रोमांचक खेल होते थे। हाथियों को क्रोधित करने लिए विशेष खाद्य खिलाया जाता था। रुद्रसिंह ने नदी में नाव-दौड़ भी शुरू की थी।

राजा प्रमत्तसिंह ने काठ के उस मचान-घर की जगह बत्तख के अण्डे की आकृति का वर्तमान दुमंजिला पक्का रंगघर सन् 1745 में बनवाया। वह करीब 33 फुट ऊँचा, 36 फुट चौड़ा और 90 फुट लम्बा है। इसे आज के आधुनिक स्टेडियम की पूर्व संकल्पना कहा जा सकता है। बाद में इसके नजदीक राजा राजेश्वरसिंह ने एक और रंगघर बनाया, परन्तु आज उसका कोई अवशेष नहीं बचा है। रंगघर में लगे पत्थरों और ईंटों को जोड़ने के लिए विशेष गारा बनाया गया था। वह गारा लसलसी माटी में सरसों का तेल, गुड़, सन, चिथड़ों को कूटकर बना चूरा, बरालि मछली, चूना, चावल का चूरा और बत्तख के अण्डों को मिलाकर तैयार किया गया था। ईंटों को बनाते समय साँचों में लता-फूल आदि की आकृतियाँ बना दी जाती थीं।

इसकी प्रत्येक मंजिल के मध्य एक बड़ा कमरा और दोनों तरफ दो छोटे कमरे बने हैं, जिनके झरोखों से राजा, रानियाँ और मन्त्रि-परिषद बैठकर हाथियों की लड़ाई तथा अन्य खेल प्रतियोगिताओं का आनन्द लेते थे। ऊपरी मंजिल पर जाने के

लिए पश्चिम की ओर सीढ़ी बनी है। रंगघर की छत के बीचोंबीच तीन बुर्जियाँ और दोनों छोरों पर बनी घड़ियाल की मुखाकृतियाँ इसकी विशिष्टता है। आज इस रंगघर की वे सारी अतीत की बातें केवल बातें ही रह गयी हैं, फिर भी आहोमों की आमोद-प्रमोद की भावनाओं का यह रंगघर मूक साक्षी बना खड़ा है।

आहोमकालीन मुख्य ऐतिहासिक धरोहरों को देखने के बाद भी बहुत-से स्मारक मुझसे अनदेखे रह गये। इसी तरह एक और जगह भी अनदेखी रह गयी। वह है—शिवसागर से 19-20 कि.मी. दूर ब्रह्मपुत्र और दिखौ नदी के संगमस्थल के नजदीक सोरागुड़ी चापरी पर असमिया जिकिर के जन्मदाता हजरत आजान फकीर की दरगाह।

अजान फकीर की दरगाह के परिसर में प्रवेश करने पर पहले एक मस्जिद है। मस्जिद से करीब सौ हाथ दूर एक ऊँची कब्र आजान फकीर की है। उसके बाद एक पोखरी है। यहाँ के 'शरा' नामक पेड़ के नीचे बैठकर आजान फकीर जिकिर गीतों को रचते थे और अपने शागिर्दों के साथ गाया करते थे। उसी शरा पेड़ के नाम पर ही उस चापरी का नाम शरागुड़ी पड़ा है।

आजान फकीर का असली नाम सैयद मुईनुद्दीन था। उनका जन्म इराक के बगदाद में हुआ था। उन्हें सैयद शाह मीराण या मीराश शाह भी कहा जाता था। नमाज के लिए अजान देकर बुलाने के कारण लोग उन्हें अजान फकीर कहने लगे। सत्रहवीं शताब्दी में जन्मे शाह मीराण के बारे में कहा जाता है कि वे हजरत मोहम्मद साहब के 32वें वंशधर थे। अपनी 25-30 वर्ष की उम्र में वे बगदाद से ईरान, अफगानिस्तान होते हुए हिन्दुस्तान आये और अजमेर स्थित मुईनुद्दीन चिश्ती की दरगाह में कुछ दिन रहे। वहाँ से गौड़ प्रदेश होते हुए असम आकर ब्रह्मपुत्र के उत्तर पार के हाजो स्थित गियासुद्दिन ओलिया की दरगाह पाव मक्का में उन्होंने कुछ साल बिताये। वे किसी एकान्त स्थान की खोज में वहाँ से भ्रमण करते हुए यहाँ आये। ब्रह्मपुत्र का तट उन्हें भा गया। उन्होंने असमिया भाषा सीखी और साथ ही ओजापाली नृत्य-गीत और अन्यान्य लोकगीतों का अध्ययन-मनन किया। उन्होंने फारसी, अरबी और उर्दू मिश्रित असमिया में आध्यात्मिक भावों से भरे सुललित भक्ति-गीतों की रचना की जिन्हें यहाँ जिकिर कहा जाता है। इसके साथ उन्होंने इमाम हुसैन द्वारा करबला में दी गयी शहादत पर शोक-सन्तप्त होकर 'जारी' गीतों की रचना भी की।

जिकिर शब्द अल्लाह के नाम-स्मरण के अर्थ में है। जिकिरों के दो भाग हैं। पहले भाग में सहज-सरल भाषा में इस्लाम की शिक्षाओं को और दूसरे भाग में

गूढ़ार्थ बातें कही गयी हैं। सूफी परम्परा में गाये जानेवाले भजनों को 'जिक्र' कहा जाता है। सूफी फकीर जिस जिक्र से परवरदिगार को याद करता है, उसके लिए कण्ठ की नहीं, नाभि-नाद की जरूरत होती है। नाभि से निकला नाद ही जिक्र है। सम्भव है कि इसी लफ्ज से असमिया शब्द जिकिर की व्युत्पत्ति हुई हो। आजान फकीर के एक जिकिर की कुछ पंक्तियाँ इस प्रकार हैं—

जीवनर सारथि नाम / *जीवोनोर सारोथि नाम*
सदुगुरुक भेटिया, आल्लाक चिनिबा / *सोदगुरुक भेटिया, आल्लाक सिनिबा*
सिजिब दिनरे काम / *सिजिबो दिनोरे काम*

(जीवन का सारथी नाम
सद्‌गुरु से मिलो, अल्ला को जानो
बनेंगे बिगड़े काम)

आजान फकीर का लिखा हुआ एक और जिकिर है—

मोर मोनोत आन भाव नाइ ओ आल्ला,
मोर मोनोत भिन भाव नाइ ओ आल्ला,
हिन्दू कि मुसोलमान एके आल्लार फोरोमान
मोर मोनोत एकटि भाव।

(मेरे मन में और भाव नहीं, ओ अल्लाह,
मेरे मन में भिन्न भाव नहीं, ओ अल्लाह,
हिन्दू या मुसलमान एक ही अल्लाह के फरमान
मेरे मन में एक ही भाव।)

इसके साथ ही आहोमों की दिल्ली रहे शिवसागर की यात्रा अपने अन्तिम पड़ाव पर थी, पर इसे विश्राम मिला ज्योतिप्रसाद अगरवाला की सबसे बड़ी *जियरि* (बेटी) श्रीमती जयश्री चालिहा के घर जाकर। उनसे मिलकर लगा कि ज्योति बाबू ही मेरे सामने बैठे हों। छियासठ-सड़सठ वर्ष की इकहरी काया का गोरा रंग दिपदिपा रहा था। पुत्री के मुखमण्डल पर पिता की स्पष्ट छाया थी। 'ज्योति की आलोक यात्रा' के पात्र 'पकी' ने हमारे बीच एक रिश्ता कायम कर दिया था। 'पकी' की पीड़ा को शायद वे हिन्दी में पूरी तरह आत्मसात नहीं कर पातीं, यदि 'पकी' के भावों को मेरे भानजे डॉ. बालाकृष्ण जालान ने असमिया वाणी देकर दैनिक 'आमार असम' में न छपवाया होता। उनके पति बीमार थे, फिर भी उनसे काफी बातें हुईं। रात ज्यादा हो

रही थी। दरअसल उनके घर की खोजबीन में ही शाम का धुँधलका रात के कारेपन में खो गया था। उनकी आत्मीयता की रसालता मुझे परोसे गये नाश्ते के रसगुल्लों के रस की मिठास से अधिक थी।

रात्रि-बस से गुवाहाटी की राह पकड़ी। मन में अनेक प्रश्न उठ रहे थे। राजस्थान के उदयपुर को झीलों का नगर कहा जाता है। शिवसागर में भी बड़े-बड़े अनेक सरोवर हैं, जिनका सौन्दर्यीकरण कर पर्यटन स्थल विकसित किये जा सकते हैं। इस ओर पर्यटन विभाग की दृष्टि गयी या नहीं, अथवा कोई और कारण है? इसका उत्तर तो असम सरकार का पर्यटन विभाग ही दे सकता है।

इस रास्ते पर रात्रि-यात्रा करने का अलग ही आनन्द है। बस में झपकियों के सिवाय नींद तो क्या आती है! रात को चलनेवाली नाइट सुपर बसें रास्ते में आये गाँव-शहरों में नेशनल हाईवे के किनारे बनी जगर-मगर करतीं चाय-मिठाई की दुकानों और ढाबों के लिए फायदे का सौदा हो गयी हैं। एक जगह खाने के लिए बस रुकी। होटलों में ऊँचे स्वर में बज रहे हिन्दी फिल्मों के गानों के संग असमिया फिल्मी गीतों की एक अजीब घालमेल थी। होटल-ढाबों और पान की दुकानों तथा सड़क किनारे लगी *डाब* (पानीवाले नारियल) की ढेरी पर यात्रियों का हुजूम उलटा था। एक मारवाड़ी ढाबे में प्रवेश किया। वहाँ खा रहे एक-दो लोगों की थाली देखकर मुझे सन्देह हुआ। यह सुनिश्चित करने के लिए कि वहाँ निरामिष ही बनता है, मैंने उससे उल्टा पूछा—क्या यहाँ मांस-मछली मिल जाएगा। उसने कहा—आपको चाहिए तो व्यवस्था कर देंगे। अब मेरा सन्देह पक्का हो गया। खाने के बदले मिठाई-नमकीन खाकर काम चलाना पड़ा। बस गुवाहाटी पहुँची, तब तक सुबह की धूप निकल आयी थी।

लोहित उपत्यका की वह रात

बस में बैठा उसके छूटने की प्रतीक्षा कर रहा था। मेरे साथ यात्रा थी किन्तु श्रद्धा मेरे सहयात्रियों के साथ थी। सामने अनजानी डगर, गन्तव्य ऐसा, जिसके बारे में अजीबोगरीब बातें सुन रखी थीं। मकर संक्रान्ति पर ही लोग परशुरामकुण्ड जाते हैं अन्यथा वह जनशून्य होता है। मकर संक्रान्ति दो दिनों बाद थी। बस सरकने का नाम नहीं ले रही; अंगद के पाँव की तरह जमी थी। हवा में ठण्ड के साथ नमी भी समायी थी। सहयात्रियों में केवल साधु-सन्त थे। वे देश के दूर-दूर स्थलों से पुण्य-उपार्जन करने आये थे। उनमें से बहुतों के बदन पर तो पूरे कपड़े भी नहीं, फिर भी मस्त थे। उन्हें ठण्ड की जैसे कोई चिन्ता ही नहीं थी। उन्होंने श्रद्धा की कम्बल जो ओढ़ रखी थी! पता नहीं क्यों, केवल मुझे ही सबसे ज्यादा उकताहट हो रही थी कि आखिर यह बस छूट क्यों नहीं रही? यात्रा भी तो एक तपस्या है—जिज्ञासा की और जिज्ञासा मेरे संग थी।

गत रात की ही तो बात है मैं अपने साढ़ू भाई बिनोद कुमार जी गाड़ोदिया के घर ठहरा हुआ था। कल ही गुवाहाटी से तिनसुकिया तक की 491 कि.मी. दूरी बस से तय कर पहुँचा था। किसी के यहाँ उतरने के मामले में संकोचशील हूँ, फिर भी उनके पास चला आया। बहुत सालों बाद उनसे मिलना जो हो रहा था। फिर बात भी एक ही रात की थी। परशुरामकुण्ड जाने का मेरा अभिप्राय जान, उन्होंने कार से जाने की सलाह दी और सारी व्यवस्था कर देने का आश्वासन भी। वहाँ की तकलीफों के बारे में चेताया। वहाँ खाने को कुछ नहीं मिलता, वहाँ की सर्द रातें समुचित व्यवस्था बिना कितनी दुष्कर होती हैं, यह बताकर भी सावधान किया।

बस द्वारा ही जाने के मेरे संकल्प को बिनोद जी ने आत्मसात किया तो उन्हें यह जानकर चिन्ता हुई कि मैं अपने साथ मात्र स्वेटर, कोट और गरम चादर ही लाया हूँ। वे मेरी लापरवाही पर परेशान हो गये कि बिना कम्बल वहाँ रात कैसे कटेगी? मुझे कोई शब्द-ज्ञान दिये बिना तत्परतापूर्वक अपनी एक बैग में गरम कम्बल, नगा शाल आदि भरकर मेरे हवाले कर उन्होंने समझाया कि ये कपड़े वहाँ संजीवनी बूटी का काम करेंगे। संकोचवश मैं बरजता रहा, पर वे अड़े रहे। उन्होंने यह भी समझाया कि वहाँ कोई कुली नहीं मिलनेवाला, सारा बोझ मुझे ही ढोना होगा। अतः

अनावश्यक सामान उनके पास ही छोड़ जाने में भल-भलाई है।

संयोगवश मेरी छोटी साली कौशल्या अपने नैहर शिलांग गयी हुई थी किन्तु बिनोद जी की बहू किरण ने इसी बीच मिठाई-नमकीन भरा एक बड़ा कटोरदान लाकर बैग में ठूँस दिया। ससुर-बहू के सामने मेरी एक न चली। उनकी आत्मीयता से मैं अभिभूत था, साथ ही संकोचमय भी। सुबह छह बजे की बस में मुझे छोड़ आने की हिदायत भी उन्होंने अपने छोटे बेटे सुमीत को दे दी।

बस थी कि अब भी अड़ी ही खड़ी थी। मैंने सहयात्रियों को थोड़ा उकसाया भी, पर सब अपनी मस्ती में थे और बार-बार परशुराम बाबा के जयकारे लगा रहे थे। मुझे बड़ी कोफ्त हो रही थी, पर मुझ अकेले के कहने से होता भी क्या? आखिर नौ बजे बस तिनसुकिया से हिली। आज के व्यापारिक केन्द्र तिनसुकिया का ऐतिहासिक महत्त्व भी रहा है। यहाँ कभी मटक राज्य था। मटक राजा ने बर्मी हमलावरों के साथ बड़ी बहादुरी के साथ लड़ाई की थी। आज इसके नाम पर बने तिनसुकिया जिले के तीन महकमे हैं—तिनसुकिया, मारघरेटा और सदिया।

दस-पन्द्रह कि.मी. बाद ही सड़क पर खड़ा माकुम रेलवे जंक्शन दिखाई दिया। दरअसल बात ऐसी है कि जिस रास्ते से बस जा रही थी उसके समान्तर ही मीटर गेज की रेल-पटरी भी चली जा रही थी। वहाँ के स्टेशन जैसे बिल्कुल सड़क पर ही बने थे। माकुम से एक रेल लाइन डिगबोई, मारघरेटा होती हुई लेखापानी तक गयी है। माकुम से ही बीस-पच्चीस कि.मी. दूर ही स्थित डिगबोई में भारत की पहली तेल रिफायनरी लगी थी।

पृथ्वी पर सर्वप्रथम तेल की खोज अमेरिका के पेन्सिलवेनिया में कर्नल ड्रेक ने की थी। असम में तेल होने का पता यों तो सन् 1825 में ही चल गया था परन्तु सन् 1866 में जाकर इस दिशा में गम्भीरतापूर्वक कार्य मिस्टर गुडइनॉफ द्वारा शुरू हुआ। सन् 1893 में 'आसाम ऑयल सिण्डिकेट' को तेल का अन्वेषण करने के अधिकार मिले, तब मारघरेटा में एक छोटा-सा तेल शोधनागार बनाया गया। मारघरेटा नाम इटालिक शब्द का अपभ्रंश है। दरअसल बात ऐसी है कि यहाँ रेल लाइन बिछाने के काम में लगे इटली के एक आर्मी इंजीनियर ने अपनी तत्कालीन महारानी मार्ग्रेटा के सम्मान में इस जगह का नामकरण मार्ग्रेटा किया था।

डिगबोई में तेल मिलने और उसके नामकरण की भी एक दिलचस्प कहानी है। हुआ यों कि यहाँ रेल लाइन का निर्माण करते समय 'आसाम रेलवेज एण्ड कम्पनी' का एक ब्रिटिश कर्मचारी जंगल से आये हाथी के पाँव में लगा तेल देखकर चौंका। उसने अनुमान लगाया कि हाथी जिस जंगल से चलकर आया है, वहाँ अवश्य ही तेल है। इससे उत्प्रेरित होकर उसने जंगल में खुदाई शुरू करवायी। श्रमिकों को जोश दिलाने के लिए 'Dig! Boy! Dig! Boy!' कहकर अँग्रेज चिल्लाने

लगे। अन्ततोगत्वा तेल मिला तो यहाँ का नामकरण ही डिगबॉय कर दिया गया जो आज डिगबोई कहलाता है। डिगबोई में ही विश्व का पहला तेल कुआँ सन् 1869 में खोदा गया और 'आसाम रेलवेज एण्ड कम्पनी' ने सन् 1899 में डिगबोई में 'आसाम ऑयल कम्पनी' को जन्म दिया। इसके बाद नामरूप, शिवसागर भी तेल और प्राकृतिक गैस के बड़े औद्योगिक केन्द्र हो गये हैं। यहाँ के तेल-कुओं से निकलती लपटें दिन में जहाँ मद्धिम दिखती हैं, वहीं रात के आकाश को रक्त-रंजित करती जान पड़ती हैं।

माकुम पीछे छूट गया था, पर कई कि.मी. तक सड़क और रेल लाइन का साथ चलता रहा। इसके साथ ही चल रही चाय बागानों की कतार धीरे-धीरे विरल होने लगी थी। चाय बागानों की जो सघनता शिवसागर और डिब्रूगढ़ के रास्ते में मिली, वह यहाँ नहीं थी क्योंकि चाय उत्पाद करनेवाले शिवसागर और डिब्रूगढ़ जिले प्रमुख हैं। इनके अतिरिक्त नोगाँव, कामरूप और ग्वालपाड़ा जिलों में भी इसकी अच्छी उपज होती है। बराक घाटी के कछार और उत्तरी कछार जिले तथा कार्बी आंगलांग का पहाड़ी जिला भी इसके उत्पादक हैं। ब्रह्मपुत्र के उत्तर पार के दरंग, शोणितपुर और लखीमपुर जिलों में भी यह खूब पैदा होती है।

तलब हुई कि क्या ही अच्छा होता यदि इस समय एक कप गरमागरम चाय मिल जाती, परन्तु मुझ अकेले के लिए तो बस रुकनेवाली नहीं। चाय की तलब एक बार हुई तो सताने लगी। इसमें आखिर ऐसा क्या है कि गले के नीचे उतरते ही यह शरीर में स्फूर्ति-भर देती है? इसके हम ऐसे आदी हो गये हैं कि इसके बिना अब तो सुबह ही नहीं होती। बस की विण्डो-स्क्रीन से सारे दृश्य मेरी आँखों में समाना चाहते थे किन्तु आँखें थीं कि उनींदेपन से अलसायी थीं। बन्द पलकों में कभी की देखी हुई चाय फैक्टरी समायी थी।

यह जानना कम मजेदार नहीं कि भारत में चाय का प्रचलन कैसे हुआ! इसका अपना एक इतिहास है। बात सन् 1823 की है। राजा पुरन्दरसिंह को बर्मी आक्रमणकारियों के विरुद्ध युद्ध में सहायता करने ब्रिटिश रॉबर्ट ब्रुस असम आया था। गढ़गाँव जाते समय उसे पता चला कि बिसा गाँव के सिंफौ मुखिया की बाड़ी में चाय के पौधे हैं। रॉबर्ट को चीन में होनेवाली चाय की खेती के बारे में पता था। कहते हैं कि चीन को चाय का पता ईसा पूर्व ढाई हजार साल पहले से है और वहीं से चाय जापान में ईसा की आठवीं शताब्दी में पहुँची थी। रॉबर्ट ब्रुस ने अनुसन्धान के लिए सिंफौ मुखिया से चाय के पौधे और बीज प्राप्त किये। सिंफौ और खामति जनजातियों में चाय की पत्तियों को उबालकर पीने का प्रचलन पहले से ही था।

गवर्नर जनरल लॉर्ड विलियम बैण्टिक ने सन् 1834 में एक चाय समिति बनायी। अनुसन्धान करने पर पता चला कि यहाँ और चीन की चाय में विशेष फर्क नहीं है और इसकी खेती टीलों या पहाड़ियों के बदले असम के मैदानी इलाके में भी की जा सकती है। इसके लिए चीनी विशेषज्ञ को असम लाया गया और यहाँ का पहला चाय बागान सदिया के नजदीक कुण्डिल नगर में लगाया गया। किन्तु वह ब्रह्मपुत्र की बाढ़ में नष्ट हो गया। इसके बाद सन् 1837 में डिब्रूगढ़ के पास चबुवा[1] में चाय बागान लगाया गया। अँग्रेजों ने स्वयं चीनी विशेषज्ञों से चाय की खेती तथा इसे बनाने की पद्धति सीखकर पारंगतता प्राप्त की।

मणिराम देवान प्रथम भारतीय थे जिन्होंने 1853 में सिनामारा और सिंग्लो नामक दो चाय बागान लगवाये। आज असम विश्व का दूसरा सबसे बड़ा चाय उत्पादक है। यहाँ कुल 844 चाय बागान हैं और दो लाख सत्ताइस हजार हैक्टेयर जमीन में इसकी खेती होती है। इनमें कार्यरत मजदूरों की कुल संख्या लगभग पाँच-छह लाख होगी। इनमें छोटा नागपुर, मेदिनीपुर, बिहार, उड़ीसा, मध्य प्रदेश, छत्तीसगढ़, आन्ध्र प्रदेश, तमिलनाडु आदि प्रान्तों के मुण्डा, सन्थाल, ओरांग, साओंताल, भुँइया, परजा, कन्ध, घटवार, कोल, भूमिज, खरिया, तेली, ताँती, कर्मकार, माली, शबर, कालाहाण्डी, पानीका, गुराल, नापीत, रविदास, डोम, चमार, घासीया, कुर्मी, तेलंग आदि कोई सौ जातियों का समावेश है। बागान-श्रमिकों में पुरुषों से महिलाओं की संख्या अधिक है। कोई लिखित भाषा न होने पर भी इन्होंने अपनी अलग 'बागानी भाषा' विकसित कर ली।

इनके रीति-रिवाजों और बोलियों पर प्राकृतिक रूपेण असमिया प्रभाव पड़ा। इनकी 'चाय जनजाति' के नाम से एक अलग पहचान है। ये लोग अपनी संस्कृति, पोशाक, संगीत-नृत्य, लोक-विश्वास, परम्पराओं से बँधे अपने उत्सव करम पूजा, टुसु पूजा, सहराइ पूजा के साथ दुर्गापूजा, दीवाली, कालीपूजा, जन्माष्टमी, शिवरात्रि, फगुवा आदि त्यौहारों को भी हर्षोल्लास के साथ मनाते हैं। चाय जनजाति हिन्दू होने के नाते असम के वैष्णव सत्रों की उपासक बनी। नाम-कीर्तन, भाओना, बिहू आदि को मनाते हुए ये असमिया संस्कृति में घुलमिल गये हैं। अब इनमें से ईसाई बन गये लोग अपनी पुरातन रीति-नीति से विमुख होकर अलग जीवन-पद्धति अपनाते जा रहे हैं। वैवाहिक उत्सव हो या फिर किसी की मृत्यु का शोक, ये लोग चावल से बनी 'हड़ीया' नामक शराब अवश्य पीते हैं।

चाय जनजाति की भाद्र माह की शुक्ल एकादशी तिथि को होनेवाली करमपूजा के समय झूमर नृत्य होता है। इस नारी प्रधान नाच में वे अपने जूड़ों में

1. *चबुवा* : चबुवा नाम 'चाबोवा' का अपभ्रंश है। असमिया में चाय को 'चा' कहते हैं और 'बोवा' का मतलब बोना, लगाना या रोपना होता है।

सफेद गजरा, तन पर लाल ब्लाउज और पिण्डलियों तक बँधी लाल पाड़ी की सफेद साड़ी में सजी होती हैं। नचनियाँ आपस में एक-दूसरे की कमर में हाथ डालकर नाचती हैं। नाचते समय गीतों में अपने सुख-दुःख व्यक्त करती हैं। दूर-दराज के विभिन्न प्रान्तों से गरीब श्रमिकों को अँग्रेज सुनहरे सपने दिखा और बहला-फुसला कर लाये थे। इस नये प्रदेश में आते समय उनके मन में सोने के देश असम जाकर अपने दुर्दिनों से उबर जाने की दृढ़ आशा थी। ये अपनी उस मनोदशा की व्यथा को इस प्रकार व्यक्त करते हैं—

चोल मिनी आसाम जाबो / चल मिनी आसाम जाएँगे
देशे बोड़ दुख रे। / देश में बड़ा दुःख रे।
आसाम जाये सुखे खाबो, / आसाम जा सुख से रहेंगे,
आसाम सोनार देश रे। / आसाम सोने का देश रे।

किन्तु यहाँ आने पर उन्हें मिला साहबों-बाबुओं का अत्याचार और उनका शोषण। मन के रंगीन सपने बिखर गये। निष्ठुर जीवन की त्रासदी और वेदना उनके गीतों में इस प्रकार उतर आयी—

चर्दार बोले काम काम / *सोरदार बोले काम काम*
बाबू बोले धरि आन, / *बाबू बोले धोरि आन,*
चाहाब बोले लिबो पिठेर चाम; / साहाब बोले लिबो पिठेर साम;
हे निधि राम, / *हे निधि राम*
फाँकि दिये आनिलो आसाम। / *फाँकि दिये आनिलो आसाम।*

(सरदार बोले काम काम
बाबू बोले पकड़ आन,
साहब बोले खींचो पीठ की चाम
हे निधि राम,
फुसला कर ले आये आसाम।)

चाय बागानों का सिलसिला प्रायः खत्म हो गया था किन्तु चाय की बनी तलब से तन पर छायी सुस्ती के साथ मन पर भी अवसाद-सा छा गया। उनींदेपन में भी जीभ चाय का स्वाद ढूँढ़ रही थी। जीभ को भला क्या पता कि चाय की पत्तियों में निहित रासायनिक द्रव्य कैफिन, पोलिफेनल, एमिनो एसिड और टेनिन आदि हैं जो उदरस्थ होते ही अपना असर दिखाते हैं। दर्द निवारक एस्प्रो-सेरिडोन गोलियों का तो बस नाम है असली काम तो इनमें मिला कैफिन तत्त्व करता है। यह तो वही बात हुई कि घी सुधारे खिचड़ी और नाम बहू का होय।

विश्व में चाय के पौधों की तीन प्रजातियाँ हैं। एक अपनी असमिया है ही और दूसरी-तीसरी हैं—चीनी तथा कम्बोडियाई। उबलते पानी में डाली जानेवाली काली चाय का मूल रूप हरा होता है। महिला-श्रमिकों की सिद्धहस्त उँगलियाँ पौधों के शीर्ष पर लगी इसकी दो कोमल पत्तियों की कली को बड़ी चतुराई से तोड़कर अपनी पीठ पर झूलती टोकरी में जमाकर फैक्टरी में लाती हैं। इसके बाद इनको पाँच लम्बी प्रक्रियाओं से गुजरना होता है। कारखाने में पहुँचकर इन कोमल पत्तियों में समाये जलांश को आधा सूखा यानी विथरिंग (Whithering) कर रोलिंग (Rolling) करते हैं। इसके बाद सी.टी.सी. मशीन या फिर सी.सी.सी. मशीन पर इन्हें काटा जाता है। और इसकी पत्तियों में समाये रासायनिक पदार्थों को निर्गमित या फॅरमेंटेसन (Fermentation) कर रासायनिक क्रिया को उभारा जाता है। अब इन्हें फिर से सुखाया (Drying) जाता है तब इनकी सॉर्टिंग और ग्रेडिंग (Sorting and Grading) होती है। सौ किलो हरी पत्तियों से केवल 22.5 किलो ही चाय पत्ती बन पाती है।

चाय पत्ती के मुख्यतया दो प्रकार हैं। एक सी.टी.सी. (C.T.C.—Curling Tearing Cutting) और दूसरी ऑर्थोडॉक्स (Orthodox) है। घर पर मेहमानों को आमन्त्रित किया है तो काली छोटे दानेदार महीन सी.टी.सी. एक किलो चाय से 200-250 कप चाय बनायी जा सकती है परन्तु एक किलो ऑर्थोडॉक्स चाय से केवल 150-175 कप ही चाय बनेगी। शौकीनों के लिए हरी और इंसटाण्ट चाय भी है। बाजारों में अलग-अलग नामों से मिलनेवाली चाय ज्यादा लाभ कमाने के मकसद से कम-अधिक मूल्य की हल्की-भारी गुणवत्ता की मिश्रित (Blending) पत्तियों को पैक कर अपना-अपना लैबल लगाकर विज्ञापनों के बल पर बेची जाती है। हाँ, टी गार्डन की पैकिंग हो तो बात अलग है।

उनींदेपन को भगाने के लिए जेब से ताम्बूल-पान निकालकर खाया। दृष्टि फिर से बाह्य दृश्यों में रम गयी। असम के कस्बे दुमदुमा, तालाप आदि को पार करते हुए बस अरुणाचल के लोहित जिले में प्रवेश करनेवाली ही थी।

अरुणाचल की सीमा ज्यों-ज्यों नजदीक आती जा रही थी त्यों-त्यों आसपास के गाँवों के बाशिन्दों के चेहरों की गढ़न-बनत में भी फर्क दिखायी देने लगा। ध्यान दिया तो पता चला कि अरुणाचल के लोहित जिले में बस प्रवेश कर गयी थी। घरों की बनावट भी बदलने लगी। जमीन पर बने घरों की जगह चार-पाँच फुट ऊँचे बाँस या लकड़ी के मजबूत खूँटों के मचान पर बने घर दिखने लगे। इन घरों को *चांगघर* कहा जाता है। इनकी दीवारें भी बाँस और बाँस की खपचियों की ही बनी

थीं।

चांग शब्द मैं बचपन से सुनता आया हूँ, जो घरों में बनाई गयी अटारियों के अर्थ में प्रयोग होता है। मैंने इसे मारवाड़ी या हिन्दी शब्द ही समझ रखा था। अब चांग शब्द के इतिहास के बारे में मुझे पता चला। टाइ भाषा का यह शब्द आहोमों के साथ यहाँ आया था और यहाँ के लोगों की जुबान में घुलमिल गया। इसी तरह *लाहे-लाहे* (धीरे-धीरे), *गजाल* (लोहे की कील), *खाँटी* (शुद्ध), *टेंगा* (खट्टा), *दिगदारी* (दिक्कत), *आलि* (रास्ता) आदि कितने ही और बहुत-से शब्द हैं, जिनका असम में लम्बे अरसे से बस-वास करनेवाले हिन्दी भाषी अपनी *बोलचाल* में प्रयोग करते हैं।

चांगघरों के निचले भाग में सूअर, मुर्गे, कुत्ते आदि थे। पत्ते और पुआल के छतवाले घरों के बीच किसी-किसी पर टीन की छत भी थी। घरों में खिड़कियाँ नहीं दिखीं। किसी पोखर या नदी के पास ही ज्यादातर बने घरों में भीतर जाने के लिए बाँस या काठ की सीढ़ियाँ बनी थीं।

रास्ता धीरे-धीरे पहाड़ी होता गया। नयन-पटल से गुजरते दृश्य नयनाभिराम थे, साथ ही नयापन लिये भी। पहाड़ों के बीच बहतीं, कलकल करतीं नदियों पर बने पुलों से गुजरना अच्छा लग रहा था। प्रकृति आँखों-आँखों में जैसे अभिसार के लिए आमन्त्रित कर रही थी। वैसे भी किसी के अभिसार का आमन्त्रण तो अकेले को ही मिलता है। मैं था और प्रकृति थी। अनजान सहयात्रियों की उपस्थिति मेरे लिए कोई व्यवधान नहीं थी। धूप-छाँव से आँखमिचौनी खेलती प्रकृति और मेरे बीच आँखों-आँखों में बतरस चल रहा था। खिड़की के रास्ते घुसपैठ करती सर्द हवा से कनटोप जूझ रहा था।

घुमावदार रास्ते पर चलते हुए अरुणाचल का दीरक चेकपोस्ट आने का पता तब चला जब बस एकाएक रुकी। पूरा परिवेश बदल गया था। आगे जाने के लिए 'इनर लाइन परमिट' लेना आवश्यक था जिसकी सरकारी व्यवस्था परशुराम-मेले के कारण वहीं की गयी थी। साधु-संन्यासियों को भी परमिट लेने पड़े, जो उनके लिए निःशुल्क थे, पर हम जैसे यात्रियों से दस रुपये वसूले गये। यह परमिट-व्यवस्था यहाँ कब लागू की गयी, जानने के लिए अरुणाचल के अतीत में थोड़ा प्रवेश करना पड़ेगा।

इस पर्वतीय प्रदेश को अरुणाचल कहना सटीक ही है। भारत में पहली रवि-रश्मि इसी प्रदेश में प्रवेश करती है, तभी तो इसे अरुणाचल नाम से विभूषित किया गया है। रवि-किरणें यहाँ के पूर्वी भाग को स्पर्श करने के कोई एक घण्टा छत्तीस मिनट बाद मुम्बई के सागर तक पहुँचती हैं। आखिर उन्हें वहाँ तक कोई चौबीस देशान्तर रेखाओं की यात्रा जो तय करनी होती है।

अरुणाचल का 85 प्रतिशत भाग पर्वतों से घिरा है। इसकी अन्तर्राष्ट्रीय सीमा उत्तर-पूर्व में चीन से 1030 कि.मी., पूर्व में म्यांमार से 440 कि.मी. और पश्चिम में भूटान से 160 कि.मी. लगी हुई है। यह पहले कामरूप राज्य की सीमा के अन्तर्गत ही था। कुण्डिल, विदर्भ आदि यहाँ के प्राचीन राज्यों के नाम थे। यहाँ ताम्रेश्वरी, भालूकपुंग, ईटानगर और मालिनीथान में बिखरे पड़े प्राचीन ध्वंसावशेष, इस प्रदेश के भारतीय संस्कृति के साथ रहे सम्बन्धों के साक्षी हैं।

यहाँ मोम्पा, शेर दुक्पेन, मिश्मी, अका, आदी, खामति, फकियल, वांचू, निशी या निशींग (डफला), मिरी या मिशिंग, देउरी, नोक्टे आदि छब्बीस प्रमुख जनजातियाँ हैं। इन पहाड़ी जनजातियों के असम के मैदान में रहनेवाले लोगों के साथ रक्त सम्बन्ध रहे हैं। पहले यहाँ की पहाड़ी संस्कृति और समतल की ग्राम्य-कृषि संस्कृति में कोई अलगाव नहीं था। आहोमों के असम में आने तक यहाँ चुटिया वंशियों का राज्य था।

अँग्रेजों ने असम दखल करने के बाद इन पर्वतीय अंचलों को अलग-थलग रखने के लिए पहले यहाँ अलग शासन-व्यवस्था लागू की, फिर सन् 1882 में सीमान्त प्रशासन को जन्म दिया। सन् 1912 में पूरे अंचल को दो भागों 'सदिया सीमान्त' और 'बालिपारा सीमान्त' में उन्होंने बाँटा। देश छोड़ने के एक-डेढ़ साल पहले ही वे इसे 'उत्तर-पूर्व सीमान्त' नाम से कामेंग, सुवणशिरी, सियांग, लोहित और तिराप नामक पाँच विभागों में विभक्त कर गये। भारत सरकार ने सन् 1972 में इस पार्वत्य अंचल का नामकरण 'अरुणाचल' कर इसे अलग से केन्द्र शासित राज्य बनाया और अँग्रेजों द्वारा चलाई गयी सौ साल पुरानी भेदमूलक व्यवस्था 'इनर लाइन परमिट' लागू रखी गयी, जिसके कारण अरुणाचल और असम के लोगों के आपसी सम्बन्धों और आवाजाही में बहुत-सी दीवारें खड़ी हुई हैं।

दीरक में बस करीब घण्टे-भर रुकी रही। वहाँ चाय-नाश्ते की कुछ दुकानें थीं। बाँसों की बनी दुकानों पर नालीदार टीन के छप्पर थे। दुकानदारी कर रही लड़कियाँ ग्राहकों से बड़ी नम्रता से पेश आ रही थीं। उनकी हिन्दी सुनकर तो मैं दंग रह गया, समझते देर नहीं लगी कि सभी पढ़ी-लिखी हैं। चाय की शर्करा की तरह उनके उच्चारण की मिठास भी मेरे मन में घुल गयी। पता चला कि अरुणाचल के पाठ्यक्रम में हिन्दी अनिवार्य विषय है। अँग्रेजी माध्यम के स्कूलों में भी हिन्दी पढ़ाई जाती है। यह भी पता चला कि यहाँ की विभिन्न जनजातियों की भाषाएँ आपस में नहीं समझने के कारण ये लोग आपसी बातचीत हिन्दी या असमिया में करते हैं। सभी लड़कियों ने चटक रंगों के अपने पारम्परिक परिधान पहन रखे थे। इनकी धवल मेखलाओं पर बुनी हुई रंगीन धारियाँ खड़ी न होकर आड़ी होती हैं।

बस में एक परचूनिया भी था। जो मेले में दुकान लगा कुछ कमाने के मकसद

से बंगाल से अपनी गठरी-मुटरी के साथ आया था। दीरक में गुनगुनी धूप बदन को जहाँ सुहा रही थी, वहीं चलती बस में ठण्डी हवाएँ ठिठुरा रही थीं। इस पर भी खिड़की के रास्ते मैं प्रकृति के साथ था। अच्छा रहा कि कोई मेरे साथ नहीं था, अन्यथा उससे बातें करने में ही पता नहीं कितना क्या छूट जाता। वैसे भी कौन किसके साथ होता है। आवागमन की यात्रा भी तो अकेले ही करनी पड़ती है।

अब तक बस नामसाई पहुँच चुकी थी। नामसाई से आगे कुछ बौद्ध विहार और मठ-मन्दिर दिखायी दिये। उस क्षेत्र में रहनेवाले खामति हीनयानी बौद्ध धर्मावलम्बी हैं। ये केवल बुद्ध की पूजा करते हैं। इनके पूजा-स्थल को विहार और पुजारी को भन्ते कहा जाता है। लोहित जिले के अलावा इससे सटे चांगलांग जिले में रहनेवाले सिंफौ और फकियल जनजातियाँ भी हीनयानी बौद्ध हैं। ये तीनों जातियाँ करीब दो सौ साल पहले बर्मा से आयी थीं। यहाँ किसी भी जनजातीय भाषा की जहाँ अपनी लिपि नहीं है, वहीं खामति की अपनी लिपि है। इस लिपि में केवल सोलह स्वर-व्यंजन हैं, जिनसे ही खामति अपना काम चला लेते हैं।

अरुणाचल प्रदेश के पश्चिम में स्थित तवांग और वेस्ट कमेंग जिलों में महायानी बौद्ध धर्मावलम्बी जनजातियाँ मोम्पा और शेर दुक्पेन रहती हैं। इन्हें वज्रयानी बौद्ध भी कहा जाता है। ये लोग बुद्ध के साथ तारा देवी और अन्य कई देवी-देवताओं की पूजा भी करते हैं। इनके पूजा-स्थल को गोम्फा और पुजारी को लामा कहते हैं। इनके धर्मग्रन्थ तिब्बती भाषा में हैं।

वाक्रो पहुँचते-पहुँचते तो पूरा वातावरण ही मानो बौद्धमय हो गया। बौद्ध विहारों के पीले, शायद पीतल के शिखर दूर से सोने की भाँति चमकते दिखे। पास से बस गुजरी तो वे और स्पष्ट हो गये। वाक्रो से परशुरामकुण्ड 17 कि.मी. ही रह गया था।

बस गन्तव्य पर पहुँची तो ड्राइवर ने उसे ऐसी जगह खड़ा किया कि वहाँ से लम्बी दूरी पैदल तय करनी पड़ी। कम्बल से भरे भारी-भरकम बैग को कन्धा देने के सिवाय कोई विकल्प ही कहाँ था? बैग को लादे हुए चलने में मेरा दम फूल गया। मैं अपने को कोस रहा था कि बिनोद जी की बातों में आकर यह साँसत क्यों अपने संग ढोयी? एक रात में ठण्ड से मर तो नहीं जाता। इसी उधेड़बुन में अपने पाँव घसीटते बढ़ रहा था। सामने अगवानी करती लोहित की घाटी का आभास तब हुआ जब खुनक-भरी हवाओं के एक झोंके ने आकर मुझे थपकारा।

एक-डेढ़ कि.मी. चला होऊँगा कि भिखारी बच्चों की टोली ने मुझे आ घेरा। एक बच्चे ने पैसों के लालच में मेरे कन्धे के बोझ को लाद लिया, पर उसका बालपन

उसे नहीं थाम पा रहा था। उसके साथी उसकी सहायता कर रहे थे। सौ-दो सौ कदम चलने पर मेले में अपनी दुकान सजाये बैठे एक हाटिये को किसी तरह मनाकर बैग उसके सुपुर्द की तो मेरे मन का बोझ भी हल्का हुआ। बच्चों ने नेकनीयती दिखाते हुए अनजान दुकानदार के प्रति आशंका व्यक्त की। किन्तु बैग में ऐसा कुछ नहीं था जिसके लिए चिन्तित हुआ जाता और न ही मैं उस दुकानदार ही के प्रति सशंकित था, फिर कैमरा तो मैंने साथ ले ही रखा था।

उस टीले से परशुरामकुण्ड तक पहुँचने के लिए ऊँची पहाड़ी सीढ़ियों का अन्तहीन सिलसिला शुरू हुआ। शाम के चार बजे होंगे। रास्ता बिल्कुल सुनसान था। मकर संक्रान्ति में दो दिनों की देरी थी, जन-प्रवाह अभी पूरा उमड़ा नहीं था। उस दिन तक जो आये भी थे, वे ब्रह्मकुण्ड में नहाकर लौट गये।

मेरे साथ-साथ वे बच्चे भी चल रहे थे। मेरे लिए अच्छा था, कम-से-कम कोई तो मेरे साथ था। उनका मेरे साथ आने का रहस्य तब खुला, जब एक लड़की ने पूछा कि नहाने के बाद मैं अपने कपड़े वहीं छोड़ दूँगा न! मैं उसका आशय नहीं समझ पाया तो उसने बताया—"यहाँ धार्मिक मान्यता है कि ब्रह्मकुण्ड में स्नान करने के बाद तीर्थार्थी अपने भीगे कपड़ों को 'गत पाप' का प्रतीक मानकर वहीं छोड़ जाते हैं।" उन कपड़ों को बटोरने के लालच में ही वे मेरा साथ निभा रहे थे।

उस टोली की एक दस-बारह वर्ष की छोटी-सी लड़की पता नहीं क्या सोचकर मुझे नानाजी कहने लगी। इस अयाचित आत्मीयता और निश्छल व्यवहार को मैंने परशुराम बाबा का प्रसाद समझ ग्रहण किया और उन छोरी-छोरों का अनुसरण करता हुआ उनका हमउम्र बन्धु-सा सीढ़ियाँ चढ़ता जा रहा था। लड़की ऐसी बातूनी निकली कि क्या बताऊँ?

तीन-साढ़े तीन सौ पथरीली सीढ़ियाँ चढ़ने के बाद नीचे उतरने का क्रम शुरू हुआ। ढलान ऐसी थी जैसे मैं किसी कुएँ की गहराई में समाया जा रहा था। सूरज का उजाला कम होने का भय सता रहा था। और करीब तीन सौ सीढ़ियाँ उतरने पर परशुरामकुण्ड का नीली झाँई लिये स्फटिक जल का स्रोत दिखायी पड़ा। इतनी कदमताल करने के बाद समझ में आया कि ब्रह्मकुण्ड तक पहुँचने के लिए मैंने एक पहाड़ लाँघा है। उसके निकट पहुँचने पर पता चला कि वहाँ कोई कुण्ड या सरोवर नहीं है। वह तो लोहित नदी थी। यही लोहित जब आगे जाकर ब्रह्मपुत्र में मिलती है तो इसकी संज्ञा पुल्लिग हो जाती है। इसी के नाम पर ब्रह्मपुत्र को असमिया में लुइत, संस्कृत में लौहित्य और हिन्दी में लोहित कहते हैं।

घाटी में लोहित कलकल निनाद करता प्रवहमान था। जल की आभा इतनी नीली थी मानो कोटि नीलकान्त मणियों का चूर्ण कर उसमें घोल दिया गया हो। कुण्ड न होकर भी उसकी प्रतीति हो रही थी। वहाँ के सँकरे घाट को तीनों ओर से

ऊँचे पहाड़ों ने घेर रखा था और नदी में सामने खड़ी एक ऊँची त्रिभुजाकार चट्टान मानो प्रकृति के रंगमंच के पीछे की यवनिका थी। जल के आगम-निर्गम की साक्षी मात्र बहती धारा ही थी।

इसी जलधारा में परशुराम के हाथ से चिपका परशु छूटा था। उनकी पितृ-भक्ति भी बड़ी विकट थी, तभी तो अपने पिता जमदग्नि ऋषि के आदेश पर उन्होंने परशु से अपनी माता रेणुका का सिर काट डाला था। जमदग्नि इतनी-सी बात पर अपनी पत्नी रेणुका पर क्रोधित हो गये थे कि उसे गंगा-स्नान करके आने में विलम्ब क्यों हुआ। जगदग्नि ने पहले अपने अन्य पुत्रों को अपनी माता का सिर काटने का आदेश दिया जिसे किसी ने नहीं माना। अन्त में परशुराम ने अपने पिता के आदेश का पालन किया, किन्तु मातृ-हत्या के पाप से परशु उनके हाथ से चिपक गया। अपने पुत्र की पितृ-भक्ति से प्रसन्न होकर पिता ने वर माँगने को कहा। परशुराम ने अपनी माता को पुनर्जीवित कर देने की प्रार्थना की। माता को फिर से जीवन मिल जाने पर भी परशुराम माता की हत्या करने के कर्म से मर्माहत थे। उन्होंने पिता से पूछा कि उस जघन्य पाप से कैसे मुक्ति मिलेगी? जमदग्नि के निर्देशानुसार ही वे इस ब्रह्मकुण्ड पर आये और लोहित के जल स्पर्श से उनके हाथ से चिपका परशु छूटा।

ब्रह्मकुण्ड की एकदम जनशून्यता में भी दो-तीन साधु अपनी धूनी रमाये एक चट्टान पर बैठे थे जिन्हें दो-चार दिन या पता नहीं कब तक वहाँ रहना था। उनके शरीर पर लँगोटी के सिवाय एक भी कपड़ा नहीं था। एक साधु लोहित में छलाँग लगाने की तैयारी में था, मुझे नहाता न देखकर उसने नदी में उतरने के लिए मुझे उकसाया परन्तु मैं सीढ़ियों पर बैठा उसका किल्लोल देखता रहा। मुझे लगा कि परिव्राजक का कोई गुण मेरे पास नहीं है। उस वक्त नहीं नहाया, तो भी वह रात यदि उन साधुओं के साथ वहीं बिताता तो मेरे जीवन का एक नया अनुभव होता। किन्तु उसके लिए साहस तथा धैर्य की आवश्यकता थी और मैं दोनों से ही रिक्त था। नहाने के कपड़े मेरे हाथ में ही रह गये। मेरे नहीं नहाने से बच्चे निराश हुए। उनका वहाँ तक आना निष्फल हो गया।

वहाँ के एकाकीपन को तो मैं शायद अनदेखा कर जाता किन्तु शाम के वक्त बढ़ती सर्दी में बर्फ से ठण्डे पानी में नहाकर बीमार हो जाता तो कौन मेरी सहायता करता, फिर परशुरामकुण्ड तो मेरा यात्रारम्भ था। नहाने से मिलनेवाले पुण्य की परिभाषा मेरे लिए यही थी कि उसके जल में डुबकी लगाकर जो आनन्द और आत्मतृप्ति मिलती, उससे मैं अवश्य वंचित रह गया था।

धुँधलका अपने पाँव पसारने लगा था, ऐसे में वहाँ ज्यादा नहीं रुका जा सकता था। मैंने फिर सोपानों पर आरोहण प्रारम्भ किया। सोपानों की चढ़ाई से उस ठण्डे मौसम में भी पसीना चुहचुहाने लगा। दस-बीस सीढ़ियाँ चढ़कर ही मैं सुस्ताने

लगता। एक बच्चे ने पेड़ की डाल तोड़कर मुझे सहारे के लिए थमायी, पर मेरी परेशानी कम नहीं हुई। बच्चे मेरा साहस बँधाते, अब थोड़ी दूर ही है। मैं भला उनके भुलावे में कैसे आता, रास्ता तो मैंने आते समय देख ही लिया था।

जैसे-तैसे करके ऊपर पहुँचकर ढलान की सीढ़ियाँ दिखीं तो मैं आश्वस्त हुआ कि चलो, अब विशेष परिश्रम नहीं करना होगा। पसीना बह जाने से शायद प्यास लग आयी थी, पर अभी और चलना शेष था। जब थोड़ा आश्वस्त हुआ तो मेरा ध्यान सीढ़ियों के दोनों ओर कपड़ा-कम्बल आदि के बिछे आसनों की ओर गया। वे उस वक्त एकदम सूने पड़े थे। पता चला कि दूर-दराज से आये भिखारियों ने अपनी जगहों को आरक्षित कर रखा था, ताकि दूसरे दिन आनेवाले नये भिखमंगे उनके स्थानों को न हथिया लें। यह भी खूब रही, जब हर धन्धे में आज प्रतिस्पर्धा है तो याचना-वृत्ति में भी भला क्यों न हो!

सीढ़ियों के दोनों ओर जंगल था। आने-जाने के कुल मिलाकर लगभग पन्द्रह सौ सोपानों को पार कर दुकान तक पहुँचा, तब तक शाम ढल आयी थी। दुकानदार से बैग लिया। वे बच्चे अब मेरे गाइड थे। बातों-बातों में छोरी से पता चला कि वे लोग अपनी माँ के साथ पिछले दो सालों से बंगाल से वहाँ आते हैं। उनका परिवार पहले बांग्लादेश में रहता था। वहाँ हिन्दुओं पर अत्याचार बढ़े तो शरणार्थी बनकर बंगाल में भाग आये। यहाँ के मेले में स्नानार्थियों द्वारा छोड़े गये कपड़ों के अलावा वे और आमद भी कर लेते हैं।

रात बिताने के लिए उन्होंने एक सरकारी धर्मशाला के बारे में बताया। इससे पहले वे मुझे परशुराम मन्दिर ले गये और सीढ़ियों के पास ही ठिठककर खड़े हो गये। मैंने अन्दर साथ चलने को कहा, पर उन्होंने साहस नहीं दिखाया। वे बच्चे हिन्दू ही थे, फिर भी मन्दिर प्रवेश का उनमें साहस नहीं हुआ। पता नहीं, कैसे संस्कार हम हिन्दुओं पर थोपे हुए हैं कि भगवान के मन्दिर में भी भेदभाव है।

मन्दिर में परशुराम बाबा की संगमरमर की आदमकद प्रतिमा खड़ी थी और मध्य में शिवलिंग था। मन्दिर को देखकर लग रहा था कि वह प्राचीन नहीं है। उसका आकार भी बहुत बड़ा नहीं था। कुछ क्षण मन्दिर में बिताकर बाहर निकला। बच्चों के संग धर्मशाला की ओर जाने के लिए उस टीले से उतरकर सड़क पर आया। सामने फिर लोहित बहता दिखा। वहाँ उसकी घाटी काफी चौड़ी थी। वहाँ से दूर घाटी में लगे बाजार की बत्तियाँ जगमगा रही थीं। सड़क और बाजार के बीच के एक अन्य टीले पर वह धर्मशाला थी जो तीर्थार्थियों से भरी थी। चौकीदार को समझाया तो उसने एक कोना मुझे दिखा दिया।

धर्मशाला क्या थी, टीन का एक गोदाम था। वहाँ सीमेण्ट से बने फर्श पर बिछाने के लिए भी कुछ न था। अब ठण्ड का एहसास ज्यादा होने लगा। ऐसे में वह

नंगा आँगन मुझे मुँह चिढ़ा रहा था। आखिर किसी तरह पोलिथिन के चादरनुमा एक टुकड़े को कहीं से खोज-खाजकर फर्श पर बिछा, उस पर बिनोद जी की दी हुई नगा शॉल को दोहरी कर बिस्तर की तरह लगाया। मैं इतना थक चुका था कि बैठे रहने की भी शक्ति नहीं बची थी। कोट स्वेटर पहने ही लेट गया। अब मेरी थकी देह धीरे-धीरे आराम में आने लगी।

मेरे भीतर के अहंकार ने अपना दम तोड़ना तो तभी शुरू कर दिया था जब उन भिखारी बच्चों की सहायता मुझे लेनी पड़ी थी। रही-सही कसर यहाँ आकर निकल गयी। बच्चों का वहाँ तक साथ निभाने के लिए आभार प्रकट कर बीस रुपये दिये तो वे प्रसन्न हो गये। उन्हें भिखारी कहना मुझे पहले भी खटका था, क्योंकि उनमें भिखमंगों जैसी कोई बात नहीं थी, उनके बात-व्यवहार में एक सामान्य सभ्यता अवश्य थी।

आश्रय मिला तो आसपास के परिवेश की ओर ध्यान गया। उस तथाकथित धर्मशाला में गाँवों से आये परिवार टिके थे। उनमें ज्यादातर असमिया लोग ही थे। पूरा परिवेश रेलवे मुसाफिरखाने जैसा था। बस में साथ आये परचूनिये ने मेरी बगल में ही अपना बिस्तर लगा रखा था। परिचय किया तो पता चला कि वह एक बंगाली मुस्लिम था। मेलों में लगनेवाली हाटों में जाकर अपना माल बेचता है। एक असमिया किसान परिवार ने मेरे सामने अपना डेरा लगा रखा था। उसके बगलवाली जगह पर बैठे सम्भ्रान्त से दिखते युवक ने बात करने के बहाने मेरा परिचय पूछा। उसने बातों का सिलसिला अँग्रेजी-हिन्दी मिश्रित हिंग्लिश में शुरू किया। वह शिलचर से आया एक बंगाली युवा अध्यापक था।

थोड़ी देर लेटे रहने पर मुझे पीठ में ठण्ड लगी। रात में सर्दी और बढ़नेवाली थी, ऐसे में रात कटेगी कैसे? इससे पहले पेट-पूजा आवश्यक थी, उठकर बाहर निकला। मुसाफिरखाने में ठहरे परिवार बाहर अहाते में आनन-फानन तीन पत्थरों से बनाये चूल्हों पर अपना खाना पका रहे थे। वहाँ कौन था जो मुझे खाने के लिए पूछता? मेरे मन में बैठा आभिजात्य उन्हें यह कहने से बरज रहा था कि मुझे भी भूख लगी है, सो अपने साथ पंगत में बिठा लो। अब लोहित के किनारे लगे बाजार की तरफ रुख किया, वहाँ कोई-न-कोई व्यवस्था हो जाने की आशा थी। बाजार में अरुणाचली लोगों के कुछ होटल तो अवश्य थे, पर किसी में भी निरामिष खाना नहीं था। एक नेपाली होटलवाले से बात की तो उसने कहा कि शुद्ध निरामिष होने की सम्भावना कम है सो वहाँ नहीं खाना ही बेहतर है। लाचार होकर डेरे में लौट आया।

बंगाली अध्यापक को बातों-बातों में मेरे खाने की समस्या का पता चला तो

उसने वह बात अपने पास वाले किसान परिवार की महिला को बता दी। उनके वार्तालाप को मैं सुन रहा था और समझ भी। महिला के कहे इन शब्दों से कि हमने तो खाना खा लिया किन्तु हमारे साथवाला ऐसे ही भूखा सोएगा। वह यदि खाये तो मेरे पास चिवड़ा-दूध है—यह सुनकर मन ऐसा भीगा जैसे सावन की सँवरायी बदरियाँ मुझे नहला गयीं। वे लोग यह भ्रम पाले थे कि मैं असमिया-बांग्ला नहीं जानता हूँ। मैंने भी उनके भ्रम को नहीं तोड़ा। उस भ्रम के चलते ही तो मैं उनके आन्तरिक भावों को आत्मसात कर पाया। दुभाषिये बने बंगाली युवक ने महिला के निर्देशानुसार मुझसे पूछा तो उनके कटोरे में थोड़ा चिड़वा लिया और पानी में धोकर नमक मिलाकर खाया। हे भूमिजीवी बहन! तुम्हारे तन्दुल खा मैं श्रीकृष्ण की तरह तुम्हें वरदान देने में सर्वथा अक्षम हूँ, मगर क्या पता इन्हें खाने से मेरा शरीर ही युधिष्ठिर के यज्ञ में आये नेवले की भाँति सोने का हो जाए!

पेट बड़ा पाजी है। इसका गड्ढा आत्म-तृप्ति से नहीं भरता। थोड़ी देर बाद ही भूख फिर चेत गयी। एकाएक तिनसुकिया में बहू किरण द्वारा बैग में रखे गये कटोरदान का ध्यान आया। उसमें ठसाठस-भरे घेवर-बर्फी के साथ नमकीन का पैकेट देखकर मैं द्रवित हुए बिना नहीं रह सका। तो क्या परशुरामकुण्ड में नहीं नहाने का पाप मुझे नहीं लगा था! शायद तभी तो उस अनजानी जगह पर मुझे अपनेपन का प्रसाद बार-बार मिल रहा था, अपनों से और परायों से भी।

अब बिनोद जी की दी हुई कम्बल का महत्त्व मैं समझने लगा। कम्बल की गरमाहट में बिनोद जी के अपनत्व की उष्मता भी समायी थी। ठीक से आँख लग भी नहीं पायी थी कि लगा—जोर का तूफान आया है। उस गोदामनुमा धर्मशाला की टीनें जोर-जोर से भड़भड़ाने लगीं। छिद्रों तथा दरारों से ठण्डी हवा भीतर आ रही थी। जिन यात्रियों के पास समुचित गरम कपड़े थे, वे निश्चिन्त होकर मुँह ढाँपकर निद्रा के आगोश में समाये थे। मेरा सोने का उपक्रम सार्थक नहीं हो रहा था। नींद उचट गयी। उस तेज हवा का अनुभव लेने मैं धीरे से किवाड़ खोलकर बाहर निकला। वह तूफान नहीं था बस, साँय-साँय हवा चल रही थी। पवनदेव अपने उनचास मरुतों के साथ वेगवान रथों पर दौड़ लगा रहे थे। रथ के पहिये तथा घोड़े मानो जोर से घड़घड़ा रहे थे, हिनहिना रहे थे। एक कोने में दुबके चौकीदार ने बताया कि शाम ढलने पर ये हवाएँ यहाँ रोज चलती हैं और सबेरा होते-होते बिल्कुल शान्त हो जाती हैं। उस रात नींद तो नहीं आ सकी, पर बदन को आराम अवश्य मिल गया।

इस वेगवती हवा के चलने का रहस्य मैं नहीं जान पाया किन्तु इसका कोई-न-कोई भौगोलिक कारण अवश्य है। सुबह उठा तो नित्यक्रिया की कोई समुचित व्यवस्था वहाँ नहीं थी। बाहर आकर लोहित की घाटी पर नजर घुमायी। सामने दूर

एक पण्डाल दिखायी पड़ा। अपना बैग उठाकर उधर का रुख किया। वहाँ सभा होनेवाली थी, अरुणाचल के मुख्यमन्त्री भी आनेवाले थे। उसी के लिए पूरा तामझाम किया जा रहा था। वह सारी व्यवस्था तिनसुकिया-डिब्रूगढ़ के मारवाड़ी समाज ने की थी। यह पूरा आयोजन एक महात्मा काशिकानन्द गिरि की प्रेरणा से हो रहा था। वहाँ किये गये परिचय का लाभ यह हुआ कि नित्यक्रिया से निवृत्त होकर गरम पूरी-सब्जी का नाश्ता मिल गया। अब मैं थोड़ा निश्चिन्त हो गया था।

दोपहर तक पण्डाल दर्शनार्थियों में भर गया जहाँ अरुणाचल की जनजातियों के लोगों का ही अधिक समावेश था। परशुराम तीर्थ का विकास और यात्रियों के लिए सुविधाएँ जुटाने के साथ उस दिन रुक्मिणी महाविद्यालय का शिलान्यास भी होना था। अरुणाचल के मन्त्रियों के साथ काशिकानन्द गिरि भी मंच पर विराजमान थे। सारा कार्यक्रम हिन्दी में हो रहा था। संचालिका भी कोई अरुणाचली महिला थी। उसका शुद्ध हिन्दी उच्चारण सुनकर सुखद अनुभूति हुई। वहाँ के पर्यटन मन्त्री ने पौराणिक युग से अरुणाचल के साथ रहे सम्बन्धों पर प्रकाश डालते हुए कहा—"रुक्मिणी अरुणाचल की बेटी है और श्रीकृष्ण यहाँ के जमाई। यहाँ की अधिकतर जनजातियाँ प्रकृति-पूजक हैं। *दोनी-पोलो* (सूर्य-चन्द्र), *सी* (पृथ्वी), पर्वत, नदी, वन, फसल को हम देवता मान पूजते हैं। यहाँ के तिरप और चांगलांग जिलों में रहनेवाली नोक्टे और तांगसा जाति में वैष्णव और शैव धर्मों का विशेष प्रभाव है। बहुत चेष्टा करने पर भी ईसाई मिशनरियाँ हमारे प्रदेश में अपने पाँव नहीं फैला सकी हैं।"

कार्यक्रम के बाद भोजन की व्यवस्था थी। मुख्यमन्त्री और उनके अन्य मन्त्रियों के साथ सभी ने भोजन किया। अब मुझे वापस जाने की चिन्ता सताने लगी। पहले मैं आश्वस्त था कि वहाँ से जानेवाले किसी वाहन में जगह मिल जाएगी, पर यह सम्भव नहीं हो सका। उस दिन बस स्टैण्ड से भी कोई बस नहीं जानेवाली थी। एक बूढ़ी महिला भी वहाँ प्रतीक्षारत थी। वह पंजाब से अकेली आयी थी। उसे इटानगर जाना था। पता चला कि वह एकाकी ही अपना थैला लिये भ्रमण करती फिरती है। उसने टुकड़ों-टुकड़ों में पूरे देश की यात्रा कर ली है। उसके जीवट के सम्मुख मैं नतमस्तक हो गया।

दो-ढाई घण्टे प्रतीक्षा करने के बाद एक अरुणाचली अपनी जीप में लिफ्ट देने को तैयार हुआ। वाक्रो आने पर उसने हमें उतार दिया, उसे वहीं रुकना था। अब सड़क किनारे बने चेक पोस्ट पर किसी बस की प्रतीक्षा करने के सिवाय कोई चारा नहीं था। वहाँ बनी दो-तीन गुमटियों में पान-ताम्बूल आदि छोटी-मोटी चीजों की दुकानें

थीं। एक गुमटी में सजे सन्तरे देख मुझे ख्याल आया कि बिनोद जी के यहाँ तो मैं खाली हाथ ही पहुँच गया था। खिलखिलाती धूप में दो-तीन नारंगियों का रसास्वादन कर तृप्त हुआ तो पचास को अपने बैग में तिनसुकिया ले जाने के लिए भर लिया। बहुत प्रतीक्षा के बाद भी कोई बस नहीं आयी। कोई कार-जीप आयी भी तो काम नहीं बना। आनेवाली सभी बसों का गन्तव्य परशुरामकुण्ड ही था। एक गुमटी में चाय थी, पर खाने को मेरे लायक कुछ नहीं था। गाढ़े वक्त कटोरदान में बचा पाथेय ही काम आया।

शाम ढली तो रात के साथ ठण्ड भी बढ़ी। एक अलाव को घेरे अरुणाचली लड़के-लड़कियाँ उन्मुक्त भाव से आग ताप रहे थे। घण्टे-दो घण्टे तो उनके साथ बैठा बतियाता मैं अलाव की गरमी लेता रहा। उन्होंने बताया कि सुबह पाँच बजे ही नामसाई जाने की बस मिलेगी। रात-भर जागने से अच्छा है कि सामने के सर्किट हाउस में जाकर सोने-खाने की व्यवस्था कर लूँ। मुझे अपने से कोफ्त होने लगी कि अपना समय यों ही क्यों बरबाद किया। वाक्रो बाजार में चला गया होता तो वहाँ के बौद्ध मन्दिर ही देख लेता। फिर मुझे वाक्रोवासी एक राजस्थानी का नाम भी पता था। उसे थोड़ा परिश्रम कर खोजता तो सारी सुविधाएँ मिल जातीं।

सर्किट हाउस में भी जगह नहीं मिली। वहाँ पहुँचने के बाद तुरन्त जाकर कह देता तो कमरा मिल जाता। मेले में जानेवाली किसी पार्टी ने सब कमरे ले रखे थे। बहुत मिन्नत करने पर चौकीदार पीछे का एक सुनसान कबाड़खाने जैसा कमरा देने को तैयार हुआ। मरता क्या नहीं करता। उसने इतनी सदाशयता अवश्य दिखायी कि दो मोमबत्तियाँ और एक माचिस मुझे दे गया और खाने का ऑर्डर भी लेता गया। मैंने उसे अपने निरामिष खाने के बारे में सारी बातें समझा दी थीं। चौकीदार ने मुझे आश्वस्त भी किया था किन्तु मैं वहाँ ठहरे एक व्यक्ति की चौकीदार से हुई बात सुनकर सशंकित था। उसने रसोईघर के पीछे दौड़-भाग करते एक मोटे-ताजे मुर्गे को इंगित कर उसे ही उन्हें परोसने को कहा था।

भूतिया कमरे में मन नहीं लगा तो सोचा थोड़ी देर बाहर ही चहलकदमी कर आऊँ। कमरे से रास्ता सुनसान और अँधियारा था। किचन के पास पहुँचा तो मेरी नजर उस थाली पर पड़ गयी जिसमें वह मोटा-ताजा मुर्गा छोटे-छोटे टुकड़ों में कटा पड़ा आग पर चढ़ने की प्रतीक्षा कर रहा था। वह निर्जीव भला क्या प्रतीक्षा करता, प्रतीक्षा तो उन चटोरों की जीभ को थी। मन वितृष्णा से भर गया, पर क्षुधा आहुति माँग रही थी। बावर्ची कोई नेपाली था। मेरे उतरे मुँह को देख उसने मुझे पके हुए भात-दाल-सब्जी के बरतन दिखा आश्वस्त किया कि सब पहले ही बनाकर अलग रखा है। मुर्गे को बाहर के चूल्हे पर पकाया जाएगा। वे लोग अभी बोतल खोले अपना मूड बना रहे हैं, पहले आप खाना खा लें।

पूरी रात लेटा मोमबत्ती की लौ में मैं बार-बार घड़ी देखता रहा कि कैसे समय निकले और वहाँ से निजात पाऊँ। दूसरी शमा भी पिघलकर खत्म होने को थी। अब तक चार बज गये थे। कम्बल को तह कर बैग में ठूँसा और चेकपोस्ट पर चला गया। चौकीदार को तो रात में ही चुकता कर दिया था। बस आयी तब तक पौ फट चुकी थी। बस में क्या बैठा, लगा जैसे विमान में ही बैठ गया हूँ। तन से ज्यादा मन को राहत मिली। धीरे-धीरे दृश्य साफ होने लगे। मेरे पास ही एक लड़का बैठा था। बातों-बातों में पता चला कि वह खामति जनजातीय ईसाई था। मैं सीट पर पालथी मारे गरम चादर में लिपटा बैठा था। उसके कँपकँपाते पैरों को ढकने हेतु मैंने अपनी चादर का एक छोर उसे दे दिया। पता नहीं चादर की उष्मता थी या कुछ और था! वह मुझे स्वयं ही बताने लगा कि चर्च में जाना उसे अच्छा नहीं लगता। उसके माँ-बाप ने चूँकि ईसाई धर्म उसके जन्म से पहले ही अपना लिया था। अपने साथियों के साथ बौद्ध विहार में या फिर कभी दोनि-पोलो के मन्दिर जाना उसे अच्छा लगता है। हमारा पुराना धर्म ही अच्छा है। मैं यह आज भी नहीं समझ पाया कि बिना किसी सन्दर्भ के उसने ये सब मुझे क्यों बताया? मैं भला उसे क्या उत्तर देता?

बस नामसाई पहुँचने पर एक होटल में नाश्ता किया। सुखद अचरज हुआ कि उसे चलानेवाला एक बिहारी था। उससे पता चला कि वहाँ और भी बिहारी परिवार कार्यरत हैं। वहाँ से अब मेरा गन्तव्य तिनसुकिया के सिवाय और क्या होता! मन में मन्थन चल रहा था कि मैंने जानबूझकर सहज-सुविधाजनक यात्रा करने की बनिस्बत ये कष्ट क्यों उठाये! क्या यात्रा जिज्ञासा की एक तपस्या नहीं है! जिज्ञासा न हो तो ज्ञान का विकास कैसे होगा! मन ने ही उत्तर दिया कि लोहित उपत्यका में भोगे हुए कष्ट तो तात्कालिक थे, पर वहाँ की अनुभूतियाँ तो मेरी धरोहर हैं जो अब भी मेरे साथ हैं।

इस पार से उत्तर पार

ब्रह्मपुत्र के ऊँचे कगार पर खड़ा मैं आस-पास के परिवेश को आत्मसात करने की चेष्टा कर रहा था। ब्रह्मपुत्र मुझे कहीं दिखायी नहीं दिया। हाँ, उसके विस्तृत बलुई मैदान में खड़ी कुछ जीपें और नावें अवश्य दिख रही थीं। जीपों को यात्रियों की प्रतीक्षा थी और नावों को ब्रह्मपुत्र का जल-स्तर बढ़ने की। कगार जमीन से दस-बारह फुट अवश्य ऊँचा रहा होगा, जिसे बाँध कहना भी गलत नहीं होगा। इस बाँध के किनारे ही डिब्रूगढ़ बसा है। ब्रह्मपुत्र तो मनमौजी है। सावन-भादों में जब वह अपना विकराल मुँह खोलता है तो गाँव के गाँव लील जाता है। ब्रह्मपुत्र के बढ़े जल-स्तर के सामने डिब्रूगढ़ की स्थिति बौनी हो जाती है। इस नगर ने इसकी बाढ़ की विनाश-लीला बहुत सही है। डिब्रूगढ़ियों ने नावों पर बैठकर सड़कें नापी हैं। इसकी क्रूर दृष्टि से बचने के लिए ही इस दीवारनुमा बाँध की ओट की गयी है। बाँध के पीछे बसे डिब्रूगढ़ के घर-मकान वहाँ से दिख रहे थे।

डिब्रूगढ़ वैसे कोई पुराना नगर नहीं है किन्तु इसकी अपनी कुछ विशिष्टाएँ भी हैं। असम, बल्कि आज के पूर्वोत्तर की पहली रेल 18 फरवरी 1884 को यहीं से मारघेरटा तक चली थी। यहीं से 1895 में पूर्वोत्तर का पहला अँग्रेजी समाचार पत्र 'द टाइम्स ऑफ आसाम' शुरू हुआ था। असमिया साहित्यकार चन्द्रकुमार अगरवाला की प्रसिद्ध असमिया पत्रिका 'असमिया' के प्रकाशन का शुभारम्भ भी 1918 में यहीं से हुआ था। और तो और पूर्वोत्तर में हिन्दी पत्रकारिता का उदय भी इसी नगर में 1919 में बिश्वेसर दत्त शर्मा के सम्पादन में निकले मासिक 'प्रकाश' से हुआ था। असम का पहला चिकित्सा महाविद्यालय 'असम मेडिकल कॉलेज' भी 1 नवम्बर 1947 को यहीं शुरू किया गया था।

कगार पर खड़ा मैं इसी सोच में था कि डिब्रूगढ़ में आज ब्रह्मपुत्र को क्या हो गया है! छुपम-छुपाई खेलता यह कहाँ जा छिपा है! मेरी आँखें उसके द्वारा छोड़े गये बलुई मैदान के उस पार झाँक रही थीं। दूर-दूर तक आँखें गयीं, पर वे उसे खोज नहीं पायीं। मैंने तो सुन रखा था कि डिब्रूगढ़ तक आते-आते इसका पाट बीस-पच्चीस कि.मी. चौड़ा हो जाता है किन्तु मुझे तो वहाँ कोई जल-रेखा भी नहीं दिखी; शायद जनवरी की ठण्ड में वह सिकुड़ा-सिमटा कहीं धूप सेंक रहा था।

आस-पास कोई था ही नहीं जिसके सामने मैं अपने प्रश्न रखता। अचानक एक आदमी मेरे पास आया और बोला कि उसकी जीप घाट पर खड़ी है जो तीस रुपये सवारी लेकर लांच तक छोड़ देगी। थोड़ी ही दूरी पर तीन पत्ती का जुआ चल रहा था जिस पर मेरी आँखें सरसरी तौर पर वहाँ पहुँचते ही पड़ गयी थीं। वहाँ से दूसरे आदमी ने आकर मुझे सौ रुपये का नोट देने का उपक्रम करते हुए कहा कि सौ रुपये मैंने जीते हैं। मैं समझ गया कि लालच का फन्दा मेरी ओर क्यों फेंका जा रहा है। मैंने दृढ़तापूर्वक उसे लेने से इनकार कर दिया। मेरा उपेक्षित भाव देख उसने अपना नोट समेटा और नये मुरगे की टोह में लग गया।

कल दोपहर को ही तिनसुकिया से मैं डिब्रूगढ़ पहुँचा था। वहाँ छोटे भाई बिनोद की ससुराल है। एक रात की तो बात थी सो और कहीं न भटककर सोचा, समधी पूरणमल जी खोवाला को ही आतिथ्य सुख देकर अनुगृहीत किया जाए। समधी के यहाँ सुबह का नाश्ता कर मैं ब्रह्मपुत्र के उस पार शिलापाथार जाने के मन्तव्य से फेरीघाट पहुँचने की जुगत में ही उस कगार पर खड़ा था।

समधी के बड़े सुपुत्र गोपाल जी ने रास्ते के भूगोल से मुझे परिचित करा दिया था। साथ ही शिलापथार में अपने घनिष्ठ मित्र अशोक जी जैन के नाम एक पत्र भी दिया था जिसके आसरे मैं निश्चिन्त था। उनसे ब्रह्मपुत्र पर बन रहे चौथे सेतु की संक्षिप्त जानकारी भी मिली।

ब्रह्मपुत्र असम को दो भागों में बाँटे हुए है। सन् 1962 से पहले तक ब्रह्मपुत्र सर्वथा सेतुविहीन था। इसके आर-पार जाने के लिए नाव-स्टीमर के अलावा कोई विकल्प नहीं था। यात्रियों के अलावा कपड़ा-खाद्य सामग्री आदि भी कलकत्ता से असम तक जहाजों में ही आया-जाया करती थी। कलकत्ता से चले जलयान धुबड़ी, शुवालकूची, गुवाहाटी, तेजपुर आदि पर लंगर डालते हुए डिब्रूगढ़ या फिर दूरस्थ सदिया तक की यात्रा करते थे। पूर्वी-पाकिस्तान बनने के बाद यह व्यवस्था टूट गयी। और तो और, भारतीय हिस्से में भी अब नौवहन नहीं होता है। आज यदि इसे फिर प्रारम्भ किया जाए तो पर्यटन को भी बढ़ावा मिलेगा।

ब्रह्मपुत्र के विकराल स्वभाव के चलते ही इस पर पहले सेतु नहीं बन सका था। ब्रिटिश शासक थककर चले गये पर इसके जिद्दी स्वभाव के सामने उनकी एक न चली। अब तो इस पर तीन विशाल सेतुओं का निर्माण हो चुका है। सबसे पहला शराईघाट पुल सन् 1962 में गुवाहाटी में बना और दूसरा कालियाभोमुरा सड़क-पुल सन् 1987 में तेजपुर और नोगाँव जिले के बीच। तीसरा दो मंजिला रेल-सड़क पुल जोगीगोफा के पास सन् 1998 में बनकर तैयार हुआ। अब यह चौथा पुल निर्माणाधीन है। इसकी कुल लम्बाई तीन कि.मी. होगी जो डिब्रूगढ़ से आठ कि.मी. दूर स्थित बोगीबिल स्थान को उस पार के धेमाजी, नॉर्थ लखीमपुर जिलों

को जोड़ेगा। इससे उन क्षेत्रों के विकास में भी गति आ सकेगी।

इस इलाके में ब्रह्मपुत्र को पार करना बड़ा दुष्कर है। इसका पानी घटने पर घाट बहुत दूर चला जाता है। चापरियों के मध्य बहती धारा पर बहुत सावधानी से नाखुदा अपने निश्चित रास्ते से स्टीमर को कभी इंजिन से चलाते हुए तो कभी लम्बे बाँस से खेते हुए पहुँचाता है। कुछ स्थलों पर पानी इतना कम होता है कि स्टीमर के पेंदे बालू से लगकर वहीं अड़ जाते हैं, फिर उनको किसी प्रकार ठेल-ठालकर या अन्य जहाज से खिंचवाकर ही उथले पानी से निकाला जाता है।

ब्रह्मपुत्र जब अपनी बाढ़ की तरंग में होता है तब इसके तीव्र वेग में नौवहन करना खतरनाक होता है और कठिन भी। इस सेतु के पूर्ण होने में लगभग सात-आठ वर्षों तक प्रतीक्षा करनी पड़ेगी। फिर भी लोग आशान्वित हैं कि उनकी दिक्कतों के दिन अब टलनेवाले हैं।

जीप यात्रियों से भर चुकी थी। उसमें मैं भी लद गया। जीप छूट ही रही थी कि एक युवती दौड़ी आयी। उसके तीखे नाक-नक्श मेकअप से और चमक रहे थे। चेहरे से लुनाई टपक रही थी। हाथों में सोने के मोटे-मोटे कड़े और भर हाथ लाल-हरी काँच की चूड़ियाँ, कानों में लटकते झुमके, नाक में चमकती लौंग और सलीके से पहनी साड़ी में सजी-सँवरी वह कृशोदरी आकर्षक लग रही थी। शायद जीप में बैठे सभी मन-ही-मन उसकी समीपता चाहते थे। जीपवाला उसे पहचानता था, सो उसे किसी भी तरह जीप में बैठाना उसके लिए लाजमी था। पीछे की सीट पर बैठे हम तीन जन सिमटते भी तो आखिर कितना सिमटते। फिर भी थोड़ी-सी जगह तो निकल ही आयी। वह तन्वंगी उन्मुक्त भाव से धम् से आकर मेरे पास बैठ गयी। स्थिति को भाँप अपने को भरसक समेटने की कशमकश में उसके पैरों में पहनी चाँदी की झाँझर और बड़े-बड़े बिछुए उजागर हो गये।

जीप बिल्कुल खटारा थी। वह तो पुरानी थी, नयी भी होती तो उस डगर पर बेहाल हो जाती। सिवाय हॉर्न के उसके सारे अंग-प्रत्यंग बज रहे थे। उस बलुई ऊबड़-खाबड़ रास्ते में हिचकोलों के संग किनारे बैठे लोगों को लग रहा था कि जीप जैसे बाहर ही उछाल देगी। सबसे भयावह स्थिति युवती की थी। उसने कसकर मुझे पकड़ रखा था, फिर भी वह अपना सन्तुलन नहीं साध पा रही थी।

बातों-बातों में पता चला कि उस घाट पर उसके मोटर लांच चलते हैं। तभी तो जीपवाले ने लांच मालकिन को जीप में बिठाने की तत्परता दिखायी। वह बिहार की रहनेवाली थी किन्तु जीपवाले से फर्राटे से असमिया बोल रही थी। असम में बस-बास कर रहे अन्य प्रान्तीय लोगों की भी एक बड़ी आबादी है जो हिन्दी भाषी कहे जाते हैं क्योंकि ये लोग आपस में हिन्दी में या फिर अपनी मातृभाषाओं में बतियाते हैं। इतना होकर भी हिन्दी समाज कम या ज्यादा असमिया भी बोल-समझ

लेता है। अब इस समाज के हित असम से ही जुड़ गये हैं। नयी पीढ़ी में तो बहुतों ने अपने मूल स्थानों को देखा तक नहीं है। ऐसे लोगों में नेपालियों की भी एक बड़ी संख्या है। विडम्बना यह है कि इनमें और असमिया समाज में आपसी समझ की कमी की वजह से एक दूरी हरदम बनी रही है।

अब रास्ता छोटा लगने लगा था। मंजिल तो आनी ही थी। लबलबाते ब्रह्मपुत्र की जगह एक सूखी-सी नदी देखकर मैं निराश हुआ। उसके तट पर कई नावें और मोटर लांच खड़े थे। मैंने युवती को पूछा कि ब्रह्मपुत्र के बदले यह कौन-सी नदी है। 'यह ब्रह्मपुत्र ही तो है' कहकर वह हँसी और सर्र से निकल गयी।

अब भी मैं विश्वास नहीं कर पा रहा था कि वह ब्रह्मपुत्र है। कहाँ मेरे मन में बचपन से बसी गुवाहाटी में बहते ब्रह्मपुत्र की विशाल जलमय काया और कहाँ इसकी यह कनकनी-सी इकहरे बदन की यह धारा! यात्रियों के साथ दो कारों के भी बोझ से लदा लांच नद से निकली छोटी-बड़ी चापरियों के बीच बहती छिछली-सी धारा पर आगे बढ़ रहा था।

लांचवाला अपने जाने-पहचाने रास्ते से ही लांच को ले जा रहा था। लांच क्या था, एक बड़ी-सी नाव थी जिसमें सौ-सवा सौ यात्रियों को बैठाने के लिए काठ के पट्टे लगे थे और सिर ढाँपने को टीन का छप्पर बनाकर एक बजरे का रूप दिया गया था। उसकी छपरीनुमा छत पर बैठा मैं ब्रह्मपुत्र के उस अनदेखे स्वरूप को पहचानने की प्रक्रिया से गुजर रहा था। मेरे पास ही एक असमिया लड़का बैठा था। बातों-बातों में उसे पता चला कि ज्योतिप्रसाद अगरवाला पर मैंने हिन्दी में किताब लिखी है। यह जानकार अन्य लोगों से उच्छृंखल व्यवहार करनेवाला वह युवक मुझसे आत्मीयता दिखाने लगा। वह मरने-मारने के सिवाय तो बात ही नहीं कर रहा था। उसके व्यवहार पर मैंने उसे थोड़ा डाँटा। वह खिलखिलाया, फिर शान्त होकर बोला कि इस इलाके में मुझे कोई तकलीफ हो तो उसका नाम-भर कह दूँ, उसे सब जानते हैं।

आगे चलकर ब्रह्मपुत्र का पाट थोड़ा चौड़ा हो गया। सामने जलधारा में स्थिर खड़ा एक लांच दिखायी दिया जिसे घेरे कुछ लोग पानी में खड़े थे। मुझे अचरज हुआ। पता चला कि वह लांच उथले पानी की वजह से जमीन से लग गया था। भावी संकट की आशंका से हमारे लांच को एक चापरी किनारे खड़ा कर उसका वजन हल्का करने के लिए यात्रियों को उतारा गया। फिर उसे चापरी के दूसरे किनारे तक ले जाया गया। हमने चापरी को करीब एक कि.मी. पैदल नापा और फिर से लांच पर आरूढ़ हुए।

ब्रह्मपुत्र की धारा पर लांच फिर प्रवहमान था। इसके साथ ही विचारों की एक धारा मेरे मन में बह रही थी। ब्रह्मपुत्र सृजन और संहार का देवता है। असम में

आनेवाले भूकम्पों से भी इसका स्वभाव बिगड़ा है। छप्पन साल पहले आया भूचाल भी ब्रह्मपुत्र की संहार-लीला में मददगार साबित हुआ; साथ ही इसकी उपनदियों के मार्गों को भी उसने बदलकर रख दिया। इस कारण नौवहन भी प्रभावित हुए बिना नहीं रहा। इससे पहले 1897 ई. में भी यहाँ भयंकर भूकम्प आया था। यहाँ यदाकदा आनेवाले छोटे-मोटे झटके सहना इसकी नियति बन गयी है।

ब्रह्मपुत्र में किसी बहन या माता जैसी ममता नहीं। यह एक कठोर पिता की तरह है। परशुराम के परशु से बहे रक्त के लोहित में मिल जाने से तो कहीं इसके स्वभाव में कठोरता नहीं आ गयी! क्या वह लहू ही लोहित के पानी के संग बहकर ब्रह्मपुत्र में जा समाया था?

दो घण्टों की यात्रा के बाद लांच घाट पर लगा तो मैंने सोचा कि शिलापथार आ गया होगा। घाट पर खड़ी बस के साथ जीपें भी खड़ी थीं। मुझे जीपों के बनिस्बत बस में गँवई लोगों के बीच बैठना ही सुखकर लगा। सेना की पुरानी शक्तिमान गाड़ी को ठोंक-पीटकर बस का बाना पहनाया गया था। बैठने के लिए लकड़ी के पट्टे लगे थे। टीन की छत थी। नदी की छोड़ी हुई बालू पर वह खटारा बस उछलती-कूदती चल रही थी। उसका अंग-अंग असमय अपना भैरवी राग छेड़े था। बस का कण्डक्टर पीकर मस्त था और किसी जनजातीय भाषा में कोई गीत गुनगुना रहा था।

रास्ते में आये गाँवों में लम्बी-लम्बी *चांगों* (मचानों) पर लकड़ी-बाँस-फूस के बने घरों ने मेरा ध्यान आकर्षित किया। इस प्रकार के घर बनाने की परम्परा ब्रह्मपुत्र और उसकी सहायक नदियों के स्वभाव से तालमेल बैठाने के लिए शुरू हुई होगी। बाढ़ के दिनों में पानी का प्रवाह इन घरों के नीचे तक आ जाता है तो भी इनकी दैनन्दिन की गतिविधियाँ चलती रहती हैं।

खैर जो भी हो, इन चांगघरों के सामने खड़ी लड़कियों को देखकर कण्डक्टर ठिठोली कर रहा था। वे बस हँस-भर देती थीं। महिलाओं की रंग-बिरंगी वेशभूषा भी उनके चेहरे-मोहरे की भाँति आकर्षक थी। मुझे उनके बारे में जानने की स्वाभाविक इच्छा हुई तो अपने सहयात्री एक छात्र को थोड़ा कुरेदने पर पता चला कि वे बस्तियाँ मिशिंग और देउरी जनजातीय लोगों की थीं। दोनों जातियों में फर्क करना मेरे लिए मुश्किल था।

मिशिंग जनजाति के घरों के बारे में पता चला कि इनके घरों में आगे-पीछे दो दरवाजे होते हैं। परिवार के अनुपात में घरों की लम्बाई दो सौ से ढाई सौ फुट तक होती है। एक ही घर में खाना-पीना और सोना होता है। मजे की बात है कि मिशिंग घरों में बैठने के आसन या सोने के लिए खाट नहीं होती। एक गाँव में एक ही कुल के लोग रहते हैं। इनके घर की चांग के नीचे पालतू पशु, सूअर, मुर्गी, बत्तख, गाय,

बैल, भैंस आदि रहते हैं।

सहयात्री से उनके कतिपय रीति-रिवाजों और परम्पराओं के बारे में भी पता चला। मिशिंग को पहले मिरि कहा जाता था। ये असमिया वैष्णव धर्म के अनुयायी हैं। मिशिंग समुदाय के गाँवों में युवाओं के लिए एक संस्था होती है—*थामे मिबिर* किन्तु लड़के-लड़कियों के लिए अलग-अलग। लड़कों की *डेका बोरा* और लड़कियों की *तिरि बोरा।* इन संस्थाओं का दायित्व अपने गाँवों का विकास करना भी होता है। इन संस्थाओं से दोनों को आपस में एक-दूसरे को समझने के अवसर मिलते हैं। मिशिंग नारियाँ कातने, बुनने और कढ़ाई के काम में बड़ी दक्ष होती हैं। कपास की खेती कर कपड़े बुनती हैं। एण्डी के कपड़े भी बुनती हैं। विवाहित स्त्रियाँ घुटने के नीचे तक *ऐगे* (मेखला) पहनती हैं। सिन्दूर लगाती हैं, चोटी गूँथती हैं। ये अपने शिशुओं को पीठ पर लादे ही सब काम कर लेती हैं।

मिशिंग समाज में लड़के-लड़कियों में कोई भेदभाव नहीं किया जाता, उनके नारी समाज को बहुत-सी सुविधाएँ मिली हुई हैं। पिता की सम्पत्ति पर हालाँकि बेटी का अधिकार नहीं माना जाता किन्तु कतिपय परिस्थितियों में वह वारिस भी होती है। लड़केवाले को 'विवाह के लिए तय रकम' देनी होती है। इनमें प्रेम विवाह की अनुमति है। लड़का गरीब होने के कारण धन देने की स्थिति में नहीं होता है तो लड़की को भगा ले जाता है जिसकी सूचना बाद में उसके घरवालों को दे दी जाती है जिसे ग्रामीण पंचायत सहमति दे देती है। इनमें बाल-विवाह नहीं होता। उल्लेखनीय है कि पूरे पूर्वोत्तर में कहीं भी बाल-विवाह की प्रथा नहीं है और न पर्दा-प्रथा ही है। मिशिंग में विधवा-विवाह मान्य है। पति की मृत्यु होने पर देवर भाभी को पत्नी रूप में रख सकता है। इनमें ममेरे-फुफेरे भाई-बहनों में विवाह को अच्छा समझते हैं। इनमें शिक्षा का प्रसार काफी हुआ है। पढ़े-लिखे लोग शिक्षक-प्रोफेसर या फिर उच्च पदों पर हैं। मुझे याद आया कि मुम्बई के वासी स्थित असम भवन में हुए किसी कार्यक्रम में कुछ मिशिंग मिले थे।

इसी तरह देउरी जनजाति में भी महिलाओं को समानाधिकार हैं परन्तु पुरुष चाहे तो दूसरा विवाह भी कर सकता है। पहली पत्नी को कोई शिकायत होने पर वह ग्राम पंचायत में फरियाद कर सकती है। इनमें गन्धर्व विवाह और विधवाओं को पुनः विवाह की छूट है। इन दोनों जनजातियों की महिलाओं की वेशभूषा बहुत चटकीले रंगों की होती हैं।

वह खटारा बस चलती ही जा रही थी। बीच में उथले पानी की दो-तीन छोटी नदियाँ भी उसने चलकर पार कीं, पर गन्तव्य था कि आ ही नहीं रहा था। आखिर डामर की पक्की सड़क दिखी किन्तु शिलापथार का कहीं पता नहीं था। सब यात्रियों के साथ मुझे भी बस से उतरना पड़ा। किसी सहयात्री ने मुझे वहाँ खड़े

एक तिपहिये में बिठाया। ऑटोवाले को अशोक जैन का नाम बताया तो वह समझ गया। रास्ते में ऑटोवाले से बतियाते-बतियाते पता चला कि जिस घाट पर हम उतरे थे उसका नाम सोनारी घाट था, जहाँ से शिलापथार की दूरी करीब 28-30 कि.मी. थी। पक्का रास्ता नहीं होने से दूरी और भी लम्बी लगी थी। ब्रह्मपुत्र का पानी अपने शबाब पर होता है तब दोनों किनारों के घाट नजदीक आ जाते हैं और रास्ते की दूरी के बदले लांच की यात्रा लम्बी हो जाती है।

चार-पाँच कि.मी. चलने के बाद ठीक अशोक जी की हार्डवेयर-दुकान के सामने ले जाकर उसने मुझे उतारा। गोपाल जी का पत्र पढ़कर उन्होंने मेरी बड़ी आवभगत की। मैंने मालिनीथान जाने का अपना मन्तव्य उन्हें बताया। दोपहर के खाने का समय था, सो मनुहार कर पहले भोजन करवाया, फिर एक ऑटो भाड़े पर करके वे मेरे सहयात्री भी बन गये। मेरे लिए यह सुखद रहा।

मालिनीथान शिलापथार से आठ कि.मी. दूर असम से लगी अरुणाचल की सीमा में बसे लिकाबालि गाँव का एक धार्मिक स्थल है किन्तु मैं तो वहाँ इतिहास से मिलने गया था। रास्ता लगभग समतल ही था। आगे जाकर थोड़ा पहाड़ी हो गया। अरुणाचल के उस इलाके तक जाने के लिए 'इनर लाइन परमिट' की आवश्यकता नहीं थी। लिकाबालि में अशोक जी ने खोजबीन कर अपने परिचित एक शिक्षक को साथ लिया। वे बिहार के रहनेवाले थे। इस ढूँढ़-ढाँढ़ में आधा-पौन घण्टा चला गया।

इस दौरान मुझे अरुणाचल और असम के आपसी सम्बन्धों के बारे में थोड़ा जानने का अवसर मिल गया। अतीतकाल से ही दोनों राज्यों, जो कि पहले एक ही थे—के लोगों में आपसी सौहार्द रहा है। आहोम और अँग्रेजी राज्य में भी आपसी सम्बन्धों में कोई शिथिलता नहीं आयी। राजनीतिक और प्रशासनिक बाधाओं के उपरान्त दोनों राज्यों के बीच ऐतिहासिक, सांस्कृतिक और भौगोलिक समन्वयता अतीतकाल से रही है। उनमें आपसी भाईचारा रहा है, दोनों राज्यों के लोग एक-दूसरे के मीत रहे हैं।

अतीतकाल से ही इनमें आपसी बोलचाल की भाषा असमिया रही है। यह अलग बात है कि पहाड़ी जनजातियों के असमिया उच्चारण में पहाड़ी लहजा रहा है और अपने कुछ शब्दों की घालमेल भी। अरुणाचल की निशी, मिशिंग, आबोर, देउरी, चिंफौ गाम आदि जातियों की पहाड़ी लहजे की हुः हाः जैसी ध्वनियों का समावेश उनके द्वारा गाये जानेवाले बिहूगीतों और बनगीतों के स्वरों में भी स्वाभाविक रूप में हुआ है। शीतकाल में इनके झुण्ड-के-झुण्ड पहाड़ों से उतरकर असम के समतल पर आते थे। अपनी पीठ पर लदे बेंत-बाँस के टोकरों में भरकर लाये धान, मिर्ची आदि को वे दूर के गाँवों में जाकर एरी चादर, बर्तन आदि जैसी

अपनी आवश्यक वस्तुओं के बदले विनिमय करते थे।

आहोम राजा राजेश्वरसिंह ने असम से अरुणाचल ही नहीं, भूटान तक सुगमतापूर्वक आने-जाने के लिए चौबीस दुवार (द्वार) बनवाये थे किन्तु आज अरुणाचल में जाने के लिए परमिट लेना पड़ता है। राजनीतिक दृष्टि से अरुणाचल आज केन्द्र शासित प्रदेश है जहाँ के बहुत से नियम-निर्धारण दिल्ली में बैठकर होते हैं। चीनी आक्रमण के बाद भारत सरकार ने इसके विकास पर ध्यान दिया, जिसके साथ शिक्षा पद्धति में हिन्दी को अनिवार्य कर दिया। यहाँ की पढ़ाई में असमिया को भी सम्मिलित करने के लिए कई माँगपत्र सरकार को दिये गये हैं। क्योंकि असमिया शुरू से ही दोनों राज्यों के लोगों के बीच सम्पर्क भाषा रही है। आज भी ईटानगर साहित्य सभा असमिया भाषा में एक साहित्यिक पत्रिका 'अरुणज्योति' का प्रकाशन करती है।

अरुणाचल की जनजातियों में उपास्य देवता 'दोनी-पोलो' (चन्द्र-सूर्य) हैं। हिन्दू भी इन्हें आराध्य रूप में पूजते हैं। वेदों से लेकर भागवत तक में सूर्यनारायण को सृष्टि की मूल शक्ति माना गया है। अरुणाचल की कामेंग, मनपा, चिंफौ और खामति जनजातियाँ ज्यादातर हीनयानी बौद्ध हैं, जिनमें से कुछ लोग महायानी बौद्ध भी हैं। इन्हीं कारणों से ईसाई मिशनरियाँ यहाँ विशेष सफल नहीं हो पायीं।

प्राकृतिक सौन्दर्य से भरपूर पहाड़ी रास्ते पर ऑटो आसानी से चढ़ रहा था। ऑटो निर्देशानुसार हमें एक सुनसान से पहाड़ी टीले पर ले गया। वहाँ एक छोटा-सा रुक्मिणी मन्दिर था। कुण्डिल नगर से द्वारका जाते समय श्रीकृष्ण और रुक्मिणी वहाँ ठहरे थे। पौराणिक आख्यानों को हम किंवदन्ती मानकर बातों में उड़ा देते हैं किन्तु उस लोकविश्वास को कोई कैसे नकारेगा जो सैकड़ों वर्षों से लोगों के मन में पल रहा है। भौगोलिक दृष्टि से विचार करें तो कुण्डिल नगर से द्वारका तक का रास्ता ब्रह्मपुत्र के उत्तरी किनारे से ही जाता है।

रुक्मिणी मन्दिर के आसपास बड़ा मनोहारी दृश्य था। वहाँ से पूर्व-दक्षिण के कोने में बहती नदी तक बसे असम के गाँव दिख रहे थे, जिनमें अधिकतर बोड़ो और नेपाली लोग रहते बताते हैं। शाम ढलने के साथ मेरी अधीरता बढ़ती जा रही थी। आखिर वही हुआ जिसका मुझे डर था। मालिनीथान पहुँचते-पहुँचते वहाँ का म्यूज़ियम बन्द हो गया। हम निरुपाय हो गये। उन्होंने मुझे आश्वस्त करते हुए कहा कि विशेष अफसोस करने की बात नहीं है और एक ढलवा रास्ते से पैदल ही मालिनीथान मन्दिर की ओर ले गये। ऑटोवाले को उन्होंने दूसरे रास्ते से जाकर मन्दिर के गेट पर मिलने की हिदायत दी।

मन्दिर परिसर में आसपास के गाँवों की जनजातियों के स्कूली लड़के-लड़कियों का मेला-सा लगा था। वे लोग दर्शन करने आये थे। मन्दिर देखकर मैं

ज्यादा प्रसन्न नहीं हुआ। उसमें कोई भी स्थापत्य मुझे नहीं दिखायी दिया। मन्दिर की छत टीन की बनी थी। वहाँ का सारा निर्माण ही अधुनातन लगा। आधे-अधूरे मन से मैंने भी मन्दिर में प्रवेश किया। अशोक जी की मन्दिर में प्रतिष्ठित देवी में विशेष ही आस्था थी। मैं भी कोई नास्तिक तो हूँ नहीं। देवी की पाषाण-प्रतिमा के सामने बैठा तो स्वतः नमन की मुद्रा में मस्तक झुक गया। अब वह देवी-प्रतिमा मुझे आकर्षक लगने लगी। मूर्ति की आँखें सोने की बनी थीं। कृष्ण-पाषाण की बनी वह मूर्ति बहुत प्राचीन थी, जिसको देखने पर ही आभास हो रहा था। अशोक जी ने धूप-दीप से देवी की पूजा की। बाद में उनकी आस्था का रहस्य उजागर हुआ। कुछ महीनों पहले अल्फावालों ने उनका अपहरण कर लिया था। कई दिनों बाद यहाँ देवी की मनौती करने पर वे छूटे थे। सचमुच आस्था और विश्वास के आगे कोई तर्क नहीं टिकता।

मालिनीथान में प्रतिष्ठित मूर्ति दुर्गा की है। श्रीकृष्ण रुक्मिणी को लेकर जब यहाँ आये थे तब देवी ने मालिन के रूप में उन्हें दर्शन दिये और पुष्प-मालाएँ देकर गन्धर्व विवाह करवाया था। यहाँ हर वर्ष 'अकाल बोधन' दुर्गापूजा होती है जो आश्विन में होनेवाली नवरात्रि की शारदीय पूजा से अलग है। पहले यहाँ सात दिनों तक लगनेवाला मेला अब तीन दिन ही लगता है। इसमें मिशिंग, आदी, बोड़ो-कछारी, नेपाली, असमिया, बंगाली, मारवाड़ी आदि सभी लोग आते हैं।

तूफान आता है तो सभी सहम जाते हैं किन्तु वहाँ उसका स्वागत किया जाता है। यहाँ के लोगों का विश्वास है कि तूफान के रूप में देवी आयी है। बोड़ो-कछारी भाषा में तूफान को *बोर-दै चिखला* अर्थात् 'हवा-पानी (की) देवी' कहते हैं। उसके स्वागत के लिए घर के बाहर उसके बैठने के लिए पीढ़ा और शृंगार करने को तेल, कंघी, शीशा, बिन्दिया आदि रखे जाते हैं। अब कोई तर्क द्वारा कैसे इनके विश्वास को हिला सकता है? इसी बोड़ो शब्द को असमिया में *बोर-दै चिला* यानी 'हवा-पानी की चील' कहते हैं। बरसात-आँधी के साथ यह मौसमी तूफान हर साल मानो बहाग (बैशाख) बिहू की अगवानी करने आता है। कृषिभूमि के उर्वरा होने के लिए इसका आगमन शुभ माना जाता है। असमिया नवविवाहिता *छोवाली* (लड़की) भी बोर-दै चिला के साथ अपने नैहर आ जाती हैं। बोड़ो और असमिया लोकगीतों में इसका महत्त्वपूर्ण स्थान है।

मालिनीथान मन्दिर के नजदीक ही बिखरे पड़े पाषाण-अवशेषों के मध्य से अशोक जी मुझे एक प्राचीन मन्दिर तक ले गये। चुटिया राजा द्वारा बनाये गये उस मन्दिर को देखकर मैं मुग्ध हुए बिना नहीं रह सका। काले पत्थरों से बने उस मन्दिर के स्थापत्य की उत्तरी भारत के स्थापत्य से समानता लगी। वहाँ के ध्वंसावशेषों के बीच उस मन्दिर का ढाँचा ठीक-ठाक-सा खड़ा था, हालाँकि उसमें कोई

आराध्यदेव या देवी नहीं थी। उसके चारों ओर एक सुदीर्घ ऊँची-चौड़ी प्राचीर थी जिस पर स्कूली बच्चों की देखादेखी हमने भी चहलकदमी की।

बारहवीं शताब्दी का यह मन्दिर एवं राजा भीष्मक के राजप्रासाद के अवशेष सन् 1970 में जंगल को काटकर मिट्टी की खुदाई करके निकाले गये। यहाँ ग्रेनाइट द्वारा निर्मित सप्त अश्व-रथ आरूढ़ सूर्य का मन्दिर, फालिक पत्थर का शिवलिंग, ऐरावत पर बैठे इन्द्र, मयूरासन पर आसीन कार्तिकेय के अतिरिक्त भी शताधिक देवी-देवताओं की मूर्तियाँ, नृत्यरत यक्षिणी, मिथुन मूर्तियाँ और भी कितनी ही प्रकार की मूर्तियाँ मिली हैं। वैसे मूल मन्दिर अक्षत होकर भी यहाँ मिली मूर्तियाँ टूटी हुई हैं।

अतिप्राचीन चुटिया जाति सदिया के आसपास और उत्तर लखीमपुर जिले के अलावा ब्रह्मपुत्र के उस पार शिवसागर तक फैली हुई थी। इन्हें बोड़ो-कछारी जाति की एक प्रजाति माना जाता है। सदिया से लगे अरुणाचल की सीमा में इदोमिश्मी जनजातियाँ रहती हैं जो अपने आप को राजा भीष्मक का वंशज मानती हैं। मजे की बात है कि ये लोग अपने केश बीच-बीच में विचित्र तरीके से कटवाते हैं। इनकी मान्यता है कि रुक्मिणी-हरण के समय उनके राजकुमार रुक्म के साथ हुए युद्ध में रुक्म जब हार गया तो श्रीकृष्ण ने उसके बालों को बीच-बीच में काटकर उसे सजा दी थी। उसी की स्मृति में ये लोग अपनी केश-सज्जा इस तरीके से करते हैं। दूसरी रोचक बात यह है कि फिर भी ये लोग कृष्ण-भक्त हैं।

चुटिया जाति भी अपने को भीष्मक की वंशज मानती है। ये लोग प्रारम्भ से ही हिन्दू धर्मावलम्बी रहे हैं। ये लोग ज्यादातर शाक्तधर्मी हैं और अपनी कुलदेवी ताम्रेश्वरी देवी को 'केंचाई खाती' गोंसानी कहते हैं। (असम में देवता को गोंसाई और देवी को गोंसानी भी कहा जाता है।) अरुणाचल में ताम्रेश्वरी देवी का एक मन्दिर है। देवी के भक्त होने के कारण इस जाति में तान्त्रिक विश्वास भी रहे हैं। पहले इस मन्दिर में नरबलि भी होती थी, आज पशुबलि होती है। भीष्मक के पश्चात् इनकी राजसत्ता सैकड़ों सालों तक छिन्नभिन्न रही। चुटिया लोग अपने छोटे-से राज्य में स्वतन्त्रतापूर्वक रहते थे। असम के कोने में रहने के कारण ये लोग एक तरह से अन्य लोगों से कटे हुए थे। सर्वप्रथम तेरहवीं शताब्दी में इनके शक्तिशाली राजा वीरपाल का नाम प्रकाश में आता है जिसका राज्य सुवणशिरी नदी से लेकर सोनागिरि पर्वत तक था।

वीरपाल के पुत्र गौरनारायण ने सन् 1244 में अपने बाहुबल से आसपास के स्थानों को जीतकर अपना राज्य विस्तृत किया और अपना नाम रत्नध्वज पाल रखकर रत्नपुर नामक नयी राजधानी बनाकर शासन किया। रत्नध्वजपाल ने मन्दिरों के निर्माण करवाये और अपने राज्य को सुदृढ़ किया। इसने अपने बेटे विजयध्वज पाल

(शिवनारायण) का कमता के राजा नीलध्वज की पुत्री से विवाह कराकर अपने सम्बन्ध बढ़ाये और गौड़ प्रदेश के राजा से मित्रता कर अपने एक बेटे को उसके राज्य में पढ़ने भेजा। दुर्भाग्यवश वहाँ उसकी मृत्यु हो गयी। गौड़ नरेश ने उसके बेटे के श (शव) को चुटिया राज्य की राजधानी भिजवा दिया। जिस स्थान पर 'श' दिया गया था उसका नाम श-दिया पड़ गया। असमिया में आज भी 'शदिया' ही लिखा जाता है, जबकि हिन्दी में सदिया।

चुटिया वंश का तीन सौ वर्षों तक समृद्धशाली राज्य रहा था जिसमें रत्नध्वज पाल (गौरनारायण) के बाद विजयध्वज पाल (शिवनारायण), विक्रमध्वज पाल (जगतनारायण), गरुड़ध्वज पाल (प्रमथनारायण), हंसध्वज पाल (हरिनारायण), मथुराध्वज पाल (गोलोकनारायण), जयध्वज पाल (व्रजनारायण), कर्मध्वज पाल (सत्यनारायण), धर्मध्वज पाल (धीरनारायण) नामक नौ राजा हुए।

चुटिया के समकालीन हुए आहोमों का शासन ब्रह्मपुत्र के उस पार सुदृढ़ होता जा रहा था। आहोमों ने वहाँ के कछारी राज्य पर अपना आधिपत्य जमा लिया। धर्मध्वज पाल के कोई पुत्र नहीं था सो उसने अपनी बेटी साधनी का विवाह एक चुटिया युवक निताई से कर उसे अपना उत्तराधिकारी बना दिया। सन् 1513 में चुटिया धर्मध्वज पाल ने आहोम राज्य की सीमाओं का अतिक्रमण किया जिसके चलते दोनों राज्यों में दस सालों तक युद्ध चला। इधर धर्मध्वज पाल को वैराग्य हो जाने के कारण निताई नीति पाल नाम से राजा बना किन्तु वह अनुभवहीन था। आहोम राजा सुहुंगमुंग ने चुटिया राज्य को अपने अधीन कर लिया और नीति पाल ने अपनी पत्नी साधनी के साथ पहाड़ से कूदकर आत्महत्या कर ली और चुटिया वंश का अन्त हो गया।

इतिहास की उन पगडण्डियों पर चलते-चलते रात का अँधेरा कब घिर आया, पता ही नहीं चला। पूर्वोत्तर में सूर्यास्त पाँच-पौने पाँच बजे ही हो जाता है। लिकाबालि से लौटकर करीब छह बजे शिलापथार पहुँचे तब तक बाजार बन्द हो चुके थे। यहाँ शाम सात बजे ही मुम्बई के दस-बारह बजे जैसा माहौल हो जाता है। हाँ! गुवाहाटी जैसे शहर में आठ-नौ बजे तक चहल-पहल रहती है। अशोक जी ने बहुत कहने पर भी ऑटो-किराया मुझे नहीं देने दिया। वैसे शिलापथार एक छोटा-सा कस्बा है जहाँ असम की अन्य जगहों की तरह व्यापार की बागडोर मारवाड़ियों के हाथ में ही है जिनमें अग्रवालों और माहेश्वरियों के बाद जैनियों का भी वर्चस्व है। जैनियों में दिगम्बर और श्वेताम्बर दोनों सम्प्रदाय के लोग हैं। शिलापथार में दिगम्बर जैनी ज्यादा हैं।

भोजन में थोड़ी देर थी, सो अशोक जी पास में ही बन रहा जैन मन्दिर दिखाने बहुत आग्रह कर ले गये। मैं थका था परन्तु उनके आग्रह को भी कैसे टालता?

बातों-बातों में मुझे पता चला कि वहाँ से कुछ कि.मी. दूर स्थित ढेकुवाखाना गाँव में पूर्वोत्तर का सबसे प्राचीन जैन मन्दिर है जो ढाई सौ साल पुराना है। मुझे अचरज हुआ कि उस वक्त ही जैनी लोग वहाँ अपना कारोबार करने पहुँच गये थे। ढेकुवाखाना नाम के साथ मुझे याद आया कि इसी गाँव में तो 'असम साहित्य सभा' के भूतपूर्व अध्यक्ष और असमिया साहित्यकार-पत्रकार होमेन बरगोहाँई का जन्म 7 दिसम्बर 1932 को हुआ था।

दूसरे दिन तड़के ही मुझे नॉर्थ लखीमपुर जाना था। अशोक जी सपरिवार तड़के उठकर ही मन्दिर पूजा-अर्चना करने जाते हैं। ऐसे में घर से मेहमान को किस तरह विदा किया जाए। मैंने रात को ही उन्हें समझा दिया कि उन्हें चिन्ता करने की आवश्यकता नहीं, क्योंकि सुबह चाय के सिवाय मैं कुछ नहीं लेता। फिर भी सुबह जब अलार्म घड़ी से जगकर मैं आनन-फानन तैयार हुआ तो टेबल पर गर्मागर्म चाय के साथ कुछ नमकीन भी था। उनके घर के सामने की सड़क से ही 110 कि.मी. दूर उत्तरी लखीमपुर जाने की बस में मैं सवार हो गया। मैं लखीमपुर के विशेषण 'उत्तरी' से बड़ा ऊहापोह में था। यह उत्तरी है तो अवश्य कोई दक्षिणी लखीमपुर भी होगा।'

बस कहने को तो राष्ट्रीय मार्ग क्रमांक 52 पर चल रही थी, पर पता नहीं वह देश का कौन-सा राजमार्ग था जो इतनी जर्जरावस्था में सिसक रहा था। अभी तो बाढ़ के दु:खभरे दिन भी नहीं आये थे और जिसमें ये हाल थे। बाढ़ के दिनों में धेमाजी जिले के बाशिन्दों के क्या हाल होते होंगे? पता नहीं, वहाँ के चुने हुए विधायक कभी इधर की कोई खोज-खबर लेते भी हैं या नहीं? यदि खबर लेते हैं तो भलेमानुष हैं और नहीं लेते हैं तो सामान्य बात है। आज तो पूरे देश का यही परिदृश्य है।

धेमाजी पहले उत्तर लखीमपुर का एक महकमा मात्र था जिसे सन् 1989 में असम का एक जिला बनाया गया। इस जिले की जनसंख्या केवल छह लाख है जिसके मुख्य स्थान हैं—जोनाई, शिलापथार, धेमाजी, गोगामुख और मुर्कंग्सलेक। यह पूरा जिला और उत्तर लखीमपुर जिला प्रति वर्ष मई से अक्टूबर तक यातायात की दृष्टि से असमिया मुहावरे में कहें तो 'पाण्डववर्जित स्थान' है। उत्तरी-दक्षिणी ध्रुवों की भाँति यहाँ के छह महीने भी विकराल होते हैं। इन जिलों का आन्तरिक सड़क-सम्बन्ध भी छिन्न-भिन्न हो जाता है।

धेमाजी से डिब्रूगढ़ की फेरी पकड़ने के लिए कोलाजान होकर सोनारी घाट जाना होता है। वहाँ तक जाने का रास्ता मध्ययुगीय यातायात है जिसे जनता द्वारा स्वयं बनाये गये बाँस के अस्थायी पुलों और छोटी-छोटी नावों से तय करना होता है। आज भी वहाँ कोई प्रतिरोधी बाँध का निर्माण नहीं हुआ है। सन् 1965-66 में

एक मिट्टी का बाँध बनाया गया था जो अब भग्नावशेषों में रूपान्तरित हो चुका है। जिले के शासनाधिकारी को मिले लाखों रुपयों की धनराशि को किस काम में लगाया गया, इस बारे में कौन पूछे?

बस धेमाजी पहुँचकर चायपानी के लिए रुकी। धेमाजी एकदम किसी कस्बे का रूप था। चाय-मिठाई की छोटी-छोटी दुकानों के सिवाय वहाँ एक बाजार भी था। कभी धेमाजी का इलाका चुटिया राज्य के अन्तर्गत था जो फिर सन् 1523 में आहोमों के अधिकार में आया। यहाँ मिशिंग लोगों के आक्रमण हुआ करते थे। मिशिंग जनजाति सन् 1735 तक पहाड़ों पर ही रहती थी। अब 'मिशिंग स्वायत्त परिषद' का गठन कर इसका सदर गोगामुख में बनाया गया। आज धेमाजी जिला चुटिया, आहोम और मिशिंग जनजातियों की रम्यभूमि है जिनके साथ अपनी रोजी-रोटी कमाने आये अन्य जाति के लोग भी यहाँ रहते हैं।

धेमाजी के बाद गोगामुख होते हुए बस लखीमपुर जिले के मुख्यालय उत्तर लखीमपुर के बस अड्डे पर पहुँची। वहाँ माजुली जाने की बस खड़ी थी। मैं बड़े असमंजस में था कि माजुली के टापू पर बस कैसे जाएगी? मैंने बस ड्राइवर से पूछताछ की किन्तु बस में यात्री भरकर, बस को तुरन्त छोड़ने की जल्दबाजी में उसने मुझे समुचित उत्तर नहीं दिया। और दो-तीन लोगों से भी पूछा। मैं एक तरह से परेशान हो गया तो रिक्शा कर सीधे जगदीश जी बजाज की हार्डवेयर की दुकान पहुँच गया जिनका पता मुझे अशोक जी ने दिया था।

उत्तर लखीमपुर नाम मेरे दिमाग में खटक रहा था। लोगों से पूछताछ की कि कोई दक्षिण लखीमपुर भी है क्या? इस नाम का कोई स्थान होता तो कोई मुझे बताता। आखिर यह गुत्थी बाद में सुलझी। प्राचीनकाल में आरिमत्त राजा का समुद्र नाम का एक मन्त्री था जिसके पुत्र मनोहर ने माजुली के रत्नपुर में अपनी राजधानी बनायी। मनोहर को लक्ष्मी नाम की कन्या ही थी, सो उसे ही पिता का राजपाट मिला। लक्ष्मी के शान्तनु औरा स्यमन्त नामक दो पुत्र हुए जिनके वंशज भूयाँ कहलाये। उन भूयाँ वंशियों का शासन ब्रह्मपुत्र के दोनों किनारों पर बहुत सालों तक रहा। लक्ष्मी ने रत्नपुर तक आवाजाही की असुविधा के चलते माजुली के उत्तर पार अपने नाम पर लक्ष्मीपुर बसाकर अपनी राजधानी बनायी जो कालान्तर में उत्तर लखीमपुर हो गया जिसे अब नॉर्थ लखीमपुर भी कहा जाने लगा है। सुना है कि अब इसका नाम केवल लखीमपुर किया जा रहा है। चलो अच्छा है कि मेरी तरह और कोई 'उत्तर' शब्द की उलटबाँसी में तो नहीं फँसेगा।

लखीमपुर जिला भी असम के अन्य जिलों की भाँति ग्राम्यकेन्द्रित ही है। यहाँ का भौगोलिक क्षेत्रफल 2,277 वर्ग कि.मी. होकर भी यहाँ की जनसंख्या केवल 8,81,325 है। यहाँ कहने-भर के लिए केवल दो शहर हैं—उत्तर लखीमपुर

और बिहपुरिया। उत्तर लखीमपुर में पचपन हजार की आबादी है तो बिहपुरिया में करीब ग्यारह हजार की जनसंख्या है। कहने को तो यहाँ मीटर गेज रेल लाइन भी है जो रंगिया से जोनाई तक जाती है। एक हवाई अड्डा लीलाबाड़ी है जो बहुत वर्षों तक बन्द रहने के बाद अब फिर खुला है। यहाँ आवाजाही के लिए मुख्यतया सड़कों पर ही निर्भर रहना पड़ता है किन्तु उनकी अवस्था भी बहुत ही शोचनीय है।

कहते हैं कि इस जिले की सुवणसिरी और डिक्रंग नदियों की रेत से सोना निकाला जाता है। यहाँ पर पाँच वनांचल हैं, जहाँ अनेक प्रकार की लकड़ियाँ मिलती हैं। यहाँ नौ चाय बागानों के सिवाय और कोई उद्योग नहीं है। हाँ, रेशम उत्पादन का थोड़ा-बहुत काम अवश्य होता है।

बजाज जी ने पहले अपनी दुकान के पीछे ही बने घर ले जाकर भोजन करवाया, फिर अपना आदमी माजुली की बस में बिठाने मेरे साथ भेजा। इसके साथ ही उन्होंने माजुली की कुछ जानकारियाँ दीं और अपने सम्बन्धी धुड़चन्द जी मल्ल का पता देकर कहा कि वहाँ कोई भी तकलीफ हो तो उनसे मिल लूँ, वे सारी व्यवस्था करा देंगे।

विश्व के बृहत्तम नदी-द्वीप पर

माजुली जानेवाले पर्यटक प्राय: जोरहाट के पास स्थित निमाती घाट से ही जाते हैं किन्तु मैं इसके विपरीत रास्ते से यात्रा पर था। नॉर्थ लखीमपुर से बस में बैठा तब मन में जिज्ञासा घर किये थी कि बिना पुल के बस कैसे माजुली पहुँचेगी? खचाखच-भरी बस में ड्राइवर ने किसी तरह एक सीट पर मुझे एडजस्ट कर दिया।

गाँवों के बीच बनी टूटी-फूटी डामर की सड़क से रुकते-हाँफते बस ने कुछ दूरी तय की। छोटे-छाटे गाँवों को देखना भी एक अनुभव था। गोबर-माटी से लिपे-पुते गँवई घरों की साफ-सफाई देखकर विस्मय हुआ। एक गाँव आया पानीगाँव—हाँ, यही नाम था उस गाँव का। इस तरफ के क्षेत्रों का विकास नहीं हुआ—इस बात का आभास तो शिलापथार आने अर्थात् उत्तर पार के तट पर कल उतरते ही होने लगा था। पानीगाँव से दस-बारह कि.मी. आगे जाकर बस एकाएक नीचे की ओर मानो पैंतालीस अंश के कोण में उतरने लगी। अब वह नदी के बालुई रास्ते पर दौड़ रही थी। मन की जिज्ञासा शान्त करने का काम मैंने आँखों को सौंपा। बालू पर बनी छोटी-छोटी झोंपड़ियों के चारों ओर दूर-दूर तक खेतों की हरियाली झूम रही थी।

रास्ता खत्म होने का नाम ही नहीं ले रहा था, पर वह हिचकोलों और उत्तेजना-भरी एक आनन्दपूर्ण यात्रा तो थी ही। सही-सही तो नहीं, लेकिन अनुमानत: दस-बारह कि.मी. चलकर बस खाबली घाट जाकर रुकी। यात्री उतरने लगे। दूर आते जहाज को देखकर मुझे समझते देर नहीं लगी कि हमारी बस को भी उसी जहाज पर लादकर पार लगाया जाएगा। जहाज पर लदी बस और कारों ने मेरी जिज्ञासा को कोई प्रश्न पूछने का मौका ही नहीं दिया।

जहाज से वाहनों को उतारना-चढ़ाना कम कौशल का काम नहीं। तट और जहाज के बीच लकड़ी के दो मोटे फट्टे रख ड्राइवरों के सधे हाथों ने वाहनों को चलाकर उतार दिया। उसी तरह प्रतीक्षारत खड़ी बस और कारों को जहाज पर चढ़ा लिया गया। सारी कार्यवाही आधे घण्टे में पूरी हो गयी। मेरे लिए यह नया अनुभव नहीं था; गुवाहाटी में ब्रह्मपुत्र के उत्तर पार जाने के मौके बचपन में कई बार मिले थे। उन जहाजों पर लदी बस-कार भी जल-यात्रा करती थी। अपने को सामान्य

लगनेवाली बात अन्य के लिए रोमांचक हो सकती है। एक बंगाली परिवार सारी कार्यवाही बड़े कौतूहल से देख रहा था, शायद उनके मन में आशंका थी कि बस फिसलकर पानी में अब गिरी, तब गिरी।

जनवरी का महीना था। नदी में पानी कम किन्तु जहाज चलने के लिए पर्याप्त था। वहाँ से जमीन पर दूर ऊँचे कगार पर एक जहाज खड़ा दिखा। उसे नदी में पानी बढ़ने की प्रतीक्षा थी, ताकि वह फिर से तैरने का आनन्द ले सके। मैं जिसे ब्रह्मपुत्र समझे था, वह सुवणशिरी थी। माजुली इसके और ब्रह्मपुत्र के बीच बसा द्वीप है।

मेरी आँखें नदी के बीच *चापरियों* को खोज रही थीं। एकाएक ख्याल आया कि यह तो सुवणशिरी है, ब्रह्मपुत्र नहीं। जहाज को ज्यों-ज्यों किनारा निकट दिख रहा था, मेरे मन में उत्साह का ज्वार उठ रहा था कि तट पर पाँव रखते ही मैं माजुली की पुण्यभूमि पर होऊँगा। विश्व का सबसे बड़ा यह नदी-द्वीप माजुली कभी सौ मील लम्बा और साठ मील चौड़ा हुआ करता था, जो बाढ़ के कटाव के साथ सिमटता गया। इस द्वीप के पूर्व में ब्रह्मपुत्र, दक्षिण की ओर दिहिङ नदी और उत्तर की तरफ सुवणशिरी नदी बहती है।

हिमालय से निकली सुवणशिरी माजुली के नजदीक ब्रह्मपुत्र में आकर समा जाती है। ब्रह्मपुत्र के दक्षिण की ओर बहनेवाली उसकी उपनदियाँ दिहिङ; दिखौ, जाँजी अदि द्वारा लायी गयी मिट्टी बर्तन बनाने के लिए बहुत कारगर है। इस माटी को कुम्हार माटी और हीरा माटी कहते हैं। इसीलिए इन नदियों के तटों पर कुम्हारों के गाँव बस गये। इस मिट्टी से माजुली की उर्वरा शक्ति जहाँ बढ़ती है वहीं बाढ़ की विभीषिका से इसे हर वर्ष दो-चार होना पड़ता है।

बातों-बातों में जहाज किनारे लगा। थल का स्पर्श पाकर बस फिर बलुई पथ पर दौड़ने लगी। अब परिवेश में कुछ नयापन समा गया। रास्ते में छोटे-छोटे गाँव और खेतों में लहराती सरसों का रंग मन को खींच रहा था, पर मन तो तन में समाया बस की गति के साथ आगे भागा जा रहा था। गाँव के पोखरों में मछली पकड़ती जनजातीय औरतों की वेशभूषा अपने अलग ही रंगों को समेटे थीं। बाँसों के झुरमुटों के बीच बने रास्ते से बस निकलती तो लगता कि प्रकृति भी साथ-साथ दौड़ रही है। करीब दस कि.मी. रास्ता तय कर फिर एक छोटा नदी घाट आया। शायद उसका नाम लोहित घाट ही था। हमें बस से फिर उतारा गया। नदी उथली थी, जिसमें चलकर बस निकल गयी। तट पर बैठे तट-रक्षकों ने सभी यात्रियों से दो-दो रुपयों का शुल्क वसूला।

कार में तो केवल रास्ता तय होता है किन्तु बस में यात्रा और यात्रियों का साथ होता है। इसके साथ ही तरह-तरह के लोगों से मिलने-समझने का अवसर कार जैसी शाही सवारी में भला कहाँ! सड़क सामान्य स्तर से आठ-दस फुट ऊँची थी,

ताकि बाढ़ के समय यातायात ठप न हो। झोंपड़ों में जब पानी घुसपैठ करता है तो ये सड़कें ही उन गरीबों की आश्रयस्थली बनती हैं। सड़क के दोनों ओर खेतों में उगी शस्य की हरियाली-मेखला के मध्य सरसों के पीले बूटे टँके थे। वाहनों के लिए सड़क भले सँकरी पड़ती हो परन्तु ढोर-डंगर बेफिक्री से उस पर चहलकदमी कर रहे थे। रास्ते में कोई बैलगाड़ी आती तो ड्राइवर बस रोककर होशियारी से निकाल लेता।

अब मार्ग के दोनों ओर घर-मकान दिखने लगे। करीब चार घण्टे की यात्रा के बाद बस गढ़मुर पहुँची। मैं जहाँ उतरा था, उसके ठीक सामने ही सत्र का भव्य तोरणद्वार था। मैंने सोचा कि द्वार के भीतर प्रवेश करते ही सत्र होगा। शाम ढलने से पहले आसरा खोजना आवश्यक था। वहाँ कोई होटल वगैरह तो था नहीं। माजुली में मुख्यतया असमिया लोगों का ही बस-वास है। एक भलमानुष बुजुर्ग ने मेरा भ्रम तोड़ा कि सत्र वहाँ से एक-सवा कि.मी. दूर है। उन्होंने मुझे सत्र के गेस्ट हाउस में उतर जाने को कहा और एक आदमी मेरे संग कर दिया। अब वही मेरा पथ-प्रदर्शक था और भार-वाहक भी।

पक्की सीधी सड़क सत्र को गयी थी। दोनों ओर बने मकानों की बनावट पर आधुनिकता का भी थोड़ा रंग चढ़ा था। पारम्परिक असमिया घरों की बनावट सुन्दर होती है। जमीन को चारों ओर से घेरकर बनाये गये अहाते के मध्य अपने रहने के नालीदार टीन की छत के तीन-चार घर होते हैं। अब टीन के घरों के बदले पक्के घर होने लगे हैं। मुख्य द्वार के दायीं ओर पशुओं के लिए अलग से *गोहाली घर* (गोशाला) और बायीं ओर *भँराल* (अनाज रखने का बखार) होते हैं। इन सबके साथ पोखर का होना सम्पन्नता का द्योतक है। प्रकृति प्रेमी असमिया के घर के अहाते में फूलों का बगीचा परिहार्य है। पिछवाड़े की बाड़ी में साग-सब्जी और फल लगे हों तो कहना ही क्या! माजुली चूँकि नदी के बीच है, इसलिए यहाँ के नावरिया भी अपनी सामर्थ्य के अनुसार अपने घर बनाते हैं, भले ही छोटे रूप में सही, पर बगीचा तो वे लोग भी लगाते हैं। यथाशक्ति एक छोटी पोखरी भी।

सुरम्य प्राकृतिक वातावरण में गढ़मुर का विशाल सत्र खड़ा था। उसने लगकर गेस्ट हाउस था। व्यवस्थापक महोदय ने वहाँ रुकने की व्यवस्था कर दी। उस वक्त तक धुँधलका गहराने लगा था। पता नहीं, मौसम का असर था, जो मुझे हरारत-सी हो आयी। सोचा, गाँव के बाजार में जाकर कोई दवा ले आऊँ और थोड़ी पेट-पूजा भी कर लूँ। रास्ते को अँधेरे ने अपने आगोश में ले लिया था। दूर से आती एक मोटर साइकिल की लाइट दिखी तो उसे रुकने का इशारा किया, पर वह सर्र से निकल गयी। एकाएक ख्याल आया कि माजुली उल्फाइयों का गढ़ रहा है। कुछ ही दिनों पहले गैर-सरकारी संगठन 'अवार्ड-एनेई' के महासचिव संजय घोष की वहाँ हत्या

हुई थी। मन ने कहा कि आखिर उल्फावाले देखते ही तो गोली नहीं मार देंगे। निर्भय होकर फिर दूसरी मोटर-साइकिल को हाथ दिखाया। इस बार वह रुकी और अपने पीछे बैठा मुख्य सड़क तक मुझे छोड़ दिया।

वहाँ के छोटे-से बाजार का जायजा लेते समय ही क्या लगना था! माजुली में साइकिल रिक्शे नहीं चलते। ऑटो रिक्शा हैं, पर बहुत कम। ऑटो का भाड़ा सुनकर ही पसीना आ गया। निरामिष भोजन का कोई होटल ही वहाँ नहीं। किसी ने बताया कि पास में ही एक मारवाड़ी की दुकान है, जो अपने परिवार के साथ वहीं रहता है। संकोच तो हुआ, फिर भी उसके पास जाकर परिचय किया। उसने शिष्टाचारवश चाय भी पिलायी। मेरी झिझक उसे वह कहने नहीं दे रही थी, जो मैं उससे कहने आया था।

सामने दवा-दुकान के पास के पीसीओ वाले से बतियाते-बतियाते वह मेरी समस्या समझ गया। वह असमिया युवक था। उसने अपने घर से निरामिष खाना बनवाकर मँगवा देने को कहा। उसकी इतनी ही आत्मीयता क्या कम थी, जो उसे और कष्ट देता। मेरी भूख से वह आहत था। उसने कहा कि सामने राधिया मारवाड़ी से कहकर खाना बनवा देता हूँ। यह मेरे स्वाभिमान ने नहीं स्वीकारा। मैं तो उससे मिलकर ही आया था। इस पर उसने लाल चाय पीने का आग्रह किया। वह अपने स्टोव पर चाय बनाने में व्यस्त था कि मैं पास की दुकान से ब्रेड और भुजिया की पैकेट ले आया। बिना दूध की उस चाय में पता नहीं उसने कौन-सी चीनी घोली थी कि उसकी मिठास अब भी मेरी जीभ पर तैर जाती है।

उसने स्कूटर से मुझे गेस्ट हाउस छुड़वा दिया। गेस्ट हाउस साँय-साँय कर रहा था। मेरे सिवाय और कोई नहीं, चौकीदार भी नहीं। गुरु शंकरदेव की छत्रछाया में डर कैसा! सुबह आँखें खुलीं तो चौकीदार को वहाँ पाया। रात को वह अपने घर चला गया था। बहरहाल, उसने नहाने का गर्म पानी ला दिया।

सत्र-सीमा में नंगे पाँव ही जाना होता है। कच्चा रास्ता रात की जमी ओस से चिपचिपाया था। पग-तलियाँ ठण्डी हो गयीं। सैकड़ों बीघों में फैले सत्र का शान्त वातावरण सुखद लगा। अहाते में खड़े ऊँचे-ऊँचे पेड़ों की हरीतिमा मानो गगन की नीलिमा को ढाँप लेना चाहती थी। मैं उनके आशीर्वाद की छाँव तले सत्र की ओर बढ़ रहा था। इसके साथ ही मेरा मन माजुली के अतीत की खोज में निकल पड़ा।

मुझे पता चला कि किसी धर्मपाल के वंश के अन्तिम राजा रामचन्द्र ने अपनी राजधानी माजुली के रतनपुर नामक एक प्राचीन स्थान पर बनायी। रतनपुर दो जल-धाराओं के *माजत* (मझ में) बसा होने के कारण इस द्वीप को माजुली कहा जाने

लगा। अब इतिहास की भूलभुलैया में ज्यादा न खोकर यहाँ के धार्मिक और सामाजिक पक्ष की ओर मेरी दृष्टि गयी। सोलहवीं शताब्दी के सन् 1515 में गाँमौ से अपने अनुयायियों के साथ श्रीमन्त शंकरदेव बरभूयाँ ने माजुली आकर इसके पश्चिम में स्थित धुवाहाट को अपना वास-स्थान बनाया। प्राकृतिक दृश्यों से मनोरम यह स्थल शंकरदेव को इतना भाया कि यहाँ अपने भागवती नामधर्म के प्रचार के उद्देश्य से उन्होंने *सत्र* स्थापित किये।

श्रीमन्त शंकरदेव ने सामाजिक क्रान्ति लाने के लिए किसी मन्दिर या मठ के बदले सत्र-व्यवस्था की परिकल्पना की। ये सत्र समाज-व्यवस्था के एक अंग हैं। इस व्यवस्था में ऊँच-नीच का कोई भेदभाव नहीं है। सत्रों का आदर्श देवालय, पुस्तकालय, विद्यालय और चिकित्सालय सहित चतुरालय का रहा है। इस प्रकार सत्र में शिष्यों के निवास-स्थान के साथ-साथ धर्म-प्रचार, शिक्षा, संगीत, अंकिया नाट्य विद्या आदि की शिक्षा भी दी जाती थी। सत्रों के *सत्राधिकार* ही न्यायाधीश की भाँति आपसी झगड़ों को भी निपटाते थे।

धुवाहाट सत्र से शंकरदेव ने सर्वसाधारण जनता में भगवद् चरित्र के नामधर्म-प्रचार के लिए नामकीर्तन प्रारम्भ किया। उनके कीर्तन में ऊँच-नीच का कोई भेदभाव न तब था और न आज है। इसी धुवाहाट में सन् 1528 में शंकरदेव की माधवदेव से मुलाकात होती है। माधवदेव उनके ऐसे परम शिष्य बने कि आजीवन उनके अनुयायी बनकर रहे। माजुली में रहकर गुरु-शिष्य ने अध्यात्मवाद की गंगा बहायी।

श्रीमन्त शंकरदेव द्वारा प्रचारित वैष्णव धर्म की अहिंसा को शाक्त धर्मी ब्राह्मणों ने अपने लिए एक चुनौती के रूप में लिया। आहोम शासन में शाक्तों का वर्चस्व था। उन्होंने शंकरदेव के विरुद्ध आहोम राजदरबार के कान भरे। फलस्वरूप धुवाहाट में वास कर रहे शंकरदेव और उनके अनुयायी भक्तों को आहोम राजा के लिए हाथी पकड़ने के काम पर लगा दिया गया। इतना ही नहीं उनके जँवाई हरि शइकिया को जान से हाथ धोना पड़ा और उनके शिष्य माधवदेव को कारागार भोगना पड़ा। दु:खी होकर शंकरदेव माजुली को त्यागकर कोच राज्य के अन्तर्गत बरपेटा में जाकर रहने लगे।

श्रीमन्त शंकरदेव और माधवदेव के माजुली त्याग के बाद माधवदेव के पद्म आता नामक शिष्य यहाँ आये और उन्होंने सन् 1540 में कमलाबाड़ी सत्र की स्थापना की। शंकरदेव के ब्राह्मण शिष्य दामोदरदेव और गोपालदेव ने असम में बामुनिया गोंसाई या दामोदरिया पन्थ के नाम से अनेक सत्रों की स्थापना की।

आहोम राजा जयध्वजसिंह के शासन में शंकरदेव के अनुयायी माजुली में फिर सक्रिय हुए। वैष्णव मतावलम्बियों में निरजंनदेव ने जयध्वजसिंह के सौजन्य से सन् 1653 में माजुली के आउनीआटी नामक स्थान में 'आउनीआटी' सत्र की स्थापना

की। जयहरिदेव ने 'गढ़मुर' सत्र और वनमालीदेव ने 'दक्षिणपाट' सत्र 1662 में स्थापित किये थे। इनके अतिरिक्त भी बेंगुनाआटी, चामगुरि, भोगपुर, एलेंगी, सुपहा आदि पैंसठ सत्रों की प्रतिष्ठा की गयी। यहाँ उल्लेखनीय है कि इन सत्रों में धार्मिक अनुष्ठानों का महत्त्व रहते हुए भी शंकरदेव द्वारा परम्परागत रूप में चलाये गये आध्यात्मिक उत्कर्ष के साधना, संस्कृति और शिक्षा केन्द्रों ने माजुली में ही नहीं, समग्र असम में एक अति महत्त्वपूर्ण भूमिका निभायी है।

शंकरदेव के नव वैष्णव धर्म ने समस्त जनता के मन-प्राणों को आकर्षित किया। सत्रों में बढ़ती शिष्यों की संख्या के साथ शिष्यों द्वारा प्रदत्त वैभव में भी वृद्धि हुई। जयध्वजसिंह के पन्द्रह वर्षीय शासन (1648-63) में यहाँ के सत्राधिकारों का असम की राजनीति, समाजनीति और अर्थनीति में एक महत्त्वपूर्ण स्थान रहा है। उस समय यहाँ के कोच, आहोम और कछारी वंशीय तीनों ही राज्यों के राजा दक्षिणपाट सत्र के शिष्य थे और उन्होंने वहाँ के सत्राधिकार को अपने से ऊँचा सम्मान दे रखा था।

अब माजुली के सत्र शासकीय राजनीति में निर्णयात्मक भूमिका निभाने की अवस्था में पहुँच गये थे। इन सत्रों की बढ़ती शक्ति-सामर्थ्य और लोकप्रियता से परवर्ती आहोम राजशक्ति में शंका के बीज पनपने लगे। महाराज गदाधरसिंह का शासन (सन् 1681-96) आया तो उन्होंने सत्रों के प्रति कठोरता बरतते हुए वहाँ के वैष्णव भक्तों को बाट-रास्ता बनाने के कठोर परिश्रमी कामों में बलपूर्वक लगा दिया। उन वैष्णव भक्तों से जबरन 'धोद आलि' सड़क बनवायी। इतना ही नहीं सत्राधिकारों को बन्दी बना लिया गया, कुछ को सूली पर चढ़ा दिया गया और कितनों को ही निर्वासित कर दिया गया। दक्षिणपाट सत्र के इष्टदेवता यादव राय की स्वर्णिम मूर्ति को गलाकर राजा ने अपने गले का हार बनवा लिया और वहाँ के सत्राधिकार की आँखें निकलवा लीं।

जीवन के अन्तिम समय में गदाधरसिंह को पश्चात्ताप हुआ कि उससे वैष्णवों को अपमानित कर शाक्तों को उठाने का प्रयास करने की भूल हो गयी है। वह मरते समय अपने पुत्र रुद्रसिंह (सन् 1696-1714) को वैष्णव सत्रों की पुन:स्थापना के लिए कह गया। पिता के आदेशानुसार रुद्रसिंह ने माजुली में सत्रों को फिर से स्थापित कराया और लुप्तप्राय हो गये सत्रिया नृत्य-गीत, वाद्य, नाट्य को पुन: संस्कारित करने में अपना योगदान किया। रुद्रसिंह एक सत् निष्ठावान, दूरदर्शी वीर पुरुष था जिसे इतिहास में आहोम राजकुल-तिलक कहा गया है।

कालान्तर में माजुली में आहोम राजशक्ति के विरुद्ध मोवामरिया विद्रोह हुआ। असम की खूँखार मरने-मारने पर उतारू रहनेवाली एक आदिवासी जाति के लोग वैष्णव धर्म की शिक्षा लेकर मोवामरा सत्र के शिष्य बन गये थे। आहोम राजा

शिवसिंह की घोर शाक्तधर्मी पत्नी फुलेश्वरी देवी के हाथ में राजसत्ता थी। एक बार उसने देवी के अनुष्ठान-पूजन में मोवामरा सत्र के महन्तों को भी आमन्त्रित कर उनका अपमान किया। रानी ने उनको सामिष प्रसाद परोसा और बलि के रक्त का उनके मस्तक पर तिलक कर दिया। इससे वे विद्रोह कर उठे और आहोम राज्य की राजधानी रंगपुर पर कई दिनों तक अपना अधिकार किये रखा। इतिहास में यह मोवामरिया विद्रोह के नाम से प्रसिद्ध है। कालान्तर में गढ़मुर सत्र को राजा गौरीनाथसिंह ने किले के रूप में भी काम में लिया। बर्मी आक्रमण के समय यहाँ से भी उनके विरुद्ध युद्ध-संचालन हुआ था जिसकी साक्षी इस सत्र में रखी बड़ी-बड़ी बन्दूकें हैं।

गढ़मुर के सत्राधिकार पीताम्बरदेव गोस्वामी ने गाँधीजी के नेतृत्व में चले सन् 1921 के स्वतन्त्रता आन्दोलन में सक्रिय हिस्सेदारी की। वे अस्पृश्यता आन्दोलन के प्रधान नेता के रूप में 'हरिजन सेवक संघ' के अध्यक्ष रहे और 'अखिल असम हिन्दी प्रचार समिति' के कार्यकारी सदस्य के रूप में सन् 1952 तक अपनी सेवाएँ भी अर्पित कीं।

राजनीतिक परिस्थितियों से भी अधिक ब्रह्मपुत्र में हर साल आनेवाली बाढ़ ने माजुली को विचलित किया है। इस नद के भौगोलिक बदलाव से इस द्वीप की सीमा संकुचित होती गयी। जो माजुली कभी 160 कि.मी. लम्बा हुआ करता था वह सिकुड़ते-सिकुड़ते 60 कि.मी. ही रह गया है। बाढ़ कितने ही सत्रों को निगल गयी और यहाँ की कितनी ही अनमोल सांस्कृतिक सम्पत्ति अपने साथ बहा ले गयी।

गढ़मुर का मूल सत्र बाढ़ में बह चुका है। पुनःस्थापित वर्तमान सत्र के बरामदे की सीढ़ियों के बाद बरामदा था। उससे लगे कमरे के द्वार के पास सीमेण्ट के आँगन पर बिछी चटाई पर सत्राधिकार पालथी लगाये बैठे थे। उनके कन्धे पर सफेद शाल झूल रही थी। उनके सामने एक डेस्क था, जो हाथ की कढ़ाई किये गये लाल वस्त्र से ढँका था। कुछ किताबें डेस्क पर और कुछ पीछे की अलमारी में रखी थीं। आगन्तुकों के बैठने के लिए सामने चटाई बिछी थी। एकदम सादा और सात्विक वातावरण था। औपचारिकता भी यहाँ आकर अनौपचारिकता हो जाती है। मैंने बैठकर उनको पारम्परिक रूप में सिर नवाकर उनका आशीर्वाद लिया।

हवा में ठण्ड अभी भी बनी थी। सत्राधिकार के इशारे पर स्टील के गिलास में चाय दी गयी। गर्म पेय के साथ धीरे-धीरे मेरी जिज्ञासाओं में भी ज्ञान की तनिक ऊष्मा आने लगी। सत्र में रखे आहोम राजाओं द्वारा दिये गये उपहार और हाथी-दाँत

की खड़ाऊँ न देख पाने का मुझे अफसोस रहा। आगे कमलाबाड़ी भी जाना था, सो वहाँ से गेस्ट हाउस आकर अपना सामान समेटा और बाजार पहुँचा।

रात में भी खाना नहीं खाया था। बाजार के एक होटल में आलू-मटर की सब्जी के साथ असमिया तरीके से बने मैदे के पराँठे खाकर तरोताजा हुआ। बस के आने में थोड़ी देरी थी, तब तक रातवाले बन्धु से बातों-बातों में सत्रों के बारे में थोड़ी जानकारी प्राप्त की। मुझे पता चला कि शंकरदेव के बाद छह सौ पचपन सत्रों की स्थापना उनके शिष्यों द्वारा की गयी थी। मन में स्वाभाविक जिज्ञासा उठी कि शंकरदेव द्वारा दी गयी ऐसी समृद्ध सत्र-व्यवस्था विश्वविख्यात तो क्या, भारत में भी विख्यात नहीं हो सकी और केवल असम की सीमा में ही क्यों सिमटकर रह गयी? उनकी समृद्ध शिष्य परम्परा में आगे जाकर मतभेद क्यों पनपे? महापुरुष श्रीमन्त शंकरदेव का असम से बाहर क्यों प्रचार नहीं हो पाया?

इन जिज्ञासाओं को भी अपने संग ढोये मैं बस में सवार हुआ। वहाँ से केवल चार कि.मी. दूर ही कमलाबाड़ी है। वहाँ पहुँचा तब ग्यारह बजे थे। कहीं भटकने के बदले मैं सीधे धुड़चन्द जी मल्ल की दुकान पर गया ताकि वे किसी होटल में मेरे ठहरने और वहाँ घूमने के लिए ऑटो की व्यवस्था करवा दें। उन्होंने चाय से मेरा स्वागत कर आत्मीयतापूर्ण आग्रह किया कि खाना थोड़ी देर में बन जाएगा, खाने के बाद ही सत्रों में जाने का कार्यक्रम बनाएँगे।

धुड़चन्द जी माजुली की अधिक जानकारी के लिए वहाँ के सांस्कृतिक अधिकारी तरुण बरुवा के पास बड़े उत्साह से ले गये किन्तु संयोगवश वे मिले नहीं। रास्ते में उन्होंने अपने परिचित ऑटोवाले को घण्टे-भर बाद आने को कह दिया। भोजन में अभी विलम्ब था, सो वहाँ का जायजा लेने अकेले निकल पड़ा। छोटा गाँव होने के कारण घर-दुकानें सब नजदीक हैं, छोटा-सा ही बाजार है।

पेड़ तले बैठे मोची से बात की तो पता चला कि वह बिहार का है। वहाँ सैलूनवाले ने बताया कि वह मारवाड़ी नाई है, विगत चालीस सालों से वहाँ अपना धन्धा चला रहा है। उल्लेखनीय है कि असमिया जाति या जनजाति में नाई, मोची, धोबी, भंगी नहीं होते। इनमें किसी प्रकार की छुआछूत भी नहीं है। गाँधीजी को अपनी असम यात्रा में जब इस बात का पता चला तो उन्हें बड़ा सुखद आश्चर्य हुआ। मोची, धोबी और नाई का काम ज्यादातर बिहार के लोग करते हैं। राजस्थान से आये लोगों में नाई के सिवाय भंगी भी हैं। हरियाणा, पंजाब, बिहार, दक्षिण भारत के प्रान्तों के मेहतर ही ज्यादातर पूर्वोत्तर में काम करते हैं। केश कटवाने के बहाने मैं नाई से राजस्थानी में बतियाने लगा।

सैलून के बाहर एक याचक अपने एकतारे पर असमिया लोकगीत गा रहा था। गायन–बायन ही उसकी आजीविका थी। मैंने उसे रोककर शंकरदेव का कोई बरगीत गाने का आग्रह किया। उसने अपनी मधुर आवाज में उस भजन के सिवाय वर्तमान राजनीति पर अपना लिखा एक व्यंग्य-गीत भी सुनाया। इसे मैंने कागज पर उतारना चाहा, पर वह नहीं माना। पाँच रुपये मात्र से वह प्रसन्न था, किन्तु पचास के बदले भी अपना गीत देने को तैयार नहीं हुआ। कलाकार का स्वभाव होता ही है—बहते पानी और रमते जोगी की तरह।

धुड़चन्द जी पास में ही स्थित अपने घर ले गये। उनकी धर्मपत्नी ने बहुत ही आग्रहपूर्वक भोजन कराया। बिना किसी पहचान के इतनी आत्मीयता तो आजकल अपनों में भी किसी-किसी से ही मिलती है।

ऑटोवाला अब मेरा गाइड था और सहयात्री भी। सर्वप्रथम हम 'आउनीआटी' सत्र गये। यह सत्र जहाँ है वहाँ कभी 'आउनी' पान (असमिया पान की एक प्रजाति) की लताएँ बहुतायत में थीं और आटी का अर्थ है—गुच्छी। असमिया शब्द आटी और हिन्दी के 'आँटी' में विचित्र समानता है। इस सत्र की हजारों बीघा जमीन 'देवोत्तरा' और 'ब्रह्मत्तोरा' में विभाजित कर सन् 1653 में आहोम राजा जयध्वजसिंह ने दी थी। इस जमीन की सनद का ताम्रपत्र आज भी सत्र में है। आउनीआटी सत्र का असम के सत्रों में सर्वोच्च स्थान है। इसकी बारह शाखाएँ हैं जिनमें एक मुख्य शाखा ब्रह्मपुत्र के उस पार उत्तर गुवाहाटी में सन् 1915 में चौदहवें सत्राधिकार भागवत भास्कर हेमचन्द्रदेव गोस्वामी द्वारा खोली गयी थी। इस सत्र के लिए साठ बीघा जमीन वहाँ के अश्वक्लान्त देवालय ने उपलब्ध करवायी। बाद में सन् 1959 में इसका नवीनीकरण किया गया।

जूते ऑटो में ही छोड़ दिये। सत्र का विशाल परिसर एक छोटे-मोटे गाँव जैसा था। इस सत्र का क्षेत्र आज केवल 634 एकड़ ही रह गया है। पहले इस जमीन के बाशिन्दों की यहाँ फसल उगाकर जहाँ आजीविका चलती थी वहीं उन्हें जीवन जीने की एक धारणा भी मिलती थी। प्रभाती राग बिहाग के साथ बजते खोल और ताल के साथ होते भजन–कीर्तन में सभी ग्रामवासी एकत्रित होकर भाग लेते और वहाँ से प्रसाद ग्रहण कर अपने कार्यों में लगते।

सत्र के खर्च के लिए भूमि से हुई उपज का एक भाग दिया जाता था। इसके अतिरिक्त सत्र-संस्था को मालगुजारी भी मिलती। राजा–महाराजाओं द्वारा दिये जानेवाले उपहारों से भी सत्र की आय में बढ़ोतरी होती। सत्र में इकट्ठे हो ग्रामीण अपने सुख–दुःख बाँटते, विचार–विमर्श करते और अपनी समस्याओं का समाधान

भी खोज लेते। सत्र-व्यवस्था ने लोगों को आर्थिक ही नहीं, सामाजिक और आध्यात्मिक जीवन-दर्शन भी दिया।

ऑटोवाले के लिए सब कुछ जाना-पहचाना था। मैं उसके पीछे चलता गया। सत्र के भक्तों (भक्त को ये लोग *भकत* कहते हैं) के रहने के कमरों की कतार दिखी। छोटे-छोटे कमरों के आगे बरामदे का आँगन मिट्टी और गोबर से लीपा हुआ था। सत्र-परिसर में केले, नारियल के अतिरिक्त विभिन्न प्रकार के फल-फूलों के पेड़-पौधे पूरे वातावरण को मनमोहक बनाये थे।

विस्तृत क्षेत्र में फैला आउनीआटी सत्र किसी परियोजित लघु नगर की तरह लगा। घरों के बीच छोटी गलियाँ बनी थीं। चौराहे के मध्य एक बहुत बड़े भूखण्ड पर नामघर था। परिसर में चार बड़े पोखर थे। दक्षिण के मन्दिरों में भी इसी तरह तालाब रखने की परम्परा है।

सत्राधिकार कहीं बाहर गये हुए थे। इसलिए ऑटोवाला मुझे सत्र के डेकाधिकार के पास ले गया। सत्र में सत्राधिकार के सर्वोपरि स्थान के बाद डेकाधिकार होता है। असमिया में युवक को *डेका* कहा जाता है। सत्र-व्यवस्था को सुचारु रूप से चलाने के लिए सत्राधिकार और डेकाधिकार के अतिरिक्त गोविन्दपुरिया और भकत होते हैं। यहाँ के सारे वैष्णव अविवाहित रहकर सत्र में सेवा करते हैं। यह भी उल्लेखनीय है कि विशेष धार्मिक अनुष्ठानों के अतिरिक्त किसी भी नारी को सत्र में रात्रिवास की अनुमति नहीं होती।

सत्र में सुबह से ही बैराग नाम, बुरहा नाम, बर नाम, भागवत पाठ, पद पाठ और गायन-बायन होते हैं, फिर दोपहर के बाद ताल प्रसंग के साथ ही पद पाठ और भागवत पाठ दोहराया जाता है। इसी प्रकार सन्ध्या को बैराग नाम, बुरहा नाम, ताल प्रसंग और पद पाठ की पुन: आवृत्ति कर ओजापाली होती है।

श्रीमन्त शंकरदेव की यह विशेषता थी कि उन्होंने केवल धार्मिक सन्देश ही नहीं दिये अपितु आम जनता को सांस्कृतिक गतिविधियों से भी जोड़ा। उस युग में भी उन्होंने श्रव्य के साथ दृश्य माध्यम का महत्त्व समझ लिया था। तभी तो उन्होंने धार्मिक प्रसंगों को नाट्य और नृत्य कलाओं को भी सत्र के अंग बनाये। उनके लिखे नाटक 'भाओना' कहलाते हैं और ब्रजावली में लिखे नाटकों को 'अंकिया' कहा जाता है। सत्र परम्परा में विकसित नृत्यों में मुख्य हैं—नटुवा, अप्सरा, सूत्रधार, पांचाली तथा दुलारी के संयोग से बना ओजापाली, चाली, झूमर, कृष्ण गोपी नृत्य और गायन-बायन।

इसके साथ ही शंकरदेव का गीत-संगीत में भी अवदान था। सत्रिया गीतों में ज्ञान, ओजापाली, जन्माष्टमी, रास, गोपाल वैराग्य, राजा घरिया, गुरु वन्दना, देव वन्दना और नट माजर आदि गीतों तथा भक्ति गीतों में हिया नाम, दिहा नाम, बैरागी

नाम, नाम-मंगल, घोष-मंगल, रास-मंगल आदि भक्ति गीत हैं।

सत्र में मनाये जानेवाले पर्वों में कार्तिक में *पालनाम*[1] समारोह मनाया जाता है। इसके अलावा बोहाग बिहू, काति बिहू और माघ बिहू मनाये जाते हैं। कार्तिक के पूरे माह *आकाश बान्ती* (आकाश दीप) जलाया जाता है और तुलसी के बिरवे को दीपों से प्रकाशित किया जाता है। शंकरदेव, माधवदेव, दामोदरदेव आदि सन्तों की जन्म-पुण्य तिथियाँ मनायी जाती हैं।

सत्र के भीतरी भाग में प्रवेश किया। एक कमरे में जमीन पर लगे आसन पर करीब तीस-पैंतीस वर्षीय डेकाधिकार श्री देवानन्ददेव गोस्वामी बैठे थे। उनके गौरवर्णी ओजस्वी चेहरे पर एक स्निग्ध मुस्कान फैली थी। मैंने सत्र परम्परानुसार उन्हें प्रणाम किया और उन्होंने आशीर्वाद स्वरूप तुलसी-बकुल की माला मेरे सिर पर मुकुट की तरह रख दी। यह माला इतनी बड़ी नहीं होती कि गले में पहनी जा सके। वे हिन्दी समझते थे किन्तु बोलने में उन्हें थोड़ी असुविधा हो रही थी। वहाँ मेरा असमिया जानना काम आया।

मेरी जिज्ञासाओं पर छाया कुहासा अब छँटने लगा। शंकरदेव के समय एक ही *एकशरणिया मत* था। उन्होंने श्रीकृष्ण भक्त होते हुए भी मूर्ति-पूजा के बदले हरि नाम कीर्तन पर ही जोर दिया। उनके महाप्रयाण के बाद भी जब तक माधवदेव रहे, तब तक मूर्ति-पूजा नहीं करने की परम्परा चलती रही। बाद में इसमें बदलाव आया क्योंकि आहोम राजाओं की नीति थी कि जिन सत्रों में मूर्ति-पूजा होती है उन्हें भूमि प्रदान करने के साथ अन्य राजकीय सहायताएँ भी दी जाएँगी।

बाद में सत्रों की संख्या बढ़ने के साथ इनमें मतभेद भी बढ़े। विभिन्न सत्राधिकारों में पारस्परिक परामर्श भी हुए किन्तु आपसी तालमेल नहीं बैठा पाने के कारण सत्र-परम्परा चार संहतियों (अवस्थाओं) ब्रह्म, पुरुष, नीका (निष्ठा) और काल संहति में विभक्त हो गयी।

(1) ब्राह्मण अधिष्ठित 'ब्रह्म' संहति के प्रतिष्ठाता दामोदरदेव और हरिदेव थे। इस संहति के अन्तर्गत कुल इक्कीस सत्र हैं जिनमें प्रमुख तीन सत्र आउनीहाटी, गढ़मुर और दक्षिणपाट यहाँ माजुली में ही हैं।

---

1. *पालनाम* : सत्र में पाल तानकर या कहें कि पण्डाल बनाकर तीन, पाँच या सात दिनों तक चलनेवाले इस उत्सव में हरि-नाम कीर्तन और गीता-भागवत आदि धर्म-शास्त्रों का पाठ किया जाता है। व्यास पीठ से अहर्निश पाठ चलने के लिए वक्ता के लिए दो व्यास-आसन होते हैं। यह खाली नहीं होना चाहिए। अन्यान्य नियमों के पालन के साथ वक्ता के गले में फुलाम गमछा रहना अपरिहार्य है। जनसाधारण के मन में भक्ति-भाव जगाना ही पालनाम का उद्देश्य है। असम के बेलशर, सामता, सार्थेबारी के नोसत्र, माजुली के आउनीआटि सत्र, बरपेटा सत्र, जोरहाट के पास ढेंकियाखोवा बरनामघर में होनेवाले पालनाम उत्सव असम में विख्यात हैं।

(2) शंकरदेव के नाती पुरुषोत्तम ठाकुर की भावधारा पर गठित वैष्णवधर्मीय 'पुरुष' संहति है जिसके मतानुसार चलनेवाले बारह सत्रों में बैंगेनाआटि माजुली में और दूसरा बोरदोवा में है। इस संहति में श्रीमन्त शंकरदेव को ही एकमात्र गुरु माना गया है।

(3) माधवदेव को गुरु और श्रीमन्त शंकरदेव को गुरु के भी परम गुरु मानकर मथुरादास, पद्म आता, रामचन्द्र आदि के शिष्यों के अन्तर्गत 'नीका' या निष्ठा संहति का प्रादुर्भाव हुआ। इस संहति के कुल आठ सत्रों में प्रमुख कमलाबाड़ी माजुली में और दूसरा बरपेटा में है।

(4) गोपाल आता ने कामरूप में कालजार सत्र की स्थापना कर 'काल' संहति चलायी, जिसके कुल तेरह सत्र हैं।

डेकाधिकार श्री देवानन्ददेव गोस्वामी ने एक भकत के साथ हमें रसोईघर में भेजा। पक्के फर्श पर चटाई के दो आसन लगे थे। वहाँ हमारे लिए कलेवे की व्यवस्था थी। मकर संक्रान्ति बिहू के अवसर पर सत्र में भी पकवान बने थे। काँसे की छोटी थलिया में तिल-पीठा, नारियल, पिसे चावल के लड्डू, मालपुआ आदि हमें परोसे गये। लोटे में पानी था। मेरा पेट भरा होने के कारण मैं तश्तरी से व्यंजनों को कम कराने की चेष्टा में था कि डेकाधिकार स्वयं वहाँ आ गये। उनके आग्रह के सामने मेरी एक न चली। चावल का लड्डू इतना सख्त था कि उसे तोड़ने के लिए भीम-गदा की आवश्यकता थी। आखिर उसे कटारी से काटा गया। हम जब तक खा न चुके, वे वहीं खड़े रहे। मैं उनकी आत्मीयता से अभिभूत था। आत्मीय और औपचारिक प्रेम का भेद शायद मैंने थोड़ा समझा। नगरों में तो अब औपचारिकता ही रह गयी है, वह भी ठीक से नहीं निभती।

ऑटोवाले ने धीरे से मुझे कान में कहा कि इस बार डेकाधिकार के पास जाएँ तब यहाँ की परम्परानुसार भेंट स्वरूप कुछ सेवा अवश्य कीजिएगा। मैंने अपनी श्रद्धानुसार उनके सामने पत्रं-पुष्पं रखा। गढ़मुर में अज्ञानतावश यह सेवा मैंने नहीं की थी। असमिया में प्रणाम या नमस्कार करने को सेवा करना कहते हैं और धार्मिक स्थल पर प्रणाम के साथ कुछ राशि भी भेंट करते हैं।

डेकाधिकार ने सत्र दिखाने के लिए हमारे साथ एक भकत को कर दिया। एक लम्बे बरामदे को पार कर हमने बड़े हालनुमा नामघर में प्रवेश किया। प्रवेशद्वार पर खूब चटकीले लाल, पीले और सन्तरी रंगों से रँगे गरुड़ की मूर्ति थी। बताया गया कि लकड़ी के एक ही टुकड़े से वह मूर्ति बनी है। नामघर के गर्भगृह में विराजमान मोरपंख-मुकुट से सजी गोविन्ददेव की रजत-प्रतिमा के सम्मुख मैं नतमस्तक हो गया। भकत ने बताया कि गोविन्दकृष्ण की इस मूर्ति की जगन्नाथपुरी के महाराज रजत-कमलों से पूजा करते थे। सिंहासन पर सजे फुलाम गमछे पर बुने लाल पुष्प

कदाचित् उन कमलों के प्रतीक ही थे! भकत ने बताया कि इस मूर्ति को इन्द्रद्युम्न यहाँ लेकर आये थे। यह बात मेरे गले नहीं उतरी। हाँ! यह सम्भव है कि श्रीमन्त शंकरदेव अपनी उड़ीसा यात्रा में यह विग्रह वहाँ से लेकर यहाँ आये हों।

गुरु आसन पर भागवत, कीर्तन, नामघोषा, दशम तथा अन्य ग्रन्थ भी विराजमान थे। सात सीढ़ियों का बना गुरु-आसन बैकुण्ठ का प्रतीक है तो ग्रन्थ साक्षात् गुरु का प्रतीक। सिख धर्म में भी ग्रन्थ को गुरु मानने की परम्परा ही है। समकालीन हुए श्रीमन्त शंकरदेव और गुरु नानकदेव में से जिसने भी यह परम्परा पहले प्रारम्भ की हो—यह विचार करना मेरा विषय नहीं है। किन्तु यह भी सच है कि गुरुद्वारे में आज भी यह परम्परा अक्षुण्ण है, जबकि सत्र में ग्रन्थ के साथ मूर्ति भी विराजमान हो गयी।

सत्र में नामघर के सिवाय मणिकूट और *कारापाट* या *बाटसोरा* भी होते हैं। इनका भेद भकत ने समझाया कि नामघर एक लम्बा खुला हाल होता है जिसकी छत प्राय: तिकोनी होती है। इसमें प्रार्थना के साथ सभाएँ और विचार-विमर्श भी होते हैं। इसके भीतर धार्मिक और बाहर सामाजिक कार्यक्रम होते हैं। नामघर के भीतर मणिकूट होता है जो मन्दिरों के गर्भगृह की भाँति होता है। इसी प्रकार सत्र के प्रवेशद्वार पर बिना दीवारों के छतदार छोटे आकार के कारापाट या बाटसोरा होते हैं जहाँ बाहर से आये विशिष्ट अतिथियों का स्वागत किया जाता है।

इसी तरह सत्र के अहाते के चारों तरफ भकतों के रहने के *हाटी घरों* (कुटियाओं) की कतारें होती हैं। कुछ सत्रों में रहनेवाले भकत विवाहित भी होते हैं।

नामघर के बाहर रखे लकड़ी के एक बड़े कुन्दे को दिखाकर भकत ने एक अविश्वसनीय बात बतायी—सत्रहवीं शताब्दी में एक विचित्र घटना घटी। इस कुन्दे को जब काटा जाने लगा तो इस प्रकार हिलने लगा जैसे इसमें कोई दिव्य आत्मा हो। यह देख सब चकित रह गये और इसे इसी तरह लिटाकर छोड़ दिया गया। इस कुन्दे को *लाई खूँटा* कहते हैं।

अब भकत के साथ संग्रहालय गया। काँच की सन्दूक में एक मुसलमान गाँवबूढ़ा द्वारा भेंट दी गयी हाथी-दाँत से बुनी एक चटाई रखी थी, जिसे सन् 1827 से 1905 तक सत्राधिकारों द्वारा प्रयोग में लाया जाता रहा था। यहाँ संगृहीत बहुत-सी अमूल्य वस्तुएँ गोपनीय रखी हुई हैं जो आगन्तुकों को नहीं दिखायी जातीं। एक बार यहाँ से किसी चोर ने दस फुट लम्बे बहुमूल्य हाथी-दाँत को चुराकर कलकत्ता ले जाकर बेच दिया था। बाद में उसके केवल कुछ टुकड़े ही मिल सके। इसके सिवाय आहोम जमाने की तलवारें और साँचिपात पर लिखे ग्रन्थों को वहाँ मैंने देखा।

आउनीआटी से बैंगनाआटि सत्र की ओर जाते समय रास्ते में मिशिंग लोगों की बस्ती

आयी। दो चाँगघरों के मध्य पोखरी और उसके पानी में स्थिर नाव —बड़ा मनमोहक दृश्य था। गोधूली वेला में गाँव की लड़कियाँ अपने स्कूलों से लौट रही थीं। ऑटोवाला चलते-चलते उनसे कुछ बतियाता और वे हास्य बिखेरती आगे निकल जातीं। ऐसा ही कुछ शिलापथार आते समय बस का कण्डक्टर भी कर रहा था। यह मुझे वहाँ की सहज प्रक्रिया लगी।

बैंगनाआटि सत्र की स्थापना शंकरदेव की सौतेली माँ के पोते मुरारिदेव ने की थी। यहाँ बने संग्रहालय में विभिन्न कलात्मक वस्तुओं का संग्रह है। आहोम राजा गदाधरसिंह द्वारा दिये गये स्वर्ण-छत्र के अतिरिक्त अनेक पाण्डुलिपियाँ भी यहाँ रखी हैं। ढाई इंच से लेकर बारह इंच तक के साँचिपात पर बहुत ही बारीक अक्षरों में लिखे श्रीमद्भगवत गीता के श्लोकों के साथ रंगारंग चित्रों को चित्रित किया हुआ है जो दुर्लभ कलाकृतियाँ हैं।

कमलाबाड़ी सत्र का रास्ता बाजार से होकर गया था। विशेष दूरी भी नहीं थी। यह सत्र कला, संस्कृति, साहित्य और पारम्परिक विद्याओं का केन्द्र है, जिसकी स्थापना बेदुला पद्म आता ने की थी। यह सत्र समय-समय पर सत्रिया नृत्यों का आयोजन करता है, जिसे देखने भारत के अलावा विदेशों से भी पर्यटक आते हैं। यहाँ बने विश्रामालय से गढ़मुर का गेस्ट हाउस कहीं बेहतर है।

सत्रों की यात्रा करा, ऑटो ने धुड़चन्द जी की दुकान के सामने छोड़ा, तब शाम ढल गयी थी। मैंने रात में किसी होटल में ठहराने के लिए उनसे फिर कहा। उन्होंने बात को टालते हुए बड़े सहज तरीके से कहा कि एक रात की तो बात है, आपको कहीं जाने की आवश्यकता नहीं। पास के घर से उनकी पत्नी वहाँ मुझसे सिर्फ यह पूछने आयीं कि मैं खाने में मिस्सी रोटी खा लूँगा क्या?

मिस्सी रोटी कहने से लोग बेसन की रोटी समझते हैं किन्तु मेरे लिए मिस्सी रोटी नयी बात नहीं थी। चावल को पीसकर उसके बने आटे से इसे बनाने का रिवाज असम में रहनेवाले प्रायः राजस्थानी घरों में है। इसे जो भी पहली बार खाता है उसे आश्चर्य होता है कि चावल की रोटी तो कभी नहीं सुनी। रोटी खाने के अभ्यस्त राजस्थानी लोग असम में आकर बसे, तब उन्हें गेहूँ-बाजरे के अभाव में भात खाना बड़ा मुश्किल लगता था। रोटी खाने की चाहत ने असम की उपज चावल को रोटी का रूप दिया गया। चावल के आटे से रोटी बनाने में मुश्किल आयी तो चावल के साथ चना दाल को मिलाकर पीसा गया। फिर तो मिस्से आटे की रोटी और पराँठे यहाँ के राजस्थानियों की जीभ को ऐसे भाये कि वे इसे आज तक नहीं छोड़ पाये। आज जो असमिया-मारवाड़ी असम से बाहर रहता है, वह भी इसे बनाता है। किन्तु इस मिस्सी रोटी का जो स्वाद असम की मिट्टी में उपजे चावल से बनता है वैसा

और कहीं के चावल से बनी रोटी में नहीं आता।

अभी भोजन में देरी थी। मल्ल जी मुझे कमलाबाड़ी के कुछ लोगों से मिलाने ले गये। वहाँ से लौटकर आये तो तरुण बरुवा मुझसे मिलने आये हुए थे। उन्हें ब्रह्मपुत्र की आनेवाली बाढ़ की चिन्ता अभी से सता रही थी। ज्यादा नहीं सन् 1978 में जब माजुली को जोरहाट जिले के एक महकमे का रूप दिया गया, तब इसका क्षेत्रफल 1258 वर्ग किलोमीटर था जो आज घटते-घटते आधा यानी मात्र 640 वर्ग कि.मी. ही रह गया है। यह माजुली का दुर्भाग्य है कि करीब डेढ़ लाख की जनसंख्या और लगभग ढाई सौ गाँवोंवाले इस द्वीप के आँसू पोंछनेवाला कोई नहीं, बाढ़ के समय सब अपने मगरमच्छी आँसू बहाकर चले जाते हैं।

माजुली-प्रवेश के समय घरों के सामने बने पोखरों में खड़ी नावों को देखकर मैं उनका महत्त्व नहीं समझा था। अब पता चला कि ये नावें ही हैं जो बाढ़ के समय यहाँ की सड़कों के जलमग्न हो जाने पर वाहन का काम करती हैं। एक मजेदार तथ्य का और पता चला कि यहाँ जितनी नावें हैं उतनी शायद इटली के वेनिस में भी नहीं होंगी। यहाँ लोगों के पास कार, स्कूटर, टीवी आदि हो या नहीं परन्तु नाव का होना जरूरी है। नाव के बिना माजुली में जीवन की कल्पना भी नहीं की जा सकती। ऐसा अनोखा नाव-पुराण तो इससे पहले मैंने कभी नहीं सुना।

सांस्कृतिक महत्त्व की मनमोहा माजुली की काया दिन-दिन छीज रही है। यहाँ के सत्रिया, भाओना (भावना), रास आदि नृत्यों में सत्रिया नृत्य को अखिल भारतीय मान्यता मिली हुई है। भाओना नृत्य में पौराणिक चरित्रों के लिए पहने जानेवाले मुखौटों के चलते यहाँ का *मुखा* (मुखौटा) लोक-शिल्प आज भी जीवित है। इन मुखौटों को बनाने में बेंत-बाँस, कागज-कपड़ा, कुम्हार माटी, रंग आदि का प्रयोग होता है। कुछ मुखौटे तो अर्ध-मानवाकार होते हैं जिनमें हाथ भी बने होते हैं। नरसिंह के मुखौटे में जहाँ चार होते हैं वहीं बाणासुर के मुखौटे के बीस हाथ। इसके अलावा हस्तलिखित-ग्रन्थ-कला को भी जीवित रखा गया है। इनके पृष्ठों पर ग्रन्थ की कथानुसार विभिन्न रंगों में चित्र भी चित्रित किये जाते हैं।

आज माजुली का नाम पर्यटन की दृष्टि से विश्व के मानचित्र पर होना चाहिए था, वहीं रास्तों की भी समुचित व्यवस्था नहीं है। यहाँ की सड़कों की कुल लम्बाई 215 कि.मी. है, जिसमें पक्की सड़क तो केवल 12 कि.मी. ही बताते हैं। माजुली के बारे में यह भयावह सच जानकर संवेदनशील व्यक्ति आहत हुए बिना नहीं रह सकता। बरुवा जी को पता चला कि मैं कल सुबह ही जा रहा हूँ तो उन्होंने एक दिन और रुकने को कहा, जो मेरे लिए सम्भव नहीं हो पाया। उनसे मुझे भोगपुर और दक्षिणपाट सत्रों की भी संक्षिप्त जानकारी मिली।

माजुली के अन्य सत्रों के अलावा भोगपुर और दक्षिणपाट के सत्र भी महत्त्वपूर्ण हैं।

श्रीमन्त शंकरदेव जब माजुली में रह रहे थे तब एक रात दीनापुर ठहरे। वहाँ के निवासियों ने उनकी अभ्यर्थना में अनेक वस्तुएँ जुटायीं। दीनापुर में प्रचुरता से उपलब्ध खाद्य पदार्थों को देखकर उन्होंने उस स्थान का नामकरण भोगपुर कर दिया और भविष्य में वहाँ सत्र स्थापित होने से वह एक धर्मनगरी बन गयी। सत्र में विभिन्न मुद्राओं में बनी चाँदी और पीतल की विष्णु-प्रतिमाओं के अलावा कीर्तन घोषा, दशम, रत्नावली, भागवत अष्टम, ब्रह्म पुराण, नामघोषा, गुणमाला, सतराम, शंकरदेव की चरित पुथी (जीवनी), अंकिया नाटकों में रुक्मिणी-हरण, राम-विजय, प्रह्लाद-चरित आदि बहुत से ग्रन्थों को श्रद्धापूर्वक सजाकर रखा हुआ है। इस सत्र की स्थापना शंकरदेव के कहने पर 1528 ई. में दत्तादेव गोस्वामी द्वारा की गयी थी।

माजुली स्थित दक्षिणपाट सत्र कमलाबाड़ी से दूर है। वहाँ जाने के लिए वाहन की व्यवस्था होनी जरूरी है। उस सत्र की स्थापना दामोदरदेव ने सन् 1548 में की थी। मुख्य द्वार पर आहोम काल में बनाये गये पत्थरों के खम्भे हैं। यहाँ का पुरातन नामघर लकड़ी के खम्भों पर टिका है। उसके भीतर बने मणिकूट में विराजमान यादवराय के विग्रह को दक्षिणपाट सत्र के संस्थापक वनमालीदेव द्वारा जगन्नाथपुरी से लाया गया बताते हैं। यादवराय के अतिरिक्त केशवराय तथा कल्याणराय के दो विग्रह और स्थापित हैं। सत्र में रखा भागवत पुराण स्वयं श्रीमन्त शंकरदेव के हाथों से लिखा हुआ बताते हैं। वहाँ पूजा-स्थल में रखे पचास शालिग्रामों को उत्तरी असम की पहाड़ियों और हिमालय के नीचे की तराई में बहती नदियों से इकट्ठा किया गया था। उस सत्र के गुप्त खजाने में आहोम और कोच राजाओं द्वारा दी गयीं अमूल्य वस्तुएँ संगृहीत कर रखी हुई हैं। इस सत्र ने भी ब्रह्मपुत्र की विनाश-लीला से बहुत नुकसान उठाया है।

बातों का सिलसिला अभी पूरा नहीं हुआ था कि खाने का बुलावा आ गया। थाली में भोजन परोसना एक बात है और आत्मीयता परोसना अलग बात। मिस्सी रोटी का हरा रंग देखा तो मेरे से पूछे बिना नहीं रहा गया। पता चला कि चावल में चनादाल के बदले मूँग मिलाये गये थे। रोटी सुस्वादु थी। औपचारिकता अब हमारे बीच नहीं थी। मैंने दो रोटी ज्यादा बनाकर रख देने का कहा। सुबह जाऊँगा तब चाय और अचार के साथ कलेवा कर चला जाऊँगा। वे कलेऊ में ठण्डी रोटी परोसने के लिए नहीं मानीं। मैंने मनुहार कर उन्हें समझाया कि चाय या दही के साथ ठण्डी मिस्सी रोटी का नाश्ता असमवासी मारवाड़ी घरों में चाव से किया जाता है, यह आप भी जानती हैं, इसमें संकोच की बात ही नहीं। बहुत मनुहार करने पर बड़ी मुश्किल से वे मानीं।

कमलाबाड़ी से कमलाबाड़ी-घाट चार-पाँच कि.मी. दूर ही रहा होगा। वहाँ ब्रह्मपुत्र

थोड़ा विस्तृत दिखायी दिया, फिर भी गुवाहाटी जितना नहीं। घाट पर मोटर लांचों और यात्रियों का मेला-सा लगा था। एक लांच पर चढ़ उसकी छत पर मैंने अपना आसन जमाया। मेरे नजदीक बैठे यात्रियों के पास उनके माल-असबाब के नाम पर टीन के बड़े-बड़े कनस्तर थे, जिनमें दूध-क्रीम भरकर वे जोरहाट बेचने ले जा रहे थे। कुछ के साथ बोरियों में धान, सरसों आदि शस्य भरा था। उस छत पर भीगे बस्तों में भरी मछलियों की गन्ध नथुनों को भेद रही थी। मुम्बई की लोकल ट्रेनों में चलती मछुआरनों के सर पर लदी अनचाही गन्ध कितनी ही बार नाक को झेलनी पड़ती है, फिर यह गन्ध उतनी तेज भी न थी। शायद मीठे और खारे पानी की मछलियों की बास में फर्क होता होगा। इसके साथ माजुली के थल और जल की उर्वरता की सुगन्ध भी मेरे मन तक पहुँची।

ब्रह्मपुत्र में अनायास ही चापरियाँ दिखने लगीं। वे इतनी विस्तृत थीं कि उनके दूसरे किनारे को नहीं देखा जा सकता। अस्थायी चापरियों के साथ कुछ स्थायी चापरियाँ भी हैं, जिनके नाम हैं—*चुनिया, भकत, बनरिया, साधु, शिकलि, कार्तिक, दरबार, केरकेर, धोदाङ धावलि, चेराणी, पाशनि, लाचन, श्रीराम, माहरि, चुक, भीमपारा, माजर, मेकही* आदि। कमलाबाड़ी और निमाती घाट के बीच स्थित एक चापरी पर 20 अक्टूबर, 1920 को ब्रिटिश गवर्नर सेम्सफॉर्ड ने अपने असम-भ्रमण के समय सत्राधिकारों से मिलने के लिए राजकीय सभा आयोजित की थी जिससे उसे 'दरबार चापरि' कहा जाने लगा। माजर चापरी पर मिंया और कैवर्त लोगों का बस-वास है। इस पर सरसों की खेती खूब होती है। रास्ते में चपरियों के किनारों पर विभिन्न प्रजातियों के जल-पक्षियों को उड़ते देखा।

दूर एक स्टीमर में केवल ड्रम ही ड्रम लदे दिखे, जो जोरहाट से पेट्रोल-डीजल लेने जा रहे थे। अब मैं समझा कि माजुली में ऑटो-टैक्सीवाले अधिक भाड़ा क्यों माँग रहे थे। लांच की छत से कुछ चापरियों पर खेती करते लोग दिखे। कुछ नावें मछलियों को अपने जालों में फाँसने की जुगत में लगी थीं। मैंने इस बार ब्रह्मपुत्र को अलग-अलग रूपों में देखा, जिसकी गुवाहाटी में बहते ब्रह्मपुत्र से कोई तुलना नहीं। डिब्रूगढ़ से शिलापथार जाते समय देखा गया ब्रह्मपुत्र मानो लज्जा से अपने आप में सिकुड़ा हुआ था। क्या पता, वह अपने यौवनोन्माद में जो ताण्डव करता है उसका पश्चात्ताप उस समय कर रहा था।

दो घण्टों की वह यात्रा पलक झपकते ही पूरी हो गयी। निमाती का जहाज घाट इतनी जल्दी क्यों दिखने लगा! दूर से दिखायी देता वह घाट उस वक्त तो बड़ी हेकड़ी से अपना सिर उठाये खड़ा था। ब्रिटिशों के जमाने में सन् 1884 में बनाया गया वह घाट शायद अपने दुर्दिनों को विस्मृत कर बैठा था क्योंकि ब्रह्मपुत्र उस समय उसके पाँव पखार रहा था। यही ब्रह्मपुत्र बरसात के दिनों में हर साल कैसे

उसके सीने पर चढ़कर चलता है। इसकी धारदार कटारी से इस घाट का किनारा कटता-कटता दक्षिण की ओर इतना सरक चुका है कि अब इसे और सरकने की जगह ही नहीं बची। पहले निमाती घाट का जोरहाट तक रेल-सम्पर्क था। उस रेलपथ को भी यही ब्रह्मपुत्र लील चुका है। आज निमाती घाट के पास बचा ही क्या है! शायद इसे भ्रम है कि इसे बचाने के लिए प्रस्तावित सरकारी हातीसाल बाँध पूरा हो जाएगा। लगता है कि यह देश की व्यवस्था से अनभिज्ञ है, तभी तो दिवा-स्वप्न देख रहा है। इसी घाट के पास ही तो कल तक कोकिला, डाइनीगाँव, चारिगाँव चापरी, गारियाभला, मायनबाड़ी, गोसाईंगाँव थे जिन्हें 1988 से 1991 के बीच ब्रह्मपुत्र के मगरमच्छी जबड़े चबा गये।

जहाज किनारे से पूरी तरह लग भी नहीं पाया था कि छत पर चढ़े लोग फटाफट घाट पर कूदने लगे। पता नहीं उनकी कौन-सी गाड़ी छूटी जा रही थी। मैं खरामा-खरामा घाट पर उतरकर जोरहाट जाने की बस पर चढ़ा तो वह उन्हीं लोगों से भरी थी जिन्होंने घाट पर छलाँग लगाने की तत्परता दिखायी थी। एक व्यक्ति ने तीन की जगह रोक रखी थी, जैसे उन्हें आरक्षित करने का उसे हक हो। समझाने पर वह नहीं माना तो 'शठं शाठ्यं समाचरेत्' की उक्ति काम में ले उसे थोड़ा हड़काया तब जाकर खिसका।

जोरहाट की दूरी पन्द्रह कि.मी. ही थी, जहाँ से दूसरी बस में मुझे देरगाँव जाना था। जोरहाट का छोटा-सा बस अड्डा अपने में बसों और लोगों की भीड़ को नहीं समेट पा रहा था। देरगाँव की बस छूटने में देर थी। सुबह के नाश्ते के बाद चाय भी नसीब नहीं हुई थी, सो सामान ड्राइवर के जिम्मे कर थोड़ी-सी पेटपूजा करने चाय-मिठाई की एक दुकान में घुस गया। लवंग, निमकी, सिंघाड़ा तीनों ही मैदे से बने असमिया पकवान। लवंग मिठाई है तो शेष दोनों नमकीन। मैदे की लोई को लम्बा बेलने के बाद लपेटकर तला जाता है, फिर चासनी में डुबोकर तैयार होता है—लवंग। इसमें एक लौंग खोंची हो तो कहना ही क्या! कालाजीरा और मोयन ढालकर हथेली के माप की बनी तिकानी परतदार निमकी जैसा स्वाद असम के सिवाय और कहीं नहीं चखा। गर्म सिंघाड़े (समोसा) के संग चाय की रंगत भी खूब जमी। यहाँ के चालू होटलों में तलने के लिए अमूमन तेल की जगह वनस्पति घी का ही प्रयोग होता है। बस ने मन्थर गति से चलते हुए देरगाँव तक की तीस कि.मी. दूरी घण्टेभर में नापी। बस को आगे जाना था, सो मैं देरगाँव के चौरस्ते पर उतर गया। छोटे गाँवों-कस्बों का यही फायदा है कि पता पास में नहीं होने पर भी इच्छित व्यक्ति के घर का पता चल जाता है।

एकाएक मैंने अपने भानजे प्रो. रामावतार जालान के घर में प्रवेश किया तो उसे सुखद आश्चर्य हुआ। हमउम्र होने की वजह से मैं उसका यार-मामा था। बचपन की स्मृतियाँ फिर मन में उतर आयीं जब वह अपनी माँ, जो मेरी ममेरी बहन थीं, के संग गुवाहाटी में मेरी माँ से मिलने आया करता था। सर्वप्रथम उसने भोजन से तृप्त कराया। मेरा काजीरंगा जाने का अभिप्राय जानकर दूसरे दिन जाने को कहकर रात में उसने अपने पास रोक लिया।

देरगाँव नाम मैं बचपन से सुनता आया था किन्तु यह गुत्थी कभी नहीं सुलझी कि इस नाम के पीछे कौन-सी 'देर' छिपी है! यहाँ आकर पता चला कि देरगाँव के पास ही स्थित नेघेरीटिंग में देवाधिदेव महादेव का प्रसिद्ध प्राचीन मन्दिर है। इसी मन्दिर की देवदासी फूलमती आहोम शासन के पतन का कारण बनी थी। इस क्षेत्र में रहनेवाले बोड़ो-कछारी लोग शिव को 'बाथा-ब्रा' कहते हैं। महादेव को प्रसन्न करने के लिए वे लोग 'देव' पूजा करते हैं। देवपूजा का स्थान होने के कारण इसका नामकरण देवगाँव हो गया था, जो कालान्तर में देरगाँव कहलाने लगा। यहीं 10 सितम्बर 1933 को असमिया के मूर्धन्य कवि नीलमणि फुकन जन्मे थे। असम का एकमात्र पुलिस प्रशिक्षण केन्द्र इसी देरगाँव में है तो आठ सौ टन क्षमतावाली चीनी मिल भी यहीं के बरुवाबामुन गाँव में है जो इसके वाणिज्यिक महत्त्व को इंगित करती है।

देरगाँव से तीन-चार कि.मी. दूर ही नेघेरीटिंग है। 'नेघेरीटिंग टी स्टेट' के पास मुख्य राजपथ से एक कि.मी. अन्दर जाकर एक ऊँचे पहाड़ी टीले पर शिव-मन्दिर है। मन्दिर तक जाने की पथरीली सीढ़ियाँ चढ़ने से पहले वहाँ ऊधम मचाती वानर-सेना को कदली-फलों का भोग दिया तब जाकर रास्ता मिला। बन्दरों ने केले झपटने के लिए ऐसी धमा-चौकड़ी मचायी कि एक बन्दर का नाखून मेरे हाथ में लग गया। यह तो गनीमत रही कि जख्म मामूली था अन्यथा इंजेक्शन लेना पड़ता। पहाड़ी पर समतल मैदान है जिसके बीच बने भव्य मदिर को आहोम स्वर्गदेव राजेश्वर सिंह (सन् 1751-1769) ने बनवाया था। मुख्य मन्दिर से संलग्न ही इसके चारों कोनों में क्रमशः गणेश, सूर्य, दुर्गा और विष्णु के लघु-मन्दिर हैं जो इसके सौन्दर्य को और बढ़ाते हैं। यहाँ के नैसर्गिक मनमोहक दृश्यों को निहारता नीचे उतर देरगाँव की राह ली।

काजीरंगा कानन

तड़के-तड़के देरगाँव से बोकाखात के लिए निकला तब ठिठुरन थी। दूर बाँसों के झुरमुट की दरारों से कुहासे से लिपटी सूर्य किरणें झाँक रही थीं। रास्ते के दोनों ओर लगे चाय बागानों की हरियाली मेरे मन पर भी छायी थी। चाय के पौधों की सद्यस्नाता पत्तियाँ रात भर ओस में नहायी थीं। बागानों के बीच खड़े पेड़ों की छाँव भी उन्हें भीगने से नहीं बचा पायी। ये पत्तियाँ ही स्वयं पानी में खौलकर हमारा हित साधती हैं। बाँस-फूस के घर और उनके अहातों में लगे हवा से झूमते सुपारी के गाछ मन को लुभा रहे थे। गुलमोहर के फूलों की रंगीनी मन पर उतर गयी। इस दृश्यावली के साथ घण्टे भर का सफर कब तय हो गया, पता ही नहीं चला।

कल शाम को ही वासु साहब से फोन पर बात की थी। पूर्वोत्तर मारवाड़ी सम्मेलन के अध्यक्ष ओंकारमल जी अग्रवाल ने शिलचर-यात्रा में बातों-बातों में मुझे बताया था—'काजीरंगा राष्ट्रीय उद्यान जब भी जाना हो, वहाँ के निदेशक निरंजन कुमार वासु से अवश्य सम्पर्क करना।' इतनी-सी बात मैंने देरगाँव में रामावतार जालान को बतायी। उसने फोन पर उनसे सम्पर्क करवाया। उन्होंने बड़ी आत्मीयता से मुझे सुबह बोकाखात स्थित अपने बँगले पर मिलने को कहा तो मैं आश्वस्त हो गया।

बँगले के लॉन में प्रवेश किया तब धूप खिली हुई थी, पर मेरे मन पर झिझक की छाया थी। अपरिचित व्यक्ति और ऊपर से बड़ा सरकारी अफसर, फिर मेरे वहाँ पहुँचने में मेरी अपेक्षा जो समायी थी। ऐसे में संकोच का मुझे आ दबोचना स्वाभाविक था। सुबह के साढ़े सात बजे थे। जनवरी के ठिठुरते जाड़े की माघी धूप गुलाबी लग रही थी।

मेरे संकोची स्वभाव ने हौले से कॉलबेल बजायी। दरवाजा वासु साहब ने ही खोला। मुझे उनसे कुछ न कहना पड़ा। उन्होंने फोन कर जिप्सी, जीप ड्राइवर और साथ ही एक बन्दूकधारी फोरेस्ट गार्ड को बुला लिया। गार्ड को उन्होंने उस दिन का कार्यक्रम समझाया। रात को बागरी के फोरेस्ट इंस्पेक्शन बँगले पर मुझे ठहराने की ताकीद दी। इसके साथ ही बागरी के रेंजर को फोन कर मेरे लिए निरामिष भोजन की व्यवस्था भी करवा दी। मेरी अपेक्षाएँ इतनी नहीं थीं, जितनी कि उन्होंने जुटा दीं। मैं

तो उनके पास बस इतने-से मन्तव्य से ही गया था कि सम्भव हो तो रात को फोरेस्ट इंस्पेक्शन बँगले में ठहरने भर की व्यवस्था करवा दें।

चाय पीते-पीते उनसे पता चला कि वे जैसलमेर के रहनेवाले पुष्करणा ब्राह्मण हैं। 'आई. एफ.एस.' की परीक्षा पास करने के बाद असम के जंगलों में सन् 1987 से सेवारत हैं। उन्हें भी लिखने का शौक है। सरकारी नौकरी उन्हें ज्यादातर अँग्रेजी में ही लिखने को विवश करती है किन्तु अपनी पत्नी को हिन्दी में लिखे व्यक्तिगत पत्रों में उन्होंने वन तथा वन्य जीवन के बारे में बहुत कुछ लिखा है।

बँगले से निकलते समय मैं सरकारी अधिकारी के बदले एक संवेदनशील लेखक से विदा ले रहा था। ड्राइवर लखीराम दास जीप को नेशनल हाइवे पर सरपट भगाये ले जा रहा था, जंगल अभी दूर था। काजीरंगा का मतलब जानने की जिज्ञासा फोरेस्ट गार्ड सुशीलकुमार के सामने रखी तो उसने बताया कि काजी और रंगा नामक प्रेमी युगल थे। उनके प्यार को बिरादरीवालों ने मंजूरी नहीं दी तो वे यहाँ के घनघोर जंगल में भागकर खो गये। उन दोनों प्रेमियों के नाम पर ही यह इलाका काजीरंगा कहलाता है। जीप बीस-पच्चीस कि.मी. चलने के बाद कच्चे रास्ते से धीरे-धीरे काजीरंगा के जंगल में समाने लगी। वह वहाँ के ऊबड़-खाबड़ रास्ते पर दौड़ने की अभ्यस्त थी।

सड़क धीरे-धीरे दोनों ओर से ऊँची घास से घिरी जा रही थी। घास इतनी ऊँची कि उसमें खड़ा हाथी भी दिखाई न दे। इसे एलिफेण्ट ग्रास कहते हैं। हिन्दी में हम इसे हाथी-डूब घास कहें तो क्या गलत होगा! इसके अलावा भी विभिन्न प्रजातियों की घास यहाँ होती हैं जिनके असमिया नाम हैं—*खागोरी, उलु, दुबोरी, इकोरा, कहुवा, बाघआँसोरा, मधुसोलांग, विहलडण्णी, हारकाटा* आदि। पूरे काजीरंगा का प्राय: 66 प्रतिशत भाग इन घासों से घिरा है। चारों ओर फैली घास के बारे में गार्ड सुशीलकुमार से एक नयी बात का पता चला। दिसम्बर से फरवरी के बीच इसे जला दिया जाता है जिससे तृणभोजी जानवरों के लिए नयी हरी घास उग आए। घास को जलाने का काम बहुत जोखिमपूर्ण किन्तु बहुत जरूरी है। इसमें पूरी सावधानी बरती जाती है कि यह आग दावानल का रूप लेकर पेड़ों और पशु-पक्षियों को कोई नुकसान न पहुँचाए।

सूखी हाथी-डूब घास के बीच-बीच में गैंडों की आवाजाही से बनी पतली पगडण्डियाँ थीं जिन्हें यहाँ *गेली* कहते हैं। मुझे रह-रहकर लगता कि क्या पता कब यह भीमकाय जीव किसी गेली से अचानक निकलकर सामने आ खड़ा हो। गार्ड की आँखें सतर्क थीं। सैलानी को ऐसी ही किसी सम्भावित दुर्घटना से बचाने के लिए उसे फोरेस्ट गार्ड के बिना जंगल में नहीं आने दिया जाता।

रास्ते में जगह-जगह पड़े लीद के ढेरों को देख, मैंने सोचा कि यह हाथियों की कारस्तानी होगी। सुशीलकुमार बोड़ो ने रहस्योद्घाटन किया—'यह लेंड़ी गैंडों

की है। इनका स्वभाव है कि जहाँ एक बार हगते हैं, वहीं बार-बार हगने आते हैं। इनके इसी स्वभाव का फायदा उठा, ताक में बैठे तस्कर-शिकारी इन्हें मारकर इनके सींग और मांस काटकर ले जाते हैं।'

आगे जाने पर सड़क पर खड़ा एक गैंडा दिखाई दिया। मेरा उत्साह बढ़ा, चलो प्रथम क्रोड़मुख-दर्शन की बोहनी तो हुई। ड्राइवर ने जीप को दूर ही रोक लिया। मैंने सोचा कि हम जीप में बैठे हैं, यह हमारा क्या बिगाड़ लेगा। ड्राइवर और गार्ड मेरी तरह अनाड़ी नहीं थे। वे इसकी रग-रग से वाकिफ थे। उसे हकालने के लिए दोनों ने जोर से आवाज की। वह धीरे-धीरे घास में विलीन हो गया।

सुशीलकुमार ने समझाया—'गैंडे के क्रोध से हम डरते हैं। इसके साथ इसका बच्चा हो, तब तो और भी सावधान रहना पड़ता है। गैंडा तभी हमला करता है, जब इसे अपने बच्चे के लिए कोई खतरा दिखे या फिर कोई उससे छेड़छाड़ करे। इसके सामने हमारी जीप कुछ काम की नहीं। गैंडा अस्सी कि.मी. प्रति घण्टा की रफ्तार से दौड़ सकता है। इस कच्चे रास्ते पर जीप को इतनी गति से भगाना असम्भव है।'

गैंडा इसके पहले चिड़ियाघर में ही देखा था। जंगल में इसे स्वच्छन्द विचरते देख मैं रोमांचित था। मन में विचार कौंधा कि गैंडा ही एक ऐसा निरीह पशु है जिसे किसी देवी-देवता ने अपना वाहन नहीं बनाया, जबकि यह शक्ति का द्योतक है। इसके स्वभाव का शान्त भाव पता नहीं, क्यों किसी को नहीं भाया! इस सौम्य, शाकाहारी प्राणी गजनक्र को केवल जैन धर्म के ग्यारहवें तीर्थंकर श्रेयांसनाथ प्रभु के चिह्न रूप में ही मान्यता मिली हुई है।

रूपसी असम, हरित असम। विषम-सुषम-असम। असम की विषम जलवायु, धुँधार बौछार और भौगोलिक गठन ही कारण है कि कहीं नहीं होनेवाले असंख्य प्रजाति के उद्भिदों से भरे वन, नाना प्रकार के जीव-जन्तु, चिड़िया-पंछी आदि यहाँ मिलते हैं। काजीरंगा का ही लगभग तीस प्रतिशत भाग विभिन्न प्रजातियों के बहुमूल्य पेड़ों से घिरा है। घने जंगल से गुजरते लग रहा था कि बदली छायी है। कुछ कि.मी. चलने के बाद रोशनी छिटक पड़ी। सामने आसमान के नीचे खुले पसरे मैदान के सामने बड़ा *बिल* था। झील या सरोवर को असमिया में बिल कहा जाता है। ऐसे अनेक बिल काजीरंगा में हैं। वातावरण में बिखरी पंछियों के कलरव की संगीत-लहरी के साथ पता नहीं ताली बजाकर कौन ताल दे रहा था?

जीप खड़ी कर ड्राइवर ने कहा—उतरिए! यह पैलिकन कॉलोनी है। वहाँ बने मचान की सीढ़ियों से ऊपर चढ़कर दूर-दूर तक का नजारा देखा तो तबीयत हरी हो गयी। सरोवर किनारे और उसके जल में किल्लोल करते पशु-पक्षियों को देखकर लगा कि किसी स्वप्नलोक में आ पहुँचा हूँ। किनारे जंगली मुरगाबियाँ अपने ही

खिलवाड़ में मस्त थीं। झील के पास मैदान में उगी हरी घास चरते जंगली भैंसे अपनी ही दुनिया में खोये थे। वैसे यह झील *धृतराज, शराली,* टोर्न, पैलिकन जैसे परिभ्रमी पक्षियों की शरण-स्थली है।

मटिया रंग के धवल रंगी पैलिकन पक्षी की लम्बोतरी बादामी गरदन और करीब डेढ़ फुट लम्बी पीले रंग की चोंच को देखकर ही अंग्रेजों ने यह कहावत गढ़ी होगी—'पैलिकन के मुख में पेट से भी ज्यादा भोजन समा जाता है।' यह पक्षी ऐसा पेटू है कि अपने मुँह को रबर के गुबारे जैसा फुलाकर भोजन भर लेता है। दक्षिण यूरोप, एशिया, अफ्रीका, अमेरिका, आस्ट्रेलिया आदि देशों के अलावा गिद्ध जैसे ये पक्षी अपने देश के असम, मेघालय, प. बंगाल, आन्ध्र प्रदेश आदि में भी पाये जाते हैं। बारह-तेरह किलो वजन के ये भारी-भरकम पक्षी हवा में अपने दस फुट लम्बे डैने फैलाये दूर-दूर देशों का परिभ्रमण करते अक्टूबर के अन्तिम सप्ताह से यहाँ आने लगते हैं। अपनी दिनभर की खुराक दो किलो मछली पैलिकन सरोवरों से प्राप्त करता है। इनके कण्ठ से निकली आवाज सुनकर लगता है जैसे कोई ताली बजा रहा हो। अपने प्रजनन काल में मादा पैलिकन तीन अण्डे देती है। इनके अण्डों से निकले चूजों को पूर्ण वयस्क होने में चार साल लगते हैं। अपने बच्चों को खिलाने के लिए यह अपने पेट का अधपका भोजन उलटकर चोंच में ले आता है जिसे इसके चूजे अपनी नन्ही चोंच से चुगते हैं। मार्च के शेष होते-होते ये अपने-अपने देश लौट जाते हैं।

पैलिकन कॉलोनी से आगे आम पर्यटकों को जाने की मनाही है किन्तु सुशीलकुमार वहाँ से करीब दस-पन्द्रह कि.मी. और आगे तक ले गया। अब वनांचल पीछे छूट गया था। रास्ते के दोनों ओर घास का सिलसिला हमारे साथ चला आ रहा था।

रास्ते में आयी एक सूखी नदी में जीप रोककर सुशीलकुमार उतरा। वह नदी की रेत में पता नहीं क्या खोज रहा था। मैं भी कौतूहलवश उतर गया। इशारे से उसने पास बुलाया, फिर उत्साहित हो कहा—'ये देखिए, बाघ के पाँवों के निशान हैं। उसे यहाँ से गुजरे ज्यादा समय नहीं हुआ है। ये पद-चिह्न ताजा हैं।' मैं सिहर गया, पता नहीं कब और कहाँ से निकलकर बाघ आ जाए, फिर तुरन्त आश्वस्त भी हो गया कि वे भी तो हम मानव-पशुओं से डरते हैं।

वहाँ से सीधे ब्रह्मपुत्र के किनारे बने देवेश्वरी वन-शिविर में जाकर रुके। ब्रह्मपुत्र के उस रूप का दर्शन जीवन में पहली बार कर रहा था। ऐसा अनुपम दृश्य, जो कल्पनातीत था। उस प्राकृतिक सुषमा का रसास्वादन मैं वासु साहब का अतिथि होने के नाते ही कर सका था। जमीन में खूँटे गाड़कर करीब दस-बारह फुट ऊँचे मचान पर बना घर ही वन-रक्षकों का रैन-बसेरा है। ये अहर्निश जंगल में रहकर

शिकारियों से निरीह पशुओं की रक्षा करते हैं। इनके पास की राइफलें उन दुर्दान्त आखेटकों के अधुनातन हथियारों का कितना सामना कर पाती होंगी, यह तो ये ही जानें या फिर सरकार। हाँ, उनके पास की वॉकी टॉकी से वन्य अधिकारियों से ये लोग अवश्य अपना सम्पर्क साधे रखते हैं।

वन-रक्षकों ने वहाँ चाय पीने को कहा तो मेरी मनचाही हो गयी। चाय बनाने का सारा साजो-सामान उनके पास था सिवाय दूध के। पता चला कि दूध ब्रह्मपुत्र के उस पार से आ रहा था। इससे वहाँ ज्यादा समय रुकने का बहाना अपने-आप खड़ा हो गया। सुशीलकुमार बोड़ो मुझे ब्रह्मपुत्र किनारे ले गया। नदी की सर्द हवा में बदन को सेंकती जाड़े की धूप किसी प्रिय के आलिंगन जैसी थी। हम जिस कगार पर खड़े थे, उससे ब्रह्मपुत्र काफी नीचे था। बारिश में इसी का पानी ऊपर तक चढ़कर पूरे काजीरंगा को अपनी डूब में ले लेता है। दरअसल काजीरंगा का भू-स्तर नीचा है। बाढ़ के दिनों में वन कर्मचारियों को जीप के बजाय नावों से काम लेना पड़ता है। निरीह पशुओं को भी जल-प्लावन से बचाने के लिए वन-विभाग ने जगह-जगह ऊँचे-ऊँचे टीले बनवाये हैं। बहुत बार कुछ जानवर बाढ़ से बचने के लिए राष्ट्रीय मार्ग पर चले आते हैं। भूल से आसपास के गाँव में घुस आये जन्तु की तो जान ही साँसत में पड़ जाती है।

ब्रह्मपुत्र-धारा पिघली चाँदी-सी बह रही थी। सुशीलकुमार ने दूर से आती एक डोंगी दिखाकर बताया कि उसी में ग्वाला दूध लेकर आ रहा है। उसने पूरी भौगोलिक स्थिति मुझे समझायी। उस पार शोणितपुर जिला है। जल-धारा के बीच निकली चापरि पर नेपाली ने अपनी झोंपड़ी बाँधकर गायों की *खुँटि* (तबेला) भी बना रखी है। दूध वह बस्तियों में बेच आता है और चापरि की उपजाऊ बालू पर खेती करता है। बाढ़ आएगी, तब सारा ताम-झाम समेटकर वह पास के अपने गाँव चला जाएगा। मुझे बात समझते देर नहीं लगी। असमवासी होने के नाते, मैं जानता हूँ कि यहाँ का दुग्ध-व्यवसाय नेपालियों के हाथों में है।

चांगघर के कोने में प्रहरियों ने मिट्टी का एक चूल्हा बना रखा था। एक प्रहरी केतली में पानी उबालने के लिए रख, आग तापने लगा। जंगल में किरासन और गैस पहुँचने की बाट कौन जोहे! मैं भी आग तापने एक तिपाई पर बैठ गया और उनसे बतियाने लगा। मैंने उनके सामने रात को वहाँ रहने की इच्छा जाहिर की। वे पहले सकपकाये, फिर कहने लगे—पूरी रात लालटेन के प्रकाश में काटनी पड़ती है। रात को जंगली जानवरों का भय रहता है। समझ गया कि वहाँ की असुविधाएँ बताकर वे मुझे भरमा रहे हैं। वैसे भी इसके लिए वन विभाग की अनुमति चाहिए। जीप को भी वहाँ रोककर रखना पड़ता या दूसरे दिन उसे बुलाना पड़ता। दोनों ही बातें सम्भव नहीं थीं। थोड़ी देर में दूध लेकर ग्वाला आ गया। उस गरमागरम चाय में दूध-शक्कर के साथ उनका आतिथ्य भी घुला था। मैंने अपने भाग्य को सराहा कि वहाँ

तक आ पाया, यह भी क्या कम है!

घण्टेभर की ड्राइव के बाद हम बोकाखात पहुँचे। वहाँ पीसीओ बूथ देखी तो अपने आत्मीयों से सम्पर्क साधने की हूक मन में जाग उठी। साथी का अभाव कचोटने लगा। अपनों से बात कर भले फोन पर ही सही, उसके समीप होने का एहसास किया। आँखों देखे काजीरंगा को चित्रमय करने खाली हो चले कैमरे के लिए रीलें भी लगे हाथों खरीद लीं। क्षुधा ने व्याकुल किया। वहीं खा-पीकर चलने का प्रस्ताव रखा। सुशीलकुमार ने याद दिलाया कि बागरी के बँगले पर सारी व्यवस्था कर रखी होगी। वहाँ से बागरी कोई तीस-पैंतीस कि.मी. रहा होगा।

बागरी पहुँचा तब तक दोपहर हुई थी। मुख्य सड़क के पास ही फोरेस्ट रेंजर का ऑफिस था। उसके सामने बने इंस्पेक्शन बँगले में मुझे उतारा गया तो मेरा कल्पनालोक टूट गया। सोचा था घने जंगल के बीच बँगला होगा। वहाँ सुविधाएँ तो सारी थीं—बड़े-चौड़े कमरे के साथ एक बड़ा टायलेट और ड्रेसिंग रूम अलग से। पूरे बँगले में मैं अकेला था। उसका सूनापन मेरे अकेलेपन को सालने लगा तो मैं रेंजर के पास जा बैठा। सोचा, काजीरंगा का शेष भाग भी इसी दिन देख लूँगा किन्तु रेंजर ने बताया कि आज खाना खाकर विश्राम करूँ। जंगल में दूसरे दिन जाना सम्भव होगा। नया फोरेस्ट गार्ड उस समय उपलब्ध नहीं था। सुशीलकुमार का साथ वहीं तक का था।

रेंजर से बतियाकर वन्य-जीवन के बारे में थोड़ा जाना। उनसे मिले ब्रोशरों को पढ़कर काजीरंगा के बारे में जानना सुविधाजनक हो गया। यह कानन असम के पाँच राष्ट्रीय उद्यानों में सबसे बड़ा है। अन्य चार हैं—मानाह, नामेरी, डिब्रू-सैखोवा और ओरांग। इसके अलावा असम में गरमपानी, पानीदिहींग, चक्रशीला, लाओखोवा, बूढ़ाचापरी, पाभ, सोणाइ-रूपाइ जैसे विभिन्न तेरह पक्षी अभयारण्य हैं और कितने ही संरक्षित वनांचलों को भी यह प्रदेश अपने में समेटे है।

एक सींग के खंगहा के लिए काजीरंगा पूरे विश्व में प्रसिद्ध है। गोलाघाट, नोगाँव और कार्बी आंगलांग जिलों के सन्धिस्थल पर अवस्थित इस उद्यान के उत्तर में महाबाहु ब्रह्मपुत्र और दक्षिण में कार्बी पहाड़ है। इसके किनारे से राष्ट्रीय मार्ग क्रमांक 37 निकलता है। इसी मार्ग पर स्थित बागरी के बँगले में मैं ठहरा था। करीब साढ़े चार सौ वर्ग कि.मी. में फैला यह उद्यान विभिन्न स्तनपायी जानवरों, सरीसृप और सैकड़ों किस्म के रंग-बिरंगे स्थानीय और परिभ्रमी पंछियों का आश्रय है। पहले यह 'गेम सेंचुरी' के रूप में मृगयावन था। 1937 में इसे साधारण दर्शकों के लिए खोला गया और सन् 1974 में इसे राष्ट्रीय उद्यान घोषित किया गया। काजीरंगा में करीब सत्रह सौ गैंडे, एक हजार हाथी, पन्द्रह सौ जंगली भैंसे, नब्बे बाघ, तीस

भालू, हजारों की संख्या में हरिण और साँभर होंगे। जंगली सूअरों की संख्या भी करीब चार हजार होगी। इसके अलावा ऊदबिलाव, जंगली बिल्ली, लंगूर, बन्दर आदि असंख्य वन्य पशुओं से यह वन भरा पड़ा है।

बरसात के दिनों में पर्यटकों के लिए यह बन्द रहता है। इस उद्यान से बहनेवाली भेरांग, बरजुरी, डिबिंग, कँहरा, डिहिं, भालुकजुरी, देवपानी जैसी छोटी-छोटी नदियाँ बारिश में अपनी सीमाएँ तोड़ देती हैं।

यहाँ सबसे बड़ी समस्या तस्कर शिकारियों से इन पशुओं की रक्षा है। विदेशी लोगों में अन्धविश्वास है कि गैंडे के सींग में औषधीय गुण है। इसलिए तस्कर शिकारी इन्हें नृशंसतापूर्वक मारकर इसके सींगों को विदेश भेजते हैं। चीन, ताइवान, हांगकांग के लोगों के मन में गलत धारणा बैठी है कि इससे बनी दवा कामोद्दीपक होती है। सुनने में आता है कि अन्तर्राष्ट्रीय बाजार में सींग का मूल्य पच्चीस लाख रुपये किलो तक है। गैंडे के सींग के अलावा इसका चमड़ा, मांस और खून के बारे में भी ऐसे ही अन्धविश्वास हैं। आम लोग भी कैसे-कैसे विश्वास पालते हैं कि घर में इसका नाखून पास रखने से मंगल होगा!

असम में पहले एक सींगी गैंडों के लिए पाँच अभयारण्य थे—काजीरंगा, मनास, पबीतरा, ओरांग और लाओखोवा। अब ये केवल तीन में ही बचे हैं। अवैध शिकारियों ने मनास के अस्सी और लाओखोवा के सत्तर गैंडों को मारकर वहाँ से इनका नामोनिशान मिटा दिया। मजे की बात तो यह है कि उन तस्कर आखेटकों में से सरकार किसी का कुछ भी नहीं बिगाड़ सकी। अगर यही स्थिति रही तो पता नहीं गैंडे की प्रजाति बचेगी भी या नहीं?

बागरी के बँगले में रात आम रातों की तरह ही कटी। जंगल में होने की कोई अनुभूति नहीं हुई। राष्ट्रीय मार्ग पर चलते ट्रकों-बसों की दुर्दान्त आवाज रात के सन्नाटे को रह-रहकर तोड़ जाती। दूसरे दिन नये फोरेस्ट गार्ड के साथ फिर एक बार जंगल की ओर मैं चल पड़ा।

जंगल के रास्तों पर जीप लम्बी दूरी तक दौड़ी। पता नहीं, क्या कारण था कि किसी भी पॉइण्ट पर कोई जानवर देखने को नहीं मिला। रास्ते में केवल जंगली मुरगाबियों के झुण्ड, जंगली भैंसे या फिर जंगली सूअरों को ही देख पाया, एक भी गैंडे या हाथी के दर्शन नहीं हुए। दो-ढाई घण्टों बाद घने जंगल के भूलभुलैयादार रास्ते से ड्राइवर मुझे कोंहरा गेट तक ले गया।

वहाँ कुछ ही दिनों पहले ही हाथी-महोत्सव हुआ था। राजस्थान के पुष्कर में गधा मेला और जैसलमेर में ऊँट मेला लगता है। इससे प्रेरित होकर निरंजन कुमार वासु ने हाथी-महोत्सव मनाने की बात वनविभाग और पर्यटन विभाग के सम्मुख

रखी। पर्यटकों को आकर्षित करने के लिए एक नयी शुरुआत हुई। महोत्सव का लाव-लश्कर अब भी वहाँ से पूरी तरह नहीं समेटा जा सका था। गेट के पास कुछ पालतू हाथी खड़े दिखे। सुबह की वन-यात्रा विशेष उत्साहजनक नहीं रही। फोरेस्ट गार्ड ने बताया कि शीतकाल में जानवर ज्यादातर दोपहर बाद ही खुले में निकलते हैं। ठण्डे मौसम में वे भी कहीं दुबके सुस्ता रहे होंगे।

काजीरंगा आनेवाले पर्यटक प्राय: कोंहरा ही आते हैं। कार्बी पहाड़ की गोद में बसे कोंहरा में प्रकृति ने चारों ओर खुले मन से अपनी सुषमा न्योछावर की है। एक टीलेनुमा पहाड़ी पर असम पर्यटन विभाग के आधुनिक सुविधाओं से युक्त 'अरण्य', 'बोनानी', 'वनश्री' और 'कुंजवन' नामक चार लॉज हैं, जिनके बीच ही वन-विभाग का रेंजर ऑफिस और उसके सामने बँगला हैं। इसी बँगले में मुझे ठहराया गया था। सामने से बँगला भूमि पर बना लग रहा था किन्तु इसके पिछवाड़े खाई थी। इसके नीचे दो मंजिलें और बनी थीं। पूरा ढाँचा लकड़ी के खूँटों पर टिका था। इनके पिछवाड़े से लगकर ही कार्बी आंगलांग जिले की सीमा है। बरामदे से दूर-दूर तक के दृश्य दिख रहे थे।

खाने में देर थी। वहाँ के रेंजर ने तब तक पास के कार्बी आंगलांग जिले के रबर, कॉफी के पेड़-पौधे और कार्बी गाँव को देख आने की मुझे सलाह दी और अपना एक आदमी मेरे साथ कर दिया, जो वहाँ के चप्पे-चप्पे से वाकिफ था।

एक सुखद संयोग रहा कि अनायास ही मुझे कार्बी आंगलांग जाने का सुयोग मिल गया। पहाड़ी चढ़ाई और ढलानों पर कदम बढ़ रहे थे। रास्ते में वह एक रबर कारखाने में ले गया। बहुत दिनों से सुन रखा था कि असम में रबर उत्पादन भी होता है, पर देखने का मौका अब मिला। रबर के पेड़ से निकाले गये दूध जैसे सफेद रस को एक ट्रे में एसिड मिलाकर सात-आठ घण्टे रखने पर वह जम जाता है। फिर उसे रोलर मशीन से फैलाया जाता है। इसके सफेद रंग को बदलने के लिए पास ही बने धुआँ घर में कपड़ों की तरह पसारकर सुखाया जाता है। बाजार में यह लगभग तीन हजार रुपये टन में बिकता है।

रास्ते में कॉफी के पौधे देखते हुए एक पहाड़ी चढ़ाई पर रबर के पेड़ों के बीच पहुँचे। चारों ओर खड़े ऊँचे-ऊँचे रबर के पेड़ों के तनों पर किसी तेज धारदार हथियार से खरोंचकर बनाई गयी पतली-सी नाली से बूँद-बूँद कर टपक रहा उनका धवल-रक्त नीचे लगी कटोरी में जमा हो रहा था। क्या सचमुच वह उनका खून ही था या फिर पीड़ा से निकले उन पेड़ों के आँसू?

नीचे उतरने पर मिली पहाड़ी नदी पर पिकनिक उत्साहियों का मजमा लगा था। सामने ही पहाड़ी पर बने एक गणेश मन्दिर में प्रवेश किया। ध्यान से देखने पर

पता चला कि चट्टान को तराशकर बैठे हुए गजराज की प्रतिमा के मुख भाग को सिन्दूरालेपित कर गणेश का रूप दिया गया था।

मानव भी विचित्र प्राणी है। एक ओर तो हाथी की प्रतिमा को भी गणेश मानकर पूजा करता है और दूसरी ओर अपने स्वार्थ के लिए जीवित हाथियों का शिकार करता है। गजराज के नाम से विभूषित हाथी का मांस खाना सभ्य समाज में कभी मान्य नहीं रहा। पहले इनकी हत्या बहुमूल्य हाथी-दाँत के लिए ही होती थी। आदमी ने हाथियों के लिए संरक्षित वनों को काटकर इनके रहने और खाने में व्यवधान डाला। इससे ये अपने आहार की खोज में गाँवों में घुस खेतों से अपनी भूख मिटाने लगे। इससे चिढ़े हुए ग्रामीण विष मिला खाद्य इन्हें खिलाकर इनकी हत्या करते हैं। इन हत्याओं के कारण आज हाथियों में छब्बीस मादाओं पर केवल एक नर हाथी है। यह इस जाति के लिए भयावह स्थिति है।

हाथी की प्राकृतिक वासभूमि एशिया और अफ्रीका के महादेश हैं। एशिया के कुल हाथियों की संख्या का पचास प्रतिशत केवल भारत में ही है। भारत में हाथियों की कुल 23,000 संख्या में से 5,500 तो असम में ही हैं। असम की ही नहीं, पूरे पूर्वोत्तर की लोक-संस्कृति और जनविश्वास ने हाथियों को सम्माननीय स्थान दिया है। हाथी यहाँ के लोकगीतों और किंवदन्तियों में समाये हैं। इनकी भगवान गणेश के रूप में पूजा-अर्चना की जाती रही है। हाथी बुद्धि में अति तीव्र और इसकी याददाश्त भी विलक्षण होती है। इसका गर्भाधानकाल अठारह से बाईस माहों का होता है। ये दस-पन्द्रह साल के बाद ही प्रजनन करते हैं। काजीरंगा में हाथी मेला लगाकर पर्यटन विभाग ने पैसा तो अवश्य कमाया होगा किन्तु लोगों का कहना है कि इसके बाद आदमी से हाथी की दुश्मनी ज्यादा बढ़ी है।

कार्बी गाँवों को नहीं देख पाने की कसक मन में रह गयी। खाना खाकर लेटा था कि रेंजर के दफ्तर से बुलावा आया। वासु साहब का फोन था। मैं जो कहने में सकुचा रहा था, अनायास उन्होंने स्वयं ही पूछ लिया कि जंगल में जानवर देखने को मिले या नहीं। मेरे नैराश्य भाव को आत्मसात कर उन्होंने रेंजर से मुझे जंगल में दोबारा भिजवाने को कह दिया।

थोड़ी देर में एक असमिया परिवार को लेकर जा रही जीप में मुझे भी भेज दिया गया। इस बार का मुहूर्त शायद ठीक रहा। रास्ते में कितनी ही बार अपनी राह जाते गैंडे मिले। एक सरोवर के पास उगी हरी घास को गैंडी अपने शावक के संग पालतू जानवरों की तरह चरने में मस्त थी। अपने भीमकाय शरीरों पर बैठे कौवों की ओर उसका ध्यान ही नहीं था। उनके बीच एक सफेद पक्षी भी बैठा था। गैंडे को देखकर ही लगता है कि यह बहुत शर्मीले स्वभाव का प्राणी है। सड़क की दूसरी

ओर के जलाशय पर हाथियों का दल जहाँ जल-किल्लोल में मस्त था वहीं जंगली भैंसें घास चर रहे थे। हरिणों के झुण्ड तो कई जगह देखने को मिले। रास्ते के किनारे खड़ी मुरगाबियाँ हमें देखते ही दुम दबाकर भाग गयीं। आगे भी गैंडे देखने को मिले। एक जगह दो गैंडे सरोवर के कीचड़ में पेट तक धँसे पता नहीं कौन-से ध्यान में खोये थे।

जीप जंगल की गहराई में धँसती जा रही थी। रास्ते में मिले सेमल के पेड़ों की शाखाओं पर लगे लाल फूल अंगारों जैसे दहक रहे थे। पीले-सफेद तथा रंग-बिरंगे फूलों के और भी बहुत वृक्ष आये, जिनके नाम हमें पता नहीं थे। गनमैन ने हमारा ध्यान एक ओर आकर्षित कर बताया कि वहाँ हाथियों का दल पेड़ की डालियों को खा रहा है। वे पूरे तो नहीं दिखे। फिर भी पेड़ों की ओट में उनके होने का आभास हमें अवश्य हो गया। कल की यात्रा में भले ही ज्यादा जानवरों को नहीं देखा, किन्तु दूर जंगल में ब्रह्मपुत्र तक जाने का असीम आनन्द समाया था। सुबह की ट्रिप सन्तोषजनक नहीं रही, जिसकी कसर अब पूरी हो गयी।

रात को एकाएक वासु साहब आये। वहाँ ठहरे वन-विभाग के किसी बड़े अधिकारी से मिलने आये थे, तो मुझसे भी मिले। मैंने उनके प्रति अपना आभार प्रकट किया। उस रात झींगुरों का संगीत कानों में गूँजता रहा। सुबह गीजर के गरम पानी से नहाकर बदन में ताजगी आ गयी। अब मेरा गन्तव्य गुवाहाटी था।

उस यात्रा के ठीक तेरह महीनों बाद फिर एक बार मैं कोंहरा पहुँचा। पहली बार आया तब मध्य जनवरी की सुबह थी। इस बार मध्य फरवरी की शाम ढल चुकी थी। छह बजे ही अँधेरा घिर आया था। मुख्य सड़क से टीले पर बने वन-विभाग के बँगले तक डेढ़ कि.मी. की अँधेरी-सुनसान दूरी पैदल नापना मुश्किल था। कोई वाहन भी नहीं दिखा। यह असमंजस भी सामने खड़ा था कि वहाँ किसी तरह पहुँच भी जाऊँ तो पर्यटन विभाग के किसी लॉज में जगह मिलेगी भी या नहीं। पिछली बार तो वासु साहब ने सारी व्यवस्था करवा दी थी। इस बार भी उनसे फोन पर सम्पर्क साधा होता तो सहजता से सब हो जाता।

मन की ऊहापोह में थोड़ी देर वहीं ठिठका रहा। क्या पता उधर जाता कोई वाहन मिल जाए। अचानक एक जीप आती दिखाई दी। उसने अपना रुख मेरी गन्तव्य-दिशा की ओर किया तो अनायास ही मेरा हाथ हवा में उठ गया और वह रुक गयी। गाड़ी-मालिक से बँगले तक छोड़ देने का अनुरोध किया। उन्होंने सहर्ष बिठा लिया। चेहरा जाना-पहचाना लगा। अरे! यह तो कमाल हो गया! मैं जिन निरंजन कुमार वासु को अपने संकोच के चलते फोन नहीं कर पाया था, वे ही गाड़ी-मालिक निकले। यह कोई टैलीपैथी थी या फिर केवल सुखद संयोग?

बँगले पर सब व्यवस्था हो गयी। टेबल पर चाय-बिस्किट आ गये। बातों-बातों में गैंडों की बात चली। निरंजन वासु से मुझे यह जानकर आश्चर्य हुआ कि काजीरंगा में ब्रह्मपुत्र की बाढ़ आना आवश्यक है। वे गैंडों के इतिहास में जाकर विस्तारपूर्वक बताने लगे—'ब्रह्मपुत्र उपत्यका की देन ही ये गैंडे हैं। पहले सिन्धु-गंगा के किनारों पर भी गैंडे थे। ज्यों-ज्यों आबादी बढ़ी और नदियों के दुआब, जो कि गैंडों की रमणभूमि थी, के जंगल-घास को काटकर लोग खेती करने लगे, गैंडे वहाँ वे विलुप्त होते गये। असम में जितने भी गैंडा-अभयारण्य हैं, सभी ब्रह्मपुत्र के आसपास हैं। यदि इन्हें संरक्षित नहीं किया गया होता तो यहाँ भी ये नहीं बचते। नदी के दुआब पर उगनेवाली घास ये सुबह-शाम चरते हैं और दिन में इसकी दलदली जमीन पर समय बिताते हैं।

'ब्रह्मपुत्र में हर साल बाढ़ आना इन अभयारण्यों के लिए आवश्यक है। बाढ़ से यहाँ के *बिलों* में पुराने की जगह ताजा जल भर जाता है, अन्यथा पशुओं द्वारा गन्दे किये गये पानी को नहीं बदला जा सकता। ब्रह्मपुत्र द्वारा छोड़े गये दलदले दुआब गैंडों को अति प्रिय हैं।

'बाबर के जमाने तक उत्तर भारत में भी इनका अस्तित्व था। बाबरनामा में गैंडे का उल्लेख है और राजकीय मुद्राओं पर इनकी छाप भी होती थी।'

लगे हाथों मैंने वासु सा'ब से गैंडे के सींग की असलियत पूछी तो चौंकानेवाला उत्तर मिला—'दरअसल गैंडे के कपाल के ऊपर की ओर नाक के दो छिद्रों के मध्य उगे बालों के गुच्छे ही सींग का रूप ले लेते हैं। हरिण आदि जानवरों के सींगों की तरह इसमें हड्डी नहीं होती। अब तो वैज्ञानिक परीक्षणों से यह भी सिद्ध हो गया है कि गैंडे के सींग में ऐसा कोई तत्त्व नहीं जो रोग-निवारक हो।'

घण्टेभर बतियाकर वे बोकाखात चले गये। सोते समय डिप्टी रेंजर धर्मकान्त बरुवा ने आकर सुबह एलिफेण्ट-राइड के लिए मुझे तैयार रहने को कहा। उनसे पता चला कि सवा पाँच, सवा छह और सवा सात बजे तीन पारियों में हाथी पर पर्यटकों को ले जाया जाता है।

पौ फटने के साथ मैं उठकर तैयार हो गया। छह बजने में पन्द्रह मिनट बाकी थे, जब वन-विभाग की जीप मुझे लेने आयी। पूर्वोत्तर में सूर्योदय जल्द होने से लोगों की दिनचर्या भी जल्दी शुरू हो जाती है। रास्ते में एक मजदूर नंगे पाँव ठण्डी सड़क पर माल लदे ठेले को खींचकर ले जा रहा था और एक मैं था जो स्वेटर, कोट, बन्दरटोपी, दस्ताने-जुराब में भी और गर्मी ढूँढ़ रहा था। क्या गर्मी-सर्दी का भी मन से सम्बन्ध है? मुझे बिमल दा की लिखी बात याद आ गयी। उन्हें हिमालय में एक योगी मिले जिनके तन पर लंगोटी के सिवाय कुछ न था। इसका रहस्य उन्होंने बिमल दा को यह बताया—हमारा चेहरा कितनी भी सर्दी में ठण्ड सह लेता है। इसी तरह अभ्यास से पूरे शरीर को भी उसी अनुरूप बनाया जा सकता है। साधु

बदन पर जो राख मलते हैं, वह एक तरह से उनका परिधान है।

प्रकृति का पिछली साल देखा रूप धीरे-धीरे मेरी स्मृतियों में स्पष्ट होने लगा। चारों ओर बड़े दीर्घकाय पेड़ों पर से कोहरे ने अपनी चादर समेट ली थी किन्तु सामने की कार्बी आंगलांग की पहाड़ियों को वह अब भी अपने बाहुपाश में समेटे था। माघी पूर्णिमा का पाँच दिन क्षीण चन्द्रमा अब भी आकाश के अखाड़े में पहलवान की तरह ताल ठोंके डटा था। पीठ पीछे उगते सूरज के गोले के ललछोहाँ रूप को मैं मुड़-मुड़कर अपनी आँखों में समाने की चेष्टा करता रहा।

हस्ती सवारी-स्थल पर खड़े पन्द्रह हाथियों की सवारी लायक पर्यटक नहीं जुट पाये थे। हाथी के एक बच्चे ने अपनी नन्ही सूँड से सब पर्यटकों से हाथ मिलाकर स्वागत किया। विदेशी पर्यटकों को इसमें विशेष ही आनन्द आ रहा था। उनको हाथी सवारी के जहाँ एक हजार रुपये देने पड़ते हैं, वहीं देशी को मात्र एक सौ चालीस रुपये। हाथी पर कसे हौदे पर चार से छह लोग बैठ सकते हैं। एक हाथी पर मैं अकेला था। हाथी पर दोनों तरफ पैरों को निकालकर बैठते ही मेरी रानों और कूल्हे की मांसपेशियों में असहनीय पीड़ा होने लगी। दोनों पाँवों को एक तरफ लटकाकर बैठा, तब उस दर्द से छुटकारा मिला।

महावत ने अपना नाम दुर्ज बावोरी बताकर परिचय दिया। उससे ही पता चला कि मैं हथिनी पर सवार था। शादी के समय घोड़ी पर बैठा था और आज अनायास ही हथिनी पर। दुर्ज ने बड़े दुलार से हथिनी का नाम सरस्वती और उसकी उम्र बावन वर्ष बतायी। लगे हाथों उसने सरस्वती के तीन बच्चों के नाम भी बताये—गौतम, रुद्र और नयनमणि। उसे इस बात का जहाँ दु:ख था कि नयनमणि अपनी माँ से बिछुड़ गयी है, वहीं उसे यह गर्व भी था कि वह पिछले साल से जापान वासिनी हो गयी है।

नौ हाथियों का हमारा काफिला दलदली जमीन पर उगी हाथी-डूब घास में मन्थर गति से समाता जा रहा था। हाथ की उँगली जितनी मोटी घास इतनी ऊँची थी कि सिर के ऊपर से जा रही थी। महावत घास के समुद्र की उत्ताल लहरों के बीच अनुभवी नाखुदा की तरह हाथी-नाव को जैसे खे रहा था। घास की गहराइयों में छिपे गैंडे का आभास होते ही उसने अंकुश से हाथी का रुख दूसरी ओर किया। घास का सिलसिला कम होते-होते मैदान में पाँच गैंडे चरते दिखाई दिये। महावत ने एक की ओर इंगित कर बताया कि यह बड़ा उग्र है। बात पूरी भी नहीं हुई कि वह दूसरे गैंडे से भिड़ गया। क्रोड़मुख-द्वन्द्व में दोनों अपने-अपने थूथनों से एक-दूसरे पर वार कर रहे थे। गैंडा अपने सींग से जल्दी हमला नहीं करता। वह युद्ध-क्षेत्र हमसे नजदीक ही था। मन में भय समाया कि इनका क्या पता, कब हम पर आक्रमण कर दें। महावत ने उनसे दूरी बढ़ायी। शेष तीनों उन लड़ैतों की ओर ध्यान दिये बिना शान्त भाव से चरने में तल्लीन थे।

आगे के परिदृश्य में हरिणों का झुण्ड समाया था। वे हरिण मेरी कल्पनानुसार छींटदार नहीं थे। इनका सुनहरा-सा एक ही रंग था। इनकी मखमली त्वचा बिना धूप के भी चमक रही थी। इनकी सुन्दर आँखों के कारण ही तो साहित्य में नायिका को मृगनयनी कहा गया है। अपने शान्त स्वभाव के कारण ये ऋषि-मुनियों के आश्रमों और सत्रों की शोभा बने। महावत ने बताया, सींगवाले नर और श्रृंगहीन हरिण मादा हैं। इनके सींग जहाँ इनकी आत्मरक्षा में सहायक हैं, वहीं किसी पेड़ की डाल या लता में फँस जाते हैं तो हिंसक पशु इनके प्राण भी हर लेते हैं। इनकी भी अनेक प्रजातियाँ हैं।

कुछ ही दूरी पर जंगली भैंसों का दल अपने चरन-कार्य में व्यस्त था। अपनी मजबूत कद-काठी और दोनों ओर धनुषाकार फैले छह फुटी सींगों में इसकी असीम शक्ति समायी है। भैंसे जैसा शक्तिशाली असुर महिषासुर पुराणकथा का खलनायक है। मृत्यु-देवता यमराज का वाहन भी भैंसा ही है। उन यमदूतों के बीच एक जंगली सूअर निर्भय हो ऊधम मचा रहा था।

मध्यम चाल से हमारा हाथी-दल बढ़ रहा था। एक गैंडी अपने बच्चे के संग अपना कलेवा चर रही थी। गैंडे के बच्चों में मादा चार-पाँच साल तक और नर छह-सात वर्ष का होते-होते वयस्क होता है। प्रणयकाल के सिवाय नर मादा के पास नहीं जाता। इनका प्रणय करीब चालीस-पैंतालीस मिनट चलता है। गैंडी का गर्भाधान काल सोलह से अठारह महीने का है। जन्म के समय बच्चा एकदम लाल होता है और वजन करीब चालीस से साठ किलो। आठ-नौ महीने का बच्चा भी घास खाने लगता है। अमूमन बच्चा दो से तीन वर्ष तक माँ का दूध पीता है, फिर वह अपनी माँ से अलग हो जाता है। गैंडे की आयु साठ वर्ष के करीब होती है।

अचानक सरस्वती लड़खड़ाकर ठिठकी तो महावत का ध्यान भंग हुआ। वह अपना एक पाँव उठाये खड़ी थी। महावत तुरन्त नीचे कूदा। हथिनी की पगथली में किसी जानवर की नुकीली हड्डी काँटे की तरह चुभ गयी थी, जिसे निकालने में दुर्ज को विशेष समय नहीं लगा। सिद्ध महावत खड़ी हथिनी पर ही उछलकर आसनासीन हो गया और वह चल पड़ी।

घण्टे भर की हाथी-सवारी अब पूर्णता की ओर थी। सड़क नजदीक आ रही थी। रास्ते किनारे एक और गैंडा खड़ा दिखा। मैदान में पालतू हाथियों को घास चरते देखा। हम जिस जगह से चले थे, उसके बदले नये हस्ती सवारी-स्थल पर पहुँचे। नये आरोही प्रतीक्षारत थे। वन-विभाग ने हाथी पर चढ़ने के लिए जंगल के दो कोनों पर दो ऊँचे सीमेण्ट के मचान बना रखे हैं, जहाँ बारी-बारी से पर्यटकों को हाथी पर बैठाते हैं। सवारों के बोझ से मुक्त होकर कुछ हाथियों ने मूत्र-विसर्जन किया। यह क्रिया देखना भी एक अनुभव रहा। तेज धार से उत्सर्जित मूत्र-धार देखकर लगा, जैसे किसी नलके का मुँह खुल गया हो और उसकी मात्रा भी पच्चीस-तीस लीटर

से शायद ही कम रही होगी!

बँगले पर पहुँचा तब आठ ही बजे थे। वहाँ के रेंजर धरणीधर बोड़ो मुझसे मिलने आये और आगे का कार्यक्रम पूछा। मैंने उन्हें किसी कार्बी गाँव में जाने की मंशा जतायी। आनन-फानन उन्होंने वन-रक्षी हरेनचन्द्र दोलोई को मेरे साथ जाने को कह दिया। इसी बीच उनके साथ नाश्ता करते हुए बातों-बातों में पता चला कि सीधे-सादे धरणीधर बोड़ो केवल एक वन अधिकारी ही नहीं, अपितु अन्तर्राष्ट्रीय ख्याति-प्राप्त वन-विशेषज्ञ भी हैं। उन्हें वन्य प्राणी संरक्षण के लिए 'बाघ सेवक पुरस्कार' के अतिरिक्त अन्तर्राष्ट्रीय पुरस्कार 'फ्रेड एम. पेकार्ड इण्टरनेशनल पार्कस मेरीट अवार्ड' भी मिल चुका है।

तभी एक लड़की उनसे मिलने आयी। बोड़ो ने उसका परिचय दिया कि वह बेंगलूर की रहनेवाली डॅ. सिद्धि राधाकृष्णन है और असम में पाये जानेवाले 'स्लो लोरीस' (Slow loris) नामक बन्दरों पर शोध कर रही है। मैंने इसका अर्थ पूछा तो बोड़ो ने कहा कि हिन्दी में तो पता नहीं, पर असमिया में इसे *लाजुकी बान्दर* कहते हैं। मैं तुरन्त समझ गया कि यह किसी लजालु बन्दर की प्रजाति है। भारतीय भाषाओं के शब्दों में आपस में कितना अद्‌भुत सामंजस्य है! इसके साथ सिद्धि ने बताया कि दक्षिण भारत में भी लजालु बन्दर की एक और प्रजाति 'स्लेंडर लोरीस' (Slender loris) होती है। असम के लाजुकी दिन भर वृक्षों या अपनी किसी पसन्दीदा जगह सोते हैं। रात में निशाचर की भाँति अपने आहार की खोज में पेड़ों की इस डाल से उस डाल पर लाँघते-फलाँगते धमा-चौकड़ी मचाते हैं। रात के रसिया होने कारण ये प्राय: नजर नहीं आते।

बन्दरों को लेकर हमारी बातों का सिलसिला चल पड़ा था। इनका सम्पर्क मानव से सदैव रहा है जिसमें अब व्यवधान आने लगा है। विगत पच्चीस-तीस वर्षों से वनांचलों के नष्ट होने और आदमी में बढ़ते लोभ के कारण इनकी भी तस्करी और शिकार होने लगा है। भारत में पायी जानेवाली इनकी कुल चौदह प्रजातियों में से नौ तो केवल असम में ही हैं। यह जानकर और आश्चर्य हुआ कि बन्दरों के एक वर्ग का नाम ही असमिया बन्दर है जिसका अंग्रेजी और वैज्ञानिक नाम क्रमश: Assamese macaque / Macaca Assamensis है। दूसरा वर्ग है— साधारण बन्दर (Rhesus macaque / Macaca mulatta) का। इन्हें बचाने के लिए मानव यदि सचेत नहीं हुआ तो एक दिन ऐसा आएगा कि यह जाति विनाश के कगार पर खड़ी हो जाएगी। बन्दरों के प्रति उनके मन की संवेदना से मैं अभिभूत हुए बिना नहीं रह सका और मुझे भी थोड़ा वानर-ज्ञान प्राप्त हुआ।

साँवले रंग के धरणीधर बोड़ो का नाक-नक्श साधारण है और वह श्यामल बाला तो उनसे भी उन्नीस। बोड़ो ने पता नहीं किस भावना के तहत अपने और उस

बालिका के रूप-रंग की बात छेड़ दी और रूप से ज्यादा महत्त्वपूर्ण विद्या को बताते हुए एक श्लोक सुनाया—*विद्या नाम: नरस्य रूपमधिकं प्रसन्न गुप्तं धनं, विद्या भोगकारी, यश: सुखकारी विद्या गुरुनां गुरु:, विद्या परम् दैवत:, विद्या राजसु पूजिता न ही धनं, विद्याविहीन: पशु।* फिर इसकी व्याख्या की। अपने बारे में उन्होंने बताया कि वे पलाशबाड़ी के ग्रामीण लड़कों के संग गाय चराते थे। किसी तरह पढ़ाई कर अपनी मेहनत और लगन से इस पद तक पहुँचे हैं। मैंने उन्हें श्लोक लिख देने को कहा तो उन्होंने उसे देवनागरी में लिखकर दिया।

वन-विभाग की जीप और वन-रक्षक हरेनचन्द्र दोलोई साथ होने से कार्बी गाँव में प्रवेश करते कोई झिझक नहीं हुई। पहले गाँव का नाम द्रे रोंगपि था और वहाँ के गाँवबूढ़ा यानी मुखिया का नाम था—राम सिंग रोंगपि। मुखिया घर पर नहीं थे। घर की औरतों ने हमें भीतर बुलाकर कुर्सी पर बिठाया। उन्होंने बताया कि दो सौ लोगों की बस्ती का यह पूरा गाँव अब ईसाई है। तेरह साल पहले वे लोग भी क्रिश्चियन बन गये थे। धर्म बदलने के बाद अब मृतक को जलाने के बदले गाड़ते हैं। अब सूअर के साथ गाय का मांस भी खाते हैं। अब उनके रीति-रिवाज भी बदल गये हैं। अपने पारम्परिक पर्व-त्यौहार भी वे नहीं मनाते। इन बातों के चलते हिन्दू कार्बियों से उनके सम्बन्ध मधुर नहीं रहे। अपने धर्म बदलने का कारण एक महिला ने बताया कि उसके पति की मौत के समय कार्बी पुजारी ने क्रियाकर्म कराने के लिए अधिक पैसे माँगे। इससे क्षुब्ध होकर उसने अपना धर्म छोड़ दिया।

रास्ते में वन-रक्षक से पता चला कि अब इनमें उग्रवादी भी पनप रहे हैं। वहाँ से हम नजदीक के ही दूसरे कार्बी गाँव में गये। वह हिन्दू गाँव था। घर के मुखिया का नाम दोलाई बे था। वे सॉयल कंसरवेशन विभाग में कार्यरत हैं। उन्होंने हमें एक कमरे में ले जाकर बिठाया। उनसे पहले गाँव के लोगों के बारे में बात चली तो उन्होंने कुछ और ही बताया। उन्होंने पुजारीवाली बात भी गलत बताकर तर्क रखा कि उन्होंने धर्म बदला परन्तु अपनी संस्कृति क्यों छोड़ी?

कार्बियों की व्युत्पत्ति के बारे में बात चलने पर उन्होंने अपनी जनजाति में चले आये लोक-विश्वास के बारे में बताया कि सीता की खोज में सुग्रीव द्वारा पूर्व दिशा में भेजे गये वानर-दल के साथ उनके पूर्वज इधर आये थे। इस बात पर मुझे विश्वास नहीं हुआ। मैंने इसे किंवदन्ती कहकर नकारा तो मुखिया आहत होकर अपनी जनजाति में प्रचलित कार्बी रामायण *साबिन आलुन* के बारे में बताने लगे। उनके मुँह से रामायण की बात सुनकर मेरा विस्मित होना स्वाभाविक था। जिज्ञासा व्यक्त करने पर उन्होंने कहा कि साबिन आलुन किसकी रचना है, कब की है, पता नहीं। किन्तु यह उनमें वाचिक रूप में पीढ़ी-दर-पीढ़ी चली आ रही है। फिर भावविभोर होकर

उन्होंने अपनी रामायण के कुछ छन्द सुनायें—

निचो चाबिन मिर्लरि
कांगटांग राम पेनखन बेनि
इंगछि्छन आ लिठाई खेपि
जनक बिचो ओ चोपि
आमेन सीता कुंगरिपि
मारनांग कारकक नांग केबि
रिचो जुदेत आलाम दि।
ला आन आ लिठाई थेपि
ला ले रुंग उन तांग तेति
ने चोपि सीता कुंगबि
लाचि सीता पिन नांगजि।

भावपूर्ण तरीके से उन्होंने इसकी व्याख्या करते हुए कहा—'बाहुबली राम युवक हैं। वे अपने भाई लक्ष्मण के संग जनकपुर आये हैं। लड़कपन में जनक की पुत्री सीता ने पिता के लोहे के धनुष को दायें हाथ से उठाकर बायें हाथ से उसके नीचे का वस्त्र बदल दिया। यह देखकर जनक ने कहा, इस विशाल धनुष को जो व्यक्ति तोड़ेगा, वही सीता को पाएगा। आज भी राम हममें पूज्य हैं।'

उन्होंने सारी बातें असमिया में कीं। असमिया ही इनकी सम्पर्क भाषा है। बड़ी मुश्किल से कार्बी रामायण की पंक्तियाँ हम कागज पर उतार पाये। फिर वे हमें अपने घर के परिसर के कोने में बने एक छोटे-से शिव मन्दिर में ले गये। वहाँ कोई मूर्ति या शिवलिंग नहीं था। कारण पूछने पर उन्होंने व्याख्या की कि यह घरेलू मन्दिर है। शिवलिंग होगा तो स्त्रियाँ प्रवेश नहीं कर पाएँगी। यहाँ विधि-विधान से पूजा करने की व्यवस्था होना सम्भव नहीं। इसलिए घर के मन्दिर में मानसिक रूप से ही पूजा करते हैं। मन्दिर के बाहर तुलसी के पौधे लगे थे।

बाद में पता चला कि साबिन आलुन का जनक झूम खेती करनेवाला किसान है। वह कार्बी कबीले के प्रिय पेय चावल से बनी मदिरा पीता है। जनक जंगल से ओरांगखोंग पक्षी का पवित्र, किन्तु दुर्लभ अण्डा खोजकर लाता है और उसे अपने घर की बाड़ में बाँस की टोकरी में रख देता है। इस प्रसंग की कार्बी रामायण की कुछ पंक्तियाँ इस प्रकार हैं—*लाकि ओरांगखोंग आटी / ओसोमेर ने सोंगतुजी / ओसोमेर नांगटुन सोरी / ओकप्रु ओकप्री असानी / किम थुइडोंग थुइडोंगजी।*

जनक-पुत्री सीता आदर्श कार्बी बेटी की तरह पिता को खेत में खाना पहुँचाती है। घर की साफ-सफाई करती है। वह कपड़े बुनने में निपुण है। घर पर आये मेहमानों का चावल की शराब से स्वागत करती है। कवि लिखता है—*केइपन*

सोनसेनसे बीरी/ केडेंग रापबोंग पाक पेन पी / फुयेट काडेंग पाक पेन पी / पासुनकोइ बीरी अदांग थेपी।

कार्बी रामायण की सीता भी राम से विवाह कर अयोध्या चली जाती है। दशरथ का बाँस से बना चांगघर है जहाँ नव-वधू की चावल-मद्य से अगवानी होती है। आगे राम-वनवास प्रसंग में लिखा है कि सीता जंगल में जाते समय कपड़े बुनने का साजो-सामान करघा तक अपने साथ ले जाती है।

कार्बी कवि ने साबिन आलुन को पूरी तरह कार्बी-जीवन-शैली में ढाला है। घटनाक्रम में विशेष फर्क नहीं होने से लगता है कि उसे रामायण के मूल कथानक का ज्ञान था किन्तु अपनी रचना को आम लोगों में आत्मसात कराने के मकसद से उसने जान-बूझकर ऐसा किया होगा। चक्रवर्ती राज्य को त्याग कर वल्कल वेश में अयोध्या से रामेश्वर तक उत्तर से दक्षिण भारत के लोकजीवन को आत्मसात करते हुए एक सामान्य जन की तरह विचरनेवाले, दलित वर्ग के केवट से मित्रता करनेवाले और शबरी के जूठे बेर तक खानेवाले मर्यादा पुरुषोत्तम राम का चरित्र सदा से वनवासियों को भी प्रेरित-प्रभावित करता रहा है।

मुखिया के घर के अहाते में एक कार्बी लड़की बैठी कपड़ा बुन रही थी। शायद मुखिया की बेटी होगी। करघे के नाम पर बाँस की खपची पर तना हुआ ताना एक खूँटे से बँधा था, जिसका दूसरा छोर पट्टे की तरह उसने अपनी कमर में बाँध रखा था। जमीन पर बैठी वह काले रंग के ताने पर रंग-बिरंगी शाल बुन रही थी। उसकी भरणी के इधर से उधर जाने के साथ मनमोहक ज्यामिति जैसी आकृति उभर रही थी। काला रंग इन्हें अति प्रिय है। काला के अलावा लाल, गुलाबी, हल्दीया भी इनके प्रिय रंग हैं। ये कपास के साथ एड़ी के धागे को मिलाकर भी बड़ा सुन्दर कपड़ा बुन लेती हैं।

पिण्डलियों तक कार्बी महिलाएँ काले रंग की मेखला *पीनि* पहनती हैं। मेखले पर फूलाम कपड़ा *वामकोक* लपेटती हैं। वक्ष को *जिसो* कपड़े से बाँधकर ऊपर से चादर *पीकोक* ओढ़ती हैं। असम में कहीं भी परदा-प्रथा नहीं है, फिर इनमें यह प्रथा होने का प्रश्न ही कैसे उठता। गहनों के नाम पर *केरु, रोय, लेक* (हार), *जांगसाई* (कानफूल), *आरनांग* (अँगूठी) मणि-मुक्ता पहनती हैं। कार्बी पुरुष लम्बा *चय* (चोला) पहनते हैं और सिर पर *पोहु* (पगड़ी) बाँधते हैं। पगड़ी पर पक्षियों की पाँखों को खोंसते हैं। कमर में लँगोटी की तरह वस्त्र पहनते हैं।

कार्बी महिलाओं की वेशभूषा और कार्बी-भाषा के उच्चारणों में काफी सीमा तक खासी लोगों-सी समानता मुझे लगी। मेरे लिए तो दोनों भाषाएँ ही अनजान ठहरीं, परन्तु शब्दों की ध्वनि भी बहुत कुछ कह जाती है।

मिकिर पहाड़ पर रहने के कारण इन्हें मिकिर कहा जाता था। आज ये कार्बी कहलाना ही पसन्द करते हैं। इनकी अधिक आबादी का स्थान होने से इस जिले का

नाम कार्बी-आंगलांग किया गया। असमिया साहित्य में कलागुरु के नाम से विभूषित विष्णु राभा के अनुसार मिकिर ही असम के आदिम आदिवासी हैं।

कार्बी नाम कहाँ से आया यह स्पष्ट नहीं है। अतीत में ये लोग कछारी राज्य के अन्तर्गत थे। इनका जीवन कछारियों के अत्याचारों से बड़ा दुःखदायी बना हुआ था। इसलिए ये लोग एक पहाड़ से दूसरे पहाड़ पर पलायन करते रहते थे। आज ये इस जिले के अलावा उत्तर कछार, गोलाघाट, नोगाँव, कामरूप और ब्रह्मपुत्र के उत्तरी किनारे के दरंग, लखीमपुर जिलों में भी रहते हैं।

कार्बियों में मूल पाँच गोत्र होते हैं। एक ही गोत्र में विवाह नहीं किया जाता। इनमें मामा की लड़की से विवाह करने को प्राथमिकता दी जाती है। ज्यादातर घर जमाई बनकर रहने की प्रथा है। विवाह के बाद कन्या पति की उपाधि धारण करती है। अवैध सम्बन्धों के लिए समाज द्वारा कड़ी सजा दी जाती है। इनके समाज में महिला का उच्च स्थान है। झूम खेती करना, घर चलाना आदि सभी काम महिलाएँ करती हैं।

इनका पूर्वजन्म में विश्वास है। परिवार में शिशु का जन्म होता है तो उसका नाम मृत दादा या किसी सम्बन्धी के नाम पर रखा जाता है। इनका विश्वास है कि मरा हुआ व्यक्ति फिर नवजात के रूप में लौटा है। सृष्टि के पालनकर्ता के रूप में *हेम्फु* कार्बी जाति का सबसे बड़े देवता हैं। *मुक्रांग* को ये लोग सृजनकर्ता मानते हैं। मुक्रांग की बहन *रासिजोंगा* कार्बी की मातृ और प्रकृतिस्वरूपा है। प्रति तीन-चार वर्ष के बाद ये लोग *सेजुन* (स्वर्ग-पूजा) पालन करते हैं, जिसमें *वोफंग* (इन्द्र), *आरपि* (रुद्र) और *बिरने* (अग्नि) की पूजा की जाती है। एक पेड़ के नीचे सजाई गयी चांग पर सेजुन देवताओं की वेदी को स्थापित किया जाता है।

इनमें *लखीमी* को प्रसन्न करने के लिए *सोकेरोय* उत्सव किया जाता है। इस अवसर पर अग्नि के सामने किये जानेवाले नृत्य-गीत को *हासाकेकान* कहते हैं। इस अनुष्ठान में केवल लड़के ही भाग लेते हैं। पूरी रात होनेवाले इस उत्सव में पूरा गाँव भाग लेता है। इसी तरह मृतक की आत्मा की शान्ति के लिए *सोमांकन* नृत्य कर श्राद्ध उत्सव मनाया जाता है। जनविश्वास है कि यह नहीं करने पर मृतक की आत्मा पाप-ताप से मुक्त नहीं हो पाती है।

कार्बी गाँवों से लौटे तब दोपहर के बारह बजे थे। धरणीधर बोड़ो किसी काम से बाहर गये हुए थे परन्तु मेरे लिए जंगल में जाने के लिए गनमैन प्रणव कुमार बोरा को कह गये। खाना खाकर निकले तब तक डेढ़ बज गया। हम बोकाखात होते हुए काजीरंगा के पूर्वी क्षेत्र में समाने लगे। अरे, यह तो वही रास्ता था जिससे मुझे पहली बार सुशील कुमार ले गया था। कच्ची सड़क के दोनों ओर बने चांगघरों को

दिखाकर प्रणव कुमार ने बताया कि वे मिशिंग लोगों के घर थे। उनके कुछ बच्चे स्कूली पोशाक पहने घर लौट रहे थे। अब इनमें शिक्षा का प्रसार हो रहा है। इसके साथ ही गुवाहाटी में मिले मिशिंग जनजाति के डॅ. गणेश पेगु मुझे याद आये, जिन्होंने अपनी जनजाति के बारे में बहुत-सी बातें मुझे बतायी थीं। वे कॉटन कॉलेज में प्राध्यापक हैं। उनकी पत्नी डॅ. मंजू देवी ब्राह्मण की पुत्री हैं। वे भी उसी कॉलेज में असमिया पढ़ाती हैं। ठीक ही तो कि विद्यावान की ज़ाति नहीं, उसका गुण देखा जाता है। धरणीधर बोड़ो ने भी तो यही कहा था—'स्वदेशे पूज्यते राजा, विद्वान सर्वत्र पूज्यते।'

ड्राइवर महेश्वर गोगोई अपने सधे हाथों से जीप को ऊबड़-खाबड़ रास्ते पर ले जा रहा था। हम आरिमोरा वन-चौकी से कुछ दूर आगे बढ़े थे कि अचानक सामने थोड़ी दूरी पर एक बाघ हवा में छलाँग लगाता दिखाई दिया। संयोग मात्र ही था कि उस पर दृष्टि पड़ गयी, अन्यथा व्याघ्र-दर्शन शायद ही हो पाता। शरीर में एक सिहरन-सी दौड़ गयी। उसकी लम्बाई नहीं-नहीं करते भी आठ-दस फुट अवश्य रही होगी। हवा में फैले उसके आगे-पीछे के पाँवों से वह और भी दीर्घाकार लगा।

मन में छायी सिहरन आगे भी काफी देर तक बनी रही। एक झील किनारे जीप रोक, प्रणव ने मुझे जलक्रीड़ा करते एक हाथी को दिखाकर बताया कि वह मखना है। उसने खुलासा किया कि बिना दाँत के हाथी को *मखना* और एकदन्ती को *गणेश* कहते हैं। अब मैं फिर एक बार पैलिकन कॉलोनी पहुँच गया। वहाँ से आहोन्तगुड़ी पहुँचे तो वन-रक्षियों ने लाल चाय और बिस्किट से हमारा स्वागत किया। यहाँ से एक रास्ता ब्रह्मपुत्र किनारे के देवेश्वरी शिविर, जहाँ पिछली बार गया था, दूसरा धनसिरी नदी किनारे की एयाँसूति चौकी और तीसरा रास्ता आरिमोरा कैम्प जाता है। इसी आरिमोरा की ओर चलने को प्रणव ने ड्राइवर गोगोई से कहा।

राजाबाड़ी, बेगराई, मिथुनबाड़ी की वन-चौकियों से होते हुए आरिमोरा पहुँचे। वह सुव्यवस्थित शिविर है। वहाँ वन-विभाग का एक इंस्पेक्शन बँगला भी है। दूर बहता ब्रह्मपुत्र अस्पष्ट-सा दिखाई देता है। वन-रक्षकों का घर जमीन से आठ-दस फुट ऊँचे सीमेण्ट के खम्भों पर बना है। चाय पीकर पीछे की ओर गया तो गैंडे के पैरों के निशान दिखे। प्रहरियों ने बताया कि कभी-कभार ये इधर भी चले आते हैं। वहाँ से एक रास्ता सीधा कोंहरा जाता है। अब शाम ढलने में विशेष देर नहीं रही।

हमारी दाहिनी ओर अस्ताचल में ढलता सूरज का लाल गोला कह रहा था कि हमारी जीप दक्षिण की ओर अभिमुख थी। जंगल सुरमई होने लगा। रास्ता लम्बा था। आरिमोरा से कोंहरा की दूरी छब्बीस कि.मी. बताई गयी। रास्ते में प्रणव ने बताया कि बाघों के निकलने का यही वक्त होता है। सम्भव है कि और बाघ

देखने को मिल जाएँ। यह सुन मैं चैतन्य होकर बैठ गया।

बाघ देखने की सम्भावना मन में सँजोये जीप में बैठा था कि प्रणव धीरे-से मेरे कान में कुछ फुसफुसाया। मैं नहीं समझ पाया तो उसने जीप रुकवाकर जंगल में एक ओर इशारा कर वहाँ खड़े बाघ को देखने को कहा। अभी इतना उजाला शेष था कि उस मृगारि के पीतवर्णी तन पर चमकती काली धारियों को भी देखा जा सकता था। इसके साथ अपनी स्थिति का ख्याल आते ही मैंने प्रणव को झिड़का कि उसने उस बियावान में बाघ के सामने जीप क्यों रोकी। वह खिलखिलाकर हँसने लगा। फिर बोला, 'आपका भाग्य अच्छा है कि दो बार बाघ देखने को मिल गये, नहीं तो अक्सर लोग निराश होकर चले जाते हैं। एक जापानी दल तो यहाँ छह दिन रहा, फिर भी बाघ नहीं देख सका।' मेरे मन की सिहरन अँधेरा होने से पहले वहाँ से निकल जाना चाहती थी। किन्तु प्रणव था कि अपना ज्ञान बघारे जा रहा था। उसने शेखी झाड़ी, 'हाथ में बन्दूक हो तो बाघ का कुछ डर नहीं। हम तो बस गैंडे या हाथी-झुण्ड से डरते हैं।'

रास्ते में गैंडे या हरिणों के झुण्ड देखने को मिले। कोंहरा पहुँचे तब तक सुरमई रंग ने अँधेरे की कालिख पोत ली। जीप का मीटर देखा तो हमारा यात्रा-चक्र अस्सी कि.मी. का बता रहा था। आज के भ्रमण से मन तृप्त हुआ। पिछली बार जो छूट गया था, इस बार पकड़ में आ गया। खानसामा ने आकर कहा, खाना तैयार है। मुझे भी खा-पीकर बस सोना और सुबह तैयार होकर तेजपुर के लिए निकलना था।

शोणितपुर की उषा

जहाँ भी पहुँचता हूँ, ब्रह्मपुत्र मुझे ढूँढ़ लेता है। चाहत की तासीर ही ऐसी है। तुलसी बाबा भी तो कह गये हैं—'जाकर जापर सत्य सनेहू / सो तेहि मिलै न कछु सन्देहू।' अग्निगढ़ पहाड़ी पर बैठे मुझ एकाकी का संगी यह ब्रह्मपुत्र ही तो है। यह बिना किसी अपेक्षा के मेरा मनमीत है। यहाँ भी इसने मेरा पीछा नहीं छोड़ा। इसकी उम्र बाबा के भी पड़बाबा-सड़बाबा की है, पर अब भी अपने अल्हड़पन से शिशुपन में समाया है। मेरे संगी-साथी तो अब बाबा क्या बने, अपने शैशव की स्मृतियाँ ही विस्मृत कर बैठे। वे भले ही व्यक्ति-मन के बजाय बाह्य भूषा को अपने सम्बन्धों का आधार मानें परन्तु इससे हमारा मन, हमारे विचार क्या ज्यादा महत्त्वपूर्ण नहीं हैं? आखिर कबीरदास भी तो यही कहते थे—'मन न रँगायो, रँगायो जोगी कपड़ा।' ब्रह्मपुत्र भी न मेरा आभिजात्य देखता है और न वाक्पटुता। यह तो मन बाँचता है। तभी तो यह अपनी प्रीत आज भी पाले है। इसे दिखावटीपन से चिढ़ है। मैं भले इसे भूल जाऊँ, यह मुझे नहीं बिसारता।

अग्निगढ़ पहाड़ी से ढाई-तीन सौ फुट नीचे बह रहे ब्रह्मपुत्र के साथ हो रहे मेरे एकालाप में अचानक उस पर बने कोलीयाभोमरा सेतु ने व्यवधान डाला। सामने दिखते पुल पर एकाएक मेरी दृष्टि क्या पड़ी, मन की दिशा ही परिवर्तित हो गयी। बचपन की स्मृतियाँ वर्तमान के धरातल पर उतर आयीं। अभी कुछ घण्टों पहले ही तो इस तीन कि.मी. लम्बे पुल को पार कर ब्रह्मपुत्र के उत्तरी किनारे बसे तेजपुर में प्रवेश किया था। आहोम राजा कमलेश्वर सिंह (1795-1810) के सेनापति कोलीया भोमरा बरफुकन ने दो सौ वर्षों पहले जिस भोमरागुड़ी स्थान पर ब्रह्मपुत्र पर पत्थर और लकड़ी के खूँटों पर पुल खड़ा करने का जो सपना देखा था, उसे अब सन् 1987 में भारत सरकार ने साकार कर उसके नाम को भी अमर कर दिया।

हरियाली पहाड़ियों और हरियल चाय बागानों से घिरे तेजपुर का कला-साहित्य-संस्कृति में अमूल्य योगदान रहा है। अरुणाचल की गोद में बसा यह नगर अपने में पौराणिकता को भी समेटे है। यह पौराणिक नगर शोणितपुर भी प्राग्ज्योतिषपुर की तरह कामरूप से ओत-प्रोत रूप से जुड़ा रहा है। शालस्तम्भ वंश के राजाओं ने इसे अपनी राजधानी बनाया और अपने आराध्यदेव हारुपेश्वर महादेव

के नाम पर इसका नामकरण हारुपेश्वर किया। इतिहास में इसे हाटकेश्वर भी लिखा गया है। हारुपेश्वर के यशस्वी राजा हर्जर (820-835 ई.) द्वारा लिखाया गया नौ पंक्तियों का शिलालेख ब्रह्मपुत्र किनारे भैरवपद देवालय के पास खड़ी चट्टान पर आज भी देखा जा सकता है। ब्राह्मी लिपि में संस्कृत में लिखे इस शिलालेख में 'महाराजाधिराज परमेश्वर परमभट्टारक हर्जर वर्मन' का समयकाल 510 गुप्ताब्द बताया गया है। हर्जर के बाद हुए राजा वनमाल देव (835-860 ई.) ने भी यहाँ अनेक मन्दिर तथा राजप्रासाद बनवाये।

तेजपुर पहुँच एक होटल में टिकने के बाद नगर-भ्रमण के लिए मैंने एक ऑटो कर लिया था। समकोणी, चौड़ी और सीधी सड़कों के संग छोटी-बड़ी कई झीलों को अपने में समोये इस नगर में सर्वप्रथम इस अग्निगढ़ की पहाड़ी पर आना ही मेरा अभीष्ट था।

यह शोणितपुर कभी राजा बाण की राजधानी थी। परम प्रतापी हिरण्यकशिपु का वह वंशज था। हिरण्यकशिपु के परम हरिभक्त पुत्र प्रह्लाद के पुत्र विरोचन और उनके पुत्र बलि की दानवीरता की कथा प्रचलित है, जिनसे स्वयं विष्णु को दान लेने के लिये वामन अवतार लेना पड़ा। उसी दानवीर बलि का पुत्र बाणासुर था। वह शिव-भक्त होकर भी अत्यन्त अहंकारी था।

इस अग्निगढ़ पहाड़ी पर बने सीमेण्ट के आधुनिक शिल्पों में उषा-चित्रलेखा के भित्तिचित्र बरबस ध्यान आकर्षित करते हैं। इसमें चित्रलेखा अपना चित्रांकन उषा को दिखा रही है। बाण-सुता उषा ने स्वप्न में एक सुन्दर पुरुष को देखा तो तड़के अपनी सखि को बताया। बाण के मन्त्री कुम्भाण्ड की चतुर कला-मर्मज्ञ पुत्री चित्रलेखा उषा की अन्तरंग सहचरी थी। उसने अपनी तूलिका से विभिन्न देशों के राजकुमारों के चित्र बना-बनाकर उसे दिखाये। उषा द्वारकाधीश श्रीकृष्ण के पौत्र अनिरुद्ध का चित्र देखकर स्वप्न में देखे पुरुष को पहचान लेती है।

चित्रलेखा ठहरी कामरूप की मायाविनी। वह अपनी माया से द्वारकापुरी में सो रहे अनिरुद्ध को शोणितपुर उठा लायी और दोनों का गन्धर्व विवाह करवा दिया। राजा बाण को इसका पता चला तो उसने अनिरुद्ध को कारागार में डाल, उषा को भी उसके ही अग्निगढ़ प्रासाद में बन्दी बना दिया। प्रासाद भी ऐसा कि जिसके चारों ओर प्रज्वलित अग्नि-शिखाओं का पहरा था। पंछी की भी क्या बिसात जो भीतर पर मार जाए। इसी प्रासाद में उषा ने अपने प्रियतम अनिरुद्ध के लिए अपने पिता बाण से कैसा उत्पीड़न भोगा होगा!

श्रीकृष्ण द्वारका से अपने पौत्र को मुक्त कराने अपने सैन्यबल के साथ शोणितपुर आये। बाण ठहरा परम शिव-भक्त। भक्त की प्रार्थना पर महादेव शंकर को उसके पक्ष में श्रीकृष्ण से ही युद्ध करना पड़ा। पुराणों में यह हरि-हर युद्ध के

नाम से विख्यात हुआ। अन्ततः दोनों प्रेमियों का मिलन हुआ।

उषा-अनिरुद्ध की कथा क्या एक पौराणिक कथा मात्र है? नहीं, इसके साथ असम की मूलभूत संस्कृति भी जुड़ी हुई है। इस प्रसंग पर असमिया साहित्य के मध्यवर्ती काल में वैष्णव भक्त अनन्त कन्दली द्वारा 'कुमार हरण' तथा पीताम्बर नामक कवि द्वारा 'उषा-परिणय' लिखे गये। अनन्त कन्दली ने ही सर्वप्रथम इस नगर को *तेजपुर नामा इतो नगरा विशेषा* कहकर तेजपुर लिखा था। वैसे असमिया में शोणित या खून को तेज कहा जाता है। लगता है, इसी कारण यह नगर शोणितपुर से तेजपुर कहलाने लगा हो। आधुनिक काल में उषा-अनिरुद्ध के आख्यान पर रूपकुँवर ज्योतिप्रसाद अगरवाला ने 'शोणित कुँवरी' नाटक लिखा।

तेजपुर के साथ असमिया संस्कृति के पुनरुद्धारक मनीषी ज्योतिप्रसाद का जैसे अन्योन्याश्रित सम्बन्ध है। उनका नाम असमिया मानस में रचा-बसा है। केवल उनके ही नहीं, अपितु उनके दादा हरविलास अगरवाला और उनके परिवार के प्रति भी विशेष आदर तथा प्रेम का भाव असमिया मानस में अंकित है। उनकी सन्तानों में चन्द्रकुमार और यज्ञेश्वरी में जहाँ जन्मजात साहित्यिक प्रतिभा थी, वहीं उनके पुत्र परमानन्द संगीतज्ञ थे। चन्द्रकुमार असमिया साहित्य के तीन प्रमुख कवियों में से एक माने जाते हैं। इनके साथ हरविलास के सौतेले भाई काशीराम के पुत्र आनन्दचन्द्र अगरवाला अँग्रेजी साहित्य के धुरन्धर विद्वान थे, जिन्होंने अनेक अंग्रेजी ग्रन्थों का सुललित असमिया अनुवाद किया था।

ज्योतिप्रसाद अगरवाला का जन्म 17 जून 1903 को डिब्रूगढ़ जिले के तामुलबाड़ी चाय बागान में पिता परमानन्द अगरवाला के घर माता किरणमयी देवी के गर्भ से हुआ। बालक ज्योति को पारिवारिक साहित्यिक परिवेश और अपने पिता परमानन्द से संगीत के संस्कार विरासत में मिले। उनकी इसी तेजपुर में खड़ी पारिवारिक कोठी 'पकी' में ही गाँधी जी अगस्त 1921 और 1939 के अपने तेजपुर-प्रवासों में ठहरे थे। इसी 'पकी' भवन में जवाहरलाल नेहरू जैसे देश के अनेक नेता भी समय-समय पर ठहरे थे।

ज्योतिप्रसाद का नाटक-संगीत के प्रति अनुपम अनुराग था। वे तेजपुर के बाण रंगमंच से आखिर तक जुड़े रहे। उन्होंने अपने संगीत-प्रेम के चलते यहाँ 1940 में 'तेजपुर संगीत विद्यालय' की स्थापना की। वे देश के स्वतन्त्रता आन्दोलन से आखिर तक जुड़े रहे। उनकी राजनीतिक गतिविधियों के चलते ब्रिटिश सरकार ने उन्हें पन्द्रह महीनों की जेल की सजा दी और पाँच सौ रुपयों का दण्ड लगाया। जेल में बीमार पड़ने पर सरकार ने उन्हें आगे से किसी आन्दोलन में भाग नहीं लेने की शर्त पर छोड़ने की पेशकश की। इसे उन्होंने ठुकरा दिया और अपनी सजा पूरी कर कारागार से मुक्त हुए।

वे असमिया फिल्मों के दादा साहब फाल्के थे। उन्होंने इसी तेजपुर के अपने 'भोलागुड़ी' चाय बागान में 'चित्रबन' नाम से अस्थायी तौर पर एक स्टूडियो बनाकर सन् 1934 में कितनी ही बाधाओं को झेलकर पहली असमिया फिल्म 'जयमती' बनायी थी। उन्हें स्वयं ही निर्माता, निर्देशक, संवाद-लेखन, गीतकार, संगीतकार, कला-निर्देशक, नृत्य-संयोजन आदि सभी कार्य करने पड़े। उन्होंने एक और असमिया फिल्म 'इन्द्रमालती' सन् 1939 में बनायीं, इसी इन्द्रमालती से आज के प्रसिद्ध संगीतकार डॅ. भूपेन हजारिका ने केवल तेरह वर्ष की उम्र में अपनी फिल्मी-यात्रा शुरू की थी। इसके साथ ही वे साहित्य-सृजन भी करते रहे । ज्योतिप्रसाद को कैंसर हो गया था। आखिर 17 जनवरी 1951 को केवल 48 वर्ष की अल्पायु में इसी तेजपुर के अपने 'पकी' की गोद में उन्होंने अन्तिम साँस ली।

दूरद्रष्टा ज्योतिप्रसाद की लिखी बात आज भी प्रासंगिक है—''कोई भी कला-संस्कृति अपनी जन्मभूमि की परम्पराओं का अतिक्रमण कर विश्वव्यापी नहीं हो सकती। आज हमारी सांस्कृतिक प्रगति हम असमियों में भारतीय परम्पराओं के तथ्यों के आधार पर ही आवश्यक रूप से प्रतिष्ठित करनी होगी। आज हमें विश्व प्रगति की चकाचौंध राह पर मिला चाहे गणतन्त्र हो, समाजतन्त्र हो या साम्यतन्त्र हो, जिसे भी हम अभारतीय मनीषियों से लेना चाहते हों, लेकिन हमें उसे (तन्त्र को) अपने देश में प्रतिष्ठित करने के लिए हमारी प्राचीन परम्पराओं में उन्हीं तन्त्र सम्बन्धी परम्पराओं का ही सहारा लेना होगा। हमारी परम्पराएँ जिस तन्त्र का समर्थन नहीं करतीं, वैसा तन्त्र हमारा अपकार ही करेगा।''

इसी प्रकार असम की सभ्यता-संस्कृति के बारे में ज्योतिप्रसाद अपने आलेख 'असमिया संस्कृति' में भी लिख गये हैं—''असम के इतिहास के प्रारम्भ में आसुरी सभ्यता-संस्कृति का आविर्भाव हुआ था।...पहले असम का नाम कामरूप था।...कामरूप से पहले इसका नाम प्राग्ज्योतिष था।...उस युग में प्राग्ज्योतिष की सभ्यता मध्य भारत, पश्चिम भारत और दक्षिण भारत की सभ्यता से उन्नत थी, इसे हम उस युग की ललित कला से समझ सकते हैं। भारतीय ललित कला के इतिहास लेखक तथा उस विषय के जग-प्रसिद्ध पण्डित डॅ. आनन्दकुमार स्वामी ने अपने 'हिस्ट्री ऑफ इण्डियन फाइन आर्ट्स' में लिखा है—'भारतीय इतिहास के अनुसार चित्रलेखा ही आदि चित्र-शिल्पी थीं'

''चित्रलेखा और उषा ने पार्वती से नृत्य-शिक्षा प्राप्त की थी और विवाह के पश्चात् उषा ने द्वारिका में नारियों को नृत्य सिखाया था।...प्राचीन प्राग्ज्योतिष की जिस सभ्यता के बारे में प्राचीन भारत में वर्णन किया गया है वह आर्य सभ्यता की तरह की थी। दानव-असुरों के महल, पार्थिव सम्पदा और समृद्धि देवताओं के स्वर्ग की तरह ही थी। दैहिक सौन्दर्य में दानव कन्याएँ आर्य कन्याओं से भी सुन्दर थीं।

उस युग में दानव-कन्या उषा भारत की सबसे सुन्दर कन्या थी। इसलिए सभ्यता-संस्कृति की दृष्टि से या मानव-जाति की तुलना में दानव-असुर निम्न श्रेणी के नहीं होते थे। शारीरिक, मानसिक गुणों में ये असुर, देवताओं के समकक्ष ही थे—कभी-कभार तो वे देवताओं से भी उन्नत होते थे। पर एक ही तरह की सभ्यता होने के उपरान्त इन लोगों का सांस्कृतिक दृष्टिकोण अलग था।...गीता में कहे गये दैवी और आसुरी जीवन-दर्शन शायद ये ही दो सांस्कृतिक दृष्टिकोण हैं—आर्यों की दैवी (आध्यात्मिक आनन्द) और असुर-दानवों का (सम्पूर्ण पार्थिव) आसुरी जीवन-दर्शन। लेकिन दानव-असुरों पर भी आर्यों के दैवी आदर्श का प्रभाव पड़ा, जिसका प्रमाण है—हिरण्यकशिपु का पुत्र प्रह्लाद।...आध्यात्मिक दृष्टिकोण से आर्य संस्कृति आसुरी संस्कृति से उन्नत थी। ऐसी बात भी नहीं है कि आर्य पूर्णतया दैवी आदर्शवाले थे और असुर आसुरी आदर्शवाले ही थे। आर्यों में भी आसुरी स्वभाव था पर वे मुख्यत: दैवी भावापन्न थे और असुर-दानवों में दैवी प्रभाव क्षीण था। शायद आध्यात्मिक अन्धेपन के कारण आर्य सभ्यता की तरह समृद्धशाली होते हुए भी असुर-दानव जाति संसार से विलुप्त हो गयी। दैवी संस्कृति का आदर्श था आध्यात्मिक ज्ञान के आलोक द्वारा मनुष्य के सभी सांसारिक प्रकाश को सु-नियन्त्रित कर, मनुष्य के जीवन में समता, शान्ति और आनन्द की सृष्टि करना। लेकिन दूसरी ओर आसुरी संस्कृति का आदर्श था—पार्थिव चरम उत्कर्ष और समृद्धि द्वारा इन्द्रियों के जरिये संसार के सभी सुख और आनन्द को प्राप्त करना। असुर-दानव लोग भौतिक समृद्धि और मानसिक उत्कर्ष में आगे थे, यह प्रमाणित है। उत्तर भारतीय आर्य असुर-दानवों को नगर-निर्माण करने के लिए ले जाते थे—इसका अर्थ है कि आर्यों से दानव अधिक श्रेष्ठ शिल्पी थे।''

पाण्डवों के इन्द्रप्रस्थ का निमार्णकर्ता महाशिल्पी मय, दानव-वंशज ही तो था। इतना ही नहीं, मय दानव की सभ्यता का विस्तार उत्तरी अमेरिका महाद्वीप तक फैला था जिसका प्रत्यक्ष प्रमाण वहाँ पनपी प्राचीन मय-सभ्यता है जो आज 'माया सिविलाइजेशन' कहलाती है।

अपने आलेख में ज्योतिप्रसाद आगे लिखते हैं—''इसी तरह उस युग की चित्र-कला और नृत्य-कला सर्वश्रेष्ठ थी, फिर आयुर्वेद में भी देवगुरु बृहस्पति जो मन्त्र और रसायन नहीं जानते थे, उसे दैत्यगुरु शुक्राचार्य जानते थे जिनसे मृत संजीवनी सीखने के लिए कच आए थे। इस तरह देखा जाता है कि भारत में आर्य सभ्यता से पहले असुर-दानवीय सभ्यता का प्रचलन था जिसका केन्द्रस्थल था—पूर्वी भारत। धीरे-धीरे पूर्वी भारत में आर्य सभ्यता और आसुरी सभ्यता के बीच आदान-प्रदान हुआ। उषा-अनिरुद्ध का विवाह इसका प्रमाण है। इस प्रकार प्राग्ज्योतिष सभ्यता-संस्कृति आर्य सभ्यता के संस्पर्श में आकर कामरूपी सभ्यता में

परिणत हुई।...(आज भी) संसार में दो सांस्कृतिक आदर्श हैं—एक दैवी (spiritual) और दूसरा आसुरी (materialistic)। दैवी और आसुरी-प्राचीन भाषा में कहा जाय तो आध्यात्मिक और भौतिकवादी।''

ज्योतिप्रसाद का उपरोक्त उद्धरण जहाँ असम की सभ्यता-संस्कृति की प्राचीनता को समझने में सहायक है, वहीं आज के विश्व में फैल रही पाश्चात्य सभ्यता-संस्कृति को भी उसी परिप्रेक्ष्य में समझा जा सकता है।

इतना ही नहीं 'असम साहित्य सभा' द्वारा प्रकाशित ग्रन्थ *असमर जनजाति* (असम की जनजाति) में विद्वान लेखक भवेन्द्र नार्जी गुजरात के गरबा नृत्य के बारे में लिखते हैं—'शोणितपुर के किरातों की सौभाग्यवती नारियों ने अनिरुद्ध से ब्याही उषा को नाच-नाचकर द्वारका के लिए *गार्बा* [1] (विदाई) दी। द्वारका से आये बारातियों को उनका नृत्य इतना भाया कि उन्होंने इसे अपना लिया।' यही नाच गुजरात का लोकनृत्य गार्बा, गर्बा या गरबा है।

तेजपुर साहित्य और कला में पूरे असम में अग्रगण्य रहा है। यहाँ ज्योतिप्रसाद के साथियों में कलागुरु विष्णुप्रसाद राभा और फणी शर्मा थे। विष्णुप्रसाद राभा गीतकार, संगीतकार और नर्तक होने के साथ-साथ समाज सुधारक और राजनेता भी थे। 31 जनवरी 1909 को ढाका में जन्मे विष्णुप्रसाद ने इसी तेजपुर में अपनी स्कूली शिक्षा पायी थी। काशी हिन्दू विश्वविद्यालय में अपनी पढ़ाई के दौरान उनका नृत्य-प्रदर्शन देखकर सन् 1939 में विश्वविद्यालय के तत्कालीन उप-कुलपति डॅ. सर्वपल्ली राधाकृष्णन ने उन्हें स्वर्ण पदक के साथ 'कलागुरु' की उपाधि से विभूषित किया था। 1945 में कम्यूनिस्ट पार्टी के सदस्य बनने के बाद उन्होंने अपनी पैतृक सम्पत्ति करीब ढाई हजार बीघा जमीन को दीन-दु:खियों में बाँटकर स्वयं एक साधारण जीवन जीया। उन्होंने फिल्म निर्माण के साथ स्वरचित गीत गाये, नृत्य किया और अभिनय तो किया ही। वे असमिया के सिवाय 17 भाषाएँ और जानते थे। आधुनिक असमिया सांस्कृतिक जीवन पर अनेक पुस्तकों के लेखक विष्णुप्रसाद राभा का 20 जून 1969 को देहावसान हुआ।

इसी तेजपुर में 1910 में जन्मे फणी शर्मा ने ज्योतिप्रसाद के साथ उनकी फिल्म जयमती से अपनी अभिनय-यात्रा शुरू की थी। उन्होंने 1948 में 'शिराज' फिल्म का निर्माण किया। 1955 में उनके द्वारा निर्देशित देशभक्त 'पियली फुकन' फिल्म को राष्ट्रपति से योग्यता प्रमाणपत्र मिला। कई नाटकों के रचयिता फणी शर्मा ने अपने जीवन के अन्तिम दिनों में 'प्राग्ज्योति थियेटर' बना गाँव-गाँव में नाटकों की धूम मचायी। उनका 13 जुलाई 1970 में निधन हुआ।

---

1. *गार्बा* : 'गार्बा' किसी को छोड़कर आने के अर्थ में बोड़ो कछारी भाषा का शब्द है। बोड़ो कछारी जनजाति राजा बाण की प्रजा थी और उसकी सेना में भी थी।

तेजपुर की त्रिमूर्ति ज्योति-विष्णु-फणी के विचारों में खोया मैं अग्निगढ़ पहाड़ी से उतरकर पास की ही भैरवी पहाड़ी की ओर बढ़ रहा था। यहाँ भैरवी रूपा पार्वती के दर्शन करने जाना उषा का नित्य-नियम था। उसके पिता बाण शिव-भक्त थे तो माता मधुमती 'देवी' की आराधिका थीं। माँ के संस्कारों की छाया पुत्री पर भी थी।

ऑटोवाला मुझे तेजपुर भ्रमण कराता वहाँ से कुछ दूरी पर ब्रह्मपुत्र किनारे ही स्थित बामुनी पहाड़ ले गया। दरअसल यह तीन-सवा तीन सौ फुट ऊँची पहाड़ी है। इसके नीचे बहता ब्रह्मपुत्र यहाँ भी मेरे साथ था। इस नद के किनारे किनारे भोमरागुड़ी से शिंगरी तक चली गयी पहाड़ी श्रृंखला पर न जाने कितने ही मन्दिर या उनके भग्नावशेष मिल जाएँगे। इस बामुनी पहाड़ पर भी चारों ओर पुरातात्त्विक महत्त्व के ध्वंसावशेष बिखरे हैं। आपस में गडमड अवशेषों को पहली नजर में कुछ भी समझना काफी मुश्किल है।

यहाँ कभी सात मन्दिर थे जिन्हें पुरातत्त्वविदों ने आठवीं से नौवीं शताब्दी के मध्य का माना है। इसके आयताकार परिसर में छह मन्दिर और बाहर एक मन्दिर था। भीतर के छह मन्दिरों में चार-कोनों में चार और मध्य में दो बृहदाकार मन्दिर थे। मध्य के दो मन्दिरों के गर्भगृहों के बीच बने रास्ते आज भी हैं। ये मन्दिर शिव, विष्णु आदि देवताओं के थे। उन मन्दिरों की गोलाकार सीढ़ी, द्वार-खिड़की के स्तम्भ आदि के भग्नावशेष यहाँ बिखरे पड़े हैं। कुछ पत्थरों पर जीव-जन्तुओं के मुख बने हैं। इनके अलावा हाथी पर चढ़े हुए सिंह, बाघ और घड़ियाल की मूर्तियाँ भी उल्लेखनीय हैं। एक लम्बी चट्टान पर नरसिंह, परशुराम, वराह और राम की मूर्तियाँ हैं। छठभुजी नटराज तथा दुर्गा की मूर्तियाँ भी मिली थीं। एक लघु गणेश प्रतिमा, षट्भुजा नृमुण्डा-मालिनी, चतुर्भुज नरसिंह की प्रतिमाएँ आज भी देखने को मिलती हैं। इतिहासकारों की मान्यता है कि इनका निर्माण राजा वनमाल वर्मन ने करवाया था।

बामुनी पहाड़ से पाँच कि.मी. दूरी पर दाह पर्वतीया मन्दिर के अवशेष देखने जाते समय रास्ते में 'पद्म पोखर' आया। इस कमल सरोवर में खिले कमल जैसे मध्याह्न के सूर्य से आँखें मिला रहे थे। इसी तरह दो सौ साठ बीघे में विस्तृत 'हर्जर पोखर' सरोवर में समाये जल में नौवीं शताब्दी का इतिहास भी मानो समाया है। इसे राजा हर्जर वर्मन ने बनवाया था।

असम के प्राच्य स्थापत्य एवं वास्तुकला का अनुपम नमूना दाह पर्वतीया में खड़ा द्वार-तोरण पर्यटकों का आकर्षण-केन्द्र है। इस पर पाँचवीं-छठवीं शताब्दी का गुप्तकालीन प्रभाव साफ झलकता है। यह तोरण कभी यहाँ खड़े ईंट और पत्थरों से बने प्राचीन मन्दिर का अवशेष है। वह मन्दिर वर्गाकार था। मन्दिर के गर्भगृह और

मण्डप के अवशेष मिले हैं। बलुई पत्थरों के बने इन द्वार-स्तम्भों पर दायीं ओर गंगा देवी और बायीं तरफ यमुना देवी की त्रिभंगी मुद्रा में उत्कीर्ण चित्ताकर्षक आकृतियाँ बरबस ही मन मोहती हैं। इन्हें देखकर बेलूर (कर्नाटक) में देखी त्रिभंगी नृत्यमुद्रा में बनी मूर्ति याद हो आयी। यह त्रिभंगी मुद्रा बड़ी कठिन है। इस मुद्रा में शरीर को तीन जगहों से एक साथ मोड़ा जाता है। एक लोच कमर के नीचे, दूसरी कमर और छाती के बीच और तीसरी लोच ऊपर की ओर। दोनों देवियाँ अपने-अपने दोनों हाथों में हार लिये न जाने किनकी और कब से प्रतीक्षा कर रही हैं। क्या यहाँ आनेवाले पर्यटकों का स्वागत करने ही इन्होंने पुष्प-मालाएँ थाम रखी हैं!

गंगा-युमना के निचले हिस्से में उनकी सहचरियाँ खड़ी हैं। दोनों देवियों के सिरों के पीछे ईश्वरीय दैवी गुणों के प्रतिपादक गोलाकार प्रभा-मण्डल बने हैं। दोनों मूर्तियों के समीप उड़ते हुए दो राजहंस उत्कीर्ण हैं। गंगा-जमुना के पास घुटने टेके नागिनियाँ हैं। द्वार की सिर-पट्टी पर पाँच वर्तुल अलंकृत हैं। इसके मध्य में गरुड़ हैं तो अन्य वर्तुलों में सूर्य, कृष्ण आदि की देव प्रतिमाएँ उत्कीर्ण हैं। इस तोरण-शिल्प का पता 19वीं शताब्दी के उत्तरार्द्ध में लगा था। इस तोरणद्वार और पाटलिपुत्र तथा वाराणसी में प्राप्त पाँचवीं-छठी शती के मूर्ति-शिल्प में अद्भुत समानता है।

यहाँ से ऑटोवाला मुझे एक दीर्घाकार शिवलिंग दिखाने तीन-चार कि.मी. दूर केतकीबाड़ी गाँव ले गया। उसे क्या पता था कि उसने अनजाने ही मुझे गुप्तयुग के स्थापत्य के सम्मुख ला खड़ा किया था। सच तो यह है कि मैं भी इसके बारे में सर्वदा अनभिज्ञ ही था। एक टीन-टप्पर के नीचे पंचमुखी हाटकेश्वर महादेव का यह स्थावर शिवलिंग बस किसी तरह खड़ा भर है। आज यह भग्नावस्था में है। करीब बारह फुट ऊँचे इस शिवलिंग के शीर्ष पर शिव के पाँच मुख उकेरे हुए हैं। इसका करीब नौ-दस फुट चौड़ा योनिपीठ इससे दूर अलग पड़ा है। इसके पास लगे मिलिटरी कैम्प के जवान ही इसकी पूजा की व्यवस्था देखते हैं। धार्मिक दृष्टि की उपेक्षा भी कर दे तो क्या पुरातत्त्व विभाग का यह कर्तव्य नहीं बनता कि इसकी साज-सँभाल करे? ऐसा विशाल और अद्भुत शिवलिंग इसके पहले मैंने कभी नहीं देखा है। यह मुझसे अनदेखा ही रह जाता यदि ऑटोवाला मुझे वहाँ नहीं ले आता।

कोल पार्क पहुँचा तब तक शाम हो गयी थी। आज इसका नाम चित्रलेखा उद्यान कर दिया गया है, फिर भी आमतौर पर इसे कोल पार्क ही कहा जाता है। 1906 ई. में तेजपुर में उपायुक्त रहे कोल ने बामुनी पहाड़ के अवशेषों से स्तम्भों और मूर्तियों को यहाँ मँगवाकर सजवाया था। पार्क में एक मनमोहक झील है। रात ने धीरे-धीरे अँधेरे का चँदोवा तान दिया। उस तारांकित श्याम वितान तले पार्क में सजे पाषाण-स्तम्भ और मूर्तियों पर कलात्मक रूप से की गयी प्रकाश-व्यवस्था ने एक सपनीले संसार की सृष्टि कर दी थी।

अब ठण्ड बढ़ने लगी थी। फिर मुझे अपने साले गोवर्धन जी की बेटी उषा के ससुराल से मिले रात्रि-भोजन के निमन्त्रण की याद हो आयी। होटल जाकर सोया तब रात के दस बज गये थे। सुबह महाभैरव शंकर के दर्शन कर मुझे गुवाहाटी प्रस्थान करना था।

होटल से महाभैरव मन्दिर दूर नहीं था। सुबह तैयार हो वहाँ पहुँचा तब भक्तों की भीड़ लगी थी। अब न वह भैरव मन्दिर और न वह शिवलिंग ही है, जिसे शिव-भक्त बाणासुर ने प्रतिष्ठापित किया था। ऐसा उल्लिखित है कि राजा बाण द्वारा स्थापित विशाल शिवलिंग स्थावर श्रेणी का था। दस फुट ऊँचा और रुद्र भाग में सात फुट गोलाई का वह शिवलिंग गुजरात के सोमनाथ के शिवलिंग से भी बड़ा था। प्राचीन मन्दिर के समय-प्रवाह में भग्न हो जाने पर छठी शताब्दी में वर्मन राज्य द्वारा इसे फिर से बनाया गया था। आहोम शासन में ईंटों और चूने-सुर्खी से इसकी मरम्मत की गयी थी। फिर 19वीं शताब्दी के मध्य में इसके भग्नावशेष पर एक संन्यासी नागा बाबा द्वारा जनता के सहयोग से इसे आज का रूप दिया गया। यहाँ से तीन किलोमीटर दूर स्थित अग्निगढ़ से आकर उषा भी यहाँ नित्य पूजा किया करती थी। राजा बाण द्वारा यहाँ स्थापित कीर्ति-स्तम्भ आज नहीं है।

बस फिर से कोलीयाभोमरा पुल पर थी। नीचे बहते ब्रह्मपुत्र से फिर आँखें चार हुईं। काश! थोड़ी देर के लिए बस वहाँ रुक गयी होती। उसकी धारा पर पालवाली नौकाएँ चल रही थीं। उसके अजस्र प्रवाह को देखकर ज्योतिप्रसाद की एक कविता पंक्ति याद आती है—लोहित का पानी जाए ओ बहता / सन्ध्या लोहित का पानी सुनहला।

पूर्वोत्तर का एलोरा

श्रीसूर्य पहाड़ मैं जब पहुँचा, तब दोपहर के तीन बज गये थे। सुबह से ही वहाँ लगे जैन तीर्थार्थियों के मेले में एक दर्शनार्थी बन मैं भी समा गया। असम के कोने-कोने से अनेक बसों, कारों और जीपों में भरकर आया हुआ जैन समाज वहाँ जुटा था। उन जाने-पहचाने चेहरों के बीच मैं सर्वथा अजनबी तो नहीं था, फिर भी अपने आपको मैंने एकाकी पाया। वहाँ बनाये गये पण्डाल में दिगम्बर मुनि का प्रवचन सुनने दत्तचित्त बैठे लोगों के सिवाय श्रद्धालुओं की एक कतार को पास के पहाड़ पर चढ़ते देख मेरी प्रज्ञा जाग्रत हुई। अपनी जिज्ञासा से बँधा मैं भी उधर चल दिया।

पहाड़ पर चढ़ने के लिए पुरातत्त्व विभाग ने हाल ही में पक्की सीढ़ियाँ बनवायी हैं जिनका सिलसिला रास्ते में आये गणेश कुण्ड से शुरू होता है। इसके पास एक तिरछी चट्टान पर उत्कीर्ण दो शिवलिंग देखते हुए अन्दाजन सौ सोपान चढ़ा कि सामने एक प्राकृतिक गुहा दिखी। वहाँ एक चट्टान पर उकेरी हुई खड्गासन (खड़ी) मुद्रा में दो तीर्थंकरों की मूर्तियाँ हैं। इनका पता सन् 1975 में लगा। कहा जाता है कि इस गुफा में कभी एक नंगा साधु रहता था, जो बाद में न जाने कहाँ गायब हो गया। क्या पता वह कोई दिगम्बर जैन साधु रहा हो!

अब वहाँ से और 350 सीढ़ियाँ चढ़ पर्वत-शृंग पर पहुँचना था। साँस फूल जाती तो रह-रहकर सुस्ताना पड़ता। शीर्ष की गुफा में ध्यानस्थ आदिनाथ भगवान की प्रतिमा के दर्शन करने वह रेला उमड़ा था। गन्तव्य पर पहुँचा, तब पसीने में नहा-सा गया। ऊपर चलती बयार ने तरोताजा किया। चट्टान पर उकेरी हुई प्रथम तीर्थंकर की प्रतिमा का मुख खण्डित है। उनके आसन पर बने दो बैलों के मध्य एक चक्र-चिह्न है। इस मूर्ति का पता 17 जनवरी 1993 में ही लगा था। यहाँ मिली इन तीन मूर्तियों का पता चलने पर असम में बसे विशाल जैन समुदाय में हर्षोन्मत्ता की लहर छा गयी। जैनियों के लिए यह एक बड़ी ऐतिहासिक उपलब्धि सिद्ध हुई। इनके दर्शनार्थ यहाँ जैन समाज का ताँता लग गया। वैसा ही जन-प्रवाह उस दिन भी उमड़ा था।

जैन समाज ने अपनी धार्मिक निष्ठा के बल पर अपने अन्य साधन जुटाये। असम सरकार से पहाड़ के नीचे 52 बीघा जमीन प्राप्त कर जैन धर्मशाला आदि

बनवायी और सन् 1996 में दिगम्बर मुनि श्री दयासागर जी के सान्निध्य में भगवान ऋषभनाथ की संगमरमरी मूर्ति स्थापित की। प्रथम तीर्थंकर होने से इन्हें आदिनाथ भी कहा गया है। ऋषभनाथ को श्रीमद्भागवत पुराण में भी विष्णु-अवतार माना गया है। यहाँ स्थापित प्रतिमा श्रवणबेलगोला (कर्नाटक) के बाहुबलि की मूर्ति का लघु प्रतिरूप है। इसी बाहुबलि-प्रतिमा का महामस्तकाभिषेक करने के लिए ही उस दिन जैन समाज वहाँ जुटा था।

पर्वत-शीर्ष से करीब 500 फुट नीचे लगे जैन-मेले का रंग-बिरंगा दृश्य सुहावना लग रहा था। लाउडस्पीकर पर गूँजता प्रवचन-नाद वहाँ भी सुनाई दे रहा था। ऊपर पहुँचना जितना कष्टकर था, नीचे उतरना उतना ही सुखकर। नीचे उतरने से पहले काश! मुझे इस बात का पता होता कि आदिनाथ गुहा से थोड़ा और ऊपर जाने पर श्रीसूर्य पहाड़ के पीछे बहते ब्रह्मपुत्र को देखा जा सकता है, तो कितना अच्छा होता!

इसे श्रीसूर्य पहाड़ क्यों कहते हैं? यह प्रश्न ढलती शाम के संग उस वक्त अनुत्तरित ही रह गया। इसे पूरी तरह देखने के लिए रात में वहाँ रुकना आवश्यक था। रात्रि-विश्राम और भोजन के प्रश्न भी मेरे सामने मुँह बाये खड़े थे।

उस दिन सुबह, हल्का-सा नाश्ता कर, गुवाहाटी से ग्वालपाड़ा जाने की लाइन बस दौड़-भागकर किसी तरह पकड़ पाया था। इस राह से मैं अनजान नहीं था। पहले भी तुरा-मानकाचर जाते समय कई बार इसे नापा था किन्तु तब मैं श्रीसूर्य पहाड़ के नाम से अनजान था। इस बार गन्तव्य तय था, पर वहाँ कैसे पहुँचना है, इसका असंमजस था। रास्ते में धूपधाड़ा में बस रुकी तो मुझे अखरा। वहाँ से कामरूप जिले की सीमा खत्म होकर ग्वालपाड़ा जिला आरम्भ हो जाता है। यात्रियों के चाय पीने में बस आधा घण्टा लेट हो गयी। देर में और थोड़ी देर सही।

मेरा सहयात्री असमिया था। उससे रास्ते के बारे में पूछा। उसने ग्वालपाड़ा नहीं जाकर दूधनै उतर जाने की सलाह दी। उसे भी वहीं उतरना था। दूधनै का अर्थ मैंने दूध की नदी किया क्योंकि नदी को असमिया में *नै* कहते हैं। वैसे तो दूध को असमिया में *गाखीर* कहते हैं परन्तु *दुध* और *दुग्ध* शब्दों का भी प्रयोग होता है। अपने लिए भाषा-विज्ञान की इतनी चीर-फाड़ ही यथेष्ट है। किन्तु यह तय है कि दूधनै नदी के किनारे बसे इस गाँव का नाम इसीलिए दूधनै पड़ गया है। इसी प्रकार इसके आगे बसे कस्बे कृष्णाई का नामकरण भी उसके पास बहनेवाली नदी कृष्णाई के नाम पर हुआ। इसके साथ मुझे ख्याल आया कि इसी कृष्णाई से तीन कि.मी. की दूरी पर तो टुक्रेश्वरी पहाड़ी पर टुक्रेश्वरी देवी का प्रसिद्ध मन्दिर है। खैर, ग्वालपाड़ा

जिले में बहनेवाली दूधनै और कृष्णाई के अलावा जिंजिराम, देवशिला आदि अन्य नदियाँ भी हैं। बहरहाल, दूधनै तक करीब 140 कि.मी. की वह दूरी साढ़े तीन घण्टे में तय हुई।

सहयात्री ने अपने साथ शेयर ऑटो में मुझे बैठाया। उसे रास्ते में अपने गाँव माटिया उतरना था। वह वहीं का बाशिन्दा था। ऑटोचालक बोड़ो था। रास्ते भर उससे भी बातें होती रहीं। मेरे सहयात्री से वह असमिया बोल रहा था, पर मेरे असमिया बोलने पर भी वह हिन्दी में ही जवाब देता। शायद हिन्दी बोलने के अवसर को वह खोना नहीं चाहता था। वैसे वह हिन्दी अच्छी बोल लेता था। सहयात्री के साथ टुकड़े-टुकड़े में हो रही बातचीत में अब ऑटोचालक भी शामिल हो गया।

रास्ते में लाल, काले, हल्दिया, बैंगनी जैसे चटक रंगों के परिधानों में जनजातीय महिलाएँ दिखीं तो उनके बारे में अपनी जिज्ञासाएँ सहयात्री के सम्मुख रखीं। मेरा विशेष जिज्ञासाभाव देख, उसने विस्तारपूर्वक बताते हुए कहा, 'ये महिलाएँ राभा जनजाति की हैं। इनके द्वारा पहने गये मेखला (घाघरा या लहँगा) को *रिफान* और रिहा (ओढ़नी या दुपट्टा) को *कामबुंग* कहते हैं। ये स्वयं ही इन्हें बुनती हैं। ग्वालपाड़ा और गारो पहाड़ में कपास की उपज काफी होने के कारण ये पहले सूत भी बना लेती थीं, पर अब बाजार से लेकर ही कपड़ा बुनना पड़ता है। राभा पुरुषों का *पोसोरा* परिधान एण्डी-रेशम के धागे से बुना होता है।'

बाद में 'असमर संस्कृति' में भवेन्द्र नार्जी के लिखे आलेख 'बोड़ो कछारी' में राभा जनजाति के बारे में मुझे और जानकारी मिली कि राभा बोड़ो की एक अन्य उपजाति है। महाभारत में उल्लिखित किरात ही बोड़ो जनजाति है। बोड़ो की अन्य उपजातियों में राभा के अलावा गारो, कछारी, मेस, हाजोंग, कोच आदि भी हैं। राभाओं की मान्यता है कि वे शोणितपुर के राजा बाण के सेनापति ददेव के वंशधर हैं। बाण के बाद उन लोगों ने वहाँ से आकर वर्तमान दूधनै के दक्षिण में अपना राज्य स्थापित किया था। इसलिए ब्रह्मपुत्र के दक्षिण पाट पर बसे ग्वालपाड़ा जिले में राभा का बाहुल्य है।

राभा कभी मातृप्रधान समाज था, पर आज यह पुरुषप्रधान है। नारियों का समाज में उच्च स्थान है। सम्पत्ति का अधिकारी पुत्र होता है। विवाह की रस्म में कन्या को अँगूठी, गहने, वस्त्र दिये जाते हैं। वर कन्या के माथे पर सिन्दूर लगाकर अपने घर ले आता है। वर-वधू के शुभ-मिलन से पहले अपनी पारिवारिक मंगलकारी देवी *रिसी-सर* के आगे मुर्गे और हंस की बलि देना ये अपरिहार्य समझते हैं। पहले इनके खान-पान में सूअर, सूखी मछली और चावल से बनी शराब प्रिय

खाद्य थे, लेकिन आज के शिक्षित लोगों में इनका चलन बहुत कम हो गया है। राभाओं में मृतक का दाह-संस्कार होता है। सप्त दिवसीय श्राद्ध के समय, उसकी आत्मा की शान्ति के लिए ये लोग अपने समाज को भोज देते हैं, फिर *फरकान्ति* नृत्य करते हैं। इनके हर्ष-उल्लास के नृत्यों में *देओधनी* और *ओजापालि* का समावेश है।

देओधनी अर्थात् देव-ध्वनि केवल राभा का ही नहीं, असम की अन्य जनजातियों का भी प्राचीन नृत्य है। यह शाक्त-उपासना का माध्यम रहा है। इसका प्रचलन राभा के अलावा बोड़ो, कछारी आदि जनजातियों में भी है। इसमें नृत्यांगनाएँ मन-तन की सुध खोकर समर्पित भाव से नृत्य करती हैं। इस नृत्य की तीन अवस्थाएँ हैं—अनुकरण, रूप-धारण और एकीभूत। ढोल-मजीरे आदि वाद्यों की ध्वनि के साथ नृत्य की गति बढ़ती जाती है। कभी-कभी कोई नृत्यांगना जब अधिक उन्मत्तावस्था में आ जाती है तब देवी को उत्सर्गित पशु के मांस-भक्षण के साथ उसका रक्तपान भी कर लेती है। और अधिक उन्मादित होने पर अपनी केशराशि को बिखेरकर वह लट्टू की तरह चक्कर लगाती है। उस अवस्था में उसके मुख से निकली वाणी को देव-तुल्य माना जाता है। इनमें विश्वास है कि इस नृत्य को सर्वप्रथम भगवान शंकर और सर्पों की देवी मनसा को प्रसन्न करने के लिए सति बेहुला द्वारा किया गया था। आठवीं शताब्दी में सूर्यखड़ि देवज्ञ द्वारा रचित 'दरंग राजवंशावली' ग्रन्थ में इसका उल्लेख है। आज भी कामरूप, दरंग, ग्वालपाड़ा जिलों में श्रावण और भाद्र की संक्रान्ति को होनेवाली तीन या पाँच दिवसीय मनसा-पूजा में यह नृत्य किया जाता है।

माटिया आ गया था। सहयात्री को वहीं उतरना था। ऑटो जहाँ रुका, वहाँ के काली मन्दिर में मेला-सा लगा था। मैंने सोचा, शायद बंगाली समुदाय का आयोजन हो किन्तु वहाँ कोई बंगाली मुझे नहीं दिखा तो सहयात्री के सम्मुख फिर अपनी जिज्ञासा रखी। उतरते-उतरते रुककर उसने बताया कि काली पूजा का यह आयोजन राभा तथा अन्य जनजातियाँ मिलकर कर रही हैं। राभा किसी एक अमावस्या की पूर्व रात्रि को धूमधाम से काली पूजा करते हैं। इसमें बोड़ो, असमिया आदि सभी सम्मिलित होते हैं। इसी तरह ये लोग दुर्गा, शीतला, शिव, विश्वकर्मा, धर्म देवता आदि की पूजा भी करते हैं। इनकी देवियों में एक नाम *केंचाइ खाइति* का है। इनमें ऐश्वर्य और समृद्धि के लिए देवी *खोकसि* या *बैखो* की पूजा और भी बड़े रूप में की जाती है।

सहयात्री ने जाते-जाते फिर मुझे समझाया कि आगे कृष्णाई नदी पर बने पुल के टूट जाने से अस्थायी बाँस के बने पुल से उस पार जाकर ग्वालपाड़ा जाने की बस-जीपें मिलेंगी। उसी रास्ते पर श्रीसूर्य पहाड़ आएगा। ऑटोवाले ने उसे

आश्वस्त किया।

ऑटो और पाँच-सात कि.मी. आगे जाकर कृष्णाई के किनारे खड़ा हुआ। ऑटोवाले ने भलमनसाहत दिखाते हुए बाँस के पुल तक मुझे छोड़ दिया। नदी बड़ी नहीं तो छोटी भी नहीं थी। उसमें भरपूर पानी था। शायद गहराई ज्यादा नहीं थी। बड़े करीने से बना छह-सात फुट चौड़ा पुल जल-स्तर से कुछ ही ऊपर था। उसकी मजबूत काया माल लदे हाथ-ठेले और मोटर साइकिल का भार वहन करने में सक्षम थी। लकड़ी से बने टूटे पुल का पुनर्निर्माण पिछले साल से चल रहा है, शायद अगला चुनाव आने तक यह काम पूरा हो तो हो।

नदी में बाँसों के बने बड़े-बड़े बेड़ों को खेवैये डाँड से खे रहे थे। जंगल से काटकर लाये गये बाँसों को आपस में बाँधकर वे बेड़े बनाये गये थे। बेड़े में गुँथे वे बाँस जैसे अपने पर्यायवाची नामों कान्तार, कीचक, तृणकेतु, तृणध्वज, बंस, बेनु, रंभ, वंश, वेणु, सुपर्वा आदि का प्रतिनिधित्व कर रहे थे। पानी पर तैरते उन हरित डाँडों पर ही नाविकों ने अपने रहने के लिए प्लास्टिक की छानी बना रखी थी और पकाने-खाने के साज-सामान से चाक-चौबन्द थे। वे उन बेड़ों को कृष्णाई के मुहाने से ब्रह्मपुत्र में ले जाएँगे, फिर धुबड़ी या गुवाहाटी जैसे किसी व्यापारिक घाट पर पहुँचकर इनमें बँधे बाँसों को खोलकर बेच देंगे। इस दृश्य से उबरकर घाट पर खड़ी शेयर जीप में जा बैठा।

घाट से श्रीसूर्य पहाड़ की दूरी सात-आठ किलोमीटर रही होगी। रास्ते में आये एक सैनिक स्कूल से थोड़ा आगे एक तिराहे पर मुझे उतर जाने को कहा गया। वहीं से चलकर मैं उस जैन मेले में पहुँचा था और पहाड़ पर भगवान आदिनाथ के दर्शन कर वापस मेले की रेलपेल में आ समाया था।

मेले में बने एक बड़े पण्डाल की भोजशाला में जैनियों का सान्ध्यकालीन भोज चल रहा था, पर मैं किसे कहता। वहाँ अपने आप को मैंने असहज पाया। इस बात की भी कोफ्त थी कि मेरी पहचान के कुछ लोग मिले तो भी उन्होंने अचरजभरे लहजे में मुझसे वहाँ आने का कारण भर पूछने के सिवाय कोई औपचारिकता तक नहीं निभायी। उनमें एक-दो तो मेरे सहपाठी भी थे। मन कसैला हो गया। एक मुँहबोली बहन दिखी, पर उससे बात करने का साहस मैं नहीं जुटा पाया। वहाँ भी उपेक्षा का प्रसाद मिलता तो मेरे से नहीं सहा जाता। उस भोजशाला का छप्पनभोग भी मेरे किस काम का था! वहाँ चाय-मिठाई की कोई दुकान होती तो क्षुधा को आहुति दे लेता। आखिर थकित तन ने एक कुर्सी पर अपने को पासार दिया।

एकाएक मेरी दृष्टि चाय-काउण्टर पर गयी। सोचा, इसी से फिलहाल काम

चलाया जाए। इसी के साथ अपने पूर्व परिचित जैन पत्रकार राजकुमार झाँझरी का ख्याल आया। वे जब मिले, तब दिगम्बर जैन मुनि श्री प्रसन्नसागर जी का प्रवचन चल रहा था, सो झाँझरी ने प्रतीक्षा करने को कह मुझे भी वहाँ बिठा दिया। वह कार्यक्रम खत्म होते-होते शाम ढल गयी। झाँझरी अपने किसी परिचित से रात में मेरे ठहरने की व्यवस्था के लिए कहकर रवाना हो गये। उन्हें सारे कार्यक्रम की प्रेस रिलीज भेजनी थी। मैं जिनके सुपुर्द किया गया था, वे नहीं दिखे तो फिर असमंजस ने मुझे आ घेरा।

आखिर गुवाहाटी के मेरे एक परिचित महावीर प्रसाद जैन दिखे तो उनसे मुखातिब हुआ। उन्हें भी गुवाहाटी जाने की जल्दी थी, पर जाते-जाते मेरे सोने की व्यवस्था का जिम्मा वे भी एक अन्य व्यक्ति को दे गये। उस रात जैन मुनियों और तीस-चालीस लोगों के ठहरने की व्यवस्था वहाँ थी। सबने सोने की व्यवस्था के बारे में ही कहा, किसी ने भी खाने के लिए नहीं पूछा। मैं झुँझलाया, पर किसे कहता? किसी ने मुझे वहाँ न्यौता तो दिया नहीं था, अपनी मर्जी से आया था। शायद मैं उनके किसी काम का नहीं था। आखिर मरता क्या नहीं करता। काफी समय बाद झाँझरीवाले व्यक्ति, जिनके सुपुर्द मुझे किया गया था, दिखे तो अपनी शर्म को तिलांजलि देकर खाने के बारे में उनसे कहा। टका-सा उत्तर मिला कि यह तो अब सम्भव नहीं। भोजन समाप्त हो गया किन्तु फलाहार की व्यवस्था हो सकती है।

जैन धर्मशाला की रसोई में वे मुझे ले गये। वहाँ कार्यरत विजयनगर से आयीं जैन समाज की महिलाओं ने सेब, चीकू, अनार, अंगूर, पपीता, तालमखाना और केले के चिप्स के साथ मुझे दूध परोसा। उनकी तरफ से कोई कमी नहीं रखी गयी। अन्न की जगह उस फलाहार में मेरी रुचि नहीं थी। महिलाओं ने फलों-सी मिठास घुले स्वर में कहा, 'आज तो इनसे ही काम चलाएँ। आज चौदस है, सो आपका भी व्रत हो गया। रात को भूख लगेगी तो फिर फलाहार करा देंगे।' कभी एकादशी न करनेवाले को मजबूरी की चौदस करनी पड़ गयी। खैर, अब तक मैं उनकी भावना समझ गया था। जैन धर्मानुसार सूर्यास्त के बाद वे स्वयं अन्न खाना तो दूर, किसी को खिलाना भी पाप समझती थीं। मिष्टभाषिणियों के आत्मीयतापूर्ण व्यवहार ने मन पर मरहम लगाया। पूरी रात अभी बाकी थी, शाम के सात ही बजे थे। यहाँ पाँच बजते-बजते अँधेरा हो जाता है। रात दस-ग्यारह बजे उन्होंने फिर फल भिजवाये, पर मेरी खाने की रुचि नहीं थी। जैसे-तैसे जागते-सोते वह रात कटी।

सुबह पिछले दिन का लावलश्कर समेटा जा रहा था। पूरी-सब्जी का गरम-गरम ब्रेक-फास्ट किया तो मेरा चौदस का व्रत टूटा। वहाँ से विदा होने से पहले जैन मुनि के दर्शन करने गया। उनसे वार्तालाप ऐसा शुरू हुआ कि घण्टे भर वह सिलसिला चलता रहा। मुझे भी कोई जल्दी नहीं थी। सुबह के नौ ही बजे थे।

पुरातत्त्व विभाग का दफ्तर भी दस के पहले कहाँ खुलने वाला था!

जैन परिसर और पुरातत्त्व विभाग के दफ्तर के मध्य विस्तृत मैदान में पिकनिक मनाने आयीं कई बसें तथा अन्य वाहन खड़े थे। दफ्तर पहुँचा, तब वहाँ के अधिकारी दीपक कुमार मजूमदार, वहाँ बनायी जा रही सीमेण्टेड सड़क का काम देख रहे थे। उन्होंने आत्मीयता से अपने कार्यालय सह आवास में ले जाकर बिठाया। सर्वप्रथम उन्होंने चाय के साथ माघ बिहू का तिल-पीठा और लड्डू का नाश्ता कराया। मकर संक्रान्ति को बीते सप्ताह भर भी नहीं हुआ था।

मजूमदार स्वयं मेरे साथ हो गये। वे ही मेरे गाइड बन गये। वे मुझे अपने परिसर में जमीन की खुदाई से निकले मन्दिर की आधारशिला दिखाने ले गये। सामने सात शृंगों से घिरे और 1400 हेक्टेयर भूमि में फैले श्रीसूर्य पहाड़ की अनुपम दृश्यावली आँखों से उतरकर मन में समा रही थी। उन्होंने पहले उस परिसर में ईंटों से बने उस निर्माण के बारे में बताया कि इसे पुरातत्त्वविदों ने छठी से आठवीं शताब्दी का निरूपित किया है। फिर गर्भगृह के सम्मुख मुख-मण्डप दिखाया, जिसके चारों ओर ईंटों की दीवार और प्रदक्षिणा पथ बने हुए हैं। अनुमानित है कि यह सारा काम तीन फेज में किया गया होगा। इसका समयकाल नौवीं से बारहवीं सदी के बीच का है। यहाँ लगी ईंटें विभिन्न आकारों की हैं। ईंटों की एक कतार पर सुन्दर नक्काशी की हुई है।

मजूमदार ने बताया—'कभी यहाँ के सूर्य मन्दिर में सूर्य पूजा होती थी, जिससे यहाँ का नाम श्रीसूर्य पहाड़ पड़ गया। पूरी सम्भावना है कि यह जगह ब्रह्मपुत्र के एकदम नजदीक होने के कारण एक महत्त्वपूर्ण वाणिज्य केन्द्र रहा होगा। यहाँ के आसपास के गाँवों में भी यदाकदा ऐसे भग्नावशेष मिलते रहते हैं, पर इस बात को ग्रामीण प्राय: हमसे गोपनीय रख लेते हैं। अब चूँकि यहाँ आबादी होने से घर-मकान बन गये है, इसलिए खुदाई होना सम्भव नहीं।'

दर्शनीय स्थलों तक जाने के लिए पुरातत्त्व विभाग द्वारा बनाई गयी सीमेण्ट की पक्की पगडण्डी से मजूमदार मुझे ले जा रहे थे। ऊँचे-नीचे रास्ते पर सीढ़ियाँ बनी थीं। सामने की पहाड़ी पर तीन स्तूप एक साथ दिखे। उन्होंने बताया कि मध्य का भगवान बुद्ध और दोनों तरफ के उनके दो प्रमुख शिष्यों आनन्द और मौद्गल्यायन के प्रतीक हैं। उन्होंने समझाया कि श्रीसूर्य पहाड़ की उत्तर-पश्चिमी ढलान से दक्षिण तक की एक कि.मी. लम्बाई में विभिन्न आकारों के कुल 25 बौद्ध स्तूप हैं। उन तीनों स्तूपों के सामने अनेक शिवलिंग थे। रास्ते में भी जगह-जगह शिवलिंगों के समूह थे। यहाँ जगह-जगह पाये जानेवाले ये शिवलिंग इस स्थान की विशिष्टता है। इनके बारे में मान्यता है कि यहाँ एक कम, एक लाख शिवलिंग हैं। यदि ये पूरे एक लाख होते तो इस स्थल को काशी तीर्थ की मान्यता मिल गयी

होती। मैंने उनकी एक लाख संख्या के बारे में पूछा तो उन्होंने कहा कि इनकी गिनती तो नहीं हुई है। हाँ, ये असंख्य हैं।

एक छोटे से झरने के पास की पहाड़ी ढलान की जगह को *बाराभुजा स्थल* कहा जाता है। यहाँ एक बड़ी चट्टान पर बारह भुजाधारी देवता की मूर्ति उत्कीर्ण है। इसके मस्तक पर सप्तफणधारी नाग होने से इसे विष्णु की प्रतिमा माना गया है, लेकिन कुछ लोग इसे द्वादश आदित्यों का प्रतीक भी मानते हैं। मूर्ति के किसी भी हाथ में कोई आयुध नहीं होने से ऐसी विभिन्न अटकलें लगाई गयी हैं। इसके नीचे की एक चट्टान पर उकेरी हुई विष्णु और शिव की प्रतिमाओं के मध्य अलग से बनी हरि-हर की मूर्ति चित्ताकर्षक है। इसका आधा शरीर त्रिशूलधारी शिव का और आधा शरीर गदा-पद्मधारी विष्णु का है।

यहाँ भी जगह-जगह पत्थरों को काट-छाँटकर बनाये गये अनेक छोटे-बड़े शिवलिंग हैं। झरने के पास की चट्टानों को काटकर बनाई गयी छोटी-छोटी गुफाएँ हैं, जिनमें शिवलिंग उकेरे हुए हैं। यदि इन्हें लघु शिवालय कहें तो गलत नहीं होगा। चट्टान पर गणेश की प्रतिमा भी उकेरी हुई है।

यहाँ से मजूमदार मुझे एक बड़े पहाड़ी टीले पर हनुमान मन्दिर दिखाने ले गये तो मेरी जिज्ञासा और बढ़ी, क्योंकि पूर्वोत्तर में हनुमान की प्राचीन मूर्तियाँ कम ही मिलती हैं, लेकिन इस मन्दिर में स्थापित मारुति की नयी प्रतिमा का यहाँ के स्थापत्य से कोई सम्बन्ध नहीं है।

यहाँ से उतरकर हम एक बड़े बौद्ध स्तूप के पास पहुँचे, जो करीब आठ फुट ऊँचा है। स्तूप के नीचे कमल-पुष्प की पंखुड़ियों की सुन्दर नक्काशी है। श्रीसूर्य पहाड़ पर एक भी बुद्ध मूर्ति देखने में नहीं आयी। उस वक्त तो मैं बुद्ध प्रतिमा और स्तूप के अन्तर को नहीं समझ पाया था लेकिन दो-तीन दिनों बाद गुवाहाटी के पुरातत्त्व विभाग में गया तो वहाँ के अधिकारी विमल सिन्हा ने समझाया कि हीनयानी, बौद्ध प्रतिमा के बदले बुद्ध के प्रतीक स्तूप की पूजा करते हैं। उन्होंने यह भी बताया कि हम इन स्तूपों को पहली शताब्दी का मानते हैं।

बौद्ध स्तूप से हम पंचायतन मन्दिर की ओर जाते हैं, जो नवनिर्मित जैन परिसर के एकदम नजदीक है। इन भग्नावशेषों का पता लगे ज्यादा समय नहीं हुआ है। मजूमदार मेरे साथ नहीं होते तो मैं कुछ भी नहीं समझ पाता क्योंकि कल यहाँ आने पर मेरी दृष्टि इस पर पड़ी थी। उन्होंने इसकी व्याख्या करते हुए समझाया—'मध्य में मुख्य गर्भगृह है, जहाँ कभी सूर्य मूर्ति रही होगी। मन्दिर परिसर में प्रवेश करने पर बायीं ओर लघु गर्भगृह गणेश का, उसके पीछे का महिषासुरमर्दिनी दुर्गा का है। इस तरह दायीं ओर का गर्भगृह शिव का और उसके पीछे विद्याधर का है।' इनके बारे में गुवाहाटी में विमल सिन्हा ने बताया, 'सम्भावना है कि यह विष्णु

मन्दिर रहा हो, क्योंकि इसके पास स्थित तालाब से एक विष्णु-मूर्ति मिली है।' आज इस मन्दिर का आधार ही देखने को मिलता है, शेष तो कालकवलित हो चुका है। इसकी रक्षा के लिए कँटीले तारों से इसे घेर दिया गया है। मजूमदार ने आगामी माघ पूर्णिमा यानी पाँच फरवरी को लगनेवाले माघी मेले में मुझे फिर वहाँ आने के लिए कहा। उन्होंने बताया कि इस मेले में अनेक जनजातियाँ आती हैं।

यहाँ से निकलकर बाहर अहाते में टीन से बने छप्परनुमा एक छोटे-से मन्दिर में गया तो मैं उसका पुरातात्त्विक महत्त्व नहीं समझ पाया। बाद में विमल सिन्हा से पता चला कि यहाँ रखी वर्तुलाकार शिला किसी मन्दिर की छत का हिस्सा है। इसके मध्य में अपने वाहन हंस के संग ब्रह्मा विराजमान हैं और इनके चारों ओर अदिति के पुत्र द्वादश आदित्य उत्कीर्ण हैं। बहुत लोग इसे ज्योतिष की बारह राशियों का चक्र भी मानते हैं। इस प्रकार का आदित्यचक्र असम में तो कम-से-कम और कहीं नहीं है। इतने महत्त्वपूर्ण पाषाण को पुरातत्त्व विभाग ने कैसे गाँववालों के भरोसे छोड़ रखा है, यह तो वे ही जान सकते हैं।

मैंने सुन रखा था कि किसी गाँववाले को स्वर्ण मुद्राओं से भरा एक कलश मिला था, जिसे सरकारी विभाग को सौंप दिया गया किन्तु वे मुद्राएँ गायब हो गयीं। इसका खुलासा करते हुए विमल सिन्हा ने बताया कि श्रीसूर्य पहाड़ से दस-बारह कि.मी. दूर के एक गाँव पगलाटेक में वे मुद्राएँ मिली थीं, जो सरकारी कोष में सुरक्षित हैं।

ग्वालपाड़ा जाने की बस या जीप की प्रतीक्षा में बैठा मैं सोच रहा था कि श्रीसूर्य पहाड़ सनातन, बौद्ध और जैन धर्मों का संगम है। यह पूर्वोत्तर का लघु एलोरा है। यहाँ के स्थापत्य के समयकाल को पुरातत्त्वशास्त्रियों ने अलग-अलग कालखण्ड में बाँटा है। बौद्ध स्तूपों को जहाँ वे पहली शताब्दी का बताते हैं, वहीं अन्य निर्माणों को 8वीं से 10वीं शताब्दियों के मध्य का निरूपित करते हैं। उस कालखण्ड में असम में शालस्तम्भ या म्लेच्छ वंश का शासन था। इस वंश के श्रीहरिष ने गौड़, उड़ीसा, कलिंग और कौशल पर विजय प्राप्त की थी। इसी राजा की कन्या राज्यमति का नेपाल के राजा जयदेव के साथ विवाह हुआ था। इसी महारानी के आदेश पर विख्यात पशुपतिनाथ के मन्दिर का निर्माण हुआ था।

असम में बौद्ध धर्म का प्रवेश काफी पहले हो चुका था। ह्वेनसांग के असम-विवरण में भी इसका उल्लेख मिलता है किन्तु जैन धर्म के असम-प्रवेश के बारे में ऐसा कोई भी तथ्य उपलब्ध नहीं है। यहाँ सोचने लायक बात यह है कि उस काल में उड़ीसा, कलिंग आदि में सनातन धर्म के साथ ही बौद्ध और जैन धर्म का भी प्रचार था। इसके प्रमाणस्वरूप भुवनेश्वर के पास धवलगिरि का बौद्ध स्थापत्य और खण्डगिरि और उदयगिरि की जैन गुफाएँ हैं। सम्भव है, श्रीहरिष अपनी उड़ीसा-

विजय के बाद वहाँ से अपने साथ कुछ शिल्पकारों को कामरूप लाया हो और उन्हीं में से किसी शिल्पी ने तीर्थंकरों की मूर्तियाँ उकेरी हों जिनमें से ये तीन ही अभी तक मिल पायी हों। यह भी सम्भावना है कि नालन्दा विश्वविद्यालय से निकले स्नातक शिल्पकारों में से कुछ इधर आये हों या उन्हें बुलाया गया हो। हो सकता है खोजबीन करने पर और भी बहुत-सी जैन तथा अन्यान्य प्रतिमाएँ मिलें, पर अभी ये सभी सम्भावनाएँ भविष्य के गर्भ में हैं।

ग्वालपाड़ा पहुँचने में ज्यादा समय नहीं लगा। यह जिले का सदर मुकाम और एक व्यापारिक केन्द्र भी है। यहाँ की फिजा में ग्वालपाड़िया लोकगीत गूँजते हैं। इन्हें एउरीमगा गीत भी कहा जाता है। इन गीतों में प्रकृति तथा सामाजिक व्यवस्था का वर्णन होता है। यहाँ के लोकगीतों की बात चले और पद्मश्री प्रतिमा बरुवा पाण्डे का नाम याद न आये, भला कैसे हो सकता है? स्व. प्रतिमा नै इन गीतों को गाकर इन्हें प्रसिद्धि दिलायी।

ग्वालपाड़ा से बंगाईगाँव जाने की बस मिल गयी, रास्ते में मुझे जोगीगोफा (असमिया में जोगीघोफा लिखते हैं) उतरना था। ब्रह्मपुत्र के इस ओर बसे पंचरत्न को उत्तर पार के जोगीगोफा को जोड़ने के लिए बनाये गये तीसरे पुल से पहली बार गुजरना अपने आप में रोमांचक था। इसके बिना असम के ग्वालपाड़ा जिले और पश्चिमी मेघालय के लोगों को भारत के अन्य भागों में आवाजाही में काफी कठिनाई होती थी। इस पुल की आधारशिला 1983 में इन्दिरा गाँधी द्वारा रखी गयी थी, लेकिन काम 1987 से प्रारम्भ हो सका। 2,285 मीटर लम्बे इस सेतु को 1998 में प्रधानमन्त्री अटल बिहारी वाजपेयी द्वारा जनता के लिए खोला गया। 300 करोड़ से अधिक रुपयों की लागत से बने इस दोमंजिले सेतु का नामकरण महापराक्रमी कोच राजा नरनारायण के नाम पर किया गया। नीचे बड़ी लाइन का रेलपथ है और ऊपर मोटर का रास्ता।

इस तरफ का यह इलाका पहले रेल से जुड़ा हुआ नहीं था। अब इसे नयी रेल लाइन बिछाकर गुवाहाटी से मिर्जा, छयगाँव, बोको, धुपधाड़ा, रांगजुली, दुधनै, कृष्णाइ, ग्वालपाड़ा आदि गाँवों-कस्बों से होते हुए इस ओर के पंचरत्न घाट और उत्तर पार के जोगीगोफा घाट के बीच ब्रह्मपुत्र पर बने तीसरे सेतु द्वारा बंगाईगाँव जंक्शन तक जोड़ दिया गया है।

पुण्यभूमि कामरूप में ब्रह्मपुत्र किनारे बनी पाषाण-गुहाओं में बैठकर प्राचीनकाल के

ऋषि-मुनियों ने घोर तपस्या की थी। उन गुफाओं को देखने के लिए ही मैं जोगीगोफा आया था परन्तु सेतु पार होते ही इसकी शुरू हुई सीमा में कोयले के डिपो, यहाँ खड़े सैकड़ों ट्रक और ट्रांसपोर्टरों के दफ्तरों के सिवाय कुछ दिखाई नहीं दिया। मैं चमत्कृत हुआ। यहाँ कौन-सी कोयले की खानें हैं?

एकाएक मुझे अपने भानजे डॉ. बालकृष्ण जालान की बात याद आयी। उसने एक बार मुझे बातों-बातों में बताया था कि मेघालय के पश्चिमी खासी जिले के सलांग और गारो जिले के नांगल विब्रा की खानों से प्रचुर मात्रा में कोयला निकलता है। इस प्रदेश में खासी-जयन्तिया-गारो जनजातीय लोगों की व्यक्तिगत कोयले की खानें हैं जहाँ से निकला कोयला दूधनै और कृष्णाई होता हुआ जोगीगोफा आकर ट्रकों और रेलवे रेकों में लदकर देश के दूरस्थ प्रान्तों में जाता है। इसके साथ ही मेरे थोड़े-से भौगोलिक ज्ञान ने भी यहाँ की स्थिति को स्पष्ट कर दिया। धीरे-धीरे मेरे अज्ञान का कुहासा छँट गया। रही-सही कसर वहाँ एक मारवाड़ी की चाय-मिठाई की दुकान पर चाय पीने के बहाने बैठा तो पूरी हो गयी।

ब्रह्मपुत्र किनारे बनी गुफाओं तक जाने के वास्ते एक रिक्शा किया। रिक्शावाला देखने में बांग्लादेशी नहीं लग रहा था। हालाँकि यहाँ कोयले के लदान-उतरान में लगे सभी मजदूर बांग्लादेशी थे। ये बांग्लादेशी यहीं नहीं, मेघालय की समस्त कोयला खानों में भी मजदूरी करते हैं। पहले उनकी जगह नेपाली मजदूर हुआ करते थे किन्तु सन् 1987 में उन्हें विदेशी बताकर मेघालय से खदेड़ दिया गया। उनके रिक्त स्थानों को बांग्लादेशियों ने भरा और यहाँ की जनजातीय लड़कियों से विवाह कर स्थायी बाशिन्दे बन गये। वे अपनी सन्तानों के सैदुल्ला, आजाद, फातिमा जैसे नामों के साथ उनकी माँओं के गोत्र लिंग्डोह, नोंगरूम आदि जोड़कर स्वयं भी जनजातीय बनकर सरकार से ट्राइबलों को मिलनेवाले लाभ को भी अनयास ही प्राप्त कर लेते हैं।

रिक्शेवाले से बात करने के बहाने मैंने उसका नाम पूछा तो उसने साधु बताया। वह कोई जनजातीय था। मैंने जब उससे बांग्लादेशियों के बारे में पूछा तो उसने बड़ा अजीब जवाब दिया कि यह बांग्लादेशी क्या होता है, वह नहीं जानता। उसे फिर कुरेदने पर भी वह अनजान ही बना रहा। उसे वहीं उनके साथ रहना है, फिर वह क्यों कोई साँसत मोल लेता, फिर मैं तो उसके लिए एकदम अनजान था। उस इलाके से गुजरते समय मैं अपने मन में जरा भी आशंकित नहीं था, यह कहना गलत होगा।

पूरे रास्ते कोयला डिपो और वहाँ खड़ी ट्रकों पर होते लदान का एकरस दृश्य था। वहाँ के बाशिन्दों के कच्चे घरों के बीच कुछ पक्के मकान भी थे। रिक्शेवाले ने दो-ढाई कि.मी. दूर जाकर जिस जगह रिक्शा खड़ा किया, वहाँ ब्रह्मपुत्र नहीं दिखाई

दिया। एक गली से थोड़ा भीतर जाने पर मकानों की ओट में छिपा ब्रह्मपुत्र मन्थर गति से बहता सामने दिखा। उसके किनारे के पहाड़ पर ये गुफाएँ हैं। अब रिक्शावाला ही मेरा गाइड था। मैं पुरातत्त्व विभाग द्वारा बनाई गयी एक पक्की पगडण्डी से उसके साथ बढ़ रहा था। पहाड़ी चढ़ाई कठिन नहीं थी। वह मुझे एक गुफा तक ले गया जो विशेष बड़ी नहीं थी। उसमें एक व्यक्ति आराम से बैठ सकता है। वैसी पाँच गुफाओं का अभी तक पता चल पाया है। उससे थोड़ी दूरी पर एक ऊँची चट्टान में एक और गुफा बनी है। वहाँ लगी पाइपों की सीढ़ियों से उस तक पहुँचा। वह भी पहले जैसी ही थी। अन्य तीन गुफाओं तक जाने के लिए वहाँ आसपास रहनेवालों ने मना किया। बताया गया कि वे ऊँची दुर्गम चढ़ाई पर हैं। वहाँ तक जाने का रास्ता भी ठीक नहीं है। उम्र मेरे आड़े आ गयी, नहीं तो वहाँ जाने का साहस कर लेता। वे गुफाएँ भी इन दो जैसी ही हैं, जानकर मन में सन्तोष कर लिया।

शाम के चार बज गये थे। पाँच बजे जोगीगोफा से गुवाहाटी के लिए ट्रेन थी। बंगाईगाँव और गुवाहाटी के बीच पैसेंजर गाड़ी चलती है। सोचा, नरनारायण सेतु का सड़क मार्ग देखा है, अब रेलपथ से जाकर अनुभव किया जाए। यह रेल-मार्ग मेरे लिए एकदम अनजाना था। स्टेशन तक रिक्शा ने मुझे छोड़ दिया। प्लेटफॉर्म लगभग जनशून्य था। घण्टे भर की प्रतीक्षा के बाद गाड़ी आयी। तीस रुपये की टिकट में चार घण्टों की गुवाहाटी तक की यात्रा थी।

खँडहरों का मौन आमन्त्रण

श्रीसूर्य पहाड़ से लौटते समय रास्ते में छयगाँव स्टेशन आया, तभी मेरे घुमन्तू दिमाग में घण्टियाँ टुनटुनाने लगीं। कुछ माह पहले ही इस गाँव के स्थापत्य के बारे में अँग्रेजी दैनिक सेण्टिनल में मुबारक हुसैन द्वारा लिखित एक आलेख पढ़ा था। सोचा, गुवाहाटी से छयगाँव है ही कितनी दूर! और किसी दिन घण्टे भर की बस-यात्रा कर वहाँ पहुँचने में समय ही कितना लगेगा!

छयगाँव के अनदेखे खँडहरों के मौन आमन्त्रण को पाँच-सात दिनों तक टालता रहा, पर बचपन में देखी बेहुला-लखिन्दर पर बनी धार्मिक फिल्म, जिसका नाम स्मृतियों की वीथियों में कहीं खो गया है, के दृश्य मेरे मानस-पटल पर रह-रहकर तैर जाते। निरुपा राय, मनहर देसाई, सप्रू, त्रिलोक कपूर के रूप में उन खँडहरों से जुड़े पौराणिक चरित्र मेरे सामने आ खड़े होते। आखिर कब तक मैं उनको अनदेखा करता!

इस बार ब्रह्मपुत्र का साथ गुवाहाटी तक ही रहा। अब मैं अकेला था। बस से यात्रा करने का आत्मिक सुख है। यात्री को बस अपनी मिट्टी और लोगों से जोड़े रखती है। मिर्जा, विजयनगर, रामपुर के बाद आये एक पुल के नीचे बहती नदी किनारे खड़ी पचासों नावों का दृश्य मनमोहक था। तट पर खड़ी ट्रकों में नावों द्वारा लाई गयी नदी-बालू का लदान चल रहा था। नदी का नाम कुकुरमारा था। पास के गाँव का नाम भी कुकुरमारा ही था। अजीब नाम है। यह नामकरण कौन से जन्म लगन में हुआ होगा? जन्म-कुण्डली देखी, राशि तो ठीक ही है। जबान से घिसते-घिसते कुकुरामारा बिगड़कर कुकुरमारा हो गया। असमिया में *कुकुर* का अर्थ कुत्ता है और *कुकुरा* का मुर्गा। यह कुकुरा वही था, जिसने बेवक्त की बाँग देकर नरकासुर के कामाख्या-पथ निर्माण में बाधा डालकर, उसके किये कराये परिश्रम पर पानी फेर दिया था। कुपित नरकासुर उस कुकुरा का पीछा करता यहाँ तक आया और उसने उसे मारा। जनश्रुतियाँ भी कैसे-कैसे बन जाती हैं!

घण्टे भर में ही बस छयगाँव पहुँच गयी। श्रीसूर्य पहाड़ जाते समय भी यह मिला था, तब इसके आमन्त्रण में आत्मीयता नहीं थी। इस बार बस से मैं दो कि.मी. पहले ही चण्डी मन्दिर जाने के रास्ते के सामने उतर जाता तो छयगाँव से रिक्शा कर

वापस नहीं आना पड़ता। रास्ते ने मेरे साथ थोड़ी छलना की थी। मुख्य सड़क से थोड़ा अन्दर स्थित माथापाड़ा गाँव में जाकर रिक्शा खड़ा हुआ। मेरे सामने एक मन्दिर और सैकड़ों पत्थरों के ढेर के सिवाय कुछ नहीं था। मन में एक बार विचार आया कि खोदा पहाड़ और निकली चुहिया। क्या पता, कदाचित् उन पत्थरों को मेरे भावों का आभास हो गया था! न जाने क्योंकर वहाँ का एक ग्रामीण बाशिन्दा अंगददास मेरे सामने एकाएक आ उपस्थित हुआ। अब उन पाषाणों की वर्णमाला मैं समझने लगा, पर भाषा समझनी शेष थी।

ऐसा लगा कि चारों ओर बिखरे शिलाखण्ड कुछ कह रहे थे—"हम कभी यहाँ खड़े चम्पक राज्य के प्रासाद में जड़े थे। उस महल को यहाँ के अधिपति चन्द्रधर नामक एक धनी वणिक ने बनवाया था। उस वणिक को साधारणतया लोग चाँद सौदागर के नाम से ही जानते हैं। वह परम शिवभक्त था। शिव-पुत्री नागदेवी मनसा चाहती थी कि भगवान शंकर के साथ चन्द्रधर उसकी भी पूजा करे। वणिक अपने आराध्य के सिवाय उसकी पूजा करने को तैयार नहीं था। इससे मनसा देवी ने कुपित होकर अपने साँपों से उसके छह पुत्रों को डसवा दिया।

"सौदागर ने सर्प-विशेषज्ञों से पुत्रों की विष-बाधा दूर करवायी। इससे देवी और क्रोधित हो गयी। उसने उन ओझाओं को ही अपने नागों से मरवा दिया। साँपों के जहर को दूर करनेवाला अब कोई नहीं था। मनसा ने फिर चाँद के छह पुत्रों को अपने सर्पों से डसवाकर यमलोक भेज दिया। सौदागर निरुपाय हो गया, पर देवी-पूजा के लिए फिर भी नहीं माना।

"उसका मन विचलित था किन्तु अपने आराध्य शिव की भक्ति पर दृढ़ था। वह व्यवसाय करने दक्षिण भारत की ओर समुद्र-यात्रा पर निकल पड़ा। यहाँ से कुछ ही दूरी पर ब्रह्मपुत्र है। उससे होता हुआ गंगासागर किनारे स्थित दक्षिण भारत के नगरों में गया। आज के बुद्धिजीवी हर बात में तर्क खड़ा कर लेते हैं। चाहो तो पद्मपुराण में यह कथा देख लो। अब किसी को विश्वास नहीं हो तो क्या किया जाए?

"इधर चाँद की गर्भवती पत्नी ने एक सुन्दर पुत्र को जन्म दिया। उसका नाम लखिन्दर रखा गया। मनसा देवी को लगा कि अपने सातवें पुत्र की रक्षा के लिए तो चाँद सौदागर उसके सामने अवश्य नतमस्तक हो जाएगा। सौदागर अपनी यात्रा से वापस लौटा। लखिन्दर धीरे-धीरे युवावस्था को प्राप्त हो रहा था। पिता को चिन्ता थी कि सर्प-दंश से युवा बेटे की रक्षा कैसे की जाए। आखिर उसने एक ऐसा वर्तुलाकार प्रासाद *मेरघर* (गोलघर) बनवाया, जिसमें साँप के जाने के लिए कोई छिद्र न हो। मनसा देवी ने राजगीर को भयभीत कर, भवन में गुप्त सूराख रखवा लिये।

"वणिक ने अब निर्भीक हो धूमधाम से लखिन्दर का विवाह बेहुला से

किया। सुहागरात को दम्पती एकात्मता का पूर्ण सुख ले भी नहीं पाये थे कि गुप्त छिद्र से मनसा के भेजे साँप ने आकर लखिन्दर को डस लिया। सर्वत्र कोहराम मच गया। बेहुला सती नारी थी। उसने अपना वैधव्य स्वीकार नहीं किया। उसने ब्रह्मपुत्र में केले के गाछों से एक बेड़ा बनवाया और अपने पति के शव के साथ उस पर बैठकर जलधारा में निकल गयी। उसने प्रण किया कि वह अपने पति को या तो पुनः जीवनदान दिलाएगी, अथवा पति-शव के साथ स्वयं भी जल में तिरोहित हो जाएगी।''

उन पाषाणों की मूक भाषा अब मैं समझने लगा था। मेरे सम्मुख ब्रह्मपुत्र की घाटी में पनपी महान सभ्यता का एक पृष्ठ खुला पड़ा था। चाँद सौदागर द्वारा बनवाये गये 'मेरघर' के भग्नावशेषों में दरवाजों की नक्काशीदार दहलीज तथा चौखट एक तरफ खड़ी थी। उसके शीर्ष के मध्य गणेश की प्रतिमा उकेरी थी। उसके पास के एक शिला-फलक पर सम्भोगरत बेहुला-लखिन्दर उत्कीर्ण थे। वहीं रखे कई गोल पाषाणों पर कमल के फूल उकेरे थे। बेलबूटों से सुसज्जित वर्तुलाकार शिला-खण्ड जगह-जगह बिखरे थे। अपने अतीत की साक्षी देते कितने ही पाषाण-स्तम्भ वहाँ खड़े थे। छोटी-छोटी बीमों में साँप के लिए बनाये गये गुप्त छिद्रों के बारे में यदि अंगददास नहीं बताता तो मैं जान ही नहीं पाता। वे सूराख इतने गुप्त थे कि उसके बताने के बाद भी नहीं दिखाई दिये। उसने बाँस की एक पतली खपच्ची को उसमें आरपार कर दिखाया, तब जाकर भेद समझ में आया।

अंगददास ने उपेक्षित पड़े पत्थरों के बीच एक शिला-फलक मुझे दिखाया, जिस पर लखिन्दर के छह भाई उकेरे हुए थे। उस जगह के पास तालाब जैसा सूखा गड्ढा था। वह बेढब तरीके से पुरातात्त्विक महत्त्व के पत्थरों से भरा था। 'मेरघर' के पत्थरों की एक बहुत बड़ी विशेषता यह है कि सभी के ऊपर लोहे के पाँच-छह इंच लम्बे नुकीले कीले मजबूती से आज भी जड़े हुए हैं और उनके निचले हिस्सों में उसी अनुपात में छिद्र बने हुए हैं। इस महल को बनाते समय चूने-सुर्खी का प्रयोग नहीं किया गया था, अपितु एक के ऊपर एक पत्थर रखकर उस कील को दूसरे पत्थर के सूराख में फँसाया गया था। भवन निर्माण और स्थापत्य के अनूठे संगम 'मेरघर' में ज्यामितिक सन्तुलन का अद्भुत प्रयोग किया गया था। कोणार्क मन्दिर भी इसी प्रविधि से बना हुआ है और इसके पहले बने दक्षिण भारतीय मन्दिरों में भी ये प्रयोग हुए हैं।

पुरातत्त्वशास्त्री इस प्रासाद को दसवीं शताब्दी का मानते हैं। इतिहासकारों के अनुसार उस समय कामरूप में पाल वंश का शासन था। इसी काल में मदन कामदेव के मन्दिर भी बने थे।

विगत चार दशकों में इस परिसर की धरती के नीचे दबी अनेक वस्तुएँ मिली

हैं। एक सूखे कुएँ में शिवलिंग मिला। विश्वास किया जाता है कि इसी की पूजा चाँद सौदागर किया करता था। सन् 1960 में एक सूर्य प्रतिमा मिली। सात घोड़ों से जुता रथ है। सूर्य के हाथ में पूर्ण खिला कमल है।

सन् 1970 की बात है, यहाँ मिले कूप शिवलिंग पर मन्दिर-निर्माण करते समय तेरह स्वर्ण-पुष्प, हाथ की एक रजत-मुद्रिका, एक रजतहार मिले थे। अभी 12 मई, 2001 में 'मेरघर' से दो सौ मीटर दूरी पर स्थित खेत में हल जोतते समय एक किसान को सफेद संगमरमर की शिवलिंग-वेदी मिली।

यहाँ बने शिव मन्दिर में प्रवेश किया। छह-सात फुट गहरे गोल कुएँ में शिवलिंग विराजमान है। शिवलिंग के सामने महामाया का थान है। यहाँ प्रतिष्ठित देवी की प्रतिमा अद्‌भुत है। इस खड़ी प्रतिमा के गले में आपाद नरमुण्डों की माला है किन्तु काली का रूप नहीं है। हाथ में आयुध हैं। देवी के पाँवों के दोनों ओर दो परिचारिकाएँ खड़ी हैं। इस प्रतिमा की सबसे अद्‌भुत बात यह है कि देवी योनिपीठ पर विराजमान है। जलेरी सह योनिपीठ पर सर्वदा शिवलिंग ही स्थापित देखे गये हैं। इसका रहस्य तो महामाया की माया ही जाने।

अंगद ने उस परिसर के पीछे ले जाकर मुझे वहाँ बना जल से भरा एक विस्तृत तालाब दिखाया। उसके चारों ओर सैगुन और गमारी के पेड़ खड़े थे।

बेहुला-लखिन्दर की कथा बिहार, बंगाल, उड़ीसा आदि में भी लोक-कथा के रूप में प्रचलित है। वहाँ के लोग इसे अपनी-अपनी संस्कृति और लोक-कथा का हिस्सा मानते हैं, लेकिन यहाँ मिले ये अवशेष इस बात के प्रमाण हैं कि यह लोक-कथा नहीं, असम की सत्यकथा है।

इन बिखरे हुए पाषाणों को देखकर हमारे पुरातत्त्व विभाग की उदासीनता का एहसास होता है। ऐसी ही उपेक्षा मदन-कामदेव में देखने को मिलती है। गाँव के बीच स्थित यह स्थान इतना उपेक्षित है कि पर्यटक तो दूर की बात, कोई पिकनिक मनानेवाला भी नहीं आता है। असम सरकार के पर्यटन विभाग को इस स्थल की ओर ध्यान देना चाहिए। श्रीसूर्य पहाड़ जानेवाले पर्यटक इस 'मेरघर' को देखते हुए जा सकते हैं।

छयगाँव से मेरा गन्तव्य विजयनगर था। वहाँ मेरे भानजे सुनील की ससुराल थी। समधी नारायण प्रसाद जी अग्रवाल के वहाँ रहते मुझे कोई चिन्ता नहीं थी। फिर भी अपनी अंटी का पैसा और पास का पाथेय ही आड़े समय काम आता है। श्रीसूर्य पहाड़ में भोगी तकलीफ याद थी। सोचा, असमय विजयनगर-प्रवेश करने से पहले किसी चाय की दुकान में अपना पाथेय उदरस्थ करता चलूँ।

जलपान के बाद ताम्बूल-पान मिल जाए तो कहना ही क्या! ताम्बूल भी ऐसा कच्चा, कमसिन, कोमलांगी था कि दाँतों तले आते ही कच्च से चूर्ण-विचूर्ण हो गया। चूने से चुपड़े असमिया पान ने मुँह में जाकर ओठों को अवश्य रतनार किया होगा। वह ललाई मेरी आँखों की नजर लगने से सहमकर छिपी थी, पर उसके आलेपन से अनुरक्त अधर पर चढ़ा ऊपरी होंठ जैसे अभिसार के लिए उन्मत्त था।

बस में पास बैठे एक असमिया वृद्ध बार-बार कृष्ण-कृष्ण उच्चार रहे थे। उनसे श्रीमन्त शंकरदेव के वैष्णव धर्म पर बात चल पड़ी। उस पन्द्रह-बीस मिनट की लघु यात्रा में भी असम में प्रचलित वैष्णव धर्म सम्बन्धित मेरे ज्ञान में थोड़ी अभिवृद्धि हुई। श्रीमन्त शंकरदेव द्वारा चलाये गये मत में दो सूक्ष्म भेद उन्होंने बताये। कृष्ण का एकमात्र नाम जपनेवाले शंकरी संस्कृति को माननेवाले किसी प्रकार का कर्मकाण्ड और श्राद्ध-तर्पण नहीं करते, जबकि महापुरुषिया मतावलम्बी श्राद्ध-कर्मकाण्ड आदि करते हैं।

विजयनगर में समधी नारायण प्रसाद जी ने मुझे 'मिलनी' दी तो भला मैं कैसे नहीं लेता। आखिर मैं उनकी बेटी का ममिया ससुर जो ठहरा। कागज के कड़क नोटों का लाल लिफाफा जेब में रखते मैं भी नहीं सकुचाया। अग्रवालों में प्रथा है कि समधी आपस में मिलते समय मिलनी देते हैं। लड़कीवाले की तरफ का वरिष्ठ, लड़केवाले के वरिष्ठ को सम्मान स्वरूप मिलनी के चार रुपये देता है, न एक कम और न एक ज्यादा। पहले चाँदी के सिक्के चलते थे। कागजी नोटों के प्रचलन के साथ मिलनी में भी इनका ही प्रयोग होने लगा। यह प्रथा कितनी प्राचीन है, नहीं बता सकता। स्वतन्त्रता बाद एक नव धनाढ्य वर्ग का जन्म हुआ, जिसमें प्रदर्शन करने की होड़ लगी। उस वर्ग ने चाँदी के महँगे सिक्कों का प्रचलन चलाया। होड़ की प्रवृत्ति दिन-पर-दिन ज्यादा बढ़ी है और लोगों के पास धन भी। अब तो सोने की चार मुहरें देना स्वयं को समाज में कुबेर सिद्ध करने का द्योतक बनता जा रहा है। मुश्किल तो मध्यम वर्ग की है और यही वर्ग हर समाज में अधिकतम होता है।

विजयनगर के ग्रामीण घरों में जाकर शाल पर बनती एण्डी चादरों को देखा। इस काम में वहाँ अधिकतर कोच राजवंशी जनजाति की महिलाएँ लगी थीं। असम का यह गरीब तबका हथकरघा लगाने को रुपये कहाँ से लाये? इसलिए ये लोग दो खूँटे खड़े कर उनके बीच ताना लगा लेते हैं, जिसके सामने बैठी महिला उसे भरनी से धैर्यपूर्वक भरकर चादर बुनती है।

समधी से बोलने-बतियाने और नाश्ते में समय तो लगना ही था, फिर भी गुवाहाटी पहुँचा, तब विशेष देर नहीं हुई थी।

धोबिन की धुबड़ी

असमिया में धोबी को *धुबी* और धोबिन को *धुबिनी* कहते हैं। इसी धुबिनी से धुबुरी, फिर धुबड़ी शब्द की व्युत्पत्ति हुई है। ब्रह्मपुत्र के किनारे बसा धुबड़ी शहर बांग्लादेश की सीमा पर स्थित धुबड़ी जिले का मुख्यालय भी है। यह नगर पुरातनकाल से दक्षिणी और पश्चिमी दिशाओं से असम-प्रवेश का एकमात्र स्थान रहा है। धुबड़ी जिले में गदाधर, मानाह, सोणकोष, सरलभंगा आदि नदियाँ बहती हैं। इसी धुबड़ी नगर में बेहुला को अपने मृत पति का जीवन दान मिला था। अपने पति के शव को केले के गाछों से बने बेड़े पर लिटाये जब यहाँ के ईशाण कोण (उत्तर-पूर्व) में ब्रह्मपुत्र और गदाधर नदी के संगम स्थल पर वह पहुँची, तब उसने घाट पर एक धुबिनी को कपड़े धोते देखा। उस धुबिनी का नाम नेताई था। सब कुछ सामान्य था किन्तु बेहुला तब चौंकी, जब उसने देखा कि धुबिनी ने तंग कर रहे अपने बच्चे को जान से मारकर किनारे लिटा दिया। अपने कपड़े धो लेने के बाद उसने अपनी मायावी शक्ति से बच्चे को फिर से जीवित कर गोद में उठा लिया।

वह अद्‌भुत दृश्य देखकर बेहुला ने अपने पति को जीवनदान देने की नेताई धुबिनी से अनुनय-विनय की। देवी के शाप से मरे लखिन्दर को जिलाना उसके वश में नहीं था। नेताई ने बेहुला को देवधनी नृत्य कर भगवान शंकर को प्रसन्न करने को कहा। बेहुला ने अपने नृत्य से शंकर को प्रसन्न किया। उसकी ऐसी परम पति-भक्ति देखकर शंकर ने उसे अखण्ड सौभाग्यवती का वर दे दिया। अब मनसा देवी भी द्रवित हो गयीं और उसके पति को जीवनदान मिल गया। जनविश्वास है कि बेहुला जिस स्थान पर नेताई धुबिनी से मिली थी, उसी को धुबुरी या धुबड़ी कहते हैं। ब्रह्मपुत्र के नेताई घाट की एक चट्टान पर बने चरण-चिह्नों के बारे में जन-विश्वास है कि ये नेताई धुबिनी के हैं।

नेताई धुबिनी घाट से कुछ ही दूर *पाँच पीर दरगाह* हैं। औरंगजेब ने मीरजुमला द्वारा जीते गये स्थलों पर असमिया सेना के अधिकार कर लिये जाने पर उसने राजा रामसिंह को फिर से असम विजय करने के लिए भेजा। रामसिंह असम की जादूविद्या से अपनी और मुगल सेना की रक्षा करने के लिए मालदा से पाँच मुस्लिम पीर भी अपने साथ लाया था। कुछ लोगों का मानना है कि वे पाँचों

मीरजुमला के साथ आये थे। खैर, जो भी हो, वे असम से वापस नहीं गये और धुबड़ी में ही बस गये। उनके नाम थे—गाजीशाह अकबर, शाह बगार, शाह सरण, शाह सफी और शाह कमाल। कुछ समय बाद उनमें से पीर अकबर का इन्तकाल हो गया। उन्हें ब्रह्मपुत्र किनारे दफनाया गया। बाद में शेष पीरों की मृत्यु होने पर उन्हें भी बारी-बारी यहीं दफन किया गया। उन पाँचों पीरों की कब्रों पर बनी मजारें पाँच पीर दरगाह कहलाती हैं। इस दरगाह पर अनेक श्रद्धालु अपनी मन्नतें माँगने आते हैं और अगरबत्ती और मोमबत्ती जलाते हैं। शुक्रवार के दिन यहाँ भारी भीड़ जुटती है।

धुबड़ी के साथ एक और धुबिनी की कथा जड़ित है। इसके बारे में जानने से पहले चलते हैं—दो महान सन्तों के मिलन-स्थल *गुरुद्वारा दमदमा साहब* की ओर। सिख धर्म के प्रवर्तक गुरु नानकदेव अपने विश्व परिभ्रमण के समय ढाका होते हुए इसी स्थल पर आकर ठहरे थे। यहीं उनकी असम के सर्वकालीन संस्कारक श्रीमन्त शंकरदेव से सन् 1505 में भेंट हुई थी। उस समय गुरुदेव 36 वर्षीय युवक थे और शंकरदेव की अवस्था 56 वर्ष की थी। सूर्य कुमार भुइयाँ अपनी पुस्तक 'बैकग्राउण्ड ऑफ आसामीज कल्चर' में लिखते हैं—''दोनों महापुरुषों में गहन चिन्तन-मनन हुआ कि असम में प्रचलित तन्त्र-मन्त्र और शाक्त धर्म के कुप्रभाव से स्थानीय लोगों का उद्धार कर उन्हें किस तरह संस्कारित किया जाए? जनता को किस प्रकार जादू-मन्त्र के अभिशाप से मुक्त करा भगवद्भक्ति में लगाया जाए—आदि।'' फिर गुरु नानकदेव धुबड़ी से रंगामाटी, जोगीगोफा, ग्वालपाड़ा, कामाख्या, हाजो, सदिया, परशुरामकुण्ड होते हुए तिब्बत चले गये। वहाँ से चीन, जापान, फिलीपीन्स, जावा-सुमात्रा और बर्मा की यात्रा करते हुए मणिपुर के इम्फाल के रास्ते पुनः भारत लौटे।

असम आते समय शुरू से ही रामसिंह यहाँ के जादू-टोने से भयभीत था, इसलिए उसने सर्वप्रथम नवम सिख गुरु तेगबहादुर से मिलकर उन्हें अपनी सिख सेना के साथ असम आने के लिए राजी किया था। रामसिंह के नेतृत्व में मुगल सेना ने धुबड़ी से 24 कि.मी. दूर रंगामाटी में अपनी छावनी बनायी। गुरु तेगबहादुर जब धुबड़ी आये, तब स्वयं यहीं दमदमा साहब में रुके, जहाँ गुरु नानकदेव ने विश्राम लिया था।

मुगल आक्रमणकारियों को पराभूत करने के लिए आहोम राजा चक्रध्वजसिंह ने अपने राज्य की जादूविद्या में पारंगत महिलाओं को भी तैनात कर रखा था। उनमें से एक नेताई धुबिनी की वंशधर थी। वह समझ गयी कि उसके जादू को निष्क्रिय करने का सामर्थ्य केवल गुरु तेगबहादुर में ही है। इसलिए उसने उन पर तरह-तरह से अपनी विद्या का प्रयोग किया। सब वार निष्फल चले गये तो उसने क्रोधित होकर गुरुदेव को मारने के लिए 26 फुट लम्बी एक बड़ी शिला की मूठ चलायी, जो गुरु की आध्यात्मिक शक्ति के प्रभाव से दो टुकड़े होकर जमीन में धँस गयी। इस बार

उसने एक बड़े पीपल के पेड़ को मूठ के रूप में गुरु पर छोड़ा, जो आज भी गुरुद्वारे में भक्ति टीला पर जस-का-तस खड़ा है। धुबिनी ने और भी तरह-तरह से अपने काले जादू के उन पर प्रयोग किये परन्तु उसके सभी वार बेकार गये। आखिर हारकर वह गुरु की शरण में आयी। उनके पाँवों पर गिरकर उसने क्षमा माँगी और उनसे आशीर्वाद माँगा कि वे ऐसा वर दें, जिससे उसका नाम सदा के लिए अमर हो जाए। गुरुजी ने भविष्य में अपनी काली विद्या का प्रयोग न करने का उससे वचन लेकर कहा कि यह जगह आगे से उसके नाम से जानी जाएगी।

घटना जिस रूप में भी हुई होगी किन्तु इस गुरुद्वारे में एक घेरे में रखी एक विशाल लम्बी शिला के बारे में मान्यता है कि यह वही शिला है जिसे धुबिनी ने मूठ के रूप में गुरु तेगबहादुर पर चलाया था। दमदमा साहब गुरुद्वारा आज भव्य रूप में खड़ा है। शुरुआत में यह माटी का एक टीला मात्र था। उस टीले को गुरु तेगबहादुर और उनके साथ आये सिख सैनिकों ने माटी लाकर बनाया था। इसी स्थान पर गुरु तेगबहादुर को पटना से अपने पुत्र गोविन्दसिंह के जन्म का शुभ समाचार प्राप्त हुआ था। इसी स्थान पर गुरुदेव ने त्रिपुरा के राजा रामराय को पुत्र-प्राप्ति का वरदान दिया और कहा कि होनेवाले उस पुत्र के मस्तक पर उनकी अँगूठी के निशान की तरह का चिह्न होगा।

गुरु तेगबहादुर के साथ आये सैनिकों में से कुछ यहीं रुक गये थे, जिनके वंशज आज भी धुबड़ी में रहते हैं। दमदमा साहब को आज धुबड़ी साहब भी कहा जाता है। इसी गुरुद्वारे में पूर्वोत्तर में पहली बार सिख धर्म के रीति-रिवाज के अनुसार निशान साहब फहराया गया था। यहाँ से मानव-कल्याण के अनेक कार्य भी चलते हैं। आज यहाँ देश के हर कोने से सिख मत्था टेकने आते हैं।

धुबड़ी शहर ही नहीं, पूरे धुबड़ी जिले में जनसंख्या का घनत्व है जिसमें मुसलमान बहुसंख्यक हैं। यहाँ के बाजारों से गुजरना अच्छा नहीं लग रहा। चारों ओर गन्दगी और सड़कों पर गड्ढे दिख रहे हैं। यह पुराने समय से व्यापारिक केन्द्र रहा है। इसका बंगाल के साथ बड़ा व्यापार चलता था। धुबड़ी से चली रेलगाड़ी पार्वतीपुर होकर कम समय में ही कोलकाता पहुँचा देती थी। यहाँ माचिस बनाने का विमको कम्पनी का एक कारखाना है। कहने को यहाँ रूपसी नामक एक हवाईअड्डा भी है, पर नागरिक उड़ान तो कभी नहीं भरी जाती, सैनिक उड़ानों के बारे में कहा नहीं जा सकता।

धुबड़ी के उपनगर *गौरीपुर* पहुँचकर के.एल. सहगल के नायकत्व में हिन्दी में पहली 'देवदास' फिल्म बनानेवाले प्रमथेश चन्द्र बरुवा (पी.सी. बरुवा के नाम से

हिन्दी फिल्म जगत में प्रसिद्ध) का स्मरण हो आना स्वाभाविक था। वे इसी गौरीपुर में सन् 1903 में जन्मे थे। उन्होंने इक्कीस बांग्ला फिल्में बनायीं। सन् 1934 में बांग्ला में भी बनी फिल्म 'देवदास' का निर्देशन करने के अलावा उसमें उन्होंने नायक की भूमिका भी निभायी थी। असम में उन्हें फिल्म निर्देशक के रूप में प्रथम असमिया कहा जाता है किन्तु पहली असमिया फिल्म के निर्माता और निर्देशक तो ज्योतिप्रसाद अगरवाला ही हैं। पता नहीं, क्या कारण था कि पी.सी. बरुवा ने एक भी असमिया फिल्म नहीं बनायी? शायद व्यावसायिक दृष्टि से यह उन्हें घाटे का सौदा लगा हो। उनकी 1951 में मृत्यु हो गयी थी। यह भी कैसा अद्भुत संयोग है कि ज्योतिप्रसाद भी सन् 1903 में जन्मे और 1951 में ही स्वर्गवासी हुए थे। एक ने अपनी कर्मभूमि बंगाल और बांग्ला भाषा को चुना, जबकि दूसरे ने अपनी कर्मभूमि असम और अपनी मातृभाषा असमिया को अपनी कला का माध्यम बनाया। ज्योतिप्रसाद अपनी योजनानुसार जयमती को असमिया के बाद हिन्दी में यदि बना पाते तो असम के बाहर हिन्दी फिल्म जगत में उनका भी नाम प्रमथेश चन्द्र बरुवा की तरह प्रसिद्ध होता किन्तु उनके लिए फिल्म के व्यावसायिक पक्ष से अधिक महत्त्वपूर्ण अपनी मिट्टी की गन्ध और कलापक्ष था। माटी के सच्चे सपूत की यही पहचान है।

गौरीपुर आकर ग्वालपाड़िया लोकगीतों को भारत और विदेशों में विख्यात करनेवाली प्रतिमा बरुवा (पाण्डेय) का नाम याद न आना मेरी स्मृति की धृष्टता होती। इनके गाये गीत की कैसेट मैंने धूपधाड़ा के होटल में बजते सुनी थी। उस कोकिल-कण्ठी ने इसी गौरीपुर के राजपरिवार में 3 अक्टूबर 1934 में जन्म लिया था। उनका विवाह प्रसिद्ध शिक्षाविद् गंगाशंकर पाण्डेय के साथ हुआ था। विगत शताब्दी के पाँचवें दशक में वे डॅ. भूपेन हजारिका के सम्पर्क में आयीं और ग्वालपाड़िया लोकगीतों की विशिष्ट गायिका के रूप में प्रतिष्ठित हुईं। गत वर्ष 2003 में ही इनकी जीवन-यात्रा समाप्त हुई है।

गौरीपुर से बंगाईगाँव जाने के रास्ते में पानबाड़ी आता है। पहले यहाँ रंगामाटी शहर था। इसी पानबाड़ी में असम की सबसे पुरानी *रंगामाटी जामि मस्जिद* है। गौड़ के नवाब हुसैन शाह ने कमतापुर के राजा नीलाम्बर को हराकर यहाँ अपना राज्य स्थापित किया था। उसने इस मस्जिद को सन् 1498 में बनवाया था। इसकी बनावट उत्तर भारत की मस्जिदों जैसी है। इसके नजदीक ही एक नगर के ध्वंसावशेषों के रूप में ईंटों की दीवारें और मुगलकालीन मुद्राएँ मिली हैं।

धुबड़ी से तीस कि.मी. दूर भारत-बांग्लादेश सीमा पर स्थित है—*सत्रशाल*

सत्र, जिसकी स्वयं श्रीमन्त शंकरदेव ने स्थापना की थी। उन्होंने अपने स्थायी निवास कोचबिहार में भी मधुपुर सत्र की स्थापना की थी। यह सत्र धार्मिक दृष्टि से ही नहीं, अपितु ऐतिहासिक दृष्टि से भी बहुत महत्त्वपूर्ण है।

नेताई धुबिनी की जादूनगरी धुबड़ी से आध्यात्मिक केन्द्र *महामाया धाम* ज्यादा दूर नहीं है, बस बत्तीस कि.मी. की दूरी पर बोगरीबाड़ी में है। रास्ता काटने के लिए यहाँ से जुड़ी कथा को बतियाते चलते हैं। आज से तीन सौ वर्ष पहले की बात है। पश्चिम बंगाल से बहुत से काष्ठ व्यवसायी नावों से असम आकर यहाँ के जंगल-पर्वतों से लकड़ी कटवाकर ब्रह्मपुत्र के रास्ते विभिन्न स्थानों पर ले जाकर बेचा करते थे। कहते हैं कि तोकचाँदपुर के एक काठ-व्यापारी को नाव पर अपना माल लादते रात हो गयी। वह वर्षाकाल था। तूफान और वर्षा ने जोर पकड़ लिया और पास की टिपकाइ नदी अपने उफान पर आ गयी। प्रचण्ड आँधी के कारण वह अपनी नाव और नावरियों से बिछुड़ गया।

दूसरे दिन तड़के मुँह अँधेरे उसने नदी किनारे की एक विशाल शिला पर बैठी एक अपरूपा, सौन्दर्यमयी नारी को देखा। उसे देखकर उसके मन में शायद पूर्वजन्म के किसी पुण्य के प्रतिफल स्वरूप भक्ति जाग्रत हुई। व्यापारी ने आगे बढ़कर नारी के चरणों पर माथा टेककर करुण प्रार्थना की। नारी ने कहा—''मैं इस समय यहाँ नित्य स्नान करने आती हूँ। मेरा मूल स्थान गहन वन में एक बिल्व वृक्ष के नीचे है। तुमने अनायास ही मेरे दर्शन कर लिए हैं, सो तुम्हें मोक्ष मिलेगा। तुम्हारी खोयी हुई नाव, काठ और नाविक सभी तुम्हें मिल जाएँगे।'' देवी ने उसे बेल के पेड़ के नीचे एक मन्दिर बनाकर वहाँ पूजा-अर्चना की व्यवस्था करने का निर्देश दिया और अन्तर्धान हो गयीं।

व्यापारी नाव और माल के साथ अपने घर पहुँचा और सारी बात अपने पुत्र को बतायी। कुछ दिनों बाद उसकी मृत्यु हो गयी। उसके बेटे ने जब उस स्थान की खोज की तब उसे बेल-पेड़ के नीचे महामाया देवी की एक मूर्ति मिली। उसने वहाँ पुआल का एक मन्दिर बनवाकर पूजा की व्यवस्था की। बाद में उस परिवार में हुए हरेन्द्रनाथ चौधरी ने नया मन्दिर बनवाया और पास में ही एक तालाब भी खुदवाया। फिर उसके बेटों-पोतों ने समय-समय पर खर्च कर उस स्थान की और उन्नति की।

यहाँ प्रकृति का शान्त-निविड़ परिवेश मन को मोहित करता है। छोटे-से टीले पर चढ़ने में विशेष समय नहीं लगता। ऊपर महामाया का अन्यतम धाम है। असम ही नहीं, बाहर के लोग भी इस स्थान को अति जाग्रत मानकर यहाँ पूजा करने आते हैं। सन् 1959 में सरकार ने इस मन्दिर की देवोत्तर सम्पत्ति का अधिग्रहण कर लिया था। आज यहाँ के वर्तमान मन्दिर को करीब बीस साल पहले मूल मन्दिर के स्थान पर नवीन रूप से बनवाया गया था। इसके साथ तभी नाटघर भी निर्मित हुआ

था। इसी मन्दिर के पास ही शिव मन्दिर है।

मन्दिर के पास 'बाघ भण्डार' नामक एक बड़ी पाषाण-गुहा है। प्रत्येक दिन पूजा के अन्त में बलि विधान के बाद बकरे का मुण्ड यहाँ बाघ के खाने के लिए रखने की प्रथा शुरू से ही चली आ रही है। जन विश्वास है कि उस सिर को बाघ आकर खा जाता है। चैत्र की अशोकाष्टमी को श्रद्धालुओं का यहाँ ताँता लगा रहता है। वे स्नान कर पुण्य अर्जित करने आते हैं।

यहाँ से मेरा गन्तव्य गुवाहाटी है। एकाकी भ्रमण कभी-कभी मन को उचाट भी करता रहता था। फिर यह सोचकर सन्तोष करना पड़ता है कि सबकी अपनी-अपनी रुचि और अपना-अपना रुझान है। किसी को विवश तो नहीं किया जा सकता। मुझे ही किसने यह सब करने को कहा था। शायद मन की सन्तुष्टि ही प्रेरणा रही होगी। साथ ही एक प्रश्न मन में उठता है कि क्या मैंने असम को पूरा देखा-समझा है? मैंने यह सोचकर सन्तोष किया कि यह तो एक शुरुआत मात्र है। देश के इस पूर्वोत्तर भाग में बहुत कुछ देखने-जानने और समझने को अभी भी शेष रह गया है—'हरि अनन्त हरि कथा अनन्ता' की तरह ही। अस्तु।

●●●

परिशिष्ट

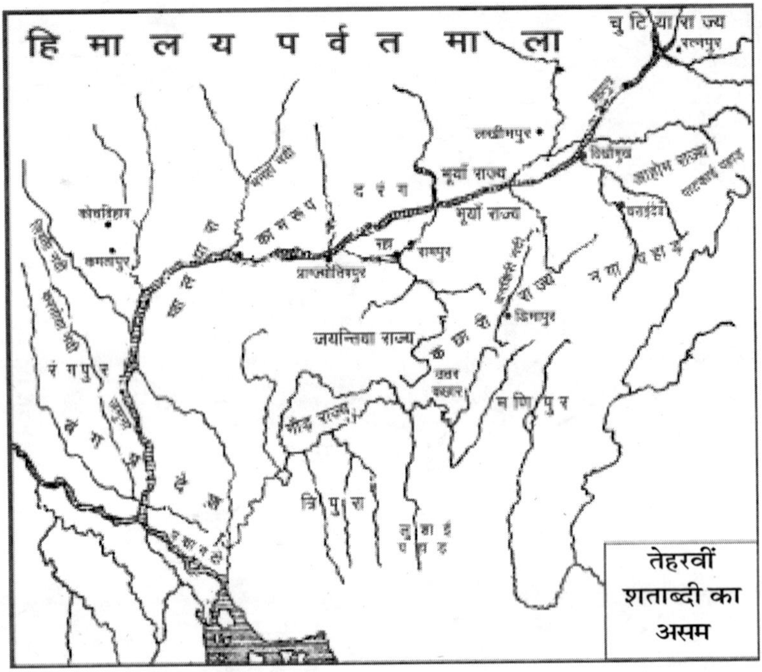

तेहरवीं शताब्दी का असम

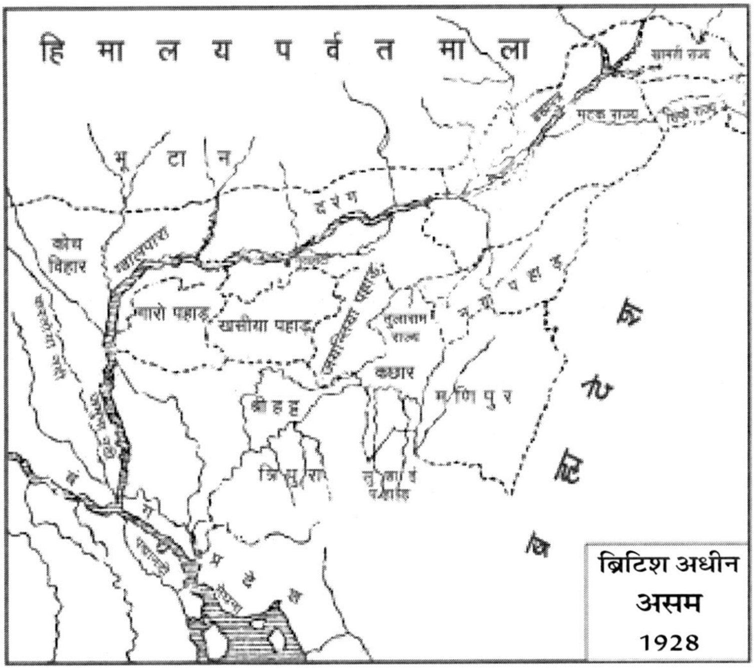
हि मा ल य प र्व त मा ला
भू टा न
कोच विहार
गारो पहाड़
खासीया पहाड़
कछार
म णि पु र
श्री ह ट्ट
ब्रिटिश अधीन
असम
1928

असम इतिहास की समय निरूपक-तालिका

समयकाल या शताब्दी	असम के राजा और प्रधान घटनाएँ	भारत के समसामयिक राजा और प्रधान घटनाएँ
महाभारत युग अनुमानित ई. पूर्व 3000 से ई. पूर्व 1500 तक	प्राग्ज्योतिष में नरकासुर का राज्य; कामाख्या मन्दिर का निर्माण।	भारत में सूर्यवंश के पश्चात् चन्द्रवंश का राज्य।
	कुण्डिल में भीष्मक का राज्य; श्रीकृष्ण द्वारा रुक्मिणी हरण।	द्वारका में यदुवंश का राज्य।
	शोणितपुर में बाणासुर का राज्य; उषा-अनिरुद्ध का विवाह।	हस्तिनापुर में चन्द्रवंशी दुर्योधन का राज्य।
	नरकासुर के बाद भगदत्त का राज्य; किरात सेना के साथ कुरुक्षेत्र में युद्ध। घटोत्कच का पाण्डव-पक्ष में युद्ध, उसके पुत्र वीर बर्बरीक का भी कुरुक्षेत्र-गमन और अपना शीश-दान।	कुरुक्षेत्र में महाभारत युद्ध के बाद चन्द्रवंशी युधिष्ठिर का राज्य।
	भगदत्त-पुत्र वज्रदन्त, फिर उसके वंशज अन्य राजाओं का कामरूप में राज्य।	

ई. पूर्व 1500 से ई. सन् 400 तक	विशेष कोई घटना हुई या नहीं, कोई इतिहास उपलब्ध नहीं।	ई. पू. 557–477 में गौतम बुद्ध का आविर्भाव। बौद्ध धर्म का प्रचार। ई. पू. 327 में सिकन्दर का हमला। ई. पू. 297 में चन्द्रगुप्त मौर्य का राज्य। ई. पू. 272–232 तक मगध पर सम्राट अशोक का शासन।
	चौथी शताब्दी में पुष्यवर्मा द्वारा कामरूप में वर्मन वंश का प्रारम्भ।	सन् 326–375 तक मगध पर सम्राट समुद्रगुप्त का राज्य।
सन् 400 से सन् 650 तक	कामरूप में वर्मन वंशी राजाओं का राज्य। सन् 600 से 650 तक कुमार भास्कर वर्मा का राज्य और उत्तर भारत के हर्षवर्धन के साथ उसकी मित्रता और प्रयाग के कुम्भ मेले में आयोजित धर्मसभा में जाना। ह्वेनसांग का सन् 649 में कामरूप आगमन।	सन् 375 से 413 तक उज्जैन में सम्राट विक्रमादित्य का राज्य और चीनी परिव्राजक फाहियान का भारत आगमन। सन् 606 से 647 तक उत्तर भारत में सम्राट हर्षवर्धन का राज्य और चीनी परिव्राजक ह्वेनसांग का सन् 629 में भारत आगमन।
सन् 700 से सन् 1000 तक	कामरूप में शालस्तम्भ वंश का राज्य। इस वंश के श्रीहरिष वर्मा द्वारा सन् 750 में गौड़, मिथिला और उड़ीसा तक कामरूप राज का विस्तार।	सन् 712 में मोहम्मद बिन कासिम का भारत पर आक्रमण और सिन्ध के राजा दाहिर की पराजय।

	इसी कालखण्ड के सन् 730 में एक और पराक्रमी राजा हर्जर वर्मा का राज्य।	
सन् 1000 से सन् 1200 तक	कामरूप में ब्रह्मपाल वंश का सन् 985 से 1125 तक राज्य रहा।	सन् 1191 में मोहम्मद गोरी का भारत पर आक्रमण। सन् 1193–94 में पृथ्वीराज की पराजय के साथ भारत में हिन्दू राज्य का अन्त।
सन् 1200 से सन् 1300 तक	तेरहवीं–चौदहवीं शताब्दी में कामरूप के पश्चिम में कमता राज्य, मध्य में भूयाँ, कछारी तथा जयन्तिया राज्य और उत्तर-पूर्वी भाग में ब्रह्मपुत्र के दक्षिणी तट पर आहोम–राज्य और उत्तरी तट पर सुतीया–राज्य थे। सन् 1206 में मोहम्मद बिन बख्तियार और सन् 1226 में गियासुद्दीन द्वारा असम पर हुए आक्रमणों को राजा पृथु ने नाकाम कर उन्हें हराया। सन् 1228 ई. में अल्तमश से युद्ध करते हुए राजा पृथु की मृत्यु। सन् 1228 ई. में सुकाफा का असम में प्रवेश, आहोम	सन् 1206 से दिल्ली में अफगान बादशाहों का शासन। सन् 1207–10 तब गुलाम वंश के कुतुबुद्दीन का दिल्ली में शासन।
सन् 1200 से सन् 1300 तक		सन् 1211 से सन् 1236 तक अल्तमश का दिल्ली में शासन और उसके ही राज्य में चंगेजखान का भारत पर हमला। सन् 1295 से सन् 1316

	राज्य की स्थापना और सन् 1268 तक शासन।	तक अल्लाउद्दीन खिलजी का शासन।
सन् 1300 से सन् 1500 तक	विभिन्न आहोम राजाओं के बाद आहोम राजा सुडांग्फा उर्फ बामुणी कोंवर का सन् 1397–1407 तक शासन। चौदहवीं शताब्दी के पूर्वार्द्ध में कामरूप के पश्चिमी भाग में स्थित कमतापुर में दुर्लभनारायण का और पन्द्रहवीं शताब्दी के अन्त में नीलाम्बर का राज्य। गौड़ के सुलतान हुसैन शाह द्वारा नीलाम्बर को छल से बन्दी बनाकर इस राज्य का सन् 1498 में अन्त। सन् 1458 में राजा विश्वसिंह द्वारा असम के पश्चिमी भाग में कोच राज्य की स्थापना कर कोचबिहार को अपनी राजधानी बनाया।	सन् 1326–51 तक मोहम्मद तुगलक का शासन। बहमनी और विजयनगर राज्यों का दक्षिण भारत में अभ्युदय। सन् 1398 में भारत पर तैमूरलंग द्वारा आक्रमण। इसी समयकाल में दिल्ली में लोदी वंश के राजाओं का राज्य।
सन् 1500 से सन् 1600 तक	आहोम वंशीय राजा सुहुंगमुंग उर्फ स्वर्गनारायण (सन् 1497–1539) के शासन में असम में प्रथम बार जनगणना कराई गयी। सन् 1532 में तुरबक का हमला।	सन् 1526 में पानीपत की पहली लड़ाई में बाबर के हाथों इब्राहीम लोदी की पराजय और भारत में मुगल वंश के शासन का प्रारम्भ होकर अंग्रेजों के आगमन तक रहा।

	सन् 1534-84 में कोचबिहार में कोच राजा नरनारायण का शासन।	अकबर (1556-1605) का शासन।
	श्रीमन्त शंकरदेव द्वारा 'महापुरुषिया धर्म' का प्रचार और कोचबिहार में सन् 1569 में 120 की आयु में उनका इहलीला संवरण।	सन् 1556 में पानीपत की दूसरी लड़ाई।
	कालापहाड़ द्वारा कामाख्या मन्दिर का विध्वंस और कोच राजा नरनारायण और चीलाराय द्वारा पुनर्निर्माण। असमिया साहित्य का स्वर्णयुग।	
	सन् 1552-1603 में आहोम राजा सुखाम्फा उर्फ खोरा राजा का राज्य।	सन् 1576 में हल्दीघाटी का प्रसिद्ध युद्ध।
	सन् 1584-93 में कोच राज्य पर चीलाराय के पुत्र रघुदेव का शासन।	सन् 1600 में अंग्रेजों का भारत में प्रथम आगमन।
सन् 1600 से सन् 1700 तक	आहोम राजा सुसेन्फा उर्फ प्रतापसिंह (सन् 1603-41) का शासन। कछारी राज्य से युद्ध।	जहाँगीर (सन् 1605-27) के शासन में सर थॉमस द्वारा भारत में व्यापार करने की अनुमति प्राप्त करना।
	आहोम राजा जयध्वजसिंह (सन् 1648-63) के शासन में सन् 1661 में मुगल सेनापति मीरजुमला द्वारा	शाहजहाँ (सन् 1627-58) का शासन।

	गढ़गाँव पर अधिकार और सन्धि। आहोम राजा चक्रध्वजसिंह (सन् 1663-69) के शासन में लाचित बरफुकन ने मुगलों को हराकर उन्हें असम से खदेड़ा। आहोम राजा उदयादित्य (सन् 1669-73) के शासन में सन् 1671 में शराईघाट-युद्ध में लाचित बरफुकन द्वारा रामसिंह की पराजय। आहोम राजा 'लोरा राजा' (सन् 1679-81) के शासन में सती जयमती पर असहनीय अत्याचार। गदाधरसिंह (सन् 1681-1696) के समय गुवाहाटी के इटाखुली युद्ध में मुगलों की पराजय।	औरंगजेब (सन् 1658-1707) का शासन। औरंगजेब (सन् 1658-1707) का शासन चल रहा था। सिख और मराठों का उत्थान। शिवाजी का अभ्युदय।
	रुद्रसिंह (सन् 1696-1714) के राज्य में कछारी और जयन्तिया राज्यों का आहोम राज्य के अधीन होना। दोल-देवालयों का निर्माण। शिवसिंह (सन् 1714-	मोहम्मद शाह (सन् 1719-48) के शासनकाल में नादिर शाह का सन् 1739 में भारत पर आक्रमण। सन् 1757 में प्लासी-युद्ध। सन् 1761 में पानीपत की

	44) के राज्य में फुलेश्वरी कुँवरी का शासन और मोवामारा महन्तों का अपमान।	तीसरी लड़ाई।
	राजेश्वर सिंह (सन् 1751-69) का शासनकाल।	सन् 1765 में मुगल सम्राट शाह आलम से ईस्ट इण्डिया कं. का बंगाल, बिहार और उड़ीसा की दीवानी प्राप्त करना।
	लक्ष्मीसिंह (सन् 1769-86) के शासन काल में मावोमारिया विद्रोह।	
सन् 1700 से सन् 1826 तक	गौरीनाथ सिंह (सन्1780-95)के समय पुनः मावोमारिया विद्रोह और कैप्टन वेल्स द्वारा उस विद्रोह का दमन।	सन् 1772-85 तक वारेन हेस्टिंग्स ईस्ट इण्डिया कं. का भारत का पहला गवर्नर जनरल बना।
	कमलेश्वर सिंह (सन् 1795-1810) का शासन।	सन् 1775 में मराठों का पहला युद्ध।
	चन्द्रकान्त सिंह (सन् 1810-19) के शासनकाल में बर्मा के मानों का पहला, दूसरा और तीसरा आक्रमण।	सन् 1782 में मैसूर का दूसरा युद्ध। लॉर्ड कार्नवालिस (सन् 1786-92) द्वारा मैसूर समझौता।
	सन् 1819-24 के बीच मानों के असीम अत्याचार के बाद अंग्रेजों द्वारा मानों को असम से खदेड़ना।	लॉर्ड वेलेस्ली (सन् 1798-1805) द्वारा ब्रिटिश राज्य का विस्तार।
	सन् 1826 में ईस्ट इण्डिया कं. का मानों को हराकर	सन् 1813-23 के बीच लॉर्ड हेस्टिंग्स द्वारा गोरखा

	यांडबू सन्धि के तहत आहोमों से असम की सत्ता हथियाना।	और मराठों से आखिरी युद्ध। लॉर्ड आर्मऑष्ट्र (सन् 1823-28) के शासन में यँाडबू सन्धि के अन्तर्गत असम पर अधिकार।
सन् 1826 से सन् 1858 तक	बंगाल के अन्तर्गत असम में कमिश्नर का शासन। सन् 1823-31 के बीच असम में डेविड स्कॉट का शासन। असम के प्रथम स्वतन्त्रता सेनानी पियली फुकन को सन 1830 में अँग्रेजों द्वारा फाँसी। सन् 1834-61 के बीच जनरल जेनकिंस के शासन में कछार, जयन्तिया और सदिया के अंचलों सहित असम पर ब्रिटिश शासन का विस्तार। सन् 1836 में असमिया के बदले बांग्ला भाषा को शासन और शिक्षा का माध्यम बनाना। सन् 1858 में असम के स्वतन्त्रता सेनानी मणिराम देवान को फाँसी।	लॉर्ड विलियम बेंटिक (सन् 1828-35) के शासन में सती प्रथा पर प्रतिबन्ध और ठगों का दमन। लॉर्ड आकलैण्ड (सन् 1836-42) भारत का गवर्नर जनरल। गवर्नर जनरल लॉर्ड हार्डिंग्स (सन् 1844-48) के समय सिखों का प्रथम युद्ध। लॉर्ड डलहोजी (सन् 1848-56) के समय सिखों का दूसरा युद्ध। डाक-तार सेवा का प्रारम्भ। लॉर्ड केनिंग (सन् 1856-58) के समय 1857 में अँग्रेजों के विरोध में पहला भारतीय स्वतन्त्रता संग्राम। इंग्लैण्ड की रानी विक्टोरिया ने ईस्ट इण्डिया कं. से शासन अपने अधिकार में लिया।

सन् 1858 से सन् 1900 तक	सन् 1861-74 के बीच कर्नल हॉपकिन्स का असम में शासन।	लॉर्ड केनिंग (सन् 1858-62) सन् 1860 में भयंकर अकाल।
	सन् 1871 में असम में बांग्ला के बदले असमिया भाषा का पुनःप्रचलन।	लॉर्ड मेयो (सन् 1869-72) लॉर्ड नर्थबुक (सन् 1869-72)
	असम को बंगाल से सन् 1874 में अलग कर कर्नल किटिंग (सन् 1874-78) को असम का पहला चीफ कमिश्नर बनाया गया।	लॉर्ड रिपन (सन् 1880-84) के समय भारत में लोकल बोर्ड और म्युनिसपाल्टी की स्थापना।
	सन् 1889-91 के बीच जे.डब्ल्यू. कुइंटन असम का चीफ कमिश्नर।	लॉर्ड डॉफरिन (सन् 1884-88) के समय सन् 1885 में नेशनल कांग्रेस पार्टी की स्थापना।
	मणिपुर विद्रोह और युवराज टीकेन्द्रजीत को फाँसी।	लॉर्ड लेन्सडाउन (सन् 1888-94) का भारत में शासन।
सन् 1900 से सन् 1947 तक	सन् 1900-02 के बीच गुवाहाटी कॉटन कालेज और डिब्रूगढ़ मेडिकल कालेज की स्थापना।	लॉर्ड कर्जन (सन् 1899-1905) का भारत में शासन। बंग-भंग आन्दोलन। लॉर्ड मिण्टो (सन् 1905-10) का भारत में शासन।
	सन् 1902-05 में पूर्व बंगाल और असम प्रदेश की स्थापना। सर आर्सडेल आर्ल का सन् 1911-17 तक शासन।	1911 में जॉर्ज पंचम और रानी मेरी का भारत में दिल्ली दरबार। 1914 में प्रथम विश्व-युद्ध शुरू।

सन् 1912 में पूर्व बंगाल से असम को अलग राज्य बनाना।	लॉर्ड सेम्स फॉर्ड (सन् 1916–22) का भारत में शासन।
सर विट्चन वेल (सन् 1917–21) असम का प्रथम गवर्नर।	1918 में विश्व–युद्ध समाप्त।
सर हेनॅरी कार का सन् 1921–32 तक शासन। सन् 1926 में पाण्डु में कांग्रेस का राष्ट्रीय अधिवेशन।	लॉर्ड रिडिंग (सन् 1921–25) के शासन में महात्मा गाँधी का असहयोग आन्दोलन।
सर लोरी हेमण्ड (सन् 1927–32	लॉर्ड इर्विन (सन् 1926–31) के समय गाँधी–इर्विन समझौता।
सर माइका कीन् (सन् 1932–35)	लॉर्ड विलिंग्डन (सन् 1931–36)
सर रॉबट नीलरीड (सन् 1935–42) के शासन में असम में गोपीनाथ बरदलै मन्त्रिमण्डल का पद–त्याग।	लॉर्ड लिन लिथगो (सन् 1936–43) 1942 का भारत छोड़ो आन्दोलन।
सर एल्डॉफ (सन् 1942–47) के शासन में असमिया जनता का भारत छोड़ो आन्दोलन में भाग।	लॉर्ड ओवावेल (सन् 1943–47)
सर अकबर हैदर (सन् 1947–48) के समय भारत को स्वतन्त्रता।	लॉर्ड माउण्ट बैटॅन (सन् 1947–48) के समय भारत की स्वतन्त्रता के नाम पर देश का विभाजन।

आहोम राजाओं का शासनकाल

क्रम	राजाओं के नाम
पहला	सुकाफा (1228–1268)
दूसरा	सुतेउफा (1268–1281)
तीसरा	सुखांग्फा (1281–1293)
चौथा	सुबिन्फा (1293–1332)
पाँचवाँ	सुख्रांग्फा (1332–1364)
छठा	सुताफा (1364–1376)
	सिंहासन रिक्त (1376–1380)
सातवाँ	त्याओखाम्थि (1380–1389)
	सिंहासन रिक्त (1389–1397)
आठवाँ	सुडांग्फा *बामुणी कोंवर* (1397–1407)
नौवाँ	सुजांग्फा (1407–1422)
दसवाँ	सुफाक्फा (1422–1439)
ग्यारहवाँ	सुसेन्फा (1439–1488)
बारहवाँ	सुहेन्फा (1488–1493)
तेरहवाँ	सुपिम्फा (1493–1497)
चौदहवाँ	सुहुंग्मुंग *दिहिंगिया राजा* (1497–1539)
पन्द्रहवाँ	सुक्लेनमुंग *गढ़गयाँ राजा* (1539–1552)
सोलहवाँ	सुखाम्फा *खोरा राजा* (1552–1603)
सत्रहवाँ	सुसेंग्फा *प्रताप सिंह* (1603–1641)
अठारहवाँ	सुरम्फा *भोगा राजा* (1641–1644)
उन्नीसवाँ	सुतियन्फा *नरिया राजा* (1644–1648)
बीसवाँ	सुताम्ला *जयध्वज सिंह* (1648–1663)
इक्कीसवाँ	सुपुंग्मुंग *चक्रध्वज सिंह* (1663–1669)
बाईसवाँ	सुतिन्फा *उदयादित्य* (1669–1673)
तेईसवाँ	सुक्लंग्फा *रामध्वज सिंह* (1673–1675)

मन्त्री : अतन बूढ़ागोहाईं (1675–1679)

चौबीसवाँ सुलिक्फा *लोरा राजा* (1679–1681)

पच्चीसवाँ सुपात्फा *गदाधर सिंह* (1681–1696)

छब्बीसवाँ सुख्रांग्फा *रुद्र सिंह* (1696–1714)

सत्ताईसवाँ सुतन्फा *शिवसिंह* (1714–1744)

अट्ठाईसवाँ सुसेन्फा *प्रमत्तसिंह* (1744–1751)

उनतीसवाँ सुरम्फा *राजराजेश्वर सिंह* (1751–1769)

तीसवाँ सुन्येओफा *लक्ष्मी सिंह* (1769–1780)

इकतीसवाँ सुहित्पंग्फा *गौरीनाथ सिंह* (1780–1795)

बत्तीसवाँ सुक्लिंग्फा *कमलेश्वर सिंह* (1795–1810)

तैंतीसवाँ सुडिंग्फा *चन्द्रकान्त सिंह* (1811–1819)

सन्दर्भ ग्रन्थों की सूची

असमिया पुस्तकें

1.	असमर संस्कृति	डॅ. लीला गोगोई
2.	असमर जनजाति	श्री प्रामोद चन्द्र भट्टाचार्य (सम्पादित)
3.	सोणर असम	श्री भूपेन्द्र नाथ चौधरी
4.	असम अभिधान	श्री शान्तनु कौशिक बरुवा
5.	चित्र-विचित्र असम	श्री प्रदीप बरुवा
6.	पुण्यभूमि हाजो	डॅ. प्रवीण चन्द्र दास
7.	इतिहासर पातमेलि	श्री महेश चन्द्र दास
8.	प्राग्ज्योतिषर इतिहास	डॅ. डिम्बेश्वर शर्मा
9.	टाइ संस्कृतिर रूपरेखा	डॅ. लीला गोगोई
10.	गुरु तेगबहादुर	श्री भूपेन सिंह
11.	अविभक्त पूर्व्व भारतत शिखधर्मर इतिवृत्त	शिख प्रतिनिधि बोर्ड, धुबड़ी
12.	हाजो देखा बैकुण्ठ समान	श्री नरेशचन्द्र दास
13.	रत्नगर्भा माजुली	श्री भरतचन्द्र शइकिया
14.	देवी क्षेत्र (स्मारिका)	कामाख्या मन्दिर समिति
15.	मयूथ	डॅ. डी. नाथ माजुली
16.	एतिह्यमण्डित दक्षिण कामरूपर साहित्य आरु संस्कृति	श्री अनिल कुमार नाथ

हिन्दी पुस्तकें

17.	प्राग्ज्योति	श्री चित्र महन्त (सम्पादित)
18.	लौहित्य और नीलाचल	श्री हेम बरुवा
19.	महातीर्थ के अन्तिम यात्री	भू-पर्यटक बिमल दे
20.	ब्रह्मपुत्र	श्री देवेन्द्र सत्यार्थी
21.	श्रीभागवत-सुधा-सागर (शुक-सागर)	गीताप्रेस, गोरखपुर

22. वशिष्ठाश्रम देवालय — डॅ. विनोद शर्मा
23. महापुरुष श्रीमन्त शंकरदेव — श्री नवारुण वर्मा
24. वीर लाचित बरफुकन और अन्य कथाएँ — श्री मधुकर लिमये
25. बृहत्तर असम की कथाएँ — श्री मधुकर लिमये
26. कामरूप कामाख्या — श्री तारिणी कान्त देव शर्मा
27. पूर्वोत्तर भारत के राज्य — श्री माता प्रसाद
28. थोड़ी यात्रा थोड़े कागज — श्री सांवरमल सांगानेरिया

English Books

29. The Brahmaputra — Shri Arup Kumar Deka
30. Madan Kamdev — Directorate of Archaeology of Assam
30. Bulletin of The Assam State Museum — Shri R.D. Choudhury (Edited)
31. Archaeological Heritage of Assam Museum — Dept. of Arch. and State
32. Bulletin — The Assam State Museum
33. World Heritage Bulletin, 2001 — Archaeological Survey of India
34. Browsers — The Assam State Tourism Dept.
35. Browsers — Archaeological Survery of Assam

❑❑❑